华南理工大学年鉴

二〇一一

《华南理工大学年鉴》编委会 编

·广州·

图书在版编目（CIP）数据

华南理工大学年鉴.2021 /《华南理工大学年鉴》编委会编. —广州：华南理工大学出版社，2022.10
ISBN 978-7-5623-7095-6

Ⅰ.①华… Ⅱ.①华… Ⅲ.①华南理工大学-2021-年鉴 Ⅳ.①G649.286.51-54

中国版本图书馆 CIP 数据核字（2022）第 157365 号

Huanan Ligong Daxue Nianjian·2021
华南理工大学年鉴·2021
《华南理工大学年鉴》编委会 编

出 版 人：柯 宁
出版发行：华南理工大学出版社
（广州五山华南理工大学17号楼，邮编510640）
http://hg.cb.scut.edu.cn　E-mail:scutc13@scut.edu.cn
营销部电话：020-87113487　87111048（传真）
责任编辑：袁 泽
责任校对：袁桂香
印 刷 者：广州一龙印刷有限公司
开　本：787mm×1092mm　1/16　总印张：24.75　插页：6　字数：673千
版　次：2022年10月第1版　印次：2022年10月第1次印刷
定　价：128.00元

版权所有　盗版必究　　印装差错　负责调换

《华南理工大学年鉴·2021》编委会

主　任：章熙春　张立群

委　员：王丹平　邹　浩　王　均　雷育胜　曾学敏　王德林
　　　　李华兵　何剑桦　孟　勋　朱永东　项　聪　许　勇
　　　　林艺文　李石勇　吴树雄　姚　旻　刘　俊　谭　瑶
　　　　陈永强　马红红　占友林　徐　兵　益瑞涵　孙连坡
　　　　叶汉钧　关春兰　李静蓉　范家巧　卢家明

主　编：雷育胜

副主编：曾江华

编　纂：赵　楷　赖扬华　覃　雷　刘道坚　崔　军　徐静雅
　　　　关芳芳　黄　磊

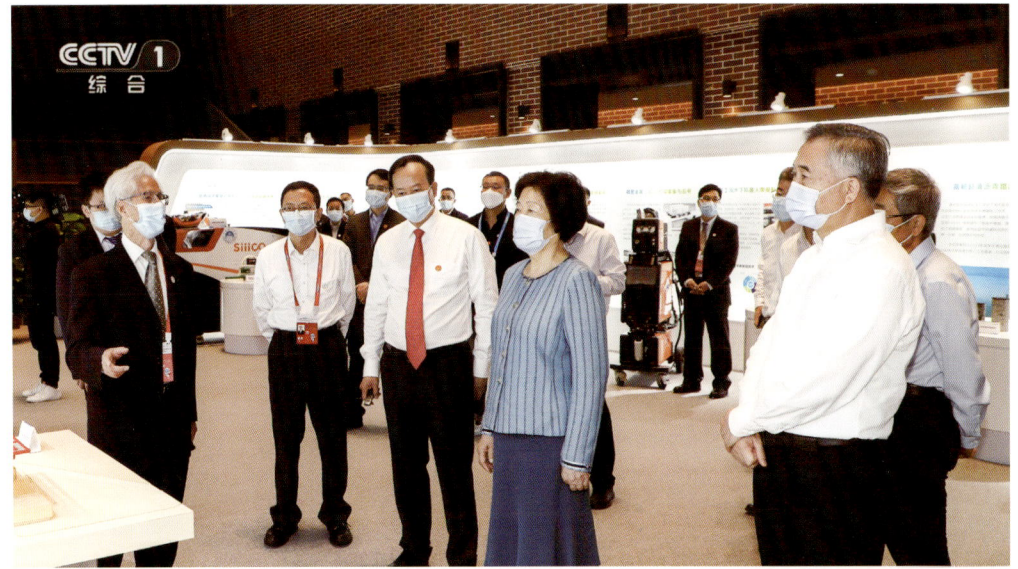

▶2020年11月19日,中共中央政治局委员、国务院副总理孙春兰来校调研,中共中央政治局委员、广东省委书记李希,教育部部长陈宝生,广东省省长马兴瑞、副省长王曦等部省市领导陪同。她要求学校深化改革创新,加快新工科建设,在"书院制"和"全员导师制"方面加强探索,实现内涵式发展,勇当粤港澳大湾区高等教育发展的排头兵,全面提升服务区域和国家发展的能力。

▶2020年10月13日,教育部副部长钟登华来校考察第六届中国国际"互联网+"大学生创新创业大赛筹备情况,强调政治站位上要有更高标准,赛事筹备上要有更高质量,安全有序上要有更高要求。

▶2020年6月16日，中国共产党华南理工大学第十七次代表大会召开。大会听取并审议了章熙春同志代表中国共产党华南理工大学第十六届委员会所作的题为《乘风破浪 奋勇争先 全面开启中国特色、世界一流大学建设新征程》的党委工作报告。到会的代表以无记名投票的方式，选出了26名中国共产党华南理工大学第十七届委员会委员和11名中国共产党华南理工大学第十七届纪律检查委员会委员。

▶2020年6月17日，中共华南理工大学第十七届委员会第一次全体会议和中共华南理工大学第十七届纪律检查委员会第一次全体会议召开。十七届党委一次全会选举产生了新一届学校党委常委会和书记、副书记。十七届纪委一次全会选举产生了新一届学校纪委书记、副书记。

▶2020年1月12日，华南理工大学"不忘初心、牢记使命"主题教育总结会召开，党委书记章熙春代表学校党委对主题教育工作作总结发言。教育部直属高校"不忘初心、牢记使命"主题教育第九巡回指导组组长陈子辰出席会议并对学校主题教育取得的成果给予了高度肯定。

▶2020年2月24日,学校举行"同心战疫 众志成城"万千师生新学期升旗仪式,学校党委书记章熙春发表讲话,勉励学子永远保持华工人自强不息的姿态,在"大战""大考""大课"中争做奋进者、开拓者、奉献者。"云升旗"引发爱国主义青春力量,网络点击量近亿人次。

▶2020年2月19日,学校组建新冠肺炎疫情防控"党员突击队""青年战疫突击队",突击队到多个执勤点参与防疫检查、宣传相关政策、协同做好相关工作,夯实疫情防控一线。

  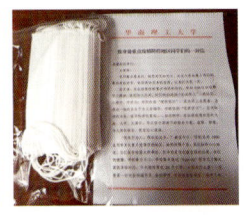

▶2020年初以来,学校有序组织开展线上教育教学活动,陆续向师生发放"战疫大礼包",师生员工和广大校友齐心抗疫,充分展现了华工人的抗疫力量。

▶2020年11月17—19日,由教育部、中央统战部等联合主办,华南理工大学承办的第六届中国国际"互联网+"大学生创新创业大赛总决赛在学校举行。本届大赛共有来自117个国家和地区、国内外4186所学校的147万个项目、631万人报名参赛。华南理工大学获颁发"特别贡献奖",共获10金2银,推荐的国际项目获得13金12银,金奖数量创造了历届"互联网+"大赛高校单校单届夺金纪录。

▶2020年12月30日,学校"招商蛇口·青春华章"2020年度颁奖盛典暨第六届中国国际"互联网+"大学生创新创业大赛总结表彰大会举行。党委书记章熙春作主题讲话。大会表彰了学校参加第六届"互联网+"大赛以及各条战线上的先进个人。

▶2020年9月16日，学校"双一流"建设周期总结工作会议召开。专家组对学校"双一流"建设给予充分肯定和高度评价。学校圆满完成"双一流"周期建设目标任务，全面建成了国内一流、世界知名的高水平研究型大学，正朝着中国特色、世界一流大学目标奋勇前进。

序号	课程名称	课程负责人	类型
1	大学美育	苏宏元	线上一流课程
2	企业战略管理	蓝海林	线上一流课程
3	英美音乐与文化	周娉娣	线上一流课程
4	酒店房务运营与管理	曲波	线上一流课程
5	机械设计基础	黄平	线上一流课程
6	学术英语	韩金龙	线上一流课程
7	制浆原理与工程	付时雨	线上一流课程
8	城市规划原理	王世福	线上一流课程
9	酒店管理原理	魏卫	线上一流课程
10	微积分Ⅱ（一）	朱长江	线下一流课程
11	酶工程	林影	线下一流课程
12	材料力学Ⅲ	张晓晴	线下一流课程
13	高分子物理	张广照	线下一流课程
14	计算机组成与体系结构Ⅱ	毛爱华	线下一流课程
15	化工设计	严宗诚	线下一流课程
16	环境工程微生物学	任源	线下一流课程
17	食品加工与保藏原理	李汴生	线下一流课程
18	建筑设计（五-六）（城市设计专门化方向）	孙一民	线下一流课程
19	管理统计学	张卫国	线下一流课程
20	（全英）微积分Ⅰ	邓雪	线上线下混合式一流课程
21	材料与社会	薛锋	线上线下混合式一流课程
22	计算机网络	袁华	线上线下混合式一流课程
23	建筑美学	唐孝祥	线上线下混合式一流课程
24	种植设计	冯娴慧	线上线下混合式一流课程
25	网络金融	徐勇	线上线下混合式一流课程
26	戏剧审美与剧场实验	孙珉	线上线下混合式一流课程
27	马克思主义理论与实践	解丽霞	社会实践一流课程
28	智能机器人创新实践	陈安	社会实践一流课程
29	数字系统创意设计	李粤	社会实践一流课程
30	基于虚拟现实的金属特种铸造工艺实验	李静蓉	虚拟仿真实验教学一流课程
31	健康食品良好生产虚拟仿真实践与设计	李晓玺	虚拟仿真实验教学一流课程
32	中子反射法测薄膜磁矩——领略国之重器魅力	杨中民	虚拟仿真实验教学一流课程
33	钢筋混凝土板的设计性虚拟仿真耐火实验	吴波	虚拟仿真实验教学一流课程

▶2020年11月30日，教育部正式公布首批国家级一流本科课程认定名单，学校共有33门本科课程入选。

■ 章熙春书记授旗

■ 高松校长致辞

▶ 2020年7月9日，学校举行2020届学生"云"毕业典礼暨学位授予仪式，党委书记章熙春为服务科技强军、脱贫攻坚毕业生代表和"李莎支教团"出征授旗，校长高松作题为《让科学理性之光照亮前行之路》的毕业致辞。学校还分别在全国5个城市分会场举行学位授予仪式。2020届共有9098名毕业生，其中，本科毕业生5773人，研究生毕业生3220人。

■ 王曦副省长致辞

■ 章熙春书记致辞

■ 高松校长致辞

▶ 2020年9月12日，学校在广州国际校区举行2020级新生开学典礼，广东省政府副省长王曦等省市领导出席。王曦勉励学子树立远大理想，刻苦学习，发愤图强，努力成为堪当时代重任的栋梁之材。学校党委书记章熙春主持典礼；校长高松作题为《直面挑战 做乘风破浪的弄潮儿》的致辞。

▶2020年9月24日，党委书记章熙春为青年学子作题为《乘风破浪 敢闯会创 在矢志奋斗中谱写新时代的青春之歌》的"思政第一课"，勉励青年学子珍惜时光、抓住现在、谋定未来，在新担当、新作为中实现无限更好的人生价值。

▶2020年6月23日，校长高松为青年学子作题为《弘扬科学精神 科学理性应对疫情挑战》的"思政第一课"，勉励青年学子博闻强识、不断提升学习力，慎思明辨、不断拓展思考力，坚定笃行、不断增强行动力。

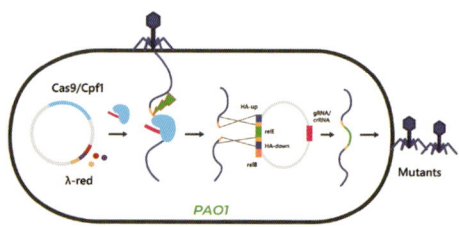

■ CRISPR编辑获得铜绿假单胞菌重组噬菌体原理示意图

▶2020年11月16—22日,国际遗传基因工程机器大赛在线上举办,学校iGEM团队"2020 SCUT_China"获金奖。

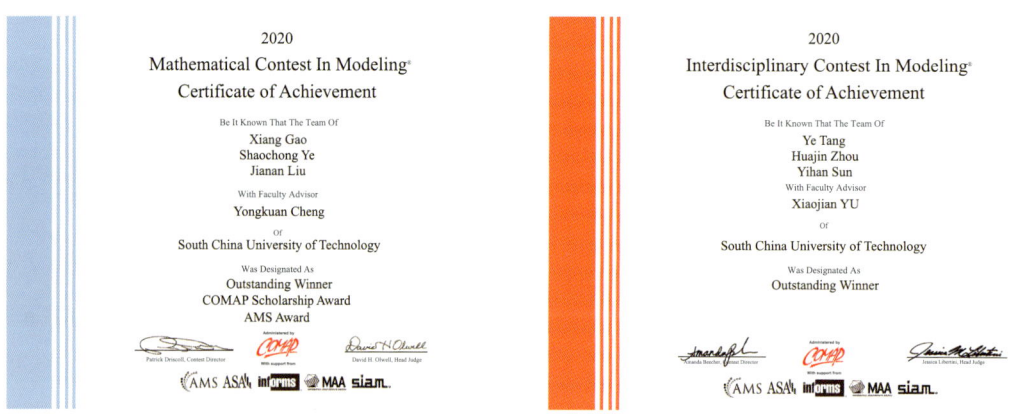

▶2020年4月28日,2020年美国大学生数学建模竞赛和交叉学科建模竞赛(MCM/ICM)成绩揭晓,学校学子获得大赛最高奖项Outstanding Winner 2项。

论文名称	刊物名称	作者	所在学院
A generic green solvent concept boosting the power conversion efficiency of all-polymer solar cells to 11%	ENERGY & ENVIRONMENTAL SCIENCE. 2019, 12(1): 157-163	李振业(研究生),应磊,朱鹏(研究生),钟文楷,李宁(外单位),刘烽(外单位),黄飞,曹镛	材料科学与工程学院(先进材料国际化示范学院)
Enhancing interfacial contact in all solid state batteries with a cathode-supported solid electrolyte membrane framework	ENERGY & ENVIRONMENTAL SCIENCE. 2019, 12(3): 938-944	陈鑫智(研究生),贺文君,丁良鑫,王素清,王海辉	化学与化工学院
Modulation of recombination zone position for quasi-two-dimensional blue perovskite light-emitting diodes with efficiency exceeding 5%	NATURE COMMUNICATIONS. 2019, 10(1): 1027	黎振超(研究生),陈梓铭,杨永超(研究生),薛启帆,叶轩立,曹镛	材料科学与工程学院(先进材料国际化示范学院)

▶2020年12月29日,2020年中国科技论文统计结果发布会举行。学校3篇论文入选"中国百篇最具影响国际学术论文",论文的第一作者均为学校研究生。

▶2020年12月9日,第十二届"挑战杯"中国大学生创业计划竞赛举行总决赛。学校获1金4银3铜,再次捧得"优胜杯"。

▶2020年9月23—28日,2020年全国体操锦标赛举行。学校体育学院2019级学生刘婷婷(右二)获得三金、两铜。

▶2020年4月2日,福布斯发布2020福布斯亚洲地区"30位30岁以下精英"(30U30)榜,学校校友、创新创业孵化基地的广州音书科技有限公司联合创始人(CTO)陈国强上榜。

▶2020年11月24日，全国劳动模范和先进工作者表彰大会举行，学校黄平教授被授予"全国先进工作者"荣誉称号。

▶2020年5月30日，第二届全国创新争先奖表彰奖励大会公布《关于表彰第二届全国创新争先奖获奖者的决定》，学校瞿金平院士获全国创新争先奖状。

▶2020年11月20日，由中国教师发展基金会举办的第二届教学大师奖、杰出教学奖和创新创业英才奖颁奖典礼在学校举行，学校朱长江教授获杰出教学奖。

▶2020年1月10日，中共中央、国务院举行2019年度国家科学技术奖励大会，学校2项成果获奖。其中，以华南理工大学为第一完成单位，制浆造纸工程国家重点实验室陈克复院士为第一完成人的项目——"制浆造纸清洁生产与水污染全过程控制关键技术及产业化"，获2019年度国家科技进步奖一等奖。

■"多功能数字波控弧焊逆变电源"专利技术应用现场

■含六价铬废渣提取回收铬的脱毒处理方法

■处理废水的两相两阶段厌氧生物反应器

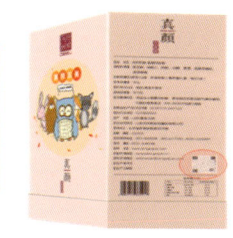
■具有印制高度的防伪二维码的印制方法及装置/专利技术实施的智能包装产品

▶2020年7月15日，国家知识产权局公布《关于第二十一届中国专利奖授奖的决定》，学校专利获中国专利优秀奖4项。自2009年以来，学校以第一专利权人获奖总数33项，居全国高校首位。

2020年度国家知识产权示范高校名单

排名	高校名单
14	浙江大学
15	厦门大学
16	山东大学
17	武汉理工大学
18	中南大学
19	湖南大学
20	中山大学
21	华南理工大学
22	重庆大学

▶2020年10月21日，《国家知识产权局、教育部关于确定2020年度国家知识产权试点示范高校的通知》（国知发运字〔2020〕40号）发布，学校获首批国家知识产权示范高校认定。

▶2020年1月8日,学校笃行楼揭牌仪式举行。学校党委书记章熙春和1977级无线电系校友、全国工商联副主席、TCL创始人和董事长、华萌基金创始人李东生共同为笃行楼揭牌。

▶2020年12月22日,罗格斯大学副校长Eric Garfunkel一行来校访问。双方就深化校际合作、拓展合作空间、创新合作领域等方面进行深入交流。

目 录

学校概况

学校概况 …………………………………………………………………………（1）

中国共产党华南理工大学第十七次代表大会专题

中国共产党华南理工大学第十七次代表大会综述 …………………………………（5）
乘风破浪　奋勇争先　全面开启中国特色、世界一流大学建设新征程 … 章熙春（7）
坚持全面从严治党　强化监督执纪问责
　　为建设中国特色、世界一流大学提供坚强纪律保障 ………………………（23）
中国共产党华南理工大学第十七次代表大会
　　关于中国共产党华南理工大学第十六届委员会工作报告的决议 …………（29）
中国共产党华南理工大学第十七次代表大会
　　关于中共华南理工大学第十六届纪律检查委员会工作报告的决议 ………（31）
在中国共产党华南理工大学第十七次代表大会闭幕式上的讲话 ……… 章熙春（32）

重要讲话和重要文件

在"同心战疫 众志成城"万千师生开学升旗仪式上的讲话 ………… 章熙春（35）
勇敢而坦然面对复杂纷繁世界的挑战 ……………………………………… 高 松（38）
在华南理工大学党委第二轮巡察工作动员部署暨培训会上的讲话 …… 章熙春（40）
面向未来的在地国际化人才培养 …………………………………………… 高 松（43）
贯彻新时代教育评价改革新要求
　　全面提高学科建设水平　开创高质量发展新局面 ………………… 章熙春（46）
科学谋划　精心组织　全力做好第五轮学科评估工作 …………………… 高 松（50）
在2020年研究生教育会议上的讲话 …………………………………… 章熙春（54）
贯彻党的教育方针　落实研究生教育会议精神
　　全面推进新时代研究生教育高质量发展 …………………………… 高 松（59）
附：2020年学校制定的重要文件和规章制度目录 …………………………（68）

学校机构与负责人

学校机构与负责人 ……………………………………………………………………（71）
2020年学校成立或调整的部分机构 …………………………………………………（80）
2020年学校成立或调整的部分议事机构 ……………………………………………（80）

党建与思想政治工作

组织工作 ·· (88)
教职工思想政治工作和宣传工作 ··· (90)
党风廉政建设 ··· (91)
统战工作 ·· (93)

发展规划与学科建设

发展规划与学科建设 ·· (97)

教代会、工会和共青团工作

教代会与工会工作 ··· (104)
共青团工作 ·· (105)

教育教学工作

学生思想政治教育和管理 ··· (108)
本科生教育 ·· (110)
研究生教育 ·· (126)
继续教育 ·· (134)
国际教育 ·· (136)
招生与就业 ·· (137)

科研与科技产业工作

自然科学研究 ··· (140)
人文社会科学研究 ··· (156)
科技产业与成果转化 ·· (161)

队伍建设与人事管理

人事人才工作 ··· (164)
离退休工作 ·· (166)

对外交流与合作

国际交流合作与港澳台工作 ·· (168)
校友工作与交流合作 ·· (169)

条件建设与后勤保障

实验室建设与设备管理 ··· (171)

财务工作 …………………………………………………………………………… (175)
审计工作 …………………………………………………………………………… (175)
资产管理 …………………………………………………………………………… (176)
基建工作 …………………………………………………………………………… (177)
安全保卫 …………………………………………………………………………… (178)
图书馆建设 ………………………………………………………………………… (179)
出版工作 …………………………………………………………………………… (183)
档案与文博管理 …………………………………………………………………… (184)
学报编辑出版 ……………………………………………………………………… (185)
后勤管理与服务 …………………………………………………………………… (186)
信息化建设 ………………………………………………………………………… (187)
招标工作 …………………………………………………………………………… (189)
公共服务平台工作 ………………………………………………………………… (190)
医疗保健 …………………………………………………………………………… (191)
中小幼教育 ………………………………………………………………………… (191)

广州国际校区建设

广州国际校区建设 ………………………………………………………………… (193)

党政综合管理

党政综合管理 ……………………………………………………………………… (195)

学　　院

机械与汽车工程学院 ……………………………………………………………… (198)
建筑学院 …………………………………………………………………………… (199)
土木与交通学院 …………………………………………………………………… (200)
电子与信息学院 …………………………………………………………………… (202)
材料科学与工程学院 ……………………………………………………………… (203)
化学与化工学院 …………………………………………………………………… (204)
轻工科学与工程学院 ……………………………………………………………… (205)
食品科学与工程学院 ……………………………………………………………… (206)
数学学院 …………………………………………………………………………… (208)
物理与光电学院 …………………………………………………………………… (209)
经济与金融学院 …………………………………………………………………… (210)
旅游管理系 ………………………………………………………………………… (211)
电子商务系 ………………………………………………………………………… (212)
自动化科学与工程学院 …………………………………………………………… (213)

计算机科学与工程学院 …………………………………………………………………………… (214)
电力学院 ……………………………………………………………………………………………… (215)
生物科学与工程学院 ………………………………………………………………………………… (216)
环境与能源学院 ……………………………………………………………………………………… (217)
软件学院 ……………………………………………………………………………………………… (218)
工商管理学院 ………………………………………………………………………………………… (219)
马克思主义学院 ……………………………………………………………………………………… (221)
公共管理学院 ………………………………………………………………………………………… (222)
外国语学院 …………………………………………………………………………………………… (223)
法学院 ………………………………………………………………………………………………… (224)
新闻与传播学院 ……………………………………………………………………………………… (225)
艺术学院 ……………………………………………………………………………………………… (226)
体育学院 ……………………………………………………………………………………………… (227)
设计学院 ……………………………………………………………………………………………… (228)
医学院 ………………………………………………………………………………………………… (229)
生物医学科学与工程学院 …………………………………………………………………………… (230)
吴贤铭智能工程学院 ………………………………………………………………………………… (231)
分子科学与工程学院 ………………………………………………………………………………… (232)
微电子学院 …………………………………………………………………………………………… (233)

表彰与奖励

2020 年获得市级以上表彰或奖励的部分单位和个人 ……………………………………………… (236)
2020 年获得学校表彰或奖励的部分单位和个人 …………………………………………………… (238)
2020 年获得部省级以上奖励的部分教学科技成果 ………………………………………………… (261)
2020 年学生课外学术科技创新竞赛成果(杰出贡献奖) …………………………………………… (267)

毕业生名单

2020 届博士学位获得者 ……………………………………………………………………………… (279)
2020 届硕士学位获得者 ……………………………………………………………………………… (284)
2020 届全日制本科毕(结)业生名单 ……………………………………………………………… (301)
2020 届辅修学位毕业生名单 ………………………………………………………………………… (315)
2020 届成人教育毕业生名单 ………………………………………………………………………… (316)
2020 届网络教育毕业生名单 ………………………………………………………………………… (326)

大事记

2020 年大事记 ………………………………………………………………………………………… (363)

学校概况

学 校 概 况[*]

　　华南理工大学是直属教育部的全国重点大学,坐落在南方名城广州。校园分为三个校区,五山校区位于天河区石牌高校区,大学城校区位于番禺区大学城内,广州国际校区位于番禺区国际创新城。校园历史悠久、古树繁花,37处人文景观和历史建筑错落其间,形成国内高校中独特的民国时期岭南建筑群落。

　　学校办学源远流长。学校正式组建于1952年全国高等院校调整时期,是以中山大学工学院、华南联合大学理工学院、岭南大学理工学院工科系及专业、广东工业专科学校为基础,调入湖南大学、武昌中华大学、武汉交通学院、南昌大学、广西大学等5所院校部分工科系及专业组建而成,汇集了华南、中南地区理工科教科界的精英,为当时全国"四大工学院"之一,堪为中国高等工程教育的探路者。学校办学可溯源至1918年成立的广东省立第一甲种工业学校,校友中涌现出杨匏安、阮啸仙、刘尔崧、周文雍等中华民族的优秀分子,他们是中共广东党、团组织的创建者,是中国早期马克思主义思想的启蒙者和践行者,为新中国成立作出了突出贡献。红色基因自此融入血脉、生生不息。

　　学校矢志不渝办中国特色、世界一流大学。1960年被列为全国重点大学,1981年经国务院批准为首批博士和硕士学位授予单位,1993年在全国高校开部省共建之先河,1995年、2001年先后进入国家首批"211工程""985工程"建设行列,2017年入选"双一流"建设A类高校名单。学校分别于1999年、2007年先后两次以优秀成绩通过教育部本科教学工作水平评估,2017年通过教育部本科教学工作审核评估。自2012年起进入软科"世界大学学术排名"500强,2020年位居软科"世界大学学术排名"第178位。

　　学校坚持以学科建设为龙头,不断优化学科结构,加快提升学科水平,形成以工见长,理工医结合,管、经、文、法多学科协调发展的综合性学科布局。学校设有34个学院(系),30个博士学位授权一级学科,38个硕士学位授权一级学科;5个博士专业学位授权类别,23个硕士专业学位授权类别,31个博士后科研流动站,84个本科专业。2020年学校获批学位授权自主审核单位。学校有7个国家重点学科,轻工技术与

---

[*] 文中数据统计至2020年12月31日。

工程、机械工程、材料科学与工程、建筑学、化学工程与技术、环境科学与工程、食品科学与工程、管理科学与工程 8 个学科整体水平进入全国前 10%，化学、材料科学、工程学、农业科学、物理学、生物学与生物化学、计算机科学、环境科学与生态学、临床医学、社会科学总论 10 个学科进入 ESI 全球排名前 1%，其中，工程学、材料科学、化学、农业科学 4 个学科领域进入 ESI 全球排名前 1‰。

学校全面落实立德树人根本任务，努力打造一流本科教育、卓越研究生教育和特色鲜明的来华留学生教育。2020 年底有各类学生 103 188 人，其中，博士、硕士研究生 22 443 人，本科生 25 618 人，继续教育学生 53 981 人，全年累计来华留学生 1146 人。学校深入实施思政工作提升行动，积极构建"三全育人"工作体系。围绕家国情怀和全球视野兼备、"三力"（学习力、思想力、行动力）卓越的"三创型"（创新、创造、创业）人才培养目标，以创新创业教育、产学研合作教育和国际化教育为重点，实施"新工科 F 计划"。以"基因组科学创新班"为代表的人才培养模式，用"科学无起点"理念培养青少年科学家，学生连续在 Nature、Science、Cell 等国际顶尖学术刊物上发表文章，被誉为拔尖创新人才培养的"华工模式"。建校以来，学校为国家培养了高等教育各类学生 56 万余人，一大批毕业校友成为我国科技骨干、著名企业家和领导干部，学校被社会誉为"工程师的摇篮""企业家的摇篮"和拔尖创新人才培养基地。

学校坚持以高层次人才队伍建设为重点，引进和培育并重，努力打造一流的师资队伍。现有教职工 4620 人，其中，专任教师 2523 人，中国科学院院士 5 人、中国工程院院士 5 人，双聘院士 18 人，外国国家院士 4 人，国家教学名师 7 人，海外高层次引进人才 55 人，国家杰出青年科学基金获得者 40 人。研究生导师 2698 人，其中，博士生导师 1089 人。

学校瞄准世界科技前沿，聚焦国家和区域重大战略需求，筑高原，攀高峰，着力提升原始创新能力，大力推进高水平成果转化。学校拥有 28 个国家级、202 个部省级科研平台，以及国家甲级建筑设计研究院、国家大学科技园等；依托高水平科研基地，学校承担了一大批国家重大重点项目，2020 年学校实到科研经费 24.08 亿元；产出了一批高水平科研成果，2016 年以来共获国家科技奖 11 项，其中一等奖 1 项（第一完成单位）。沿粤港澳大湾区重点城市布局"五院一园一室"协同创新体系，高度契合大湾区创新发展。学校知识产权授权量和有效发明专利总量连续多年位居全国高校前 7 位，获国家专利金奖、优秀奖总数居全国高校首位。

学校不断拓展办学资源，为一流大学建设提供良好的条件和环境。校园占地面积 313.76 万平方米，总建筑面积为 219.80 万平方米。固定资产价值 81.36 亿元，其中，教学科研仪器设备总资产 35.42 亿元。学校建有一批国家级教学示范中心、基础教学实验中心和一批现代化实验中心。图书馆藏书 402.46 万册，电子图书 441.11 万册，初步建成数字化图书馆。学生文化体育设施齐全，建有高标准的乒乓球、网球、羽毛球等各类场馆。学生课外科技学术活动和社会实践活动蓬勃发展，特色鲜明，成为提高学生综合素质的重要环节。

在新的历史发展阶段，学校将坚持以习近平新时代中国特色社会主义思想为指导，秉承"博学慎思 明辨笃行"的校训，发扬"厚德尚学 自强不息 务实创新 追求卓越"的精神，深化"学术华工""开放华工""善治华工""幸福华工""大美华工"建设，坚持育人为本，突出内涵发展，全面提高质量，着力推进"双一流"和广州国际校区建设，向着中国特色、世界一流大学建设目标奋勇前进。

资料　学校基本情况统计一览表

统计时点：2020 年 12 月 31 日

高层次人才		学生基本情况	
中国科学院院士	5	各类在册在校生数	103 188
中国工程院院士	5	一、本科生	25 618
外国国家院士	4	二、研究生	22 443
双聘院士	18	其中：博士生	3763
国家教学名师	7	硕士生	17 511
海外高层次引进人才	55	三、继续教育	53 981
国家杰出青年科学基金获得者	40	其中：成人教育学生	11 686
国家优秀青年科学基金获得者	40	网络教育学生	42 295
教育部创新团队（含滚动支持）	18	四、留学生	1146
教职工基本情况		其中：学历留学生	1039
教职工总数	4620		
一、专任教师	2523	**学院及学科专业建设**	
正高级	998	二级学院（系）	34
副高级	988	独立学院	1
研究生导师	2698	ESI 前 1‰学科数	4
其中：博士生导师	1089	ESI 前 1% 学科数	10
硕士生导师（含博硕导）	2625	第四轮学科评估 A 类学科（个）	8
二、行政人员	986	博士学位授权一级学科	30
三、教辅人员	543	硕士学位授权一级学科	38
四、工勤人员	45	硕士专业学位授权类别	23
五、科研机构人员	125	本科专业	84
六、工程技术人员	54	博士后科研流动站	31
七、校办企业职工	172	国家教学团队	6
八、其他附设机构人员（含附属中小幼教职工）	172	国家特色专业	18
离退休人员	3342	卓越工程师教育培养试点专业	10

续表

学院及学科专业建设		科研经费与成果		
国家精品课程	21	实到科研项目经费（亿元）		24.08
国家精品资源共享课	17	其中：理工类纵向科研项目实到经费		12.66
国家精品视频公开课	14	理工类横向科研项目实到经费		10.19
国家双语示范课程	6	人文社科类科研项目实到经费		1.23
教学基地（国家级）		专利授权（项）		2529
国家级实验教学示范中心	6	其中：发明专利授权		1721
国家级虚拟仿真实验教学中心（项目）	7	国家科学技术奖（括号内为非第一完成单位）		1（1）
国家级人才培养模式创新实验区	2			
国家级大学生校外实践教育基地	8	其中：技术发明奖		1（1）
国家双创示范基地	1	科技进步奖		0
国家级教师教学发展示范中心	1	论文收录情况（2019年）（篇）	三大索引论文	7325
科研基地（部省级及以上）			SSCI	185
国家重点实验室	3		CSSCI	339
国家工程研究中心	2	资产资源		
国家工程研究技术中心	3	校园面积（万平方米）		313.76
国家（地方联合）工程实验室	10	总建筑面积（万平方米）		219.80
国家国际科技合作基地	1	其中：教学及辅助用房		106.17
国家高端智库	1	行政办公用房		10.34
高校思想政治工作创新发展中心	1	学生宿舍		51.65
教育部重点实验室	9	教工住宅及宿舍		22.31
教育部工程研究中心	5	办学经费（亿元）		58.51
广东省重点实验室	24	固定资产（亿元）		81.36
省级人文社科研究机构	40	教学科研仪器设备值（亿元）		35.42
国家大学科技园	1	馆藏图书（万册）		402.46
国家甲级建筑设计研究院	1	电子图书（万册）		441.11

中国共产党华南理工大学第十七次代表大会专题

中国共产党华南理工大学第十七次代表大会综述

中国共产党华南理工大学第十七次代表大会于2020年6月16日至17日隆重召开。参加这次大会的正式代表294名，列席人员30名，邀请嘉宾24名，特邀嘉宾4名。应邀参加会议的有：历任校级领导中的党员同志，附属广东省人民医院、附属第二医院主要负责同志，学校第十六届党委委员和纪委委员，党员中层正职干部和名誉院长；历任校级领导中的非中共党员同志，学校各民主党派和团体主要负责人，省级以上人大代表、政协委员、政府参事，党外中层正职干部等。

大会的主题是：高举中国特色社会主义伟大旗帜，深入贯彻落实习近平新时代中国特色社会主义思想和党的十九大及历次全会精神，不忘初心、牢记使命，乘风破浪、奋勇争先，全面开启中国特色、世界一流大学建设新征程。

大会听取了中共华南理工大学第十六届委员会的工作报告，选举产生了中共华南理工大学第十七届委员会、中共华南理工大学第十七届纪律检查委员会。

2020年6月16日上午10时，大会在励吾科技楼国际会议厅隆重开幕。广东省人民政府原副省长、现任全国政协常委、华南理工大学经济与贸易学院名誉院长宋海，广东省委组织部副部长廉奕，广东省委教育工委书记、省教育厅党组书记、厅长景李虎，广州市委常委、组织部部长王世彤等应邀出席开幕式。会议由高松同志主持。

章熙春代表中国共产党华南理工大学第十六届委员会作题为《乘风破浪 奋勇争先 全面开启中国特色、世界一流大学建设新征程》的工作报告。报告共分四个部分，包括：十六次党代会以来的主要工作和发展成就，新征程中学校的历史使命与奋斗目标，今后五年改革发展的重点任务，坚定不移纵深推进全面从严治党。

报告指出，学校十六次党代会以来，学校党委坚决贯彻落实党中央、国务院的决策部署，在教育部党组、广东省委的坚强领导下，在广州市及社会各界的大力支持下，团结带领全校师生员工，积极进取、务实担当，深化改革、勇于创新，办学格局深度拓展，办学质量快速提升，综合实力显著增强，学术声誉日益彰显，入选国家"双一流"建设A类高校，圆满完成学校十六次党代会提出的目标任务，全面建成了国内一流、世界知名的高水平研究型大学。

报告指出，站在新百年办学的新起点上，学校党委提出"到本世纪中叶，全面建成中国特色、世界一流大学"的奋斗目标以及"三步走"战略，提出了"一五三八一"

工作部署：高举"一面旗帜"，即高举习近平新时代中国特色社会主义思想伟大旗帜；深化"五大建设"，即深化学术华工、开放华工、善治华工、幸福华工、大美华工建设；实现"三个领先"，即在为党育人、为国育才上实现领先，在服务国家战略、引领区域发展上实现领先，在高等教育路径创新、模式创新上实现领先；推动"八项重点任务"，即以一流标准建设广州国际校区、面向未来培养一流人才、突出优势建设一流学科、厚植基础建设一流队伍、创新驱动产出一流成果、推动更高水平的开放合作、建设更加完备的治理体系、孕育更加繁荣的大学文化；强化"一个政治保障"，即坚定不移纵深推进全面从严治党。

报告指出，回首百年历程，正是一代代华工人的风雨兼程、砥砺奋进，才铸就了华南理工大学坚实的办学基础；展望未来发展，学校正行进在波澜壮阔的新百年办学新征程上。全校上下要不忘初心、牢记使命，凝聚磅礴动力，永葆前进定力，激发办学活力，以更加昂扬的奋斗姿态，更加进取的拼搏精神，更加强烈的使命担当，乘风破浪、奋勇争先，全面开启中国特色、世界一流大学建设新征程，为实现中华民族伟大复兴中国梦贡献智慧和力量。

2020年6月16日下午，与会代表分为12个小组，认真审议了中共华南理工大学第十六届委员会的工作报告、中共华南理工大学纪律检查委员会的工作报告，对新一届两委委员候选人建议名单及大会选举办法等进行了酝酿和讨论。

2020年6月17日上午，中国共产党华南理工大学第十七次代表大会圆满完成了各项议程，在励吾科技楼国际会议厅举行闭幕式。会议由章熙春同志主持。到会代表以无记名投票和差额选举的方式，选出了26名中国共产党华南理工大学第十七届委员会委员和11名中国共产党华南理工大学第十七届纪律检查委员会委员。大会批准了章熙春同志代表十六届委员会作的题为《乘风破浪 奋勇争先 全面开启中国特色、世界一流大学建设新征程》的工作报告。大会认为，报告全面总结了学校十六次党代会以来的主要工作和发展成就，认真梳理了制约改革发展的弱项和需进一步努力的方向，深刻分析了面临的机遇和挑战，清晰确立了今后五年的奋斗目标、指导思想和总体布局。报告擘画了学校未来改革发展的宏伟蓝图，指明了管党治党、办学治校的前进方向，是全校共产党员和广大师生员工智慧的结晶，是学校站在新百年办学历史起点上加快建设中国特色、世界一流大学的纲领性文件。

章熙春同志代表新一届党委领导集体致闭幕辞。他指出，大会面向未来确定的奋斗目标和重点任务，承载着上级党组织的谆谆嘱托，饱含着全校共产党员和广大师生员工的殷殷期盼，必须坚持党建引领、方向正确，坚持为党育人、为国育才，坚持创新发展、特色发展，全面开启中国特色、世界一流大学建设新征程。章熙春强调，当前和今后一个时期的首要政治任务是学习好、宣传好、贯彻好学校第十七次党代会精神，要精心组织、统一思想，形成合力、加快发展，希望党代表不忘初心、不负重托、不辱使命，发挥带头作用，走好群众路线，积极投身实践，为学校新百年办学事业改革发展贡献智慧和力量。

2020年6月17日上午11时30分，大会完成各项议程，在庄严的《国际歌》声中胜利闭幕。

乘风破浪 奋勇争先
全面开启中国特色、世界一流大学建设新征程*

章熙春

（2020年6月16日）

各位代表，同志们：

现在，我代表中共华南理工大学第十六届委员会向大会作报告。

中国共产党华南理工大学第十七次代表大会的召开，适逢我国实现第一个百年奋斗目标，向着第二个百年奋斗目标进军的历史交汇期；适逢学校进入新百年办学新征程，向着中国特色、世界一流大学全面奋进的战略机遇期。这是一次极其重要的大会。

大会的主题是：高举中国特色社会主义伟大旗帜，深入贯彻落实习近平新时代中国特色社会主义思想和党的十九大及历次全会精神，不忘初心、牢记使命，乘风破浪、奋勇争先，全面开启中国特色、世界一流大学建设新征程。

一、十六次党代会以来的主要工作和发展成就

十六次党代会以来，学校党委坚决贯彻落实党中央决策部署，在教育部党组、广东省委的坚强领导下，在广州市及社会各界的大力支持下，团结带领全校师生员工，积极进取、务实担当，深化改革、勇于创新，办学格局深度拓展，办学质量快速提升，综合实力显著增强，学术声誉日益彰显，入选国家"双一流"建设A类高校，圆满完成十六次党代会提出的目标任务，全面建成了国内一流、世界知名的高水平研究型大学。

（一）坚定正确办学方向，党建思政工作呈现新气象

坚持以政治建设为统领，坚决履行管党治党办学治校主体责任，扎实开展党的群众路线教育实践活动和"三严三实"专题教育，深入推进"两学一做"学习教育常态化制度化，认真开展"不忘初心、牢记使命"主题教育，以改革创新的精神全面加强党的建设和思想政治工作，为学校办学发展提供了坚强政治保障。

党的领导坚强有力。学校党委不断提高政治站位，用"四个意识"导航、"四个自信"强基、"两个维护"铸魂，全面落实党对学校工作的政治领导和思想领导。坚持和完善党委领导下的校长负责制，贯彻民主集中制，校院两级议事决策制度进一步健全。学懂弄通做实党的十九大精神，深入推进习近平新时代中国特色社会主义思想"七进"工作。牢牢掌握意识形态工作领导权、主导权、话语权，实施意识形态工作"1337"系统工程，获批教育部高校思想政治工作创新发展中心。

---

* 本文是学校党委书记章熙春在中国共产党华南理工大学第十七次代表大会上的报告。

组织建设全面加强。大力实施基层党组织提升工程,严肃党内政治生活,严格党员教育管理,共发展党员12 332人,目前共有35个二级党委(党总支),638个基层党支部。实现教师党支部书记"双带头人"全覆盖、基层党组织书记抓党建述职评议考核全覆盖,基层党组织的政治核心作用和基层党支部的战斗堡垒作用不断强化。2个学院党委和4个党支部分别入选全国党建工作"标杆院系""样板支部"培育创建单位。贯彻落实好干部标准,坚持事业为上,持续推动干部选育管用环环相扣、科学规范,不断加大优秀年轻干部队伍建设力度,积极拓展干部成长空间,忠诚干净担当的高素质专业化干部队伍加快形成。全力做好精准扶贫工作,助力云县成为云南省首批、临沧市首个脱贫摘帽县,推动广东省惠来县孔美村整体脱贫并入选"中国传统村落",扶贫工作连续两年被国务院扶贫办评定为"好",连续三年获评"教育部直属高校精准扶贫精准脱贫十大典型项目"。

思政育人卓有建树。制订实施学校《思政工作提升行动(2017—2020)》,构建更加完善的"三全育人"格局,获批全国"三全育人"试点院系。加强马克思主义学院和马克思主义理论学科建设,深入实施"明道育德"思政课程改革,主阵地主渠道作用持续发挥。培育和践行社会主义核心价值观,结合新中国成立70周年等重要节点,深入开展新时代爱国主义教育,引导学生筑牢理想信念之基,1人入选中国大学生十大人物、2人获提名奖。持续推进"两工程一计划一行动",获批"全国高校实践育人创新创业基地"。校院两级学生心理健康教育工作不断加强,服务学生健康成长。完善思政工作队伍专业化职业化发展机制,1人入选全国辅导员年度人物,1人入选高校思政中青年骨干队伍建设项目。在广州国际校区探索学生党建和思政工作新模式,获批教育部"一站式"学生社区综合管理模式建设试点单位。

纪律作风建设纵深推进。落实全面从严治党主体责任,支持纪委履行监督责任。健全作风建设制度体系,深入贯彻落实中央八项规定精神,开展"四风"问题专项治理,党风政风持续向好。坚持以领导干部为重点,深入开展纪律教育学习活动,增强纪律教育的广泛性、针对性和实效性。坚持把纪律和规矩挺在前面,用好"第一种形态",及时"咬耳扯袖",使"红脸出汗"成为常态。坚持有案必查、有腐必惩,严肃查处党的十八大后不收敛、不收手,问题严重、群众反映强烈的行为,反腐败斗争压倒性胜利不断巩固。强化对权力运行的监督制约,持续对重点领域和关键环节再监督。全面开展校内巡察,从严从实推进两轮巡视整改,及时纠正偏差,以永远在路上的韧劲,推动全面从严治党向纵深发展、向基层延伸。

文化建设成效彰显。深入推进文明校园创建活动,荣获第一届全国文明校园和广东省文明校园。传承"红色基因""创新基因",创作《美丽中国》《先行者——孙中山》等一系列弘扬主旋律的艺术精品,话剧《红色甲工 血色浪漫》、合唱音画《听见广东》入选教育部"高校原创文化精品推广行动计划",广东粤剧艺术传承基地获批教育部"中华优秀传统文化传承基地",实现创造性转化、创新性发展。打造科技文化节、"金秋木棉"研究生文化节、校友返校日等校园文化特色品牌。完善文化场所建设,美化校园人文景观,完成一批文物建筑、历史建筑的楼宇修缮和文化修复。丰富体育文化,群众性体育运动蓬勃发展,竞技实力显著提升,获80余项国家级及以上比赛冠军,2019年荣获广东省第十届大运会甲组奖牌数第一、团体总分第一,时隔14年重回榜首。

（二）坚持发展第一要务，一流大学建设实现新跨越

紧跟国家发展规划，强化顶层设计，深入实施"十二五""十三五"改革发展规划和"双一流"建设规划，科学发展迈出坚实步伐。

办学发展布局迎来新突破。 与教育部、广东省、广州市共建广州国际校区，一校三区高水平办学新格局基本形成。以广州国际校区建设为契机，布局新工科，拓展与世界一流大学的深度合作，引进全球一流师资，深化人才培养模式改革，致力打造中国高等教育改革的"试验田"和"示范区"。

与广东省人民医院等共建医学院，初步形成本硕博医学人才培养体系，附属广东省人民医院和附属第二医院入选广东"登峰计划"重点建设医院。

学科综合实力迈上新台阶。 新增8个一级学科博士点，总数达到30个，新增5个工程博士专业类别，"以工见长"的综合性学科布局日臻完善。以"4+2"一流学科群建设计划为引领，建成了一批学科高地，新增生物学与生物化学、计算机科学、环境科学与生态学、临床医学、社会科学总论等5个学科领域进入ESI前1%，总数达到10个，实现了增长翻番；新增工程学、材料科学、化学、农业科学4个学科领域进入ESI全球排名前1‰，位居全国前列，实现了零的突破。

人才培养质量达到新高度。 持续优化人才培养结构，研究生招生人数2018年首次超过本科生，研究生与本科生的比例由1:1.33优化为1:1.25。率先出台"一流本科行动计划"，确立面向未来的人才培养路径，以创新创业教育、产学研合作教育、国际化教育为重点，不断完善多样化的创新人才培养模式，顺利通过教育部本科教学工作审核评估。聚焦提升学术创新能力和实践创造能力，全面推进研究生培养机制改革和培养体系建设，逐步推行博士招生"申请－考核"制，建立健全以育人为导向的导师遴选考核机制，研究生培养质量持续提升。继续教育强化特色，品牌建设不断加强。学校持续多年对人才培养的改革探索，取得了明显成效，以第一完成单位获国家级教学成果奖9项，其中一等奖1项；24个专业入选国家级一流本科专业建设点；在"互联网＋"大学生创新创业大赛这一世界级盛会上表现亮眼，前五届共获得5金、14银、3铜的优异成绩；基因组科学创新班、机器人创新基地获得"小平科技创新团队"称号；毕业生总体就业率稳居全国重点高校前列。入选全国大众创业万众创新示范基地、全国首批深化创新创业教育改革示范高校、全国创新创业典型经验高校。

教师队伍建设取得新进展。 坚持党管人才，不断健全人才发现、引进、培养、激励的体制机制。高层次人才和优秀青年人才数量同比显著提升，院士、杰青等高层次人才增加近50人，是上一个周期增量的近3倍。获批2个国家自然科学基金委创新研究群体、3个科技部创新团队。启动教师聘用制度新一轮改革，探索与国际接轨的人事聘用管理制度。构建助力青年教师发展的工作机制，为青年人才快速成长创造条件和氛围。加强教师思想政治工作，建立健全师德师风建设长效机制，坚持把师德作为教师评价第一标准，强化高线引领和底线约束。有机高分子光电材料与器件教师团队获首批全国高校"黄大年式教师团队"，华南软物质科学与技术高等研究院获"全国教育系统先进集体"，何镜堂院士获"最美奋斗者"，吴硕贤院士获"全国先进工作者"，瞿金平院士获"全国创新争先奖"。

科技创新水平实现新跃升。强化服务国家战略的使命意识，科技创新工作捷报频传。科研经费持续增长，总经费超过128亿元。原始创新能力不断提升，获批国家自然科学基金项目1728项，其中，基础科学中心项目1项、重大重点类项目129项；以首席科学家单位获批"973计划"项目2项；牵头承担国家重点研发、科技支撑、重大专项等项目41项。科研创新平台取得重大突破，新增国家级平台12个，总数达28个；新增部省级平台124个，总数达197个。牵头建设人工智能与数字经济广东省实验室（广州）。重大科技成果不断涌现，获国家科技奖22项、部省级特等奖及一等奖55项、广东省突出贡献奖4项。其中2019年牵头获国家科技进步一等奖1项，这不仅是我们学校，更是广东高校零的突破。

哲学社会科学创造新成绩。服务国家和地方决策、解决经济社会重大问题能力不断增强，哲学社会科学整体水平持续提升。获批国家级社科重大项目23项、重点项目14项。社科平台进一步拓展，新增2个国家级平台、25个部省级平台。社科成果学术影响力和社会影响力进一步增强，获部省级成果奖80项，其中一等奖17项；入选《国家哲学社会科学成果文库》，在《中国社会科学》等顶尖学术期刊发表一批高水平论文，在《人民日报》《光明日报》等党报党刊发表一系列理论文章。公共政策研究院等国家级智库多项政策建议获上级领导高度关注和重视。

服务社会体系得到新拓展。构建"点线面"相结合的技术创新体系，成为全国最早开展科技成果转化体制机制改革的高校之一。累计承担企业委托课题近1万项，合同总经费超过50亿元。区域创新与成果转化载体建设稳步推进，新成立珠海现代产业创新研究院、中新国际联合研究院，建设国家大学科技园顺德创新园区，形成以广州为创新源头、沿粤港澳大湾区重要城市布局的"五院一园一室"校地协同创新体系。专利工作稳步发展，发明专利申请量和授权量、有效发明专利拥有量、专利合作条约和国外授权专利等指标增长均翻了一番，获中国专利奖24项。近1000件专利实施转化，金额超6亿元。主导设计了青岛上合组织会议中心、澳门大学横琴校区，参与了港珠澳大桥、雄安新区等一批具有国际影响力的国家重大工程建设和规划。持续领跑在穗主要高校总体支撑指数排行榜，全面支撑地方经济社会发展。充分发挥辐射带动作用，高质量推进对口帮扶广西大学、南昌大学、贵州民族大学、桂林理工大学、广东石油化工学院和阳江应用型本科高校（筹建中）。在学校全力支持下，华南理工大学广州学院取得跨越式发展。

对外合作办学打开新局面。开展全方位、宽领域、多层次的对外交流与合作，新增国（境）外合作伙伴100余个，与密西根大学、南洋理工大学、香港科技大学、西澳大学等高校构建了核心战略伙伴关系，与加州大学伯克利分校、约翰斯·霍普金斯大学、慕尼黑工业大学、鲁汶大学等近50所世界一流学府开展科研合作或学生联合培养，牵头或参与各类国际/区域联盟10余个。拓展合作平台，新增2个"111基地"和12个高水平国际联合实验室。创新国际化人才培养模式，建设先进材料国际化示范学院、中澳学院等特色学院；与都灵理工大学联合开展国内首个城市设计硕士中外合作办学项目，与澳门大学联合开展大湾区首个"2+2"双向双学位本科联合培养项目；新增学生海外交流项目150余个，累计派出学生8800多人次。外籍专家来校讲授学分课程及合作科研达5600余人次，派出教职工赴国（境）外学术交流5200余人次。承接一定外事审批权,简化出国(境)审批流程,提升服务师生效能。新增20个全英专业及280余门全英课程。来华留学培养体系更趋完善,培养国际留学生约8000人。获批全国首批来华留学示范基地、首批来华留学质量认证高校。

内部治理工作开启新篇章。深入推进依法治校,构建起以《华南理工大学章程》为核心的制度体系,获首批广东省依法治校示范校。深化校院两级管理改革和"放管服"改革,规范和加强学术分委员会职能,学校与学院、学术与行政的权责关系进一步理顺。完善教代会制度,积极推进共青团组织和学生会组织改革,推动党务公开、校(院)务公开和信息公开,民主监督不断加强。成立大学理事会。

条件保障能力再上新水平。持续改善办学条件,三个校区的控制性详细规划(修建性详细规划)分别获得通过,广州国际校区一期工程和博学楼、清清文理楼、北一学生宿舍等一批项目完成建设,新增校园面积113万余平方米、建筑面积约61万平方米,分别比2013年增长38%和32%,是学校办学空间的又一次巨大飞跃。实施重点工程委托代建制,医学院综合楼、游泳馆等项目全力建设;橡胶厂地块人才公寓、广州科技图书馆、南北向(长江路)下沉隧道、广州国际校区二期等重点工程正加速推进。加强实验室安全体系建设,持续升级教学科研实验条件保障。加强网络安全管理,推进数字化校园建设,校务服务、图书档案等信息化水平进一步提升。加强校园安全管理和保密工作,强化"三防一治",加强安防设施、监控"天网"、消防设施设备的建设,师生安全得到切实保障,获评广东省平安校园。

民生民心工程再获新改善。稳步改善在职和离退休教职工待遇,不断提升学生奖助学金水平,完成事业单位人员养老保险制度改革,克服困难,自筹4.85亿元发放离退休教工慰问金,确保同城同待遇政策的落实。建成一校三区师生服务中心,进一步优化师生学习、工作、生活环境,整体修缮22栋学生宿舍,实施五山校区清污分流工程和校园道路改造,安装电动车充电桩、除颤仪、自动售卖机等便民设施,推进校园快递整合,实现校园空调安装全覆盖;积极争取墨香南园、榕悦花园等一批广州市公租房,推进住宅楼电梯加建、房改房公摊面积出售、住房改革补贴发放等惠民工作;深入开展节能减排工作,完成电力增容和教工住宿区"一户一表"用电改造,有效保障电力供应。进一步推进后勤服务社会化,校园餐饮、交通、物业管理、商业服务不断改进。加强附属实验学校建设,改建西区和北区幼儿园,保障教职工子女入学入园。建立大病医疗救助帮扶机制,改善师生就诊和健康检查体验。用心用情关怀离退休教职工,提供长者爱心午餐,打造老年大学等学习活动阵地。各民主党派、群众组织、关工委、教督委、退(离)休教工协会、老教授协会等建设大力加强,作用得到充分发挥。校友会和教育发展基金会不断壮大,"华工人全球发展共同体"初具规模。

2020年伊始,一场突如其来的新冠肺炎疫情,给我们的学习、工作和生活带来了前所未有的影响和挑战。学校党委认真学习贯彻习近平总书记对疫情防控工作的指示批示精神和党中央、国务院决策部署,始终把师生生命安全和身体健康放在第一位,紧紧围绕教育部和省市区疫情防控工作要求,发挥共产党员模范带头作用,紧抓实抓细抓,在应急体制、队伍调配、物资保障、在线教育、科研攻关等方面,采取有力有效措施,取得了阶段性胜利,守卫了华园平安,守护了师生健康。

各位代表,同志们!十六次党代会以来,我们各项事业都取得了重大进展。其中有三件大事，让我们尤其倍感振奋。一是成功推动部省市校四方共建广州国际校区，在学校发展大势中"勇开新局"，探索新工科建设和高等教育在地国际化的华工方案。二是组建医学院，在生命科学领域"智落一子"，迈出医学人才培养和新医科发展的华工之路。三是完善"顶天立地"的创新体系，在引育顶尖人才、加强基础研究和应用基础研究、促进成果转化方面"频出实招"，显著增强服务国家重大战略和全面支撑广东发展的华工力量。

这些大事是学校深远谋划、抢抓机遇、乘势而上才取得的，归根结底都是为了落实立德树人根本任务。这些进展是历史性的，是里程碑式的，是划时代的，让华工人迎接挑战的勇气更足，战胜困难的决心更大，面对未来的信心更强。驶入发展快车道的华工，让每一位师生都更有获得感、更有幸福感、更有荣誉感。

十六次党代会以来，学校的变化是深层次的，成绩是全方位的，进步是跨越式的。这些成绩的取得，是对习近平新时代中国特色社会主义思想的坚定贯彻，是对党的十八大、十九大精神的全面践行，是对扎根中国大地办世界一流大学的生动实践。这些成绩的取得，离不开教育部、广东省的坚强领导，离不开广州市和天河区、番禺区的鼎力支持，离不开社会各界的大力帮助，离不开学校历届领导班子、全体华工人的共同奋斗。在此，我谨代表学校第十六届党委，向所有关心、支持学校发展的各级领导和社会各界人士，向全校共产党员和师生员工，向历任党政领导和离退休老同志，向各民主党派、各群众团体、无党派人士、海内外广大校友，表示最衷心的感谢和最崇高的敬意！

在肯定成绩、总结经验的同时，对照党中央的最新要求，对照世界一流大学的使命愿景，对照全校师生员工的殷殷期盼，我们清醒地认识到还存在一些需要进一步努力的地方，主要是：

校院两级党委落实"两个责任"、层层传导压力还不够，纪委监督执纪问责的体制机制还需进一步理顺；意识形态工作规律性把握还不够全面，斗争能力和斗争本领还需进一步增强；基层党组织的组织力还不够强，党建引领业务发展的作用还需进一步发挥；干部队伍主动适应新时代发展要求的自觉性还不足，部分干部敢闯敢试的勇气锐气还需进一步增强；在深化办学改革中，运用新思想新理论解决现实问题的成效还不够显著，系统性、整体性和协同性还需进一步加强；制度体系还不够完备，制度执行还存在"中梗阻"，治理体系和治理能力现代化还需进一步提高。

"为未知而教，为未来而学"的教育教学路径还需探索，教育教学改革还需深化，思想政治工作的针对性和有效性还不够强，师德师风建设长效机制有待完善，全员全程全方位育人的格局还需进一步夯实；学科布局和建设水平还不能强有力支撑战略性新兴产业的发展，高水平学科建设还需进一步加强；具有国际学术影响力的高层次人才和创新团队还不够多，领军人才和优秀青年人才的引育还需进一步发力；有重大影响力的标志性成果还不够突出，原始创新能力还需进一步提升；对外开放办学的整体水平还不够高，国际化办学的能力还需进一步加强；满足广大师生对美好生活的新期待还不够全面，学习工作生活条件还需进一步改善。

对这些"进一步"，我们必须提高政治站位，科学分析研判，切实采取措施，认真解决提高。

二、新征程中学校的历史使命与奋斗目标

（一）发展形势

一路披荆斩棘，一路弦歌不辍。在百年办学历程中，学校始终秉承"博学慎思 明辨笃行"的校训，弘扬"厚德尚学 自强不息 务实创新 追求卓越"的大学精神，与国家富强、民族复兴同向同行、同频共振。作为学校主要办学源头的广东省立第一甲种工业学校，是中国新民主主义革命思想的重要策源地之一，涌现出一批革命志士和民族精英。新中国成立伊始，学校即勇担支撑国家工业建设的使命，不断探路中国高等工程教育，输送了大批"红色工程师"。改革开放以来，学校主动融入国家和区域发展，在全国首开部省共建先河，突破传统体制障碍；首创"三创型"人才培养模式，为国家尤其是广东改革开放先行先试提供了强大的智力支撑，为国家经济社会发展作出了重要贡献。学校相继进入国家"211工程""985工程"和"双一流"建设A类高校行列，矢志不渝培养德智体美劳全面发展的社会主义建设者和接班人，矢志不渝朝着建设中国特色、世界一流大学的目标奋勇前进，谱写了百年办学的宏伟篇章。

当前，我们正处于中华民族伟大复兴战略全局和世界百年未有之大变局这"两个大局"的关键时期，我们已站在新百年办学的新起点上，必须科学谋划学校下一阶段的改革发展，在服务国家发展进程中交出党和人民满意的答卷。

从世情来看，世界经济政治格局正在发生深刻变化，新一轮科技革命和产业变革正在重构全球创新版图、重塑全球经济结构，国际形势的不稳定不确定因素显著增多，具有新的历史特点的斗争已成为常态。我们要善于在危机中育先机、于变局中开新局，加快培育家国情怀和全球视野兼备、能够引领未来的一流人才，更加坚定地走好中国特色、世界一流大学发展之路。

从国情来看，我国正处于实现第一个百年奋斗目标的决胜阶段，也是第二个百年奋斗目标的开局起步。国家的腾飞发展对高等教育产出一流成果、持续输出发展新动能提出了更为紧迫的任务；新时代对办好人民满意的教育赋予了更深的内涵，人民的新期待对高等教育聚焦质量提升、实现跨越发展提出了更高的要求。我们必须因事而化、因时而进、因势而新，为服务国家战略、推动经济社会发展提供更有力的支撑和引领。

从省情来看，当前广东"双区"驱动效应逐步显现，正在加快推进"一核一带一区"建设和"1+1+9"工作部署，广州正在扎实推进国家中心城市建设，实施"1+1+4"工作举措，努力实现"老城市新活力"和"四个出新出彩"，这些发展的新态势为学校提供了前所未有的机遇。大学因城市而兴，城市因大学而盛，我们深耕南粤，应服务南粤、反哺南粤，在未来的发展中抢抓时代机遇，更加积极作为，赋能广州发展，助力广东腾飞。

从校情来看，办大学就要创一流，是历代华工人的共同愿景和不懈追求。现在我们已经全面建成了国内一流、世界知名的高水平研究型大学，正在向着更高的目标迈进。人到半山、船到中流，愈进愈难、愈进愈险。我们唯有咬定青山不放松，全力以赴、攻坚克难、锐意进取、开拓创新，才能早日建成中国特色、世界一流大学。

（二）奋斗目标

我们的奋斗目标是，到本世纪中叶，全面建成中国特色、世界一流大学。为实现这一目标，我们提出了"三步走"战略，其中，第一步目标，即"全面建成国内一流、世界知名的高水平研究型大学"已经圆满实现。在这个基础上，我们提出到2035年，基本建成中国特色、世界一流大学；然后再奋斗15年，全面建成中国特色、世界一流大学。

未来五年是实现奋斗目标极为重要的基础建设期，时不我待、只争朝夕。在这一时期，我们的目标是：一校三区办学格局全面建成，创造性人才培养体系持续完善，一流师资队伍不断扩大，综合性学科布局更加合理，服务国家和区域发展的能力大幅跃升，全球学术影响力显著增强，中国特色现代大学制度优势更加彰显，为建设中国特色、世界一流大学奠定坚实的基础。

（三）指导思想

以习近平新时代中国特色社会主义思想为指导，深入贯彻党的十九大和历次全会精神，认真落实习近平总书记关于教育的重要论述，全面加强党的领导，毫不动摇坚持社会主义办学方向，牢牢把握立德树人根本任务，坚持新发展理念，以"双一流"和广州国际校区建设为"双引擎"，深化办学综合改革，推动高质量内涵式发展，向着建设中国特色、世界一流大学奋勇前进。

（四）总体布局

高举"一面旗帜"。高举习近平新时代中国特色社会主义思想伟大旗帜，坚定不移加强党对学校工作的全面领导，充分发挥党委总揽全局、协调各方的领导核心作用，让党组织成为凝聚党员群众的"主心骨"，让党员干部成为促推改革发展的"排头兵"，以党建新成效引领办学新发展。

这是我们必须始终坚持的办学方向！

深化"五大建设"。①建设"学术华工"。坚持学术立校和人才强校，聚焦国际科学前沿和国家重大需求，建设一流学科，汇聚顶尖师资，培养领军人才，产出重大成果，打造国之重器，显著提升学校核心竞争力和社会贡献力。②建设"开放华工"。坚持开放活校，深刻把握国际国内两个大局，大力加强新时代教育对外开放，推进高质量合作办学，探索多渠道协同共建，既在开放合作中发展壮大，又在开放合作中走向世界。③建设"善治华工"。构建系统完备、富有效率的中国特色现代大学制度，焕发制度活力，提升治理效能，善建、善为、善治，实现治理体系和治理能力现代化，推动学校持续健康发展。④建设"幸福华工"。坚持以师生为中心，发展依靠师生、发展为了师生、发展惠及师生，锲而不舍地推进民生民心工程，努力满足师生美好生活需要，使师生的获得感、幸福感、荣誉感更加充实、更有保障、更可持续。⑤建设"大美华工"。坚持文化兴校，提升大学文化软实力，用学校百年文脉涵养师生家国情怀、激发师生勇担重任，以臻于至善的价值追求、通达至真的学术探寻、宁静致远的校园氛围增强文化自觉和文化自信。

这是我们必须大力推进的战略布局!

实现"三个领先"。坚守立德树人第一使命,不断完善拔尖创新人才培养的"华工模式",努力在为党育人、为国育才上实现领先。充分激发创新第一动力,不断深化融入发展促发展的"华工路径",努力在服务国家战略、引领区域发展上实现领先。用好改革开放关键一招,以广州国际校区为新引擎,不断探索高等教育在地国际化和高教改革的"华工方案",努力在高等教育路径创新、模式创新上实现领先。

这是我们必须努力达到的战略目标!

高举"一面旗帜"、深化"五大建设"、实现"三个领先",既体现了党和国家对高等教育的明确要求,也凝练了学校对过往办学经验的深刻体悟,更确定了学校对未来发展的总体布局,必须久久为功、善作善成,确保中国特色、世界一流大学建设目标的胜利实现。

三、今后五年改革发展的重点任务

雄关漫道真如铁,而今迈步从头越。各位代表、同志们,今后五年,学校党委将坚持党对一切工作的领导,围绕学校制定的奋斗目标,全力推动以下八项重点任务的工作。

(一)以一流标准建设广州国际校区

卓尔不凡,臻至一流。这是我们对广州国际校区的发展定位。在谋划校区建设时,我们坚持以培养担当民族复兴大任的时代新人为己任,既回看了中国顶尖大学走过的路,也比较了世界一流大学的发展之路,进而坚定地选择了在地国际化这条崭新的发展路径,提出了"以我为主、国际协同"的办学新机制,扎根中国、融通中外,汇集全球创新要素,畅通创新链条,致力于把校区建设成为集聚国际高水平团队、培养新工科领军人才、开展深度国际合作、聚焦前沿科学研究、推进高端成果转化和创新创造创业的高地,为国家强盛、粤港澳大湾区高质量发展作出突出贡献。

创新学科布局及产学研融合方式。重点布局引领世界前沿科技、对接国家重大需求、面向经济发展主战场的新工科。发挥现有学科优势,围绕高端制造、生命科学、新材料、新一代信息技术、人工智能与数据科学、海洋科学与工程等领域,创设"学院+高端研究院"的新型学科载体,构筑交叉学科群。强化基础研究,产出原创成果,大力开展关键核心技术、前沿引领技术、现代工程技术、颠覆性技术创新。促进产学研融通创新,打通科技成果转化"最后一公里",全方位助推国家创新体系建设。

创新国际合作及开放办学模式。按照"一对一""一对多"的新模式,平等互鉴、互学互通,每个学院都与一所或若干所世界一流高校开展合作办学,营造浓厚的国际学术氛围。全面实施"新工科 F 计划",通过强化多要素联动、多主体协同、多维度融合,充分发挥一流师资队伍作用,提供与世界一流大学同质等效的全英教学环境和教学品质,致力培养新工科领军人才。

创新聘用制度及校院管理机制。完善"预聘—长聘"制,以师资聘用方式改革推动人事制度综合改革;积极吸纳海外高层次人才,打造"小而精"的高水平国际化师资队伍。提升人才服务水平,增强人才的认同感和归属感,使人才进得来、留得住、干得好。大力推进"强院兴校"试点，探索实施校院管理体制机制综合改革，适时总结阶段性改革成效，为学校全面深化校院管理改革提供经验。

创新校区管理及党建思政方式。建立健全学术创新自治系统、行政高效运行系统、学生成长融合系统、智慧开放共享系统，形成共建共治共享，符合国际规范、中国国情、校区特色的管理新体制。依托教育部高校思想政治工作创新发展中心，以教育部"一站式"学生社区综合管理模式建设为抓手，深入实施"书院制＋全员导师制"，推进"书院＋学院"通专融合，培育社区书院文化，提升育人成效。

（二）面向未来培养一流人才

持续提高人才培养能力，不断完善华工特色一流人才培养体系，着力培养家国情怀和全球视野兼备、"三力"（学习力、思想力、行动力）卓越的"三创型"（创新、创造、创业）人才。

全面构建思政工作体系。把立德树人融入思想道德、文化知识、社会实践教育各环节，贯通学科体系、教学体系、教材体系、管理体系，构建全面覆盖的育人大格局。深入开展新时代爱国主义教育、理想信念和道德品格教育，在明理、共情、弘文、力行上下功夫，培育和践行社会主义核心价值观。加强马克思主义学院建设，深化思想政治理论课改革，把思想政治理论课作为育人的关键课程；推进课程思政建设，把课程思政建设作为育人的关键环节。完善思政课教师和专职辅导员职业发展体系和保障体系，配齐建强思政工作队伍。高度重视体育工作，完善美育育人机制，加强劳动教育，促进德智体美劳有机融合。

加快打造一流本科教育。坚持以本为本，确保本科教育在人才培养中的核心地位和教育教学的基础地位。多渠道发力，巩固提升本科生生源质量。坚持通识教育与专业教育相结合，深入实施"一流本科行动计划""新工科F计划"，启动文科本科教育改革。加强专业内涵建设，建成一批国家级一流本科专业，推动更多的专业通过国际认证。大力推进优质课程和特色课程建设，实施"精品课程倍增行动"，着力打造一大批一流课程。创新教学方式，促进线上线下教育融合。实施"名家名教材建设计划"和"教师教学能力提升计划"，着力提升教材建设质量和教师教学水平。积极建设"未来技术学院"，依托"百步梯创新学院"，进一步创新协同育人机制，加强基础学科拔尖创新人才和产业精英人才培养。充分发挥大众创业万众创新示范基地作用，推进双创教育与专业教育的深度融合，形成良好的创新创业生态环境。办好第六届中国国际"互联网＋"大学生创新创业大赛。

大力提升研究生教育水平。深化研究生教育综合改革，打造规模结构更加合理、培养特色更加鲜明、培养质量更加卓越的一流研究生教育。完善硕士生招生复试制度，全面实施博士生选拔"申请－考核"制，提高硕博连读和直博比例。深化研究生分类培养机制改革，探索专业学位研究生培养特别是工程博士培养的新模式。建立更加完善的研究生资助体系，提高奖助标准，保障研究生潜心研学。进一步完善研究生考核与分流机制，提高研究生培养质量。加强导师队伍建设，健全研究生培养绩效考核制度，强化导师育人职责。

（三）突出优势建设一流学科

坚持"全面规划、突出重点，促进交叉、形成特色，优化结构、协调发展"的建设思路，大力加强学科建设，集中力量率先建成一批世界一流学科。

构建一流学科体系。发挥一校三区同城办学的集约优势，推动五山校区优势壮大、大学城校区活力倍增、广州国际校区高位布局，形成三个校区重点明确、层次清晰、结构协调、互为支撑、比肩并进、交相辉映的学科发展格局。打造一流工科，推动传统工科转型升级，加快布局发展新型工科，全面提升工科优势。强化理科基础，突出理科对工科的支撑作用，全面提升理科水平。发展特色文科，进一步凝练发展方向，持续提高解决经济社会发展的理论问题和现实问题的能力。建设新医科，鼓励医工结合，探索完善医科发展新模式，加快拓展直属附属医院。

提升优势学科水平。强化学科集群建设，以"双一流"建设学科为引领，优势学科为主干，加强学科协同交叉融合，不断培育学科新的增长点。着力打造先进材料、轻工食品、能源环境、智能制造、电子信息、智慧城市、生物医药等若干优势特色学科群，加快推动一批领先学科进入世界一流学科前列，更多优势学科进入世界一流学科行列。

创新学科建设机制。规范学科运行，强化学院学科建设主体责任，落实学院学科建设自主权。创新学科组织形式，突破学科和院系边界，全力推动新兴交叉学科建设，加快创设跨学科研究机构，重点打造一批开放共享的学科公共平台。以绩效和贡献为导向，强化学科评估结果的运用，完善学科动态调整、建设资源配置和评价机制，全面提高学科建设水平。加强学科基层治理体系建设，提升学科治理水平。

（四）厚植基础建设一流队伍

强化教师队伍建设的基础性地位，全面加强师德师风建设，持续提升师资队伍水平，努力建设一支师德高尚、业务精湛、结构合理、充满活力的高素质专业化创新型教师队伍，培育堪当民族复兴大任的大国良师。

加强师德师风建设。完善"凡引必审"工作机制，把好教师入口关。健全师德建设长效机制，在教师招聘考核、职称评聘、推优评先、表彰奖励等工作中强化师德考核，对师德失范行为坚持"零容忍"。突出教师教书育人的天职，创新师德教育，完善师德规范，充分发挥教师荣誉体系的引领作用，引导广大教师以德立身、以德立学、以德施教、以德育德，争做"四有好老师"，激励教师将个人的理想自觉融入国家富强、民族复兴的伟业中，融入学校建设中国特色、世界一流大学的事业中。

提升人才队伍水平。完善党管人才的工作体系，以识才的慧眼、爱才的诚意、用才的胆识、容才的雅量、聚才的良方，创新人才队伍引进与培养体制机制。突出"高精尖缺"导向，加大海内外高层次人才迎纳力度，着力引进优秀青年人才。完善优秀人才脱颖而出的体制机制，发现和培养一批有作为、有潜力的优秀人才和高水平创新团队。充分发挥博士后队伍的"蓄水池"作用，发掘和培养一批优秀青年人才。进一步加强各类专业技术系列和管理服务系列等人才队伍建设。

改革人事管理制度。深化以"预聘—长聘"制为核心的教师聘用制度改革，努力营造人人皆可成才、人人尽展其才的良好局面。进一步优化教学科研、党政管理、实验技术、教辅等相关队伍的建设发展规划，完善岗位设置，强化岗位聘用管理。坚决破除"五唯"，根据不同岗位、不同层次人才特点，实施分类分层评价，定性与定量结合，建立多维度、多元化的人才评价体系，形成以人才培养为核心，以品德、能力、质量和贡献为导向的教师评价和激励机制。健全薪酬管理体系，强化调动人才积极性的分配机制。完善各类人才准入、晋升、转岗与退出机制，加强人才合理流动，实现人才队伍动态调整、结构优化。

（五）创新驱动产出一流成果

坚定创新自信，勇攀科技高峰，着力攻克关键核心技术，产出一批原创性重大成果，进一步提升科技创新硬实力，支撑科技强国建设。

增强科技创新能力。开展"从0到1"基础研究，加大对交叉研究、前沿基础研究的支持力度，培育前瞻性基础研究成果，力争在引领性原创成果方面实现重大突破。加强新一代信息技术、生物技术、高端装备制造、新能源、新材料等重点领域核心技术的集成攻关，解决"卡脖子"技术难题。积极谋划国家重大科技基础设施建设，新建一批国家级创新平台。建好人工智能与数字经济广东省实验室（广州），提升现有国家级平台建设水平。

提高成果转化质量。坚持质量优先，突出转化导向，强化制度引导，不断完善与技术创新体系相适应的科技成果转化机制，提高知识产权创造、保护、运用能力和转化效益。发挥工科优势，深化校企合作，加强与行业领军企业合作共建新型研发机构，推进产业前沿技术协同攻关，更好地引领行业进步。汇聚创新资源，完善校地协同创新体系，加强在大湾区核心城市的布局，推动更多科技成果服务大湾区。

提升哲学社科水平。深入实施"哲学社会科学繁荣计划"，努力建设特色鲜明的哲学社会科学学术体系。围绕党和国家战略部署和经济社会发展现实问题，加强哲学社会科学重大项目和优秀成果培育，不断提高决策咨询服务和解决重大问题的能力，力争取得一批影响力大、显示度高的标志性成果。完善哲学社会科学平台体系，加强对现有平台梯度培育和特色建设，争取新增一批国家和部省级智库。

深化科技体制改革。以创新质量和创新贡献为目标导向，建立健全科技分类评价制度。优化资源配置，支持重大创新团队、重大科研项目、重大科研平台及高层次领军人才，推动产生更多的标志性成果。构建规范高效的科技管理服务体系，赋予科研人员更大的科研自主权。

（六）推动更高水平的开放合作

全面推进对外交流合作，积极参与全球竞争，推动形成更高质量、更宽视野、更深内涵的开放办学新格局。

创新对外开放途径。完善全球合作布局，重点推进与国（境）外高水平教育科研机构和跨国企业建立、巩固战略合作伙伴关系，强化与"一带一路"沿线重要国家、欧洲和我国港澳台地区的深度教育合作。积极创设条件，提供更多机会，构建海（境）外交流基地，让更多的学生拥有海（境）外学习交流经历。牵头组建或参与国际高等教育组织与合作联盟，传播华工声音。推动建设更多高端联合研究机构，提升国际科研合作水平。

提升开放办学内涵。营造更加友好的国际工作环境，吸引和汇聚更多海外师资来校工作，引进海外优秀团队，稳步提高外籍教师在师资队伍中的比例。支持教师参加国际会议和国际组织，参与更多的国际研究计划和科学工程，开拓国际视野和学术视野，提升国际影响力。推进中外合作办学项目和机构建设，做好双向交换生工作，开设更多全英专业和全英课程，加强学生跨文化交流和参与全球治理能力的培养，提高国际组织人才培养和输送能力。加大培训力度，引进具有海外背景的管理人才，全面提升管理人员的国际化工作水平。

做优来华留学教育。坚持"稳规模、调结构、提质量"，完善来华留学生培养体系，吸引更多海外优秀青年来校学习深造，提高学历留学生比例。服务"一带一路"教育行动计划，扩大学校国际影响力。

（七）建设更加完备的治理体系

全面推进依法治校，构建符合一流大学建设要求的体制机制，把制度优势更好地转化为治理效能，努力实现学校治理体系和治理能力现代化。

完善现代大学制度体系。进一步完善以大学章程为核心的中国特色现代大学制度。完善学校党政决策机制，规范议事协调机构运行，推进科学决策、民主决策、依法决策。完善校院学术治理体系，使学术治理和行政管理相互协调支撑促进。加快健全以教代会、学代会和研代会为基本形式的民主管理制度，丰富师生参与管理的有效方式。深入推进党务公开、校（院）务公开和信息公开，保障师生员工的知情权和监督权。健全大学理事会运行机制，协调好学校与政府、社会的关系，推进依法自主办学。

深化校院两级体制改革。树立"强院兴校"意识，推进"一院一策"，切实推动管理重心下移。强化学院办学主体责任，提升学院治理能力，规范学院职责边界，完善学院党委会议、党政联席会、学术分委员会、学位评定分委员会、教学指导分委员会和二级教代会的协调运行机制。不断完善资源配置方式，将激发活力与职责监管相结合，充分发挥学院在学术治理、学科发展、人才培养、队伍建设、社会合作等方面的积极性和主动性，推动学院规范运行、科学发展。

提升内部治理发展效能。坚持全校"一盘棋"，强化多校区协同管理。深化"放管服"改革，建立健全上下衔接、左右协同、科学高效的运行机制，增强制度执行力，加强制度执行监督。积极探索更为有效的治理方式和手段，提高管理服务效能。运用科学思维，不断完善应急管理体制机制。

（八）孕育更加繁荣的大学文化

大力加强校园文化建设，完善支撑服务保障体系，以文化人、以美育人，着力打造文明、和谐、美丽校园。

创新发展校园文化。树立品牌战略意识，挖掘文化价值，塑造文化品牌，加大品牌传播力度。构建"大宣传"工作格局，讲好华园故事，唱响奋进凯歌，弘扬大学精神，凝聚发展力量。加强校史文化研究，推动红色文化传承、创新文化赓续。巩固提升全国文明校园创建成果，鼓励大学文化精品创作。践行校训文化，弘扬优良学风，规范治学行为，遵守学术道德，推动形成积极进取、科学严谨、求实创新的学术生态。创新形式，丰富内容，开展积极向上、格调高雅的校园文化活动，鼓励学院发展特色专业文化，形成"百花齐放"的文化格局。加强数字图书档案资源建设，构建丰富完善的文献资源保障体系。办好学术期刊，争取主办（承办）国际刊物，提高学术话语权。做优做强图书出版，扩大社会效益。

提升环境文化品质。科学规划"一轴一带一区"（校园中轴线、滨水景观带、文化核心区）文化景观建设，展示百年大学魅力。加强校园基本建设规划和基础设施建设，将传统校园意象与现代设计元素合璧，加快推进广州国际校区二期工程等建设。持续推进校园文物建筑、历史建筑的保护工作，美化五山校区和大学城校区校园环境，发挥人文景观春风化雨、润物无声的育人功能。持续推进校园节能减排，推进垃圾分类，建设"绿色校园"。

加强支撑条件建设。拓宽多元筹资渠道，为学校事业发展提供财力保障。坚持勤俭办学，加强财务预算绩效管理，提高资金使用效益。强化审计监督，防范经济风险。加强国有资产管理，推进校企体制改革，优化资产配置，提高资产使用效益，确保国有资产保值增值。升级改造信息化基础设施，推进校园5G高速网络建设；加强信息整合和数据共享，推进信息技术与教学科研管理深度融合，建设"智慧校园"。加强公共教学科研平台建设，推进大型仪器设备开放共享，开展安全教育，建设绿色、健康、安全的实验室体系。加强老旧建筑、构筑物和公共基础设施的维修维护，有序推进学生宿舍维修改造。

推进民生民心工程。积极寻求外部资源，加快推进人才公寓、南北向（长江路）下沉隧道、广州科技图书馆及南门广场改造建设。努力保障和逐步提高在职教工和离退休人员待遇。提高就业指导和服务水平，促进学生高质量就业。加快继续教育转型升级，服务终身学习体系建设。整合教育资源，加强附属实验学校和幼儿园建设，为教职工子女提供更优质的义务教育和学前教育。倡导"为祖国健康工作五十年"，加强体育设施建设，开展全民健身运动。加强学生心理健康教育，宽严并济，关心关爱每一位学生成长成才，重视教师心理健康，促进师生身心健康、阳光生活。完善医疗保障体系，努力为师生员工提供更加便利的基本医疗服务。关心关爱离退休教职工，支持办好老年大学，加快推进"幸福华工人居家养老模式"，为老同志提供更加温馨和便利的养老服务。加强后勤服务保障体系建设，着力提高住宿餐饮、环境卫生、交通出行等方面的服务质量和水平。贯彻落实总体国家安全观，推进"大安防"系统建设和保密安全教育，加强人防、物防、技防、制度防、信息防联动，建立健全校园周界智能安防系统，大力建设"平安校园"。

四、坚定不移纵深推进全面从严治党

深入贯彻落实新时代党的建设总要求和新时代党的组织路线，持续推进全面从严治党，建立"不忘初心、牢记使命"主题教育制度，推动各级党组织全面进步、全面过硬，把学校党委建设成为坚持社会主义办学方向、善于管党治党办学治校、得到师生员工衷心拥护、经得起各种风浪考验的坚强领导核心。

（一）坚持把党的政治建设摆在首位

坚持旗帜鲜明讲政治，深入推进政治建设制度化和"两个维护"具体化，把政治标准和政治要求贯穿党的各项建设和学校各项工作始终，切实做到把方向过硬、管大局过硬、作决策过硬、抓班子过硬、带队伍过硬、保落实过硬。严格执行党委领导下的校长负责制，坚持学校党委的领导核心地位，强化学院党委的政治核心作用，发挥基层党支部的战斗堡垒作用，发挥群团组织的政治作用，切实把党的领导落实到办学治校各层级各方面各环节。严格执行民主集中制，严肃党内政治生活，严明党的政治纪律和政治规矩，发展积极健康的党内政治文化。

（二）坚持把党的理论武装引向深入

把笃学笃行习近平新时代中国特色社会主义思想作为首要政治任务，坚持用马克思主义的立场、观点、方法武装头脑、指导实践、推动工作，做到学思用贯通、知信行统一。完善理论学习"第一议题"等制度，做强"华园讲坛"品牌，持续推进"两学一做"学习教育常态化制度化，发挥习近平新时代中国特色社会主义思想研究中心和党委讲师团作用，加强理论学习研究和宣传阐释。守正创新，加强意识形态工作规律性研究，深化意识形态管理改革，在落实意识形态工作责任制上持续发力，坚决守好意识形态安全"南大门"。

（三）坚持把干部队伍打造得更加忠诚干净担当

坚持正确选人用人导向，突出政治标准，选拔更多理想信念坚定、符合新时代学校事业发展要求、想干事能干事干成事的好干部。加大干部储备和教育培养力度，特别是"双肩挑"干部的培养使用，更加重视从一线工作、复杂任务和艰苦环境中培养锻炼年轻干部。大力推动干部交流，积极向外推荐和输送优秀干部。强化全程考核、全面考核，既从大事难事急事、也从长期性基础性工作中考察评价干部。健全激励机制和容错纠错机制，旗帜鲜明为敢于担当、踏实做事、不谋私利的干部撑腰鼓劲。增强干部培训的针对性和有效性，注重培养干部专业能力、专业精神和国际视野，全面提升干部队伍制度执行力和治理能力。加强经常性干部监督管理，用严管厚爱为干部成长护航。做好党外干部工作，加强党外代表人士队伍建设。加强对二级单位领导班子的综合研判和动态调整，选优配强领导班子，增强整体功能。持续精准用力，坚决打赢教育脱贫攻坚战，做好脱贫攻坚与乡村振兴的有机衔接。

（四）坚持把党的基层组织锻造得更加坚强有力

突出政治功能，以提升组织力为重点，深入实施基层党组织提升工程。一手抓基础，探索创新党支部设置，扎实推进基本组织、基本制度、基本队伍、基本活动、基本保障等基础性建设；一手树品牌，坚持学校、学院、党支部三级联动，培育建设一批党建工作品牌，建成一批全国、全省党建工作标杆学院和样板支部，争创全国党建工作示范高校。建强党支部书记队伍，深入推进"双带头人"培育工程，切实做到党建、学术双带头。加大高知党员培养发展工作力度，进一步提高党员发展质量。严格党员教育管理，激励广大党员争当先锋模范。办好党代表工作室，支持党代表履职尽责，发挥党代表的桥梁纽带和示范表率作用。

（五）坚持把正风肃纪反腐抓得更严更实

保持政治定力，发扬斗争精神，把"严"的主基调长期坚持下去，持续营造风清气正的优良政治生态。巩固拓展作风建设成效，深入践行一线规则，持之以恒推动中央八项规定精神落实，深化治理只表态不落实、不担当不作为等形式主义、官僚主义问题。突出政治监督，加强日常监督，通过监督保障上级决策部署和学校政策措施的贯彻落实。深化政治巡察，对二级党组织巡察全覆盖。保持惩治腐败高压态势，深化体制机制改革，一体推进不敢腐、不能腐、不想腐。坚持"三个区分开来"，实事求是运用"四种形态"，用好监督执纪"七个看"和问责"六字诀"，实现政治效果、纪法效果、社会效果相统一。完善与纪检监察体制改革相适应的工作体系，进一步健全校院两级运行机制，不断提高监督执纪问责的能力。

（六）坚持把各方力量团结凝聚起来

尊重师生办学主体地位，尊重师生首创精神，凝聚一切积极力量，调动一切积极因素，构筑最大"同心圆"。进一步做好新形势下的统战工作，加强民主党派和无党派人士、民族和宗教、出国和归国留学人员、港澳台侨工作，支持党外人士发挥积极作用。加强党对群团组织的领导，积极推进团学改革，提升工会、共青团等组织的政治性、先进性和群众性。充分调动关工委、教督委、退（离）休教工协会、老教授协会等组织在学校建设和人才培养中的积极性。进一步加强校友工作和基金会工作，汇聚校友力量，充分发挥好"华工人全球发展共同体"作用。广泛团结关心支持学校改革发展的各界人士和海内外朋友，汇聚推动学校一流大学建设的强大合力。

各位代表，同志们，千帆竞渡浪潮涌，百舸争流正当时。回首百年历程，我们真切地体会到，正是一代代华工人的风雨兼程、砥砺奋进，才铸就了华南理工大学坚实的办学基础；展望未来发展，学校正行进在波澜壮阔的新百年办学新征程上，我们深刻地感受到，事业崇高而神圣，任务艰巨而繁重，责任重大而荣光。让我们更加紧密地团结在以习近平同志为核心的党中央周围，高举习近平新时代中国特色社会主义思想伟大旗帜，增强"四个意识"、坚定"四个自信"、做到"两个维护"，在教育部党组和广东省委的坚强领导下，不忘初心、牢记使命，凝聚磅礴动力，永葆前进定力，激发办学活力，以更加昂扬的奋斗姿态，更加进取的拼搏精神，更加强烈的使命担当，乘风破浪、奋勇争先，全面开启中国特色、世界一流大学建设新征程，为实现中华民族伟大复兴中国梦贡献智慧和力量！

坚持全面从严治党　强化监督执纪问责
为建设中国特色、世界一流大学提供坚强纪律保障

——中共华南理工大学第十六届纪律检查委员会向中共华南理工大学第十七次代表大会的报告

（2020年6月16日）

现将中共华南理工大学纪律检查委员会的工作情况和今后工作建议向中共华南理工大学第十七次代表大会报告，请予审查。

一、十六次党代会以来的工作回顾

十六次党代会以来，在学校党委和上级纪委监委的坚强领导下，学校纪委以习近平新时代中国特色社会主义思想为指导，认真贯彻落实党的十八大、十九大及中央纪委历次全会精神，坚定不移推进全面从严治党，忠诚履行党章赋予的职责，纪检监察各项工作开创了新局面。

（一）坚持党的领导，责任体系不断完善

"两个责任"压紧压实。加强党委对党风廉政建设和反腐败工作的集中统一领导，成立党的建设和全面从严治党工作领导小组。每年召开全面从严治党工作会议，研判形势，部署工作。签订校院两级党风廉政建设责任书，实行领导干部履职记实，开展二级党组织主要负责人向学校纪委述责述廉述德并接受评议活动，明责知责尽责，推动履行"一岗双责"落实落细。

制度笼子织牢织密。用制度管权管事管人，以制度化建设提升全面从严治党工作成效。制定《运用监督执纪"第一种形态"实施办法》，把运用好"第一种形态"作为落实主体责任的重要抓手。制定《巡察工作办法》《执纪审查工作办法》等制度，推进监督执纪工作科学化、制度化、规范化。推动出台《厉行节约 反对浪费实施细则》等制度，驰而不息贯彻落实中央八项规定精神。

责任追究严肃严格。健全责任落实和责任追究机制，失责必问，问责必严。综合运用检查、通报、诫勉、组织处理、纪律处分等方式，加大问责力度，对不履责或不正确履责的23名领导干部追究相应的主体责任、监督责任、领导责任。

（二）聚焦第一职责，监督成效不断提升

政治监督稳步推进。通过政治监督有力推进政治建设。在立德树人、思想政治、意识形态、师德师风建设等方面强化监督，确保正确的办学方向。对民主生活会和组织生活会开展情况进行监督，提升党内政治生活质量。对照教育部党组两轮巡视整改要求强化监督，保障整改成效扎实有力。对违反政治纪律的问题线索优先处置，严明政治纪律

和政治规矩。

日常监督逐步增强。通过日常监督有序保障学校发展。加强评审评比、招生考试、物资采购等重点领域和关键环节的再监督，开展科研经费使用、"小金库"、因公出国（境）管理等专项治理，通报典型问题，发出监察建议书14份。做好党风廉政意见回复工作，出具廉政意见5049人次，12名教职工被终止评优评先资格，严把政治关、品行关、作风关、廉洁关。

巡察监督逐步规范。通过巡察监督切实推进管党治党办学治校责任落实。2014年起开展校内巡察，对二级党组织巡察全覆盖。在第一轮巡察工作基础上，建立健全工作体制机制。2019年启动新一轮校内巡察，对发现的突出问题，协助党委及时处理相关责任人；对发现的普遍性、典型性问题进行归纳总结，推动未巡先改，增强巡察效应。

（三）加强作风建设，党风政风不断净化

作风建设警钟长鸣。紧盯元旦、春节、中秋、国庆以及教师节、毕业季等重要节点，通报典型案例、开展廉洁提醒30余次，推动教职员工明规矩、知底线。开展群廉谱图片展、"学条例守规矩、强党性正风纪"等教育活动，促进党员干部将党规党纪内化于心外化于行。

"四风"问题持续纠治。从治理奢靡之风入手，围绕师生员工反映强烈的突出问题，开展会员卡清退、"三公"经费检查、财经工作清查、办公用房清理等专项整治活动。严肃查处违反中央八项规定精神问题，对22人作出批评、通报、诫勉等处理，持之以恒纠治"四风"。

（四）坚持挺纪在前，执纪力度不断加大

廉洁教育日益深化。以领导干部为重点，深入开展纪律教育学习月活动。坚持逢新必教，每年对新提任科级及以上干部、新入职教职工、新增研究生导师开展廉洁教育。精心打造"'廉'结你我"品牌，举办科研诚信专题巡讲30余场，深入二级单位开展专题教育活动20余次。率先在全省高校中开展毕业生廉洁教育，为学生量身定制形式多样的宣教活动，得到上级部门的肯定。校园廉洁氛围日益浓厚。

以案促改日益推进。以案促改，以案促建。通过深刻剖析校内典型案例，查找出在落实主体责任、制度执行、监督管理、师德师风等方面的薄弱环节，督促各级党组织和领导干部立即整改，堵塞漏洞，建章立制，强化管理。针对省教育厅审计提醒函，对12个方面的问题约谈相关部门，推动化解廉政风险，不断完善内控机制。

纪律约束日益严格。坚持惩治极少数、教育大多数，综合运用"四种形态"，分类处置线索532件。把纪律挺在前面，运用"第一种形态"给予93人批评教育、提醒谈话、诫勉谈话等处理；严肃查处违纪案件，运用第二、三、四种形态立案审查28人，给予24人党纪政纪处分，收缴违规违纪款335.36万元，持续释放越往后执纪越严的强烈信号。

（五）加强自身建设，履职能力不断增强

职能职责愈发聚焦。认证履行监督执纪问责的职责，准确把握全面从严治党与党风廉政建设和反腐败斗争之间的关系，厘清职责定位。落实高校纪检体制改革要求，纪委书记聚焦纪律检查和校内巡察工作。落实转职能要求，梳理退出 24 个议事协调机构，主责主业更加聚焦。

队伍建设愈发过硬。在学懂弄通做实习近平新时代中国特色社会主义思想上下功夫，提高政治站位。加强培训教育，选派干部参加业务培训、以干代训 42 人次，提高素质能力。强化自我约束，严格执行请示报告、集体研判、查审分离等制度，严守办案安全底线。加强理论研究，把握工作规律，10 余篇研究成果获上级部门表彰。

基层基础愈发夯实。率先在全国高校中成立二级纪委，推动组建校院两级纪检干部队伍，建立健全两级监督体制机制。加强对二级纪委的领导和工作指导，组织二级纪委开展调研、交流、研讨，提升履职能力。二级纪委不断强化对学院班子建设、招生录取、职称评审等工作的监督，职能作用愈发彰显。

2020 年伊始，面对新冠肺炎疫情的严峻挑战，按照学校党委的统一部署，始终把监督检查挺在疫情防控第一线，严肃处理不落实学校疫情防控要求、违反校园疫情防控规定的问题，维护师生安全和校园稳定，保障良好的教育教学秩序和正常生活秩序。

十六次党代会以来，学校反腐败斗争压倒性胜利不断巩固，党风政风持续向好。这些成绩的取得，得益于学校党委和上级纪委监委的坚强领导，得益于学校各单位的共同努力，得益于广大师生员工的大力支持，得益于全体纪检监察干部的辛勤付出。在此，表示最衷心的感谢和最崇高的敬意！

在看到成绩的同时，我们也清醒地认识到，学校全面从严治党任务依然艰巨繁重，与党中央的新要求和师生员工的新期待还有差距，还存在一些需要进一步努力的地方：少数领导干部履行"一岗双责"不够到位，责任意识需要进一步提高；形式主义、官僚主义在一定程度上仍然存在，作风建设需要进一步夯实；违规违纪问题仍有发生，权力运行制约监督机制需要进一步完善；面对新形势新任务，纪检监察干部能力仍显不足，斗争精神、斗争本领需要进一步提升。对这些"进一步"，我们绝不能掉以轻心、放松警惕，必须提高政治站位，坚持问题导向，采取有力措施，切实加以解决。

二、十六次党代会以来的工作体会

十六次党代会以来，我们坚持围绕中心、服务大局，坚守职责、担当作为，在工作中形成了一些认识和体会：

——必须始终把政治建设摆在首位。纪委是政治机关，要以习近平新时代中国特色社会主义思想为行动指南和根本遵循，突出抓好政治监督，增强"四个意识"、坚定"四个自信"、做到"两个维护"，确保正确的办学方向。

——必须忠诚履行党章赋予的职责。监督执纪问责是纪委的基本职责，要敢于监督、善于监督，精准发现问题，严肃执纪问责，促进健全完善中国特色现代大学制度体系，保障重大决策部署、政策措施落实落地。

——必须牢牢把握稳中求进工作总基调。全面从严治党既是攻坚战，也是持久战，要坚定稳妥，稳中求进。稳高压态势、稳惩治力度，始终与学校事业进步同向同行，始终为学校改革发展保驾护航。

——必须坚持标本兼治一体推进"三不"。一体推进不敢腐、不能腐、不想腐是新时代全面从严治党的重要方略。要以严格的监督执纪问责强化不敢腐的震慑，以完善的制度体系扎紧不能腐的笼子，以坚定的理想信念筑牢不想腐的自觉。

三、今后五年的工作建议

学校已站在新百年办学的新起点上，未来五年是实现奋斗目标极为重要的基础建设期，时不我待、只争朝夕。学校纪委要以习近平新时代中国特色社会主义思想为指导，深入贯彻落实党的十九大和中央纪委历次全会精神，在学校党委和上级纪委监委的领导下，紧紧围绕学校中心工作，推动新时代纪检监察工作高质量发展，为建设中国特色、世界一流大学提供坚强纪律保障。

（一）践行"两个维护"，强化政治监督，持续涵养清明生态

突出抓好政治监督再发力。加强对落实党委领导下的校长负责制的监督，加强对学院党委发挥政治核心作用、基层党支部发挥战斗堡垒作用、群团组织发挥政治作用的监督，保障党对教育工作的全面领导。围绕立德树人、思想政治、意识形态、师德师风建设等重点工作强化监督，确保党的教育方针全面贯彻执行。针对教育部巡视整改强化监督，推动巡视整改和深化标本兼治有机结合，促进深化改革和制度创新。

持续涵养清明生态再聚力。严明政治纪律和政治规矩，严肃查处违反政治纪律行为，通过严明政治纪律有力带动党的其他纪律更严更实。严肃党内政治生活，加强对民主生活会、"三会一课"等组织生活的监督。突出以政治标准选人用人，强化对干部选拔任用工作的监督。发展积极健康的党内政治文化，以优良的党风政风凝聚人心。

（二）纠治形式主义，克服官僚主义，为一流大学建设提供作风保证

坚决打赢作风建设攻坚战。集中整治形式主义、官僚主义问题，督促领导干部以上率下，持续改进工作作风。持续推动清理规范评比、检查、考核、填表等事务，切实为基层减负。深化治理只表态不落实、不担当不作为，严肃查处不敬畏不在乎、空泛表态、敷衍塞责、弄虚作假等问题。大力强化群众监督和舆论监督，通报曝光形式主义、官僚主义典型案例。

努力营造干事创业好环境。持续巩固拓展"不忘初心、牢记使命"主题教育成果，推动广大党员干部真抓实干、担当作为，积极进取、开拓创新。树立正确政绩观，践行一线规则，营造想干事、能干事、干成事的良好氛围，为干事者鼓劲，为实干者撑腰，激励党员干部奋勇争先。

（三）聚焦监督职责，坚持问题导向，加强对权力运行的制约监督

突出重点做实做细日常监督。紧盯关键少数，加强对学校各级党组织落实主体责任、学校领导班子成员和各级领导干部落实领导责任的监督。聚焦重要部门，突出对管人管钱管物、权力集中、廉洁风险高或群众反映较多的单位的监督。聚焦重点领域和关键环节，围绕评审评比、选人用人、招生考试、财务管理、校办企业等加强监督。积极探索广州国际校区办学新机制下的监督工作新举措。结合新冠肺炎疫情形势，在常态化防控工作中持续做好监督。

衔接贯通健全完善监督体系。以党内监督为主导，推进纪律监督、监察监督、巡察监督、审计监督统筹衔接，推动各类监督有机结合、相互协调。协助党委健全全面从严治党制度，推动党委主体责任、书记第一责任人责任、班子成员"一岗双责"责任和纪委监督责任贯通联动、一体落实。拓宽党内监督、民主监督、群众监督渠道，督促落实党务公开、校（院）务公开、信息公开，最大限度地保障师生员工的知情权、参与权和监督权。

（四）深化政治巡察，精准发现问题，推进整改落实，强化结果运用

坚守政治巡察定位。认真落实《教育部党组关于指导高等学校党委开展巡察工作的指导意见》，深化政治巡察。着力发现二级单位领导班子及成员在思想认识、履职尽责、管党治党、组织建设和风险防范等方面的问题并督促整改。以巡察推动学校治理能力和治理水平现代化，保障党的路线方针政策和上级重大决策部署落实落细落地。

高效推进校内巡察。充分发挥巡察利剑作用，对二级党组织巡察全覆盖，并根据工作需要延伸至相关单位。紧扣"发现问题、形成震慑，推动改革、促进发展"的工作方针，健全完善巡察工作体制机制。构建巡前信息收集体系，坚持问题导向，科学制定观测点和巡察规程；推进巡察工作人才库建设，选优配强巡察干部，充分发挥"政治体检"作用；强化上下联动机制，夯实被巡察单位主体责任，推动整改落地见效；完善巡察成果共享机制，强化综合运用，做好巡察"后半篇文章"。

（五）持续正风肃纪，用好"四种形态"，实现严管与厚爱的有机结合

抓早抓小防微杜渐。深化运用"第一种形态"，对党员干部存在的苗头性、倾向性问题及时提醒，让"红脸出汗"成为常态。精准审慎实施谈话函询，让存在轻微问题的党员干部说清问题纠正问题，对反映不实或者没有证据证明存在问题的采信了结，帮助干部放下包袱轻装上阵。推动二级党组织把运用"第一种形态"作为落实主体责任的重要内容，经常开展日常谈话、提醒谈话，挺纪在前治未病。

保持惩治力度不减。严字当头、寸步不让。突出纪律审查重点，严肃查处重点领域关键环节的腐败问题，严肃查处师生反映强烈、严重损害学生权益的不正之风，严肃查处隐形变异的"四风"问题。实事求是运用"四种形态"，用好"七个看""六字诀"工作方法，实现政治效果、纪法效果、社会效果相统一。运用纪检监察建议做深做实以案为鉴、以案促改。持续加强思想道德和党纪国法教育，做实案例警示教育，深化校园廉洁文化建设，引导党员、干部修身律己，廉洁齐家。

严管厚爱有机结合。既把"严"的主基调长期坚持下去，又善于做到"三个区分开来"，精准有力问责，推动完善激励机制和容错纠错机制。坚持惩前毖后、治病救人，正确对待被问责和受处分的干部。落实《关于做好失实检举控告澄清工作的意见》，对受到诽谤、诬告、严重失实举报的，及时为其澄清正名，为担当者担当，激发广大干部锐意进取、敢于作为。

（六）坚定斗争意志，强化专业能力，锻造忠诚干净担当的干部队伍

深化纪检体制改革。全面落实直属高校纪检体制改革的各项要求，主动接受学校党

委和上级纪委监委双重领导。与学校党委建立定期汇报协商、专题研究全面从严治党等协调机制和工作机制。与上级纪委监委建立定期汇报工作、及时报告重要问题线索处置和重大案件查处情况等沟通联系机制。调整纪委内设机构，实现监督检查、纪律审查、案件审理、案件监督管理相互协调、相互制约。推进更高水平、更深层次"三转"，进一步发挥纪委职能作用。

全力推进规范建设。进一步强化法治意识、程序意识、证据意识，严格遵守《纪检监察机关处理检举控告工作规则》《中国共产党纪律检查机关监督执纪工作规则》，规范工作程序。加强监督执纪工作全过程管理，提高规范化、程序化、标准化水平。强化安全意识，建设标准化谈话室，配齐配全设施，确保安全文明办案。

努力锻造过硬队伍。坚持理论学习"第一议题"制度，强化政治意识，不断增强斗争精神。继续加强业务学习和培训，派员到上级机关实践锻炼，不断提升斗争本领。严守审查调查纪律，严禁以权谋私，不断筑牢纪律底线，坚决防止"灯下黑"，努力锻造一支忠诚坚定、担当尽责、遵纪守法、清正廉洁的纪检监察干部队伍。

忆往昔不负初心，看今朝赓续奋进。迈入新时代、踏上新征程，学校发展日新月异、阔步向前，纪检监察工作使命光荣、责任重大。让我们始终坚持以习近平新时代中国特色社会主义思想为指导，在学校党委和上级纪委监委的坚强领导下，以永远在路上的坚韧和执着，忠实履职尽责、主动担当作为，坚持全面从严治党，强化监督执纪问责，为建设中国特色、世界一流大学提供坚强纪律保障！

中国共产党华南理工大学第十七次代表大会关于中国共产党华南理工大学第十六届委员会工作报告的决议

中国共产党华南理工大学第十七次代表大会批准了章熙春同志代表中国共产党华南理工大学第十六届委员会（以下简称"第十六届党委"）所作的《乘风破浪 奋勇争先 全面开启中国特色、世界一流大学建设新征程》的工作报告。

大会认为，报告全面总结了学校十六次党代会以来的主要工作和发展成就，认真梳理了改革发展需要进一步努力的方向，深刻分析了面临的机遇和挑战，清晰确立了今后五年的奋斗目标、指导思想和总体布局。报告擘画了学校未来改革发展的宏伟蓝图，指明了管党治党、办学治校的前进方向，是全校共产党员和广大师生员工智慧的结晶，是学校在新百年办学的新阶段，加快建设中国特色、世界一流大学的纲领性文件。

大会认为，报告阐明的主题对我们奋发有为、拼搏进取具有十分重大的意义。我们要不忘初心、牢记使命，乘风破浪、奋勇争先，全面开启中国特色、世界一流大学建设新征程。

大会高度评价了第十六届党委的工作，充分肯定了第十六届党委的贡献。十六次党代会以来，学校党委坚决贯彻落实党中央的决策部署，在教育部党组、广东省委的坚强领导下，团结带领全校师生员工，积极进取、务实担当、深化改革、勇于创新，办学格局深度拓展，办学质量快速提升，综合实力显著增强，学术声誉日益彰显，入选国家"双一流"建设A类高校，圆满完成了十六次党代会提出的目标任务，全面建成了国内一流、世界知名的高水平研究型大学。十六次党代会以来的变化是深层次的，成绩是全方位的，进步是跨越式的，为今后改革发展积累了宝贵经验，奠定了坚实基础。

大会认为，报告对世情、国情、省情和校情的分析是客观辩证的，确定的"三步走"战略是科学前瞻的。大会强调，我们的奋斗目标，是到本世纪中叶，全面建成中国特色、世界一流大学，而未来五年是实现奋斗目标极为重要的基础建设期。在这一时期，我们要以习近平新时代中国特色社会主义思想为指导，深入贯彻党的十九大和历次全会精神，认真落实习近平总书记关于教育的重要论述，全面加强党的领导，毫不动摇坚持社会主义办学方向，牢牢把握立德树人根本任务，坚持新发展理念，以"双一流"和广州国际校区建设为"双引擎"，深化办学综合改革，推动高质量内涵式发展，向着建设中国特色、世界一流大学奋勇前进。奋斗目标和指导思想的提出，对学校统一认识、振奋精神，凝聚力量、砥砺前进，具有重要的现实意义和深远意义。

大会明确，要高举习近平新时代中国特色社会主义思想伟大旗帜，坚定不移加强党对学校工作的全面领导。要持续深化"学术华工""开放华工""善治华工""幸福华工""大美华工"建设。要不断完善拔尖创新人才培养的"华工模式"，努力在为党育人、为国育才上实现领先；不断深化融入发展促发展的"华工路径"，努力在服务国家战略、引领区域发展上实现领先；以广州国际校区建设为新引擎，不断探索高等教育在地国际化和高教改革的"华工方案"，努力在高等教育路径创新、模式创新上实现领先。高举"一面旗帜"、深化"五大建设"、实现"三个领先"，这是学校对建设中国特色、世界一流大学的总体布局，必须久久为功、善作善成。

大会同意报告提出的今后五年学校改革发展的重点任务。大会强调，要以一流标准建设广州国际校区，面向未来培养一流人才，突出优势建设一流学科，厚植基础建设一流队伍，创新驱动产出一流成果，推动更高水平的开放合作，建设更加完备的治理体系，孕育更加繁荣的大学文化。这八项重点任务责任重大、使命崇高。

大会强调，要坚定不移纵深推进全面从严治党。坚持把党的政治建设摆在首位，坚持把党的理论武装引向深入，坚持把干部队伍打造得更加忠诚干净担当，坚持把党的基层组织锻造得更加坚强有力，坚持把正风肃纪反腐抓得更严更实，坚持把各方力量团结凝聚起来。坚持党对学校工作的全面领导，是建设中国特色、世界一流大学的根本保证。

大会号召，全校各级党组织、全体共产党员和广大师生员工，要更加紧密地团结在以习近平同志为核心的党中央周围，高举习近平新时代中国特色社会主义思想伟大旗帜，增强"四个意识"、坚定"四个自信"、做到"两个维护"，在教育部党组和广东省委的坚强领导下，以更加昂扬的奋斗姿态、更加进取的拼搏精神、更加强烈的使命担当，乘风破浪、奋勇争先，全面开启中国特色、世界一流大学建设新征程，为实现中华民族伟大复兴中国梦贡献智慧和力量！

中国共产党华南理工大学第十七次代表大会关于中共华南理工大学第十六届纪律检查委员会工作报告的决议

中国共产党华南理工大学第十七次代表大会审查、批准学校纪律检查委员会工作报告。大会充分肯定了学校纪律检查委员会的工作，同意对今后五年提出的工作建议。

大会认为，十六次党代会以来，在学校党委和上级纪委监委的坚强领导下，学校纪委认真贯彻落实中央纪委历次全会精神，忠诚履行党章赋予的职责，持续推进党风廉政建设，不断提升监督执纪问责实效，推动全面从严治党取得新成效，为促进学校全面建成国内一流、世界知名的高水平研究型大学作出了积极贡献。

大会指出，当前学校正处于建设中国特色、世界一流大学的战略机遇期，改革发展稳定的任务繁重而紧迫，纪律作风建设依然任重而道远。学校各级党组织和领导干部，必须深刻认识全面从严治党的艰巨性、复杂性、长期性，切实增强使命感和责任感，以永远在路上的韧劲，推动全面从严治党向纵深发展。

大会要求，高举中国特色社会主义伟大旗帜，以习近平新时代中国特色社会主义思想为指导，坚持稳中求进工作总基调，紧紧围绕学校中心工作，保持政治定力，坚定斗争意志，提高斗争本领，持之以恒正风肃纪反腐，一体推进不敢腐、不能腐、不想腐，推动学校进一步形成风清气正的优良政治生态，为实现学校第十七次党代会提出的奋斗目标提供坚强纪律保证，为建设中国特色、世界一流大学不懈奋斗！

在中国共产党华南理工大学第十七次代表大会闭幕式上的讲话

章熙春

（2020年6月17日）

各位代表，同志们：

中国共产党华南理工大学第十七次代表大会，在教育部党组、广东省委的大力支持下，在教育部人事司、省委组织部和省教育工委的关心指导下，经过全体代表的共同努力和大会全体工作人员的辛勤工作，已圆满完成了各项议程，即将胜利闭幕。

在此，我谨代表大会主席团、代表新一届党委，向上级党组织、向各位代表、向筹备会议的各位同志、向所有支持学校工作的共产党员和广大师生员工，致以最衷心的感谢和最崇高的敬意！再过两个星期，中国共产党将迎来99岁生日，成功召开本次党代会，是我们对党的生日最好的庆祝和最大的献礼。

这次大会开得很成功，是一次高举旗帜、团结奋进的大会，是一次承前启后、开拓创新的大会，是一次凝心聚力、扬帆起航的大会。大会全面总结了十六次党代会以来学校党的建设和事业发展取得的新进步新成就，作出了学校建设中国特色、世界一流大学的战略部署，擘画了学校未来事业发展的美好蓝图，必将为华南理工大学新百年办学增添浓墨重彩的一笔。

各位代表、同志们，以本次大会为契机，学校办学发展又站在了一个新的历史起点上。大会面向未来确定的奋斗目标和重点任务，承载着上级党组织对我们的谆谆嘱托，饱含着全校共产党员和广大师生员工对我们的殷殷期盼。我们必须坚持以习近平新时代中国特色社会主义思想为指导，增强"四个意识"、坚定"四个自信"、做到"两个维护"，乘风破浪、奋勇争先，全面开启中国特色、世界一流大学建设新征程。

建设中国特色、世界一流大学，我们必须坚持党建引领、方向正确。坚持党对学校工作的全面领导，是建设中国特色、世界一流大学的根本保证。习近平总书记说："坚定的理想信念，永远是激励我们奋勇向前、克难制胜不竭的力量源泉。"回想百年前的红色甲工，在革命战争时代，一群有着崇高信念和伟大理想的青年师生，为了国家的前途，为了民族的命运，为了人民的幸福，壮志凌云、甘洒热血，甚至牺牲了自己年轻的生命。这种"红色基因"和精神族谱彰显出来的理想之美，激励着一代又一代的华工人爱国奉献、奋勇争先。在新时代新征程中，我们将会面临更加复杂的形势，迎接更加严峻的考验，接受更加重大的挑战。人到半山、船到中流，愈进愈难、愈进愈险。我们必须始终保持清醒头脑和政治定力，坚持正确政治方向，自觉加强政治历练，坚定信心，接续奋斗。

建设中国特色、世界一流大学，我们必须坚持为党育人、为国育才。培养德智体美劳全面发展的社会主义建设者和接班人是学校的根本使命。习近平总书记指出："只有培养出一流人才的高校，才能够成为世界一流大学。"华南理工大学自组建之初，就确定了建一流大学的宏伟目标。学校组建之初，毕业于6个发达国家20多所世界名校的40多名教授学者，毅然放弃国外的优越生活，来到华工，献身三尺讲台，给百废待兴的新中国培养了一大批人才，对学校的发展产生了不可估量的深远影响。"大学之道，在明明德，在亲民，在止于至善"。立德树人关系党的事业后继有人，关系国家前途命运。我们必须聚焦立德树人根本任务，把德智体美劳全面培养的教育体系建起来，把学校思想政治工作强起来，把师德师风建设严起来，扛牢为党育人、为国育才的政治责任。

建设中国特色、世界一流大学，我们必须坚持创新发展、特色发展。实现高质量内涵式发展，既是学校长久以来的坚守，也是面向未来的追求。习近平总书记指出："办好中国的世界一流大学，必须有中国特色。没有特色，跟在他人后面亦步亦趋，依样画葫芦，是不可能办成功的。"敢于打破常规，勇于革故鼎新，坚持走特色发展之路，这是华南理工大学的特质之一。改革开放以来，学校面向经济建设主战场，闯出了"共建与联合办学"的新路子，率先提出了"三创型"人才培养目标，创建起协同育人、协同创新的体制机制，与广东省人民医院共建医学院探索新医科发展路径，部省市校四方共建广州国际校区，等等，都是华工人在探索一流大学建设道路上的创新之举，也成为了学校最鲜明的特色、最闪亮的名片。在新征程中，我们必须聚焦国家重大战略需求，抓住国家特别是粤港澳大湾区经济社会发展新机遇，以"双一流"和广州国际校区建设为"双引擎"，在队伍建设、科学研究、国际交流、内部治理、文化繁荣、民生保障等多个方面，重创新、强特色，持续推进办学综合改革，不断深化"五大建设"，努力实现"三个领先"，坚决抓好"八项重点任务"，充分展现华工人的智慧和担当。

各位代表、同志们，宏伟蓝图已经绘就，发展愿景催人奋进。当前和今后一个时期的首要政治任务是学习好、宣传好、贯彻好学校第十七次党代会精神，要精心组织、统一思想、形成合力、加快发展。

一要领会精神实质。深刻领会十六次党代会以来取得的突出成就和亮点工作，把握经验做法，坚定信心、乘势而上；深刻领会学校中国特色、世界一流大学建设的奋斗目标、指导思想、总体布局和重点任务，把握大局大势，保持清醒，落细落实；深刻领会纵深推进全面从严治党的内涵要义，把握主题主线，固本培元，凝心聚力。

二要迅速学习宣传。学校各级党组织要认真组织共产党员和师生员工，原原本本学、突出重点学、丰富形式学、联系实际学。宣传部门要充分发挥融媒体优势，开展全方位、多层次、宽领域的宣传报道，营造浓厚舆论氛围。校院两级要组织专家力量，深入开展研究阐释，紧密联系单位实际，把党代会精神讲深讲透讲好，推动各项目标任务落到实处。

三要抓好贯彻落实。一分部署、九分落实。完成大会确定的各项目标任务，关键在于落实。学校各部门、每个华工人都要撸起袖子、甩开膀子，提高站位抓落实、厘清思路抓落实、突出重点抓落实、改革创新抓落实，联系实际，由表及里，做好任务分解，形成具体方案，密切跟踪问效，确保任务一件一件落到实处，取得实效。

各位代表，随着大会的圆满落幕，大家又要回到各自的工作岗位。党代表既是崇高荣誉,更是神圣职责。希望大家不忘初心、不负重托、不辱使命,发挥带头作用,走好群众路线,积极投身实践,为学校新百年办学事业改革发展贡献智慧和力量。

春风浩荡暂徘徊,又踏层峰望眼开。各位代表、同志们,大踏步走向充满希望的未来,我们倍感自豪,同时也深感责任重大。未来五年是学校实现奋斗目标极为重要的基础建设期,机遇与挑战并存,责任与进取同在。让我们更加紧密地团结在以习近平同志为核心的党中央周围,认真贯彻党中央、教育部党组和广东省委的要求,汇聚全校共产党员和师生员工的力量,拿出最强的气势,拿出最大的勇气,拿出最实的干劲,展现新风采、创造新业绩,为早日建成中国特色、世界一流大学而努力奋斗!

我相信,我们的奋斗目标一定会实现,我们的奋斗目标一定能够早日实现!

重要讲话和重要文件

在"同心战疫 众志成城"万千师生开学升旗仪式上的讲话

章熙春

（2020年2月24日）

老师们、同学们：

突如其来的疫情，让我们每个人都被卷入了一场特殊的战役。在这个非常时期，我们在云端进行新学期的第一次升旗仪式。此时此刻，我们向疫情中英勇牺牲的医护人员和不幸去世的患者致以深切的哀悼，向一线医护人员、社区工作者、志愿者等最美逆行者致敬；同时，也非常感谢老师们、同学们，在全国各地，和学校一起抗击疫情、共克时艰。大家虽天各一方，却心心相连；我和大家一样，百感交集，期待疫情尽快结束，期待同学们早日返校。

老师们、同学们，我们正在经历的这一切，注定会被载入史册。这一重大历史时刻，全体华工人，响应党中央的号召，和全国人民一起，既是见证者，更是战斗者、奋进者。

这是一场"大战"。这是一场打赢疫情防控的人民战争、总体战、阻击战。病毒来势之汹、疫情传播之烈、范围扩散之广、全社会所面临的挑战之大，堪称前所未有，注定是一场"攻坚战"。信心、耐心、定力，是打赢这场战役的关键，必须要拿出百分之百的勇气，百分之百的状态，百分之百的坚持。

这是一次"大考"。考验如火，淬炼真金。这是对国家治理体系和治理能力的一次大考。对于学校来说，我们的应急指挥管理体系，服务师生成长发展的办学理念，青年学子的家国情怀、责任担当，等等，都在这次抗击疫情中得到检验、得到升华。

这是一堂"大课"。这堂生动的"大课"，让我们更加深刻地认识到，国家民族命运与个人前途幸福的休戚与共。这堂"案例教学"，蕴含生命、信念、科学、道德教育，涉及卫生防疫、心理健康、生态文明和爱国主义教育。我相信，同学们在科学精神、理性思维、信息素养等方方面面都能得到学习和实践。

非常可贵的是，华工人在"大战""大考""大课"中表现卓越，我们前期的工作确保了校园到现在为止无确诊、无疑似、无密切接触者，维护了校园安全稳定和师生生命安全；华工师生和校友们驰援武汉和全国，以更强担当、更大力量贡献国家、服务社会，我们的努力得到了上级和社会的高度评价和认可。

面对疫情，学校全力打好校园防控阻击战。学校迅速响应，第一时间建立应急组织指挥机制，组建领导小组和11个工作小组，连续发布了18份文件，多次升级防控措施，各级党组织和首批65位党员突击队员投身防控一线，坚决做到"五个一律"，严格执行"十个必须"，确保"十一个100%"，全员全过程全方位做好各类防护措施，形成了具有高校特点、华工特色的战"疫"模式。

面对疫情，老师们彰显科技赋能的华工智慧。食品学院胡松青教授带领英赞生物科技有限公司，组织人员提前复工，很快就生产出了可满足50万次检测需要的酶制剂，迅速支援了多家病毒检测机构。生物学院张雷教授组建的攻关团队，成功研发出免核酸提取、封闭式可视化/荧光检测试剂盒。学校出版社24人5天5夜奋战出版了国内第一本一线医护人员编写的《儿童新型冠状病毒肺炎防护》图书，新闻与传播学院陈娟等4位老师与医学专家共同策划出版《家庭防护新冠肺炎e科普》手册，免费提供给广大读者阅读。华工附属第二医院一马当先，在极短时间内就成立455人的支援队伍，先后派出5批次共70名医疗队员，力挺武汉打赢"歼灭战"。

面对疫情，校友们捐钱捐物展现"硬核"力量。学校参股企业——广州万孚生物技术股份有限公司向各省发热门诊、定点医院捐赠了价值约3000万元的近千台仪器和试剂，并在全国范围内搭建200个1平方米的POCT伴随快检室。学校校友企业——惠州亿纬锂能股份有限公司仅用4天完成第一批红外测温仪专用电池生产，紧急用于对抗疫情。TCL集团、创维集团、格力电器、三雄极光等华工校友企业助力火神山、雷神山医院建设，捐赠了一大批高技术含量的装备和物资。

还有一大批科研人员奋战在面对疫情防控的科技前沿，力争为这场战"疫"提供更多的华工智慧和成果。

特别是，我们的学子躬身实践，以实际行动诠释新时代青年的责任与担当。疫情发生以来，学校"青年战疫志愿突击队"足迹已遍布全国20多个省份，杨天培、吴大军、胡修齐、梁光飞等267名华工学子走进社区、深入楼宇、驻守村头，在防疫一线贡献自己的力量；数学学院2017级本科生李逸汶发起"从广东到湖北"公益活动，向武汉、黄冈、宜昌3个城市的6个县镇的20家医院和基层单位共计运送3批物资；学校创新创业孵化基地学生团队——荔枝微课和督督微办公免费开放在线课程和办公服务；工商管理学院和医学院组织学生志愿者团队为奋战防疫的医务工作者子女义务提供文化辅导课程，为"白衣天使"解决后顾之忧。你们用自己的行动为这个寒冬增添了暖意，展现了华工学子的精气神。

在此，我谨代表学校、代表高松校长，向全体师生员工表示最诚挚的慰问！对奋战在疫情防控工作一线的老师和同学们，表示最衷心的感谢！对无私捐赠的广大海内外校友表示最崇高的敬意！

此时此刻，我们最牵挂的还是仍然身处疫情防控重点地区的1990名师生，请你们相信，也请全体师生相信，学校始终是大家坚强的后盾。今天，学校正式开始线上教学，春季学期2751门课程将面向全体学生开放，老师们在前期已经做了大量的工作，学校也做好了充分的预案，全方位服务线上教学顺利开展，并和同学们返校后的教学安排无缝对接。同学们最关心的返校、毕业、就业等工作，学校也在根据疫情发展情况，不断调整、优化，作出科学、精准的安排，尽最大努力把疫情带来的影响降到最低，实现"停课不停教、停课不停学、质量不降低"。当前,疫情形势还很严峻,全国疫情发展拐点尚未到来。但是,再高的山总能登顶,再长的夜总有黎明!在此,我提几点希望和要求与大家共勉:

一是希望同学们坚定信念,进一步践行家国情怀。这次疫情,我们彰显了华工人的格局视野。希望同学们把打赢疫情防控攻坚战作为践行初心和使命的行动,顾大局、听指挥、勇拼搏、见行动,无论是"宅在家"学习还是奋斗在一线,用责任担当和互助关爱共同守护我们的家、我们的校园、我们的国家。要坚定信心,我们每一次的"有为",都是一股股涓涓细流,终将汇聚成战胜疫情的磅礴力量。

二是希望同学们明辨笃行,进一步增强定力勇气。这次疫情,我们迎接了一系列未知的挑战。而未来,不确定性可能是常态。希望同学们坦然面对,学会批判性思考和理性思维,用勇气和智慧战胜疫情。如此,我们才能够更有信心、更有定力去从容应对复杂多变的未来。这也是华工精神和华工校训的重要内涵,是学校人才培养理念的生动体现。

三是希望同学们提升能力,进一步夯实专业基础。这次疫情,我们看到了不少科研工作者以及科研企业以最快速度助力疫情控制,科学技术是抗击疫情的核心力量。希望同学们抓紧时间,多读书,勤思考,既要开阔视野,跨越学科的界限,学习广博的知识;也要学有专攻,对某一领域有专深的研读和领悟,努力自我提高。特别是当前,同学们要尽快适应线上课程学习的新形式,在教学条件变化中,在交流空间变化中,把我们应该做的、能够做的,做到最好、做到最佳。

老师们,同学们,越是道路艰难,我们越要铭记,只有顾大局、明大势,才能成大事。让我们一起努力,在习近平总书记和党中央的坚强领导下,全面贯彻落实教育部党组、广东省委省政府一系列决策部署,只争朝夕,不负韶华,永远保持华工人自强不息的姿态,在"大战""大考""大课"中争做奋进者、开拓者、奉献者。

风雨过后春更暖,繁花烂漫待归人!愿每一位华工人都能不懈努力,用更丰硕的学业事业收获和更深刻的人生感悟迎接重返华园的日子,交出一份经得起历史检验的答卷!

初心所在,力量所系。最后,让我们一起祝福祖国,祝福武汉!愿山河无恙,长安常安!

勇敢而坦然面对复杂纷繁世界的挑战*

高 松

(2020年2月11日)

同学们：

寒假安好！

这个冬天是如此的特殊，相信你我都将终生难忘。当前，我们正面临新冠肺炎疫情暴发的威胁和挑战，举国上下都在同时间赛跑、同病魔较量，众志成城，坚决打赢疫情防控阻击战。疫情牵动人心，学子和家人的健康平安是学校最大的牵挂。

当今的世界复杂纷繁，未来会更加复杂纷繁。我们遇到的事情和问题常常具有复杂性，而复杂性会导致多样性和不确定性。未来世界充满未知，不仅没有现成的答案，还可能迷雾重重，各种因素交织，很难找到解决之道。但是，人类社会几千年，经历了各种自然灾害与疾病和各式冲突与战争的洗礼，仍然不断向着更富强民主自由美好的现代化方向前进，勇气、智慧和理性是支撑人类不断迎接各种挑战的重要力量。

我们正在遭遇的新型冠状病毒，就是一个典型的复杂性问题。尽管对于冠状病毒我们并不陌生，我们马上就会联想到2003年的SARS（"非典"），它们家族也有一些共同的特点，但是对于这一新型冠状病毒的认识，包括其来源、通过什么宿主和以何种方式传播、如何准确检测诊断、病毒的致病机理、如何有效治疗，等等，还有很多不清楚的地方，这正是造成广大民众包括同学们焦虑甚至有些恐慌的主要原因。面对未知，这也是正常的反应。再加上不少互相矛盾的信息充斥我们的网络和各类媒体，更加剧了这种焦虑；而在应对不确定性新挑战过程中的犹疑、误判、延迟，因各种软硬条件未能做到各类病患的应收尽收，特别是不少医务人员的感染甚至殉职，等等，更引起大家的着急、牵挂、担忧、揪心、悲伤、愤懑甚至愤怒。要战胜这一狡猾和凶险的新病毒，我们需要坦然面对，更需要勇气、智慧和理性。

我们在大学里这几年，不管是在校还是在家，最重要的就是要学会批判性思考和理性判断，能够在纷繁复杂的各种信息中，去伪存真，抓住问题的要害和本质，依据事实和逻辑做出理性的判断。自我学习与终身学习能力，是不断增长智慧和形成理性判断的前提。同学们既要开阔视野，跨越学科的界限，学习广博的知识，也要学有专攻，对某一领域有专深的研读和领悟。最近大家也可以看到，即使是针对同一个问题，不同的专家观点也是有差异的。对于未知事物的认识要有一个过程，依据事实的表达和争论都应该给予尊重和包容，这有利于更全面准确地认识新事物，得出更科学合理的判断。比如，对于新冠肺炎的诊断，核酸检测作为确诊的金标准，学术研究和临床医学界似乎都

---

* 本文是学校校长高松在新冠肺炎肆虐之际寄语全校学生的公开信。

无疑义，但是在临床实践中，核酸检测有不少假阴性，特别是发病初期和轻症患者，这样的话必然有不少漏检。所以在新型冠状病毒肺炎诊疗方案（试行第五版）中就部分采纳了一线临床医生的意见，把"疑似病例具肺炎影像学特征"也作为湖北地区的临床诊断标准，这样就可以减少漏检，及时救治病毒感染者。当然，最后确诊，还是要看核酸检测结果。总之，需要对于临床特征和核酸检测进行综合判断。这个例子也说明我们面临的这个问题的复杂性和由此引发的多样性与不确定性，说明不断学习并和实践结合的重要性。

现在和今后一个时期，在疫情没有解除之前，同学们要在家学习，这是一个新的挑战，但同时也是我们锻炼和发展自学能力的机遇。日前，我给同学们推荐了国家最高科技奖获得者、中国科学院院士徐光宪先生在2003年"非典"期间写给北京大学离校和在校同学们的一封信，讲述了西南联大学生的学习故事和自己的经历，告诉大家注重自学能力，利用多种方式进行不间断的学习，希望能对同学们有所启发和帮助。我很理解，同学们和全国人民一样，都十分关心抗击疫情的进展，想能够在战胜疫情方面出点力，做些贡献。我觉得，这个阶段，同学们最大的贡献，就是坦然面对，调整心态，静下心来，做我们学生的本分事，做自己能做的事，在家认真学习，学习和适应线上课程学习的新形式，并加强网上和老师同学的沟通与交流。当然，还要加强锻炼，增强我们的免疫力，拥有将来更好地为人民为国家服务的身体。

学习力、思想力和行动力的结合，才能够形成理性的判断和有意义的实践，才能够面对未来不确定性的挑战，更有信心和勇气。这是我这两年一直倡导的我们大学培养能够引领未来的创造性人才的核心要素，也是华工校训"博学慎思　明辨笃行"的新实践。

同学们，让我们共同努力，一起迎接春暖花开！

在华南理工大学党委第二轮巡察工作动员部署暨培训会上的讲话

章熙春

(2020 年 11 月 23 日)

同志们：

今天，我们在这里召开动员部署大会，目的就是为了统一思想、统一认识、统一步调、统一行动，开展好第二轮巡察工作，持续营造风清气正的优良政治生态。

去年，我们开展了第一轮校内巡察，取得比较好的成果，起到了"政治体检"的作用。今年，学校党委经过认真研究，决定对土木与交通学院、材料科学与工程学院、数学学院、物理与光电学院、马克思主义学院、外国语学院、出版社等 7 个单位开展巡察。因为受疫情的影响，同时也为了集中精力办好"互联网+"大赛，这一轮巡察我们稍推迟了启动的时间。时间虽然推迟了，但我们的准备工作做得更充分了，包括思想认识、制度流程、队伍组建等，这为我们开展好巡察工作，奠定了坚实的基础。

下面，我就做好巡察工作，强调几点意见。

第一，站位要"高"，认识要"深"，充分把握政治巡察的重大意义

一是中央对巡视巡察工作有新部署。党的十八大以来，以习近平同志为核心的党中央高度重视巡视巡察工作，作出了重要的制度性安排，充分体现了党中央坚持管党治党、全面从严治党的坚定决心。党的十八届六中全会审议通过的《中国共产党党内监督条例》明确，巡视要"发现问题、形成震慑，推动改革、促进发展，发挥从严治党利剑作用"。党的十九大报告强调，要"深化政治巡视，坚持发现问题、形成震慑不动摇，建立巡视巡察上下联动的监督网"，对巡视巡察工作提出了新的更高要求。新修订的党章中，也单列了"巡视""巡察"制度条款。我们可以看到，巡视巡察的目标指向一以贯之，重大部署接续递进。做好新时代巡视巡察工作，根本的就是坚持用习近平新时代中国特色社会主义思想武装头脑、指导实践、推动工作，要以高度的政治责任感，切实增强做好工作的思想自觉、政治自觉、行动自觉。

二是教育部党组对巡视巡察工作有新要求。教育部党组把巡视巡察监督作为加强高校政治建设和推进全面从严治党的重要抓手，深化政治巡视，强化政治监督。陈宝生部长在教育部党组巡视工作会议上要求，所有直属高校党委全部启动巡察工作，构建起巡视巡察上下联动的工作格局。今年初，教育部党组还专门下发了关于直属高校党委开展巡察工作的具体指导意见，提出要通过巡察，营造风清气正、干事创业的良好政治生态和育人环境，保障党的路线方针政策和党中央、教育部重大决策部署在学校落实落细落地。这是对学校党委加强党的政治建设这个重大命题提出了新的更高要求，我们必须全面抓好落实。

三是学校十七次党代会对巡察工作有新安排。学校十七次党代会报告强调,"要深化政治巡察,对二级党组织巡察全覆盖"。今年10月,学校党委在总结经验和充分调研的基础上,正式出台了巡察工作办法,组建了巡察组。大家注意到,从这一轮巡察开始,巡察组的成员发生了一些变化,除了增加每组组员,更重要的是,每个巡察组的组长都由学校党委常委担任,这不仅是规格上的提升,更充分体现了学校党委深化政治巡察、推动全面从严治党向基层延伸的坚定决心。这是学校十七次党代会后的首轮巡察,要全面贯彻落实党代会精神,同志们要有这样的政治意识,并落实到具体的巡察工作实践中。

第二,工作要"实",举措要"硬",全面落实政治巡察的各项任务

一是要牢牢把握政治巡察的职能定位。从党的十八大到十九大,从聚焦"反腐败"到"六项纪律",从"管党治党"到"职能责任",我们都能切身感受到,巡视巡察工作越来越全面、越来越深入。总的来说,就是要坚守政治巡察定位,围绕中心、服务大局,把增强"四个意识"、坚定"四个自信"、做到"两个维护"落到实处。具体来说,就是要紧盯领导班子和关键少数、紧盯师生群众意见集中和反映强烈的突出问题;围绕落实党的路线方针政策以及中央、教育部、广东省和学校决策部署情况,落实全面从严治党战略部署情况,落实新时代党的组织路线情况,落实巡视、巡察、主题教育、审计整改情况,并紧密结合当前学校统筹疫情防控和改革发展重点任务开展监督检查。

二是要牢牢把握发现问题这一生命线。巡察的首要任务是发现问题,我们要把握好这个基本。巡察办拿出了更加符合学校实际的巡察观测要点,即"政治体检"清单。这是一本巡察的"说明书",为巡察发现问题提供了参考依据。希望巡察组的同志们认真学习、准确掌握、熟练运用。分析问题的时候,大家要注意以小见大,弄清"树木"和"森林"的关系,有的可能就是"局部病虫害",有的弄不好就是"土壤"甚至"生态"出了问题;要注意以下看上,通过基层看班子,问题发生在下面,根子往往在上头,要立体看问题;要注意由表及里,透过现象看本质,不良现象、不端行为背后折射的有可能是政治意识不强、责任落实不到位甚至理想信念出了问题,不能隔靴搔痒、遮遮掩掩;要注意前后联系,历史地、辩证地看待问题,分清哪些是历史遗留的,哪些是改革发展中出现的,哪些是苗头性倾向性的。特别要强调的是,要善于通过业务看政治,从教学、科研、管理、服务等具体业务切入,深挖问题根源,有可能是出现了政治偏差。"不从政治上认识问题、解决问题,就会陷入头痛医头、脚痛医脚的被动局面,就无法从根本上解决问题。"这点我们要清醒认识、精准把握。

三是要牢牢把握巡察整改"后半篇文章"。如果说巡察反馈的意见是"综合诊断",那么巡察整改就是"临床治疗",把"病"治好,把问题解决好,是我们开展巡察工作的落脚点和最终目的。做好巡察整改"后半篇文章",要坚持全面改和重点改相结合,既要对照清单,全面整改不遗漏,事事有回音、件件有着落,也要紧紧抓住突出问题重点突破;要坚持当下改和长久立相结合,对现在就能解决的问题要立行立改、真改实改,对需要一定时间去解决的问题要倒排时间表、明确责任人,对顽固性、反复性、深层次问题要深挖细思找根源,对标对表抓整改;要坚持局部改和整体改相结合,举一反

三、触类旁通，带动其他学院和推动相关职能部门一体整改，做到以点带面、上下贯通，不能"头痛医头、脚痛医脚"。被巡察单位要把抓好整改作为最重要的政治任务。发现问题不解决，或者消极应付搞表面性整改、选择性整改，比不巡察的效果还要糟糕，最终损害的是师生群众对我们的信任和感情。所以一定要下大力气，"一把手"带头整改，一项不落全面整改，不打任何折扣，不要任何小聪明，不搞任何小动作，要让整改真正发生"化学反应"。

第三，作风要"正"，担当要"强"，务必确保政治巡察的高质高效

一是要强化责任意识，把威信巡出来。巡察组是学校党委派出的，代表学校党委开展工作。成员都是各单位抽调的政治过硬、业务精通、作风优良的党员同志。学校党委高度重视通过巡察岗位发现、培养、锻炼干部。大家要十分珍惜这一机会，既要静得下心、沉得下身，集中精力、勇挑重担，特别是要克服"熟人社会"，把巡察做深做实，摸清底数；又要通过巡察，深入思考新发展理念、学校决策部署、以师生为本的要求如何能更好地在基层落地落实，为学校和基层建言献策，把巡察制度优势转化为学校治理效能。大家一定不能把学校党委交给的"责任田"撂荒了甚至弄丢了，真正做到"千磨万击还坚劲，任尔东西南北风"。

二是要支持配合巡察，把合力凝起来。巡察工作是一项系统工程，需要不同主体落实责任、协同配合，共同打好"组合拳"。被巡察的7家单位领导班子要有高度的政治自觉，把接受巡察作为一次难得的"体检"机会，积极为"专家巡诊"营造良好氛围、创造必要条件，做好同题共答、同向发力，以巡察为契机革除各种"顽瘴痼疾"，推动单位更好地发展。巡察办要靠前站位，做好统筹协调和指导督导工作；纪委、组织、宣传、审计等其他部门要做好"后盾"，当好自己在全面从严治党责任链条上的角色，为巡察工作顺利开展提供必要的支持，特别是要强化职能监督，全面如实反映日常管理中掌握的情况和问题线索，不能当观众、看热闹，不能只说不做、置身事外。

三是要严守巡察纪律，把规矩立起来。巡察工作要始终坚持"严"的主基调。巡察组及成员要严格遵守巡察纪律，依规依纪、安全有序开展巡察工作，切实做到"八个不"，即不干预被巡察单位正常工作、不查办案件、不处理具体事务、不随意表态、不隐瞒情况、不泄露信息、不收礼吃喝、不向被巡察单位提个人要求。被巡察单位及师生员工有义务向巡察组如实反映情况，不能隐瞒不报或故意提供虚假信息，不能干扰巡察工作。对违反《中国共产党巡视工作条例》等相关规定的，学校党委将加大问责力度，视情节给予相应处置。这一点，也请大家共同监督。

同志们，巡察工作使命光荣、责任重大、任务艰巨、时间紧迫。希望大家思想上弦、责任上肩，以时不我待、只争朝夕的紧迫感，全面深入推进巡察工作，巩固深化巡察整改成果，为贯彻落实学校十七次党代会工作部署，加快建设中国特色、世界一流大学提供坚强政治保证！

我就讲这些，谢谢大家！

面向未来的在地国际化人才培养*

高 松

（2020年11月17日）

尊敬的吴岩司长，各位来宾、各位同仁：

大家好！

非常高兴在第六届中国国际"互联网+"大学生创新创业大赛总决赛举办之际，与大家围绕"高校对湾区发展的支撑和推动"这个主题展开讨论，我发言的题目是：面向未来的在地国际化人才培养。

大学要为国家和地方经济社会发展服务，这是大家的共识。我经常用杜威的一句话来评价北大："世界上很少有一所大学能像北大那样，与一个国家和民族的命运这样紧密相连。"自从2018年到华南理工大学后，我也有一句话来评价华南理工大学，那就是："国内很难找到一所大学像华南理工一样，与地方的经济社会发展有这样紧密的联系。"这种紧密的联系，重点之一就是产业领袖的培养。

长期以来，华南理工大学坚持"融入发展促发展"的办学理念，在科技型企业家、研究型工程师培养方面成效突出，赢得了"工程师摇篮""企业家摇篮"的美誉。广州日报数据和数字化研究院发布的《在穗主要高校支撑地方经济社会发展评价报告》显示，华南理工大学的贡献度多年来排名第一。

改革开放以来，很多华工校友投身到产业革命中，为"中国制造"走向世界作出了重要贡献。比如，无线电"50177超级班"产生了我国彩电"三巨头"：TCL总裁李东生、创维集团创始人黄宏生、康佳集团前总裁陈伟荣；机械专业产生了格力电器原董事长朱江洪、中集集团总裁麦伯良。此外，在LED、集成电路、建筑陶瓷、新能源汽车等多个领域，也有不少行业龙头企业的负责人是华工校友。

近年来，创新创业大潮催生了一批新生代企业家群体。比如，从中国"互联网+"大赛中走出来的"有米科技"创始人陈第、"荔枝微课"CEO黄冠，等等。有5位校友入选了福布斯30岁以下精英榜单。

据不完全统计，20世纪90年代，珠三角近60%的企业负责人或技术骨干是华工校友。近几年，每年有超过80%的毕业生在珠三角、大湾区就业。目前华工校友创立或者领导的上市公司超过200家。在"2020中国最具财富创造力大学"排行榜上，华工位列全国第6。这些数据从一个侧面反映了学校在杰出企业家培养方面的成果和优势。

一直以来，我们都在思考，一方面，形成华工优势和特色的根源在哪里？是珠三角、大湾区特有的营商环境催生的？是学校活跃的创新创业氛围影响的？还是学校特殊

---

* 本文是学校校长高松在"智绘未来"世界湾区高等教育论坛上的讲话。

的培养模式产生的？这其中，我觉得文化的传承、学校的环境氛围是非常重要的，包括优秀学长、杰出校友的榜样力量，他们能不断增强学生的自我暗示与激励。另一方面，在新时代背景下，当前国家和区域社会经济发展迫切需要能够引领未来的创造性人才。培养能够引领未来的人，已经成为世界一流大学的共识，比如：麻省理工学院提出培养能够引领未来产业界和社会发展的领导型工程人才，帝国理工学院提出要培养"今天和明天的全球领导者"，欧林工学院提出要培养下一代致力于改善世界的创新者。

华南理工大学在培养面向未来的领军人才方面，还有很多的工作要做。为此，学校在多年创新、创业、创造"三创型"人才培养实践的基础上，于2019年正式发布"新工科F计划"，提出要着力培养家国情怀与全球视野兼备、"三力"（学习力、思想力、行动力）卓越的创造性人才。我们认为，只有拥有学习力、思想力和行动力这三项基本能力的人，才能在不确定性中找到前行的方向并引领未来发展。第一，学生要具备强大的自我学习能力。未来的不确定性需要学生自己去探索，教育要帮助他们在面对新问题时，想要学习任何新事物的时候，可以自我学习。第二，学生要拥有强大的思想力。思想形成判断，判断凝聚共识，共识带来确定。正是在不断地思考、探索、质疑的过程中，学生不断发现新问题，实现新突破，产生新创造。第三，学生能够在真实世界里采取有效行动。学习和思考很重要，但最终改变世界的是人们的实践与行动。

2017年，教育部、广东省、广州市和华工签署协议，四方共建华南理工大学广州国际校区。希望以广州国际校区为试验田，率先实施"新工科F计划"，不断探索"以我为主，国际协同；服务国家，臻至一流"的在地国际化办学新路径。

"在地国际化"这一概念最早由瑞典学者本特·尼尔森在1999年提出，他认为，"在地国际化"是"通过让所有学生在（本地）求学时期有机会接受国际理念与跨境文化的影响来提升自身能力和资格，以应对不断变化的全球化世界的需求"。这一理念提出后受到了瑞典、德国、英国、荷兰等欧洲国家高等教育界的广泛关注和实践。

传统国际化模式主要以跨境学习为主，科研创新及服务当地社会的功能发挥还显不足；而且，受限于资源和政策等多重因素，传统国际化模式很难惠及全体学生。今年的新冠疫情全球大流行，使得跨境流动受到了严重阻碍，更加凸显了传统国际化模式存在的局限性。如何继续推进和扩大教育开放，加强同世界各国的互容、互鉴、互通？"在地国际化"是一个值得探索的新路径。

华南理工大学在广州国际校区推行的"在地国际化"办学，就是要扎根中国大地，融合国际高等教育先进理念，引入全球优质教育资源，建设国际化校园，为学生提供接触跨文化和国际性事物的机会，使全体学生在本地就能接受与国际一流高校同质等效的教学环境和教学品质，进而实现培养高层次国际化人才的办学目标。

一是构建同质等效的国际化教学体系。通过构建国际化的课程、教学、教材及其评价体系，为学生提供国际同质等效的全英教学环境和教学品质。各学院借鉴合作国际一流大学的相应学科，优化课程整体设计。在此基础上，遵循"横向联系、纵向贯通、实践驱动、国际协同、个性发展"的原则，构建"通识+专业+双创+跨文化"四大课程群深度融合的课程体系，在专业教育的同时，增强学生的跨文化理解与沟通能力；通过申报我国工程教育专业认证及欧洲工程教育专业认证（EUR-ACE），提高专业和课程的国际认可度。

构建"三力"卓越为核心目标的多主体协同教学体系,包括直接引进和选用先进的、能反映专业学科发展前沿的境外优秀教材;采用全英教学,进行小班授课,培养学生国际视野和国际交流能力。比如:生物医学科学与工程学院的"生物医学工程与人类健康"研讨课,先后邀请美国科学院院士和英国皇家工程院院士等国际学术大家来校授课。鼓励教师开展基于问题导向的"项目式教学",引导学生进行探究式学习。比如:吴贤铭智能工程学院为大一新生开出一门"工程导论"课,采用"全英文授课+基于设计的学习+多学科交叉的课程内容+过程性考核"的创新课程模式,从而达到"实践—考评—反思—提升"的教学目标。

二是打造高水平的国际化师资队伍。华工借鉴国际经验并结合中国国情和本校实际,实施教研岗位教师"预聘—长聘"制度,吸引全球领军人才和优秀人才来校任教。新聘师资队伍100%具有海内外一流高校、科研院所教育研究经历,其中,92%直接从海外引进。目前,广州国际校区已引进高层次人才100余人,来自欧美发达国家的院士和学术大师共计20余人。校区首批成立的4个学院院长均具有丰富的国际治学经验,他们在推进新学院建设的同时,也把全球视野的治学经验带到学校,在学校管理体制机制创新方面发挥了很好的作用。

三是构建国际通行的学术治理体系。在校区层面,建立符合中国国情、国际通行的现代大学治理体系。校区成立国际学术咨询委员会,由海内外知名学者组成,围绕校区学术战略规划、学术治理体系及运行制度等重大问题,提出宏观指导和建议思路。在学院层面,校区各学院成立学术委员会,由海内外知名学者担任。比如:分子科学与工程学院第一届国际学术委员会由8名中、美、日、欧相关领域的国际知名专家院士组成,在学院全球招聘师资方面发挥重要作用。

四是创新科教融合的学术组织模式。华工在广州国际校区规划了10个新工科学院,重点布局引领世界科技前沿、服务国家战略、孕育颠覆性技术变革的新工科交叉领域,这些新的学院和专业更多是跨学科的,跟现在、未来的一些产业密切结合。与此同时,创新"学院+高端研究院"的学术组织模式,打造"科研-教学-学习共同体"。比如:分子科学与工程学院依托华南软物质科学与技术高等研究院的师资力量,汇聚了一支年轻化、国际化、高水平的教学及科研团队。在这个"科研-教学-学习共同体"之中,本科生在二年级就开始参加教授们的课题组,从三年级开始可以选修研究生的必修课;每名研究生则通过至少一年的本科助教经历,教学相长。

五是建设品质一流的沉浸式国际学术社区。广州国际校区的规划设计以"合璧"为理念,将中国设计元素与西方校园印象结合起来,建成了一个现代典雅的国际化校园环境。在广州国际校区探索国际通行的现代书院育人模式,2019年成立了首个书院——峻德书院,努力营造"老师就是导师,书院也是学院,校区即是社区,学生永远在C位"的育人环境。

我们相信,经过10年、20年的努力,广州国际校区将培养出一批能够创造未来技术的国际工科领军人才和产业领袖,为社会发展和人类进步作出更大的贡献。

贯彻新时代教育评价改革新要求
全面提高学科建设水平　开创高质量发展新局面*

章熙春

（2020 年 12 月 8 日）

老师们、同志们：

刚才，高松校长就学校第五轮学科评估工作进行了动员部署，阐明了开展学科评估的重要意义，提出了做好学科评估工作的具体要求。发展战略与规划处负责同志对第五轮学科评估文件做了重点解读，公布了参评方案及时间进度安排。前一段时间，各学院和学科都在积极动员、组织开展学科评估材料的准备工作，有一部分学院已经完成并提交了初稿，充分说明各学院和学科都是高度重视的，大家也做了不少工作。但这仅仅是个开始，我们还要更加充分认识形势的严峻性和任务的艰巨性，认识要再深化，工作要再落实。下面我讲三点意见。

一、要围绕贯彻落实习近平总书记关于教育工作重要论述精神，进一步提高认识，增强危机感和紧迫感

以习近平同志为核心的党中央高度重视教育评价工作。总书记在全国教育大会上强调，"要健全立德树人落实机制，扭转不科学的教育评价导向，坚决克服唯分数、唯升学、唯文凭、唯论文、唯帽子的顽瘴痼疾，从根本上解决教育评价指挥棒问题"。今年10月，中共中央、国务院印发《深化新时代教育评价改革总体方案》，这是指导深化新时代教育评价改革的纲领性文件，也是新中国第一个关于教育评价系统性改革的文件。贯彻落实文件精神，教育部积极构建中国特色社会主义大学评价体系，包括着手开展新一轮本科院校评估，抓紧研究制定"双一流"建设成效评价办法，启动第五轮学科评估，等等。其中，学科评估尤为关键。学科是大学的基本单元，学科评估是教育评价的重要方面，其"指挥棒"作用更加突显。开展学科评估并不断改进学科评估，写进了教育现代化纲要和《深化新时代教育评价改革总体方案》，体现了国家意志，把政府评价和高校评价的重要性提到了一个新的层次，把学科评估工作提高到一个新的层次。

第五轮学科评估，既是加快推进教育现代化、建设教育强国的一项重要举措，也是深化新时代教育评价改革、推动高等教育内涵式发展的重要抓手。学校经过"双一流"第一阶段的建设，已全面建成了国内一流、世界知名的高水平研究型大学。未来五年是实现中国特色、世界一流大学奋斗目标极为重要的基础建设期。这次学科评估工作，既是对学校学科建设水平的一次全面体检，也是新时期深化学校办学综合改革和教育评价

---

* 本文是学校党委书记章熙春在第五轮学科评估工作动员大会上的讲话。

改革的重要契机，对于推动学校高质量内涵式发展，开创新发展格局将起到至关重要的作用。

实事求是讲，我们在第四轮学科评估中成绩与目标高校相比还存在一定的差距。经过5年的"双一流"建设之后，我们的学科怎么样，是进步了还是退步了？我们要做到心中有数。参照第四轮评估排名结果和学校优势学科确立的建设目标，学校基于学科现状遴选了54所目标高校进行对比分析，发现部分学科存在短板，包括在高层次人才、国家科技三大奖、人才培养成果等方面，这说明我们在快速发展，但兄弟高校或同类院校也在发展，有的发展速度更为迅猛。第五轮学科评估面临的竞争将更加激烈和白热化，我们要有充分预案，全力做好应对。特别是，按照教育部学位中心公布的参评条件，第五轮学科评估继续实行"相近学科同时参评"的规则，绑定规则更加严格，学校更多学科包括一些基础比较弱的学科必须参评，导致有限的成果资源集中的难度更大。

盘点家底，厘清问题，是为了锚定目标，压茬攻坚。高质量做好本轮学科评估，是当前学校重中之重的工作。我们要提高政治站位，从思想上和认识上高度重视，进一步增强危机感和紧迫感，群策群力，扬长避短，按照学校参评总体方案和统一安排，组织好学科评估材料，力争在第五轮学科评估中取得更好成绩，为学校"十四五"发展开好局，为"双一流"下一阶段建设起好步。

二、要立足加快建设中国特色、世界一流大学的全局，进一步狠抓落实，高质量做好评估工作

学科建设涵盖的内容广，主要包括人才培养、队伍建设、科学研究、社会服务四个方面，学科建设的主要目的是提升大学在这四个方面的能力。第五轮学科评估以"立德树人成效"为根本标准，以"质量、成效、特色、贡献"为价值导向。所以，学科评估不仅仅是学科带头人的事情，不仅仅是学院学科的事情，不仅仅是学科建设管理部门的事情，更是学校办学发展的大事要事，涉及全校上下和方方面面。目标已然明确，评估参评方案也已公布，军令状已经下达，集合号已经吹响，我们必须坚持"一盘棋"思想，一切服从大局，一切服务大局，一切为了大局，投入最好状态，形成最大合力，高质量高水平完成工作任务。我重点强调两点：

一是学院学科要全力扛起主体责任。各参评学科所在学院是学科评估工作的责任主体，院长和书记为第一责任人。要充分发挥学院党委的政治核心作用，成立精干的工作专班，动员全体党员积极参与、主动作为，动员广大师生全力参与到评估工作当中，将工作任务落实到每一个人，绘好责任图谱，并上报学校。发规处要对这份责任图谱指导修订到位。各学院和学科要认真分析评估指标体系，精心凝练评估材料，有针对性地做好相关工作，对表格填报要了然于胸，对填写内容要反复推敲，做到数据真实、合理、有效，文字精练，特色鲜明，切忌数据的重复交叉使用。同时，要根据学校参评方案，确定工作优先级，充分挖掘资源，合理调配资源，确保优势学科在此次学科评估中取得更好成绩，实现新的突破。

二是职能部门要全力协同推进落实。要从系统观念和全局出发，统筹兼顾、突出重点、整体推进，所有工作都要围绕是否有利于突出学科优势，是否有利于体现学科水平，最大限度彰显学校学科特色和综合实力。发规处要加强业务指导和工作协调，明确重要时间节点，明确工作要求，做好每一个环节的筹划工作，严把材料审核关。教学、科研、人事、学工等直接相关部门要认真负起责任，通力合作，相互补台，鼎力支持，凡是学科评估需要的数据和资料，要第一时间响应、第一时间落实、第一时间回复。对推诿扯皮、不担当作为者要严肃问责，学校组织和纪委监察部门要全程跟进，发现一起处理一起。

根据教育部学位中心学科评估的时间进度要求，所有学科评估材料提交时间截至2021年1月15日。今年由于新冠肺炎疫情，很多重要工作都压在了下半年，大家的工作强度非常大，暑期很短，国庆也没休息，非常辛苦，学校将寒假增加一周，希望大家多坚持一下，按要求把学科评估材料提交之后休假。在这之前所有与学科评估相关部处、各学院领导班子成员和工作专班里的同志一律不得离开学校，务必确保学科评估工作顺利完成。1月15日学科评估材料上报只是完成第一步工作，后续还有一系列非常重要的工作，包括学科信息公示、问题材料反馈复核、佐证材料补充、学生和用人单位问卷调查、同行专家声誉调查等等，大家要做到随时就位、互相补位。要利用好假期和外出交流等各种机会，加强与兄弟院校之间的相关工作交流，加强与学生、用人单位、同行专家的沟通交流，做实做细各项工作，保质保量完成学科评估各项任务。

三、要聚焦新阶段学校高质量发展的目标任务，进一步对标对表，推动学科建设再上新台阶

评估不是目的，而是诊断问题的手段。评估重在彰显学科优势特色，发现问题和不足，有针对性地补短板，强弱项，更好地推进学科建设。全国学科评估已经开展了20年，进行到了第五轮，评估指标体系不断完善，更加突出诊断功能，更加突出多元分类评价的指导思想，相比国内外其他第三方学科评价，某种程度上能够比较如实客观地反映中国学科的真实水平，对于中国大学的学科建设具有现实指导性。

我们既要着眼当前，也要放眼未来，用发展的眼光看待学科评估，以评促建、以评促改、以评促管、以评促升，着力固根基、扬优势、补短板、强弱项，扎实做好对标工作，切实把学科评估作为提升办学水平、加快内涵发展的重要举措，努力写好学科评估"后半篇"文章。

一是对标评估指标体系。在系统总结近年来的学科建设成效基础上，结合优势和短板，深入谋划未来学科方向、学科队伍、学科人才培养、学科资源配置等方面的工作，着力破解制约当前发展的瓶颈问题，提升学科未来竞争力。

二是对标国内兄弟高校。加强横向比较分析，找准每个学科在国内同类院校的位置，总结学科建设成功经验，巩固扩大学科优势特色，找准差距与不足，开展精准攻坚。

三是对标国际一流学科。全力推进广州国际校区建设，探索学科交叉融合的新模式新路径，加强人才培养和科学研究的国际合作，进一步汇聚具有国际影响力的高端人才和创新团队，不断培育打造新的学科增长点。

特别提出的是，这次学科评估中凝练的优势特色、发现的短板和不足，学校和学院学科在谋划"十四五"发展时要重点关注、通盘考虑。要通过学科评估工作，推动学科内涵式发展，不断提升学科水平；同时，加速推进教师评价、学生评价等关键领域的改革，持续深化教育评价改革。

上个月，由学校承办的第六届中国国际"互联网＋"大学生创新创业大赛总决赛圆满收官。大赛期间，中共中央政治局委员、国务院副总理孙春兰出席大赛冠军争夺赛，参观"智创未来"大学生创新创业成果展，亲临华南理工大学，听取"面向未来的大学"办学情况汇报，参观"自立自强"科技成果展，考察广州国际校区峻德书院，对新时代华南理工大学深化改革再出发、发展质量再提升作出一系列重要指示。她要求，学校要深化改革创新，加快新工科建设，在"书院制"和"全员导师制"方面加强探索，实现内涵式发展，勇当粤港澳大湾区高等教育发展的排头兵，全面提升服务区域和国家发展的能力。

孙春兰副总理给予学校的高度肯定和关怀厚爱，让我们深受鼓舞、倍感振奋；孙春兰副总理的指示和要求，必将对学校办学发展产生深层次的长远影响，为我们接下来的工作指引了方向、明确了重点。学校第一时间通过官方网站、微博、微信等传达给全校师生和海内外校友；11月23日，学校召开党委常委会（扩大），专题研究学习贯彻工作，全校上下广泛讨论，线上线下掀起了学习热潮，广大师生深受鼓舞、倍感振奋。贯彻落实孙春兰副总理的指示要求，就是要把握这次学科评估契机，贯彻新发展理念，顺应新发展格局，加快"双一流"和广州国际校区建设，进一步提升服务国家、广东和湾区发展的战略能力。

老师们、同志们，第五轮学科评估工作时间紧，任务重。全校上下要进一步提高政治站位，统一思想，凝聚共识，发扬奋斗精神，凝聚磅礴力量，勇于担当，狠抓落实，撸起袖子加油干，高质量完成各项工作，圆满实现预定的学科评估目标，以优异的成绩推动学科建设工作再上新台阶，奋力开创中国特色、世界一流大学建设新局面。

科学谋划 精心组织
全力做好第五轮学科评估工作*

高 松

（2020 年 12 月 8 日）

老师们、同志们：

今天，我们在这里召开第五轮学科评估工作动员会，就做好第五轮学科评估有关工作进行部署。我主要讲三点意见。

一、高度重视，深刻认识学科评估的重要意义

学科评估是教育评价的重要方面，是衡量高校学科建设水平的重要手段，对高校学科建设发挥着重要的"指挥棒"作用，是研判学科状态的"听诊器"，是反馈学科质量的"风向标"，是改进学科建设工作的"促进器"。教育部学位中心组织的学科评估，自 2002 年启动实施以来，以其调查范围的广泛性、组织机构的权威性和评估立场的客观性，受到社会各界的高度认同。其不仅为政府、高校和社会提供了直观的学科水平排名信息，而且为政府教育决策和高校学科结构优化提供了重要参考依据，促进了高校学科建设质量和水平的不断提升，是我国高校学科建设过程中受关注程度最高的学科评价行为。

《第五轮学科评估工作方案》的出台，是贯彻落实中共中央、国务院《深化新时代教育评价改革总体方案》和全国教育大会、全国研究生教育会议等精神的重要体现，是"改进结果评价，强化过程评价，探索增值评价，健全综合评价"评价理念的实践落地，是坚决破除"五唯"顽疾的重要探索，也是推进高等教育内涵式发展的重要举措。第五轮学科评估既坚持了前面四轮学科评估基本的运行模式和体系框架，又从评价理念、方式和体系上有新的探索和改进，遵循学科发展规律，确保公正客观、全面科学，顺应我国高等教育的改革趋势，服务国家高等教育发展战略，指导着高校新一轮的学科发展和改革方向。我们必须准确把握第五轮学科评估的新变化新要求。一是把人才培养质量放在首位，构建"思政教育成效""培养过程质量""在校生质量""毕业生质量"四维度评价体系，并把思想政治教育摆在人才培养首位，重点考察"三全育人"综合改革情况及成效，这也是学科评估区别于国内外其他学科排名的根本所在。二是坚决破除"五唯"，评价教师不唯学历和职称，不设置人才"帽子"指标；评价科研水平不唯论文和奖项，聚焦标志性学术成果，规定代表作中必须包含一定比例的中国期刊论文，采取多维方法、多元评价。三是突出质量、贡献和特色，不设置论文数、引用率、

---

* 本文是学校校长高松在第五轮学科评估工作动员大会上的讲话。

奖项数等数量指标，强化学科对国家、区域重大战略需求和经济社会发展的实际贡献。这些新变化将对高校的学科建设工作产生直接而深远的影响，必须高度重视。

学科是大学的基本单元，承载着大学的主要职能。办大学在一定意义上讲就是办学科，学科建设水平是衡量一所大学核心竞争力的重要指标，直接反映了大学教学、科研和师资等方面的实力，关系到一所大学的社会地位、学术影响力乃至长远发展，一流大学必须有一流学科。今年是学校"十三五"规划收官之年，也是"十四五"规划编制之年，当前也正处在"双一流"建设首期建设总结、下一阶段建设谋划的关键节点上，教育部学位中心在这个时候启动进行全国第五轮学科评估，其重要性不言而喻。本次学科评估主要对近五年学科建设情况进行周期性检验，实际上是对学校近五年办学水平的一次全面检阅，更是推进"双一流"建设的基础性工作，评估结果关系到学校的学术声誉和社会影响，关系到学校在全国高校中的地位，也关系到政府对学校的资源配置，关系到我们每一个学科的发展。不论是学校、学院，还是各个学科都要全力以赴，通过评估查找短板与不足，充分发挥积极性、主动性和创造性，推进未来学科建设战略谋划和系统布局，优化学科资源配置，深化内涵建设，促进学科建设水平不断提升。

二、精准发力，切实提高评估材料的编制质量

与第四轮学科评估相比，第五轮学科评估思路、政策导向和指标体系均发生了显著而重大的变化，对评估材料组织工作提出了新的更高要求。学校从今年年初就已着手准备学科评估工作，召开了第五轮学科评估启动预备会，对优势学科所在学院进行了走访调研，组织部分学科开展了学科评估材料的试填工作，学校主管部门也进行了跟进反馈。第五轮学科评估正式启动后，各学院和学科这一段时间也都在积极准备评估材料。但在评估材料填报过程中，我们发现普遍存在着堆砌材料、凝练不足、高度不够、特色不鲜明等问题，没有抓住学科评估材料填写的关键点和紧要处。接下来还要下大力气，花大功夫。

一要目标明确，精准发力。第五轮学科评估指标体系和学科评估简况表的内容变化很大，各学院和学科要认真组织学习第五轮学科评估的有关文件精神，深刻理解评估政策导向，准确把握评估指标体系的新特点、新变化、新要求，深入研究人才培养质量、师德师风建设、代表性成果、标志性案例等内容的填写要求，认真研读材料填报过程中相关问题答疑，要把人才培养放在首要位置，充分展示学科"立德树人"的成效。同时，要紧紧围绕学科建设目标，深度分析自身学科情况及对标高校学科情况，对此次学科评估结果作出客观预测分析，在填报材料过程中注意扬长避短、有的放矢，做到知己知彼、内外兼明、目标如磐。发规处将公布学校第五轮学科评估参评方案，该方案是学校经过慎重研究作出的决定，在这里特别要强调的是，不管此次是否参评，各学科都要把学科评估作为一次检验和练兵的机会，都要认真填写评估材料，总结优势和特色，诊断差距和不足，明确未来的发展方向和重点任务。

二要数据准确，彰显特色。各学院和学科要动员一切可以动员的力量，切实做好数据的收集、整理和填报，不能简单罗列数据，要突出特色、彰显优势。一方面要全面准确统计学科近五年发展取得的实际成果，数据要求客观准确，既不要漏填，也不要错填；另一方面要处理好定量指标与定性指标的关系，做好数据量化指标与文字描述性材料的相互补充、相辅相成，要善于利用好学科简况表中的留白，文字描述和数据表格相辅相成、相得益彰，进一步凸显学科的特色和优势。此次学科评估填写的文字材料明显增多，但每部分的篇幅都有字数限制，要填写好这几百字不容易，需要花大力气进行不断组织凝练。另外，要挖掘一切可以挖掘的资源，全力充实学科成果材料，充分展示学校学科发展的实力和水平。

三要着眼大局，整合提高。各学院和学科要树立全局意识，根据学校统一部署，按照学校参评方案，坚持有所为有所不为，处理好局部与全局、当前与长远、一般与重点的关系。学科评估最忌平均用力、分散用力。全国各高校虽然参评学科多少不一致，但参评策略和导向都是基本一致的，那就是要力保更多学科进入A类行列。因此，学校第五轮学科评估的主要目标是保优势、保重点，优先确保8个A类学科不掉队，在此基础上再力争新增若干学科进入A类行列。所有学院学科都要服务和服从于这个大局，尤其跨不同院系的学科更要增强大局意识，无条件服从学校的总体参评方案要求，在重要学科成果拆分及学科材料整合时，发挥无私奉献精神，做到相互配合支持。

三、加强统筹，扎实做好学科评估的组织工作

第五轮学科评估是学校今年的一项重点工作，也是今年的收官之战，时间紧，任务重。全校上下要迅速行动起来，切实增强紧迫感、责任感和使命感，发扬不怕苦、不怕累的斗争精神，恪尽职守、扎实肯干、勇于奋斗、忘我工作，高效率、高质量完成本次评估工作。

一要加强组织领导。学科评估是一项系统性、全局性的工作，任何学科、任何人都不可能置身事外，全校上下务必高度重视，把学科评估工作作为今年收官的首要工作。各单位领导要亲自过问、亲自主抓。各学院要成立专责机构，党政同责。目前各学院已成立了院长、书记任组长的学科评估工作组，要切实发挥工作组的作用，领导干部要率先垂范，带领学科青年骨干教师共同组织开展好学科评估材料的编制工作，广泛调动全院师生的积极性和主动性，全面梳理和展示近五年学科建设成果。各主要职能部门也要安排专人负责，协助学院学科做好学科成果统计等相关工作。

二要加强沟通协调。在学科评估材料组织过程中有几个关系特别要统筹协调好：第一个是学院内部多个学科之间的关系，应聚焦目标，按照优先级顺序加强统筹，集中力量做好材料填报及成果分配等工作；第二个是学院与学院（系）之间的关系，在跨学院（系）学科评估材料的组织方面，分散在不同学院（系）的同一学科之间要加强协作，不同学院（系）的相近学科之间也要加强协作，互相配合支持；第三个是学院与在校学生、毕业校友、用人单位、外籍专家等之间的关系，要采取多种方式加强沟通交流，明确具体要求，做细做实工作，努力提高满意度、支持度，提升学科问卷调查、声誉调查环节方面的得分；第四个是学院与部门之间的关系，要加强协调，学院和学科明确具体需求，相关职能部门全力做好服务支持；第五个是学院学科与兄弟高校学科之间的关系，要加强合作联系，高质量做好学科交流与学科宣传工作。

三要紧扣时间节点。现在距离报送学科评估材料还剩一个月的时间，期间还要经过反复凝练和打磨修饰，方能淬火成钢。各学院学科要严格按照学校总体时间进度安排，制订好本单位学科评估工作的推进时间表，明确各阶段的工作任务重点，精心组织、周

密安排,确保整个评估工作有序进行和按时保质完成。

最后,特别要强调的是,学科评估不是目的,更重要的是着眼学科未来发展,各学院和学科要把此次学科评估与"十四五"规划编制结合起来,与新一轮"双一流"建设结合起来,与学科布局调整和资源优化配置结合起来,以评促建,评建结合,切实提高学科建设质量。希望全校所有干部、教师自觉肩负起学校发展的历史重任,服从学校的统一调度,讲大局,讲奉献,讲担当,坚定信心、鼓足干劲,心往一处想、劲往一处使,以饱满的热情投入到学科评估工作中来,充分展现各学院、各学科良好的精神风貌,力争在第五轮学科评估中取得好成绩、实现新突破,为学校"十四五"发展和"双一流"建设奠定更加扎实的基础,共同开创华工更加美好的明天!

在 2020 年研究生教育会议上的讲话

章熙春

（2020 年 12 月 23 日）

老师们，同志们：

今年 7 月，新中国成立以来第一次全国研究生教育会议在北京召开，这是我国研究生教育史上的一个重要里程碑。会后，印发了"1+4"系列政策文件，启动了"加快高层次人才培养十大专项行动"。可以说，与 2018 年本科教育工作会议相呼应，这次会议吹响了我国研究生教育改革的集结号，将推动研究生教育发生格局意义上的变化。9 月，广东也召开了全省研究生教育工作会议，指出要突出重点、精准发力，全力推动研究生教育高质量发展。今天我们开会，就是围绕深入贯彻落实全国研究生教育会议精神，按照教育部和广东省的要求，牢牢把握契机，扛起主体责任，做好科学谋划，部署重大改革，不断强化内涵建设，推动研究生教育质量大提升。下面，我主要谈三个方面的意见。

一、贯彻落实习近平总书记关于研究生教育的重要指示精神，对研究生教育重要性的认识要有大提升

习近平总书记指出，研究生教育在培养创新人才、提高创新能力、服务经济社会发展、推进国家治理体系和治理能力现代化方面具有重要作用。研究生教育的重要性，怎么强调都不为过。学校第十七次党代会提出了世界一流大学建设"三步走"战略，到 2035 年，要基本建成中国特色、世界一流大学；到 2050 年，要全面建成世界一流大学。我们建成的世界一流大学，是一流的研究型大学；研究生教育水平上不去，一流大学建设目标也就无从实现。要站在党和国家事业后继有人的高度，要立足学校世界一流大学建设全局，切实提高政治站位，充分认识研究生教育的战略意义。有两点我要特别强调。

一是要更加深刻认识到，研究生教育是一流大学建设的重中之重。作为最高层次的学历教育，研究生教育具有高端引领和战略支撑作用，肩负着高层次人才培养和创新创造的重要使命。从国家层面看，研究生教育的竞争是国与国之间顶端教育的竞争，代表的是国家最高教育水平。从学校层面看，研究生教育是学科建设、人才培养、科研创新的集中体现，是学校办学水平和发展潜力的重要标志。一直以来，学校坚持本科教育是立校之本，研究生教育是强校之路。可以说，立校之本我们把得很牢，强校之路还有待夯得更实。特别是，学校人才培养格局已经发生了新的变化，2018 年开始，学校研究生当年招生数已经超过本科生，2020 年博士招生突破千人。我们必须充分认识到，如果缺乏扎实的本科教育基础，研究生教育的生源质量就不能保证；如果研究生教育培养能力不足、质量不高，也吸引不了优秀本科生。今后，学校人才培养的顶层设计要更加注重完整性，人才培养改革的推进要更加突出系统性，重要工作的部署要更加强调协同性。

要特别明确的是，无论本科教育还是研究生教育，都是培养时代新人，都是培养德智体美劳全面发展的社会主义建设者和接班人，都要守住立德树人的初心。研究生教育培养的是高层次创新人才，他们的价值取向对社会具有重要的引领作用，尤其我们培养的博士生大部分留在高校或科研院所，是师资队伍的重要来源，一旦出了问题，影响和危害都很大。相对来说，学校研究生思想政治教育还有一些薄弱环节。要进一步建立健全符合研究生教育规律的思想政治工作机制，着力学科、教材、课程、阵地、队伍、评价等关键环节和重要领域，持续加强和改进研究生思想政治教育，全面推进"三全育人"。培养研究生不能只看科研成果、只看课题、只看文章，要真正聚焦研究生成长成才，回归常识、回归本分、回归初心、回归梦想，这点全校上下要形成高度共识，院系和导师务必要牢牢把握。

二是要更加深刻认识到，研究生教育是实现科技自立自强的重要支撑。当前，全球范围内科技创新呈现出前所未有的发展态势，知识创新速度加快，科技变革加剧，高端人才在经济增长和科技创新中的作用进一步凸显，教育与人才竞争日趋激烈。我们越来越深刻意识到加快提升研究生教育质量的战略紧迫性，研究生教育水平直接影响国家的核心竞争力。"今天的研究生，就是明天科研创新的主力军，他们的学术能力、学术作风、志向追求，决定了整个中国科研创新的高度，决定了建设创新型国家的速度。"

对学校来说，研究生教育在参与科技原始创新、助力关键技术突破、促进科技成果转化等方面发挥着不可替代的作用。近五年，学校研究生参与省部级以上奖励项目129项，参与人数达391人；发表高水平论文累计达10 627篇，其中，2019年研究生以第一作者发表高水平论文2440篇。但是，与研究生的规模相比，人均学术产出还有待提升；与同类型高校相比，研究生学术创新能力还有待提升。研究生教育改革创新力度要更大，尤其要紧扣"研"字，研究必须贯穿研究生教育全过程，课程设置、培养方案、实践教学、选拔考核都要突出"研"的特点，引导学生专注理论创新、实践创新，把潜心学业、勤于研究这件事情做到极致。比如，包括230个部省级以上科研平台、"五院一园一室"在内的全链条科技创新体系，对研究生开展科研训练和创新实践的重要作用还要进一步发挥出来；国家鼓励使用科研项目资金培养研究生，这个政策也要用足用好，推动科研与研究生培养"一体化"。

二、深化研究生教育全链条改革创新，在研究生教育质量上要有大提升

习近平总书记对研究生教育提出了"加快培养国家急需的高层次人才"的明确要求。陈宝生部长也强调"质量是研究生教育的安身立命之本、发展兴盛之基，是决定成败的关键"。高松校长的报告对提升学校研究生教育质量做了系统部署，接下来研究生院和相关职能部门要狠抓落实，政策文件要加快落地，各方面资源要加大投入。尤其要关注两点。

一是严把三个关口。要严把进口关。考察要更全面，要分数但不能"唯分数"。选拔要更精准，要根据学位类型、培养对象，进一步区分考试方式和内容，要坚持和完善博士生招生"申请-考核"制，适度扩大直博生比例。制度要更严格。经过2018年的

教训，学校在这方面制度的篱笆扎得更密，监督问责的力度更大，这个不能有一丝一毫的松懈，对各种违规招生问题要硬起手腕、坚决打击。

要严把过程关。要强化分类培养。学术学位要加强系统科研训练，着力提升原始创新能力；专业学位要充分发挥行业企业技术创造主战场优势，加强与行业企业联合培养。联合培养要实现"强强联合"，重点选择行业中的龙头企业进行合作。要推进分流、淘汰。陈宝生部长多次指出研究生教育培养的是拔尖创新人才，对没有创新潜质的，来混学位的，不适合继续攻读的，要坚决分流、及早分流。欧美发达国家的博士生分流淘汰的比例很高，我国部分高校也探索了博士分流退出机制，如清华、北大、上海交大等。总体来看，学校的博士生淘汰比例还比较低，而且多是因为超期，或是因为身体、工作等自身原因自动退出。要健全研究生分流淘汰机制，前移研究生培养质量关口，建立常态化、长效化的质量监控机制。

要严把出口关。高松校长的报告提到了学校的博士学位论文事前评审异议率超过10%，有的学院近五年的论文评审平均异议率超过30%，个别学院在国家博士学位论文抽检中连续两年出现存在问题论文，学校在广东省硕士学位论文抽检中优秀率较低，仅和全省平均水平基本持平。接下来学位授予标准要高起来，监督要严起来，坚决挤掉"学位水分"。要着力完善学术不端行为预防和处置机制，对学术不端行为零容忍，构筑学术不端行为不敢、不能、不想的制度防线。

二是优化三个机制。要优化学科调整机制。教育部正计划出台关于深化新时代高等教育学科专业体系改革相关文件，建立国家重点支持的学科专业清单，实施"一流学科培优行动"。其中，学科交叉融合是一大特质和重要趋势。国家自然科学基金委已设立交叉科学部，交叉学科成为国家第14个学科门类。研究生是依托学科培养的。学校是31所自主增列一级学科的高校之一。我们要用好这个自主权，超前布局和动态调整学科专业，强化学科专业的响应能力，完善能上能下的动态调整机制，以此带动人才培养的超前布局。

优化评价机制。围绕贯彻落实《深化新时代教育评价改革总体方案》，学校专门进行了教育评价改革部署。研究生教育评价中"破五唯"的任务也很繁重，包括在学位点审核评估、导师遴选、研究生招录、学位授予等方面或多或少存在"五唯"现象。要进一步树立正确的评价导向，聚焦人才培养、创新能力、服务贡献和影响力等核心要素，施行多元评价、分类评价、综合评价和个性化评价。研究生院、发规处、招生办、人事处、科研处等相关职能部门要高度重视，加强沟通，一起来把这个事情做好。

优化资源投入机制。特别是在过紧日子的大形势下，要加大对关键领域学科、基础性学科的支持，要提升研究生待遇水平，尤其考验我们的资源拓展挖潜能力和投入机制。这里特别强调要用好研究生招生计划。学校每年争取招生计划下了很大功夫，很不容易，博士招生计划尤其宝贵。学校研究生培养规模还要适度扩大。广州国际校区从2018年开始，已招收三届研究生共1995人，最终要实现6000人的培养规模。但是，我们是奔着世界一流大学的目标，是更加注重质量的提高，是强化内涵的规模。每一个计划都要用好，每一个学生都要用心培养好。这点请大家一定要把握好落实好。

三、完善具有内生活力的研究生教育治理体系，在汇聚研究生教育合力上要有大提升

研究生教育全局性、系统性很强，发展战线长，关系到方方面面，覆盖学校、学院和导师等各个层面，涉及教育教学、学科建设、师资队伍、科研创新和条件保障等各个领域，绝不是研究生院、学工处等少数几个部门的事情。研究生教育的发展要举全校之力，要把培养单位、导师队伍、管理服务队伍和督导队伍的积极性都调动起来，汇聚研究生教育的最大合力。

一是学校要以更高站位做好谋篇布局。要坚持和完善党委领导下的校长负责制，健全党对研究生教育领导的组织体系、制度体系、工作机制，不折不扣落实政治标准、政治要求，牢牢把握研究生教育的正确方向。学校党委常委会会议、校长办公会议将把加快研究生教育改革发展纳入重要议题，经常研究部署、积极推进落实。要构建校内校外协同机制，加强与国家部委的沟通，与教育部各司局的联系，与省市的合作，积极参与研究生教育各类专家组织和行业学会，争取最大的外部支持；学校相关重要工作部署，要积极响应研究生教育发展需求，要与研究生教育改革创新一体谋划、系统推进，突出良性互动和高效协同。

二是学院要以更大力度扛起主体责任。院系是学校研究生培养的主责单位。今天院系党政负责人都在，特别是主要负责同志都在。大家要在班子会上专题研究研究生教育，总结深化自身研究生教育的经验做法，谋划下一步改革重点举措，拿出具有学院学科特色的研究生教育改革方案。今后院系讨论部署研究生教育工作要形成常态化机制。高松校长报告提到的学校研究生教育改革创新的举措，有些学院其实已经在做了，这个很好，工作有前瞻性，有创新性。研究生教育管理部门要及时发现学院工作亮点和突破点，适时总结推广，加大激励力度。同时，学院研究生教育管理服务队伍也要进一步夯实做强，研究生导师、辅导员、级主任和教务员都要充分动员起来，大家拧成一股绳，劲往一处使，把提升研究生教育质量的压力传导到"神经末梢"，落实到"基层细胞"。

三是导师要以更大担当发挥主导作用。导师是研究生培养第一责任人，导师在研究生教育中发挥着至关重要的、独一无二的主导作用。导师队伍建设是研究生教育的基础性工程，决定着研究生教育的水平。这几年学校在这方面做了不少工作，取得一定成效。但是，与新时代研究生教育发展的目标要求相比，与学校加快建设世界一流大学的形势任务相比，我们的工作力度还不够强，还有很大的提升空间。特别是，当前国家、社会、家庭和学生的期望和需求在不断提升，社会舆论、各类媒体的关注度也在提升。关起门来讲，我们在这方面是存在一些问题的，造成了消极的影响。比如，有的导师责任心还不够强，指导精力投入还不足；有些导师把研究生当成简单科研劳动力，只用不导；导学关系紧张。个别学院导师在争取招生计划时积极性很高，但是不好好培养，出了问题。接下来，学校要拿出务实管用的措施加以改进，以师德师风建设为引领强化导师的全过程管理，努力推动导师投入到人才培养一线、思政教育一线、教育教学一线。各位导师也要切实负起责任，把更多的时间和精力用在育人上，真正做到严师出高徒，真正做到既为经师又为人师;对这样的导师,学校要支持,坚决为他们撑腰鼓劲。"放羊式管理"是行不通的,是对不起自己的良心的;对这样的导师,学校也要坚决予以调整和处理。

  老师们,同志们!再过一周,我们就要告别2020年了。2021年是"十四五"的开局之年,是建党100周年。让我们以习近平新时代中国特色社会主义思想为指导,全面贯彻党的教育方针,不忘初心、牢记使命,团结奋进、攻坚克难,以"双一流"和广州国际校区建设为"双引擎",紧抓内涵建设、质量提升的核心任务,开创新时代研究生教育新局面,持续推进"中国特色、世界一流"大学建设,助力"十四五"开好局,献礼建党100周年。

贯彻党的教育方针　落实研究生教育会议精神
全面推进新时代研究生教育高质量发展*

高　松

（2020 年 12 月 23 日）

各位老师、同志们：

大家上午好！

根据教育部的统一部署，今天我们召开全校研究生教育会议，学校非常重视，会议非常重要，对于我们科学谋划新时代研究生教育改革发展，加快提升研究生教育质量和水平，全面发力"中国特色、世界一流"大学建设，具有重大意义。我的报告分为三个部分，首先向大家传达中央领导的重要指示批示以及全国研究生教育会议精神，然后分析学校研究生教育的发展现状、改革进展和特色优势，最后谈谈下一步学校研究生教育发展的工作重点和改革举措。

第一部分　深入领会全国研究生教育会议精神

2020 年 7 月 29 日，召开了新中国成立以来第一次全国研究生教育会议。习近平总书记对研究生教育工作作出重要指示，在全社会引起强烈反响和广泛关注。会议明确了新时代研究生教育的主要任务，在全球人才竞争新格局下，进一步夯实建设创新型国家的人才基石。总书记的重要指示，为推动研究生教育改革发展指明了方向，开启了新时代研究生教育改革发展的新篇章。

总书记强调了研究生教育在培养创新人才、提高创新能力、服务经济社会发展、推进国家治理体系和治理能力现代化方面的重要作用，对研究生教育改革发展提出了"坚持'四为'方针，瞄准科技前沿和关键领域，深入推进学科专业调整，提升导师队伍水平，完善人才培养体系，加快培养国家急需的高层次人才"的明确要求，深刻揭示了我国研究生教育发展的大方向、大趋势、大格局，是我们做好下一步工作的根本遵循和行动指南。

李克强总理作出批示，要坚持以习近平新时代中国特色社会主义思想为指导，认真贯彻党中央、国务院决策部署，面向国家经济社会发展主战场、人民群众需求和世界科技发展等最前沿，培养适应多领域需要的人才。

孙春兰副总理在全国研究生教育会议讲话中指出，要全面贯彻党的教育方针，落实立德树人根本任务，准确把握研究生教育定位，突出"研"字，优化学科专业布局，

---

* 本文是学校校长高松在 2020 年研究生教育会议上的讲话。

注重分类培养，加强导师队伍建设，完善教育评价体系，严格质量管理，推动研究生教育新发展。

陈宝生部长在全国研究生教育会议上的总结讲话中指出，要深刻把握我国研究生教育发展的大方向、大趋势、大格局，着力推进由一到多、由量到质、由外而内的发展方式转变，加快发展更多机会、更好品质、更佳体验、更强力量的研究生教育。紧紧围绕内涵建设、质量提升的核心任务，过好"五关"。

为深入贯彻落实习近平总书记重要指示和全国研究生教育会议精神，教育部陆续印发了系列政策文件，内容涉及全面规范质量管理、专业学位研究生教育、导师队伍建设等方面。其中，教育部会同发改委、财政部联合发布《关于加快新时代研究生教育改革发展的意见》，提出了加快新时代研究生教育的改革要求，明确了"立德树人、服务需求、提高质量、追求卓越"的16字工作主线，从6个方面提出了关键改革举措。同时，为确保文件及时落实，教育部提出了"十大专项行动"，以服务经济社会发展需求、国家战略支撑和高端引领为着力点，夯实基础、固本培元，深化研究生培养体系建设，培育核心竞争力。

党的十九届五中全会特别强调，要坚持创新在现代化建设全局中的核心地位，把科技自立自强作为国家发展的战略支撑。创新发展依托于大批高层次拔尖创新人才，更加凸显研究生教育对于"四个面向""三大战略"的重要支撑作用，进一步为新时代研究生教育发展明晰了方向。党的十九届五中全会审议通过《中共中央关于制定国民经济和社会发展第十四个五年规划和二〇三五年远景目标的建议》（下称《建议》），提出到2035年建成教育强国的奋斗目标，明确了"十四五"时期建设高质量教育体系的战略任务，为未来5至15年的高等教育发展擘画了战略蓝图。《建议》指出，要"提高高等教育质量，分类建设一流大学和一流学科，加快培养理工农医类专业紧缺人才""加强创新型、应用型、技能型人才培养""支持发展高水平研究型大学，加强基础研究人才培养"。

《粤港澳大湾区发展规划纲要》对大湾区的战略定位、发展目标、空间布局等方面作了全面规划，明确提出要打造教育和人才高地。当今全球的竞争是人才的竞争，要提升大湾区在国家经济发展和对外开放的创新支撑引领作用，急需引培大量高层次、高技能、国际化人才。学校要把自身发展与国家和区域发展紧密结合，全力释放研究生教育支撑高质量发展、创新引领的牵引动力。

第二部分　梳理总结学校研究生教育特色优势

一、发展概况

学校1956年开始招收研究生，2004年获批正式成立研究生院，2017年入选"双一流"建设A类高校，同年由教育部、广东省、广州市和华南理工大学四方签约共建广州国际校区，今年获批学位授权自主审核单位，研究生教育已走过了65年发展历程，积累了深厚的办学基础。

学校学科体系不断完善，三个校区学科相互支撑、错位发展，形成了以工见长，理工医结合，管、经、文、法等多学科协调发展的总体布局，学科体系比较齐全。现有

30个博士学位授权一级学科，5个博士专业学位授权类别；10个学科领域进入ESI全球排名前1%，其中，工程学、材料科学、化学、农业科学4个学科领域进入前1‰。

研究生规模结构逐步优化，自2018年起研究生招生规模超过本科，今年博士招生突破千人，研究生培养进入新的发展阶段。截至2020年12月，在读研究生22 443人，其中，博士研究生3673人、全日制硕士研究生13 969人、非全日制硕士研究生3542人，专业学位研究生在校规模超过学术学位研究生，专业学位硕士研究生占硕士研究生总量的61%。

研究生导师规模稳步增长，现有博导1089人，硕导2625人。

二、改革进展

近年来，学校启动了研究生教育综合改革，在各院（系）、各单位的大力支持和协助下，着力围绕研究生教育质量提升，推出了系列改革举措。

（一）强化思想政治工作

学校始终秉行"坚持'四为'方针，培养担当民族复兴大任的时代新人"这一思政育人理念，启动实施了《华南理工大学思想政治工作提升行动（2017—2020）》，重点推进五大机制建设，持续深入开展新时代爱国主义教育，培育和践行社会主义核心价值观；把立德树人融入政治思想道德教育、科学文化教育及社会实践教育各环节；不断推进思政工作队伍专业化、职业化发展。2019年，机械与汽车工程学院获批教育部"三全育人"综合改革试点院系。

学校以马克思主义学院和马克思主义理论学科平台发展为依托，助推意识形态和思想政治工作。2019年，学校获批教育部高校思想政治工作创新发展中心及教育部"一站式"学生社区综合管理模式建设试点高校。通过打造研究生系列品牌活动，营造浓郁的研究生思政教育氛围。学校精心组织"青春告白祖国"系列活动，组建"习语心传"学生党员宣讲团，引导研究生爱党爱国、立志报国。新闻与传播学院西部计划志愿者李莎同学，将人生追求融入国家需要，将年轻生命、最美青春定格在支教路上。建筑学院陈可同学，运用专业所长服务乡村振兴战略实施。学校积极加强学术诚信的约束监督制度建设，深入开展科学道德和学术诚信宣讲活动，包括通过校长思政课堂引导研究生弘扬科学精神，科学理性应对疫情挑战，鼓励同学们把自己的理想同祖国的理想、把自己的人生同民族的命运紧密联系在一起。

（二）优化学科专业布局

学科交叉融合是学科专业发展的重要趋势和途径，学校紧紧抓住广州国际校区建设契机，发挥工科优势特色，布局新工科，瞄准世界科技前沿，对标国家与区域重大需求规划重点建设10个"新工科"学院，着力打造学科交叉融合示范区。

（三）完善人才培养体系

一方面，学校不断完善科教融合育人机制，加强学术学位研究生知识创新能力培养。通过大团队、大平台、大项目支撑高质量研究生培养，以材料科学与工程学院为例，依托唐本忠院士科研团队、发光材料与器件国家重点实验室、"分子聚集发光"基础科学中心项目，以学科交叉融合为特色，瞄准产出重大成果，培养高质量、创新性、高层次人才。

另一方面，学校推进强化产教融合育人机制，加强专业学位研究生实践创新能力培养。

一是积极汇聚优势资源，与政府部门、企事业单位等密切合作，目前已获批3个国家级专业学位研究生示范基地、65个广东省联合培养研究生示范基地。同时，积极配合省教育厅，推动东莞、佛山、中山市共建基地建设，构建完备的"国家—省级—校级"高水平产教融合育人平台。

二是以实践能力提升为核心，面向职业发展需求，改革专业学位研究生课程体系，创新专业学位研究生教学方式，大力推广案例教学，完善"三位一体"实践教学体系，实施"校外行业专家上讲台计划"，加强专业学位教育与职业资格认证衔接。

三是紧密围绕国家重大发展战略需求，结合国家重大、重点工程项目，重点聚焦"卡脖子"工程技术难题，与粤港澳大湾区重点行业、创新型企业，如与华为、阿里等20余家行业领军企业深度合作，探索共建3个高水平工程博士跨领域产教融合协同育人项目，并共同瞄准项目建设"五高"。

（四）强化导师队伍管理

学校加强导师立德树人、规范导师过程监督、强化导师岗位的管理，逐步健全导师队伍管理体系。打破导师身份"终身制"，深化导师年度招生资格审核改革，健全了"能上能下"的导师岗位动态调整机制，初步实现了导师资格向导师岗位转变。

（五）改革资助育人体系

构建新的研究生资助体系，设立助研岗位奖学金、博士助教奖学金和校长奖学金。加大导师分担投入力度，整体提高资助标准，博士生每年获最低资助5.82万元，硕士生基本达1.8万元。研究生参与导师科研项目助研工作，博士生担任本科或研究生课程助教。导师在招生选拔、学习指导方面的主观能动性不断增强。学校对研究生规模结构、资源优化配置的调控能力持续提升。

（六）严格质量监督管理

学校坚持关口前移，强化源头管控，注重靶向施策，推进过程管理，根据新时代党和国家对研究生教育的要求，出台和修订了研究生课程管理和考核、社会实践、学位评审等一系列研究生教育管理文件。

三、特色优势

学校主动适应时代发展，不断开拓创新，形成了鲜明的办学特色。

（一）在地国际化办学特色凸显

学校以广州国际校区为试验田，探索"以我为主，国际协同，服务国家，臻至一流"的在地国际化办学新路径,致力于建成集聚国际高水平团队、培养新工科领军人才、开展深度国际合作、聚焦前沿科学研究、推进高端成果转化和创新创造创业的高地。广州国际校区于2018年招收首届研究生,现已在10个学科和7个硕士专业学位领域开展研究生培养。

(二)产学研协同育人优势突出

学校建筑学院何镜堂院士团队不断探索建筑学研究生"三位一体"联动式设计人才培养模式创新与教育实践,积极实施产学研协同创新模式,被社会各界誉为研究生培养的"华工模式",获中国学位与研究生教育学会研究生教育成果一等奖。

(三)大湾区地缘优势显著

学校地处大湾区,深度融入大湾区发展,面向大湾区布局了一批高水平科创平台,与大湾区行业龙头企业共建了100多个校企研发中心,在技术创新方面深度融合,为大湾区建设提供高水平人才支撑,为大湾区打造成果转化高地作出重要贡献,有力助推了粤港澳大湾区建设。

四、成果亮点

通过深化培养机制改革,研究生教育取得突出成绩,研究生踊跃参与原始科技创新、助力关键技术突破、促进科技成果转化,在省部级以上项目奖励、高水平论文发表、专利授权等方面取得了丰硕成果。

学校鼓励研究生参与原始科技创新,提升自身的科研能力。2018年,2015级博士生陈晓东、2011级博士生隆继兰等研究生,在李映伟教授团队指导下,研制出世界首个有序大孔-微孔MOF单晶材料,是学校首次在 *Science* 主刊上以第一单位发表的科研成果。

学校紧盯国家重大需求,鼓励研究生参与关键技术研发。2015级博士生匡奕山、2016级博士生李金鹏等研究生,在陈克复院士团队指导下,突破"制浆造纸清洁生产与水污染全过程控制关键技术",首次以广东省内高校牵头获得国家科学技术奖励一等奖,技术成果达到国际领先水平,助力造纸行业摘掉"排污大户"的帽子。

学校在科研成果转化方面成绩斐然。2009年以来获中国专利奖33项,位居中国高校首位。2017级博士生(2015级硕博连读)王浩、2019级博士生(2013级硕士生)乔远见等研究生,在胡健教授团队指导下,参与自主研发的芳纶纸技术,打破国外垄断,支持国家重大工程高端产品国产化,以技术入股的方式完成成果转化,相关技术作价6684万元。

2014级博士生黄照夏、2015级博士生吴婷等研究生,在瞿金平院士团队指导下,全球首创ERE技术,解决了高分子材料加工行业技术瓶颈,获中国发明专利金奖,用自主创新技术解决农用覆盖地膜的污染问题,将论文写在大地上,在中央电视台专栏报道。

学校积极服务粤港澳大湾区经济社会发展,深度参与港珠澳大桥建设工程,仅立项的技术合作项目就超过20个,超6个导师团队带领50多名博士和硕士研究生助力大桥建设的科研创新工作，参与的港珠澳大桥多项科技创新取得重大突破。同时，积极创新协同育人模式，把专业学位教育办到了大桥建设的工地上，培养了56位工程硕士，服务国家战略的能力稳步增强。

第三部分　全面推进研究生教育卓越发展

经过多年建设和发展，学校入选国家"双一流"建设A类院校，在"世界大学学术排名"中排名151—200位，全面开启中国特色世界一流大学建设新征程。学校研究生教育站在新起点上，要找准新方位，瞄准新目标，制订新计划。

一、找准新方位

研究生教育质量关系国家核心竞争力。要立足两个大局，一是立足于中华民族伟大复兴战略全局。在国家快速发展、实现现代化的进程中，研究生教育越来越显现出攻坚关键核心技术、抢占产业链高端、强化国家科技战略的重要支撑作用。二是立足于世界百年未有之大变局，充分认识发展研究生教育、加快自主培养、打造竞争新优势的紧迫性，全面推进创新型国家建设，助力实现科技自立自强。

研究生教育水平关系学校综合竞争力。研究生作为高层次人才培养对象、科学研究的生力军、学科建设的支撑点和服务社会的栋梁精英，其教育质量举足轻重。高质量研究生教育是世界研究型大学的重要体现，是建设一流大学的必由之路。

我们要始终坚持研究生教育是强校之路的办学理念，以习近平新时代中国特色社会主义思想为指导，全面贯彻党的教育方针，牢牢把握立德树人根本任务，以"双一流"和广州国际校区建设为"双引擎"，深化研究生教育综合改革，推动高质量内涵式发展，全面推进中国特色、世界一流大学建设。

二、瞄准新目标

一是追求学术卓越，聚焦产出原始创新，努力实现前瞻性基础研究、引领性原创成果重大突破，建成更全面、更先进、更特色、更国际、更卓越的研究生教育体系，面向未来培养卓越人才。二是服务国家需求，聚焦解决"卡脖子"问题，力争实现关键核心技术自主可控，卓效服务国家重大战略，大力提升粤港澳大湾区的全球竞争力。

三、制订新计划

结合学校研究生教育的基础、特色和优势，制定了新的改革方案，提出了提升生源质量、创新培养机制、提高队伍水平、健全保障体系等四项关键举措，全面实施八项卓越提升计划。

（一）提升生源质量

研究生生源质量是影响高水平研究生培养的关键因素之一。近年来，学校接收推免生数量保持上升趋势，2021年推免生总数突破2000人，但接收人数仍有较大上升空间。来自"985"和"211"高校的推免生比例基本稳定，仍有待进一步优化。硕士生源质量在扩招的情况下保持相对稳定，博士生生源质量基本稳定，但硕博连读生占比仅1/3。

学校将通过加强"两个机制"建设提升生源质量。一是探索更加科学的招生计划分配机制，招生指标向大平台、关键学科领域、产教融合平台倾斜；向严把质量关、分流退出比例较大的院系倾斜；向优秀青年指导老师倾斜；争取科研项目博士专项；大力发展博士专业学位。二是推动建立更加优化的招生选拔机制，增加硕士复试考试权重，优化博士"申请－考核"选拔机制，建立硕博连读"后补助"激励机制。

研究生结构不断优化，质量整体提升。硕士规模适度增加，博士规模大幅增长，招生计划分配调节机制更加适应高层次创新型人才培养需求。精准选拔人才机制更加完善，硕士生推免比例争取达到50%，直博生比例大幅提升，硕博连读比例争取超过60%。

（二）创新培养机制

在学术学位研究生培养方面，研究生培养模式相对单一，跨学科交流和学科交叉还不深入，研究生课程体系的系统性和前沿性还不够，研究生培养的"质检品控"工作仍待加强。在专业学位研究生培养方面，培养模式和质量标准与学术学位仍存在同质化现象，工程博士招生规模偏小、类别偏少，产教融合深度还不够，优质合作企业较少。在国际化培养方面，全英学科数量还比较小，院（系）建设动力不足，国际生生源质量有待提高。针对目前这些现状，学校将从"完善分类培养"和"深化开放融合"两个举措入手，提升研究生培养质量。

1. **完善分类培养**

在顶层设计上分类制订培养方案。学术学位强调研究生知识创新，注重推进科教融合，教学与科研实践有机结合，科研方法、过程与成果进课堂，贯穿整个培养过程，提升知识创新能力；专业学位以职业需求为导向，以产教融合为途径，依托优质行业、龙头企业，突出实践应用、职业胜任、知识迁移，提升实践创新能力。进一步优化学术学位研究生课程体系，构建"本研贯通"共享平台，逐步实现本研课程互选互认；专业学位研究生培养加强实践课程、案例课程、校企合作课程、在线课程建设。

2. **深化开放融合**

实现"三个融合"，不断扩大学校研究生教育开放融合的广度和深度。

通过创新体制机制、建设精品课程、强化科研训练、搭建科研平台，优化"科教融合"的育人机制，探索"科教一体"的培养模式。构建校院融合、导学一体的学术共同体，完善与时俱进、突出"研究"的课程体系，试点博士资格考试。

强化"产教融合"育人机制，完善"引企入教"培养模式。建立工程类专业学位教育中心，完善管理模式。与高精尖缺行业产业建立产教融合联盟，稳步推进工程博士定制化人才培养项目，2025年工程博士项目制专项支持指标占比争取达到50%以上。汇聚政府、学校、科研院所和行业产业等多方资源，重点建设国家级研究生联合培养基地，不断强化"国家—省级—校级"高水平产教融合育人平台建设和校企协同精准培养。积极完善专业学位与职业资格准入及水平认证的有效衔接机制，与行业产业在课程免考、缩短职业资格考试实践年限、任职条件等方面加强对接。

健全"国际融合"育人机制,提升国际化水平。坚持引派并举,进一步提高公派生规模与质量,推进全英学科专业建设,提升师资国际化水平,提高国际生源质量。加大"创新型人才国际合作培养项目",为国家培养"高精尖急缺"人才做好管理和服务工作。

通过深化开放融合,进一步创新研究生培养模式,研究生教育质量和水平不断提高,师生满意度、社会认可度、国际影响力持续攀升。

(三)提高队伍水平

学校研究生导师队伍已有一定规模,但仍然存在一些不足,主要体现在以下四个方面:

1. 年龄结构需进一步优化,部分学科博导数量偏少

35岁以下博士生导师只占3%;45岁以下占比仅为32%;56岁以上占比达到31%。博导数量少于20人的一级学科学位点有6个,3个明年需要专项评估的一级学科学位点博导数量偏少,将影响学科发展。

2. 科研水平有待进一步提升

2020年学术学位博导招生资格审核通过率为86.80%,未通过审核的博导中约有一半没有足够的科研项目和支撑研究生培养的科研经费。国家一直强调研究生导师是为研究生培养需要而设立的岗位,不是一个固定层次或荣誉称号。今后学校导师招生资格审核将成为常态,要通过不断推进和深化教师聘用人事制度的改革,吸引和培养一批高水平的优秀青年研究生导师。

3. 师德师风建设有待进一步加强,导学关系有待进一步规范

长期以来,广大导师立德修身、严谨治学、潜心育人,为国家发展作出了重大贡献,但部分导师指导精力投入不足,个别导师出现道德失范、不重视研究生学位论文工作、学术规范教导失责等情况。

4. 指导学位论文水平有待进一步提高

学校已经连续两年在全国博士学位论文抽查中出现3篇"存在问题论文",2019年以来有5人因学术不端被取消学位。

接下来,导师队伍的水平提升是学校重要的改革工作,主要从三个方面推进:

一是完善激励机制,推动队伍建设。落实"预聘—长聘"制的导师资格直接认定,推动教师职称和导师资格"两岗合一",健全导师动态调整机制。

二是坚持立德树人,筑牢政治根基。坚持立德树人首要职责,严格岗位政治要求,坚持以人才培养为首要任务。

三是完善培训制度,规范指导行为。健全校院相结合培训体系,开展形式多样的培训与交流活动;学院层面,在招聘青年才俊时,可以试行职业导师(mentor)制度,通过传帮带,助力青年导师尽快成长;明确导师指导行为规范,落实"八要求""十不得"。

通过这些举措,一方面,促使导师规模结构、导师队伍素养提升取得成效。要加快推进各类人才进入导师队伍,在规模上博士生导师要达到1500人、硕士生导师要达到3000人,并且提高青年导师的比例,45岁以下博导占比稳步提升。全力打造一支高精尖人才为主体、政治素质过硬、师德师风高尚、业务素质精湛、培养绩效优秀的一流导

师队伍。另一方面，通过打造学术共同体、价值共同体和育人共同体，构建平等、交互、共生的导学相长新机制。

（四）健全保障体系

学校研究生教育整体质量稳步提升，研究生发表高水平学术论文、授权专利、参加科技竞赛等成绩喜人，但作为培养成效核心标志的研究生学位论文质量仍亟待提高。

近五年，学校博士学位论文送审重大异议率不断下降，但平均异议率仍超过10%。学校在广东省硕士学位论文抽检中优秀论文比例偏低，整体仅略高于全省平均水平。作为国家"双一流"建设高校和世界知名高水平研究型大学，要在高质量人才培养上有所作为。

鉴于这些问题，我们要从几个地方下功夫：

（1）完善学术评价标准，落实"破五唯"，让学位论文回归科研初心，鼓励研究生从事基础研究和"卡脖子"技术研究，站在国民经济社会发展主战场，把论文写在祖国大地上；分类制定学术学位和专业学位学术成果要求，探索多种形式的学术成果组合呈现，在培养质量高的学科院（系）试点以学位论文质量为主要依据的成果要求。

（2）严抓关键环节考核，加强预警和分流，健全退出机制。研究生教育培养要"严"字当先。学校做好制度设计，严把"过程关"，抓住课程学习、论文开题、中期考核、预答辩四个关键环节，落实全过程管理责任。2020年研究生手册中已明确上述管理规定，在接下来的培养管理中，将进一步细化落实。

（3）深化资助机制改革，通过加强分类、突出教研、强化激励、完善系统，努力打造保障有力、调控有力、师生为本、长效发展的奖助体系；各方合力，形成学生自我完善、导师因材施教、改革活力激发的崭新局面。

（4）服务国家发展战略，鼓励毕业生到国民经济主战场建功立业。高质量就业是学校研究生教育的优势特色。2019年学校到世界500强和中国500强企业就业的研究生占比达到30%。近年来，学校为粤港澳大湾区输送了大批人才，有效服务了国家战略及区域发展。今后我们将实施系列举措，主动向国家重点地区、重大工程、重大项目、重要领域输送高质量研究生。

通过上述举措，建立全方位、多维度、立体化的研究生教育质量保障体系，学校研究生教育必将在培养过程监督、学术成果、学位论文质量等方面得到大幅提升。

老师们、同志们，面对复杂纷繁的变局，面对新时代的召唤，打造卓越研究生教育迫在眉睫，又任重道远。学校将坚持以习近平新时代中国特色社会主义思想为指导，按照党的十九大及历次全会和全国研究生教育会议精神，紧紧抓住"双一流"建设和广州国际校区建设的重要契机，深化研究生教育综合改革，努力培养高层次拔尖创新人才，助力实现在组建100周年即2052年全面建成中国特色、世界一流大学的战略目标。

附：2020年学校制定的重要文件和规章制度目录

序号	文号	文件或规章标题
1	华南工〔2020〕2号	关于印发《华南理工大学领导人员兼职管理办法》的通知
2	华南工〔2020〕3号	关于印发《华南理工大学内设机构领导职数管理办法（试行）》的通知
3	华南工〔2020〕13号	关于印发《华南理工大学二级纪委工作办法（2020年修订）》的通知
4	华南工〔2020〕14号	关于印发《华南理工大学运用监督执纪"第一种形态"实施办法（试行）》的通知
5	华南工〔2020〕15号	关于印发《华南理工大学新型冠状病毒肺炎疫情防控工作应急预案》的通知
6	华南工〔2020〕16号	关于在防控新型冠状病毒肺炎疫情中充分发挥基层党组织战斗堡垒作用和党员先锋模范作用的通知
7	华南工〔2020〕26号	关于印发《华南理工大学2020年工作要点》的通知
8	华南工〔2020〕37号	关于印发《华南理工大学三级、四级职员岗位聘任工作实施办法（试行）》的通知
9	华南工〔2020〕38号	关于召开中国共产党华南理工大学第十七次代表大会的通知
10	华南工〔2020〕49号	关于公布经济与贸易学院调整方案的通知
11	华南工〔2020〕54号	关于印发《华南理工大学纪委机构设置和人员配备调整方案》的通知
12	华南工〔2020〕61号	关于进一步建立健全学校突发事件应急管理工作机制的通知
13	华南工〔2020〕62号	关于印发《中共华南理工大学委员会巡察工作办法》的通知
14	华南工〔2020〕73号	关于启动第二轮巡察和巡察组授权任职及任务分工的决定
15	华南工校〔2020〕19号	关于印发《华南理工大学采购管理办法》等3个文件的通知
16	华南工校〔2020〕41号	关于印发《华南理工大学广州国际校区教学科研人员校内双聘管理办法（试行）》的通知
17	华南工校〔2020〕43号	关于印发《华南理工大学会议费管理办法》的通知
18	华南工纪〔2020〕2号	关于印发《中共华南理工大学纪律检查委员会全体会议议事规则（试行）》的通知

续表

序号	文　号	文件或规章标题
19	华南工学〔2020〕21号	关于印发《华南理工大学本科生综合测评及奖励办法（2020年修订）》的通知
20	华南工学〔2020〕23号	关于印发《华南理工大学毕业生赴基层和重点领域就业"笃行奖"奖励办法》的通知
21	华南工发〔2020〕1号	关于印发《华南理工大学教学、科研与学科建设奖励办法（2020年修订）》的通知
22	华南工发〔2020〕3号	关于印发《华南理工大学学科公共平台建设与运行管理办法（2020年修订）》的通知
23	华南工教〔2020〕15号	关于印发《华南理工大学文科本科教育改革实施方案》的通知
24	华南工教〔2020〕16号	关于印发《华南理工大学全日制本科学生学业预警与降级试读实施办法》的通知
25	华南工教〔2020〕25号	关于印发《华南理工大学"强基计划"班管理办法》等2个文件的通知
26	华南工教〔2020〕27号	关于印发《华南理工大学全日制本科学生学籍管理办法》等2个文件的通知
27	华南工教〔2020〕28号	关于印发《华南理工大学全日制本科学生转专业管理办法》的通知
28	华南工教〔2020〕29号	关于印发《华南理工大学"本—博（本—硕）"连读创新班管理办法（2020年修订）》等2个文件的通知
29	华南工教〔2020〕30号	关于印发《华南理工大学全日制本科生出国（境）学习交流管理办法》等3个文件的通知
30	华南工教〔2020〕31号	关于印发《华南理工大学全日制本科学生毕业设计（论文）管理办法（2020年修订）》等2个文件的通知
31	华南工教〔2020〕42号	关于印发《华南理工大学本科生招生工作管理办法》的通知
32	华南工教〔2020〕44号	关于印发《华南理工大学本科高校专项招生工作规程（2020年修订）》等7个文件的通知
33	华南工研〔2020〕11号	关于印发《华南理工大学研究生导师年度招生资格审核办法》《华南理工大学工程类博士专业学位研究生导师管理及招生资格审核办法》的通知
34	华南工研〔2020〕16号	关于印发《华南理工大学研究生管理规定（2020年修订）》等3个文件的通知
35	华南工研〔2020〕17号	关于印发《华南理工大学学术学位研究生培养管理办法（2020年修订）》等6个文件的通知

续表

序号	文　号	文件或规章标题
36	华南工研〔2020〕18号	关于印发《华南理工大学硕士研究生资助体系实施办法（试行）》的通知
37	华南工研〔2020〕19号	关于印发《华南理工大学研究生助教管理办法（2020年修订）》等2个文件的通知
38	华南工研〔2020〕28号	关于修订《华南理工大学硕博连读实施办法》部分内容的通知
39	华南工研〔2020〕36号	关于印发《华南理工大学博士研究生国（境）外短期访学资助项目实施办法（2020年修订）》的通知
40	华南工科〔2020〕3号	关于印发《华南理工大学中央高校基本科研业务费项目管理办法》的通知
41	华南工科〔2020〕12号	关于印发《华南理工大学哲学社会科学研究成果评价改革方案》的通知
42	华南工人〔2020〕8号	关于印发《华南理工大学科研助理岗位招聘办法（试行）》的通知
43	华南工人〔2020〕19号	关于印发《华南理工大学新聘专职研究系列岗位管理办法（试行）》的通知
44	华南工人〔2020〕20号	关于印发《华南理工大学专业技术职务评审补充规定（2020年）》的通知
45	华南工设〔2020〕1号	关于印发《华南理工大学公共实验室建设管理办法》的通知
46	华南工设〔2020〕2号	关于印发《华南理工大学仪器设备购置管理办法》的通知
47	华南工设〔2020〕4号	关于印发《华南理工大学已报废仪器设备物资回收处置实施细则》的通知
48	华南工外〔2020〕6号	关于印发《华南理工大学因公临时出国（境）管理办法（2020年修订）》的通知
49	华南工财〔2020〕5号	关于印发《华南理工大学科研经费使用"包干制"管理办法（试行）》的通知
50	华南工财〔2020〕6号	关于印发《华南理工大学关于落实过"紧日子"要求的实施方案》的通知
51	华南工财〔2020〕8号	关于印发《华南理工大学预算管理办法（2020年修订）》等2个文件的通知

学校机构与负责人

学校机构与负责人[*]

一、中共华南理工大学第十七届委员会

书　记：章熙春

副书记：高　松　刘琪瑾（女）　陶韶菁（女）　麦均洪

常　委：章熙春　高　松　刘琪瑾（女）　陶韶菁（女）　麦均洪　朱　敏　李　正　李卫青（女）　王丹平（女）　邹　浩　王　均

委　员：（以姓氏笔画为序）
马红红（女）　王　均　王丹平（女）　叶代启　朱　敏　刘　俊　刘琪瑾（女）　孙连坡　麦均洪　李　正　李卫青（女）　李远清　扶　雄　吴　波　邹　浩　张卫国　张建功　张宪民　林艺文　项　聪　徐向民　高　松　陶韶菁（女）　黄国清　章熙春

二、华南理工大学校长、副校长

校　长：高　松

副校长：朱　敏　李　正　李卫青

三、中共华南理工大学第十七届纪律检查委员会

书　记：刘琪瑾（兼）

副书记：曾学敏

委　员：（以姓氏笔画为序）
丁　勇　占友林　叶汉钧　司聚民　邬　智　刘琪瑾（女）　张卫平　张正国　房俊东　晋　刚　曾学敏（女）

四、校长助理

张　明　苏　成　房俊东

五、副首席信息官

陆以勤

---

[*] 机构负责人均为2020年12月31日在任。

六、中共华南理工大学机关委员会

书　记：雷育胜（兼）
副书记：曾学敏（兼）
委　员：（以姓氏笔画为序）
　　　　王丹平　叶汉钧　吴树雄　何剑桦　曾学敏　雷育胜

七、学校党政职能部门及负责人

1. 党委办公室（学校办公室）

主　任：雷育胜　　　　　　　　　　副主任：苏秋斌（常务）　郑小娟　刘　哲
　　　　　　　　　　　　　　　　　　　　　曾江华

机关党委办公室（挂靠）
保密委员会办公室（挂靠）
师生服务中心（挂靠）

2. 纪委办公室、监察处

主　任：曾学敏
监督检查一室　　　　　　　　　　　主任：张卫平
监督检查二室　　　　　　　　　　　主任：胡一平

3. 巡察工作办公室

主　任：曾学敏　　　　　　　　　　副主任：许业河

4. 党委组织部

部　长：麦均洪（兼）　　　　　　　副部长：王德林（常务）　陈占炬
党校办公室（挂靠）

5. 党委宣传部（新闻中心）

部　长：（空缺）　　　　　　　　　副部长：邹　浩（常务）　张　征
　　　　　　　　　　　　　　　　　　　　　柯　宁（兼）

6. 党委统战部

部　长：王丹平

7. 学生工作部（处）（党委研究生工作部、武装部、国防生教育学院）

部（处）长：李卫青（兼）　　　　　副部（处）长：李华兵（常务）　温志雄
　　　　　　　　　　　　　　　　　　　　　　　　林文展　鲁　明
　　　　　　　　　　　　　　　　　　　　　　　　孟　勋（兼）

学生就业指导中心（挂靠）
心理健康教育与咨询中心（挂靠）
学生资助管理中心（挂靠）
后备军官选拔培训工作办公室（代管）

8. 校工会

主　席：刘琪瑾（兼）　　　　　　　副主席：何剑桦（常务）　刘少萍
计划生育委员会办公室（挂靠）

附属实验学校（代管）
幼儿园（代管）
家属委员会（代管）

9. 校团委

书 记：孟 勋　　　　　　　　　　　**副书记**：朱泳媚　梁 劲

10. 发展战略与规划处（发展战略与政策研究中心）

处 长：朱永东　　　　　　　　　　**副处长**：付 晔　杜 娟

学科建设办公室（挂靠）
高水平大学建设项目管理办公室（挂靠）

11. 教务处

处 长：项 聪　　　　　　　　　　　**副处长**：林镜亮　张星明　陈小平
教材管理办公室（挂靠）　　　　　　　**主 任**：张 皓
考试中心（挂靠）　　　　　　　　　　**主 任**：张 皓（兼）
评估中心（挂靠）　　　　　　　　　　**主 任**：陈小平（兼）
教育技术中心（挂靠）　　　　　　　　**主 任**：刘泽奖
教师教学发展中心（挂靠）

12. 研究生院

院 长：李 正（兼）　　　　　　　　**副院长**：王 均（常务）　许 勇
专业学位办公室　　　　　　　　　　　**主 任**：熊 玲
培养办公室　　　　　　　　　　　　　**主 任**：黄志文
学位办公室　　　　　　　　　　　　　**副主任**：谢文君
大学城校区办公室　　　　　　　　　　**主 任**：阮向前
国家公派研究生工作办公室（挂靠）

13. 招生工作办公室

主 任：赵红茹　　　　　　　　　　**副主任**：谢茂华

14. 科学技术处

处 长：林艺文（广州市科技局挂职）　**副处长**：蒋兴华（常务）　许 宏　杨 杰
军工项目管理办公室（挂靠）　　　　　**主 任**：许 宏（兼）
国防科技研究院（挂靠）
科学技术研究院（挂靠）
学术委员会秘书处（挂靠）　　　　　　**学术委员会办公室副主任**：郑文杰
科学技术协会（挂靠）　　　　　　　　**科学技术协会办公室副主任**：凌 贵

15. 科技成果转化办公室

主 任：江 海　　　　　　　　　　　**副主任**：葛瑞明
工业技术研究总院（挂靠）
国家大学科技园（挂靠）
专利事务中心（代管）
中新国际联合研究院（代管）　　　　　**副院长**：谢兴华（常务）

16. 社会科学处

处　　长：李石勇　　　　　　　　　　副处长：（空缺）
智库建设管理办公室（挂靠）　　　　　智库建设管理办公室副主任：刘金程（兼）
17．人事处（党委教师工作部）
处　长（部　长）：吴树雄　　　　　　副处长：刘晓翔　叶志锋　王　娟
党委教师工作部　　　　　　　　　　　副部长：孙　峰
人才交流服务中心（挂靠）
高层次人才工作办公室（挂靠）
院士工作办公室（挂靠）
博士后管理办公室（挂靠）
18．国际交流与合作处（港澳台事务办公室、中外合作办学办公室）
处　　长：姚　旻　　　　　　　　　　副处长：杨浩松　黄　非（兼）
中外合作办学办公室　　　　　　　　　副主任：黄　非
引智项目管理办公室（挂靠）
19．公共关系处（校友工作处）
处　　长：刘　俊　　　　　　　　　　副处长：桑成好　赖何季　麦冬宁
教育发展基金会办公室（挂靠）
大学理事会工作办公室（挂靠）
20．离退休工作处（离退休教工党委）
处　　长：谭　瑶　　　　　　　　　　副处长：林　伟　孙树民
离退休教工党委　　　　　　　　　　　副书记：周鹏飞
关心下一代工作委员会办公室（挂靠）
21．保卫部（处）
部（处）长：陈永强（阳江挂职）　　　副部（处）长：李绍强（常务）　吴益平
　　　　　　　　　　　　　　　　　　　　　　　　　陈伟兴（兼）
22．实验室与设备管理处
处　　长：马　强　　　　　　　　　　副处长：殷　姿　姚志民　李　娟
23．财务处
处　　长：马红红　　　　　　　　　　副处长：米卫华　彭晓虹　黄淦元
　　　　　　　　　　　　　　　　　　　　　　肖向晨　刘　为（兼）
科研经费管理办公室（挂靠）
24．审计处
处　　长：占友林　　　　　　　　　　副处长：汤贺凤
25．基建处
处　　长：徐　兵（阳江挂职）　　　　副处长：沈　涛（负责工作）　吴　旭
　　　　　　　　　　　　　　　　　　　　　　杨　春

26. 资产管理处
处　　长： 益瑞涵　　　　　　　　　　**副处长：** 李石槟　尹光明　王　虹

27. 后勤处
处　　长： 孙连坡　　　　　　　　　　**副处长：** 洪梦晓　张秋琴　金朝霞

八、大学城校区管理委员会及下设办公室和负责人

1. 大学城校区管理委员会
主　　任： 朱　敏（兼）　　　　　　　**副主任：** 叶汉钧（常务）

2. 大学城校区管委会办公室
主　　任： 叶汉钧（兼）　　　　　　　**副主任：** 胡　高　陈伟兴　肖　洒

九、广州国际校区工作机构及负责人

1. 广州国际校区党委
副书记： 陈翠峰

2. 广州国际校区纪委
书　　记： 关春兰

3. 综合事务办公室
主　　任：（空缺）　　　　　　　　　　**副主任：** 陈华强　何丽云　赵　宏
　　　　　　　　　　　　　　　　　　　　　　　　　　黄淦元（兼）

4. 人力资源与发展事务办公室
主　　任： 李静蓉　　　　　　　　　　**副主任：** 黄　磊

5. 教学与全球事务办公室
主　　任： 项　聪（兼）　　　　　　　**副主任：** 吴招胜（常务）　马　宁

6. 学生事务办公室
主　　任：（空缺）　　　　　　　　　　**副主任：** 陈翠峰（兼）　李华兵（兼）

7. 峻德书院
院　　长： 程正迪（兼）　　　　　　　**院务主任：** 陈翠峰（兼）

十、院系及负责人

1. 机械与汽车工程学院
党委书记： 晋　刚　　　　　　　　　　**副书记：** 李　嘉
院　　长： 张宪民　　　　　　　　　　**副院长：** 上官文斌　李　琳　李巍华
　　　　　　　　　　　　　　　　　　　　　　　　　　陆龙生　洪晓斌

2. 建筑学院
党委书记： 司聚民　　　　　　　　　　**副书记：** 陈　莹
院　　长： 孙一民　　　　　　　　　　**副院长：** 肖毅强　张宇峰　王世福
　　　　　　　　　　　　　　　　　　　　　　　　　　彭长歆

3. 土木与交通学院
党委书记： 郑存辉　　　　　　　　　　**副书记：** 王　磊

院　　长：吴　波　　　　　　　　副院长：温惠英　季　静　姚小虎
　　　　　　　　　　　　　　　　　　　　陈　珺（行政）

4. 电子与信息学院
党委书记：徐向民　　　　　　　**副书记**：张　健（常务）　周　军
院　　长：薛　泉　　　　　　　　副院长：章秀银　靳贵平　余翔宇

5. 材料科学与工程学院（先进材料国际化示范学院）
党委书记：张勤远　　　　　　　**副书记**：吴妙娴（常务）　彭树立
院　　长：彭俊彪　　　　　　　　副院长：张广照　殷素红　任　力
　　　　　　　　　　　　　　　　　　　　欧阳柳章　李碧梅（行政）

6. 化学与化工学院
党委书记：许国民　　　　　　　**副书记**：刘才刚
院　　长：张正国　　　　　　　　副院长：李雪辉　李映伟　楼宏铭
　　　　　　　　　　　　　　　　　　　　胡建强

7. 轻工科学与工程学院
党委书记：张建功　　　　　　　**副书记**：谭循恩
院　　长：（空缺）　　　　　　　　副院长：刘传富（常务）　李　擘
　　　　　　　　　　　　　　　　　　　　李　军

8. 食品科学与工程学院
党委书记：谭志伟　　　　　　　**副书记**：李　昀
院　　长：曾新安（阳江挂职）　　　副院长：娄文勇（负责行政工作）
　　　　　　　　　　　　　　　　　　　　王永华　李晓玺

9. 数学学院
党委书记：孙国忠　　　　　　　**副书记**：邹　敏
院　　长：朱长江　　　　　　　　副院长：杨启贵　周胜林　温焕尧

10. 物理与光电学院
党委书记：张淑娟　　　　　　　**副书记**：曾嘉华
院　　长：杨中民　　　　　　　　副院长：陈武喝　李志远　文德华

11. 经济与金融学院
党委书记：黄国清　　　　　　　**副书记**：勾海林
院　　长：（空缺）　　　　　　　　副院长：孙坚强（负责行政工作）
　　　　　　　　　　　　　　　　　　　　徐　枫　魏冰影（行政）

12. 旅游管理系
党总支书记：郭志军　　　　　　**副书记**：（空缺）
行政工作负责人：江金波　　　　**副系主任**：（空缺）

13. 电子商务系
党委书记：刘祥富　　　　　　　**副书记**：（空缺）
行政工作负责人：左文明　　　　**副系主任**：（空缺）

14. 自动化科学与工程学院
党委书记：郭祥瑞　　　　　　　**副书记**：刘　博

院　　长：（空缺）　　　　　　　　副院长：俞祝良（负责行政工作）
　　　　　　　　　　　　　　　　　　　　　王孝洪　罗家祥

15. 计算机科学与工程学院
党委书记：林　智　　　　　　　　**副书记**：陈浩文
院　　长：陈俊龙（代理）　　　　　副院长：高　英　陈伟能

16. 电力学院
党委书记：丁　勇　　　　　　　　**副书记**：许中华
院　　长：唐文虎　　　　　　　　　副院长：杨向宇　廖艳芬　荆朝霞

17. 生物科学与工程学院
党委书记：张蔚洁　　　　　　　　**副书记**：易　振
院　　长：林　影　　　　　　　　　副院长：吴振强　王菊芳

18. 环境与能源学院
党委书记：陈航宇　　　　　　　　**副书记**：吴耀华
院　　长：叶代启　　　　　　　　　副院长：朱能武　胡　芸　陈　燕

19. 软件学院
党委书记：钟建华　　　　　　　　**副书记**：詹郁生
院　　长：王振宇　　　　　　　　　副院长：杨晓伟　黄　敏　陶　乾

20. 工商管理学院（创业教育学院）
党委书记：胡亦武　　　　　　　　**副书记**：蒋连霞
院　　长：张卫国　　　　　　　　　副院长：周永务　李志宏　黄嫚丽
　　　　　　　　　　　　　　　　　　　　　许　治

21. 公共管理学院
党委书记：周　勤　　　　　　　　**副书记**：黄艳华
院　　长：（空缺）　　　　　　　　副院长：李胜会　黄　岩

22. 马克思主义学院
党委书记：李良成　　　　　　　　**副书记**：刘开频
院　　长：解丽霞　　　　　　　　　副院长：张国启　闫坤如

23. 外国语学院
党委书记：刘应思　　　　　　　　**副书记**：赵水东
院　　长：钟书能　　　　　　　　　副院长：武建国　朱献珑　徐　鹰

24. 法学院（知识产权学院）
党委书记：朱文建　　　　　　　　**副书记**：韦　萍
院　　长：蒋悟真　　　　　　　　　副院长：夏正林　张友好　陈红彦

25. 新闻与传播学院
党委书记：冯向阳　　　　　　　　**副书记**：刘　涛
院　　长：苏宏元　　　　　　　　　副院长：蒋建国　陈　娟

26. 艺术学院
党委书记：施亚玲　　　　　　　　**副书记**：黄　佳
院　　长：梁　军　　　　　　　　　副院长：陈刚毅　宋维佳

艺术教育中心（挂靠）　　　　　　　　副主任：常敬峰（常务）
27. 体育学院
党委书记：梁大为　　　　　　　　　**副书记**：黄广发
院　　长：樊莲香　　　　　　　　　**副院长**：高晓波　唐建倦　万发达
28. 设计学院
党委书记：欧阳斌　　　　　　　　　**副书记**：陈木龙
院　　长：张珂　　　　　　　　　　**副院长**：梁明捷　张瑞秋　王枫红
29. 医学院（生命科学研究院）
党委书记：何东清　　　　　　　　　**副书记**：曹家富
院　　长：（空缺）　　　　　　　　**副院长**：谢克平（常务）　曹　杰（兼）
　　　　　　　　　　　　　　　　　　　　　　　刘　佳　梁长虹　张文清
　　　　　　　　　　　　　　　　　　　　　　　辛学刚　蒋开球（行政）
30. 国际教育学院
院　　长：王庆年　　　　　　　　　**副院长**：胡贵平　潘　俊（行政）
31. 生物医学科学与工程学院
院　　长：王　均　　　　　　　　　**副院长**：叶玉嘉（行政）
32. 吴贤铭智能工程学院
党总支书记：欧阳斌
院　　长：（空缺）　　　　　　　　**副院长**：谢龙汉
33. 分子科学与工程学院（华南软物质科学与技术高等研究院）
院　　长：　　　　　　　　　　　　**副院长**：王林格
34. 微电子学院
院　　长：　　　　　　　　　　　　**副院长**：李　斌　王彦杰

十一、直属单位及其他单位和负责人

1. 继续教育学院（网络教育学院、公开学院、干部教育培训中心）
党委书记：邬　智
院　　长：（空缺）　　　　　　　　**副院长**：王全迪　林文岳　吴远东
　　　　　　　　　　　　　　　　　　　　　　　淡瑞霞
2. 图书馆（科技图书馆）
馆　　长：范家巧　　　　　　　　　**党总支书记**：吴　垒
科技图书馆副馆长：王丽萍　蒋春林（兼图书馆大学城校区分馆馆长）
副馆长：乔　丽　童燕青
3. 档案馆
馆　　长：冯小宁　　　　　　　　　**副馆长**：黄　玲
4. 分析测试中心
主　　任：向兴华
5. 校医院
院　　长：（空缺）　　　　　　　　**党总支书记**：王　健

副院长：刘　冰（负责行政工作）　　孙江文

公费医疗管理办公室（挂靠）

6. 资产经营有限公司（华工大集团）

总 经 理：叶伟雄　　　　　　　　**党委书记**：张坚雄

副总经理：符浩剑　张　玲

7. 出版社（出版社有限公司）

社　　长：卢家明　　　　　　　　**副社长**：柯　宁

总编辑（总经理）：卢家明（兼）　**副总编辑**：周莉华

8. 信息网络工程研究中心（信息化办公室）

主　　任：季　飞　　　　　　　　**副主任**：潘伟锵

9. 学报编辑部（自然科学版、社会科学版）

主　　任：张乐平　　　　　　　　**副主任**：刘淑华　潘宜玲

10. 招标中心

主　　任：王飞雁　　　　　　　　**副主任**：孙培清

11. 高等教育研究所

所　　长：罗　毅　　　　　　　　**副所长**：余新科

12. 公共政策研究院

理 事 长：（空缺）

执行院长：张　锋　　　　　　　　**副院长**：刘金程（行政）

13. 广州现代产业技术研究院

院　　长：章熙春（兼）　　　　　**副院长**：赵建仓（常务）

14. 华南协同创新研究院

院　　长：朱　敏（兼）　　　　　**副院长**：张　明（常务）　赵　敏
　　　　　　　　　　　　　　　　　　　　　　　刘　为

15. 珠海现代产业创新研究院

院　　长：章熙春（兼）　　　　　**副院长**：房俊东（常务）　张　凡

16. 医疗器械研究检验中心

主　　任：王　均（兼）　　　　　**副主任**：徐昕荣　任　力（兼）

17. 附属广东省人民医院

院　　长：余学清　　　　　　　　**党委书记**：耿庆山

18. 附属第二医院

院　　长：曹　杰　　　　　　　　**党委书记**：黄光烈

19. 附属天河医院筹建工作小组

组　　长：耿庆山（兼）　　　　　**常务副组长兼办公室主任**：关春兰

20. 第六届中国"互联网＋"大学生创新创业大赛筹备工作办公室

专职副主任：陈　艳

21. 华南理工大学广州学院

党委书记：杜小明　　　　　　　　**副书记**：曾令涛　杨兆禧

校　　长：杨中民　　　　　　　　**副校长**：曾志新（常务）　李华钢　曾令涛
　　　　　　　　　　　　　　　　　　　　　　　周诗瑶　林　颖

2020 年学校成立或调整的部分机构

序号	成立或调整的机构名称	成立（调整）时间	批准文号	备注
1	华南理工大学百步梯创新学院	2020年1月16日成立	华南工教〔2020〕2号	
2	华南理工大学出国留学预备学院	2020年2月24日成立	华南工校〔2020〕5号	
3	经济与金融学院	2020年7月16日调整	华南工〔2020〕49号	由原经济与贸易学院调整而来
4	旅游管理系			
5	电子商务系			
6	中共华南理工大学经济与金融学院委员会	2020年7月16日成立	华南工〔2020〕50号	
7	中共华南理工大学旅游管理系总支部委员会			
8	中共华南理工大学电子商务系委员会			
9	纪委办公室	2020年7月18日调整	华南工〔2020〕54号	由原纪监办公室调整而来
10	监督检查一室			
11	监督检查二室			

2020 年学校成立或调整的部分议事机构

一、第六届中国国际"互联网+"大学生创新创业大赛华南理工大学筹备工作领导小组（2020年1月成立）

（一）领导小组成员

组　　长：章熙春　高　松

常务副组长：李　正　陶韶菁

副 组 长：刘琪瑾　麦均洪　朱　敏　李卫青

成　　员：党委办公室（学校办公室）、纪监办公室、党委宣传部、学生工作部（处）、校团委、教务处、研究生院、信息网络工程研究中心（信息化办公室）、科学技术处、社会科学处、科技成果转化办公室、国际交流与合作处（港澳台办公室）、公共关系处、保卫部（处）、财务处、审计处、基建处、后勤处、大学城校区管委会、广州国际校区综合事务办公室、广州国际校区教学与全球事务办公室、广州国际校区学生事务办公室、招标中心、校医院、第六届中国"互联网＋"大学生创新创业大赛筹备工作办公室主要负责同志

（二）领导小组办公室

领导小组下设办公室，设在第六届中国"互联网＋"大学生创新创业大赛筹备工作办公室。

主　任：李　正　陶韶菁
专职副主任：陈　艳

办公室下设 12 个专项工作组。

1. 综合秘书组：全面负责大赛整体统筹协调推进工作

分管领导：李　正　陶韶菁
牵头单位：党委办公室（学校办公室）、校团委
参与单位：教务处

2. 参赛组：全面负责学校参赛作品的挖掘、选拔以及培训和参赛工作

分管领导：李　正
牵头单位：教务处
参与单位：校团委、科学技术处、社会科学处、科技成果转化办公室

3. 竞赛组：全面负责主赛道、"青年红色筑梦之旅"赛道、国际赛道等赛道的竞赛组织工作

分管领导：李　正
牵头单位：学生工作部（处）
参与单位：教务处、研究生院、国际交流与合作处、广州国际校区学生事务办公室

4. 宣传组：全面负责大赛宣传工作

分管领导：陶韶菁
牵头单位：党委宣传部
参与单位：信息网络工程研究中心（信息化办公室）

5. 活动展示组：全面负责五强争夺战、冠亚军争夺战、闭幕式、颁奖典礼、若干同期活动的方案设计和组织实施工作

分管领导：陶韶菁
牵头单位：校团委
参与单位：大学城校区管委会、机械与汽车工程学院、建筑学院、数学学院、计算机科学与工程学院、生物科学与工程学院、环境与能源学院、公共管理学院、新闻与传播学院、艺术学院、体育学院、设计学院

6. 国际交流组：全面协调大赛国际赛道和港澳台赛事交流工作，若干同期活动的涉外交流

分管领导：李卫青

牵头单位：国际交流与合作处

参与单位：广州国际校区教学与全球事务办公室、国际教育学院

7. 外联接待组：全面负责大赛的资源筹备、对外联络、参赛师生接待工作

分管领导：朱　敏

牵头单位：大学城校区管委会

参与单位：党委办公室（学校办公室）、学生工作部（处）、后勤处、公共关系处、广州国际校区综合事务办公室

8. 网络信息组：全面负责大赛网络信息化的保障工作

分管领导：李卫青

牵头单位：信息网络工程研究中心（信息化办公室）

9. 后勤保障组：全面负责大赛后勤服务保障工作

分管领导：麦均洪

牵头单位：后勤处

参与单位：大学城校区管委会、广州国际校区综合事务办公室、校医院、基建处

10. 安全保卫组：全面负责大赛安全保卫、交通疏导、应急处置等工作

分管领导：陶韶菁

牵头单位：保卫部（处）

参与单位：大学城校区管委会、广州国际校区综合事务办公室

11. 财务组：全面负责大赛财务工作、招标工作和重大事项财务支出的监督、审计工作

分管领导：麦均洪　刘琪瑾

牵头单位：财务处

参与单位：招标中心、纪监办公室、审计处

12. 志愿者组：全面负责大赛志愿者服务保障工作

分管领导：李　正

牵头单位：校团委

二、新型冠状病毒肺炎疫情防控工作领导小组和工作组（2020年1月成立）

（一）新型冠状病毒肺炎疫情防控工作领导小组

组　长：章熙春　高　松

副组长：刘琪瑾　陶韶菁　麦均洪　朱　敏　李　正　李卫青

（二）新型冠状病毒肺炎疫情防控工作组

组　长：陶韶菁

副组长：麦均洪　朱　敏　李　正　李卫青

成　员：党委办公室（学校办公室）、校医院、党委宣传部、学生工作部（处）、人事处（党委教师工作部）、离退休工作处、保卫部（处）、财务处、基建处、后勤处、资产管理处、资产经营有限公司、大学城校区管委会、广州国际校区等相关单位主要负责同志

下设八个工作小组，成员包括但不限于以下单位负责人，学校将根据工作实际情况进行调整。

1. 综合协调组

  组 长：陶韶菁

  成 员：党委办公室（学校办公室）、校医院负责同志

2. 宣传组

  组 长：陶韶菁

  成 员：党委宣传部负责同志

3. 医疗组

  组 长：麦均洪

  成 员：校医院负责同志

4. 大学城校区工作组

  组 长：朱 敏

  成 员：大学城校区相关单位负责同志

5. 广州国际校区工作组

  组 长：陶韶菁

  成 员：广州国际校区相关单位负责同志

6. 学生工作组

  组 长：李 正

  成 员：学生工作部（处）、国际教育学院、继续教育学院负责同志

7. 教师工作组

  组 长：李卫青

  成 员：人事处（党委教师工作部）、离退休工作处负责同志

8. 后勤保障组

  组 长：麦均洪

  成 员：保卫部（处）、财务处、基建处、后勤处、资产管理处、资产经营有限公司负责同志

三、新型冠状病毒肺炎疫情防控工作监督组（2020年2月成立）

  组 长：刘琪瑾

  成 员：纪监办公室、党委办公室（学校办公室）、党委组织部、巡察工作办公室、人事处（党委教师工作部）、学生工作部（处）、离退休工作处等相关单位主要负责同志

四、华南理工大学扶贫开发领导小组（2020年3月调整）

  组 长：章熙春 高 松

  副组长：刘琪瑾 陶韶菁 麦均洪

  成员单位：党委办公室（学校办公室）、党委组织部、党委宣传部、学生工作部

（处）、校工会、校团委、科学技术处、科技成果转化办公室、社会科学处、人事处、公共关系处、实验室与设备管理处、财务处、资产管理处、后勤处、继续教育学院、图书馆、校医院、资产经营有限公司

学校扶贫开发领导小组办公室设在党委组织部，党委组织部主要负责人兼任办公室主任，党委组织部相关负责人、学校派驻云县挂职副县长和孔美村第一书记兼任办公室副主任，其他扶贫干部为办公室成员。

五、华南理工大学学生返校工作专班（2020年4月成立）

（一）学生返校工作领导小组

组　长：章熙春　高　松

副组长：刘琪瑾　陶韶菁　麦均洪　朱　敏　李　正　李卫青

（二）学生返校工作组

组　长：陶韶菁

副组长：麦均洪　朱　敏　李　正　李卫青

成　员：党委办公室（学校办公室）、党委组织部、党委宣传部、学生工作部（处）、校工会、校团委、教务处、研究生院、人事处（党委教师工作部）、国际交流与合作处、公共关系处、离退休工作处、保卫部（处）、实验室与设备管理处、财务处、基建处、资产管理处、后勤处、大学城校区管委会办公室、广州国际校区综合事务办公室、体育学院、国际教育学院、继续教育学院、图书馆、校医院、招标中心等相关单位主要负责同志

内设9个工作小组，成员包括但不限于以下单位负责人，学校将根据工作实际情况进行调整，具体如下：

1. 综合协调小组

组　长：陶韶菁

成　员：党委办公室（学校办公室）、党委宣传部、学生工作部（处）、财务处、校医院负责同志

2. 学生工作小组

组　长：李　正

成　员：学生工作部（处）、校团委、保卫部（处）、后勤处、继续教育学院、大学城校区和广州国际校区相关单位负责同志

3. 留学生和港澳台学生工作小组

组　长：李卫青

成　员：国际教育学院、国际交流与合作处、教务处、研究生院、大学城校区管委会办公室等单位负责同志

4. 教师工作小组

组　长：李卫青

成　员：人事处（党委教师工作部）、广州国际校区人力资源与发展事务办公室、离退休工作处负责同志

5. 教育教学工作小组

组　长：李　正

成　员：教务处、研究生院、继续教育学院等单位负责同志

6. 后勤保障和医疗防疫小组

组　长：麦均洪

成　员：后勤处、校医院、党委组织部、保卫部（处）、财务处、大学城校区管委会办公室、广州国际校区综合事务办公室等单位负责同志

7. 场所管理工作小组

组　长：朱　敏

成　员：实验室与设备管理处、学生工作部（处）、教务处、资产管理处、后勤处、基建处、大学城校区管委会办公室、广州国际校区综合事务办公室、图书馆、体育学院等单位负责同志

8. 大学城校区和广州国际校区工作小组

组　长：陶韶菁　朱　敏

成　员：大学城校区和广州国际校区相关单位负责同志

9. 附属学校工作小组

组　长：麦均洪

成　员：校工会、附属学校、保卫部（处）、后勤处等单位负责同志

（三）防疫工作监督组

组　长：刘琪瑾

成　员：纪监办公室、党委办公室（学校办公室）、党委组织部、巡察工作办公室、人事处（党委教师工作部）、学生工作部（处）、离退休工作处负责同志

六、华南理工大学本科教学指导委员会（2020年5月调整）

主　任：章熙春　高　松

副主任：李　正

成　员：（以姓氏笔画为序）

王世福　王　均　王秀军　王林格　王枫红　王菊芳　文德华　邓文基
左保河　朱长江　朱良生　朱桂龙　朱能武　刘　佳　江金波　许　治
孙一民　苏　成　苏宏元　李志远　李胜会　李晓玺　李　琳　李　斌
李静蓉　李　擘　杨启贵　张卫国　张友好　张正国　张国启　张星明
张　铁　张瑞秋　陈小平　陈刚毅　陈国华　林广思　林培群　罗家祥
季　静　周小文　周永务　项　聪　赵谋明　胡青春　胡建强　徐向民
徐　枫　徐　鹰　殷素红　高　英　高晓波　黄　敏　梁长虹　彭长歆
蒋悟真　韩　强　谢龙汉　靳贵平　管少平　廖艳芬　樊莲香

七、华南理工大学创业教育指导委员会（2020 年 5 月调整）

主　　任：章熙春　高　松
副 主 任：李　正
成　　员：教务处、研究生院、学生工作部（处）、校团委、人事处、科学技术处、科技成果转化办公室、社会科学处、公共关系处、实验室与设备管理处、国际交流与合作处、财务处、工商管理学院等部门主要负责人

创业教育学院实行院长负责制，院长由工商管理学院院长兼任，副院长由工商管理学院分管本科教学副院长兼任。

八、学校"十四五"规划编制工作机构（2020 年 7 月成立）

（一）学校"十四五"规划编制工作领导小组
组　　长：章熙春　高　松
成　　员：刘琪瑾　陶韶菁　麦均洪　朱　敏　李　正　李卫青

（二）学校"十四五"规划编制工作小组
组　　长：高　松
牵头单位：发展战略与规划处
成员单位：各机关部处、学院、直属单位

九、华南理工大学国家级专业技术人员继续教育基地建设领导小组（2020 年 7 月成立）

组　　长：李　正
副组长：邬　智
成　　员：党委办公室（学校办公室）、党委宣传部、教务处、科学技术处、人事处、公共关系处、财务处、后勤处、信息网络工程研究中心（信息化办公室）等部门主要负责人，继续教育学院业务分管副院长

领导小组下设办公室，挂靠继续教育学院。

十、华南理工大学"双一流"建设引导专项管理工作领导小组（2020 年 8 月成立）

组　　长：章熙春　高　松
副 组 长：麦均洪　朱　敏　李　正　李卫青
牵头部门：发展战略与规划处
成员单位：发展战略与规划处、党委宣传部、教务处、研究生院、科学技术处、科技成果转化办公室、社会科学处、人事处、国际交流与合作处、财务处

十一、华南理工大学建设工程投资评审领导小组（2020 年 9 月成立）

组　　长：高　松
副组长：陶韶菁　麦均洪

成　　员：审计处、财务处、基建处等部门负责人

建设工程投资评审领导小组下设办公室，办公室设在审计处。

十二、华南理工大学特色化示范性软件学院建设领导小组（2020年11月成立）

组　　长：章熙春　高　松
执行组长：李　正
副 组 长：刘琪瑾　陶韶菁　麦均洪　朱　敏　李卫青
成　　员：教务处、研究生院、人事处（党委教师工作部）、学生工作部（处）、校团委、发展战略与规划处、科学技术处、科技成果转化办公室、招生工作办公室、国际交流与合作处、实验室与设备管理处、财务处等单位主要负责人

党建与思想政治工作

组织工作

【基层党组织建设】主动适应疫情防控需要，创新开展基层党组织建设。印发《关于在防控新型冠状病毒肺炎疫情中充分发挥基层党组织战斗堡垒作用和党员先锋模范作用的通知》，组建党员突击队，成立突击队临时党委和9个临时党支部，分三批次遴选216名党员教师和党政干部参加突击队，深度参与校园9个门岗值勤166天。开展战"疫"专题微党课和专题组织生活会，组织动员全校师生党员自愿捐款100余万元。

强化典型示范引领，做好首批教育部、广东省高校党建"双创"立项党组织验收工作，新增全省党建工作"标杆院系"立项2个、"样板支部"立项7个、"双带头人"教师党支部书记工作室立项2个；获批教育部第二批高校"双带头人"教师党支部书记工作室建设立项1个。深化"学校－学院－党支部"三级党建品牌建设，组织开展首批校级"样板支部"建设成果汇报暨风采展示大赛，表彰建设成果突出的支部。持续推进"两学一做"学习教育常态化制度化，巩固深化"不忘初心、牢记使命"主题教育成果，深入实施基层党组织建设"三年行动计划"。"双带头人"教师党支部书记中具有正高职称比例达98%；1人获全省教师党支部书记素质能力大赛二等奖。截至2020年底，全校共有37个二级党委（党总支），645个基层党支部。

持续做好党员教育、发展和管理服务工作。2020年预备党员转正1559名，发展党员1552名。其中，发展研究生党员580名、本科生党员952名、教工党员20名。截至2020年底，全校共有党员14 017名；其中，在职教工党员3557名，离退休教工党员1152名，学生党员9308名；在职教工党员、研究生党员、本科生党员分别占同类人员的71.31%、38.07%、8.11%。2人获评广东省高校党建研究会本科分会2020年年会优秀党务工作者；1人获广东省委教育工委2020年度党内统计员通报表扬。

【干部队伍建设】坚持事业为上，推动《干部队伍建设规划（2020—2024）》落地实施。始终把政治标准放在选人用人第一位，制定中层干部《民主推荐工作规程》《考察工作规程》《任前公示工作规程》等关键环节规范，不断增强干部选任关键环节的精细化管理。研究制定《三级、四级职员岗位聘任工作实施办法（试行）》，配合教育部人事司做好委托课题研究。

加强过程管理，提高选人用人工作质量。全年选任中层干部37人，其中，提任28人、同级任用9人；选任科级干部49人，其中，提任37人、同级任用12人。落实"强院兴校"部署，加强对院系领导班子的综合研判和动态调整，全年选任院系中层正职8人、中层副职10人，对11个单位领导班子成员分工调整进行审核，选优配强，增强整体功能。开展干部试用期考察，对上一年提任的10名中层干部严格考察和综合研判，对其中1人试用期予以延长。加强对年轻干部的教育引导，面向56名科级及以下干部开展集体谈话。强化重一线、重担当、重实干的选人用人导向，重点考察干部在疫情防控、脱贫攻坚一线担当作为的情况，对表现突出的18名同志予以重用，其中，4人提任机关部处中层正职、2人提任机关部处中层副职、1人提任学院副院长、3人挂任机关部处副职、5人提任科级正职、3人提任科级副职。大力推动干部交流，向省属高校输送校级领导2人，向民办高校输送党委书记兼督导专员1人。

注重实践磨炼，加强优秀年轻干部培养。加强"双肩挑"干部的培养使用，继续选拔28名优秀年轻教师到机关部处挂职锻炼；其中，1名教师提任机关部处正职，1名教师确定为院系行政工作负责人。继续选派处长（院长）4人、教授6人，对口帮扶广东石油化工学院和筹备建设阳江应用型本科院校。全年对外选派干部和教师40多人次。

【干部监督】坚持专常结合，提升工作效能。开展领导干部个人有关事项报告专项整治，对列入整治范围的87名查核对象进行复核。用好三种谈话，及时了解党员干部工作和生活等方面存在的问题，加强对党员干部的日常教育、监督和管理。2020年任前谈话23次，试用期满谈话9次，提醒4人次，函询2人次。完善"五个一"工作法，实施精准监督，全年共查核个人有关事项报告34人次，重点抽查19人次，随机抽查15人次，查核一致率为94%，比2019年提高7%。优化"领导干部兼职审批系统"，全年共审批兼职34人次。落实上级有关岗位回避、履职回避等规定，对3名与学院领导构成回避关系的科级干部进行岗位调整。

【扶贫开发工作】深入推进一县一村一校帮扶工作。对云县的扶贫工作突出品牌建设，落实全域旅游规划1510项举措，构建起"品牌—产业—教育"有机联动的防返贫造血机制。对孔美村的帮扶工作坚持党建引领，实施系列普惠亮点工程，实现从重点涉毒村到美丽红色村的蝶变。对滇西应用技术大学普洱茶学院的帮扶工作注重发挥学校学科优势和平台作用，深入推进建设发展。

聚焦消费扶贫，举办第二届农特产品展销会，销售额达222.7万元，较第一届翻两番；扶持龙头企业12家、农村合作社26家，带动建档立卡人口6225名。扶贫责任书五项指标完成率全部翻番，其中，投入帮扶资金673.27万元，完成率为224.42%；引进帮扶资金817.5万元，完成率为272.50%；培训基层干部1207人，完成率为201.16%；培训技术人员826人，完成率为206.50%；购买贫困地区农产品687.88万元，完成率为312.67%；帮助销售贫困地区农产品3058.11万元，完成率为109.21%。

出版《精准扶贫模式的高校探索——华南理工大学的实践与启示》丛书，包括《授人以渔：重教扶智实践与创新》《产业崛起：兴业扶产实践与创新》《全域共兴：振乡扶民实践与创新》3本共230余万字。学校连续三年被国务院扶贫办评定为"好"，定点扶贫项目连续四年被评为教育部直属高校精准扶贫精准脱贫典型项目；获评揭阳市脱贫攻坚优秀帮扶单位；扶贫开发领导小组办公室获评临沧市脱贫攻坚先进单位；驻孔美村工作队被评为全国脱贫攻坚先进集体。

【党校工作】以"铸魂""砺剑""培英""强基"等四个常规班次为主体,全年派出干部参加上级调训22人次,参加各类培训1719人次;举办各类专题(项)培训,如骨干教师红色教育专题培训班参训学员39人,学生发展对象入党培训领航班结业学员2150人,教工入党培训领航班结业13人,预备党员培训先锋班参训学员69人,正式党员培训卓越班参训学员70人,"入党积极分子在线学习网络平台"网上培训班培训学员4279人;发放学习参考书籍818册,组织师生撰写读书学习体会875篇。

创新开展线上教育培训。将科级干部网络学时提高至50学时,将党史专题纳入中层干部学习内容,组织全校在职基层党支部书记、二级党组织书记、组织人事干部和辅导员参加各类培训。将春季、秋季发展对象领航班培训调整为线上模式,实现全体学员直播同步教学;开展学生党员线上经典读书交流会。

教职工思想政治工作和宣传工作

【理论学习与思想教育】持续推动习近平新时代中国特色社会主义思想走深走实。学校党委常委会落实理论学习"第一议题"制度,学校党委理论学习中心组开展25次集中学习,以及3天的《习近平谈治国理政》第三卷学习研讨。突出对二级党组织理论学习的指导服务和督促检查,做到学习有记录、季度有统计、年度有总结,形成"学习计划—规范过程—总结特色"的闭环。打造"党委讲师团""华园讲坛"品牌,制订讲师团骨干成员管理方案,列出近30个宣讲主题,开展20余场宣讲;举办"华园讲坛"报告会3场,近2000人次参加。

推进落实学校意识形态工作"1337"系统工程,不断优化"校-院-党支部"三级意识形态责任体系,完成学校党委与二级单位,二级党组织与179个教师党支部签订责任书。开展"政治安全风险隐患月排查"12次,实行24小时不间断舆情监测。召开意识形态工作联席会议10次,强化落实《华南理工大学校园新媒体平台建设和管理办法》,加强校级媒体运维管理和校内新媒体备案登记,备案数量增至376个。学校教育部"高校思想政治工作创新发展中心"提交40余份研究报告,部分报告被上级批示、采用等。

【宣传工作】实现渠道突破。校内宣传平台"报网微端屏"融合发展,校报出版21期,策划23个专题(版);学校主页推出"聚焦"大图31期;新闻网发布稿件934篇,转发媒体报道589条;开通华南理工大学"强国号""教育号""视频号",官方微信用户增长至23.78万,总阅读量283万人次;抖音、快手、B站推出微视频作品252个。官方微信获"2019—2020中国大学官微50强""广东高校(本科院校组)新媒体影响力一等奖";学校英文主页获"2019年广东省高校宣传思想工作优秀作品评选优秀网络设计作品三等奖";学生记者团被评为中青校媒广东省"十佳校媒"。40余家主流媒体对学校报道589则,其中,中央级媒体报道258则。

实现内容突破。突出"党建"主线，《人民日报》《光明日报》等主流媒体刊登学校党建与思政方面的专访、报道、理论文章、时评等150余篇；"中共华南理工大学第十七次党代会"网站发布新闻报道282篇，华园风采146篇，基层巡礼30篇，党建知识18篇；制作专题视频10余部。突出"战疫"主线，在学习强国平台、中央电视台等主流媒体发布稿件75篇（条）；制作《大疫无情，人间有爱》等3部视频；直播"云升旗"仪式，视频观看突破400万人次，阅读量近亿次，点赞数超过20万；承办广东高校大学生抗疫征文活动，征集作品近2万篇，覆盖全省150多所高校，在主流平台展示43篇征文。突出"大赛"主线，校内平台发布推送第六届中国国际"互联网+"大学生创新创业大赛内容109条，累计阅读量75.5万人次；相关消息多次登上国内外主流媒体，其中，美联社、法新社、俄罗斯国家通讯社、日本共同社、韩联社等76家境外通讯社和新闻媒体发布大赛新闻累计460多篇；社交媒体累计阅读量突破2亿人次；大赛期间，学校官微发布的"互联网+"相关话题总阅读量超过2965万人次，总播放量达到680万；抖音平台发起的全平台活动曝光量超过1.9亿；14个平台直播大赛活动，在线观看总人数超过1100万；总决赛期间，Twitter、YouTube、Instagram、Tiktok等五个海外平台账号在全网获20万+播放量。

【精神文明与校园文化建设】编制《华南理工大学文化建设"十四五"规划（2020—2025年）》。学生李莎被追授"中国好人"、2020"最美大学生""最美志愿者"、广东省道德模范、广东省三八红旗手等称号；何镜堂建筑创作研究院被广东省委宣传部评为第六批广东省学雷锋活动示范点；冯小宁家庭获全国文明家庭。原创舞台剧《红色甲工 血色浪漫》入选教育部"高校原创文化精品推广行动计划"。第六届中国国际"互联网+"大学生创新创业大赛推出15类87款文创产品，制作总数超10万个（套）。开展文明行为规范、社会主义核心价值观、公筷行动、光盘行动、疫情防控等方面宣传。学校通过"全国文明校园"复评。

【师德师风建设】出台《华南理工大学教师职业发展全过程思想政治与师德表现考察办法（试行）》，将教师思想政治与师德表现贯穿职业发展全过程，形成上下联动的考察机制。出台《华南理工大学师生交往指南》，进一步规范师生交往，培养健康良好的师生关系。组织开展"师德师风建设月"活动，完成师德主题宣讲33场，通过学习研讨、榜样宣传、知识竞赛、警示教育等系列活动，提升教师思想政治素质和职业道德水平。组织60名教师参加国家教育行政学院师德师风专题网络培训。做好党委一对一联系服务专家工作，加强对专家的政治引领和政治吸纳。

党风廉政建设

【党风廉政教育】强化疫情防控纪律教育。成立疫情防控工作监督组，编印《疫情防控相关要求及处理依据》口袋书，推送《以案说纪 干扰疫情防控、擅自提前返校等行为要严惩》等文章，印发《关于新冠肺炎疫情防控期间严格落实违纪违法违规情况报告的通知》《关于疫情防控工作履职不力问责情况的通报》等。

深化廉洁教育。开展"严守政治纪律，践行'两个维护'"纪律教育学习月活动，通过开展理论中心组学习、观看警示教育片、学习典型案例等方式，加强党章党规党纪教育。在招生录取、职称评审等工作中开展专项纪律教育。对550名新入职教工、新提任干部、研究生导师开展廉洁教育。运用"云会议""云党课"等形式，做好毕业生廉洁教育。在案发单位召开案情通报会，强化警示教育。

【巡察工作】优化以党委书记、校长为双组长的巡察工作领导小组，精简成员单位，搭建"双组长、三副组长、六成员"工作架构。配备巡察办专职副主任。修订《中共华南理工大学委员会巡察工作办法》，完善工作规程，构建"巡前、巡中、巡后"工作链条，形成包括"4个落实、10个要点、30个指标、80个观测点"在内的巡察观测指标体系。

压实第一轮巡察整改，被巡察的4家单位针对57个问题形成的129条整改措施基本落实到位（含长期坚持），督促被巡察领导干部在民主生活会上开展批评和自我批评，在年终总结大会通报，接受群众监督。以工作简报和"未巡先改"通知等方式，推动全校一体整改。将巡察结果作为党风廉政鉴定、基层党建考核、干部评价和选拔任用的重要依据。

对7家单位开展巡察，进行个别谈话630人次，发现主要问题53个，发出立行立改意见23条。成立巡察组临时党支部，开展"每日一学习"等组织生活。

【作风建设与廉政建设】督促健全厉行节约长效机制，从严控制办公业务经费、"三公"经费等支出。严肃查处违反作风建设规定的问题，诫勉谈话2名干部，收缴违纪款2.2万元。加强纪检监察干部作风建设，制定《纪检干部八条禁令》，防止"灯下黑"。

选举产生学校第十七届纪委委员和纪委领导班子。深化纪检体制改革，设置纪委办公室、监督检查一室、监督检查二室。实行纪检部门和处级纪检干部单独考核。修订《纪委全委会议事规则》。印发《运用监督执纪"第一种形态"实施办法（试行）》，全年开展日常谈心谈话1026人次。印发《二级纪委工作办法（2020年修订）》，明确二级纪委组织建设、工作机制和组织保障。实行党风廉政建设履责纪实制度，发放《党风廉政建设工作手册》。

【执法监察与专项治理】分析党的十八大以来监督执纪问责情况，做好学校政治生态诊断行动工作。采取列席民主生活会、党政联席会议等方式，对立德树人、师德师风等领域强化政治监督。把好选人用人政治关、廉洁关，出具廉政意见112人次。

强化重点领域和关键环节监督，开展科研经费使用情况专项抽查，开展艺术类、高水平运动队等特殊类招生及推免工作调研。开展过程监督50余次，发出纪律检查、监察建议6份，督促整改风险点20余个，推动解决突出问题10个。加强疫情防控值班值守巡查抽查，处理10余名师生在疫情防控中失职失责和违规行为。开展扶贫专项监督，检查定点帮扶工作。

【信访与案件】开展纪检监察信访举报处理工作中形式主义、官僚主义问题的专项整治，规范问题线索处置、执纪审查等工作程序，落实集体研判和审批报告制度。2020年收到信访举报66件，结合上一年遗留的问题线索,处置办结72件。给予谈话提醒、批评教育、责令检查和诫勉谈话21人次,给予党纪政纪处分7人次,协助处置重大舆情事件3人次,协助处置教师违纪问题3人次。收缴违纪违规款158万元,督促挽回损失93.4万元。对不正确履职的单位和领导干部问责,处分、处理7人次。对党的十九大以来受处分处理的教职工开展回访教育,为受到失实检举控告的党员干部澄清,深化查办案件"后半篇文章"。

统战工作

【民主党派建设】广东省委常委、统战部部长黄宁生来校调研党外知识分子思想政治工作,省委统战部副部长李阳春来校调研学校党外知识分子、归国留学人员工作。举办"同舟讲坛",组织学习习近平总书记系列重要讲话精神,解读民法典,撰写学习心得等。各民主党派以"凝聚共识再出发"为主题开展活动,丰富学习教育形式。选送1名无党派人士参加广东省委教育工委高校党外知识分子培训班,选派2名民革党员参加广东省委统战部"加强中国特色社会主义参政党建设研讨班"。31名党外知识分子在学校中层干部岗位上任职。

学校现有民主党派成员520人,其中,担任各民主党派中央委员4人、省委副主委2人、省委常委4人、省委委员5人。全年各民主党派发展新成员5人,其中,副高职称以上4人。民盟委员会获"民盟广东省参政议政工作优秀成果奖"及"民盟广东省反映社情民意信息工作先进集体三等奖",1人获"反映社情民意信息工作先进个人二等奖"。致公党基层委获致公党省委会"先进集体""社会服务工作优秀集体"和"参政议政工作先进组织",1人获全国"致公党优秀党员",4人获致公党省委会先进表彰。

【团体与无党派人士工作】学校侨联和肇庆侨联、肇庆校友会开展交流合作,推进建立"地方侨联+高校侨联+校友会"工作机制。学校现有侨联会员127人。学校港澳联组织开展"粤港澳大湾区建设与港澳统战工作相关问题研究"专题研讨会。学校现有港澳联会员99人。

协助省知联会开展换届相关人员考察工作。目前,副高职称及以上的党外知识分子(不含民主党派)506人。学校党外知识分子联谊会理事45位。开展全校海归人员情况摸查,为成立学校欧美同学会做好准备,推荐10余位归国留学人员作为广东留学人员联谊会·广东欧美同学会第二届理事会理事人选。目前学校归国留学人员436人,其中,副高级以上职称270人,24位教师任广东留学人员联谊会理事。

【参政议政与建言献策】支持建言献策。全国人大代表安然提交《关于设"汉字纪念日"的建议》,全国政协委员邓文基提交《关于恢复全国高等学校物理基础课程青年教师讲课比赛的建议》。11位省政协委员提交11份提案,在政协第十二届广东省委员会第三次会议上,邓文基作题为《以科技创新为突破口,全力支持深圳建设先行示范区》的发言,俞祝良主笔的《广东省与"海上丝绸之路"沿线国家高等教育合作问题与对策》受到大会肯定。致公党3篇调研成果被评为致公党省委会2019年度参政议政优秀成果。

学校现有各级人大代表8人,其中,全国人大代表1人、省人大代表2人、市人大代表2人、区人大代表3人。各级政协委员16人,其中,全国政协委员1人、省政协常委3人、省政协委员8人、市政协委员2人、区政协委员2人。省政府参事4人,市政府参事2人。

【综合工作】建立"谈心周活动"制度,开展校领导和党外代表人士座谈、二级学院和所在单位党外人士座谈,以及党员领导干部与所联系或所在单位的统战对象谈心等。广泛开展宗教信仰摸排及问卷调查,加强防范宗教渗透和传播的工作力度。打造"统战之家",获广东高校年度"统战信息工作优秀单位"。

做好统战理论研究。10篇论文获广东省高校统战理论研究会年会优秀论文,学校获"优秀组织单位"。4篇论文获省委统战部理论政策研究创新成果。7篇论文在省政协"发挥人民政协专门协商机构作用"理论研讨会中获奖,学校挂牌广东省政协理论研究基地。

积极抗击疫情,向上级部门和组织报送15份意见和建议。民主党派成员参与抗疫捐助,向火神山医院和雷神山医院共捐赠消毒液10吨。开展扶贫助学,认助惠来孔美村37名贫困学生,慰问结对帮扶困难户,调研学校扶贫工作实效。

资料1　华南理工大学各级人大代表、政协委员、政府参事名单

第十三届全国人大代表
安　然　无党派,中国侨联常委、华南理工大学侨联主席,国际教育学院教授

第十三届全国政协委员
邓文基　民盟广东省委副主委,物理与光电学院教授

第十三届广东省人大常务委员
吴克昌　致公党中央委员、广东省委副主委,公共管理学院教授

第十三届广东省人大代表
章熙春　中共党员,校党委书记,研究员

第十二届广东省政协常委
邓文基　民盟广东省委副主委,物理与光电学院教授
倪　阳　民进中央委员、省委常委、华南理工大学基层委员会主委,建筑设计研究院董事兼总经理,建筑学院教授
李汴生　九三学社广东省委常委、华南理工大学基层委员会主委,食品科学与工程学院教授

第十二届广东省政协委员
王丹平　中共党员,校党委常委、统战部部长,研究员
牛保庄　民革广东省委委员,工商管理学院教授
张　珂　民盟华南理工大学委员会委员,设计学院院长,教授
王幼松　民建广东省委委员,华南理工大学支部主委,土木与交通学院教授
林章凛　农工党广东省委委员、华南理工大学总支主委,生物科学与工程学院教授
马於光　九三学社社员,材料科学与工程学院教授
李志远　无党派,物理与光电学院副院长,教授

裴海龙　无党派，自动化科学与工程学院教授

第十五届广州市人大代表

叶　君　民盟华南理工大学委员会副主委，轻工科学与工程学院教授

刘　江　无党派，环境与能源学院教授

第十三届广州市政协委员

刘桂雄　中共党员，机械与汽车工程学院教授

俞祝良　民盟中央委员、广东省委常委、华南理工大学委员会主委，自动化科学与工程学院副院长，教授

第九届天河区人大常务委员

王全迪　民革广东省委常委、华南理工大学支部主委，继续教育学院副院长，教授

第九届天河区人大代表

刘琪瑾　中共党员，校党委副书记、纪委书记

第十七届番禺区人大代表

杨雄文　民建华南理工大学支部副主委，法学院教授

第八届天河区政协委员

刘善仕　无党派，工商管理学院教授

第十四届番禺区政协委员

李　平　九三学社华南理工大学基层委员，环境与能源学院教授

广东省人民政府参事

沙振权　民革党员，工商管理学院教授

邓飞其　民盟盟员，自动化科学与工程学院教授

田秋生　民进会员，经济与贸易学院教授

张　波　民进会员，电力学院教授

广州市政府参事

魏德敏　九三学社社员，土木与交通学院教授

潘伟斌　无党派，环境与能源学院副教授

资料2　华南理工大学各民主党派基层组织主要负责人名单

中国国民党革命委员会第六届华南理工大学支部

主　委：王全迪

副主委：凌志新　古志平

委　员：牛保庄　王佩苓　韦曙林　宋慧宇　林　琳

中国民主同盟第二届华南理工大学委员会

主　委：俞祝良

副主委：叶　君　胡郁葱　付时雨　周智恒

委　员：宁更新　林　中　张　珂　张伟德　徐　勇　黄凤辉　贾海平

中国民主建国会第五届华南理工大学支部

主　委：王幼松

副主委：杨雄文　赖淑华

委　员：赵　翔

中国民主促进会第一届华南理工大学基层委员会

主　委：倪　阳

副主委：陈　利　左保河　刘仲武　徐昕荣

委　员：杨　灿　李　中　王　波　冼楚华

中国农工党第六届华南理工大学总支

主　委：林章凛

副主委：刘伟铭　李碧梅　王永华

委　员：温丽琦　罗文结　黄洪利　锋　钱　奇

中国致公党第一届华南理工大学基层委员会

主　委：许　勇

副主委：周锐波　曾德炉　余宇翔

委　员：刘齐香　张　红　冯春华　陈昌勇　李旭东

九三学社第四届华南理工大学基层委员会

主　委：李汴生

副主委：杜群贵　周胜林　何　慧

委　员：李　平　谢笑珍　张　亮　刘美凤　高克昌　梁振兴　孙为正

资料3　华南理工大学群众团体主要负责人名单

第九届华南理工大学归国华侨联合会

主　席：安　然

副主席：陈　玲　汪双凤　王仁曾

秘书长：张立新　曹尚卿

委　员：李　斌　张立新　黄向健　张伟德　曹尚卿　张学武　赵　毓

第十一届华南理工大学港澳联谊会

荣誉会长：姚汝华

代理会长：胡国清

副会长：凌志新　吴晓黎

委　员：苏　丹　邓超群　李　静

华南理工大学党外知识分子联谊会第一届理事会

名誉会长：何镜堂

会　长：黄　飞

副会长：祝诗发　闫军威　温焕尧　蔡　毅　杜金志

秘书长：谢从珍

副秘书长：李宗涛　董力瑞

发展规划与学科建设

发展规划与学科建设

【学科与学位点建设】学科发展成效显著。15个学科进入U. S. News世界大学学科排名,其中,农业科学、化学工程、能源和燃料3个学科位列全球前十,11个学科进入全球百强;24个学科进入软科"世界一流学科排名",其中,食品科学与工程、能源科学与工程2个学科进入全球前十,化学工程等9个学科排名全球前50,15个学科排名全球前100;ESI学科总数保持10个,其中,4个学科ESI全球排名前1‰。

完善学科专业动态调整机制。获批学位授权自主审核单位,可自主增列和调整博士、硕士学位授权点,出台《华南理工大学学位授权自主审核实施办法》。优化学科综合性布局,全国首批试点设置"应急管理"二级学科;在应用经济学下跨学科设置"法律经济学"学科方向;在材料科学与工程、管理科学与工程一级学科下分别增设电子材料与器件、电子商务方向;轻工技术与工程一级学科撤销原备案二级学科,改为按一级学科方向备案,下设制浆造纸工程、生物质科学与工程、制糖工程、发酵工程4个学科方向。理顺学院学科关系,完成原经济与贸易学院调整工作,新组建经济与金融学院、旅游管理系和电子商务系。

加强学位授权点自我评估。参评的学位授权点(控制科学与工程等7个博士学位授权一级学科、法学等3个硕士学位授权一级学科)全部通过教育部合格评估;参评的应用经济学一级学科博士学位授权点、临床医学一级学科硕士学位授权点、药学硕士专业学位授权点等3个学位授权点通过教育部2019年专项评估。

开展第五轮学科评估工作。召开第五轮学科评估启动预备会、动员会和协调反馈会等系列会议,编制第五轮学科评估参评方案和材料整合方案,组织修改、审核学科评估材料,完成37个参评学科的材料上报工作。

推进学科建设绩效评价改革。贯彻落实国家破"五唯"要求,完善以质量、贡献和影响为导向的激励机制,出台《华南理工大学教学、科研与学科建设奖励办法(2020年修订)》和《华南理工大学综合绩效方案(试行)》。

谋划推进学科公共平台建设。提高学科公共平台综合使用水平和效益,修订《华南理工大学学科公共平台建设与运行管理办法》,成立学科公共平台建设管理委员会,制订学科公共平台建设规划,分步启动广州国际校区7个学科公共平台的论证工作。

【发展规划】学校办学水平稳步提升。2020年学校全面进入四大世界大学排行榜500强,首次跻身软科"世界大学学术排名"全球前200强,首次进入

U. S. News 世界最好大学排名前 300 强，首次跻身 2020 年度自然指数榜单全球百强。

启动"十四五"规划编制。制订《华南理工大学改革与发展"十四五"规划编制工作方案》，成立"十四五"规划编制领导小组和工作组，正式启动"1＋10＋N"规划编制，召开"十四五"学科发展系列座谈会等，初步完成学校总体规划、各专项规划和学院规划编制工作。

持续推进学院办学绩效评价。继续完善学院办学绩效评估机制，优化指标体系和评估方法，增加学院近年发展的纵横向比较，分析学院办学绩效的发展变化，使评价结果更加如实反映学院发展情况。编制完成《华南理工大学学院办学绩效评估报告（2019）》。

推进教育评价改革落实落地。贯彻落实《深化新时代教育评价改革总体方案》，组织完成校内宣讲培训，全面对标对表总体方案，清理各项规章制度，完成工作清单上报等工作。

开展学校年度办学数据统计。完成 2020—2021 学年"高校快报表""高等教育基层统计调查表"等的统计上报。编辑印发《2019 年年度办学数据统计》《2020 年年中办学数据统计》《2020 年校情手册》。加强数据分析共享，为世界大学排名机构、高等教育质量检测国家数据平台等提供相关数据资料。提升数据治理水平，规范统计管理，制定《华南理工大学统计工作管理办法》。

【"双一流"建设】完成"双一流"建设周期总结工作。组织召开"双一流"建设周期总结专家评议会。按照教育部"双一流"建设周期自评工作要求，制订学校"双一流"建设周期总结自评方案，全面总结 2016—2020 年建设周期的符合度、达成度和建设成效。

完成广东省"冲补强"提升计划建设期满总结。根据广东省教育厅"冲补强"提升计划期满总结要求，全面总结学校总体建设成效，完成整体建设自评报告、建设成效简况表以及现场答辩。

加强"双一流"建设项目资金申报和绩效评价。完成 2019—2020 上半年中央专项资金绩效自评、2016—2020 年广东省"冲补强"学校自评、2018—2020 年广东省"冲补强"特色专项资金绩效评价。完成 2020 年广东省"冲补强"专项资金绩效目标及资金安排方案填报、2021 年中央专项资金项目申报评审、2021—2023 年中央专项资金项目申报等工作。

抓好"双一流"建设项目过程管理。做好"双一流"建设项目立项、经费下拨、上一年度结余经费回收、经费分析等日常管理，严格预算管理，经费执行率 100％。推进"双一流"建设项目管理系统建设，上线项目立项审批的功能模块，立项通过 257 个项目。完成 2016—2020 年"双一流"建设监测指标体系填报。

资料 1　华南理工大学国家重点学科名单

序号	学科代码	学科名称	学科类型
1	0805	材料科学与工程	一级学科国家重点学科
2	0822	轻工技术与工程	一级学科国家重点学科
3	081001	通信与信息系统	二级学科国家重点学科

续表

序号	学科代码	学科名称	学科类型
4	081701	化学工程	二级学科国家重点学科
5	083201	食品科学	二级学科国家重点学科
6	080201	机械制造及其自动化	国家重点培育学科
7	081302	建筑设计及其理论	国家重点培育学科

资料2　华南理工大学广东省重点学科名单

序号	学科代码	学科名称	学科类型
1	0805	材料科学与工程	攀峰重点学科
2	0822	轻工技术与工程	攀峰重点学科
3	0810	信息与通信工程	攀峰重点学科
4	0817	化学工程与技术	攀峰重点学科
5	0832	食品科学与工程	攀峰重点学科
6	0802	机械工程	攀峰重点学科
7	0813	建筑学	攀峰重点学科
8	0811	控制科学与工程	攀峰重点学科
9	0814	土木工程	攀峰重点学科
10	0831	生物医学工程	攀峰重点学科
11	1201	管理科学与工程	攀峰重点学科
12	0301	法学	优势重点学科
13	0701	数学	优势重点学科
14	0703	化学	优势重点学科
15	0710	生物学	优势重点学科
16	0801	力学	优势重点学科
17	0807	动力工程及工程热物理	优势重点学科
18	0808	电气工程	优势重点学科
19	0809	电子科学与技术	优势重点学科
20	0812	计算机科学与技术	优势重点学科
21	0823	交通运输工程	优势重点学科
22	0830	环境科学与工程	优势重点学科
23	0833	城乡规划学	优势重点学科
24	1202	工商管理	优势重点学科
25	1204	公共管理	优势重点学科

资料3 2020年华南理工大学博士学位授权一级学科

所属门类	序号	学科代码	学科名称	授权时间	建设学院
经济学	1	0202	应用经济学	2015年11月	经济与金融学院/法学院（知识产权学院）
法学	2	0305	马克思主义理论	2018年3月	马克思主义学院
理学	3	0701	数学	2011年3月	数学学院
理学	4	0702	物理学	2018年3月	物理与光电学院
理学	5	0703	化学	2011年3月	化学与化工学院/材料科学与工程学院/分子科学与工程学院（华南软物质科学与技术高等研究院）
理学	6	0710	生物学	2011年3月	生物科学与工程学院/生物医学科学与工程学院/医学院（生命科学研究院）
工学	7	0801	力学	2018年3月	土木与交通学院
工学	8	0802	机械工程	2003年9月	机械与汽车工程学院/吴贤铭智能工程学院
工学	9	0805	材料科学与工程	1998年6月	材料科学与工程学院/机械与汽车工程学院/分子科学与工程学院（华南软物质科学与技术高等研究院）/生物医学科学与工程学院
工学	10	0807	动力工程及工程热物理	2018年3月	电力学院/机械与汽车工程学院
工学	11	0808	电气工程	2003年9月	电力学院
工学	12	0809	电子科学与技术	2006年1月	电子与信息学院/物理与光电学院/微电子学院/材料科学与工程学院
工学	13	0810	信息与通信工程	2003年9月	电子与信息学院
工学	14	0811	控制科学与工程	2003年9月	自动化科学与工程学院/吴贤铭智能工程学院
工学	15	0812	计算机科学与技术	2011年3月	计算机科学与工程学院
工学	16	0813	建筑学	2003年9月	建筑学院
工学	17	0814	土木工程	2006年1月	土木与交通学院
工学	18	0817	化学工程与技术	1998年6月	化学与化工学院

续表

所属门类	序号	学科代码	学科名称	授权时间	建设学院
工学	19	0822	轻工技术与工程	1998年6月	轻工科学与工程学院/食品科学与工程学院/生物科学与工程学院
	20	0823	交通运输工程	2011年3月	土木与交通学院
	21	0824	船舶与海洋工程	2018年3月	土木与交通学院
	22	0830	环境科学与工程	2006年1月	环境与能源学院
	23	0831	生物医学工程	2006年1月	生物医学科学与工程学院/材料科学与工程学院/医学院
	24	0832	食品科学与工程	2003年9月	食品科学与工程学院
	25	0833	城乡规划学	2011年8月	建筑学院
	26	0834	风景园林学	2011年8月	建筑学院
	27	0835	软件工程	2011年8月	软件学院
管理学	28	1201	管理科学与工程	1998年6月	工商管理学院/电子商务系
	29	1202	工商管理	2011年3月	工商管理学院/旅游管理系
	30	1204	公共管理	2018年3月	公共管理学院

资料4 2020年华南理工大学硕士学位授权一级学科

所属门类	序号	学科代码	学科名称	授权时间	建设学院
经济学	1	0202	应用经济学	2011年3月	经济与金融学院/法学院（知识产权学院）
法学	2	0301	法学	2006年1月	法学院（知识产权学院）
	3	0305	马克思主义理论	2006年1月	马克思主义学院
教育学	4	0403	体育学	2011年3月	体育学院
文学	5	0502	外国语言文学	2006年1月	外国语学院
	6	0503	新闻传播学	2011年3月	新闻与传播学院
理学	7	0701	数学	2006年1月	数学学院
	8	0702	物理学	2006年1月	物理与光电学院
	9	0703	化学	2006年1月	化学与化工学院/材料科学与工程学院/分子科学与工程学院（华南软物质科学与技术高等研究院）
	10	0710	生物学	2006年1月	生物科学与工程学院/生物医学科学与工程学院/医学院（生命科学研究院）

续表

所属门类	序号	学科代码	学科名称	授权时间	建设学院
工学	11	0801	力学	2006年1月	土木与交通学院
	12	0802	机械工程	2003年9月	机械与汽车工程学院/吴贤铭智能工程学院
	13	0805	材料科学与工程	1998年6月	材料科学与工程学院/机械与汽车工程学院/分子科学与工程学院（华南软物质科学与技术高等研究院）/生物医学科学与工程学院
	14	0807	动力工程及工程热物理	2006年1月	电力学院/机械与汽车工程学院
	15	0808	电气工程	2003年9月	电力学院
	16	0809	电子科学与技术	2006年1月	电子与信息学院/物理学院/微电子学院/材料科学与工程学院
	17	0810	信息与通信工程	2003年9月	电子与信息学院
	18	0811	控制科学与工程	2003年9月	自动化科学与工程学院/吴贤铭智能工程学院
	19	0812	计算机科学与技术	2006年1月	计算机科学与工程学院
	20	0813	建筑学	2003年9月	建筑学院
	21	0814	土木工程	2006年1月	土木与交通学院
	22	0817	化学工程与技术	1998年6月	化学与化工学院
	23	0822	轻工技术与工程	1998年6月	轻工科学与工程学院/食品科学与工程学院/生物科学与工程学院
	24	0823	交通运输工程	2006年1月	土木与交通学院
	25	0824	船舶与海洋工程	2006年1月	土木与交通学院
	26	0830	环境科学与工程	2006年1月	环境与能源学院
	27	0831	生物医学工程	2006年1月	生物医学科学与工程学院/材料科学与工程学院/医学院
	28	0832	食品科学与工程	2003年9月	食品科学与工程学院
	29	0833	城乡规划学	2011年8月	建筑学院
	30	0834	风景园林学	2011年8月	建筑学院
	31	0835	软件工程	2011年8月	软件学院
	32	0837	安全科学与工程	2011年8月	机械与汽车工程学院

续表

所属门类	序号	学科代码	学科名称	授权时间	建设学院
医学	33	1002	临床医学	2015年11月	医学院
管理学	34	1201	管理科学与工程	1998年6月	工商管理学院/电子商务系
	35	1202	工商管理	2006年1月	工商管理学院/旅游管理系
	36	1204	公共管理	2006年1月	公共管理学院
艺术学	37	1302	音乐与舞蹈学	2011年8月	艺术学院
	38	1305	设计学	2011年8月	设计学院

教代会、工会和共青团工作

教代会与工会工作

【教代会工作】 履行教代会职能，参与学校民主管理。召开第九届教代会暨第十五届工代会第五次会议。会议审议通过《2020年学校工作报告》《学校财务工作报告》《第九届教代会暨第十五届工代会第五次会议工作报告》《第九届教代会第五次会议提案工作报告》《华南理工大学疫情防控工作情况报告》。会议征集提案40份，其中，10份为重点督办立案提案。

完善提案办理机制，将提案征集调整为日常征集和集中征集相结合，集中征集办理时间调整为每年5月和10月两次进行。休会期间，召开"两会"委员会，审议各类评优评先候选人，向基层教代会代表征求《华南理工大学专业技术职务评审补充规定（2020年）》意见等。

【工会工作】 组织教职工参与国家和广东省的评优评先，1人获"全国先进工作者"；1人获"广东省五一劳动奖章"。

关心青年教职工的职业发展。组织青年教师参加广东省第五届高校青年教师教学大赛，获理科组一等奖1人、二等奖1人，获工科组三等奖1人，获文科组三等奖2人。

创新文体活动形式。组织"越健康悦美丽"云培训，参与人数1000余人次。举办教职工运动会，吸引1400名教职工参加。组织教职工参加第五届"五山杯"全民健身羽毛球赛，获第四名；支持舞蹈协会参加"最美夕阳红"2020年第七届广州市中老年艺术节。

加强人文关怀。下拨二级工会活动经费23万元；专款资助二级工会职工小家建设。为在职教职工发放传统节日礼包115.94万元、生日慰问89.18万元；为79位退休教工发放慰问品和"荣休"证书；为17位在职教工办理学校教职工重大疾病医疗救助基金，获救助基金24.4万元；办理广东省互助保障的理赔工作，获互助保障金12万元；为7位患重大疾病的教职工申请帮扶金5万元。

【计生工作】 完成广州市人口与计划生育目标管理责任制考核。组织1359名教工参保中国人寿保险公司"计划生育少儿综合保险"，为应届毕业生就业办理婚育证明3303人次，完成男教工计生函调工作415人次，女教工回函112份。举办"科学避孕 她和他共同的责任"大学生青春健康知识讲座。开展"携手防疫抗艾 共担健康责任"主题活动。

共青团工作

【思想和组织建设】 强化主流价值引领。落实理论学习"第一议题"制度,组织师生代表学习习近平总书记贺信、寄语和重要指示精神,学习学校第十七次党代会精神,撰写学习心得。组织开展"青年大学习"行动,举办"同心战疫 众志成城"万千师生新学期云升旗仪式、"坚定自信 绽放青春——奋斗的青春最美丽"云团日等主题教育活动,覆盖全校1000个团支部和20个学生社团,增强学生的思想认识和行动自觉。持续开展"高举团旗跟党走"青年月系列活动,开展10项校级重点活动,立项资助院级(院际)活动163项,立项资助团支部活动323项,呈现"校级活动出品牌,院级活动强特色,团支部活动重参与"的良好格局。

深化实施"青马工程",严格落实"控数量、重实践、调结构"工作,完成第九期51名学员选拔。完善共青团网络宣传矩阵,开通B站官方账号,"华工青年"公众号关注量超10万人。《"承百年文脉 传红色基因"校史校情主题教育》获评"灯塔工程"广东青年大学生思想引领精品项目。

深入推进全面从严治团。召开学校第十九次团代会,审议共青团华南理工大学第十八届委员会工作报告,选举产生共青团华南理工大学第十九届委员会。落实学生会组织和学生社团改革要求,出台《华南理工大学学生会(研究生会)深化改革实施方案》《华南理工大学学生社团管理办法》。持续以"智慧团建"为抓手,推动基础团务的线上管理,促进团员政治意识和身份意识回归,学校团员全部在智慧团建系统中报到。2020年发展新团员143名,转出毕业生团员9360人。截至2020年底,学校有二级团委(团总支)31个,团支部1338个,团员39 870人,其中,本科生团员25 169人、研究生团员14 374人。学校入选团中央推优入党工作示范点。

表彰一批先进集体和个人。开展"七色的彩虹,榜样的力量"学生工作创先争优"标杆工程"评选活动,评选"感动华园"大学生年度人物、"十大共产党员、共青团员标兵"。组织评选学校五四红旗团支部49个、优秀共青团员(防疫重点领域专项)1307名、十佳团支部书记等;18名个人和5个集体获省级及以上"五四"表彰。建筑学院团委获评全国五四红旗团委,学校团委获评广东共青团工作先进单位。8人获评"广东省优秀共青团员",1人获评"广东省优秀共青团员(防疫重点领域专项)",1人获评"广东省优秀共青团干部",计算机科学与工程学院计算机科学与技术专业2017级2班团支部获评"广东省五四红旗团支部"。机械与汽车工程学院研究生会获评"广东省优秀学生会",5人获评"广东省优秀学生干部"。李莎获评"广东优秀共青团员""广西优秀共青团员""中国好人""最美大学生"等。1人获评第十二届中国青少年科技创新奖。

【社会实践活动】 组织团员青年科学参与疫情防控志愿工作,267名团员青年投身社区（村）协助开展疫情防控工作，近600名团员青年报名为防疫一线人员子女提供线上辅导等志愿服务。组建"青年突击队"，155名青年突击队队员奔赴一线协助做好校园疫情防控工作。

持续开展"公益文化节"，组织学生参加广州马拉松赛、ISCVA会议、2021 IPP国际会议、国际心胸血管麻醉高峰论坛、"互联网+"大赛等大型赛事（会议）志愿服务。截至2020年底，学校有注册志愿者65 065名，志愿服务项目3500余个，累计服务时数374万小时。

开展"坚定跟党走 奋进新时代"主题寒假社会实践和"决战脱贫攻坚·投身强国伟业"暑期"三下乡"社会实践活动，涌现出15个优秀组织单位、14个优秀实践团队、8名优秀指导教师和1436名社会实践先进个人。暑期社会实践组织各级重点团队146支，吸引学生18 000人次参与，开展教育关爱等实践活动，被新华社、人民网等各级媒体报道228条（次）。学校团委获评"广东省'三下乡'社会实践活动优秀单位"，累计获国家级荣誉2项、省级集体荣誉6项和个人荣誉10项。

持续开展"西部计划"，组织22名志愿者奔赴广西、云南开展服务和支教工作，继续开展"温暖回家路""你是我的阿拉丁神灯"等项目，累计关爱返乡农民工、留守儿童及贫困学生800余人次。

【校园文化活动】召开第三十九次学生代表大会暨第三十一次研究生代表大会，审议通过《华南理工大学学生会章程》《华南理工大学研究生会章程》。开展"十大提案"征集工作，收集提案259份，运营"华工学生权益"提案平台，平均每周解决提案15个。学校现有校学生会、研究生会、百步梯学生创新中心、青年志愿者指导中心、学生记者团、学生科学技术协会等6大学生组织，有125个学生社团。

精心打造校园文化特色品牌。持续开展"科技文化节"，立项校级活动18项、院级（院际）活动279项、团支部活动556项。举办"华音初上"校园歌手大赛、"三走"体育嘉年华、高雅艺术进校园、"南客学术"论坛、"爱上你主播"播音主持大赛、研究生摄影作品大赛等品牌活动近100场，参与人数超4万人次；举办"社团文化节"等各类活动800余项，参与人数超3万人次。

【科技创新活动】举办第六届中国国际"互联网+"大学生创新创业大赛，以"我敢闯、我会创"为主题，吸引117个国家和地区、国内外4186所学校的147.3万个项目、631万人报名参赛。学校在"青年红色筑梦之旅"赛道省赛获金奖6项，全国赛获金奖2项，获评"青年红色筑梦之旅"活动"先进集体奖"。

资助学生科技创新项目。实施百步梯攀登计划，立项资助90项。广东攀登计划立项资助30项，资助经费80.5万元，获立项数和资助经费均排名广东第一。

组织参加第十二届"挑战杯"中国大学生创业计划竞赛，在省赛中，获金奖14项、银奖3项，捧得"挑战杯"，获"高校优秀组织奖"；在全国赛中，获金奖1项、银奖4项、铜奖3项，捧得"优胜杯"。组织参加"中国研究生创新实践系列竞赛"，获国赛一等奖2项、二等奖8项、三等奖148项。组织学生参加美国大学生建模竞赛、全国大学生结构设计竞赛、中国研究生机器人创新设计大赛等国内外重要赛事，均取得优异成绩。

资料 共青团华南理工大学第十九届委员会

书　　记：孟　勋
副 书 记：朱泳媚　梁　劲　游丽君（挂）　谢　宇（挂）　李凯凯（兼）　郑咏佳（兼）
常务委员：孟　勋　朱泳媚　梁　劲　游丽君　谢　宇　李凯凯　郑咏佳　石春亮　王燕林
委　　员：（以姓氏笔画为序）
　　　　　　王延顼　王燕林　邓　晶　石春亮　申宏宇　吕萱萱　朱泳媚　李凯凯
　　　　　　陆　莹　陈炜强　林胜德　郑咏佳　孟　勋　黄小婷　梁　劲　游丽君
　　　　　　谢　宇　蔡娟云　冀早早　穆彦丁　魏　争

教育教学工作

学生思想政治教育和管理

【思想政治教育和管理】推进"三全育人"综合改革试点，健全"十大育人"体系，完善"三全育人"格局。建强主阵地主渠道，实施"明道育德"思政课程创新和课程思政建设，立项建设本科课程思政校级示范课程27门、示范团队24个，覆盖课程254门。强化思想引领，校院两级领导干部深入学生一线，联系学生基层组织，全年为学生上党课和思政课128次，听课学生达22 403人次。网络思政不断深化，顺应疫情防控形势，实施网络思政"七个一工程"（上一堂线上党课、过一次组织生活、开一次主题班会、领一次集中学习、写一篇网络推文、推一项网络活动、荐一本爱国书籍），构建"云思政"网络工作体系，开展"云党建"、组织"云课堂"、召集"云班会"、举行"云团日"、推动"云宣讲"。其中，举办"同心战疫 众志成城"万千师生新学期云升旗，网络点击量近亿人次。培育典礼文化，线上线下组织一校三区学生举行毕业典礼、开学典礼及新生入学教育活动。

【学生工作队伍建设】加强制度建设，修订辅导员考核管理办法，加强梯队建设。组织线上培训，选派18名辅导员参加2020年高校学生党支部书记网络培训，137名辅导员参加全国心理危机预防与干预的网络培训。截至2020年底，一线专职辅导员（包括"2+3"辅导员）共计158人，少数民族学生专职辅导员3人，配备学生兼职辅导员183人，专兼结合后整体师生比为1∶172。

辅导员队伍建设成果丰硕。1人获第八届全国高校辅导员素质能力大赛三等奖，获第八届广东高校辅导员素质能力大赛一等奖、二等奖、三等奖各1人，1人获2019年度广东高校辅导员年度人物，1人获第十届广东省学生工作"红棉奖"，1个辅导员工作室获批建设广东高校名辅导员工作室，2人获评广东省研究生德育工作先进个人。

【奖助学工作】发挥校园地国家助学贷款和生源地信用助学贷款资助主渠道作用，向834名校园地国家助学贷款学生发放贷款803.63万元，向3029名生源地信用助学贷款学生发放贷款2784.57万元。

做好本科生国家奖学金、国家励志奖学金、学校奖学金、社会捐赠奖学金的评审和发放工作，发放奖金1531.50万元，发放对象包括学生4947人及1个竞赛团队。做好家庭经济困难本科生建档，认定家庭经济困难本科生3929人，核实467名建档立卡户本科生资助情况，实现资助对象精准。免收2020学年秋季学期55名广东省户籍建档立卡本科生学费40.10万元。发放本科生各类助学金2346.46万元，其中，国家助学金和捐赠助学金

1208.26万元、疫情补助60.15万元、勤工助学薪酬847.59万元、中秋国庆伙食补助136.01万元、困难补助88.95万元、爱心基金5.5万元。为43人申请中西部基层就业学费补偿贷款代偿，代偿金额117.22万元。为32人次办理服义务兵役学费补偿、退役复学学费减免共计59.98万元。为117名建档立卡户、城乡低保户新生每人发放爱心大礼包，发放新生困难补助1.7万元。

做好各项研究生资助评审及发放工作，发放研究生各种奖助资金5.27亿元。其中，博士生国家奖学金、校长奖学金、学业奖学金、国家助学金、学校助学金等各类奖助学金1.64亿元，硕士生国家奖学金、学业奖学金、国家助学金、学校助学金等各类奖助学金2.11亿元，研究生三助（助管、助教、助研）、临时困难补助、新冠疫情专项补助、毕业生纪念品等各种补助金1.50亿元，社会捐赠奖学金165.1万元。

强化资助育人，开展2020年"资助文化节""四暖行动"等资助育人活动。"砺行社""思源社""仲明学子服务队"等资助育人学生社团持续开展"爱心书屋""爱心宿舍"及"善行100·爱心包裹"等大型公益系列活动。

【学生宿舍和学生档案管理】强化学生宿舍疫情防控工作。制订新冠肺炎疫情期间学生宿舍管理规范、卫生清洁消毒工作方案等。推进疫情防控网格化管理，建立"学校-院系-班级-个人""物业-片区-宿舍-房间"网格化防控框架。制订学生分批返校住宿方案，严格学生宿舍出入管理；加强宿舍内外环境卫生清洁，定时对宿舍楼内外公共地带进行消毒和通风。稳妥做好2019—2020第二学期（春季学期）学生住宿费退费，为近40 000名学生退（抵扣）住宿费约2000万元。

推进学生宿舍硬件设施建设。完成2020届毕业生宿舍维修，做好新生住宿安排和西十二等宿舍翻新改造工作。完成西十二、西十三及研二宿舍家具购置项目的可行性论证与招标工作，完成北一宿舍家具的安装及验收工作，完成广州国际校区一期学生宿舍第二批家具购置及安装工作。

做好学生宿舍治安、消防和卫生工作。招聘11名社区兼职辅导员和30余名工作助理、楼长，形成以社区兼职辅导员为骨干、以楼长和工作助理为支撑的管理队伍。组织开展学生宿舍电动车违规充电整治专项行动，开展4次学生宿舍安全隐患和卫生检查。制订实施2020年学生住宿安排方案。完成大学城校区、广州国际校区2018级和2019级4177名本科生的回迁。

做好2020级新生档案整理归档、学籍变动学生档案整理等工作，清理2020届本科生遗留档案442份、研究生遗留档案368份。2020年共发送本科毕业生档案材料5775份、研究生毕业生档案材料5294份。

【国防教育和国防生培养】首次在一校三区完成2019级、2020级13 028名本科生军训工作。利用网上授课平台，开展军事理论课教学，完成6451名2019级本科生教学任务。出台《华南理工大学"2+3"征兵计划》，落实大学生入伍补偿、资助、奖励政策，全年入伍学生17名。

严把质量关，为部队输送优秀毕业国防生。2020年7月初，陆军总部来校对国防生进行毕业考核，参加考核学生全部合格，优秀率35%。2020年为部队输送国防毕业生32人，全部到基层连队工作。做好国防生培养收尾工作，制作国防生培养工作20周年纪念画册《华园砺剑》等。2020年学校被教育部评为全国第三批"国防教育特色学校",1人获评广东省国防教育工作先进个人。

【心理咨询与健康教育】普及心理健康教育,开设"大学生心理健康教育"必修课和通选课。开展2020年"健康华园——5·25大学生心理健康活动季"线上招募系列活动,举行"心海航灯"学生团体辅导、讲座33场。加强心理危机预防,召开8场学生心理健康工作研讨会。开展"育心树人"辅导员心理健康教育工作专题培训等知识技能培训10余场。开展线上线下心理咨询服务,咨询服务1610人。

本科生教育

【教学改革】全面实施"一流本科行动计划"和"新工科F计划",提升专业、课程、课堂等核心要素质量,巩固本科教育基础地位。

深化协同育人机制改革,设立各类协同育人教改班33个,入选学生约1000人,覆盖面约15%。成立百步梯创新学院,实施基础学科拔尖学生培养计划,推进基础学科拔尖学生培养。入选"强基计划"试点高校,在数学类、化学类、生物技术专业组建"强基计划班"。与中国建设银行广东省分行共建"建行金融科技菁英班",打造金融科技复合型人才全新培养模式。学术型拔尖创新人才培养成效凸显,截至2020年底,"基因组科学创新班"学生共有112人次在 Nature、Science、Cell 等国际学术期刊上发表论文92篇。

加强专业和课程建设。新增功能材料、水务工程、海洋工程与技术3个新工科专业。24个专业入选国家级一流本科专业建设点,15个专业入选省级一流本科专业建设点。出台《华南理工大学文科本科教育改革实施方案》,加快特色文科专业建设。加强辅修微专业建设,立项建设辅修微专业3个(累计建设7个)。加快打造优质课程。33门课程入选首批国家级一流本科课程,43门课程入选省级一流本科课程,11门课程在首批在线教学国际平台上线;2个案例入选全国慕课教育创新大会(高校在线开放课程联盟联席会)优秀案例。立项建设全英语教学课程15门(累计270门)、通识教育课程37门(累计312门)、校级线上一流课程(MOOC)11门(累计109门)。实施校企合作课程资助计划,按5000元/教学班标准发放本科校企合作课程课时津贴。推进慕课西行计划,食品科学与工程学院对接喀什大学开展MOOC线上教学、直播教学等工作。启动本科精品教材专项建设项目立项工作,首批立项49项。严把教材选用关,开展境外原版教材"一本双查",2020年审查新增境外原版教材65种。

推进教学方式变革。面对突如其来的新冠肺炎疫情,在全国率先开展校本线上培训(含直播),制订《关于应对肺炎疫情防控、保障本科教学质量的工作方案》,将本科生课程在学生返校前的教学形式统一调整为线上教学,从线上课程、电子教材、学生学习保障、教师技术支持、线上质量监控等方面做实做细,有效保证疫情期间的教学秩序、教学进度和教学质量,学生对线上教学方式和安排的满意度达96.41%。做好全日制本科生返校及后续教学工作，实现"两个无缝衔接"（返校前工作与返校后工作实现无缝衔接、线上教学与线下教学实现无缝对接），确保教学质量和人才培养质量不降低。以大规模线上教学为契机推进"翻转课堂"教学，构建线上线下相结合的教学模式。推进适应线上教学的考试方式改革，超过66%的本科课程采用非标准化试题对学生的批判思维和创新能力进行考核。继续开设"虚拟第三学期"，开出课程28门次。

人才培养成效显著。《中国教育报》对学校"明道育德"课程思政教学改革成效进行专门报道。学校双创示范基地入选高校类基地前10名。入选教育部首批"高层次国际化人才培养创新实践基地"。3个项目入选教育部第二批新工科研究与实践项目。本科生以第一作者发表论文121篇，获专利授权149项，获软件著作权登记47项。获广东教育教学成果特等奖1项、一等奖8项、二等奖9项。学校青年教师参加广东省青年教师教学大赛获一等奖1项、二等奖1项、三等奖3项。

【实践教学】实施以"一院一赛"为核心的学科竞赛资助计划，推进竞教结合。完善"国家－省级－校级－院级"四层次本科生创新创业训练计划项目体系，立项校级以上创新创业训练计划项目1047项。立项建设"探索性实验项目"25项（累计286项）。与大疆创新、华为等行业龙头企业共建人工智能、机器人等7个"未来创新实验室"。与华为签署"智能基座"产教融合协同育人基地合作协议，与IBM签约产业技能学院项目，打造产教融合协同育人示范基地。与招商局集团、中国电信集团结对共建，推进落实创业就业"校企行"专项行动。学校创新创业孵化基地在孵团队达114个，55个项目注册公司进入实体运营，2020年获投融资1459.2万元。学生在各类重大学科竞赛中表现出色，428人次在国际级竞赛中获奖，655人次在国家级竞赛中获奖，565人次在省或地区竞赛中获奖，获奖达到1648人次，比2019年（1318人次）增长25.04%。其中，在第六届中国国际"互联网+"大学生创新创业大赛全国总决赛中，学校获10金2银的好成绩，破历届"互联网+"大赛高校单校单届夺金纪录。

【教学管理】完成全日制普通本科毕业班学生毕业资格审查及证书发放工作，实现"零差错"。首次开展毕业生教学问卷调查，持续改进教学管理和教学建设工作。组织全国大学英语四、六级考试，2016级学生四、六级考试最终通过率分别达到92.56%、66.72%。完善教学约束机制，认定和处理本科教学事故5起。开展试卷质量抽查，抽查209门课程10 738份试卷，严把考试命题和阅卷质量关。

加强教学队伍建设。采取线上线下结合方式，开展新教师教学技能培训、职称待提升教师教学能力培训、信息化教学培训、"以英语为媒介的教学"（EMI）培训、研究生兼任"助教"教学技能培训等系列培训活动，11 000余人次参加培训。邀请国内外知名专家举办"本科教学创新大讲堂"33场，围绕"如何开展以学生为中心的教学"等主题举行系列教学午餐会、教学工作坊，营造人人关注课堂教学、教师积极投入教学的良好氛围。开展2020年度"教师教学荣誉体系"奖项评选工作，评出"教学卓越奖（南光卓越教学奖）"获得者7人、"教学优秀奖"获得者50人、"教学新秀奖"获得者6人，激励广大教师静心教书、潜心育人。

资料1　华南理工大学全日制本科专业设置及在校学生一览表

学院	专业	2016级	2017级	2018级	2019级	2020级	合计
机械与汽车工程学院	安全工程	0	38	29	10	0	77
	材料成型及控制工程	0	0	0	31	0	31
	材料成型及控制工程（高分子材料成型及控制）	0	33	20	0	0	53
	材料成型及控制工程（金属材料成型及控制）	0	28	18	0	0	46
	车辆工程	0	129	112	121	0	362
	过程装备与控制工程	0	0	0	66	0	66
	过程装备与控制工程（化工装备与控制工程）	0	28	23	0	0	51
	过程装备与控制工程（轻工装备及塑料模具）	0	30	20	0	0	50
	机械电子工程	0	98	102	86	0	286
	机械工程	0	130	127	153	0	410
	机械工程（卓越双语班）	0	27	23	21	29	100
	机械类	0	0	0	0	474	474
	机械类（创新班）	0	26	27	26	29	108
建筑学院	城乡规划	63	51	60	61	64	299
	风景园林	34	29	31	33	32	159
	建筑学	89	94	112	92	107	494
土木与交通学院	船舶与海洋工程	0	39	40	52	0	131
	工程管理	0	35	37	34	0	106
	工程力学（创新班）	0	29	29	25	28	111
	交通工程	0	37	27	46	0	110
	交通运输	0	32	36	42	0	110
	交通运输类	0	0	0	0	108	108
	水利水电工程	0	53	30	49	0	132
	土木工程（道路与桥梁工程）	0	59	49	62	0	170
	土木工程（地下结构）	0	30	31	36	0	97
	土木工程（建筑工程）	0	83	89	43	0	215
	土木工程（绿色智能建造方向）	0	0	0	31	0	31
	土木工程（卓越全英班）	0	41	39	40	42	162
	土木类	0	0	0	0	292	292

续表

学院	专业	2016级	2017级	2018级	2019级	2020级	合计
电子与信息学院	电子科学与技术	0	89	93	0	0	182
	电子科学与技术（卓越班）	0	32	36	0	0	68
	信息工程	0	231	221	259	232	943
	信息工程（创新班）	0	0	51	48	54	153
	信息工程（冯秉铨实验班）	0	41	0	0	0	41
	信息工程（中法菁英班）	0	0	16	16	0	32
材料科学与工程学院	材料化学	0	23	30	0	0	53
	材料科学与工程	0	0	0	104	0	104
	材料科学与工程（金属材料科学与工程）	0	32	33	0	0	65
	材料科学与工程（无机非金属材料科学与工程）	0	55	52	0	0	107
	材料类	0	0	0	0	345	345
	材料类（全英创新班）	0	36	62	34	40	172
	电子科学与技术（电子材料与元器件）	0	48	45	45	0	138
	高分子材料与工程	0	111	110	124	0	345
	光电信息科学与工程（光电器件）	0	50	47	44	0	141
	生物医学工程（生物医学材料）	0	36	27	0	0	63
	生物医学工程（生物医学电子）	0	18	20	0	0	38
化学与化工学院	化工与制药类	0	0	0	0	278	278
	化学工程与工艺	0	100	75	89	0	264
	化学类（创新班）	0	22	25	25	0	72
	化学类（强基计划班）	0	0	0	0	30	30
	能源化学工程	0	54	47	44	0	145
	应用化学	0	76	66	72	0	214
	制药工程	0	28	25	30	0	83
轻工科学与工程学院	轻工类	0	0	0	0	103	103
	轻化工程	0	55	43	51	0	149
	资源环境科学	0	19	19	26	0	64
食品科学与工程学院	食品科学与工程	0	72	59	58	0	189
	食品科学与工程（食品营养与健康）	0	24	23	26	0	73
	食品科学与工程类	0	0	0	0	151	151
	食品质量与安全	0	30	25	37	0	92

续表

学院	专业	2016级	2017级	2018级	2019级	2020级	合计
数学学院	数学类	0	0	0	0	247	247
	数学类（创新班）	0	20	24	22	0	66
	数学类（强基计划班）	0	0	0	0	30	30
	数学与应用数学	0	51	54	65	0	170
	数学与应用数学（统计学）	0	67	63	65	0	195
	信息管理与信息系统	0	57	49	59	0	165
	信息与计算科学	0	44	46	62	0	152
物理与光电学院	光电信息科学与工程（光电信息）	0	73	77	91	0	241
	物理学类	0	0	0	1	135	136
	应用物理学	0	41	35	46	0	122
	应用物理学（严济慈英才班）	0	22	27	24	25	98
经济与金融学院	国际经济与贸易	0	82	86	0	0	168
	金融学	0	155	162	0	0	317
	金融学（汇丰金融科技精英班）	0	33	29	0	0	62
	经济学	0	47	46	0	0	93
	经济学（创新班）	0	23	23	21	27	94
	经济学类	0	0	0	282	264	546
旅游管理系	会展经济与管理	0	36	32	26	0	94
	旅游管理	0	43	23	31	0	97
	旅游管理（国际班）	0	2	0	0	0	2
	旅游管理类	0	0	0	0	62	62
电子商务系	电子商务	0	64	61	87	0	212
	电子商务类	0	0	0	0	120	120
	物流工程	0	63	51	44	0	158
自动化科学与工程学院	智能科学与技术	0	55	58	80	0	193
	自动化	0	201	192	194	0	587
	自动化（创新班）	0	24	27	25	43	119
	自动化类	0	0	0	0	251	251
计算机科学与工程学院	计算机科学与技术	0	134	157	173	0	464
	计算机科学与技术（全英创新班）	0	30	43	29	40	142
	计算机科学与技术（全英联合班）	0	25	12	30	19	86
	计算机类	0	0	0	1	292	293
	网络工程	0	49	37	55	0	141
	信息安全	0	47	67	53	0	167

续表

学院	专业	2016级	2017级	2018级	2019级	2020级	合计
电力学院	电气工程及其自动化	0	283	246	253	0	782
	电气工程及其自动化（"3+2"中澳班）	0	14	38	42	18	112
	电气工程及其自动化（卓越班）	0	38	79	38	49	204
	电气类	0	0	0	0	331	331
	核工程与核技术	0	0	21	21	0	42
	核工程与核技术（核电站方向）	0	24	0	0	0	24
	能源与动力工程	0	62	63	71	0	196
生物科学与工程学院	生物工程	0	44	30	0	0	74
	生物技术	0	39	45	0	0	84
	生物技术（强基计划班）	0	0	0	0	30	30
	生物科学类	0	0	0	129	114	243
	生物制药	0	35	40	0	0	75
环境与能源学院	给排水科学与工程	0	33	37	0	0	70
	环境工程	0	39	41	49	0	129
	环境工程（"3+2"中澳班）	0	12	20	14	6	52
	环境工程（全英班）	0	26	13	15	13	67
	环境科学	0	16	18	0	0	34
	环境科学与工程	0	0	0	60	0	60
	环境科学与工程类	0	0	0	0	122	122
软件学院	软件工程	0	283	252	247	234	1016
	软件工程（"3+2"中澳班）	0	11	32	38	39	120
	软件工程（卓越班）	0	43	93	47	50	233
工商管理学院（创业教育学院）	财务管理	0	68	60	0	0	128
	工商管理	0	36	0	0	0	36
	工商管理（国际班）	0	4	0	0	0	4
	工商管理（全英班）	0	0	34	36	41	111
	工商管理（体尖）	0	21	32	37	34	124
	工商管理类	0	0	0	166	165	331
	工业工程	0	35	40	0	0	75
	会计学	0	79	86	84	79	328
	人力资源管理	0	38	41	0	0	79
	市场营销	0	35	41	0	0	76

续表

学院	专业	2016级	2017级	2018级	2019级	2020级	合计
公共管理学院	行政管理	0	78	65	73	81	297
外国语学院	日语	0	15	17	21	23	76
	商务英语	0	74	86	77	67	304
法学院（知识产权学院）	法学	0	115	118	97	0	330
	法学（卓越法律班）	0	25	28	31	30	114
	法学类	0	0	0	0	128	128
	知识产权	0	27	25	36	0	88
新闻与传播学院	传播学	0	70	71	55	0	196
	传播学（"2+2"联合班）	0	0	0	29	26	55
	传播学（国际班）	0	5	0	0	0	5
	广告学	0	27	20	31	0	78
	新闻传播学类	0	0	0	0	121	121
	新闻传播学类（国际班）	0	2	0	0	0	2
	新闻学	0	30	34	20	0	84
艺术学院	舞蹈学	0	21	33	35	50	139
	音乐表演	0	66	67	78	74	285
	音乐学	0	8	8	8	8	32
体育学院	运动训练	0	48	44	50	45	187
设计学院	产品设计	0	57	55	50	50	212
	服装与服饰设计	0	28	23	40	39	130
	工业设计（实验班）	0	26	27	28	0	81
	工业设计	0	58	54	54	75	241
	环境设计	0	57	54	49	51	211
医学院（生命科学研究院）	临床医学	0	0	0	27	61	88
	医学影像学	27	35	53	20	29	164
生物医学科学与工程学院	生物医学工程	0	0	0	68	80	148
吴贤铭智能工程学院	机器人工程	0	0	0	45	49	94
	智能制造工程	0	0	0	47	54	101
分子科学与工程学院	分子科学与工程	0	0	0	41	36	77
微电子学院	微电子科学与工程	0	0	0	166	151	317

资料2 2020届本科毕业生各专业毕业、结业人数统计表

学院	专业	毕业	毕业学生中		结业	合计
			辅修	双学位		
机械与汽车工程学院	安全工程	30	0	1	2	32
	材料成型及控制工程	57	1	5	1	58
	车辆工程	95	5	1	1	96
	过程装备与控制工程	45	0	0	5	50
	机械电子工程	100	1	1	2	102
	机械工程	117	2	0	6	123
	机械工程（创新班）	27	0	0	1	28
	机械工程（卓越双语班）	29	0	0	0	29
	能源与动力工程（车用发动机）	37	3	0	0	37
	能源与动力工程（制冷空调）	30	0	0	1	31
建筑学院	城乡规划	56	0	0	0	56
	风景园林	39	0	0	0	39
	建筑学	90	1	1	1	91
土木与交通学院	船舶与海洋工程	36	0	2	2	38
	工程管理	38	5	2	0	38
	工程力学（创新班）	23	2	0	2	25
	交通工程	38	0	1	1	39
	交通运输	30	5	0	3	33
	水利水电工程	52	1	1	0	52
	土木工程	179	7	3	3	182
	土木工程（卓越全英班）	36	1	1	0	36
电子与信息学院	电子科学与技术	58	0	0	2	60
	电子科学与技术（卓越班）	26	0	1	0	26
	信息工程	216	0	1	10	226
	信息工程（冯秉铨实验班）	40	0	0	0	40
材料科学与工程学院	材料化学	26	3	1	0	26
	材料科学与工程	81	9	2	2	83
	材料科学与工程（全英创新班）	34	3	3	0	34
	电子科学与技术（电子材料与元器件）	43	4	0	0	43
	高分子材料与工程	118	18	4	5	123
	光电信息科学与工程（光电器件）	48	6	1	1	49
	生物医学工程	32	1	1	1	33

续表

学院	专业	毕业	毕业学生中		结业	合计
			辅修	双学位		
化学与化工学院	化学工程与工艺	92	11	4	1	93
	能源化学工程	51	6	2	1	52
	应用化学	68	3	2	6	74
	应用化学（创新班）	20	2	0	0	20
	制药工程	23	0	1	2	25
轻工科学与工程学院	轻化工程	58	7	2	2	60
	资源环境科学	22	7	1	1	23
食品科学与工程学院	食品科学与工程	93	7	2	3	96
	食品质量与安全	21	1	1	0	21
数学学院	数学与应用数学	128	1	3	3	131
	数学与应用数学（创新班）	20	1	0	0	20
	信息管理与信息系统	51	1	1	0	51
	信息与计算科学	34	0	0	0	34
物理与光电学院	光电信息科学与工程（光电信息）	74	1	1	1	75
	应用物理学	49	5	1	0	49
经济与贸易学院	电子商务	67	3	4	3	70
	国际经济与贸易	88	3	2	2	90
	会展经济与管理	31	0	7	1	32
	金融学	161	5	5	3	164
	金融学（全英班）	28	3	2	0	28
	经济学	42	2	9	0	42
	经济学（创新班）	21	1	0	0	21
	旅游管理	43	4	5	3	46
	旅游管理（"2+2"联合班）	2	0	0	0	2
	物流工程	69	5	4	3	72
自动化科学与工程学院	智能科学与技术	53	0	0	0	53
	自动化	182	11	3	7	189
	自动化（创新班）	24	0	0	1	25

续表

学院	专业	毕业	毕业学生中		结业	合计
			辅修	双学位		
计算机科学与工程学院	计算机科学与技术	140	4	4	0	140
	计算机科学与技术（全英创新班）	28	0	0	0	28
	计算机科学与技术（全英联合班）	23	2	1	1	24
	网络工程	53	0	3	2	55
	信息安全	55	0	1	1	56
电力学院	电气工程及其自动化	264	18	1	5	269
	电气工程及其自动化（卓越班）	34	1	0	0	34
	核工程与核技术	21	2	0	2	23
	能源与动力工程	62	8	0	3	65
生物科学与工程学院	生物工程	41	8	0	0	41
	生物技术	36	6	1	2	38
	生物制药	40	7	1	2	42
环境与能源学院	给排水科学与工程	32	0	3	0	32
	环境工程	38	2	3	0	38
	环境工程（全英班）	18	0	0	0	18
	环境科学	20	1	2	0	20
软件学院	软件工程	281	1	1	6	287
	软件工程（卓越班）	47	0	0	0	47
工商管理学院	财务管理	59	10	13	0	59
	工商管理	58	1	7	4	62
	工商管理（"2+2"联合班）	6	0	0	0	6
	工业工程	32	5	3	0	32
	会计学	84	11	8	1	85
	人力资源管理	32	2	1	1	33
	市场营销	51	8	10	0	51
公共管理学院	行政管理	97	11	23	0	97
外国语学院	日语	24	5	3	0	24
	商务英语	75	16	27	0	75

续表

学院	专业	毕业	毕业学生中		结业	合计
			辅修	双学位		
法学院（知识产权学院）	法学	107	16	9	1	108
	法学（卓越法律班）	27	1	5	0	27
	知识产权	26	5	6	0	26
新闻与传播学院	传播学	72	10	12	2	74
	传播学（"2+2"联合班）	5	0	0	0	5
	广告学	30	4	3	1	31
	新闻学	32	4	10	3	35
艺术学院	舞蹈学	30	1	7	0	30
	音乐表演	61	1	11	2	63
	音乐学	7	0	2	0	7
体育学院	运动训练	40	0	3	0	40
设计学院	产品设计	54	5	6	1	55
	服装与服饰设计	25	1	1	1	26
	服装与服饰设计（服装设计与表演）	4	1	1	0	4
	工业设计	86	5	5	0	86
	环境设计	55	6	9	1	56
医学院	医学影像学	29	1	0	0	29
总计		5962	358	301	137	6099

资料3　2020年新增广东省特色专业

序号	专业名称	所在学院	获批年份
1	智能科学与技术	自动化科学与工程学院	2020
2	电气工程及其自动化	电力学院	2020
3	食品质量与安全	食品科学与工程学院	2020
4	生物医学工程	生物医学科学与工程学院	2020
5	工业工程	工商管理学院	2020

资料4 2020年新增国家级、省级一流本科课程、省级在线开放课程一览表

一、国家级一流本科课程

序号	课程名称	类型	课程负责人	所在单位	认定年份
1	大学美育	线上一流课程	苏宏元	新闻与传播学院	2020
2	企业战略管理	线上一流课程	蓝海林	工商管理学院	2020
3	英美音乐与文化	线上一流课程	周娉娣	外国语学院	2020
4	酒店房务运营与管理	线上一流课程	曲波	旅游管理系	2020
5	机械设计基础	线上一流课程	黄平	机械与汽车工程学院	2020
6	学术英语	线上一流课程	韩金龙	外国语学院	2020
7	制浆原理与工程	线上一流课程	付时雨	轻工科学与工程学院	2020
8	城市规划原理	线上一流课程	王世福	建筑学院	2020
9	酒店管理原理	线上一流课程	魏卫	旅游管理系	2020
10	微积分Ⅱ（一）	线下一流课程	朱长江	数学学院	2020
11	酶工程	线下一流课程	林影	生物科学与工程学院	2020
12	材料力学Ⅲ	线下一流课程	张晓晴	土木与交通学院	2020
13	高分子物理	线下一流课程	张广照	材料科学与工程学院	2020
14	计算机组成与体系结构Ⅱ	线下一流课程	毛爱华	计算机科学与工程学院	2020
15	化工设计	线下一流课程	严宗诚	化学与化工学院	2020
16	环境工程微生物学	线下一流课程	任源	环境与能源学院	2020
17	食品加工与保藏原理	线下一流课程	李汴生	食品科学与工程学院	2020
18	建筑设计（五—六）（城市设计专门化方向）	线下一流课程	孙一民	建筑学院	2020
19	管理统计学	线下一流课程	张卫国	工商管理学院	2020
20	微积分Ⅰ（全英）	线上线下混合式一流课程	邓雪	数学学院	
21	材料与社会	线上线下混合式一流课程	薛锋	材料科学与工程学院	2020
22	计算机网络	线上线下混合式一流课程	袁华	计算机科学与工程学院	2020
23	建筑美学	线上线下混合式一流课程	唐孝祥	建筑学院	2020
24	种植设计	线上线下混合式一流课程	冯娴慧	建筑学院	2020

续表

序号	课程名称	类型	课程负责人	所在单位	认定年份
25	网络金融	线上线下混合式一流课程	徐勇	电子商务系	2020
26	戏剧审美与剧场实验	线上线下混合式一流课程	孙珉	新闻与传播学院	2020
27	马克思主义理论与实践	社会实践一流课程	解丽霞	马克思主义学院	2020
28	智能机器人创新实践	社会实践一流课程	陈安	自动化科学与工程学院	2020
29	数字系统创意设计	社会实践一流课程	李粤	计算机科学与工程学院	2020
30	基于虚拟现实的金属特种铸造工艺实验	虚拟仿真实验教学一流课程	李静蓉	机械与汽车工程学院	2020
31	健康食品良好生产虚拟仿真实践与设计	虚拟仿真实验教学一流课程	李晓玺	食品科学与工程学院	2020
32	中子反射法测薄膜磁矩——领略国之重器魅力	虚拟仿真实验教学一流课程	杨中民	物理与光电学院	2020
33	钢筋混凝土板的设计性虚拟仿真耐火实验	虚拟仿真实验教学一流课程	吴波	土木与交通学院	2020

二、广东省一流本科课程

序号	课程名称	类型	课程负责人	所在单位	认定年份
1	营销策划	社会实践一流课程	陈明	工商管理学院	2020
2	数字系统创意设计	社会实践一流课程	李粤	计算机科学与工程学院	2020
3	马克思主义理论与实践	社会实践一流课程	解丽霞	马克思主义学院	2020
4	智能机器人创新实践	社会实践一流课程	陈安	自动化科学与工程学院	2020
5	材料与社会	线上线下混合式一流课程	薛锋	材料科学与工程学院	2020
6	配送中心设计与管理	线上线下混合式一流课程	万艳春	电子商务系	2020
7	网络金融	线上线下混合式一流课程	徐勇	电子商务系	2020

续表

序号	课程名称	类型	课程负责人	所在单位	认定年份
8	现代环境分析技术	线上线下混合式一流课程	宋小飞	环境与能源学院	2020
9	机械设计	线上线下混合式一流课程	李旻	机械与汽车工程学院	2020
10	计算机网络	线上线下混合式一流课程	袁华	计算机科学与工程学院	2020
11	种植设计	线上线下混合式一流课程	冯娴慧	建筑学院	2020
12	建筑美学	线上线下混合式一流课程	唐孝祥	建筑学院	2020
13	数字化学习	线上线下混合式一流课程	陆芳	教育技术中心	2020
14	食品微生物学	线上线下混合式一流课程	刘冬梅	食品科学与工程学院	2020
15	食品分析	线上线下混合式一流课程	戚穗坚	食品科学与工程学院	2020
16	微积分Ⅰ（全英）	线上线下混合式一流课程	邓雪	数学学院	2020
17	微积分Ⅱ（一）	线上线下混合式一流课程	张梅	数学学院	2020
18	有氧健康舞蹈	线上线下混合式一流课程	刘冬笑	体育学院	2020
19	混凝土结构理论	线上线下混合式一流课程	季静	土木与交通学院	2020
20	大学物理实验	线上线下混合式一流课程	杨日福	物理与光电学院	2020
21	计算物理	线上线下混合式一流课程	杨小宝	物理与光电学院	2020
22	戏剧审美与剧场实验	线上线下混合式一流课程	孙珉	新闻与传播学院	2020
23	机械制造工程训练	线上一流课程	郑志军	机械与汽车工程学院	2020
24	离散数学	线上一流课程	陈琼	计算机科学与工程学院	2020
25	制浆造纸机械与设备	线上一流课程	李擘	轻工科学与工程学院	2020
26	大学公共体育	线上一流课程	樊莲香	体育学院	2020

续表

序号	课程名称	类型	课程负责人	所在单位	认定年份
27	韩语日常会话入门	线上一流课程	金 华	外国语学院	2020
28	商务英语案例分析	线上一流课程	徐 鹰	外国语学院	2020
29	庄子寓言及其智慧	线上一流课程	周娉娣	外国语学院	2020
30	说话的艺术	线上一流课程	严 俊	新闻与传播学院	2020
31	企业战略管理	线上一流课程	蓝海林	工商管理学院	2020
32	机械设计基础	线上一流课程	黄 平	机械与汽车工程学院	2020
33	城市规划原理	线上一流课程	王世福	建筑学院	2020
34	酒店房务运营与管理	线上一流课程	曲 波	旅游管理系	2020
35	酒店管理原理	线上一流课程	魏 卫	旅游管理系	2020
36	制浆原理与工程	线上一流课程	付时雨	轻工科学与工程学院	2020
37	学术英语	线上一流课程	韩金龙	外国语学院	2020
38	英美音乐与文化	线上一流课程	周娉娣	外国语学院	2020
39	大学美育	线上一流课程	苏宏元	新闻与传播学院	2020
40	高分子材料成型加工基础	线下一流课程	何 慧	材料科学与工程学院	2020
41	无机非金属材料工艺学	线下一流课程	殷素红	材料科学与工程学院	2020
42	高分子物理	线下一流课程	张广照	材料科学与工程学院	2020
43	移动通信	线下一流课程	余翔宇	电子与信息学院	2020
44	管理统计学	线下一流课程	张卫国	工商管理学院	2020
45	化工设计	线下一流课程	严宗诚	化学与化工学院	2020
46	化工原理	线下一流课程	郑大锋	化学与化工学院	2020
47	环境工程微生物学	线下一流课程	任 源	环境与能源学院	2020
48	机械原理	线下一流课程	邹焱飚	机械与汽车工程学院	2020
49	计算机组成与体系结构Ⅱ	线下一流课程	毛爱华	计算机科学与工程学院	2020
50	高级语言程序设计（C++）	线下一流课程	徐红云	计算机科学与工程学院	2020
51	建筑设计（五—六）（城市设计专门化方向）	线下一流课程	孙一民	建筑学院	2020
52	创业精神与创业故事会	线下一流课程	周育红	经济与金融学院	2020
53	交互设计专题Ⅱ——智能化产品设计	线下一流课程	姜立军	设计学院	2020

续表

序号	课程名称	类型	课程负责人	所在单位	认定年份
54	酶工程	线下一流课程	林 影	生物科学与工程学院	2020
55	食品加工与保藏原理	线下一流课程	李汴生	食品科学与工程学院	2020
56	微积分Ⅱ（二）	线下一流课程	陈志辉	数学学院	2020
57	微积分Ⅱ（一）	线下一流课程	朱长江	数学学院	2020
58	偏微分方程	线下一流课程	朱长江	数学学院	2020
59	结构模型概念与实验	线下一流课程	陈庆军	土木与交通学院	2020
60	交通设计	线下一流课程	马莹莹	土木与交通学院	2020
61	材料力学Ⅲ	线下一流课程	张晓晴	土木与交通学院	2020
62	光学	线下一流课程	邓华秋	物理与光电学院	2020
63	摄像基础	线下一流课程	周 煜	新闻与传播学院	2020
64	自动控制原理	线下一流课程	莫鸿强	自动化科学与工程学院	2020
65	基于虚拟现实的金属特种铸造工艺实验	虚拟仿真实验教学一流课程	李静蓉	机械与汽车工程学院	2020
66	健康食品良好生产虚拟仿真实践与设计	虚拟仿真实验教学一流课程	李晓玺	食品科学与工程学院	2020
67	钢筋混凝土板的设计性虚拟仿真耐火实验	虚拟仿真实验教学一流课程	吴 波	土木与交通学院	2020
68	中子反射法测薄膜磁矩——领略国之重器魅力	虚拟仿真实验教学一流课程	杨中民	物理与光电学院	2020

三、广东省在线开放课程

序号	课程名称	课程负责人	所在单位	认定年份
1	英语电影与文化	屈 薇	外国语学院	2020
2	船舶与海洋工程结构力学	刘 虓	土木与交通学院	2020
3	趣读财务报表	李沐纯	经济与金融学院	2020
4	数学实验	刘小兰	数学学院	2020

资料5　2020年新增广东省大学生校外实践教育基地

序号	项目名称	项目负责人	建设学院	获批年份
1	华南理工大学－广州运通链达金服科技有限公司、交通银行股份有限公司广东省分行大学生实践教学基地	许伯桐	电子商务系	2020
2	华南理工大学－广州市中级人民法院实践教学基地	张友好	法学院	2020
3	华南理工大学－广东燕塘乳业股份有限公司大学生实践教学基地	李晓玺	食品科学与工程学院	2020
4	华南理工大学－广州粤芯半导体技术有限公司大学生实践教学基地	李　斌	微电子学院	2020
5	华南理工大学－成都华栖云科技有限公司大学生实践教学基地	苏宏元	新闻与传播学院	2020

研究生教育

【培养工作】全面落实全国研究生教育工作大会精神，召开学校研究生教育会议，紧抓内涵建设、质量提升的核心任务，开创新时代研究生教育新局面。

加强课程体系建设。推动教育教学改革深度变革，建立线上线下混合教学新模式；强化全英教学和学科交叉，建设5门全英文慕课和4门跨学科课程；推进实践案例教学，9篇教学案例入选中国专业学位案例中心案例库，入选数量达到48篇；加强综合素质培养，将"思维与逻辑学""心理学与生活""跨文化交流韩语"等通识课程纳入培养方案；深化智慧教学平台建设，连续2年获评教育部智慧教学试点项目。统筹做好疫情防控与教育教学工作，春季疫情期间开展在线教学，共23 560人次修读1187门课程。

提升博士培养质量。全面推行博士招生"申请－考核"制，实行培养环节"两跟踪即分流"制度，健全退出机制，首次将博士纳入跟踪培养对象，制定《华南理工大学学术学位博士研究生教学实践培养环节实施细则》，修订《华南理工大学研究生助教管理办法（2020年修订）》，将学术学位博士研究生担任课程助教列入培养的必修环节。统筹制订跨领域培养方案，新建20门特色工程领域技术专业课程；探索工程博士项目精准培养途径，紧密围绕国家重大发展战略需求，重点聚焦"卡脖子"工程技术难题，与粤港澳大湾区重点行业企业共建3个高水平工程博士跨领域产教融合协同育人项目。

提升研究生双创能力。加强产教融合，获批10个"广东省联合培养研究生示范基地"，现有3个国家级、65个省级和46个校级基地，形成"国家－省级－学校"三位一体的高水平育人平台。获批11项广东省研究生教育创新计划项目（其中研究生学术论坛项目3项、学位与研究生教育改革研究项目5项、研究生示范课程建设项目3项)。开展"行业专家上讲台"实践,重点聘请56位行业或企业实践经验丰富、教学效果突出的专家讲授课程、开设讲座或在生产现场授课。2020年学校3篇论文(第一作者为研究生)入选"中国百篇最具影响国际学术论文"。

改革研究生资助体系。加强博士生资助体系建设,统筹各类奖助经费,资助水平整体提高。构建新的硕士研究生资助体系,设立助研岗位奖学金,自2020级开始实施。加大导师配套助研经费投入力度,按学科类别、招生指标数设定导师助研经费标准,全面保障基本待遇,奖助学金标准基本达到1.8万元/学年。

推进研究生国际协同育人。健全研究生"国家级-省级-市级-校级"四位一体国际化项目管理体系,"国家建设高水平大学公派研究生项目"录取人数达到128人,同比增长12.5%,居广东省高校之首。获批"2020年创新型人才国际合作培养计划"1项。出台《华南理工大学研究生出国(境)管理暂行规定》,强化学生因公、因私出国(境)的派出要求。

【学位工作】完善学位授予质量管理体系。修订《研究生申请学位取得学术成果基本要求》,健全跟踪淘汰机制,探索建立科学的评价体系。完善研究生中期分流选择机制和学位质量保障体系,加大博士学位论文送审结果处理力度,加强硕士学位论文网络平台评审、事后抽检等环节的把关力度。完善学位撤销处理程序,强化学位申请、授予及撤销等全过程规范管理。送审硕士论文5537篇次,占比60%。全年授予博士学位595人(含工程博士8人),硕士学位4836人。

【导师队伍建设】健全导师育人责权机制。修订《华南理工大学研究生导师年度招生资格审核办法》,实施引进人才"引进即认定"导师政策,完善导师招生资格审核制,健全"能上能下""资格向岗位转变"的调整机制。实施导师素养卓越提升计划,组织召开新增兼职导师培训交流会。2020年新增103名学术型博导、155名硕导,其中,30名副教授破格担任博导、27名教师破格担任硕导、25名高层次引进人才担任研究生导师。目前在岗博导1089名、硕导2625名(含博硕导),同比分别增长10.22%和7.27%,博士生师比为3.37(同比下降0.16),硕士生师比为5.31(同比下降0.08)。

资料1 2020年华南理工大学博士、硕士专业学位授权类别(领域)

一、博士专业学位授权类别(领域)

序号	学位类别码	专业学位类别	领域名称	招生学院	授权时间
1	0854	电子信息	电子工程	电子与信息学院、微电子学院、物理与光电学院、医学院(生命科学研究院)、自动化科学与工程学院	2019年5月
			计算机与软件工程	电子与信息学院、计算机科学与工程学院、软件学院、生物科学与工程学院、自动化科学与工程学院	
			智能控制与电气工程	电力学院、自动化科学与工程学院	

续表

序号	学位类别码	专业学位类别	领域名称	招生学院	授权时间
2	0855	机械	车辆工程	机械与汽车工程学院	2019年5月
			高端制造技术及装备	机械与汽车工程学院、土木与交通学院	
			机械电子工程	机械与汽车工程学院	
3	0856	材料与化工	材料工程	材料科学与工程学院、机械与汽车工程学院、轻工科学与工程学院、生物医学科学与工程学院、物理与光电学院、医学院（生命科学研究院）	2019年5月
			化学工程	化学与化工学院、轻工科学与工程学院、生物科学与工程学院、食品科学与工程学院	
4	0857	资源与环境	环境与生态工程	环境与能源学院、机械与汽车工程学院、生物科学与工程学院、食品科学与工程学院	2019年5月
			生物质资源工程	生物科学与工程学院、食品科学与工程学院	
5	0859	土木水利	建筑工程	建筑学院	2019年5月
			土木工程	土木与交通学院	

二、硕士专业学位授权类别（领域）

序号	学位类别码	学位类别	领域名称	招生学院	授权时间
1	0251	金融	—	经济与金融学院	2010年9月
2	0254	国际商务	—	经济与金融学院	2014年5月
3	0351	法律	—	法学院（知识产权学院）	2007年5月
4	0352	社会工作	—	马克思主义学院	2014年5月
5	0452	体育	—	体育学院	2014年5月
6	0551	翻译	英语笔译	外国语学院	2010年9月
			日语笔译		
7	0552	新闻与传播	—	新闻与传播学院	2014年5月
8	0851	建筑学	—	建筑学院	1996年1月
9	0853	城市规划	—	建筑学院	2011年10月

续表

序号	学位类别码	学位类别	领域名称	招生学院	授权时间
10	0854	电子信息	电子与通信工程	电子与信息学院	2019年5月
			集成电路工程	微电子学院	
			计算机技术	计算机科学与工程学院	
			控制工程	自动化科学与工程学院	
			软件工程	软件学院	
11	0855	机械	车辆工程	机械与汽车工程学院	2019年5月
			机械工程	机械与汽车工程学院、吴贤铭智能工程学院	
			工业设计工程	设计学院	
12	0856	材料与化工	材料工程	材料科学与工程学院、分子科学与工程学院、机械与汽车工程学院、生物医学科学与工程学院	2019年5月
			化学工程	化学与化工学院	
			轻工技术与工程	轻工科学与工程学院	
			生物医学工程	生物医学科学与工程学院	
13	0857	资源与环境	安全工程	机械与汽车工程学院	2019年5月
			环境工程	环境与能源学院	
14	0858	能源动力	电气工程	电力学院	2019年5月
			动力工程		
15	0859	土木水利	建筑与土木工程	土木与交通学院	2019年5月
16	0860	生物与医药	生物工程	生物科学与工程学院	2019年5月
			食品工程	食品科学与工程学院	
17	0861	交通运输	交通运输工程	土木与交通学院	2019年5月
18	0953	风景园林	—	建筑学院	2005年6月
19	1055	药学	—	生物科学与工程学院、医学院、生物医学科学与工程学院	2015年11月
20	1251	工商管理	—	工商管理学院	1993年12月
21	1252	公共管理	—	公共管理学院	2003年9月
22	1253	会计	—	工商管理学院	2010年9月
23	1256	工程管理	工程管理	土木与交通学院、工商管理学院、经济与金融学院、旅游管理系、电子商务系	2010年9月
			工业工程与管理		
			物流工程与管理		

资料2　2020年学校博士生指导教师名单

专业代码	专业名称（主岗）	导师姓名
0202	应用经济学	巴曙松　陈镇喜　邓可斌　丁焕峰　贺建风　胡愈　雷玉桃 李合龙　林峰　石俊志　孙坚强　孙希芳　王仁曾　肖崎 徐枫　徐淑芳　颜波　杨春鹏　杨科　姚灿中　张彩江 钟永红
0305	马克思主义理论	蒋建国　蒋悟真　解丽霞　亢升　刘社欣　齐磊磊　苏宏元 王晓丽　吴国林　武建国　谢加书　闫坤如　张国启　钟书能
0701	数学	陈武华　景乃桓　李兵　李群宏　李用声　林俊宇　凌黎明 刘锐　刘深泉　马东魁　潘少华　孙太祥　唐西林　韦华全 韦增欣　温焕尧　熊瑛　徐尚进　杨启贵　袁功林　曾德炉 郑驻军　周富军　周胜林　朱长江
0702	物理学	邓文基　冯兆庆　黄学勤　巨文博　李锋　李润华　李志远 刘江涛　刘涛　卢义刚　梅军　韦小明　文德华　谢波苏 杨小宝　杨中民　姚尧　余光正　於黄忠　虞华康　赵彦明 赵宇军　钟小丽
0703	化学	曹德榕　陈立宇　程正迪　崔志明　邓远富　丁恩勇　董学会 傅志勇　高松　何春茂　胡建强　黄精美　黄良斌　江焕峰 蒋凌翔　蒋尚达　李白滔　李秀华　李映伟　梁振兴　刘海洋 刘锦斌　刘平　龙波　马志强　彭晓宏　戚朝荣　汪凌云 王海水　王黎明　王立世　王秀军　伍婉卿　叶建山　叶勇 殷盼超　尹标林　袁高清　岳衎　曾伟　展树中　张珉 张维　张伟德　赵俊鹏　祝诗发
0710	生物学	陈庭坚　邓伟豪　杜红丽　段金柱　郭俊　侯宝华　胡炎伟 贾林　李健潮　李杉　李爽　李泰辉　李勇　林炜铁 林展翼　林章凛　凌飞　刘城　刘国龙　刘海英　刘辉 刘慧姝　刘建军　罗立新　罗晓春　孟倩丽　潘力　石晓钟 隋海心　王菊芳　王俊　王坤　王领　王文健　魏坤 魏新华　吴海珍　吴清平　伍勇　肖波涛　谢克平　杨焕明 张春玉　张辉　张雷　张美佳　张庆玲　张秀清　张玉霞 朱伟
0801	力学	黄怀纬　蒋震宇　刘逸平　汤立群　王炯　姚小虎　张晓晴 韩强　樊学军　方岱宁　罗胜年　白以龙　伍小平

续表

专业代码	专业名称（主岗）	导师姓名					
0802	机械工程	蔡敢为	曹彪	陈吉清	陈扬枝	陈忠	邓文君	杜群贵
		杜如虚	韩昌骏	何和智	贺德强	洪晓斌	胡国清	胡青春
		黄汉雄	黄智聪	蒋宏杰	瞿金平	雷劲骋	李迪	李静蓉
		李魏华	李勇	李宗涛	廖维新	廖小平	刘桂雄	刘旺玉
		卢少锋	陆龙生	罗玉涛	倪军	潘敏强	邱志成	屈盛官
		石永华	汤勇	唐建华	涂善东	万加富	万珍平	王迪
		王念峰	王清辉	王振民	吴凯	夏琴香	谢晋	谢龙汉
		谢小鹏	谢正超	薛家祥	杨永强	姚锡凡	殷小春	袁伟
		臧孟炎	张宏	张勤	张仕伟	张铁	张宪民	张英杰
		张勇	赵学智	钟俊培	钟勇	周照耀	上官文斌	
		Sergej Fatikow		Vyacheslav Trofimov				
0805	材料科学与工程	曹贤武	曹镛	陈江山	陈军武	陈玉坤	陈中华	褚衍辉
		邓文礼	董国平	杜军	段春晖	冯光雪	冯彦洪	付志强
		高岩	龚湘君	巩雄	顾成	郭宝春	何光建	何慧
		何维	何志才	贺晓慧	胡捷	胡仁宗	胡蓉蓉	黄飞
		季小红	贾志欣	姜中宏	蒋果	解增旗	晋刚	康志新
		孔纲	匡同春	兰林锋	李国强	李开畅	李烈军	李伟善
		李伟洲	李小强	凌志远	刘芳	刘江文	刘军	刘岚
		刘琳琳	刘述梅	刘允中	刘仲武	卢秉恒	马春风	马东阁
		马文石	马於光	宁洪龙	牛泉	彭俊彪	彭小彬	钱奇
		秦安军	邱定蕃	邱万奇	饶平根	任碧野	税安泽	苏峰华
		苏仕健	唐本忠	王辉	王林格	王平	王志明	王智
		韦江雄	文韬	吴宏滨	吴宏武	吴水珠	吴为敬	夏志国
		肖志瑜	徐清华	严玉蓉	杨超	杨黎春	姚向东	叶柿
		叶轩立	殷素红	应磊	俞钢	袁斌	曾德长	曾钫
		曾幸荣	湛永钟	张安强	张大童	张广照	张勤远	张睿
		张水洞	张同生	张卫文	张新平	张泽	张志杰	赵海东
		赵建青	赵祖金	钟喜春	周博	周克崧	周时凤	周曦亚
		朱敏	朱旭辉	欧阳柳章	欧阳义芳	G. C. Bazan		
0807	动力工程及工程热物理	蔡杰进	陈国华	董美蓉	甘云华	韩光泽	黄豪中	黄思
		简弃非	李泽宇	梁友才	廖艳芬	刘金平	刘雪峰	卢志民
		罗小平	马晓茜	巫江虹	许雄文	杨明	姚顺春	
0808	电气工程	陈皓勇	陈艳峰	戴栋	杜贵平	管霖	韩永霞	郝艳捧
		季天瑶	荆朝霞	康龙云	李立涅	李晓华	刘刚	刘明波
		刘永强	丘东元	唐文虎	汪娟娟	王钢	王学梅	谢从珍
		谢运祥	阳林	杨苹	杨向宇	余涛	曾君	张波
		张俊勃	张勇军	钟庆	周孝信	朱继忠	朱建全	
080901	物理电子学	陈熹	程静	黄丹	刘正猷	彭健新	王洪	徐善辉

续表

专业代码	专业名称（主岗）	导师姓名						
080902	电路与系统	刘雄英	杨春玲					
080903	微电子学与固体电子学	代伐	李斌	卢振亚	王彦杰	姚若河	易翔	邹毅
080904	电磁场与微波技术	车文荃	陈付昌	涂治红	谢泽明			
0810	信息与通信工程	陈芳炯	杜明辉	官权升	贺前华	胡斌杰	胡永健	黄惠芬
		黄双萍	季飞	贾奎	金连文	李融林	李陶深	李园春
		刘徐迅	刘元	陆以勤	潘咏梅	秦华标	史景伦	孙季丰
		覃团发	唐杰	陶大程	王高才	韦岗	温淼文	徐向民
		薛泉	余华	章秀银	赵建	周智恒		
0811	控制科学与工程	陈琳	崔巍	戴诗陆	邓飞其	高红霞	顾正晖	贺霖
		黄道平	康文雄	李向阳	李远清	梁家荣	刘俊峰	刘乙奇
		刘永桂	刘屿	裴海龙	史步海	苏为洲	田联房	田森平
		王聪	王敏	魏武	吴畏	吴玉香	肖兵	谢立华
		谢巍	杨辰光	姚智伟	俞祝良	张智军		
0812	计算机科学与技术	蔡宏民	陈庆锋	陈伟能	董守斌	杜广龙	高英	韩国强
		何克晶	李桂清	林伟伟	刘发贵	陆璐	吕建明	马千里
		蒙祖强	王林	文贵华	沃焱	吴永贤	夏大文	肖南峰
		徐雪妙	许勇	杨林峰	俞鹤伟	詹志辉	张凌	张平
		张星明	钟诚					
081301	建筑历史与理论	冯江	彭长歆	郑力鹏				
081302	建筑设计及其理论	杜宏武	郭昊栩	郭卫宏	何镜堂	李晋	刘宇波	冒亚龙
		孟建民	倪阳	孙一民	汤朝晖	王静	王扬	肖毅强
		张春阳	朱小雷					
081303	建筑技术科学	何江	王红卫	吴硕贤	张宇峰	赵越喆		
0814	土木工程	陈光明	顾明	韩小雷	胡楠	黄炎生	赖远明	刘庭金
		牛富俊	潘建荣	苏成	王幼松	吴波	吴建营	谢壮宁
		颜全胜	张海燕	赵俊贤	周小文	朱位秋	Anil Misra	
0817	化学工程与技术	常杰	程江	丁良鑫	董新法	杜丽	樊栓狮	方晓明
		方玉堂	傅和青	高学农	黄洪	江燕斌	瞿金清	李灿
		李静	李理波	李雪辉	刘美凤	楼宏铭	马彤梅	皮丕辉
		綦戎辉	邱学青	沈葵	宋慧宇	陶文亮	汪双凤	王海辉
		王素清	王燕鸿	魏嫣莹	文秀芳	奚红霞	夏启斌	肖静
		肖新颜	严宗诚	杨东杰	余皓	袁文辉	张会平	张磊
		张立志	张心亚	张正国	章莉娟	郑大锋	周健	欧阳新平
		Jürgen Caro						
082201	制浆造纸工程	陈港	陈广学	陈克复	侯轶	胡健	李海龙	李继庚
		李军	梁云	刘梦茹	蒲嘉陵	沈文浩	唐敏	田君飞
		徐峻	曾劲松	张春辉	赵光磊			

续表

专业代码	专业名称（主岗）	导师姓名						
082202	制糖工程	陈 玲	姜建国	李 冰	李晓玺	山崎伸二	徐振波	
082203	发酵工程	韩双艳	黄 和	林 影	吴振强	杨 博	郑穗平	朱明军
082301	道路与铁道工程	胡迟春	汪益敏	徐国元	虞将苗			
082302	交通信息工程及控制	林培群	刘伟铭	卢 凯	徐建闽	许伦辉		
082303	交通运输规划与管理	温惠英						
0824	船舶与海洋工程	陈超核	程香菊	黄国如	利 锋	王兆礼	朱良生	
0830	环境科学与工程	陈光需	陈礼敏	陈培榕	陈 宇	陈元彩	程建华	党 志
		邓 洪	冯春华	付名利	郭楚玲	胡勇有	胡 芸	黄碧纯
		黄少斌	黄伟林	赖森潮	李芳柏	李 平	林 璋	刘炜珍
		刘则华	卢桂宁	马邕文	牛晓君	秦玉洁	丘勇才	邱光磊
		任 源	石 林	石振清	苏梓学	宿新泰	万金泉	汪晓军
		韦朝海	吴锦华	吴平霄	熊训辉	徐建铁	严克友	杨 琛
		叶代启	易筱筠	袁自冰	张小平	张永清	赵 云	朱能武
		朱 云	邹定辉	欧阳自远				
0831	生物医学工程	曹 杰	曹晓东	陈纯波	陈寄梅	陈汝福	单志新	邓春林
		邓医宇	董 华	杜 昶	杜金志	杜 欣	段玉友	冯颖青
		付晓玲	高 平	耿庆山	郭圣文	韩志海	何善阳	侯 珺
		胡 昊	江新青	兰 月	李 欣	廉哲雄	梁长虹	梁锦荣
		梁 鸣	梁馨苓	刘大渔	刘 佳	刘双信	刘再毅	陆敏强
		罗建方	聂玉强	宁成云	乔贵宾	邱 琇	任 力	邵 丹
		沈 松	施雪涛	石 鹏	舒海华	谭 宁	王昌俊	王朝阳
		王 凡	王 键	王 均	王丽娟	王迎军	魏亚明	温龙平
		翁建宇	吴 刚	吴 健	夏慧敏	谢华锋	辛学刚	熊梦华
		徐 进	许从飞	杨蕊梦	杨显珠	姚学清	余洪华	余学清
		袁友永	曾红科	张朝军	张宏陆	张文清	张绪超	张译月
		张 余	张玉虎	张 元	张云娇	钟诗龙	钟世镇	钟惟德
		钟文昭	周 清	周永健	朱 平	庄 建	Gregga L. Semenza	
0832	食品科学与工程	蔡俊鹏	陈 谷	崔 春	扶 雄	高群玉	郭新波	韩 忠
		胡松青	黄明涛	黄 强	黄泽波	蓝东明	李 理	李 宁
		李晓凤	林恋竹	刘冬梅	刘国琴	刘宏生	娄文勇	罗志刚
		蒲洪彬	齐军茹	任娇艳	申 益	苏国万	苏健裕	孙宝国
		孙大文	孙为正	唐传核	王方华	王永华	魏 东	吴 虹
		吴 晖	肖凯军	肖性龙	熊 犍	闫 鹤	杨继国	杨晓泉
		尹寿伟	游丽君	余以刚	曾新安	张 斌	张学武	赵海锋
		赵谋明	赵强忠	赵振刚	郑建仙	朱思明		
0833	城乡规划学	刘玉亭	孟庆林	田银生	王世福	魏 成	袁奇峰	赵渺希
		周剑云						

续表

专业代码	专业名称（主岗）	导师姓名
0834	风景园林学	方小山　郭　谦　李　琼　梁明捷　林广思　潘　莹　唐孝祥 王国光　袁晓梅　赵立华
0835	软件工程	蔡　毅　陈　健　黄　翰　李　东　梁浩锋　梁俊斌　刘　飞 宋恒杰　谭明奎　王小航　王振宇　吴庆耀　奚建清　杨　磊 杨晓伟　叶　进　喻　昕　Oliver Martin Deussen
1201	管理科学与工程	崔耀东　谷　斌　何　平　兰继斌　李牧南　李怡娜　李志宏 廖军华　刘　芳　刘勇军　牛保庄　王爱虎　王　创　王和勇 吴应良　吴志才　谢　维　徐维军　杨建辉　杨　雷　杨　磊 叶　飞　张卫国　张智勇　赵龙文　钟慧玲　钟远光　周文慧 周永务　朱文斌　左文明
120201	会计学	梁彤缨　万良勇
120202	企业管理	安　然　晁　罡　段淳林　葛淳棉　简兆权　李　敏　李卫宁 刘善仕　沙振权　宋光辉　宋铁波　王红丽　王雁飞　叶广宇 曾　萍　张振刚
120203	旅游管理	戴光全　江金波　魏　卫
120204	技术经济及管理	樊　霞　王志强　谢惠加　许　治　张协奎　周　霞　朱桂龙
1204	公共管理	陈　娟　范　旭　方　俊　高晓波　管　兵　韩莹莹　黄　岩 李海滨　李胜会　李文彬　王福涛　文　宏　吴克昌　夏正林 阳义南　杨丽君　叶贵仁　章熙春　赵庆年　郑方辉　郑永年 周建青
0822Z2	生物质科学与工程	谌凡更　付时雨　蓝　武　刘传富　彭新文　祁海松　任俊莉 王小慧　王小英　武书彬　杨仁党　钟林新
99J1	绿色能源化学与技术	陈少伟　陈　燕　蒋仲杰　康雄武　黎立桂　刘　江　唐正华 杨成浩
99J3	软物质科学与工程	程义云　黄明俊　刘一流　邱文丰　孙桃林　夏剑辉　文　韬 张勃兴　张　睿　Satoshi Aya

继 续 教 育

【招生与教学】严把招生入口关、考试出口关。顺应疫情防控形势，转变传统招生模式，实现从咨询、报名、审核、考试、录取"一站式"在线办理，加强远程监控，确保招录质量。2020年，录取网络教育学生5535人。承办2020年广东省学位外语统考工作，圆满完成各项任务。

加强线上教学，指导教学点在疫情期间有序开展线上教学，提供优质学习支持服务。按照学历教育停招时间表，管好办好存量学历继续教育，稳妥做好学历教育停招后的教学管理工作。

办学质量持续获得社会认可。《丹心热血浇新花——继续教育学院出国留学培训工作纪实》案例入选"中国高校远程与继续教育优秀案例库"。继续教育学院获"2020年网络与继续教育抗疫先进单位""2020中国最具社会影响力高校网络与继续教育学院"称号。

【培训工作】大力发展非学历教育，建立与市场接轨的薪酬激励制度，建成非学历继续教育管理平台，获批广东省职业院校"双师型"教师培训基地。

高端管理培训拓宽发展路径。探索开展线上培训服务，运用"云课堂"对建设银行干部职工开展培训直播。举办城乡建设、乡村振兴、普惠金融、企业管理、管理能力提升等专题干部培训班47期，培训人数400人，培训总收入480.38万元。

出国留学培训再获突破。新增新南威尔士大学世界名校预科、伦敦大学（新加坡校区）世界名校预科和韩国名校等3个项目，增加萨塞克斯大学的商科专业，与21所海外高校签署合作协议和预科项目认证。调整宣传媒介和模式，增强宣传力度，2020年出国留学项目招生212人，同比增长39%，在校生330人。2020届结业学生100%获海外高校录取，90%的学生进入世界排名前500的海外高校，25%的学生进入世界排名前200的海外高校。

职业发展项目规模效益翻倍增长。重点打造以就业为导向的行业职前培训，瞄准市场热点，开设航空服务、大数据、造纸工艺、仪表自动化、心理健康教育、电子商务、网络新媒体等7个专业的长训项目。2020年职业发展培训招生245人，培训生规模317人，同比增长38%。

自考助学培训深化多元一体格局。获批广东省自学考试本科主考专业7个。恢复公开学院招生，实施"自考全日制助学+技能培训"助学模式，加强课程培训招生。开展直播课程44门、录播课程4门，建设4个专业共68门在线课程。2020年招生8300人，同比增加704人，全年培训规模13 700人。

国家级专业技术人员继续教育基地建设稳步推进。成立国家级专业技术人员继续教育基地建设领导小组，制定继续教育基地管理办法、经费管理、网络课程开发与建设等制度。启动专业技术人员网络远程培训，校企合作建立"华南理工培训在线"网络培训平台。成功举办"智能电网与能源互联网技术"（国家级）、"食品绿色加工与食品安全"（省级）高级研修班。

【管理工作】强化用人与激励机制。制定74个管理岗位职责和考核标准，量化考核指标；制订继续教育未来五年人员需求测算方案；出台合同聘用人员岗位职级设置与聘用实施办法，实行合同聘用人员重新竞争上岗。员工年度考核与绩效工资挂钩，为推动培训业务走向市场建立相应的用人和激励制度。

建设非学历继续教育一体化管理应用系统。系统具备全业务流程管理、移动办公、大数据统计等特点，全面支持开展多元化培训业务，为加快非学历继续教育发展提供全方位的技术支持和保障。

推进规范办学与精细化管理。强化合作单位驻校办公规范，制定合作单位驻校办公管理办法及合作方流动办公人员备案制度。开展非学历继续教育归口管理，全年审核备案非学历教育培训班257个。

开展线上线下学生管理服务。举办学院田径运动会，组织参加学校田径运动会，获小组团体总分第三名。线上举行校园文化之旅和毕业典礼。加强少数民族预科班159名学生的教学管理与班主任工作。

资料1 2020年继续教育学院在籍学生一览表

	毕业生数			在校生数			招生数		
	小计	本科	专科	小计	本科	专科	小计	本科	专科
成人教育	3938	1905	2033	11 681	10 284	1397	0	0	0
网络教育	16 508	5178	11 330	41 978	22 396	19 582	5535	5294	241

资料2 2020年继续教育学院培训情况一览表

培训班名称	人次
干部培训	4009
职业技能培训	317
出国留学培训	315
专业技能培训	385
自学考试助学培训	13 700
合计	18 726

国 际 教 育

【招生工作】高效做好海外招生宣传。顺应疫情防控形势，海外招生宣传方式由线下转为线上宣讲，加大对俄罗斯、日本、孟加拉、中亚、东南亚等国家和地区的宣讲，开展线上宣讲30场。

拓展校际合作项目，加强校际实质性合作。继续开展与越南、印度尼西亚、泰国和马来西亚等国的合作高校及教育机构在学分和学历项目方面的合作，开拓越南商业大学经贸与旅游管理"2+2"交换项目。开发优质高中项目，加强与南宁华侨实验高中等生源基地合作。

创新课程形式，扩大语言生规模。开发各类网络语言课程，如网络STEAM夏令营课程、华南理工大学"创新·中国粤港澳大湾区"网络课程、网络短期语言班、HSK冲刺班等，提升留学生听说读写能力及应用汉语能力。

2020年，学校留学生总数为1664人，来自130个国家，其中，学历生1286人，占总人数的77%。

【教学工作】加强来华留学教育教学能力建设。留学生课程全部转为线上教学，开设课程269门。加强科研教学，科研项目立项25项，其中，部省级项目9项；出版著作3种、教材1种；发表论文

25篇，其中，SCI论文1篇、CSSCI论文4篇。加强基地建设，新增立项教育部高教司"基于区块链的跨境电子商务实践基地"和"区块链技术+电子商务学院"项目。

学生培养质量不断提高。在首届中国政府奖学金预科项目考核中，学生通过率达97.8%。2017级巴基斯坦籍博士研究生TAHIR MUHAMMAD FAIZAN，在SCI和ESCI发表论文5篇，最高影响因子为4.098。2018级巴基斯坦籍博士研究生QAZALBASH UME ROOBAB，以第一作者在Q1区、Q2区发表论文3篇。2020年全日制各类留学生毕业179人，其中，本科生119人、硕士生43人、博士生17人。

【孔子学院建设】有序开展孔子学院转隶。兰卡斯特大学孔子学院和奥迪英格尔施塔特孔子学院顺利完成转隶工作。稳步推进爱达荷大学孔子学院转型为爱达荷大学-华南理工大学教育中心。2020年兰卡斯特大学孔子学院获兰卡斯特大学突出贡献奖。

【留学生管理】持续推进"感知中国"系列交流活动，培养来华留学生知华友华爱华。鼓励留学生参与募捐物资、社区志愿服务等"抗疫"主题活动，组织留学生参加各类征文比赛、短视频比赛，开展"感知中国——创新广东行"、佛山传统文化体验、中秋和冬至中国传统节日体验活动。安哥拉留学生吕威廉的广州"战疫"事迹获多家主流媒体报道。

推动留学生就业、创业。联系各类具有招收外籍员工资质的企业，开展以国际学生就业为导向的校园"云专场"招聘会，举办在华创业校友座谈会，为国际学生提供系统性就业创业服务。在第六届中国国际"互联网+"大学生创新创业大赛中，由留学生参与的参赛组获1金、1银和2铜。

做好留学生安全教育工作。组织线上线下安全教育讲座和演练，覆盖疫情防控、签证、消防、考勤、实验室安全等。

资料 2020年学校春季、秋季留学生情况一览表

学生类别	春季		秋季		毕业人数
	学生总数	招生人数	学生总数	招生人数	
语言生	318	43	378	60	241
专业生	1036	0	1286	250	180
合计	1354	43	1664	310	421

招生与就业

【招生工作】把握国家考试招生制度趋势，出台系列本科招生制度，改革专业设置、评估体系、选考模式等，落实"强基计划"，规范特殊类型招生，创新

广州国际校区招生。2020年学校本科招生计划6700人,实际录取6648人,其中,广东省录取3286人、广东省外录取3362人。涉及招生类型13种,其中,普通类考生5133人,综合改革省份(上海、浙江、北京、天津、山东、海南)312人,"强基计划"66人,广东省综合评价300人,国家专项贫困计划402人,高校专项"筑梦计划"137人,外语保送生26人,艺术专业生272人,运动训练专业生46人,高水平运动队34人,西藏、新疆生57人,少数民族预科生81人,港澳台生94人。在广东录取的本科生中,高分考生明显增加,文理科最低录取排名较2019年均有上升;在广东省外录取的本科生中,理科最低录取分数线超过当地重点线100分的省(市、自治区)有20个,占23个招生省市的86.9%;文科最低录取分数线超过当地重点线50分的省(市、自治区)有16个,占19个招生省市的84.2%。

严格执行研究生考试招生制度,推进硕士研究生考试招生改革,落实研究生分类考试试点,首次采用网络远程复试;全面推行博士招生"申请-考核"制,扩大硕博连读生源,首次开放全日制硕士研究生申请专业学位博士研究生(非定向)硕博连读。招收硕士生6075人,其中,全国统考录取4216人,推荐免试录取1851人,录取港澳台考生8人。博士生招生突破千人大关,达1019人,其中,"申请-考核"制录取695人,硕博连读录取283人,本科直博录取41人。2020年录取对口支援高校、少数民族骨干计划、援疆计划、思政骨干计划等专项计划考生26人。

【就业工作】打造就业工作"免疫"模式。顺应疫情防控形势,推出毕业生一站式求职服务云平台,发布《关于做好2020届毕业生就业创业工作的通知》,推出做好2020届毕业生就业工作的22条举措,打造抵抗疫情冲击的"免疫"模式。2020届毕业生总体就业率97.80%,其中,本科生96.24%、研究生99.91%。就业"免疫"模式获《中国教育报》《中国高等教育》《教育部简报》宣传报道。

打造"全员化"联动机制。健全校院两级就业创业工作领导小组工作机制,完善院系就业工作考核,实行院长书记"分片包干"制,确保"特事特办""专人专办"。学校每周通报学院就业进度,每月摸查就业进展,深入分析就业困难原因,精准开展就业促进工作。

构建"全程化"就业服务模式。全流程线上完成就业派遣,出台毕业生就业协议书管理暂行规定等,将就业流程中重要内容制度化明确化。线上线下开展就业指导活动,开设"生涯规划与求职技巧"16个班,1273人选修;线上线下相结合开展职业辅导活动137场,覆盖学生114 979人次。就业"一帮一"兜底保障,加大农村生源、建档立卡贫困家庭、贫困县生源及残疾毕业生等重点群体帮扶力度。发放求职创业补贴,涉及人员956人,金额191.2万元。对湖北籍毕业生,建立专门的就业信息推送群。稳步开展就业创业工作"一帮一"行动,与武汉科技大学多次召开视频会议研讨就业工作,建立校院两级帮扶机制。两校联合组织参与线上招聘活动7场、线下招聘活动1场,1157名武汉科技大学毕业生参加以上招聘活动,帮助153名同学解决就业问题。

推动"全方位"拓展岗位。立足"大市场"拓展岗位,用好教育部"24365"等各类部省平台,组织跨学校、跨区域线上招聘会71场、线下招聘会12场,参与企业总数逾17 200家,提供岗位逾57万个;微信公众号发布推文2000

余条，就业在线网站新增注册企业1909家，发布宣讲会信息1017场次，发布招聘信息7435条，向社会共享招聘岗位278 545个，为476家用人单位发布实习信息。与中国化学工程集团有限公司等8家企事业单位共建就业实习基地。用好"政策包"，突出引导，制定毕业生赴基层和重点领域就业"笃行奖"奖励办法，引导鼓励面向西部及艰苦边远地区重点单位、基层单位等就业。28个省市定向向学校招录选调生，选调生数量突破200人。耕好"责任田"，深挖潜力，制定科研助理岗位招聘办法，面向应届毕业本科生、硕士研究生，投放400余个科研助理招聘岗位，招募2020届毕业生120余人。

科研与科技产业工作

自然科学研究

【科研项目与经费】2020年新增自然科学类科研项目2423项，科研项目实到经费22.85亿元，其中，纵向实到经费12.66亿元、横向实到经费10.19亿元。基础研究方面，获批国家自然科学基金项目263项，总经费1.62亿元，其中，国家杰出青年科学基金项目1项、优秀青年科学基金项目9项、重点项目3项、区域创新发展联合基金集成项目1项、联合基金重点支持项目4项；获批广东省基础与应用基础研究基金项目162项，总经费3000万元，其中，广东省自然科学杰出青年基金项目6项、区域联合基金重点项目8项、粤港澳应用数学中心3项。应用研究方面，获批各类国家科技计划项目及课题151项，总经费3.07亿元，其中，牵头承担国家重点研发计划等国家重大科技项目6项、课题（子课题）69项，经费1.5亿元；承担各类省市科技计划项目214项，总经费2.8亿元，其中，牵头承担广东省重点领域研发计划项目10项，经费1.03亿元。国际合作研究方面，获批国际科技合作项目24项，经费2265万元，其中，牵头获批政府间国际科技创新合作专项5项，获批数量创历史新高；牵头获批广东省国际科技合作项目11项。

【科研成果与奖励】2020年获部省级及以上自然科学类科技奖励32项。包括国家技术发明奖1项；高等学校科学研究优秀成果奖（科学技术）3项，其中，一等奖2项；广东省科学技术奖28项，其中，一等奖9项（牵头5项），居广东省首位。

学校论文被SCI、EI和CPCI-S索引收录7325篇，其中，SCI索引收录3707篇，同比增长12.1%，在全国高校中排名第17位；EI索引收录3339篇，在全国高校中排名第9位。1篇论文在2010—2020年间累计被引次数达3178次，连续5年入选"2010—2020年我国高被引论文中被引次数最高的10篇论文"。3篇SCI论文入选"2019年度中国百篇最具影响国际学术论文"；8篇论文入选中国精品科技期刊顶尖学术论文。发表"卓越科技论文"（包括卓越国际论文和卓越国内论文）2929篇，同比增长17.4%，在全国高校中排名第18位；发表SCI学科影响因子前1/10的期刊论文799篇，在全国高校中排名第11位。13名学者16人次以第一单位入选2020年全球高被引科学家，入选人次在内地高校并列第8位。

2020年申请专利3020项，其中，申请发明专利2528项，占申请专利的比例提升至83.7%；获专利授权2462项，其中，发明专利1721项，占比提升至69.9%。有效专利拥有量11 215项，其中，有效发明专利拥有量达8161项，占比72.8%。申请PCT专利106项，进入国家阶段106项，授权国外专利67项。

获第二十二届中国专利奖6项，其中，金奖1项、银奖1项、优秀奖4项，以第一专利权人获奖的有5项，位居全国高校首位；获第七届广东专利奖3项，包括银奖1项、优秀奖1项和杰出发明人奖1人；获粤港澳大湾区高价值专利培育布局大赛初创组金奖、最佳分析评议奖和最具投资潜力奖，成为获奖数量最多的参赛单位。获第二十四届全国发明展览"发明创业奖·项目奖"金奖3项、银奖2项，"发明创业奖·创新奖"二等奖1项。获国家知识产权局、教育部认定为首批国家知识产权示范高校。

【科研基地建设】2020年新增1个国家级、3个部省级科研平台，包括1个学科创新引智基地、1个广东省重点实验室〔人工智能与数字经济广东省实验室（广州）〕、1个广东省教育厅重点实验室、1个广东省工程技术研究中心。现有上级主管部门批准建设的自然科学类科研机构188个，其中，国家级科研机构26个。

【产学研合作】校企联合创新平台建设方面，在人工智能、5G通信、食品健康等领域，共建18个校企联合实验室，投入经费达6000万元。科技创新服务生产一线方面，2020年注册科技特派员150名，获批广东省科技厅科技特派员项目19项，深入广东部分企业开展技术创新；在智能制造、绿色低碳、生物医药等领域，联合企业建立5个省市级产业技术创新联盟。

【科研交流】主办（承办）第四届国际自主无人系统研讨会、第五届全国发育生物学大会、第六届全国船舶与海洋工程CFD会议、第十一届中国印刷与包装学术年会暨科技融合创新发展论坛、2020中国显示学术会议等大型学术会议13场，作为博鳌亚洲论坛合作伙伴以及唯一协办高校参与举办博鳌亚洲论坛国际科技与创新论坛首届大会。

资料1　2020年各单位获国家自然科学基金资助情况

学院	批准项目类型（项）										资助项目合计（项）	资助经费（万元）
	重点	联合基金	重大	杰青	优青	面上	青年	国际合作	数学天元基金	专项		
化学与化工学院	1	2			4	18	9				34	3754
材料科学与工程学院		2	1	3		20	18	1			45	2863.5
机械与汽车工程学院		1				14	4				19	1177
附属第二医院						15	7				22	1022
环境与能源学院		1		1	1	4	6				13	965
土木与交通学院						12	4				16	794
电子与信息学院	1				1	4	3				9	735
食品科学与工程学院						8	3	1			12	582

续表

学院	批准项目类型（项）									资助项目合计（项）	资助经费（万元）
	重点	联合基金	重大	杰青	优青	面上	青年	国际合作	数学天元基金	专项		

学院	重点	联合基金	重大	杰青	优青	面上	青年	国际合作	数学天元基金	专项	资助项目合计（项）	资助经费（万元）
工商管理学院	1					7	1				9	570
自动化科学与工程学院		1				5	1				7	569
数学学院						5	2		2		9	426
计算机科学与工程学院						6	3				9	416
电力学院						6	3				9	405
物理与光电学院						4	4			1	9	361
建筑学院						5	3				8	346
轻工科学与工程学院						4	3				7	312
软件学院						3					3	171
华南软物质科学与技术高等研究院						6	1				7	168
生物科学与工程学院						2	2				4	168
经济与贸易学院						3					3	143
医学院						2	1				3	134
吴贤铭智能工程学院						1	2				3	106
生物医学科学与工程学院							2				2	32
公共管理学院							1				1	24
总计	3	7	1	1	9	148	88	3	2	1	263	16243.5

资料2 2019年度各单位三大索引论文统计表

单位：篇

单位	SCI			EI	CPCI-S	合计
	小计	其中SCI学科影响因子前1/10论文	其中卓越国际论文			
材料科学与工程学院	671	158	428	567	17	1255
化学与化工学院	515	150	358	436	24	975
机械与汽车工程学院	423	48	236	452	21	896
食品科学与工程学院	358	103	273	259	4	621

续表

单 位	SCI			EI	CPCI-S	合计
	小计	其中SCI学科影响因子前1/10论文	其中卓越国际论文			
电力学院	209	36	120	278	33	520
环境与能源学院	260	110	201	204	3	467
土木与交通学院	174	10	74	226	13	413
电子与信息学院	174	16	70	166	62	402
轻工科学与工程学院	179	65	114	171	1	351
自动化科学与工程学院	145	23	72	129	22	296
计算机科学与工程学院	133	21	64	128	34	295
生物科学与工程学院	122	11	63	58		180
物理与光电学院	76	4	35	65	2	143
数学学院	68	11	33	32		100
软件学院	36	8	19	36	20	92
工商管理学院	46	9	33	40		86
建筑学院	25	2	9	26	4	55
医学院	29	5	24	14	7	50
分子科学与工程学院（华南软物质科学与技术高等研究院）	24	7	14	23		47
吴贤铭智能工程学院	8	2	4	6	4	18
旅游管理系	10		5		1	11
设计学院	3		1		5	8
经济与金融学院	6		3		1	7
生物医学科学与工程学院				6		6
微电子学院	3			2		5
其他	10		2	15	1	26
总计	3707	799	2255	3339	279	7325

资料3 2020年各单位科研成果获奖情况

单位	国家技术发明奖	高等学校科学研究优秀成果奖（科学技术）		广东省科学技术奖	
	二等奖	一等奖	二等奖	一等奖	二等奖
机械与汽车工程学院			1（1）	2（1）	1（1）
土木与交通学院		1			4（1）
电子与信息学院				1	1
材料科学与工程学院				2（1）	5（5）
化学与化工学院				1	1（1）
食品科学与工程学院	1（1）			1（1）	1
自动化科学与工程学院		1（1）			1
计算机科学与工程学院				1（1）	1
电力学院					1（1）
环境与能源学院				1	1（1）
软件学院					1（1）
吴贤铭智能工程学院					1
总计	1（1）	2（1）	1（1）	9（4）	19（11）

备注：括号内数字表示非第一完成单位获奖数量。

资料4 2020年各学院专利申请和授权情况

学院	申请量		授权量	
	总数	其中发明专利	总数	其中发明专利
机械与汽车工程学院	549	416	330	130
材料科学与工程学院	418	397	396	348
电子与信息学院	337	284	313	232
土木与交通学院	250	154	157	50
化学与化工学院	220	212	259	225
计算机科学与工程学院	203	194	138	135
自动化科学与工程学院	197	170	128	75
电力学院	165	133	180	106
环境与能源学院	108	100	89	79
食品科学与工程学院	106	94	120	116

续表

学院	申请量		授权量	
	总数	其中发明专利	总数	其中发明专利
轻工科学与工程学院	102	92	123	103
软件学院	72	71	17	17
物理与光电学院	70	53	37	25
设计学院	50	14	46	1
建筑学院	31	12	40	10
医学院	31	28	13	11
生物科学与工程学院	24	24	25	25
分子科学与工程学院（华南软物质科学与技术高等研究院）	17	17	2	1
微电子学院	10	10	2	2
生物医学科学与工程学院	8	8		
吴贤铭智能工程学院	6	3	11	1
数学学院	5	5		
经济与金融学院	3	2		
其他	38	35	36	29
总计	3020	2528	2462	1721

资料5　学校部省级及以上科研机构一览表（自然科学类）

类型	序号	科研机构名称	批准部门	所在单位	获批年份
国家重点实验室	1	制浆造纸工程国家重点实验室	国家计委	轻工科学与工程学院	1989
	2	亚热带建筑科学国家重点实验室	科技部	建筑学院	2007
	3	发光材料与器件国家重点实验室	科技部	材料科学与工程学院	2011
国家工程（技术）研究中心	1	造纸与污染控制国家工程研究中心	国家计委	轻工科学与工程学院	1995
	2	聚合物新型成型装备国家工程研究中心	国家计委	机械与汽车工程学院	1998
	3	国家金属材料近净成形工程技术研究中心	科技部	机械与汽车工程学院	2009
	4	国家人体组织功能重建工程技术研究中心	科技部	材料科学与工程学院	2009
	5	国家移动超声探测工程技术研究中心	科技部	电子与信息学院	2013

续表

类型	序号	科研机构名称	批准部门	所在单位	获批年份
国际科技合作基地	1	国家热带特色健康食品示范型国际科技合作基地	科技部	食品科学与工程学院	2017
国家工程实验室	1	挥发性有机物污染治理技术与装备国家工程实验室	国家发改委	环境与能源学院	2016
	2	塑料改性与加工国家工程实验室	国家发改委	机械与汽车工程学院	2008
	3	TFT-LCD工艺技术国家工程实验室	国家发改委	材料科学与工程学院	2008
	4	医用植入器械国家工程实验室	国家发改委	材料科学与工程学院	2009
	5	小麦和玉米深加工国家工程实验室	国家发改委	食品科学与工程学院	2011
	6	农田土壤污染防控与修复技术国家工程实验室	国家发改委	环境与能源学院	2016
	7	AMOLED工艺技术国家工程实验室	国家发改委	材料科学与工程学院	2017
国家地方联合工程实验室	1	风电控制与并网技术国家地方联合工程实验室	国家发改委	电力学院	2012
	2	汽车零部件技术国家地方联合工程实验室	国家发改委	机械与汽车工程学院	2015
国家地方联合工程研究中心	1	半导体显示与光通信器件研发国家地方联合工程研究中心	国家发改委	机械与汽车工程学院	2017
教育部协同创新中心	1	人体组织功能重建省部共建协同创新中心	教育部	材料科学与工程学院	2018
	2	先进轻质功能材料省部共建协同创新中心	教育部	轻工科学与工程学院	2018
教育部重点实验室	1	聚合物成型加工工程教育部重点实验室	教育部	机械与汽车工程学院	2000
	2	传热强化与过程节能教育部重点实验室	教育部	化学与化工学院	2000
	3	生物医学材料与工程教育部重点实验室	教育部	材料科学与工程学院	2003
	4	亚热带建筑教育部重点实验室	教育部	建筑学院	2005
	5	工业聚集区污染控制与生态修复教育部重点实验室	教育部	环境与能源学院	2008

续表

类型	序号	科研机构名称	批准部门	所在单位	获批年份
教育部重点实验室	6	教育部重点实验室（B类）	教育部	机械与汽车工程学院	2008
	7	自主系统与网络控制教育部重点实验室	教育部	自动化科学与工程学院	2009
	8	教育部重点实验室（B类）	教育部	轻工科学与工程学院	2018
	9	大数据与智能机器人教育部重点实验室	教育部	软件学院	2019
教育部国际合作联合实验室	1	先进功能材料国际合作联合实验室	教育部	材料科学与工程学院	2015
	2	合成生物学与药物制备国际合作联合实验室	教育部	生物科学与工程学院	2017
教育部/广东省粤港澳联合实验室	1	大数据与机器人智能粤港澳联合实验室	教育部	软件学院	2017
	2	粤港澳光电磁功能材料联合实验室	广东省科技厅	化学与化工学院	2019
教育部工程研究中心	1	金属材料成形及装备教育部工程研究中心	教育部	机械与汽车工程学院	2006
	2	淀粉与植物蛋白深加工教育部工程研究中心	教育部	食品科学与工程学院	2006
	3	精密电子制造装备教育部工程研究中心	教育部	自动化科学与工程学院	2007
	4	近距离无线通信与网络教育部工程研究中心	教育部	电子与信息学院	2009
	5	人体数据感知教育部工程研究中心	教育部	电子与信息学院	2019
国家药品监督管理局科学研究基地	1	国家药品监督管理局医疗器械监管科学研究基地	国家药品监督管理局	材料科学与工程学院	2019
国际联合研究中心	1	现代食品新型加工与智能控制国际联合研究中心	广东省科技厅	食品科学与工程学院	2019

续表

类型	序号	科研机构名称	批准部门	所在单位	获批年份
广东省重点实验室	1	广东省汽车工程重点实验室	广东省科技厅	机械与汽车工程学院	1997
	2	广东省高性能与功能高分子材料重点实验室	广东省科技厅	材料科学与工程学院	2001
	3	广东省计算机网络重点实验室	广东省科技厅	计算机科学与工程学院	2002
	4	广东省金属新材料制备与成形重点实验室	广东省科技厅	机械与汽车工程学院	2003
	5	广东省绿色化学产品技术重点实验室	广东省科技厅	化学与化工学院	2004
	6	广东省发酵与酶工程重点实验室	广东省科技厅	生物科学与工程学院	2005
	7	广东省绿色能源技术重点实验室	广东省科技厅	电力学院	2008
	8	广东省生物医学工程重点实验室	广东省科技厅	生物医学科学与工程学院	2009
	9	广东省短距离无线探测与通信重点实验室	广东省科技厅	电子与信息学院	2010
	10	广东省燃料电池技术重点实验室	广东省科技厅	化学与化工学院	2010
	11	广东省天然产物绿色加工与产品安全重点实验室	广东省科技厅	食品科学与工程学院	2010
	12	广东省创新方法与决策管理系统重点实验室	广东省科技厅	工商管理学院	2011
	13	广东省大气环境与污染控制重点实验室	广东省科技厅	环境与能源学院	2011
	14	广东省精密装备与制造技术重点实验室	广东省科技厅	机械与汽车工程学院	2011
	15	广东省先进储能材料重点实验室	广东省科技厅	材料科学与工程学院	2012
	16	广东省光纤激光材料与应用技术重点实验室	广东省科技厅	材料科学与工程学院	2013
	17	广东省能源高效清洁利用重点实验室	广东省科技厅	电力学院	2013

续表

类型	序号	科研机构名称	批准部门	所在单位	获批年份
广东省重点实验室	18	广东省功能分子工程重点实验室	广东省科技厅	化学与化工学院	2015
	19	广东省计算智能与网络空间信息重点实验室	广东省科技厅	计算机科学与工程学院	2017
	20	广东省高分子先进制造技术及装备重点实验室	广东省科技厅	机械与汽车工程学院	2018
	21	广东省毫米波与太赫兹重点实验室	广东省科技厅	电子与信息学院	2019
	22	广东省分子聚集发光重点实验室	广东省科技厅	材料科学与工程学院	2019
	23	广东省功能与智能杂化材料与器件重点实验室	广东省科技厅	分子科学与工程学院（华南软物质科学与技术高等研究院）	2019
	24	广东省固体废物污染控制与资源化重点实验室	广东省科技厅	环境与能源学院	2020
广东省工程技术研究中心	1	广东省功能材料工程技术研究开发中心	广东省科技厅	材料科学与工程学院	1987
	2	广东省电力工程技术研究开发中心	广东省科技厅	电力学院	1997
	3	广东省绿色精细化学产品工程技术研究开发中心	广东省科技厅、广东省发改委、广东省经贸委	化学与化工学院	2009
	4	广东省人体组织功能重建工程技术研究开发中心	广东省科技厅、广东省发改委、广东省经贸委	材料科学与工程学院	2010
	5	广东省船舶与海洋工程技术研究开发中心	广东省科技厅、广东省发改委、广东省经贸委	土木与交通学院	2010
	6	广东省金属材料近净成形工程技术研究开发中心	广东省科技厅、广东省发改委、广东省经贸委	机械与汽车工程学院	2010
	7	广东省城市空调节能与控制工程技术研究开发中心	广东省科技厅、广东省发改委、广东省经贸委	机械与汽车工程学院	2011

续表

类型	序号	科研机构名称	批准部门	所在单位	获批年份
广东省工程技术研究中心	8	广东省光电工程技术研究开发中心	广东省科技厅、广东省发改委、广东省经贸委	物理与光电学院	2012
	9	广东省特种光纤材料与器件工程技术研究开发中心	广东省科技厅、广东省发改委、广东省经贸委	材料科学与工程学院	2012
	10	广东省大数据分析与处理工程技术研究中心	广东省科技厅	计算机科学与工程学院	2013
	11	广东省建筑材料低碳技术工程技术研究中心	广东省科技厅	材料科学与工程学院	2013
	12	广东省环境风险防控与应急处置工程技术研究中心	广东省科技厅	环境与能源学院	2013
	13	广东省节能与新能源绿色制造工程技术研究中心	广东省科技厅	机械与汽车工程学院	2013
	14	广东省食品绿色加工与营养调控工程技术研究中心	广东省科技厅	食品科学与工程学院	2013
	15	广东省智能交通信息与控制工程技术研究中心	广东省科技厅	土木与交通学院	2013
	16	广东省生物酶与工业绿色加工工程技术研究中心	广东省科技厅	生物科学与工程学院	2014
	17	广东省航空航天先进材料与结构工程技术研究中心	广东省科技厅	土木与交通学院	2014
	18	广东省汽车检测工程技术研究中心	广东省科技厅	广州华工机动车检测技术有限公司	2014
	19	广东省社会媒体处理与软件开发工程技术研究中心	广东省科技厅	软件学院	2015
	20	广东省热能高效储存与利用工程技术研究中心	广东省科技厅	化学与化工学院	2015
	21	广东省智能系统控制工程技术研究中心	广东省科技厅	自动化科学与工程学院	2015
	22	广东省脂类科学与应用工程技术研究中心	广东省科技厅	食品科学与工程学院	2015
	23	广东省信息访问与传输安全工程技术研究中心	广东省科技厅	计算机科学与工程学院	2015
	24	广东省天线与射频工程技术研究中心	广东省科技厅	电子与信息学院	2015

续表

类型	序号	科研机构名称	批准部门	所在单位	获批年份
广东省工程技术研究中心	25	广东省电子封装材料与可靠性工程技术研究中心	广东省科技厅	材料科学与工程学院	2015
	26	广东省半导体照明与信息化工程技术研究中心	广东省科技厅	材料科学与工程学院	2015
	27	广东省现代建筑创作工程技术研究中心	广东省科技厅	华南理工大学建筑设计研究院	2015
	28	广东省先进储能材料工程技术研究中心	广东省科技厅	材料科学与工程学院	2016
	29	广东省建筑节能工程技术研究中心	广东省科技厅	建筑学院	2016
	30	广东省亚热带道路工程技术研究中心	广东省科技厅	土木与交通学院	2016
	31	广东省可持续建筑与城市设计工程技术研究中心	广东省科技厅	建筑学院	2016
	32	广东省先进涂层工程技术研究中心	广东省科技厅	化学与化工学院	2016
	33	广东省冷链食品智能感知与过程控制工程技术研究中心	广东省科技厅	食品科学与工程学院	2016
	34	广东省能源高效低污染转化工程技术研究中心	广东省科技厅	电力学院	2016
	35	广东省环境纳米材料工程技术研究中心	广东省科技厅	环境与能源学院	2016
	36	广东省人机交互设计工程技术研究中心	广东省科技厅	设计学院	2016
	37	广东省人体数据科学工程技术研究中心	广东省科技厅	电子与信息学院	2016
	38	广东省供应链金融工程技术研究中心	广东省科技厅	经济与贸易学院	2016
	39	广东省特种焊接技术与装备工程技术研究中心	广东省科技厅	机械与汽车工程学院	2016
	40	广东省机器人及系统集成工程技术研究中心	广东省科技厅	机械与汽车工程学院	2016
	41	广东省无人机系统工程技术研究中心	广东省科技厅	自动化科学与工程学院	2016
	42	广东省智能能源网微自动化工程技术研究中心	广东省科技厅	电力学院	2016

续表

类型	序号	科研机构名称	批准部门	所在单位	获批年份
广东省工程技术研究中心	43	广东省创新制药工艺和过程控制工程技术研究中心	广东省科技厅	化学与化工学院	2016
	44	广东省过滤与湿法无纺复合材料工程技术研究中心	广东省科技厅	轻工科学与工程学院	2016
	45	广东省交通电子支付工程技术研究中心	广东省科技厅	广州华工信息软件有限公司	2016
	46	广东省生物医学传热工程技术研究中心	广东省科技厅	华南理工大学珠海现代产业创新研究院	2016
	47	广东省特种纸与纸基功能材料工程技术研究中心	广东省科技厅	轻工科学与工程学院	2017
	48	广东省特种酶工程技术研究中心	广东省科技厅	食品科学与工程学院	2017
	49	广东省大数据与计算广告工程技术研究中心	广东省科技厅	新闻与传播学院	2017
	50	广东省智能网络通信与计算工程技术研究中心	广东省科技厅	电子与信息学院	2017
	51	广东省智能无人船与系统工程技术研究中心	广东省科技厅	机械与汽车工程学院	2017
	52	广东省生态透析环境治理工程技术研究中心	广东省科技厅	环境与能源学院	2017
	53	广东省金属材料表面功能化工程技术研究中心	广东省科技厅	材料科学与工程学院	2017
	54	广东省智能传感器与专用集成电路工程技术研究中心	广东省科技厅	电子与信息学院	2017
	55	广东省软件开发与服务工程技术研究中心	广东省科技厅	软件学院	2017
	56	广东省电化学能源工程技术研究中心	广东省科技厅	化学与化工学院	2017
	57	广东省风景园林工程技术研究中心	广东省科技厅	建筑学院	2017
	58	广东省柔性OLED显示工程技术研究中心	广东省科技厅	材料科学与工程学院	2017

续表

类型	序号	科研机构名称	批准部门	所在单位	获批年份
广东省工程技术研究中心	59	广东省多媒体智能营销工程技术研究中心	广东省科技厅	软件学院	2017
	60	广东省植物纤维高值化清洁利用工程技术研究中心	广东省科技厅	环境与能源学院	2017
	61	广东省香蕉精深加工与综合利用工程技术研究中心	广东省科技厅	食品科学与工程学院	2017
	62	广东省智慧城市规划工程技术研究中心	广东省科技厅	建筑学院	2017
	63	广东省智能焊接制造装备及机器人工程技术研究中心	广东省科技厅	机械与汽车工程学院	2017
	64	广东省人工智能中医工程技术研究中心	广东省科技厅	计算机科学与工程学院	2017
	65	广东省智能与康复装备工程技术研究中心	广东省科技厅	吴贤铭智能工程学院	2017
	66	广东省能源材料表面化学工程技术研究中心	广东省科技厅	环境与能源学院	2017
	67	广东省金属增材制造工程技术研究中心	广东省科技厅	机械与汽车工程学院	2017
	68	广东省生物制药工程技术研究中心	广东省科技厅	生物科学与工程学院	2017
	69	广东省水利工程安全与绿色水利工程技术研究中心	广东省科技厅	土木与交通学院	2017
	70	广东省乡村振兴与旅游大数据工程技术研究中心	广东省科技厅	经济与贸易学院	2018
	71	广东省宽禁带半导体芯片及应用工程技术研究中心	广东省科技厅	中山市华南理工大学现代产业技术研究院	2018
	72	广东省低升糖健康食品工程技术研究中心	广东省科技厅	华南理工大学珠海现代产业创新研究院	2018
	73	广东省先进绝缘涂料工程技术研究中心	广东省科技厅	华南理工大学珠海现代产业创新研究院	2020

续表

类型	序号	科研机构名称	批准部门	所在单位	获批年份
广东省工程实验室	1	广东省印刷OLED材料及显示技术工程实验室	广东省发改委	材料科学与工程学院	2010
	2	广东省电动汽车整车技术工程实验室	广东省发改委	机械与汽车工程学院	2010
	3	广东省风电控制与并网工程实验室	广东省发改委	电力学院	2011
	4	广东省功能结构与器件智能制造工程实验室	广东省发改委	机械与汽车工程学院	2015
	5	广东省高端芯片智能封测装备工程实验室	广东省发改委	自动化科学与工程学院	2018
	6	广东省第三代半导体材料与器件工程实验室	广东省发改委	物理与光电学院	2018
	7	广东省农产品智能冷链物流装备工程实验室	广东省发改委	食品科学与工程学院	2019
广东省教育厅重点实验室	1	高性能橡胶塑料与复合材料广东普通高校重点实验室	广东省教育厅	材料科学与工程学院	2001
	2	计算机网络广东普通高校重点实验室	广东省教育厅	计算机科学与工程学院	2001
	3	工业生物技术广东普通高校重点实验室	广东省教育厅	生物科学与工程学院	2005
	4	农产品资源绿色加工广东普通高校重点实验室	广东省教育厅	食品科学与工程学院	2006
	5	精密制造技术与装备广东普通高校重点实验室	广东省教育厅	机械与汽车工程学院	2007
	6	污染控制与生态修复广东普通高校重点实验室	广东省教育厅	环境与能源学院	2008
	7	无线通信网络与终端广东普通高校重点实验室	广东省教育厅	电子与信息学院	2008
	8	新能源技术广东普通高校重点实验室	广东省教育厅	化学与化工学院	2008
	9	表面功能结构先进制造广东普通高校重点实验室	广东省教育厅	机械与汽车工程学院	2009
	10	能源高效清洁利用广东普通高校重点实验室	广东省教育厅	电力学院	2010
	11	风工程广东普通高校重点实验室	广东省教育厅	土木与交通学院	2011
	12	清洁能源材料广东普通高校重点实验室	广东省教育厅	材料科学与工程学院	2011
	13	跨媒体大数据与机器智能广东省普通高校重点实验室	广东省教育厅	软件学院	2020

续表

类型	序号	科研机构名称	批准部门	所在单位	获批年份
广东省教育厅工程中心	1	广东高校半导体照明工程技术研究中心	广东省教育厅	物理与光电学院	2008
	2	广东高校现代道路工程技术研究中心	广东省教育厅	土木与交通学院	2008
	3	广东高校大气污染控制工程技术研究中心	广东省教育厅	环境与能源学院	2009
	4	广东高校现代交通工程技术研究中心	广东省教育厅	土木与交通学院	2010
	5	广东高校音视频图文智能信息处理工程技术研究中心	广东省教育厅	电子与信息学院	2010
	6	广东高校绿色校园节能与控制工程技术研究中心	广东省教育厅	机械与汽车工程学院	2011
	7	广东高校工业废弃物资源化利用工程技术研究中心	广东省教育厅	化学与化工学院	2012
	8	广东高校海量大数据的智能信息处理与安全工程技术研究中心	广东省教育厅	计算机科学与工程学院	2013
	9	广东高校脂类研发与应用工程技术研究中心	广东省教育厅	食品科学与工程学院	2014
粤港联合创新平台	1	大数据与计算智能粤港联合创新平台	广东省科技厅	计算机科学与工程学院	2018
国际联合研究中心	1	智能工程国际联合研究中心	广东省科技厅	吴贤铭智能工程学院	2018
广州市重点实验室	1	广州市景观建筑重点实验室	广州市科信局	建筑学院	2013
	2	广州市机器人软件及复杂信息处理重点实验室	广州市科创委	软件学院	2015
	3	广州市脑机交互关键技术及应用重点实验室	广州市科创委	自动化科学与工程学院	2015
	4	广州市人体数据科学重点实验室	广州市科创委	电子与信息学院	2016
	5	广州市能源材料表面化学重点实验室	广州市科创委	环境与能源学院	2017
	6	广州市宽禁带半导体芯片及应用系统重点实验室	广州市科创委	物理与光电学院	2018

续表

类型	序号	科研机构名称	批准部门	所在单位	获批年份
广州市工程研究中心	1	广州纳米生物材料与技术工程研究中心	广州市科技局	材料科学与工程学院	2005
	2	广州市有色金属铸造行业技术研究中心	广州市科技局	机械与汽车工程学院	2007
	3	广州市平板显示行业工程技术研究中心	广州市科信局	材料科学与工程学院	2010
	4	广州市智能无损检测行业工程技术研究中心	广州市科信局	电子与信息学院	2012
	5	广州市水资源与水环境行业工程技术研究中心	广州市科信局	环境与能源学院	2012
其他	1	乐百氏-华工大植物蛋白工程研究中心	国家计委（校企共建：乐百氏）	食品科学与工程学院	2002

人文社会科学研究

【研究项目与经费】2020年新增哲学社会科学项目695项，合同经费1.58亿元，实到经费1.23亿元。其中，纵向项目374项，合同经费3651万元，实到经费3505万元；横向项目321项，合同经费12 198万元，实到经费8814万元。获批国家社科基金项目45项，立项数量同比增长32%；其中，重点项目2项，一般项目26项，青年项目8项，后期资助项目5项，单列学科项目2项，思政课专项1项，应急管理体系建设研究专项1项，获资助经费共计954万元。获批教育部人文社科项目19项，获批部省级项目90余项。

【研究成果与奖励】获第八届高等学校科学研究优秀成果奖（人文社会科学）11项，获奖数量同比增长83.3%，其中，二等奖5项、三等奖2项、青年成果奖4项。1项成果获第二十一届"安子介国际贸易研究奖"优秀论文奖二等奖。1人入选中宣部"四个一批"人才，战略管理团队、社会治理团队入选广东省教育厅创新团队。

2019年发表人文社科类论文1000余篇，其中，被SSCI期刊收录的论文185篇，比2018年增长48%；被CSSCI期刊收录论文339篇。多篇论文发表在《中国社会科学》《马克思主义研究》等具有重要影响力的学术期刊上。出版哲学社会科学领域学术著作50余种，推动"华工文库"形成品牌效应。

【智库建设与咨政服务】2020年新增8个省级平台，其中，3个广东省教育厅批准建设的基地（智库）；获批第六轮（2021—2023年）广州市人文社科重点研究基地10个。新增CTTI来源智库2个，学校CTTI来源智库总数达到14个；1篇报告被评为CTTI年度优秀成果。在教育部高校国别和区域研究工作内部评估中，印度洋岛国研究中心获评高校国别和区域研究高水平备案中心Ⅰ类建设单位（全国仅48个），印度巴基斯坦研究中心位居前13%。

决策咨询成果影响力扩大。提交各类决策咨询报告300余篇，组织编印20期《决策参考》、28期《华南理工智库专刊》，其中，4篇报告在《国家高端智库报告》（含简报）刊发，60余篇报告被上级批示或采纳。针对抗击疫情、"十四五"规划、大湾区建设等主题，在主流媒体发表多篇理论文章，在中央"三报一刊"发表文章18篇。组织策划《粤港澳大湾区建设与广州发展报告2019》《粤港澳大湾区与广州发展丛书》，为粤港澳大湾区建设建言献策。

聚焦新时代国家和经济社会发展重大问题，举办60多场学术交流活动。如举办"新发展格局与粤港澳大湾区建设——2020年度粤港澳大湾区发展广州智库论坛"，获人民网、光明网、经济日报等权威媒体广泛报道。

【高等教育及相关领域研究】新增主持项目4项，总经费27万元，其中，部省级项目2项、市级项目1项，其他项目1项。发表学术论文5篇，其中，CSSCI 1篇、核心期刊3篇、其他1篇。出版专著《吴宓文化哲学研究》，约20万字。

推进校史研究。推动出版《广东工业专科学校校史考（1910—1952）》。参与"华南研学"工作，参加粤北办学有关学校校史研究工作座谈会。

开展调查研究。完成九三学社中央委员会以及九三学社广东省委员会委托的调研项目，提交广东省民办高校健康发展调研报告。完成6项校本研究调查报告。加强《华南高等工程教育研究》组稿和约稿，完成2期出版任务以及期刊的年审工作。

资料1　2020年各单位人文社科类新增科研项目及实到经费情况

单　位	项目数（项）	实到经费（万元）
建筑学院	128	5825
经济与金融学院	43	516
旅游管理系	14	451
电子商务系	12	173
工商管理学院	37	594
公共管理学院	54	979
马克思主义学院	30	283
外国语学院	16	146
法学院	43	501
新闻与传播学院	21	289
艺术学院	4	37
体育学院	11	69

续表

单 位	项目数（项）	实到经费（万元）
设计学院	17	177
国际教育学院	7	109
高等教育研究所	2	15
公共政策研究院	10	798
其他学院及机关部处	246	1357
合计	695	12 319

资料2　2019年各单位CSSCI、SSCI收录论文情况

单位：篇

单 位	CSSCI	SSCI	合计
建筑学院	24	9	33
经济与金融学院	30	16	46
旅游管理系	5	5	10
电子商务系	8	10	18
工商管理学院	75	63	138
公共管理学院	53	5	58
马克思主义学院	38	0	38
外国语学院	8	3	11
法学院	29	0	29
新闻与传播学院	39	2	41
艺术学院	1	0	1
体育学院	4	0	4
设计学院	1	1	2
国际教育学院	0	2	2
高等教育研究所	4	0	4
公共政策研究院	0	2	2
其他学院及机关部处	20	67	87
总计	339	185	524

资料3 学校部省级以上科研机构一览表（人文社科类）

序号	科研机构名称	批准部门	批复时间
1	公共政策研究院	中宣部	2015
2	高校思想政治工作创新发展中心	教育部	2019
3	印度巴基斯坦研究中心	教育部国际交流与合作司	2017
4	印度洋岛国研究中心		2017
5	广东省社会治理研究中心	广东省委宣传部	2017
6	政府绩效评价中心		2017
7	中国企业战略研究中心	广东省教育厅	2003
8	建筑历史文化研究中心		2005
9	金融工程研究中心		2007
10	广东地方法制研究中心		2007
11	政府决策与绩效评价研究所		2010
12	广东省新媒体与品牌传播创新应用重点实验室		2013
13	公共外交与跨文化传播研究基地		2015
14	互联网行为科学实验室		2016
15	跨境金融创新研究中心		2020
16	广东省公众健康风险监测与信息传播中心		2020
17	非传统安全与应急管理研究基地		2020
18	广东省软科学重点研究基地	广东省科技厅	2012
19	哲学与科技高等研究所	广东省社会科学界联合会	2017
20	国家治理研究中心		2017
21	习近平新时代中国特色社会主义思想研究中心		2017
22	广东旅游战略与政策研究中心		2018
23	广州国家创新型城市发展研究中心	广州市社会科学规划领导小组办公室	2020
24	广州市金融服务创新与风险管理研究基地		2020
25	粤港澳大湾区规划创新研究中心		2020
26	广州数字创新研究中心		2020
27	中国特色社会主义思想与广州实践研究中心		2020
28	岭南文献保护研究中心		2020
29	广州城市风险治理与应急管理研究中心		2020
30	广州财税治理现代化研究中心		2020
31	广州数字商务与智慧供应链研究基地		2020
32	广州文化和旅游融合发展研究基地		2020

续表

序号	科研机构名称	批准部门	批复时间
33	科技革命与技术预见智库	广东省科技厅	2016
34	重大科技项目与平台实施效果第三方评估智库		2017
35	广东省非物质文化遗产研究基地	广东省文化厅	2013
36	广东省中小企业研究咨询中心	广东省中小企业局	2003
37	广东省技术创新评估中心	广东省经贸委	2004
38	广东省体育产业发展研究基地	广东省体育局	2005
39	广东现代服务业研究基地	广东省发改委	2011
40	广东省地方立法研究评估与咨询服务基地	广东省人大常委会	2013
41	法治评价与研究中心	广东省法学会	2015
42	粤港澳大湾区发展广州智库	广州市委宣传部、广州市社科联	2018

资料4　第八届高等学校科学研究优秀成果奖（人文社会科学）获奖名单

序号	成果名称	获奖级别	成果类型	所在单位	出版、发表或使用单位	第一作者
1	论分析技术哲学的可能进路	二等奖	论文	马克思主义学院	《中国社会科学》	吴国林
2	金融复杂系统的演化与控制研究	二等奖	著作	工商管理学院	科学出版社	张卫国
3	中国预算法实施的现实路径	二等奖	论文	法学院	《中国社会科学》	蒋悟真
4	Recontextualization and transformation in media discourse: An analysis of the First-Instance Judgement of the Peng Yu Case	二等奖	论文	外国语学院	*Discourse and Society*	武建国
5	The comparison of two vertical outsourcing structures under push and pull contracts	二等奖	论文	工商管理学院	*Production and Operations Management*	牛保庄

续表

序号	成果名称	获奖级别	成果类型	所在单位	出版、发表或使用单位	第一作者
6	信息技术哲学	三等奖	著作	马克思主义学院	华南理工大学出版社	肖 峰
7	中国企业的融资约束：特征现象与成因检验	三等奖	论文	经济与金融学院	《经济研究》	邓可斌
8	广州话语法变异研究	青年成果奖	著作	国际教育学院	商务印书馆	单韵鸣
9	PPI 和 CPI 的非线性传导：产业链与价格预期机制	青年成果奖	论文	经济与金融学院	《经济研究》	孙坚强
10	潜行的力量：ICT 精英如何嵌入并影响社会运动——以"弗格森事件"为例	青年成果奖	论文	新闻与传播学院	《新闻与传播研究》	吴小坤
11	Optimal uniform pricing strategy of service firm when facing two classes of customers	青年成果奖	论文	工商管理学院	Production and Operations Management	周文慧

科技产业与成果转化

【科技产业工作】资产经营有限公司完成营业收入 252 577.30 万元；实现税前利润 65 034.09 万元，同比增长 142.19%；归属学校所有者权益 216 284.80 万元，同比增长 33.48%。上交财政部国有资本收益 2060.97 万元，上交学校投资收益 2109.47 万元，上交学校房屋租金 822.00 万元，返纳学校事业编制人员工资 7247.16 万元。

校办企业体制改革取得重大进展。制订学校所属企业体制改革方案和事业人员安置方案，获教育部审批通过。完成 6 家"僵尸"空壳企业的退出，累计退出"僵尸"空壳企业 22 家，还剩余 5 家；完成脱钩剥离企业 17 家，累计完成剥离 23 家，还剩余 28 家。减持上市公司万孚生物股份 682.25 万股，成交金额 5.36 亿元（税前）。完成广州华工机动车检测技术有限公司混改股权激励工作。推进广东华南理工大学造纸与污染控制国家工程研究中心改制划转工作。

资产经营有限公司下属全资控股企业获得科研经费 6551 万元；获国家、省部、市级及其他奖项 64 项；申请发明专利 51 项，获授权专利 27 项；获得计算机软件著作权 21 项，软件产品登记证书 10 项。

【国家大学科技园】深化推进企业孵化、成果转化和创新创业人才培养等工作。新增孵化企业23家、新增认定高企4家、入库科技型中小企业17家；推动9件技术成果作价815.09万元；新引进人才团队5个（含入驻本地企业团队1个）；新申请专利74项（其中发明专利36项），获授权专利60项（其中发明专利10项），登记软件著作权19项；参与制定团队标准2项，获批企业标准2项。园区新增"粤港澳科技企业孵化器"资质认定，获批建设"佛山国家高新区大学生实习基地""中国产学研合作创新示范基地"等。截至2020年底，科技园资产总值（含在参、控股企业的所有者权益）9508.42万元，净资产4348.03万元；科技园参控股企业共20家（含创华孵化基金参股企业）。

【广州现代产业技术研究院】推进新型研发机构建设，与南沙区签订共建深化合作协议，成功入选中国科协主办的"2020全球百佳技术转移案例"。1项成果获广东省科技进步一等奖，孵化企业技术成果分别入选工信部的工业节能技术应用指南与案例、国家发改委的绿色技术推广目录、广东省高新技术产品和中国建筑节能协会的健康与防疫建筑技术产品目录。

加快研发中心建设，服务粤港澳大湾区产业发展。2020年新增科技项目22项，项目经费超6000万元。广州市创新环境建设计划科技服务专题项目"广州现代产业技术研究院建设"顺利通过验收。与广东省交通集团、中国南方电网有限责任公司等100多家企事业单位建立产学研合作，签订横向项目92项，总经费超8300万元。

推动孵化企业成长。采用开放式运行机制，建立高素质科技研发和管理队伍，科技人员占比超80%；协助入驻团队兑现地区优惠政策，1人获评2020年度南沙区"高端领军人才"。2020年孵化科技型企业超过40家，在孵企业29家，孵化企业主营业务收入约9700万元。

【华南协同创新研究院】获批广东省工程技术研究中心1个、东莞市创新科研团队4个，获首批东莞市科研仪器设备共享重点管理单位、国家技术转移人才培养基地（广东）产业联合实训基地。获评2019年度广东省科学技术奖二等奖1项（合作单位），2018—2019年度中国食品工业协会科学技术奖一等奖1项（合作单位），2020年度广东省高校科技成果转化路演大赛成长组三等奖1项。2018—2020连续三年被评为松山湖园区"先进新型研发机构"。

2020年新增科研项目30项，合同经费1170万元。其中，广东省自然科学基金项目和广东省基础与应用基础研究基金联合基金项目8项；哲学社会科学研究项目4项（其中重点项目3项）；企业技术服务合同经费962万元，同比增长174%。新增授权专利47项，专利成果转化66项，转化价值超3000万元；新增开发产品23个，发表论文21篇。新建有机光电功能材料、印刷太阳能电池等中试线5条，开发60余种新产品并实现产业化，获批松山湖国际创新创业社区"高分子材料创新工场"。

联合行业龙头企业成立产业知识产权联盟、院企研发中心，共同申报重点领域研发计划项目。获评"广东省科技企业孵化器运营评价优秀（A级）"，在孵企业42家，已获认定国家高新技术企业6家，科技型中小企业5家。

【珠海现代产业创新研究院】新增获批各类项目7项（合同经费970万元），实施各类科研项目20余项。新增各类成果转化项目18项，经费1096万元。新增科技转化成果23项，孵化企业2家（共43家），高新技术企业1家、珠海市独角兽培育企业1家，企业累计营收8000多万元。新增申请专利等知识产权38项（其中发明专利31项），获授权21项（其中发明专利11项），发表高质量论文30余篇。新引进国家杰青1人、副高以上专家5人，获批珠海市引进创新人才团队1个，培养博士、硕士40余人。加强"广东省博士后创新实践基地"建设，新增进站博士后1人、出站1人。获批珠海市引进创新团队项目1项，珠海市重大科研专项配套2项。1项成果获广东省科技进步一等奖，1个创业项目获第六届中国国际"互联网+"大学生创新创业大赛全国金奖。

推进创新平台建设，开展创新平台第一期建设验收及第二期建设专家论证。新建"纳米生物技术创新平台"，新增"广东省先进绝缘涂料工程技术研究中心"，累计获国家、省、市级重要平台9个。4个广东省工程技术研究中心全部通过广东省动态评估（优秀1个、合格3个）；"国家级众创空间""广东省新型研发机构"等平台先后通过省、市各级专项评价、审计，获珠海市科技创新公共平台再次认定。

【中新国际联合研究院】研究院获批"中新广州知识城管理委员会博士后科研工作站分站"，成功入选"2020年全球百佳技术转移案例"，《中新国际联合研究院深化合作协议》正式签署，未来五年中新广州知识城管委会将加大对研究院的扶持力度。申请专利38项，发表学术论文40余篇；成功获批广东省重点研发计划专项、黄埔区开发区国际科技合作项目等政府科技项目，获批金额约1000万元；与8家企业签订技术服务合同，金额约500万元。完善科研条件建设，新配备1300万元公共仪器设备；新孵化高科技企业3家，2020年入驻企业营收增长80%。研究院新大楼完成封顶。

【中山现代产业技术研究院】2020年获各类科研项目18项，合同经费达5022.29万元。申请国内专利32项（其中发明专利14项）。新孵化高新技术企业5家，累计孵化高新技术企业共12家。推进建设重点产业共性技术实验室；"华工-中山众创空间"认定为市级众创空间。组织人工智能、数字经济、生物医药等校企专题对接会，服务中山企业超过50家，培养博士和硕士研究生30余人。

队伍建设与人事管理

人事人才工作

【高层次人才队伍建设】持续提升高层次人才吸引力。新增海外高层次引进人才14人。新增广东省"珠江人才计划"引进创新创业团队4个，引进领军人才5人、青年拔尖人才24人。

强化人才队伍建设。13名学者16人次入选2020年全球高被引科学家。入选"万人计划"青年拔尖人才3人，科技领军人才3人；获聘"广东特支计划"杰出人才2人，本土创新团队1个；完成19人"兴华学者人才计划"自动入选工作。

截至2020年底，学校共有教职工4620人，其中，专任教师2523人、行政人员986人、教辅人员543人、工程技术人员54人、科研机构人员125人、工勤人员45人、其他附设机构人员172人、校办企业职工172人。

【人事管理改革】有序推进专业技术职务评聘。制定《华南理工大学专业技术职务评审补充规定（2020年）》，完善分类评价体系，推行代表性成果评价，强调质量导向和综合评价评审。通过正高50人（含转评1人、委托代评2人、申请恢复教授岗位1人），副高95人（含转评6人、获博士后副研究员资格25人）。聘任委托外单位评审获得专业技术职务任职资格人员8人，其中，正高2人、副高6人。转正认定职员28人、专业技术人员106人。聘请名誉教授、客座教授、兼职教授共21人；聘请兼职临床教师76人。

【博士后工作】纵深推进博士后队伍建设。2020年新进站博士后254人，在站博士后队伍规模达到784人，新增与企业共建的广东省博士后创新实践基地7个。轻工技术与工程、食品科学与技术、材料科学与工程3个博士后科研流动站获得"全国优秀博士后科研流动站"，化学工程与技术等20个博士后流动站被全国博士后管理委员会评为良好，博士后工作站综合评估优良率达88.5%。5名博士后入选国家博士后人才项目，46名博士后入选广东省博士后人才项目；博士后获各类科学基金项目180项。

【教职工培训与交流】岗前培训首次实现"线上+线下"、视频同步直播的方式进行。克服疫情影响，为学校三个校区、两所附属医院及华南理工大学广州学院近380名新入职教职工完成超过20门的课程培训。组织申报2020年国家公派项目，申报35人，录取33人，录取率达94.3%。选派7名教职工完成援疆、援蒙工作，并按要求调整挂职干部补助及保险额度。

资料1　2020年全校教职工人数统计表

单位：人

	总计	专任教师	行政人员	教辅人员	工程技术人员	科研机构人员	工勤人员	其他附设机构人员	校办企业职工
总计	4620	2523	986	543	54	125	45	172	172
其中：女	1859	799	538	271	14	38	14	145	40
正高级	1095	998	25	13	7	39	0	2	11
副高级	1407	988	82	136	24	72	0	37	68
中级	1560	519	502	310	16	13	6	114	80
初级	492	7	375	68	7	1	4	18	12
其他	66	11	2	16	0	0	35	1	1

资料2　2020年专任教师学历结构情况表

单位：人

	总计	博士研究生	硕士研究生	本科
专任教师	2523	2022	414	87
其中：女	799	576	189	34
正高级	998	936	52	10
副高级	988	808	133	47
中级	519	267	222	30
初级	7	0	7	0
其他	11	11	0	0

资料3　2020年专任教师年龄结构情况表

单位：人

	总计	30岁及以下	31~35岁	36~40岁	41~45岁	46~50岁	51~55岁	56~60岁	61岁及以上
总计	2523	18	253	402	599	455	395	331	70
其中：女	799	7	67	127	252	169	114	56	7
正高级	998	1	44	105	169	189	199	221	70
副高级	988	8	125	193	267	169	139	87	0
中级	519	5	74	103	163	94	57	23	0
初级	7	4	0	0	0	3	0	0	0
其他	11	0	10	1	0	0	0	0	0

离退休工作

【党建工作】创建"华工老党员之家"公众号,每月推送一期理论学习资料,及时跟进学习习近平总书记重要讲话和重要指示精神,全年推送11期。开展"三会一课",组织在线观看深圳经济特区建立40周年庆祝大会、全国抗击新冠肺炎疫情表彰大会,及《"战疫"一线党旗红》《"战疫"示范微党课》系列专题片。

加强离退休党支部建设。完成理论学习"第一议题"13次,组织召开支部书记会议,集中传达学习学校第十七次党代会精神。举办1次支委以上干部培训会议,邀请教授开展专题辅导。推出3期《"齐心协力抗疫情"华南理工大学老年诗词作品集》;举办线上朗诵会,为抗疫发声。支持抗击疫情,73个离退休党支部967名老党员共捐款22万余元。助力脱贫攻坚,824名离退休党员捐款共计10万余元,94人购置爱心米124袋。

【管理服务工作】严格落实福利待遇。帮扶相对困难离休干部4名,发放困难补助1.3万元。2020年上门探访慰问干部89人次,协助去世离休干部家属处理丧葬和抚恤金领取6次,慰问18位离休老党员、10位抗战离休干部。摸清80余名校内居住的退休特殊老党员情况,建立数据库和日常联系制度。为老同志发放"困难补助"45人次,共计10万元。帮助老同志申请"大病医疗救助基金",75人获得109.45万元资助。联合大学生念师恩助老志愿服务队,上门探访病患、高龄等困难人员52人次。举办"向您致敬"校园健康运动系列活动3场。3位抗战离休干部、13名老教授发布《致全体华工老党员的一封慰问信》。上门走访高龄以及在疫情防控、脱贫攻坚中表现突出的老党员81人。

老年大学停课不停学。自主开发老年大学小程序,在疫情期间提供防疫健康小知识等6个学习板块,推送公益课300多节,惠及2000余名学员。协助2位退休教师参加教育部"高校银龄教师支援西部计划",助力国家西部地区教育扶贫。

【关工委工作】开展"读懂中国——全面小康,奋斗有我"主题教育活动,组织220余名学生与87名老同志结对交流。已故离休干部黄仲宜捐出房产和40余万元积蓄,设立"仲宜爱心助学基金";离休干部肖锦设立"牢记使命"助学金,每年用8000元资助两名困难学生。完成教育部关工委30周年课题,形成2万余字的研究报告。学校关工委获"全国关心下一代工作先进集体"。

【老教授协会工作】老教授助力教学督导。全年听课2980节,开展全校本科毕业设计(论文)答辩检查245场次,参加博士研究生和硕士研究生的学位论文答辩200余场,参加巡考108场次。

资料1 2020年离退休人员结构情况表

单位：人

共计		按人员类别		按年龄划分		
离退休人员	其中：中共党员	退休人员	离休人员	70岁以上	80岁以上	90岁以上
3342	1136	3299	43	2066	1225	51

资料2 2020年离退休人员变化情况

单位：人

项目与内容	离休干部	退休人员	合计
2020年增加数	0	78	78
2020年减少数	6	76	82
2020年对比2019年	-6	2	-4

资料3 2020年老年大学情况一览表

项目与数量	专职教师（人）	兼职教师（人）	开设课程（门）	学员数（人次）
2020年上学期	疫情停课	疫情停课	疫情停课	疫情停课
2020年下学期	0	15	21	664
2020年全年	0	15	21	664

对外交流与合作

国际交流合作与港澳台工作

【国际合作】 对外合作交流工作有序开展。2020年签署各类合作协议40余份，与世界排名前500名的高水平大学签订交流合作协议43份，包括日本法政大学，德国慕尼黑工业大学，美国加州大学伯克利分校、德克萨斯大学奥斯汀分校等；与美国罗格斯大学签署罗格斯大学借读项目协议和共建两校海外教育交流基地协议。线上参与卓越大学联盟外事会议、中意大学校长论坛、中英大学工程教育与研究联盟2020年度高端论坛及中国－东盟工科大学联盟工作会议，签署中澳工科大学联盟联合培养协议。

【因公派出与外事接待工作】 完善因公派出工作。搭建信息化平台，优化教学科研人员因公临时出访审批程序以及管理流程。2020年派出各类因公临时出国（境）师生169人次（含线上）。

持续拓展学生出国（境）学习交流渠道。新增学生海外学习项目15项，总数达265项；项目派出学生321人次。依托与美国罗格斯大学合作的海外教育交流基地，学校接收该校中国籍新生112名来校借读，实现两校师资、资源、教学和实验平台的共享和互鉴。与意大利都灵理工大学建筑学（城市设计方向）中外合作办学的硕士教育项目完成招生工作，首期30人已正式入读。举办第二届"国际交流周"活动，采取线上和线下结合的方式举办39场海外交流推介活动。成功获批教育部首批"高层次国际化人才培养创新实践基地"和本年度第二批国家留学基金委"创新型人才国际合作培养项目"。

加强外事工作体制机制建设。成立学校外事工作领导小组，制定《外事工作领导小组议事规则》等系列文件，形成学校党委抓总负责、各二级单位协调推进的外事工作格局。

【引智工作与外籍专家工作】 创新引智工作模式。通过线上实施校级引智项目42个，获批广东省科技厅海外名师项目60个。获批2020年促进与加拿大、澳大利亚、新西兰及拉美地区科研合作与高层次人才培养项目1个，实现国家留学基金委该项目"零"的突破。与澳大利亚阿德莱德大学共同开展教师教学能力线上培训，保障提升本土师资国际化能力。开展外籍专家交流合作，聘请长期外籍专家57名。

【港澳台交流与合作】 持续深化与港澳台高校合作。与澳门大学合作的"2+2"联合培养项目顺利实施。与哈尔滨工业大学（深圳）、中山大学、香港科技大学、澳门大学在粤港澳高校联盟框架下成立粤港澳高校工科联盟。

推进与港澳台地区师生交流。实施"港澳与内地师生交流计划"3个、部省级重点对台合作交流项目1个。承办教育部主办的"学在港澳"说明会,采用线上方式举行,200余名学生及家长参加。

校友工作与交流合作

【校友工作】完善校友组织全球化布局。推动日化行业、湖北、上海、重庆、和美国硅谷等5个分会完成换届工作;推动肇庆、珠海校友会重新注册,推动温哥华校友会广州联络部正式成立。截至2020年底,海内外共有155个校友组织。

创新开展"线上+线下"校友活动。举办"云聚华园,千里传情"华南理工大学云校庆云返校活动,推动各地校友组织举办活动90余场,云聘任601位毕业生为校友工作联络员。举办2020年省内首场线下招聘会暨第十二届校友企业现场招聘会,累计170余家知名校友企业到场,提供岗位3000多个。校友积极支持学校疫情防控,向学校捐赠口罩、酒精、消毒液、公共区域防疫智能体温识别及报警系统等价值500多万元的防疫物资。校友全力支持学校第六届国际"互联网+"创新创业大赛工作,在赛事组织与传播、资源对接与联络等方面开展合作,保障大赛举办。

做好校友服务。完善"招贤纳才""微福利""创业帮""寻求合作"等线上服务项目,为45家校友企业免费发布宣传信息近百条。推出"校友云课堂"服务项目,开展线上讲座(论坛)24场次;推出"校友企业宣展计划",为32家校友企业提供展示平台。组织开展新能源智能汽车生态高峰论坛,在澳门协办博鳌亚洲论坛首届国际科技与创新论坛。发动地方校友组织积极参与扶贫,其中,江门校友会向贵州省长顺县建档立卡贫困户捐赠300台32寸液晶电视。

紧密联系各地校友。走访信立泰、三雄极光、科大讯飞、创尔生物、通达电器、南方电网等百余家企业,拜访和接待韦昶旭、廖清清、张宇涛等200余名杰出校友。举办多场"走进知名企业"活动,组织校友赴粤芯半导体、五粮液集团、小鹏汽车、东鹏集团、恒福地产等知名企业参观交流。

完善校友信息管理系统,更新校友、校友企业信息5.1万余条。推送校友资讯2万余条。编撰《华工人2020》《校友会基金会会刊》和《归去来兮 少年依旧》返校日纪念画册。推出"同舟共济,爱心驰援"等专题系列报道60余条,举办学生毕业纪念图片展。

【教育发展基金会工作】制定《华南理工大学广州国际校区教育发展基金会管理办法》。2020年签署捐赠协议158份,累计合同金额2.60亿元,校友捐赠协议额2.18亿元,占比达83.7%;实际捐赠到账金额4498.60万元。

【大学理事会工作】召开大学理事会通讯会议,通报学校建设发展情况,进行意见和建议征求。密切联系理事会成员,加强联系合作。调研兄弟院校大学理事会工作,充分借鉴好经验、好做法。

【对口支援工作】全面推进与广西大学的交流与合作。签订《华南理工大学深化对口合作广西大学协议书》，推动双方在学科建设、人才培养、师资和管理队伍建设、平台和团队建设、科学研究等方面的全面合作，构建更加有效的常态化互访和交流合作机制。2020年接收广西大学29名本科生插班学习，招收1名联合培养博士生，接收定向送培5名青年教师和管理人员攻读学校博士学位；选派2名教授指导和帮助广西大学研究型学院建设。深入推进与南昌大学对口合作，签订《华南理工大学－南昌大学合作协议》，在学术交流、教学科研资源共享等方面加深合作，助力推进南昌大学材料科学与工程学科群建设。立足贵州民族大学发展需要，不断扩大合作范围，录取12名教职工为博士研究生，选聘1名教授支援贵州民族大学学科建设。

条件建设与后勤保障

实验室建设与设备管理

【实验支撑条件】加强实验室建设。申报基础教学公共实验室8个、学科专业公共实验室4个、科研共享公共实验室7个。立项教学实验室重点建设项目5个、公共实验室建设引导项目5个、日常更新项目19个，总经费1800万元。改善工程训练中心等教学类公共实验室条件，向教学类公共实验室投入建设经费456万元。

加强院级用房管理。对125栋（处）楼宇、6010间房间、28万平方米院级用房进行普查，清晰使用权，降低管理风险。推进实施院级用房管理办法，完成院级用房收费核算工作。缴纳用房使用费约758万元，返还应缴用房使用费606万元。调整院级用房10项，分配化机3、4号楼部分用房；临时安置31号楼部分房间用作绘图课室。

加强实验队伍建设。学校实验技术队伍人员共382人（含实验团队的工程技术系列人员7人）。

【仪器设备购置与资产管理】加强制度建设。修订《仪器设备购置管理办法》，启用"华南理工大学仪器设备购置合同专用章"。修订《仪器设备购置可行性报告书》等程序文件，优化购置工作流程。修订实施《仪器设备（国产）购置合同》《仪器设备（进口）购置合同》范本（2020版）。

加强合同执行过程管理，实现合同执行进度的实时跟踪。制定教学科研耗材购置合同审核流程，2020年审核耗材合同11份。完善合同档案归档入库制度，累计完成2592份合同档案归档及整理工作。审核签订907份仪器设备购置合同，公示100万元以上政府采购合同55份。制订《进口仪器设备外贸代理服务考核评价管理办法（试行）》，对外贸代理服务完成首次年度考核。完成170台进口仪器设备的无纸化免税申报工作。完成215台（套）进口仪器设备开箱点货，以及499台（套）10万元及以上贵重仪器设备的验收工作。

推进大型仪器设备开放共享。参加科技部、财政部重大科研基础设施和大型科研仪器开放共享评价考核，位列参评高校第20名，较上年度排名上升13位，获良好等级。推进仪器设备全入网管理，平台管理的设备数达984台，较上年增加604台，其中，大型仪器设备637台，较上年增加416台。

创新报废仪器设备回收模式。制定《已报废仪器设备物资回收处置实施细则》，规范报废仪器设备物资处置工作。组织实施4批次共7034台（套）报废仪器设备集中上门回收工作。完成16批次共计21 429台（套）、总金额约1.86亿元的仪器设备资产报废审批及下账工作。完成8台（套）计1248.84万元大型仪器设备报废的专家鉴定。完成3批报废物资竞价拍卖，处置收入41.38万元。

2020年新增仪器设备固定资产28 723台套，价值3.28亿元。学校仪器设备固定资产总计达297 571台件，价值40.68亿元，分别比上年增长7.73%和6.77%。

【实验技术安全管理】加强实验室安全管理。制订《实验室防疫工作方案》及相关应急预案、实验室管理规范等系列文件。审核通过15家试剂公司和50余家次气体供应商的资质。组织实验室安全应急演练60余场、校级实验室安全检查4次和院级实验室安全检查120余次。组织2020级研究生新生开展安全学习并参加校级实验室安全准入考试；组织开展第十九个全国安全生产月暨2020年实验室安全月系列活动，培训师生1500人次，首次在留学生中开展实验室安全教育。

组织开展含汞高毒、剧毒危废和多年历史遗留无标签试剂的专项清理回收处置工作。回收含汞高毒、剧毒试剂199.15千克，无标签试剂5500余瓶，实现高风险试剂清零。回收处置实验室危险废弃物220吨。

规范危险化学品重大危险源管理。完成剧毒品从业单位备案和广州国际校区管制类化学品合规采购报备；审批通过管制化学品采购订单2757份、气体订单5753份。

规范特种、辐射设备管理。在广东高校中率先全面完成压力容器合规化工作，97台在册高压灭菌锅全部取得使用登记证。3名管理和操作人员取得特种作业人员资格。组织实验用放射源、辐射设备的申购审批、许可证办理；组织3批次28名新上岗师生的培训取证，完成64名持证人员上岗资格的复审。2020年度在岗人员辐射个人剂量检测均正常。

资料1　2020年学校实验室设置一览表

序号	实验室名称	类别	依托单位	负责人
1	工程训练中心	A	机械与汽车工程学院	郑志军
2	化工原理实验教学中心	A	化学与化工学院	李　琼
3	物理实验教学中心（大学城校区）	A	物理与光电学院	黄绍江
4	物理实验教学中心（五山校区）	A	物理与光电学院	叶晓靖
5	电子工艺实验教学中心	A	物理与光电学院	谢再晋
6	电工电子实验教学中心（五山校区）	A	电力学院	余艳青
7	电工电子实验教学中心（大学城校区）	A	电力学院	张廷锋
8	计算中心	A	软件学院	谭明奎
9	信息工程专业实验室	B	电子与信息学院	章秀银
10	材料科学与工程专业实验室	B	材料科学与工程学院	彭成红
11	软件工程专业实验室	B	软件学院	黄　敏
12	生物医学专业实验室	B	生物医学科学与工程学院、生物科学与工程学院	王　均
13	聚合物成型加工工程中心	C	机械与汽车工程学院	冯彦洪
14	材料平台院级学科公共平台	C	材料科学与工程学院	欧阳柳章
15	化学与化工院级学科公共平台	C	化学与化工学院	李　琼
16	生命科学院级学科公共平台	C	医学院	都小姣
17	实验动物中心	C	医学院	曲莉芝
18	生物医学院级学科公共平台	C	生物医学科学与工程学院	王　均
19	大学城检测检验中心	C	医疗器械研究检验中心	徐昕荣

资料2 2020年全校教学科研仪器设备增减变动情况表

金额单位：万元

单位名称	年初数 合计		年初数 其中单价10万元以上		当年增加		当年减少		年末数 合计		年末数 其中单价10万元以上	
	合件数	金额	合件数	金额	合件数	金额	合件数	金额	合件数	金额	合件数	金额
全校合计	161 506	331 752.26	4400	199 635.34	13 457	28 148.45	5430	5729.32	169 533	354 171.39	4684	214 948.92
教务处	8744	6999.77	46	901.58	537	669.13	699	563.72	8582	7105.19	51	997.76
大学城校区管委会	227	1037.04	21	780.41	0	0.00	6	2.08	221	1034.96	21	780.41
科技成果转化办公室	74	151.25	2	92.61	3	1.80	2	1.05	75	152.00	2	92.61
机械与汽车工程学院	12 055	31 738.63	520	19 800.31	769	1897.19	700	700.37	12 124	32 935.45	557	20 707.19
建筑学院	5920	9368.82	112	4919.89	640	489.25	25	14.08	6535	9843.99	115	5049.25
土木与交通学院	7682	18 275.59	198	11 380.96	544	1474.30	500	550.26	7726	19 199.64	206	12 269.94
电子与信息学院	9346	12 803.43	180	5354.38	660	1022.24	359	241.29	9647	13 584.38	189	5842.68
材料科学与工程学院	15 473	61 339.77	860	46 207.96	1239	4076.69	369	572.39	16 343	64 844.06	909	48 852.20
化学与化工学院	11 082	19 900.71	318	11 016.53	714	1777.79	421	595.36	11 375	21 083.13	331	11 999.01
自动化科学与工程学院	6398	8390.77	92	3081.93	249	314.46	226	344.03	6421	8361.20	93	3109.28
计算机科学与工程学院	6437	14 346.17	96	9043.19	366	440.50	320	461.64	6483	14 325.03	97	9046.82
电力学院	7768	11 365.97	142	5582.65	823	696.91	129	207.14	8462	11 855.73	147	5654.71
生物科学与工程学院	3513	8636.23	145	5047.58	306	873.92	83	113.57	3736	9396.58	161	5526.39
环境与能源学院	5758	13 930.96	214	8387.75	301	928.64	127	108.02	5932	14 751.58	233	9007.50
软件学院	5825	4995.84	50	839.79	401	375.24	54	42.19	6172	5328.89	55	917.42
工商管理学院（创业教育学院）	2876	2525.30	15	340.03	184	80.81	30	77.91	3030	2528.20	13	286.94
马克思主义学院	379	214.29	0	0.00	90	55.09	8	5.07	461	264.32	0	0.00
公共管理学院	520	367.96	2	68.90	93	48.18	0	0.00	613	416.14	2	68.90
外国语学院	577	343.27	0	0.00	38	27.94	0	0.00	615	371.21	0	0.00
法学院（知识产权学院）	478	225.65	0	0.00	29	14.95	14	4.22	493	236.38	0	0.00
新闻与传播学院	1053	1107.06	7	260.84	78	80.41	0	0.00	1131	1187.47	7	260.84

续表

单位名称	年初数 合计		年初数 其中单价10万元以上		当年增加		当年减少		年末数 合计		年末数 其中单价10万元以上	
	合件数	金额	合件数	金额	合件数	金额	合件数	金额	合件数	金额	合件数	金额
艺术学院	1185	1304.19	14	238.37	165	371.41	0	0.00	1350	1675.59	15	394.95
体育学院	1332	1861.17	16	877.34	136	133.67	38	29.63	1430	1965.21	17	917.04
设计学院	1706	1273.14	5	119.58	47	59.30	32	16.34	1721	1316.11	6	142.99
国际教育学院	308	214.42	2	31.44	45	29.59	81	43.93	272	200.08	2	31.44
数学学院	1134	720.97	0	0.00	75	54.21	93	50.98	1116	724.19	0	0.00
物理与光电学院	5930	9558.73	101	5536.83	299	943.18	101	70.35	6128	10431.56	108	6272.51
医学院（生命科学研究院）	3128	13412.69	201	10177.35	287	1630.37	0	0.00	3415	15043.06	213	11550.16
轻工科学与工程学院	4151	17376.01	250	12729.91	373	1760.63	187	277.98	4337	18858.66	274	14102.96
食品科学与工程学院	5025	12771.70	235	8076.41	455	1052.87	135	135.35	5345	13689.21	250	8630.19
昊贤铭智能工程学院	604	1355.97	20	649.97	257	879.37	0	0.00	861	2235.34	30	1342.88
生物医学科学与工程学院	850	2945.13	26	2150.16	52	246.90	0	0.00	902	3192.04	27	2354.52
分子科学与工程学院	2408	4325.80	62	1683.75	284	1943.41	0	0.00	2692	6269.21	75	3385.73
微电子学院	0	0.00	0	0.00	11	6.84	0	0.00	11	6.84	0	0.00
经济与金融学院	1182	685.49	0	0.00	140	97.77	80	38.05	1242	745.21	0	0.00
旅游管理系	94	61.86	0	0.00	19	15.34	0	0.00	113	77.19	0	0.00
电子商务系	731	633.27	15	201.66	21	16.50	52	22.93	700	626.84	15	201.66
分析测试中心	431	9525.70	75	9173.65	21	20.28	1	1.24	451	9544.75	75	9174.63
信息网络工程研究中心	9642	12640.85	186	7533.10	313	210.51	246	136.45	9709	12714.92	187	7552.98
高等教育研究所	28	21.92	0	0.00	5	4.32	0	0.00	33	26.24	0	0.00
公共政策研究院	113	94.32	1	23.89	13	12.64	0	0.00	126	106.96	1	23.89
广州现代产业技术研究院	1913	3950.25	62	2230.71	2	0.99	142	131.79	1773	3819.45	59	2191.21
医疗器械研究验中心	432	3047.81	38	2637.22	69	453.16	0	0.00	501	3500.97	49	3013.22
其他	6994	5906.40	71	2456.67	2304	2859.73	170	169.90	9128	8596.23	92	3196.13

财务工作

【财务收入】2020年学校总收入585 145.17万元,较上年减少43 751.10万元,减少6.96%。其中,财政拨款预算收入总额189 671.07万元,减少6.04%;事业收入218 316.27万元,减少12.90%;其他收入177 157.83万元,减少0.45%。

【财务支出】2020年学校总支出498 224.82万元,较上年减少73 459.22万元,减少12.85%。按支出功能构成分类,教育支出453 579.11万元,科学技术支出8648.49万元,住房保障支出35 997.22万元。按照主要经济支出构成分类,事业支出中基本支出309 134.87万元,项目支出189 089.95万元。

【财务管理】严格落实过"紧日子"精神。出台《关于落实过"紧日子"要求的实施方案》,就校园建设实施、规范预算编制、强化预算约束、严控一般性支出方面规定17条具体内容,多举措确保"过紧日子"精神落细落实。

完善内部控制制度体系。出台预算管理、学校财经工作领导小组议事规则、改善基本办学条件专项资金管理、科研经费使用"包干制"管理、会议费管理等5项制度,推动财务制度体系持续完善。发挥内部稽核制度作用,对财务收支情况、重要专项情况进行内部稽核与自查。

深化科研经费"放管服"。完善科研、财务系统对接,推动"无纸化入账",实现科研项目预算调整、结题决算线上服务,提升管理效率。推动科研经费使用"包干制"在学校落地执行,增强科研人员获得感,激发科研活力。配合国家重点研发计划项目综合绩效评价各环节工作,学校牵头的第一批国家重点研发计划顺利通过验收。

提升财务信息化水平和服务效率。推动业财融合,上线预借票据系统,实现线上申领借票、校内转账业务线上办理与部分校内转账自动结算以及收费业务网上审批和线上缴费,做到"信息多跑路,师生少跑腿"。扩大手机移动支付应用范围,开通移动支付身份认证功能,开发电子餐券功能。完善财务处微信公众号,帮助师生轻松掌握财务动态。

审计工作

【审计业务】开展各类审计项目67项,审计金额960 573.37万元,工程审减额5673.48万元,提出财务审计建议28条,查出财务处理不当金额203.89万元。

【工程审计】开展基建工程预结算审

计项目4项，审计金额7489.38万元，审计核减金额245.35万元；开展修缮工程结算审计项目36项，送审额5828.92万元，审减额422.77万元。开展基建工程投资估算评审1项，审计金额39 436.00万元，审减额5005.36万元；开展工程合同审签7项，金额2161.29万元。

【经济责任审计】开展15项校内二级单位负责人经济责任审计，审计金额273 912.10万元。发挥审计作用，强化干部权力运行监督制约，加强各单位内部控制建设。创新审计方法，将经济责任审计与绩效审计相结合，将事权与财权、资金使用与目标完成结合审查，指出被审计单位管理中存在的问题，提出管理建议，促进被审计单位提升管理水平。

【内部控制审计】发挥"治已病、防未病"的作用，开展内部控制评审和风险评估工作，梳理学校内部控制建设存在的不足和风险点，提出健全优化内部控制制度建议，推动学校完善管理，促进内部治理，有效防控风险。

【审计队伍建设】加强审计队伍建设。组织审计人员参加教育部专项检查、巡视和督导工作。参加教育部经费监管中心网络教育平台审计慕课建设，承担《高校建设工程管理审计》慕课课件任务，顺利通过验收。

资 产 管 理

【资产管理】加强国有资产清查核查、安全生命周期系统建设、资产管理报批报备等工作。完成学校2016年度资产清查损溢认定，开展2017年资产核查损溢认定，启动2018年度的资产核查。建设国有资产安全生命周期管理系统，完成系统一、二期工程建设，实现资产报增和财务报账合二为一。加强年度资产处置事项报批报备，完成设备类资产处置事项15批，共计21 429台（件）18 673.84万元。

做好房屋构筑物的报增与免办业务。办理房屋报增业务9笔，价值增加19 135.60万元；办理构筑物报增业务2笔，价值增加1065.66万元；免办报增业务21笔，金额838.90万元。

推进企业体制改革。梳理账内账外企业及研究院办企业情况，制订学校所属企业体制改革工作方案，完成一级企业摸底清查。完成一级账外企业南枫公司注销，推进一级账外企业功能材料中心审计、注销工作。推进企业国有资产管理重大事项及清产核资、资产评估等事项，办理广州华工信元通信技术有限公司、广州市普同实验分析仪器有限公司等13家企业资产评估备案。

做好科技成果评估备案工作。完成"梯级增压带式深度脱水技术及设备"的6项相关技术的无形资产备案；完成"基于拉伸流变的高分子材料塑化运输方法及设备"的1项专利所有权转让评估备案，配合做好公开挂牌交易等相关工作。

强化企业内部治理，确保有效使用国有资产。2020年度学校所属19家全资控股企业归属于母公司所有者权益20.30亿元，同比增长25.08%；净利润5.32亿元，同比增长128.33%。

【房地产工作与土地管理】加强公用房影像系统建设。完成627栋建筑、596个地图标点、922层楼数据、17 356个房间信息、14 402个房间平面图标注、14 040张照片数据、650份CAD原始文件等数据的录入工作。

强化公用房、公租房日常管理。开展历史遗留问题房屋排查工作，收回问题住房68间。协调广州市供电局，累计拆除电表221户。组织公有住房维护经费的申请，制订15栋瓦屋面公有住房楼宇分期分批维修计划、维修及搬迁方案。完成各类补贴申请及发放工作，受理及审核住房改革补贴申请71份。

依法依规加建电梯。协调业主纠纷60余起，召开现场协调会4场，召开违建整改专题会议4次。2020年新增电梯井9个，累计已建成并投入使用的电梯井165个，占学校已售住宅楼满足加建电梯单元总数的97%。

加强土地管理和建设。推进五山校区土地宗地界址坐标点"落宗"工作。做好土地边界日常巡查，与周边单位协商，妥善处置边界围墙问题。

基 建 工 作

【基建项目与工程】2020年施工总建筑面积94 910.40平方米，总投资5.2473亿元，包括南区游泳馆、医学院综合楼、西十二和西十三学生宿舍维修工程、东区运动场修缮工程、东区七栋教授住宅修缮工程（一期）、早期地坑道人防工程安全隐患整治工程、岭南建筑学术交流展示中心修缮工程（民居工程）、环境与能源学院实验楼改扩建工程等在建项目，以及北区学生宿舍、化机2号楼维修工程、图书馆女儿墙维修工程、大学城校区排水整改应急项目、艺术学院艺术实践多功能厅改造工程等竣工交付使用项目。2020年竣工工程总建筑面积35 141.90平方米，竣工总投资1.3149亿元。

推进校市区合作重点工程。推进广州科技图书馆、五山校区南北（长江路）下沉隧道、人才公寓、逸夫科学馆改扩建、27号楼改建、科技创新大楼（一期）、华南理工大学-华南农业大学（五山校区）中心应急避护场所配套设施建设等重点项目，以及研二、东十一、研五学生宿舍、南湖周边景观整治等维修项目的前期工作。

【基建管理】完善《基建处管理文件汇编》，规范项目实施流程。强化基建项目全过程管理，医学院综合楼、南区游泳馆等重点工程推行代建制，医学院综合楼获省级"安全文明示范工地""结构优质奖"。加强对施工单位的日常管理，定期开展检查、评比。约谈项目中标施工企业法人代表、项目经理等主要负责人。成立质量控制小组，对已交付的部分工程进行质量回访。加强对设计单位、施工单位和监理单位的考核,并建立责任追究制度。

编制完成《华南理工大学"十四五"(2021—2025)基本建设规划》。完成2020年基建投资调整计划和2021年基建投资建议计划。申请中央高校2021年修购专项资金10 519.11万元。2020年使用修购资金1121万元,2020年教育部中央预算内资金到位7174万元,申请2021年教育部中央预算内资金4000万元。依法招标4项,签订基建合同57项。组织施工图纸会审,做好施工现场"三通一平"(通水、通电、通路和场地平整)工作。对工程进行质量、进度和投资的控制,做好消防、规划、环保等专项验收及工程质量验收工作。

安 全 保 卫

【治安综合治理】2020年破获案件13宗,组织参与抓获各类嫌疑人员6人。加强安全隐患排查工作,对校园合作单位的1652名流动人员进行背景审查。统筹管理三个校区视频监控,统一视频权限,完善监控视频调阅的手续流程。完成第六届中国国际"互联网+"大学生创新创业大赛安保工作,出动安保力量1714人次,背景审查9650人次,绑定人票证芯片15 500张,制发5类停车证件1890张。提升接警及安保能力,24小时报警服务平台接听各类电话17 111次,排查下载监控77宗;为34场次大型活动派出安保力量884人次;"金盾护航"校园夜间护送晚归师生50次。

【交通消防管理】推动交通服务信息化,新增校内月保机动车辆手机端缴费功能,实现开具停车费电子发票功能;在笃行楼停车场出口增加车牌识别功能,有效记录车辆停放时间。整治校园交通秩序,配合交警、城管进行6次路面清查联合执法行动,截获超标电动车56辆;锁车警示违停车辆141辆。

引进专业设施维护保养服务公司,对五山校区50栋学生宿舍、6个公共水泵房、3个饭堂、5栋教学楼、23栋大楼的消防设施设备,开展定期维护保养及检测检修工作。加强消防集中监控报警,将26栋楼宇的32台消防主机、20栋楼宇的2616个无线烟感进行联网,提高火患响应速度。审批购买危险化学药品4778单、气体2407单;累计审批13宗校内新建、扩建、装修、装饰工程,登记备案7宗校内大型活动消防预案。开展定期与专项消防安全监督检查,检查楼栋64栋,发出7份限期整改通知书,21份消防安全隐患告知书。

【窗口服务工作】至2020年底五山校区在校集体户口总计6929人,较上年减少85人;办理新教工、博士后入户66人;教工直系亲属(配偶、子女)投靠入户41人;应届毕业生迁出1294人;教工、毕业学生日常迁出户口330人;发放集体户口身份证350人;政务服务平台审批借出户口卡2560人,归还2120人。五山校区系统登记机动车辆总数7508辆

（含月保、学生次票、普通进出），较上年增加423辆；电动自行车登记8692辆；现场办理机动车辆业务2953人次，办理临时大型车辆进校审批5940车次。严格政审管理，开具无犯罪记录376人，学生政审36人。

【校园安全教育】加强防诈骗安全教育，印发新生入学安全提示14 000份；线上举办防诈骗座谈会，1万余名师生关注"广州反诈服务号"；联合街道、派出所开展专项防诈骗大型宣传活动2次、新生防诈骗宣讲会1场。"华工安全卫士"公众号全年推送安全知识文章30篇，重点开展防诈骗宣传教育工作。

组织开展应急疏散及灭火演练23场次，培训师生员工5100人次；组织5场专题消防培训会，75个二级单位参加；在消防安全宣传月期间，在重点部位、人员密集场所、施工现场等区域张贴海报，利用互联网、LED显示屏等播放宣传视频。

图书馆建设

【馆舍和文献资源建设】完善"一校三区"图书馆整体规划，在五山校区、大学城校区、广州国际校区分设3个馆，总面积共6.6万平方米。其中，五山校区图书馆总面积2.3万平方米，阅览座位2459个；大学城图书馆面积4.2万平方米，阅览座位2150个；广州国际校区图书室面积1400平方米，阅览座位210个。

2020年图书馆新增纸质中外文图书47 209册，电子图书37 013册。图书馆馆藏文献总量达到843万册，其中，纸质文献402万册，电子文献441万册。

【读者服务】2020年接待各类读者103万余人次，其中，五山校区48.1万人次，大学城校区52万余人次，广州国际校区3万余人次。书刊年流通量16.9万册次，实现三校区图书通借通还，完成全国范围馆际文献传递792件。

加强查新服务和论文检索服务。完成科技查新报告463项，完成大型检索课题306项，提供收录论文的记录33 428篇次、论文引用22.28万次，合作共建第三方科技成果评价服务26项。完成学位论文学术不端检测5750篇次，审核电子版学位论文10 978篇次，分编纸质论文5438种/册。推出10期馆员自制"知识产权"微课堂视频，举办全国知识产权科普图像创意设计大赛。在疫情防控下全力确保文献资源服务保障，扩展校外VPN访问方式，对接CARSI系统，实现校外直接访问电子资源，畅通师生远程访问图书馆数字资源途径。推出"不出门涨知识"资源利用系列推文20余期，开通各类网上图情服务及图书预约外借归还服务，多形式开设线上培训讲座和阅读推广等。

建成习近平新时代中国特色社会主义思想阅读空间"研习书院"，完善大学城校区图书馆中国传统文化空间"研墨学堂"建设，举办求真读书会、研墨学堂文化讲座、世界读书日、"一带一路"进校园、教学毕业设计展等系列文化活动，开展"半月有约"系列讲座、求真书会扫码阅读、中外文图书展、陶瓷篆刻读者体验等线上线下阅读推广及文化活动65场次。加强思政文献和中华传统文化典籍建设,对馆藏珍贵典籍进行编目和保护。

【内部建设与管理】推进全面从严治党,持续做好"不忘初心、牢记使命"主题教育整改,图书馆第三党支部获2020年度学校样板党支部风采展示大赛三等奖。贯彻执行民主集中制,完善《华南理工大学图书馆党政联席会议议事规则》和《华南理工大学图书馆采购管理办法》。

完善基础设施建设。完成五山校区北区图书馆搬迁撤并,完成五山校区图书馆南楼外墙修缮及总服务台改造,启用五山校区图书馆3部新装电梯;完成大学城图书馆天花玻璃幕墙维修;建设广州国际校区"明真阁"图书室。配合做好广州科技图书馆和广州国际校区图书馆筹建工作。

坚持开放融合发展,推进共建共享建设及交流合作。持续做好粤港澳大湾区图书馆科技文献协作联盟工作,申请中国图书馆学会理事单位。

资料1　2020年图书馆概况一览表

业务机构	五山校区			大学城校区		
	馆长室　流通部　信息咨询部　办公室　采访部 阅览部　编目部　技术部　数字资源部 发展规划与文化建设部　知识产权与学科服务部			办公室　文献资源服务部 参考咨询服务部　信息技术服务部		

工作人员情况		职称	五山校区	大学城校区		学历层次	五山校区	大学城校区	硕士以上学历人员占正式职工总数比例49.54%;本科以上学历人员占正式职工总数比例100%
	行政业务人员	研究馆员	4		学历情况	博士	3	0	
		副研究馆员	23	1		硕士	43	8	
		馆员	47	21		本科	39	16	
		助理馆员	10	1					
		管理员	1						
		工人		1		小计	85	24	
		小计	85	24					
	合同制人员				五山校区			6	
	职工总数(正式工+临时工)				五山校区			91	
					大学城校区			24	

馆舍情况(平方米)	五山校区图书馆建筑面积	23 000
	大学城校区图书馆面积	42 300
	广州国际校区图书室面积	1400

资料2 2020年图书馆文献经费、文献资源建设情况一览表

			实际支付文献购置费（万元）		2446.6937
			当年进书量		馆藏累积量
馆藏纸质文献	中文图书	共计	31 849 种	39 470 册	88.3319 万种　287.5036 万册
	外文图书	共计	2594 种	2850 册	18.5 万种　26.1105 万册
	中文报刊	期刊	0 种		0.4711 万种　17.6274 万册
		报纸	0 种		
	外文报刊	期刊	0 种		0.4472 万种　22.0089 万册
		报纸	0 种		
	非书资料		0 种		1.8995 万种　5.4387 万册
	学位论文		4889 种	4889 册	7.7404 万种　12.3833 万册

当年入藏文献：3.9332 万种 4.7209 万册①（不含院系资料室）

馆藏文献总量：135.7964 万种 402.4553 万册②（含院系资料室：18.4063 万种 31.3892 万册）

			当年入藏量		电子馆藏累积量	
馆藏电子资源	电子图书		37 013 种	37 013 册	1 321 278 种	1 321 278 册
	电子期刊		−1417 种	−1417 册	51 495 种	51 495 册
	电子学位论文		385 200 种	385 200 册	3 038 314 种	3 038 314 册
	会议论文		2988 种	2988 册		
	合计		423 784 种	423 784 册	4 411 087 种	4 411 087 册
	引进	续购	国外数据库	42 个	国内数据库	35 个
		新增	国外数据库	0 个	国内数据库	−1 个
	当年新增数据库		−1 个		图书馆数据库总计数	158 个
	本校学位论文数据库			文摘		77 404 条
				全文		71 122 条

备注：①当年入藏文献量：为图书、期刊合订本、学位论文、非书资料等所有文献的种数及册数之和；
②馆藏文献总量：为图书、学位论文、非书资料的种数及册数之和＋期刊合订本新增种数及册数。

资料3 2020年图书馆读者服务情况一览表

		服务项目		五山校区	大学城校区	广州国际校区
基本服务	接待读者	进馆人数（万人次）		48.0658	52.0546	3.3052
		合　　计（万人次）		103.4256		
	书刊年流通量（万册次）			16.8871		
	阅览座位数（加自修位）（个）			2459	2150	210
	最大周开放时数（小时）			100	98	98
	图书预约处理（册次）			290	403	58
	通借通还服务（册次）			1083	1322	570
参考咨询服务	解答读者咨询（人次）			13 159		
	专/定题服务		单位（个）	10		
			项目数（项）	180		
	信息检索	论文收录查询	个人（人次）	2589		
			大型收录引用（课题）	306		
		论文收录引用	论文收录（篇次）	33 428		
			论文引用（次数）	222 775		
	科技查新		国内/国外（次）	332/131		
	文献传递		文献传递量（篇次）	741		
用户教育	文献检索课教学、实习		班次/学时	6/32		
			人次	617		
	读者培训		场次/人次	5/400		
网络信息服务	访问本馆主页（万人次）			36.23		
宣传展览	专题图片展（期）			2		
	各类大型展览（项）			3		
	新书展览（期）			3		
	讲座培训（场次）			18		

出版工作

【出版业务】2020年图书生产码洋9600万元，比上年增加24%；发行码洋6520万元，比上年增加2%；实现销售收入2921万元，比上年增加161万元，增幅为5%。2020年上交学校任务220万元，支付房租91万元，返纳工资853万元，缴纳税金175万元。

重点出版项目方面。《中国工业遗产丛书（第一辑）》《复合玻璃光纤》和《等离子表面冶金纳米涂层材料与性能研究》3个项目入选2020年国家出版基金，获资助资金210万元，入选数量和资助金额创历史新高。《汽车传动系检修》获"十三五"职业教育国家规划教材。6种图书入选2020年农家书屋重点出版物推荐目录。

图书获奖方面。出版的图书获得各类奖项8项。其中，在科普著作出版方面取得丰硕成果，1种图书被国家自然资源部评为优秀科普图书，1种图书被评为广东省优秀社会科学普及作品，2种图书被广州市科学技术局评为2020年广州市优秀科普图书；在广东省文学艺术届联合会公布的广东省第九届民间文艺著作奖评选结果中，有4种图书获得广东省第九届民间文艺著作奖，其中，二等奖1种、三等奖1种、优秀奖2种。

图书影响与社会效益方面。科学统筹主题出版、教育出版、学术出版、大众出版。策划出版的"精准扶贫模式的高校探索——华南理工大学的实践与启示"丛书，在我国第七个国家扶贫日举办首发式暨高校扶贫工作研讨会，产生广泛影响。在疫情始发期，启动超常规出版模式，五天内策划出版《儿童新型冠状病毒肺炎防护》科普图书，将电子图书和部分纸质图书免费提供给广大读者阅读，电子版图书当天阅读量达到10万以上，取得良好的社会效益和影响力。学校出版社在教育部所属高校2019年度社会效益评价考核中，获优秀等级。

【内部建设与管理】成立出版社疫情防控工作小组，制定《出版社防控新型冠状病毒肺炎疫情应急预案》。优化生产流程管理，狠抓图书产品质量。修订《出版社编辑部门对口联系学校单位管理办法》，明确各编辑部门责任。推动多元化经营，扩大经营范围，延伸至文具经营、包装设计、多媒体设计、广告业务以及印刷代理等业务。承担企业社会责任，向西藏林芝地区、中共茂名市委宣传部、肇庆学院等捐赠图书。承办中国大学出版社协会年会暨第三十三届全国大学出版社图书订货会。

资料 2020年出版社图书分类统计表

分类	本版图书种类（种）	
	合计	其中：新版
总数	699	315
A. 马克思列宁主义、毛泽东思想	0	0

续表

分类	本版图书种类（种）	
	合计	其中：新版
B. 哲学	8	2
C. 社会科学总论	29	13
D. 政治、法律	10	4
E. 军事理论	5	1
F. 经济	62	24
G. 文化、科学、教育、体育	264	146
H. 语言、文字	21	3
I. 文学	11	8
J. 艺术	15	8
K. 历史、地理	24	22
N. 自然科学总论	5	5
O. 数理科学和化学	24	2
P. 天文学、地球科学	1	0
Q. 生物科学	6	2
R. 医学、卫生	20	12
S. 农业科学	2	1
T. 工业技术	166	43
U. 交通运输	6	1
X. 环境科学、安全科学	6	4
Z. 综合性图书	14	14

档案与文博管理

【**档案业务**】2020年，馆藏档案总量达24.8万卷（件）。

档案利用方面。档案利用5143人次，调阅档案1.6万卷，利用电子档案2万页，复印、打印8907张，发送电子版及拷贝1.4万件，提供校友信息数据导出1193件。构建三校区线上线下联动一网通办一窗领取或快递到家档案利用新模式，16项档案利用服务全部上线，便利校内外师生校友查询利用档案。

电子文件归档方面。处理、导入新进馆电子条目31.2万条。推进原生电子文件归档，开展新OA系统、招标系统与数字档案管理系统对接工作。

数据治理、电子原文重新命名及挂接方面。处理实物档案738条，毕业合影

843 条,科研专利 469 条,照片档案案卷级 580 条、文件级 3175 条,基建档案 10 条。

档案数字化方面。馆藏档案数字化总量 543.5 万页,电子目录 268.1 万条,挂接电子原文 91.3 万个,馆内电子原文总计 4.25 TB。完成 1.4 万卷档案整理及数字化加工服务工作,录入案卷目录 9641 条,卷内目录 40.2 万条,编写页码 12 万页,数据处理 62.4 万页,合成 PDF 文件 9.7 万个。

文博育人方面。校史馆、博物馆、校园人文景观、人文馆办学成就展的参观人数合计 2007 人次,全年接待预约集体参观 33 批次。编研《华园战"疫"》专题档案。

【内部建设与管理】开发新版科怡档案管理系统,正式迁移至网络中心云主机。推进广州国际校区新馆硬件建设。2 项国家档案局课题和 3 项广东省档案局课题完成结题验收,新增中国高等教育学会、广东省高校档案工作协会课题各 1 项。获"广东省高校档案工作先进集体",1 人获"优秀馆长",1 人获"档案先进工作者"。

学报编辑出版

【学报编辑出版业务】加强办刊规范化建设,执行双向匿名审稿和"三审制"。建立定期召开编校工作会议的制度,进一步规范组稿、审稿、编辑、校对等工作流程。学报(自然科学版和社会科学版)在 2019 年度社会效益评价中获"优秀"。

学报(自然科学版)加强专题策划,鼓励学科编辑走出去,做好组稿工作。加大会议组稿力度,针对全国性专业会议开展专题稿件的约稿,其中,在第二十六届全国信息检索学术会议组稿"信息检索专题"3 篇;多期刊联合征稿,在国际性大型学术会议上与其他期刊共同开展会议征稿,其中,在第四届亚洲人工智能技术大会组稿"人工智能专题"5 篇、在第二十一届流体动力与机电控制工程国际学术会议专题组稿 7 篇。学报(自然科学版)2020 年全年刊发论文 200 篇,同比减少 12 篇;其中,校内稿占 45%,同比减少 2%;稿件采用率为 26%,基金论文比为 100%;被 SCOPUS、INSPEC、EBSCO 等 30 余种国内外数据库/文摘收录。EI 收录率为 100%。根据中国知网 2020 年版《中国学术期刊影响因子年报(自然科学与工程技术)》,学报(自然科学版)2019 年度总被引频次为 4364,影响因子为 0.827,在"工程技术综合类"期刊中的学科排序为 53/141;影响力指数排序为 27/141。期刊获 2020 年度中国高校百佳科技期刊。

学报(社会科学版)做好主题宣传和组织专题研究,组织刊发有关疫情防控和 4 个专题研究共 20 篇文章。2020 年全年刊发论文 75 篇,其中,校内第一作者占比 38.7%。根据中国知网 2020 版《中国学术期刊影响因子年报(人文社会科学)》,学报(社会科学版)2019 年度总被引频次 1100,复合影响因子首次超过 1,达到 1.024,同比提升 8.2%,在"综合性人文、社会科学"类期刊中排序136/637；基金论文比88%。2篇文章被《新华文摘》（网络版）全文转载，1篇文章被《中国社会科学文摘》转摘，2篇文章被《高等学校文科学术文摘》摘编，6篇文章被人大复印报刊资料全文转载。在第五届广东省期刊优秀作品奖评选中，《粤港澳大湾区发展专题研究》栏目策划获优秀作品一等奖；1篇文章获优秀作品一等奖、3篇文章获优秀作品二等奖、5篇文章获优秀作品三等奖。期刊再次入选RSSCE中国核心学术期刊（2020年）和人大复印报刊资料重要转载来源期刊（2020年版）。

【内部建设与管理】加强党建与思想政治工作，加强"不忘初心、牢记使命"主题教育长效机制建设，贯彻落实理论学习"第一议题"制度。加强党支部建设，严格组织生活，重点围绕疫情防控和学习教育，全年举行各类活动39次。贯彻落实"三重一大"民主决策制度，坚持民主集中制，修订完善《主任会议制度》。聚焦工作实际问题，开展微信公众号运营情况调研，促进调研成果转化。扎实做好扶贫工作，资助贫困户学生1人。

后勤管理与服务

【后勤管理】加强内部规范建设。修订后勤处规章制度，梳理物资采购、校园服务、物业管理、水电管理和维护、合同造价管理等工作流程。修订《后勤服务实体内部控制管理手册》，为规范后勤服务实体的运作，降低成本和风险，实施信息化、科学化管理提供依据。

做好后勤员工健康监测和报送工作。严格执行食堂加工、售卖、储存食品安全操作规范，确保餐具、用具按疫情防控要求消毒后使用。加强食堂物资管理，规范食堂食材、食品及餐厨用具的存放、保管。加强进货渠道的监管，物资采购严格落实索证索票。加强公共场所的通风换气和物表消毒，组织专业消杀公司做好图书馆、博学楼等中央空调的清洗消毒。

【校园服务】北一饭堂一楼引入社会餐饮企业运营，二楼设立自营饭堂，形成外营和自营之间的良性竞争。引入各类自动化设备，完善饭堂基础设施建设。通过精准掌握保障需求，科学制订食谱，圆满完成第六届中国国际"互联网+"大学生创新创业大赛的供餐保障工作。2020年接待就餐师生1378万人次，供应包点130万份，师生就餐满意度84.37%，卫生满意度92%，全年无食品安全事故。

加强交通安全管理，提升交通保障服务质量。完成学校各项交通运输任务，车辆安全行驶35万公里，派遣9500余车次，往返大学城校区交通车3100余班次。校园穿梭巴乘坐90万人次，运输车次3万次。

加强商业网点管理，拓展校园商业服务。出租房屋34处，出租房屋面积5255平方米，出租土地面积838平方米，租金回收率100%。

推行亲情服务，提升接待水平。西湖苑宾馆和大学城中心酒店接待425个会议团队，接待人数24万人次，接待用餐21万人次。

做好结对帮扶乡村的精准扶贫、精准脱贫工作,自筹260万元用于云县和孔美村的建设。组织开展"华园扶贫E起来,以购代捐I接力"活动,做好云县农产品、湖北省滞销农产品的对接采购,全年采购农产品超60万元。

【校园管理】加强环境整治工作。完成五山校区公共道路的日常清扫与保洁,全年清运垃圾量11 436吨。推动垃圾分类工作,设立20个固定垃圾分类投放点和3个垃圾临时投放点。加强"四害"清理工作。规范快递管理,由广州市邮政局统筹管理多家快递公司的快递件,采用"多点辐射"形式,设置快递代发点和取件柜。引进共享电动车400辆,安装电动车电池充电柜25处,增设电动车停放点,便利师生出行。投放自动售卖机32台,满足师生日常生活需求。

开展校园绿化景观改造。完成北区3号楼周边景观升级改造和五山校区文化核心区景观改造工程等校园绿化景观改造。修剪、砍伐、迁移存在安全隐患树木1258株。

【水电和基础设备管理维护】完善水电设施,保障校园水电供应。五山校区全年供电量6316.56万千瓦时,同比下降1561.44万千瓦时,下降19.82%;用水442.13万吨,同比减少74.14万吨,下降14.36%。

提高日常维修响应速度。完成维修工程项目29 452项,其中,日常维修工程项目29 410项、单项维修项目38项、专项维修项目4项。

推进清污分流工程。成立专项推进协调组,完成东区、南区和西区公共区域103.31万平方米和住宅小区18.29万平方米清污分流达标建设。完成中区、东区、西区雨污分流改造,改造管网28.91千米,重点解决体育馆正门、中山东路、北十七学生宿舍、半山东路和32~34号教学楼广场和东江路等处水浸黑点改造工作。协调广州市水务局和排水管理中心,利用非开挖管道清理技术对湖滨北路、湖滨南路、黄河路等8条路段的校园主要排水管道进行沉积淤泥清疏工作,检查并修复管道破裂约50处。学校获"广州市排水单元达标单位"。

【节能减排工作】开展节能改造工程。更换部分锈蚀严重的地下水管,减少地下管网跑冒滴漏情况,分区加装水阀,实现分区域停水。

弘扬绿色发展理念。做好"美好'食'光"——全国教育系统制止餐饮浪费工作,通过悬挂节粮横幅、上墙KT板海报、摆放张贴桌面光盘提示牌和光盘公益广告,以及学校官方网站、"权小益"公众号、"后勤微服务"等多个平台,宣传节粮工作。在"世界粮食日"开展光盘有"礼"主题活动,7800余名师生在光盘行动中承诺签名。建立节粮工作长效机制,制定《餐余潲水控制管理办法》。

信 息 化 建 设

【信息化建设规划与发展】加快校级业务系统升级改造。通过信息化技术,快速构建疫情防控下学校的虚拟空间、计算平台、"I am OK"和"My Pass"系统,保障疫情期间教学、科研、管理、生活的正常运行。升级扩容 VPN 系统，实现多入口高速访问并兼容 Windows/MacOS/Linux。升级 SSLVPN 系统、CARSI、教工电子邮件系统；开发网上办事大厅三期项目，上线新版学校办公自动化系统，开发电子证照平台，提升师生学习工作生活的信息化水平。推进数据集成工作，校对学校共享数据中心基础数据，推进"一张表"平台各项数据的治理优化工作；升级"一张表论文功能"。获批广州国际校区二期信息化及智能化系统经费 4 亿元、综合布线和机房土建部分信息化建设经费 1.2 亿元。获批 15 个大系统、50 个小系统建设规划。

【信息网络服务与管理】升级校园网络基础设施。完成 21 栋教学科研楼栋的无线网络全覆盖，新增无线 AP（信息点）1045 个，新增 1 条中国移动互联网出口线路，校园网 IPv4 互联出口总带宽数提高至 32G，用户平均个人带宽提升至 12Mbps。协助运营商完成五山校区家属住宅区光纤到户工程勘测设计与工程实施，完成 10 千米管道敷设。部署一校三区高清视频会议系统，保障重要视频会议 116 场。

【网络安全】强化信息安全管理。完成 2 个三级系统等保测评、3 个二级系统等保测评，备案二级系统 41 个、教育移动互联网应用程序 14 个。加强网站安全管理。实现教育机构权威域名 edu.cn 全覆盖，清除 13 个"双非"和"僵尸"网站，扫描主机系统 1110 个，发现高危主机 295 个、高危漏洞 395 个；主动扫描 Web 应用系统 157 个、高危漏洞 400 个，均及时有效处理。及时处置"挖矿"病毒入侵校内服务器。开展网络安全应急演练，举办第二期教育系统"教育信息化与网络安全"网络培训和学校教职工网络安全专题培训。完成第六届中国国际"互联网+"大学生创新创业大赛的网络畅通及系统安全保障工作。承担中国教育和科研计算机网（CERNET）华南地区网络中心职责，保障 CERNET 华南节点正常运行。

【教育技术条件建设】多元联动，智慧融合，建设智慧教学环境。新建智慧教室 32 间，在功能上涵盖多屏研讨教室、互动教室、多视窗教室、网络互动课堂、双投影融合教室、LCD 大屏研讨型教室等 9 种类型。升级改造教学基础设施设备，完成 1 间开放式智慧语言教室、2 间微课录制室的建设，升级大学城校区 A1、A2、A3 教学楼标准化考场监控系统，更新五山校区和大学城校区课室投影机、触控显示器等老旧设备。疫情防控期间，对 200 间多媒体课室实施线路改造，保障线上、线上线下混合教学的开展。提升教学信息化服务水平，通过在线教学 QQ 答疑群、微官网、微信公众号、网上办事大厅、内线专用电话等多种渠道，为师生提供便利快捷的技术服务。截至 2020 年底，全校共有 379 间多媒体课室，总座位数 40 735 个；多功能语言实验室 32 间，座位数 1930 个。

加强教学平台及资源建设。系统化部署教学资源平台，推进 MOOC 建、用、学、管，提升优质资源服务能力。做好教学在线、教学资源库、课程中心平台等教学应用平台的管理、维护、更新、技术支持等服务工作，做好学堂云、爱课程 MOOC 和 SPOC 等平台的部署及课程管理，服务校内混合式教学和社会学习者。做好虚拟第三学期课程在中国大学 MOOC 平台的课程开设和咨询解答等技术服务工作。在粤港澳大湾区高校在线开放课程联盟平台上上线课程53门,为高校资源共享服务。完成第六批11门MOOC建设的质量监控与管理。完成一流本科课程说课与课堂实录、MOOC、微课、思政示范课等教学资源的制作,制作学校重大科研与人才项目视音频222课次。

加强教师教育技术培训。开展在线教学培训,为师生提供在线教学技术指导与服务咨询工作;编写师生线上教学指导手册、编制指南20个、视频教程17个和图文教程20个,累计访问量5760人次;开展22场培训,培训教职工10 330人次,开展信息化教学1对1咨询服务250次,开通24小时QQ在线答疑,确保线上教学顺利开展。联合兄弟院校和MOOC平台面向全国高校开展线上教学公益培训,开讲在线公益讲座,高校受众累计228 000人。

招 标 工 作

【招标业务】 2020年完成各类采购项目3585项,中标(成交)金额43 112.73万元,节约资金1485.92万元。完成9个项目的工程量清单和招标控制价审核,金额4343万元。支援阳江应用型本科院校的招标采购工作。招标中心获中国教育会计学会高校政府采购分会"2020年度高校政府采购杰出贡献奖",获广东省教育系统政府采购"管理创新奖""十佳业务标兵"。

【招标管理】 落实内控要求,合理调整内部分工,实现人员有序轮岗,提升工作效率。出台《华南理工大学采购管理办法》《华南理工大学政府分散采购限额标准以下采购实施细则》《华南理工大学网上竞价采购实施细则》,全面更新采购流程及办事指引,规范采购行为,提高采购效率。

深化采购信息化建设。开展采购管理与电子招投标系统二期建设,增加线上采购流程,实现货物及服务项目的全口径全流程电子化;完善评审专家库系统。科研设备协议供货平台上线试运行。探索开展远程开评标工作,与中央国家机关政府采购中心深入合作,实现集中采购招标项目华南地区远程评标。

资料 2020年各类采购项目情况统计

项目	物资类	服务类	工程类	竞价类	电商直采	集中采购	合计
完成项目数(项)	186	94	5	1477	1620	203	3585
预算金额(万元)	20 605.33	11 823.80	2117.00	8913.66	1009.18	129.68	44 598.65
成交金额(万元)	19 749.71	11 730.08	1939.00	8555.08	1009.18	129.68	43 112.73
节约金额(万元)	855.62	93.72	178.00	358.58	—	—	1485.92
节约率(%)	4.15	0.79	8.41	4.02	—	—	3.33

公共服务平台工作

【分析测试业务】加强分析检测能力建设。完善CMA管理体系建设，优化大化类学科公共平台运行管理。完成三重串联四极杆气质联用仪、光电子能谱仪两台大型仪器的论证与采购。启动实验室改造，完成31号楼一楼实验室装修改造，2台透射电镜完成搬迁调试并投入正常使用；完成有机实验室维修改造，气质联用仪完成安装调试并投入分析测试。完成分析测试中心管理信息系统一期建设，启动二期建设。加强食品与化工两个学科公共分析测试平台的运行管理。面向社会开展分析测试和技术服务工作，为华南地区的高校、科研院所和企业提供1139批次的测试服务，检测及时率100%，检测差错率为0。2020年接受测试样品61500余件，校内测试收入560万元，大型仪器设备平均使用机时超过800小时/年。截至2020年底，分析测试中心共有大型仪器设备40台（套），仪器设备总值6068万元；大化类学科公共平台大型仪器设备19台（套），仪器设备总值2000万元。

加强对气瓶、危险化学品、水、电等的控制和管理。完善日常巡查工作，实行24小时巡查制。组织分析测试人员参加实验室安全、消防安全培训105人次。参与起草和主持制定行业、地方标准4项，主持科研项目1项，发表论文12篇，申请国家发明专利、实用新型专利5项。

【医疗器械研究检验业务】加强检验检测能力建设。医疗器械研究检验中心通过国家检验检测机构资质认定（CMA）及中国合格评定国家认可委员会（CNAS）实验室能力扩项及复查评审，新扩40个大类、263个参数的检验检测能力，现已具备55个大类、595个参数的检验检测能力。2020年接受送检测试样品33710件，出具报告530份，其中资质报告116份。年收入395万元，其中校内测试收入274万元、校外测试收入121万元。大型仪器使用机时超过1400小时/年，全年检测及时率99.60%，检测差错率0.94%。

推进专业检测实验平台建设。动物实验中心完成400平方米实验室的改造装修，完成兔自动清污系统、豚鼠饲养笼具、动物窒息器、电动升降手术台等7台仪器设备的购置、安装调试与验收工作。完成洛氏硬度计、拉扭复合试验机、电化学工作站、无菌隔离器、手动式轮转切片机等33台仪器设备的采购工作。完成1500平方米办公实验室的装修。

扩大行业影响力。开展医疗器械监管新工具、新标准和新方法的研究，承担科研项目6项，主持参与制定标准9项、医疗器械产品审查指导原则2项。参与编写《高等学校仪器分析方法通则及校准规范（一）》，参与中国市场监管总局2020年"双随机、一公开"检查工作及口罩和防护服的应急现场评审工作。

完善内部管理，制定规章制度3项。加强业务交流，主办2020年度实验病理学公益网络学习医疗器械专场1次，组织仪器设备知识讲座3次、内部培训32场，参加外部培训20批次、外部技术交流和评审13场。晋升工程技术系列教授级高级工程师1人、工程技术系列高级工程师1人。

医疗保健

【医疗服务】 全力承担新冠肺炎疫情防控主要任务，快速成立疫情防控领导小组，开展应急演练、预检分诊、发热患者处置和跟踪管理以及三人小组等工作；多频次开展大规模核酸检测、师生疫苗接种等工作；助力完成学生返校、第六届中国国际"互联网+"大学生创新创业大赛医疗保障等专项任务，确保师生生命安全和身体健康。

持续做好疫情防控常态化工作，全力恢复医疗、体检、公共卫生管理等业务，满足师生服务需求。2020年门急诊诊疗224 216人次，其中，急诊29 328人次，收治住院患者124人次，托老病人25人次；康复理疗20 130人次，天灸1440人次；检测近8万人次，B超检查7945人次，放射检查27 506人次；开展医疗保健咨询230场次。完成体检22 363人次，其中，教职工（含退休）体检7443人次，学生体检14 920人次。

【预防保健工作】 做好基本公共卫生服务。管理高血压患者1743人、糖尿病患者633人、社区精神病患者199人、恶性肿瘤患者346人。接种疫苗4191人次。做好校园内其他传染病防控管理，上报传染病病例74例，无迟报、漏报，未发生聚集性疫情。

【医疗管理】 做好大病救助和公费医疗管理工作。2020年公费医疗总支出5521万元，其中，药品返还470万元，实际支出5051万元。落实国家药品集中采购政策，科学减少药品费用。重大疾病医疗救助92人，救助总金额133.83万元。做好学生医保工作，完成2021年医保年度36 670名学生参保和1708名困难学生的免费参保工作。医院第三支部、第四支部在样板党支部成果汇报暨风采展示大赛中分获学校二等奖和三等奖。顺利通过国家卫健委组织开展的基层医疗机构"优质服务基层行"基本标准评审。推进民生工程建设，完成门诊楼和住院楼电梯加建工程并投入使用；西区门诊维修工程完成工程验收；疫情期间为方便慢性病患者，延长处方至6周用药量。

中小幼教育

【附属实验学校】 附属实验学校现有教职工130人，43个教学班，在校学生上学期1718人、下学期1688人。2020年初中部中考成绩平均分636分，700分以上26人，占比18.8%。学校获广州市民办教育党建工作示范点，在广州市第一批智慧校园实验校中期评估中获"优秀"等级，在2019届广州市天河区初中教育质量绩效评估中获一等奖，入选中央电化教育馆虚拟实验教学实验校、广州市人工智能实验校。

统筹做好疫情防控和教育教学工作。

疫情防控期间,中学部完成线上教学、复学复课、新生招录、中考等系列任务。依托信息技术,实施"云思政"。中学部组织抗"疫"主题班会活动,小学部开展线上升旗仪式活动。关注学生心理健康,搭建家校沟通桥梁,及时掌握学生思想和心理动态,开展心理健康教育,通过开设心理健康课、心理专题广播和心理咨询,确保学生身心健康。坚持开展"三礼四节"(入学礼、入队(团)礼、毕业礼、体育节、艺术节、科智节、书香节)活动,塑造活力校园文化。

加强师德师能建设。开展评教和评选"学生最喜爱的教师"活动,挖掘师德典范。开展教师师徒结对,提升教师专业素养。开展教师信息技术培训,提升教学技能。

师生获奖方面。获评天河区基础教育名教师1人、基础教育第六批"骨干教师"6人;教师获国家级奖项53人次、省级奖项47人次、市级奖项64人次、区级奖项117人次,发表论文7篇;学生获国家级奖项34人次、省级奖项51人次、市级奖项129人次、区级奖项168人次。

【幼儿园】幼儿园共有东园、西园、北园3个园区,教职工109人,设有24个幼儿班,在园幼儿579人,师生比为1:5.3。教职工本科及以上学历61人,副高职称1人,一级职称17人,二级职称19人,广州市骨干教师1人,天河区骨干教师3人,天河区名园长1人,天河区名教师2人。获评天河区幼儿园保教质量考核优秀等次(为最高等次)、天河区巾帼文明岗,连续十多年被评为天河区好园所。

抓好疫情防控。开展网格化管理,严格按照疫情防控部门对幼儿园防疫工作的要求,全面落实各项疫情防控措施,实现"零感染"。

优化幼儿课程。坚持以幼儿为中心的理念,推进幼儿课程改革,优化班级区域活动,完善户外自主游戏项目,推进幼儿科学教育。

推进规范化建设。参加天河区幼儿园保教质量考核、一级幼儿园评估,做到以评促改,以评促优,不断提高幼儿保教质量。参与省级课题2项,教师获各级奖项43人次,发表论文4篇。

广州国际校区建设

广州国际校区建设

【基本建设】进一步提升广州国际校区一期工程的环境品质，完成一期工程第二批次12栋楼宇的接收工作，总建筑面积22.88万平方米。2020年6月28日，校区二期工程作为广州市重点项目开工建设，7月15日，打下校区二期工程的第一根桩。校区二期工程总占地面积约58.7万平方米（含水域），总建筑面积约59万平方米。截至2020年底，二期工程已动工地块主体工程均已出"正负零"，其中，F1校区服务中心A栋、A5a后勤综合楼完成结构封顶，A4学生宿舍、G5人才公寓（装配式建筑）完成9层竖向构件吊装。

【人才培养】完善教育教学体系，着力打造具有高阶性、创新性和挑战度的"金课"，评审立项16门全英课程；推出"带你认识全英学习"先导课，帮助新生尽快适应全英教学；实施"开放交流时间"制度，每周安排全英课答疑时间；完善教师培训与激励体系，选派5名教师参加2020年阿德莱德大学组织的EMI教学能力培训；启动建设校区公共教学中心，推进物理、化学中心实验室建设。获教育部批准挂牌"高层次国际化人才培养创新实践基地"。

以"一站式"学生社区建设试点工作为抓手，坚持"学生永远在C位"，推进"现代书院制"+"全员导师制"探索实践，着力构建"三全育人"新格局。构建学生"党建+"新模式，营造360°思政教育，超30%的大一新生递交入党申请书，41%的大二学生被列为入党积极分子；建构多元化素质教育体系，开展品牌活动逾百期，2万余人次参与；创新评价方式，试点团学改革，"显性思政""隐性思政"同向同行；注重环境赋能，提质扩容，打造人均面积超4平方米的社区公共空间。

【师资队伍】探索与国际接轨的人事聘用体系，出台实施《广州国际校区教学系列岗位管理办法》《广州国际校区教学科研人员校内双聘管理办法》《广州国际校区教研、教学系列岗位与专业技术职务及岗位等级对应方案》等制度。全面落实"凡引必审"师德评估机制，实现师德评估全覆盖，制订实施《非华裔外国人才的师德评估方案》，2020年全年人才引进师德评估审议通过率96%。制订疫情期间人才引进工作应急预案，建立全流程云端引才工作机制，全年引进人才100%来自海内外顶尖高校、科研院所及行业企业。开展第二批管理人员招聘工作，录用管理人员11人，按需配置校区公共基础实验中心的实验教学辅助队伍，超过55%的人员具有海外一流高校学习背景或工作经历。完成校区"预聘—长聘"教职制教研系列和管理岗位人员年度考核工作。

【学科科研】规划建设战略前沿材料与智造学科平台、微纳电子平台、"生物医学＋学科平台"、人工智能与智能制造学科平台、电子显微学中心、新一代通信技术学科平台、现代工程科技学科平台等7大学科平台。完成各平台专项资金项目绩效指标制定并指导学院编制学科公共平台建设方案。推进"强院兴校"综合改革，实施学院预算经费管理"收支两条线"，统筹制订学院建设考核方案，构建学院建设绩效考核指标体系。实施《华南理工大学广州国际校区研究院建设与管理办法（试行）》，建立研究院建设论证机制。制订《广州国际校区学院预算拨款使用管理办法》《设备购置费审批流程》《科研启动费审批流程》等，加强经费管理。

【国际交流】推动学院与世界一流大学开展科研教学深度合作，创建全球性学术共同体。截至2020年底，已与40多所国外一流大学达成50余个优质海外交流项目，其中，微电子学院与比利时鲁汶大学开展"2＋2"双学位项目合作，已取得实质性进展。邀请海外师资通过线上直播等方式举办学术讲座，邀请海外高校组团参加第六届中国国际"互联网＋"大学生创新创业大赛，邀请日本科学技术振兴机构中国研究与樱花科技中心首席研究员冲村宪树先生代表东京湾区出席"互联网＋"大赛"世界湾区高等教育论坛"。

【综合管理】推进校区信息化建设，开发启用智慧后勤管理系统，上线访客预约功能，运用于校区体验周。开学迎新等活动。举办首次广州国际校区校园体验周活动，加强招生宣传力度、提高校区知名度。举办第一届柠檬音乐节，丰富学生校园生活。新引进红堡书店、轻食小屋等5家商户入驻，新开B1餐厅，提升校区生活服务水平。

党政综合管理

党政综合管理

【**重大专项工作**】助力打好校园疫情防控阻击战。坚持把疫情防控作为首要政治任务,扎实做好值班值守、后勤保障、物资采购、文件接收、材料起草、信息上报、应急演练等联防联控工作,确保各项任务"件件有着落,事事有回音",助力学校顺利通过属地管理部门的检查,推动学校取得"零确诊、零疑似、零密接、零无症状感染者"的成果。

助力开好学校第十七次党代会。全力量动员、全链条参与、全方位覆盖学校第十七次党代会筹备和召开工作,扎实做好文稿起草相关工作,先后举行各类意见征求会20余场,形成书面征求意见300余份,总结了200余条意见建议,顺利完成学校党委主要工作报告及大会系列文稿起草任务和报告汇编。认真做好报告解读工作,制作解读PPT通稿,印制文件汇编480份。协同相关部门,高质量完成参会名单、座位安排、物资保障等会务、安防及维稳工作。

助力办好"互联网+"大赛各项工作。高质量完成第六届中国国际"互联网+"大学生创新创业大赛综合协调、活动展示、服务保障各方面工作,包括起草修改各类汇报材料、大赛活动材料,修改各方往来文件等;深度参与冠亚军争夺赛、颁奖晚会、"面向未来"办学成果展和"自立自强"科技成果展等活动;制订嘉宾的接待方案和脚本演练并认真落实,做好各类人员的食宿保障、核酸检测,以及比赛现场布置等会务工作;同时完成大赛各类事项的法律咨询和合同审核工作。

【**公文管理与服务**】持续整治"文山"现象,坚决做到把数量和篇幅压下去,把质量和规范提上来,进一步加强二级单位发文管理。2020年全年发文1125份,比2019年减少35%;全年发布各类办公信息890条。扎实做好校外公文及校区间公文流转工作,全年流转文件1825份,面向全校各单位阅办外来公文18 300余份/次,收文实现高效流转。完成新版OA系统开发上线工作,增强收发文功能,扩大应用场景,更好满足用户需求。加强文稿起草工作,全年共起草大型文稿在内的各类文稿300余篇,近100万字。完成学校年鉴2017、2018的编辑出版工作。

【**会议管理与服务**】加强会务管理与服务,牵头组织完成各类会议和活动80余次,协调校领导出席各类会议活动100余次。严格执行公务接待标准,在各项公务接待活动中厉行节约,确保规范。认真做好学校党政会议会务工作,组织召开党委常委会会议28次、校长办公会会议12次。加强场馆归口管理,承办各类会议2000余场。

【综合事务管理】优化师生服务,引入天河政务自助一体机,让师生在"家门口"直接办理政务服务业务。打造学生报到和离校的"一站式"服务,线上线下办事大厅服务毕业生 25 439 人次、新生 8925 人次。优化办事流程,新增服务事项 50 项,累计提供 375 项服务,服务师生 165 000 余人次,师生总体满意率达 99.91%。全年加盖学校各类印章约 40 万次,用印人数 15 000 人次,刻制印章 23 枚。

【信访督办和维稳工作】加大督办落实力度,加强学校与部省市区的联系,进一步落实人才公寓、阳光城、五山校区南北隧道等重大民生工程;加强专项督办,作为学校牵头单位,落实党中央重大教育决策部署的自查及整改工作,以及主题教育整改落实情况的督查;协助推动校内巡察规范化建设。校领导接待日实行预约制,2020 年受理各类信访 233 项,办结 223 项,办结率 95.70%。

【保密工作】构建保密工作长效机制,制订或修订保密基础管理制度 11 项。推进保密业务归口管理,健全保密管理体系。完成涉密领域的国产化替代,实现涉密信息化安全可控。开展保密教育培训,提高保密意识。

【法律事务工作】推进依法治校,完善法治工作领导机制,实行重大事项的合法性审查。加强对外签署合同审查管理,对近 100 份重大合同进行会审;处理民事、行政诉讼和劳动争议仲裁案件 13 件,处理各类法律文书 17 份;落实民法典普法"全屏"计划。

【信息报送】编写《高教动态周报》20 期。加强信息报送,全年向教育部报送教育信息 66 篇,获教育部采用 6 篇;报送决策信息 172 篇,同比增长 43%,获采用 55 篇,同比增长 77%。学校连续四年获教育部教育信息工作先进单位,连续三年获全省党委系统信息工作先进单位。

【信息公开工作】优化信息公开网设置,完善信息公开目录,提升信息公开精细化程度。全年审查公文信息公开属性 267 份,在信息公开网主动公开公文类信息 82 条;处理信息公开申请 4 项,均于法定期限内予以答复。推进二级单位信息公开,通过日常监督和专项检查相结合的方式,加强信息的精准推送,提升信息公开的及时性、有效性和针对性。

【机关党委工作】强化组织建设,在第二轮巡察 7 个巡察组设立临时党支部;抓好党员教育培训,组织党员 170 余人次参加各类学习。加强作风建设,围绕落实首问负责制、出勤制度和"过紧日子"执行情况、车辆违规停放等,对党政职能部门开展机关作风检查。

【大学城校区管理与服务】打好疫情防控战。疫情管控全方位覆盖校园,严格测温查证,在各出入口及各学生宿舍设置临时观察室 22 间,筑牢校区疫情防控防线。多次联合演练,提高防范和应急处置能力。加强消毒消杀,开展形式多样的防疫宣传。升级技防手段,上线大学城校区电子通行证系统。成立华南理工大学党员突击队大学城校区分队,充分发挥党员先锋模范作用。

加强校园日常运行管理。全年日常治安巡查约 6000 人次,无人机航拍巡查 33 次,处理师生遗失报案 17 宗,新建电动自行车集中充电点,校区秩序平稳。美化环境,确保推行"物联网+垃圾分类"的新模式,引进智能分类回收机;新种植开花植物 1300 余株,铺设草皮 6000 平方米;打造文化景观石、孔子文化园等人文景观。服务教学科研,保障设施运行,完成 B4、B6 及图书馆用电增容项目,启动医学院大楼高低压配电房项目，投入经费185万元改善学生宿舍环境，完成教学区小型维修14 407宗，学生宿舍小型维修15 587宗，自主报修系统共受理报修993项，完工率93.5%。提升场馆服务质量，提供公共会议、体育场馆服务400余场，翻新墙面3650平方米，更换地面胶1570平方米。组织参与第七次全国人口普查，完成校区16 000多名普查对象的普查任务。

助力第六届中国国际"互联网+"大学生创新创业大赛取得圆满成功。保障办赛条件，完成大赛场馆整体修缮工作，如体育馆外立面修缮、氛围灯光照明系统改造、嘉宾休息室修缮、课室翻新等。大学城校区共计接待各类嘉宾近600人、专家244人、参赛师生984人，圆满完成大赛各项任务。

学　　院

机械与汽车工程学院

【党建与思想政治工作】2020年共发展党员117人，其中，教师1人、研究生56人、本科生60人。学院共有党员1021人，其中，教工党员233人、学生党员788人（研究生643人、本科生145人）；共有党支部28个，其中，教工党支部9个、本科生党支部6个、研究生党支部13个。坚持党建工作引领学院中心工作，巩固深化"不忘初心、牢记使命"主题教育成果，履行领导班子主体责任。进一步发挥教育部"三全育人"改革试点和"全国党建工作标杆院系"培育创建的示范作用，把育人宗旨融入党建工作。加强师德师风建设，提升党员教师教书育人的意识和能力。

【学科与队伍建设】围绕一流学科建设要求，整合资源，凝练特色，形成先进制造装备设计理论与方法、精密机构及机器人技术、表面功能结构先进制造技术、精密检测与智能运维技术等学科发展方向。组织机械工程、安全科学与工程一级学科参加全国第五轮学科评估。

推进人事制度改革，加强青年教师的引进与培育，招收各类博士后19名。新入职教工6名，办理离退休手续教工6名，延聘3名；引进名誉教授和兼职教授各1名。2人获广东省自然科学杰出青年基金资助。

【教学工作】本科教学方面。推进线上线下混合式教学改革，保障课堂教学质量及各类教学活动的正常进行。完成2019级机械类525名学生大类专业分流工作。2门课程获评国家级一流本科课程，3门课程获评广东省一流本科课程。获批校级专业综合改革项目2项、教研教改项目5项、全英课程项目2项、通识课程2项、未来创新实验室2个、探索性实验项目3项、精品教材建设项目2项、课程思政校级示范课程2项、省级精品在线开放课程1门、省级教改项目2项。获批省级本科高校在线教学优秀案例奖3项、省级教学成果奖2项（含参与）。1人次获广东省第五届高校（本科）青年教师教学大赛（工科组）三等奖、2人次获校级青年教师教学竞赛优胜奖、2人次获本科教学优秀奖。1个项目获第六届中国国际"互联网+"大学生创新创业大赛全国银奖、广东省分赛金奖。

研究生教学方面。新增省级校外研究生培养基地1个、院级基地1个。9名研究生获评学校"专业硕士实践优秀研究生"，3名校外专家获学校"专业硕士课程行业专家上讲台"项目资助。

【科研工作与对外学术交流】新增科研项目415项，合同经费24 332.31万元，其中，国家重点研发计划12项，经费2565.23万元；国家自然科学基金项目22项，经费1265.73万元；广东省科技计划项目、部省产学研等各类省级项目59项，经费5437.5万元；横向项目255项，经费1.07亿元。实到科研经费1.65亿元，其中，纵向经费1.19亿元、横向经费4579.16万元。申请专利554项，其中，发明专利415项、实用新型专利139项；获授权专利340项，其中，发明专利137项、实用新型专利200项、外观设计专利3项；软件版权登记35项。出版专著、教材2种；发表三大索引论文945篇，其中，SCI收录449篇、EI收录496篇；发表中文期刊论文299篇，其中，核心期刊245篇、统计源期刊25篇、其他29篇。获部省级及以上科技奖励3项，科研人才称号2项。

加强对外学术交流与合作。推动高层次博士生联合培养项目，派出18名学生参加公派研究生项目。新增新加坡国立大学"3+1+1"本硕项目，与意大利都灵理工大学续签硕士交换生项目，选派11名学生参与各类国际交流项目。邀请国外专家举办在线学术报告会6场次，与国外高校联合开展国际科研项目2项。

【综合管理】健全学院党政联席会议决定事项督办机制。优化公共平台建设，完成机械工程专业教学实验室环境改造，升级国家虚拟仿真实验中心平台设备。工程训练中心取得学校基础教学公共实验室（A类）认证，聚合物成型加工工程公共实验室取得学校科研共享公共实验室（C类）认证。新增设备852台件，总价值1986万元，其中，10万元以上设备48台件，价值1139万元；40万元以上设备5台件，价值291.2万元。

建筑学院

【党建与思想政治工作】2020年共发展党员58人，其中，本科生43人、研究生15人。学院共有党员627人，其中，教工党员91人、学生党员536人（研究生459人、本科生77人）；共有党支部31个，其中，教工党支部5个、研究生党支部23个、本科生党支部3个。加强政治理论学习，贯彻落实"第一议题"制度。开展基于专业特色的"建院筑梦"党建品牌活动，建立党建工作室。组织参加粤北坪石华南教育历史研学基地建设，承担学院办学旧址的保护方案设计。学院承担的首批全国党建工作标杆院系和全省党建工作标杆院系顺利通过验收。1名干部获2020年云南省临沧市脱贫攻坚先进个人，1名教师挂职广西大学，2名学生参加"大学生志愿服务西部计划"。坚持党委书记、学院院长每学期为学生上"思政第一课"，有效推动学生思想政治教育。

【学科与队伍建设】组织建筑学、城乡规划、风景园林学3个学科参加第五轮学科评估。

实施《建筑学院Tenure Track人事聘用制度改革方案》。1人入选广东省南粤杰出人才，1人获批"广东省先进女职工"。获聘任正高职称2人，副教授5人，1名教师获公派出国访问资格。

【教学工作】本科教学方面。"建筑设计""城市规划原理""建筑美学""种植设计"4门课程入选教育部首批国家级一流本科课程。建筑学和城乡规划专业以优秀成绩通过住建部专业教育评估。获广东省教学成果一等奖1项。1名教师获学校青年教师本科课堂教学竞赛二等奖,4名教师入选学校教师教学荣誉体系奖。获批大学生创新创业训练计划项目国家级4项、省级2项。

研究生教学方面。建筑学、城乡规划、风景园林3个专业参加专业学位评估。中意合作建筑学专业硕士项目完成首次招生30名。选派6名博士生参加国家留学基金委国际化研究领军人才培养项目。指导研究生参加各类学科竞赛,获第十二届"挑战杯"中国大学生创业计划竞赛银奖1项。

【科研工作与对外学术交流】新增科研项目合同总经费1.05亿元,实到科研经费7289万元。新增各类科研项目225项,其中,国家重点研发计划政府间国际科技创新合作专项1项、国家自然科学基金项目8项、国家社科基金项目1项、广东省科技计划项目14项。申请专利21项;获授权专利29项,其中,发明专利7项、实用新型专利15项、外观设计专利7项。出版专著2种;发表各类论文181篇,其中,中文核心期刊论文25篇、科技核心刊物论文26篇、SCI及EI收录论文18篇。获中国风景园林学会科技进步奖二等奖1项、三等奖1项,规划设计奖一等奖1项、三等奖2项。获中国城市规划协会2019年度优秀城市规划设计奖6项、广东省优秀城乡规划设计奖25项。获中国工程建设标准化协会标准科技创新二等奖1项。《南方建筑》入选高质量科技期刊目录。4个工程技术研究中心通过广东省科技厅开展的动态评估。粤港澳大湾区规划创新研究中心获评"优秀"级广州市人文社科重点研究基地。获批建立华南理工大学乡村振兴与发展研究院。

对外学术交流方面。获批省级海外名师项目3项、校级海外名师项目9项、"国际学者无界讲堂"1项。举办中国城市规划学会学术季专题论坛、2020年中国风景园林教育大会等大型学术会议,全年举办线上和线下学术讲座30场,举办展览5场。

【综合管理】完成实验教学中心改造,增设木工实验室、混凝土建造实验室,新增试验场地面积400平方米,为未来实验室建设创造条件;开发实验中心管理系统,实行线上预约。确定27号楼修缮方案。密切联系群众,通过教职工大会、教师代表座谈会、党外人士座谈会等会议,听取意见建议,做好重大决策前调研。探访退休、患病教工,组织工会活动、运动会。开展系列校友活动,包括接待校友返校、走访校友及校友企业等。

土木与交通学院

【党建与思想政治工作】2020年共发展党员121人,其中,本科生75人、研究生46人。学院共有党员772人,其中,教工党员162人、学生党员610人(研究生467人、本科生143人）；共有党支部30个，其中，教工党支部8个、研究生党支部17个、本科生党支部5个。加强政治理论学习，开展集中学习13次。"双带头人"教工党支部书记工作室获广东省党建品牌建设项目；交通运输工程党支部与广州市政院设计六院党总支签约校企共建项目。坚持党委书记、学院院长每学期为学生上"思政第一课"，有效推动学生思想政治教育。

【学科与队伍建设】组织土木工程、交通运输工程、力学和船舶与海洋工程4个一级学科参加第五轮学科评估。

加强人才引育，2人入选海外高层次引进人才青年项目，1人入选国家万人计划青年拔尖人才，1人入选广东省珠江人才计划，1人获批广东省杰出青年基金，1人入选广东省特支计划青年拔尖人才。

【教学工作】本科教学方面。做好疫情期间教学工作，线上教学及考试有序进行，开设195门线上课程；"交通规划"课程获广东省疫情期间在线教学优秀案例一等奖。获批国家一流专业建设点1个、省级一流专业建设点3个、国家"金课"2门、省级"金课"4门。获批广东省课程思政示范团队1个，获批校级课程思政示范团队5个，校级课程思政示范课程2门；获省级教学改革和建设项目3项、校级教学改革和课程建设项目16项。1名教师获南光卓越教学奖，3名教师获校级教学优秀奖。本科生获部省级以上竞赛奖5项，其中，国际级1项、国家级4项；获批各级"大学生创新创业训练计划"项目109项。

研究生教学方面。获批广东省研究生教育创新计划项目1项，行业专家上讲台项目9项；获部省级及以上科技竞赛奖16项。研究生培养质量持续提升，全日制硕士和博士学位论文送审返回的重大修改意见，分别比2019年下降16%和2%。

【科研工作与对外学术交流】2020年到校经费1.07亿元，其中，纵向3006万元、横向7678万元。新增立项项目440项，其中，国家级项目17项、纵向项目73项。申请专利231项，其中，发明专利140项、实用新型专利91项；获授权专利164项，其中，发明专利53项、实用新型专利111项；软件著作权24项。发表SCI论文172篇。获教育部科技进步一等奖1项，广东省科学技术二等奖3项。5个工程技术中心顺利通过广东省科技厅评估，土木与交通检测中心完成2020年度资质认定等工作，成功申报广东省现代土木工程技术重点实验室。

对外学术交流方面。邀请6位境外专家参与指导毕业设计，2个境外公司组织2天的线上实习；邀请海外名师线上授课4门，举办海外名师线上讲座6场。举办第二届土木工程新材料及新型结构学术会议。

【综合管理】强化制度建设，制订和修订规章制度6项。完成广州市高校"互联网+交通运输"众创平台建设立项，完成广州国际校区华南岩土工程研究院大楼的建设和装修工作，完成广州国际校区二期建设项目离心机实验室的设计工作。搭建校友交流沟通和合作平台，更新学院"校友查询管理系统"。做好校友访校的接待、访谈、交流、捐赠等工作。

电子与信息学院

【党建与思想政治工作】2020年共发展党员78人，其中，本科生56人、研究生22人。学院共有党员610人，其中，教工党员109人、学生党员501人（研究生404人、本科生97人）；共有党支部28个，其中，教工党支部6个、研究生党支部18个、本科生党支部4个。严格落实党政联席会议事规则、党委会议事规则，切实保证党委会议在学院重要工作、重大事项等方面发挥主导作用。选优配强党支部书记，定期开展支部委员培训。以"红色旋风"思政品牌活动为抓手，开展各类学生活动。建立"学生－辅导员/班主任－家长"密切合作机制。健全心理健康教育工作机制，开发及优化智慧心理健康测评系统。

【学科与队伍建设】成立学院第五轮学科带头人评估工作组，总结学科优势和特色，凝练4个有代表性的学科方向，完成学科评估报告。

加强人才引育。推进实施《电子与信息学院Tenure Track人事聘用制度改革方案》，完善师资队伍培育体系。培育国家优青1名、广东省杰青1名，引进预聘助理教授2名。

【教学工作】本科教学方面。新增1门省级线下一流本科课程，1门课程获省级在线教学优秀案例一等奖，1个项目获2020中国高等教育学会工程教育专委会"新工科研究与实践项目"优秀案例。获批校级教研教改新工科项目2项、面上项目1项、青年专项1项、探索性实验项目1项。1名教师获第四届高等学校电子信息类专业青年教师授课竞赛决赛三等奖。学生获部省级以上荣誉178人次，其中，国家或国际级奖项97人次、部省级奖项81人次。

研究生教学方面。完成电子信息类别工程博士培养方案修订。落实导师岗位责任制，实现招生资源优化配置，完成年度招生资格审核。获批校级电子信息类2021年工程博士跨领域协同育人项目2项（牵头单位）。

【科研工作与对外学术交流】2020年实到科研经费4092.67万元，其中，纵向2794.05万元、横向1298.62万元。新增立项项目112项，项目合同经费8986.18万元，其中，国家级项目21项、部省级项目15项。申请专利332项，其中，发明专利279项、实用新型专利40项，国际专利13项，软件著作权1项；获授权专利323项，其中，发明专利240项、实用新型专利82项。发表SCI论文170篇，EI论文40篇。1名教授获"中国电子学会十佳优秀科技工作者"。与地方政府、知名企业建立联合实验室5个。

对外学术交流方面。获批"海外学术大师来访资助项目"4项。师生参加学术会议、讲座等学术交流活动163人次。邀请海内外著名学者、杰出校友做学术报告、讲授学分课程。

【综合管理】加强建章立制，制订或修订各类制度7项。参与制订逸夫科学馆改扩建方案。充分发挥工会、教代会在学院发展与建设中的参与和监督作用，推进学院民主管理和院务公开。举办校友返校日云返校活动，接待5个班级200余校友返校。

材料科学与工程学院

【党建与思想政治工作】2020年共发展党员95人，其中，教师1人、研究生38人、本科生56人。学院共有党员954人，其中，教工党员227人、学生党员727人（研究生635人、本科生92人）；共有党支部40个，其中，教工党支部9个、研究生党支部27个、本科生党支部4个。发挥党委政治核心作用，落实"三重一大"决策制度，召开学院党委会会议13次、党政联席会议22次。推动党支部之间多形式联合开展主题党日学习活动。光电材料党支部获"全省党建工作样板支部"建设并通过验收。强化师德师风建设，引领各群团组织积极发挥作用。打造"彩愿"材料节、团旗飘扬、麟鸿研究生文化节等学生品牌活动。

【学科与队伍建设】材料科学与工程学科ESI排名居全球前0.38‰，世界排名第36位，软科世界一流学科排名升至第37位。

加大人才引育力度。制定《材料科学与工程学院Tenure Track人事聘用程序细则》，大力引进有发展潜力的青年人才。3人获国家自然科学基金优秀青年科学基金，1人获广东省杰出青年基金。9人次入选全球高被引科学家。

【教学工作】本科教学方面。整合电子科学与技术、光电信息科学与工程（光电器件）2个专业为"功能材料"专业，并开始招生。"高分子物理""材料与社会"获首批国家级一流本科课程，"无机非金属材料工艺学""高分子材料成型加工基础"获省级一流课程。立项资助4种教材的编写；通过教学工作坊提升教师教学水平；推进工程教育专业认证各项工作。获批各类教研教改项目5项，其中，国家级1项、省级1项、校级3项；获校级探索性实验项目4项；教师发表教研论文4篇。教学成果方面，获校级南光教学卓越奖1项、教学优秀奖2项。学生研究与创新方面，获国家级大学生创新创业训练计划19项、广东省科技创新战略专项资金（"攀登计划"）2项；参与中国国际"互联网+"大学生创新创业大赛项目55项；获学科竞赛奖31项，其中，国际级4项、国家级7项、部省级20项；本科生发表学术论文43篇，参与申请专利55项。先进材料国际化示范学院推进全英专业建设，新增1门全英慕课；与阿卜杜拉国王科技大学等5所海外知名高校签订学生联合培养协议。

研究生教学方面。基于学科发展需求，调整研究生基础课程设置；增设通选课"思维与逻辑学"；与跨国企业合作增设专硕全英选修课"环境保护与可持续发展"。1名教师获"教师教学荣誉体系"教学优秀奖。

【科研工作与对外学术交流】2020年实到科研经费3.64亿元，其中，纵向31 626万元、横向4794万元。新增立项项目286项，项目经费2.3亿元，其中，国家级项目71项（含国家重点研发计划项目牵头1项，国家重点研究计划课题牵头2项，国家自然科学基金重大项目1项）、部省级项目52项。申请发明专利

310 项、实用新型专利 15 项、国际专利 20 项；获授权专利 376 项，其中，发明专利 326 项、实用新型专利 50 项。发表 SCI 论文 1032 篇、EI 论文 842 篇、ESI 论文 236 篇。2 篇入选 2019 年"中国百篇最具影响国际学术论文"。获广东省科学技术发明奖一等奖、广东省自然科学一等奖、广东省科学技术突出贡献奖、中国产学研合作创新成果奖二等奖各 1 项。

加强对外学术交流。举办"材料科学前沿论坛"暨发光材料与器件国家重点实验室"发光明师讲堂"系列学术讲座、2020 中国显示学术会议、第四届水泥混凝土青年科学家沙龙等活动。

【综合管理】成立光电材料与器件系，厘清教学管理架构。举办首届实验室安全知识竞赛，强化实验室安全管理。推进基本实验条件改造工程，对实验室进行标准化改造，建设研究生公共自习室，完成 28 号楼实验室排风系统改造工程。2 个实验室获校级公共平台认证。举办"凝聚·同行"师生与校友共庆元旦迎新年活动、博士后交流沙龙、欢送毕业生等活动。联系校友抗疫募捐，保障防疫物资的储备和发放。新增"吴小兰慈善助学金"等各类捐赠金 148 万元。

化学与化工学院

【党建与思想政治工作】2020 年共发展党员 84 人，其中，本科生 47 人、研究生 37 人。学院共有党员 827 人，其中，教工党员 174 人、学生党员 653 人（研究生 527 人、本科生 76 人、毕业生 50 人）；共有党支部 29 个，其中，教工党支部 5 个、研究生党支部 20 个、本科生党支部 2 个、毕业生党支部 2 个。严格落实民主集中制，认真贯彻"三重一大"决策制度，全年召开学院党委会会议 9 次、党政联席会议 7 次。加强政治理论学习，理论学习中心组学习 8 次。认真落实"三会一课"，线上通过微党课、"抗疫网文"等专题活动，不断创新组织生活形式。组织师生线下参观红色景点、观看扶贫电影等，在实践中强化党性修养、端正师风学风。教工第三党支部获广东省党建工作样板支部培育创建项目立项、获党支部书记素质能力大赛三等奖、获样板党支部风采展示大赛决赛一等奖。

【学科与队伍建设】促进化学与化工学科的交叉融合，提炼学科特色及亮点。稳妥利用"双一流"学科建设经费，购置大型仪器设备，改善学科平台教学科研条件。完成化学一流学科建设周期现场论证及监测数据报送。筹划化学工程与技术和化学 2 个学科的学科评估工作。

坚持引育并举，不断扩充学院高层次人才队伍。全年新增国家优青 4 人，引进国家优青 1 人，引进教师 5 人，引进 Ⅰ、Ⅱ、Ⅲ类博士后 22 人。

【教学工作】本科教学方面。加强在线教育教学，强化教师在线授课技术和方法的培训，完善线上教学保障措施等。化学专业入选教育部"强基计划"，化学工程与工艺和应用化学 2 个专业入选国家一流专业，"化工设计"入选首批国家级一流本科课程，"化工设计""化工原理"入选首批省级一流本科课程。教师获省青年教师本科课堂教学竞赛理科组一等奖 1

项，获省本科高校在线教学优秀案例（课程类）二等奖1项，获广东省课程思政示范团队1项，出版《制药工程专业实验》等10种教材，发表教研论文12篇。全年共组织264人次学生参加69个课外科技项目，其中，"芥山科技——全固态高能量安全锂电池领先者"项目获第十二届"挑战杯"中国大学生创业计划竞赛银奖。

研究生教学方面。获批行业专家上讲台计划资助项目4项。新增省级全日制专业学位硕士实践基地1个。3人获评广东省优秀研究生。

【科研工作与对外学术交流】2020年实到科研经费3640.99万元，其中，纵向2405.37万元、横向1235.62万元。新增立项项目175项，合同经费超过1亿元（同比增长4.18%），其中，国家自然科学基金项目35项，合同经费3764.8万元。申请发明专利154项、实用新型专利8项；获授权专利237项，其中，发明专利201项、实用新型专利36项。发表三大索引论文561篇，在化工、化学和工程热物理领域的顶级期刊发表论文39篇，其中，1篇论文入选2019年"中国百篇最具影响国际学术论文"。

加强对外学术交流。成功举办"四校无机学科前沿暨教学研讨论坛"等学术交流会议，召开"传热强化与过程节能教育部重点实验室第四届学术委员会第一次会议"线上会议。邀请国内外知名专家22人次作学术讲座和报告。

【综合管理】加强公共环境及实验室安全建设，完成学生工作办公室装修改造、15号楼通风系统建设工程及教学实验室修复改善工程，推进北区化机3号楼的修缮、环境建设及消防安全建设。严格执行《化学与化工学院实验室安全管理规定》，开展安全教育，组织消防灭火演练等，加强安全管理工作，全年未发生实验室安全事故。

轻工科学与工程学院

【党建与思想政治工作】2020年共发展党员36人，其中，本科生22人、研究生14人。学院共有党员313人，其中，教工党员81人、学生党员232人（研究生193人、本科生39人）。严格落实党政联席会议事规则、党委会议事规则，切实保证党委会议在学院重要工作、重大事项等方面发挥主导作用。充分发挥党员的先锋模范作用，1个党支部获"广东青年五四奖章集体提名"。开展"纸为你服务"系列党建品牌活动。坚持"优生源""优服务""优学风"，以学生思想教育为切入点，开展各类线上有关思政、学风建设的活动。

【学科与队伍建设】完成轻工技术与工程一流学科建设周期自评，准备第五轮一级学科评估工作。落实国家重点实验室整改工作，优化国家重点实验大楼整体布局，合理调整学科研究方向及固定研究人员组成。

全年引进预聘助理教授3人，新增博士后10人，其中，Ⅰ类4人、Ⅱ类4人、Ⅲ类2人，1人获博士后创新人才计划（全校唯一），1人获国家自然科学基金青年科学基金，1人获中国博士后科学基金特别资助，1人获中国博士后科学基金面上资助。

【教学工作】本科教学方面。加强在线教育教学，强化教师在线授课技术和方法的培训，完善线上教学保障措施等；启用毕业设计线上指导模式，本科课程教学质量平稳。新增国家级一流课程1门，获教育部轻工类教指委规划教材认定的教材4种，获批省级教研教改项目2项。学生获批国家级大学生创新创业训练计划项目8项、广东省大学生创新创业训练计划项目4项。

研究生教学方面。落实研究生招生指标绩效分配制度，加强对研究生高水平论文的引导，修订研究生培养的相关规则和制度，在奖学金评定、学位论文免盲审和学位申请等方面优先支持高水平论文。研究生参加部省级及以上科技竞赛获奖6项，其中，国际级1项、国家级4项、部省级1项。

【科研工作与对外学术交流】2020年新增纵向项目51项，合同经费6972万元，实到经费7438万元；新增横向项目56项，合同经费2749万元，实到经费1331万元。申报国家自然科学基金面上项目19项，获批4项；申报国家自然科学基金青年项目15项，获批3项。发表三大索引论文336篇，其中，SCI论文166篇、EI论文170篇；出版英文专著1种、教材1种，参编国家"十三五"规划统编教材1种。申请专利95项，其中，发明专利86项、实用新型专利9项；获授权专利116项，其中，发明专利96项、实用新型专利19项、外观设计1项。1人获中国造纸学会第四届"蔡伦科技奖"。开拓与中国印钞造币总公司的战略合作，商讨共建联合实验室。

对外学术交流方面。线上举办纤维素材料学术前沿研讨会和第189期蔡伦学术论坛，吸引国内外科研院所、企业等单位近7000人参加。联合主办2020年中国印刷包装学术年会。与法国格勒诺贝尔国立理工学院签订联合培养及合作交流协议。

【综合管理】推进造纸与污染控制国家工程研究中心北区实验室改造。新增设备374台，总值1712万元。排查并整改实验室安全隐患400余条；组织危化品安全管理专项检查，开展实验室安全培训，开展消防灭火、疫情防控及化学品泄漏应急演练。加强校友联系，走访优秀校友企业，与校友企业在人才培养、学生就业实习等方面加强合作。充分发挥工会、教代会在学院发展与建设中的参与和监督作用，推进学院民主管理和院务公开。

食品科学与工程学院

【党建与思想政治工作】2020年共发展党员56人，其中，本科生30人、研究生26人。学院共有党员619人，其中，教工党员85人（含博士后党员14人）、学生党员534人（研究生464人、本科生70人）；共有党支部15个，其中，教工党支部5个、研究生党支部9个、本科生党支部1个。开展党委理论学习中心组学习17次，邀请专家专题辅导1次，与省科技厅联合开展主题党日学习活动1次。

做好疫情防控工作，采取"线下统计+后台导入"的方式加强管理，46名学生党员以不同的方式参与家乡抗疫工作。组织师生观看红色主题电影、国家勋章和国家荣誉称号颁授仪式、高校党组织战"疫"示范微党课等，学生党支部开展2个系列读书活动。学院党委入选"全省党建工作标杆院系"培育创建单位，轻化工研究所教工党支部入选"全省党建工作样板支部"培育创建单位，轻化工研究所教工党支部书记胡松青教授获广东省抗击新冠肺炎疫情先进个人。1人获广东高校辅导员年度人物。

【学科与队伍建设】 食品学科在2020"软科世界一流学科排名"中位列全球第4名。在美国新闻与世界报道学科排名中，农业科学排名跃升至全球第三名，学院对农业科学学科贡献率超过83%；农业科学ESI全球排名由39位提升至33位。3人入选2020年科睿唯安农业科学领域全球"高被引科学家"名单。

出台并实施"预聘—长聘"人事聘用制度改革方案。获广东省杰青项目1项，1人获广东省"五一劳动奖章"及广东省先进女职工称号。

【教学工作】 本科教学方面。食品质量与安全专业获省级特色专业建设点，"食品加工与保藏原理"获批国家一流课程，"食品微生物学""食品分析"获批省级一流课程。采用线上线下混合式、虚拟仿真等多种形式的教学模式，提升课程内涵建设，3门MOOC获省级在线开放课程，2门获省级线上线下混合式开放课程。强化实践教学，获国家级创新训练项目5项、省级创新训练项目2项，获省级教研教改项目2项，新增校外名企实习基地2个、省级大学生实践教学基地1个。推进教学改革，发表教研教改论文2篇，获校级"十三五"教材立项1项，新增2门理论课进行小班教学，实验课全部实现小班教学。学生获第六届中国国际"互联网+"大学生创新创业大赛金奖3项、银奖2项，获第五届全国大学生生命科学创新创业大赛特等奖1项、一等奖4项。

研究生培养方面。修订2020级研究生培养方案，制定工程博士指标分配方案。获批广东省研究生联合培养基地1个。与新加坡国立大学达成"3+1+1"本硕联合培养协议，与荷兰瓦格宁根大学、代尔夫特理工大学合作建立CSC中荷食品科学与工程国际化创新型人才联合培养博士生基地。

【科研工作与对外学术交流】 2020年实到科研经费7286万元，其中，纵向经费5901万元、横向经费1385万元。新增立项项目122项，合同经费4882万元，其中，国家级项目12项、部省级项目35项。申请发明专利87项、实用新型专利2项，国际专利12项；获授权发明专利119项、实用新型专利4项、外观设计1项。发表SCI论文286篇，EI论文211篇，CPCI-S论文15篇。新增ESI高被引论文23篇，SCI论文单篇引用率达17.68。获国家技术发明二等奖1项（排名第二），广东省科技进步一等奖1项、二等奖2项。

对外学术交流方面。利用线上资源，开展各类学术交流30余次。获批广东省海外名师项目9项和校级海外名师引智项目3项；派出研究生出国深造9名。

【综合管理】 完成13号楼及麟鸿楼通风系统改造工程，自筹配套经费实施13号楼楼面防水修缮工程。完成大化平台二期建设的设备采购工作。制定实验室专项安全管理制度6项，开展实验室安全培训和考核。调动关工委"五老"积极性，关心离退休困难教职工生活。

数 学 学 院

【党建与思想政治工作】 2020年共发展党员33人,其中,本科生25人、研究生8人。学院共有党员199人,其中,教工党员68人、学生党员131人(研究生82人、本科生49人);共有党支部11个,其中,教工党支部5个、研究生党支部4个、本科生党支部2个。加强政治理论学习,贯彻落实理论学习"第一议题"制度,推动理论学习中心组学习常态化。组织师生线下参观红色景点,观看扶贫电影等,在实践中强化党性修养、端正师风学风。推进实施"数心战役"云端思政工作体系。

【学科与队伍建设】 完善教育部第五轮学科评估申报材料,力争数学学科排名稳中有进。

人事聘用制度改革"一院一策"全面实施,启动三批次人才引进工作,引进预聘助理教授9人、长聘副教授1人。1人获由中国教师发展基金会举办的第二届杰出教学奖。

【教学工作】 本科教学方面。完成全校27 000多学时的教学任务。"微积分Ⅱ(一)"获批国家级线下一流课程,"微积分Ⅰ(全英)"获批国家级线上线下混合式一流课程,5门课程入选广东省一流本科课程,信息与计算科学专业入选广东省一流本科专业建设点。数学与应用数学专业入选教育部基础学科招生改革试点"强基计划"。申报国家"拔尖计划2.0"数学学科拔尖学生培养基地。1人获广东省青年教师教学竞赛理科组二等奖。承担大学生数学、数模竞赛的组织和培训,指导学生获美国大学生数学建模竞赛特等奖2项、特等提名奖4项、一等奖24项,获数学建模国赛一等奖1项、二等奖10项以及全国大学生数学竞赛数学类一等奖1项。学院数模团队获美国大学生数学建模竞赛冠军。

研究生教学方面。通过加大研究生招生宣传、举办夏令营等方式,提高研究生生源质量。强化研究生培养过程管理,明确研究生学习期间的学术成果要求。修订学院博导、硕导遴选细则,优化导师队伍结构。研究生学术创新能力持续提升,发表SCI论文40余篇。

【科研工作与对外学术交流】 2020年获批纵向科研项目29项,其中,国家自然科学基金9项(重点专项1项、面上项目5项、青年项目2项、其他项目1项),部省级项目14项(重点项目3项、博后特别资助1项、其他项目10项)。发表科研论文110余篇,其中,三大索引论文100余篇,部分论文发表在行业内顶级刊物。获广东省自然科学一等奖1项、二等奖1项。

对外学术交流方面。持续推进与英国伯明翰大学、爱丁堡大学等世界知名高校建立"3+1+1""2+2"联合培养项目。邀请国内外专家讲学108场。举行系列学术报告会11场、小型学术研讨会2场,引智项目短期讲学3次,举办学术讨论班30余个、专家短期讲学11次。教师参加国内外学术会议40余人次,应邀作学术报告28场。

【综合管理】 完成学院"十四五"规

划编制工作。助力办好第六届中国国际"互联网+"大学生创新创业大赛,完成"智投未来"资源对接会活动。通过座谈会、节日走访、帮困慰问等多种形式关心教职工生活,增强凝聚力。做好校友联络工作,新设立"英利奖学金""良师益友奖教(学)金"。

物理与光电学院

【党建与思想政治工作】2020年共发展党员45人,其中,本科生31人、研究生14人。学院共有党员190人,其中,教工党员67人、学生党员123人(研究生67人、本科生56人);共有党支部9个,其中,教工党支部4个、研究生党支部4个、本科生党支部1个。建立健全党委理论学习中心组、党委会议"第一议题"学习制度,举行理论学习22场。以"规范化建设"为主题,优化党支部设置,加强党建品牌建设,本科生党支部被列入学校样板党支部,获学校样板党支部评比二等奖。加强师德师风教育,举行师德师风专题辅导报告2场次。开展"砥砺奋进·格物致理"思想政治教育品牌系列活动25场。

【学科与队伍建设】物理学科在QS世界大学学科排名中,位居全球401—450区间。

加强人才引育,引进预聘副教授3人,新增广东省杰出青年科学基金获得者2人。

【教学工作】本科教学方面。虚拟仿真实验教学课程入选首批国家级一流本科课程,光学、计算物理和大学物理实验3门课程入选广东省一流本科课程。完成大学物理、大学物理实验、电子工艺实习三门公共基础课教学任务。获批部省级教研项目3项,校级教研项目15项。教师出版教材1种,2位教师获学校"教师教学荣誉体系"教学优秀奖。

研究生教学方面。继续与中国科学院物理研究所联合举办优秀大学生暑期夏令营活动,提高研究生生源质量。加强研究生导师队伍建设,严格审核研究生导师招生资格。研究生培养成效稳步提升,研究生发表论文44篇,其中,SCI/EI收录论文42篇。

【科研工作与对外学术交流】2020年新增各类科研项目33项,合同总经费3023.4万元,其中,国家自然科学基金项目10项(中德合作交流项目1项、国家自然科学基金面上项目4项、青年项目4项、理论物理专项1项),研究经费511万元;广东省重点领域研发计划项目1项,研究经费800万元;广东省科技计划项目——特支计划项目1项,研究经费450万元;广州市科学研究专项重点项目1项,研究经费1000万元。发表三大索引论文124篇,其中,SCI论文118篇、EI论文6篇。申请专利29项,其中,发明专利27项、实用新型专利2项;获授权发明专利28项。人工微结构材料与器件团队分别在 Nature Communications、Physical Review Letters 上发表最新重要研究成果;计算物理团队与澳大利亚皇家墨尔本理工大学(RMIT)合作成果在 Physical Review Letters 上发表。

对外学术交流方面。主办国际、国内学术研讨会各1场,邀请国内外专家学者讲学11场次,教师45人次参加国内学术会议。

【综合管理】贯彻执行民主集中制,落实党委会、党政联席会议事规则,做好民主管理和民主监督。支持工会开展群众性文娱体育活动,组织教工参加各类文体活动等。关心教职工身心健康,组织94名教职工参加体检;慰问帮扶100人次。改善办公和工作环境,18号楼安装门禁系统。

经济与金融学院

【党建与思想政治工作】2020年共发展党员88人,其中,教工2人、研究生13人、本科生73人。学院共有党员299人,其中,教工党员64人、学生党员235人(研究生140人、本科生95人);共有党支部15个,其中,教工党支部4个、研究生党支部7个、本科生党支部4个。加强政治理论学习,贯彻落实理论学习"第一议题"制度,推动理论学习中心组学习常态化。落实"三会一课",创新组织生活方式,金融系教师支部获评省级样板党支部。注重在理想信念、理论学习、实践服务、榜样力量和成长收获五个方面,持续增强学生思想政治教育的时代感和吸引力。1人获广东省优秀共青团员,1人获广东省大学生年度人物提名奖。

【学科与队伍建设】应用经济学一级学科博士学位授权点评估合格,应用经济学进入"软科世界一流学科排名"前20%。

做好人才引育工作。编制高质量人才引进工作方案,推荐各类人才项目7人次,2位专任教师在海外访问学习。选派2名青年教师校外挂职。

【教学工作】本科教学方面。健全本科教学管理制度,制订辅修外聘教师教学管理条例、考试监考管理办法、研究生助教管理办法等。1门课程入选省级一流本科课程,开设金融科技专业,开办第一届建行金融科技菁英班和第三届汇丰金融科技精英班。获省级教育教学成果奖1项,获第六届中国国际"互联网+"大学生创新创业大赛金奖1项,获第十二届"挑战杯"中国大学生创业计划竞赛金奖1项。

研究生教学方面。推进研究生导师遴选制度改革,新增博士研究生导师1名,硕士研究生导师2名,增聘、续聘校外专业硕士研究生导师37名。推进研究生培养机制改革,落实博士研究生招生申请考核制度,完善导师资助和研究生奖学助学机制。完善研究生招生管理制度,加强对招生报名、初试、复试和录取各关键环节的程序规范。

【科研工作与对外学术交流】2020年实到科研经费664.09万元,其中,纵向经费359.44万元、横向经费314.65万元。新增纵向项目31项,其中,国家自然科学基金项目2项、国家社科基金项目3项、省部级项目14项;新增横向项目27项。发表各类期刊文章88篇,其中,SSCI/SCI索引21篇、CSSCI索引44篇。获批"跨境金融创新研究中心"省级智库,广州城市创新研究中心、供应链金融研究中心通过验收。

对外学术交流方面。打造"经济与金融前沿论坛""经济与金融实务论坛"学术活动品牌,开办学术午餐沙龙,以线上、线下方式开设前沿论坛5次、实务论坛7次。邀请外籍专家开设"国际学者无界讲堂"系列在线讲座7人次,海外名师网络讲授全英课程4门。

【综合管理】 2020年7月,获批成立经济与金融学院。完成学院办公室整体搬迁、重要区域标识系统的更新和挂牌。提升管理服务水平,优化工作流程。科学规划办公大楼整体布局,制订教师办公用房改造方案、智慧教室及智慧会议室建设方案。加强安全检查教育,做好网络安全、消防安全等日常管理工作。

旅游管理系

【党建与思想政治工作】 2020年共发展党员15人,其中,本科生11人、研究生4人。学院共有党员63人,其中,教工18人、学生45人(研究生28人、本科生17人);共有党支部5个,其中,教工党支部3个、研究生党支部1个、本科生党支部1个。完善支部建制,调整支部构成,落实支部组织生活制度,组织观看党建微党课视频、影片,举办解读《民法典》专题辅导报告会等。坚持系负责人每学期为学生上"思政第一课",有效推动学生思想政治教育。

【学科与队伍建设】 分析和总结学科建设成效,完成第五轮学科评估材料撰写和工程硕士专业学位评估工作。强化师资队伍建设,完成"一院一策"人才引进方案编制工作。

【教学工作】 本科教学方面。完成2020级本科专业培养计划修订工作。"酒店房务运营与管理""酒店管理原理"入选国家级一流本科课程。会展经济与管理专业获批省级一流本科专业建设点。获批广东省教研教改项目2项。校级"十三五"本科教材建设项目5项结题。4名学生在"尖烽时刻"酒店管理模拟全国大赛中获国家级二等奖,18名学生在"大学生绿色会展创新创意挑战赛"中获奖。

研究生教学方面。推行博士和硕士研究生指标绩效分配制度,全面实施博士研究生招生申请考核制。修订、完善研究生申请毕业、申请学位学术成果要求,加大学位论文质量监控力度。

【科研工作与对外学术交流】 2020年实到科研经费497.7万元,其中,纵向经费66.7万元、横向经费431万元。新增立项项目6项,项目经费57万元,其中,国家社科项目1项,广东省自然科学项目1项,广东省海外名师项目(社科类)1项,广东教育科学规划项目1项,中央高校基本科研业务费华工文库项目、重大培育项目各1项。出版著作3种。发表SSCI论文2篇、CSSIC和北大核心期刊论文6篇。

对外学术交流方面。主办中国西班牙旅游与接待业国际会议、第五届中外会展大讲堂。派出专家指导广东云浮乡村旅游智库建设和广东省文旅消费市场调查。参与云南云县对口帮扶,提交多项规划成果。

【综合管理】2020年7月，旅游管理系获批成立。推进完成一楼大厅改造设计方案和报建工作。完成中文网页设计并上线运行。组织教职工参加羽毛球、爬山等活动。落实安全消防责任，做好消防安全巡查。

电子商务系

【党建与思想政治工作】2020年共发展党员24名，其中，研究生21人、本科生3人。学院共有党员120人，其中，教工党员25人、学生党员95（研究生70人、本科生25人）；共有党支部8个，其中，教工党支部3个、研究生党支部3个、本科生党支部2个。全年召开党政联席会议8次，集中学习7次。认真落实"三会一课"，组织党员参加"重温创业路，聆听改革史"等主题活动。成立师德师风建设小组，开展师德师风建设月活动。坚持党委书记、院长每学期为学生上"思政第一课"，召开第九届团代会、学代会，有效推动学生思想政治教育。

【学科与队伍建设】参与"管理科学与工程"一级学科评估、"工程管理"专业学位点水平评估，推进"国际商务"硕士学位点水平评估。

加强师资队伍建设，制定学院"预聘—长聘"人事聘用制度改革方案。引进博士后1名。

【教学工作】本科教学方面。物流工程专业获批广东省一流本科专业。设立大数据管理与应用微专业。与行业龙头企业开展课程共建，建设实践教学基地，与多家企业达成合作意向。"网络金融"入选国家一流本科课程，开设实验课程32门。获广东省本科高校在线教学优秀案例一等奖1项、广东省教学质量与教学改革工程项目1项；新增国家创新创业计划立项5项。43名学生在各类学科竞赛中获奖，其中，获大学生大数据分析与挖掘竞赛全国二等奖1项。

研究生教学方面。修订《硕士学位论文同行专家匿名评审办法实施细则》《硕士、博士研究生申请毕业、学位取得学术成果基本要求》等规定，推行毕业与学位授予分离。修订硕士、博士研究生培养方案，完善中期考核与分流机制。修订研究生招生指标绩效分配方案，完善博士生招生申请考核制。1人获学校"教学卓越奖"（研究生）、1人获"优秀级主任"。研究生发表学术论文31篇。

【科研工作与对外学术交流】2020年合同经费300余万元，实到经费120余万元。获部省级及以上项目8项，其中，国家社科基金项目3项、国家自然科学基金项目1项、省部级科研项目4项。发表期刊论文37篇，其中，SSCI/SCI索引10篇、CSSCI索引5篇；出版专著1种；提交研究、咨询报告3篇，其中，2篇被教育部批示、采纳。获批广州市人文社科重点研究基地。

对外学术交流方面。开设管理实务论坛3场；20余名师生参加国内外学术交流、受聘讲学考察；邀请外籍专家在线讲学2人次。

【综合管理】以院系调整为契机，实施办公用房统筹规划。重新规划安排系行政办公室和教师办公室,增设档案室,设置3间实验室及2间研究生研修室。强化行政队伍建设和财务管理,提高管理和服务水平。

自动化科学与工程学院

【党建与思想政治工作】2020年共发展党员36人,其中,本科生22人、研究生14人。学院共有党员324人,其中,教工党员67人、学生党员257人(研究生51人、本科生143人);共有党支部13个,其中,教工党支部3个、研究生党支部8个、本科生党支部2个。落实理论学习"第一议题"制度,每两周进行一次集中讨论;学院领导班子成员带头讲党课5次,组织集体学习15次。加强师德师风建设,开展师德师风建设月活动和大学生思想政治教育工作,党委书记、学院院长每学期为学生上"思政第一课"。教师第二党支部入选第三批全省党建样板支部培育创建单位。搭建"AU+"学生工作体系,打造"AU红色之路"党建品牌活动、"AU大讲堂"学术科创系列品牌活动。

【学科与队伍建设】控制科学与工程学科获评广东省攀峰重点学科,在2020年"软科中国最好学科排名"中排名第23,位列全国前20%。

实施《自动化科学与工程学院预聘—长聘人事聘用制度改革方案》。聘正高职称3人、副高职称1人,招收博士后2人。

【教学工作】本科教学方面。入选教育部首批国家级一流本科课程1门、省级一流本科课程1门、广东省思政建设改革示范课程1门,获广东省思政建设改革示范团队、广东省示范性产业学院、广东省教育教学改革项目、广东省质量工程建设(特色专业)、广东省一流专业建设(智能科学与技术)各1项。获评广东省在线教学优秀案例1个,获校级教改项目2项、探索性实验项目1项,学校"十三五"规划教材结题1项。获全国创新教育指导老师奖1人、全国创新教育优秀案例1个、校级本科教学优秀奖1人。打造教学沙龙品牌,组织教学沙龙活动和教学大讲堂活动各1次。学生获国家级奖励48人次、省级竞赛奖励27项。

研究生教学方面。获批广东省研究生教育创新计划项目1个,与阿里、华为建立博士协同育人项目和硕士联合培养专项。加强全英课程建设,全英教学混合班人数增加35%。获第六届中国国际"互联网+"大学生创新创业大赛金奖1项。

【科研工作与对外学术交流】2020年实到科研经费2817万元,其中,纵向经费2310万元、横向经费507万元。新增立项项目35项,项目经费2325万元,其中,国家级9项、部省级18项。申请专利117项,其中,发明专利105项、实用新型专利12项;获授权专利164项,其中,发明专利141项、实用新型专利23项。与国家海洋局南海规划与环境研究院等共建联合培养基地。获教育部高校科研优秀成果奖(科学技术)自然科学一等奖1项、广东省自然科学奖二等奖1项、广东省测量控制与仪器仪表科学技术一等奖1项。主办《控制理论与应用》(中英文刊)期刊。推进人工智能与数字经济广东省实验室（广州）筹建。

对外学术交流方面。获国家公派攻读博士资助3人，获国家公派联合培养资助3人，获广州市"菁英计划"资助6人，获高校优秀青年科研人才国际培养计划录取1人。线上线下组织国内外专家开展系列学术讲座，多位教师线上参加境外国家学术会议并做学术报告。

【综合管理】组织全院师生开展消防演练，全年零事故。加强学院楼宇设施维护和更新。加强校友联系，与7家人工智能行业校友企业签署联合实验室建设协议。绿米科技为学院捐赠30万元学生发展基金。

计算机科学与工程学院

【党建与思想政治工作】2020年共发展党员35人，其中，教师1人、本科生25人、研究生9人。学院共有党员354人，其中，教工党员64人、学生党员290人（研究生227人、本科生63人）；共有党支部21个，其中，教工党支部6个、研究生党支部11个、本科生党支部4个。召开学院党委会13次，党政联席会20次，中心组理论学习14次，党委书记讲党课3次。各党支部全年开展线上线下主题党日活动百余次，开展集中学习活动近50场。设立党员先锋岗，落实一周一学习、一月一讨论、一学期一实践的"+党建"。加强学生思想政治教育，推进"励行课堂"建设。

【学科与队伍建设】计算机科学与技术学科在ESI全球排名中稳步提升，位列ESI排名前1%（第91位）。

加大人才引育力度。引进青年教师5人，1人获2020年吴文俊人工智能优秀青年奖，1人获IEEE计算智能学会"IEEE CIS Outstanding Early Career Award"。1人入选全球高被引科学家。

【教学工作】本科教学方面。计算机科学与技术通过教育部工程教育专业认证。"计算机组成与体系结构""计算机网络""数字系统创意设计"获首批国家级一流本科课程。信息安全获得广东省一流专业建设。入选教育部－华为智能基座产教融合协同育人基地，7门课程列入智能基座授课计划。获广东省教学成果二等奖1项。教师14人次发表教研论文12篇，出版教材1种；获国家级教研项目4项，校级教研项目6项。本科生100人次获国际级、国家级和省级竞赛奖项56项，获科技创新项目46项，7人次发表5篇学术论文，11人次获发明专利6项，19人次获软件著作权7项。

研究生教学方面。通过举办暑期训练营等加大招生宣传，研究生生源质量稳步提升。修订导师遴选、研究生学位申请成果要求标准系列文件，编制《学位授权点建设年度报告（2020）》。

【科研工作与对外学术交流】2020年获纵向项目经费3600万元、横向项目经费1900万元；新增立项项目43项，其中，国家级10项、部省级19项。获批国家重点研发计划项目1项，国家自然科学基金面上项目6项、青年项目3项。申请发明专利151项；获授权专利123项，其中，发明专利121项、实用新型专利2项。发表SCI论文230篇。获广东省科学技术奖科技进步奖二等奖2项。

对外学术交流方面。组织"名师论坛"系列学术讲座，邀请国内外知名学者与学院师生进行学术交流。17名研究生赴境外进行学术访问和交流。以线上形式参与国际学术会议20人次。

【综合管理】强化公共服务平台建设，做好会议室多媒体设备和系统维护管理。落实实验室安全工作，制订安全管理细则，开展安全培训、安全巡查等工作。2名教师赴西藏林芝、广东阳江相关部门挂职。组织参加学校环湖跑、教职工运动会等体育活动，组织教职工体检，走访慰问患病教职工及离退休老同志。

电 力 学 院

【党建与思想政治工作】2020年共发展党员135人，其中，研究生28人、本科生107人。学院共有党员712人，其中，教工党员117人、学生党员595人（研究生398人、本科生197人）；共有党支部33个，其中，教工党支部8个、研究生党支部18个、本科生党支部7个。加强政治理论学习，落实理论学习"第一议题"制度，推动理论学习中心组学习常态化。加强党风廉政建设，设立纪委接待日。开展学"习"讲堂活动，组织师生到叶挺独立团旧址等爱国主义教育基地实地研学。"大学生节能减排进校园系列活动"入选"广东省学生事务管理精品项目"。

【学科与队伍建设】完成学院"十四五"发展规划编制工作和第五轮学科评估申报工作。获批校级未来创新实验室项目，筹建未来电网实验室。

加大人才引育力度。实施"预聘—长聘"人事聘用制度改革方案，引进博士后8人，引进青年人才6人。1人获批广东省杰青，1人当选中国电机工程学会外籍会士、国际电气与电子工程师学会会士。

【教学工作】本科教学方面。完成2019级电气类首次大类招生专业分流工作。能源与动力工程专业入选国家级一流本科专业建设点，电气工程及其自动化专业获广东省本科高校质量工程建设推荐项目（特色专业）。立项校级全英课程1门、校级教研教改项目3项，获推荐广东省课程思政建设改革示范项目2项。新增4个教学实习基地，1个合作办学案例入选中国高等教育博览会"校企合作、双百计划"推介典型案例。1人获学校"教师教学荣誉体系"教学优秀奖。学生获第六届中国国际"互联网＋"大学生创新创业大赛金奖1项、第十三届全国大学生节能减排大赛一等奖1项。

研究生教学方面。首次举办研究生夏令营，生源质量稳步提升。开设本硕贯通课程1门、本研共享课程4门。获立项校级跨学科课程2门、教改项目1项，1门示范课程获广东省研究生教育创新计划推荐项目。新增省级联合培养研究生示范基地1个。7人获评校级专业实践优秀研究生。

【科研工作与对外学术交流】2020年纵向项目立项48项，合同经费1895万元；横向项目立项113项，合同经费8921.4万元。获批国家重点研发计划项目1项、子课题2项；获批国家自然科学基金面上项目6项、青年项目3项；获批教育部霍英东青年教师基金项目1项、广东省科研项目20项。全年共申请专利141项，其中，发明专利113项、实用新型专利28项；获授权专利174项，其中，发明专利98项、实用新型专利76项；获软件著作权16项。发表SCI论文194篇。获广东省科学技术奖科技进步奖二等奖2项；获第六届广东专利杰出发明人奖和专利银奖各1项；获广东电力科学技术杰出贡献奖1项。获中国电力科技创新一等奖1项；获广东省环境保护科学技术奖一等奖1项。

加强对外学术交流。选派23名学生参加国际交流或国际会议。邀请清华大学董新洲教授等学者到访交流。举办学术讲座14场。

【综合管理】扎实做好学院疫情防控应急预案、复学前后的教学科研安排。开展办公人员"我为教师多跑腿"专项服务，完成各类业务430余项。成立学院"职工小家"，组织师生乒乓球友谊赛和教工赛。设立"李立涅院士南方电网教育基金"。

生物科学与工程学院

【党建与思想政治工作】2020年共发展党员37人，其中，教工1人、研究生15人、本科生21人。学院共有党员305人，其中，教工党员53人、学生党员252人（研究生218人、本科生34人）；共有党支部14个，其中，教工党支部4个、研究生党支部7个、本科生党支部3个。全年召开党委会12次，党政联席会21次，开展理论学习31次。通过党员"政治生日"、党员责任岗、党员初心墙"亮身份"等形式，强化党员责任担当。以党团建设为抓手，加强学生思政教育，成立在鄂学生临时党支部并召开在线座谈会，举行"红色精神，同心战疫"红色经典书籍诵读活动。加强师德师风建设，组织学习《师德师风手册》。获学校教师党支部书记素质能力大赛二等奖1项、学校样板党支部风采展示大赛二等奖1项。

【学科与队伍建设】生物学与生物化学学科全球ESI排名百分位逐年进步，2020年排名为29.79%；启动生物学第五轮学科评估和药学专业学位水平评估工作。

完成《生物科学与工程学院Tenure Track人事聘用制度改革方案》调研和制订工作，制订教学科研人员及博士后招聘方案。引进预聘助理教授1名，接收Ⅱ类博士后1名。

【教学工作】本科教学方面。全年开设本科生各类课程63门，53名教师授课达103门次，教授授课率达100%。"酶工程"课程获首批国家级一流线下本科课程；生物技术专业入选"强基计划"招生；获省级系列在线开放课程1门，省一流本科课程认定推荐课程1门，校级精品教材专项建设项目1项，校级课程思政示范课程3门；获国家级和省级大学生创新创业训练计划项目11项；签订教学实习基地1个。获第六届中国国际"互联网+"大学生创新创业大赛国赛金奖、银奖各1项，省赛金奖1项。获国际遗传工程机器大赛金奖；获第五届全国大学生生命科学创新创业大赛一等奖2项、二等奖1项、三等奖1项。举办华工-华大基因组科学创新班十周年庆典，并签订战略合作协议。

研究生教学方面。分类修订研究生培养相关文件，提升研究生培养质量。通过举办暑期训练营等加大招生宣传，研究生生源质量稳步提升。严把学位论文"质量关"，扩大论文送审及盲审比例。强化研究生培养过程管理，组织开展研究生中期检查、中期考核等工作。

【科研工作与对外学术交流】2020年实到科研经费5125.54万元，其中，纵向经费4915.30万元，横向经费210.24万元。新增立项项目40项，合同经费2857.52万元，其中，国家级项目5项、部省级项目5项。申请发明专利8项，获授权专利23项。发表SCI论文173篇、EI论文120篇。获中国生物发酵产业协会"创新贡献奖"。立项新冠病毒检测及抗体治疗研发项目各1项。完成2个广东省工程技术研究中心的评估工作、1个教育部国际合作联合实验室的验收申请工作；1个广东省重点实验室获"良好"评定并获后续资助。

对外学术交流方面。以线上线下相结合的方式举办或参与外国专家讲座、国际论坛或学术会议数十次。

【综合管理】完善内部治理，制订或修订规章制度8项。完成"职工小家"建设并投入使用；做好离退休教职工慰问探访工作。共享平台大型公共仪器全部安装到位。新增仪器设备369台价值780万元，累计仪器设备5803台件价值9683万元；推进B、C类公共实验室建设，实验技术人员全部兼任共享大型仪器管理人员。

环境与能源学院

【党建与思想政治工作】2020年共发展党员41人，其中，本科生23人、研究生18人。学院共有党员461人，其中，教工党员65人、学生党员396人（研究生344人、本科生52人）；共有党支部21个，其中，教工党支部6个、研究生党支部13个、本科生党支部2个。强化党委政治核心作用，落实"一岗双责"，学院党委书记、院长为学生讲"思政第一课"。成立师德师风建设小组，举办专题学习讲座。1人获学校教师党支部书记素质能力大赛二等奖；学院党委获批"广东省党建工作标杆院系"培育创建单位；学院办公室党支部获批"广东省党建工作样板支部"培育创建单位。

【学科与队伍建设】完成"双一流"学科周期自评工作和第五轮学科评估工作。

加强人才引育。制订并推行Tenure Track人事聘用制度改革方案，引进助理教授1人；调入博士后5人、辅导员2人。培养国家杰青1人、优青1人、中科协"青年托举"人才1人。

【教学工作】本科教学方面。实施本科教学绩效奖励办法、本科课程组建设制度。获批建设国家级一流本科课程1门、广东省一流本科课程2门，开设校级校企合作课3门；获批校级"思政示范课程"项目2项、本科精品教材专项建设项目4项。获本科教研教改项目15项，其中，教育部"本科深改工程"项目1项；获批国家级大学生创新创业训练计划项目12项，广东省大学生创新创业训练计划项目7项。获学校本科教学优秀奖教师1人；获广东省教学成果奖二等奖1项。

研究生教学方面。修订研究生培养相关制度3项。获国家建设高水平大学公派研究生项目资助2人；4人获学校专业实践优秀研究生。获第六届中国国际"互联网+"大学生创新创业大赛金奖1项、国际赛道铜奖2项。

【科研工作与对外学术交流】2020年实到科研经费12 005.80万元，其中，纵向经费9648.75万元、横向经费2357.05万元。新增科研项目立项140项（合同总经费15 202.10万元），其中，国家重点研发计划项目6项、子课题8项、国家自然科学基金项目13项，省市科技项目20项。申请发明专利60项，获授权发明专利80项。发表期刊论文511篇，其中，SCI论文441篇。出版学术专著1种。获广东省自然科学奖一等奖（第三参与单位）1项、广东省科技进步奖二等奖（第二参与单位）1项，获梁希林业科学技术奖科技进步奖二等奖（第二参与单位）1项。挥发性有机物污染治理技术与装备国家工程实验室顺利通过检验检测资质认定扩项评审；工业聚集区污染控制与生态修复教育部重点实验室通过2020年教育部第二轮评估，获评"良好"；在省级工程技术研究中心动态评估中，广东省环境风险防控与应急处置工程技术研究中心获评"优秀"；获批建设广东省固体废物污染控制与资源化重点实验室。

加强对外学术交流。举办大型学术会议4场。与中化环保集团、美的集团、中铁环境科技工程有限公司持续开展科研合作；与北控水务集团、中国电建集团华东勘测设计研究院有限公司在共建实习基地、学生职业规划、科技创新方面达成合作意向。与英国兰卡斯特大学环境中心签署联合培养博士生合作协议。

【综合管理】扎实做好学院疫情防控应急预案、复学前后的教学科研安排。加强实验室安全管理工作，完成安全检查5次、专项检查3次；启动实验室改扩建工程，集中供气系统和通风系统改造项目列入中央修购项目。加强校友日常联络，编制4期季度信息简报向校友推送。完善奖学奖教体系，设立雪迪龙奖学金和奖教金，制定评选方案并完成评奖工作。

软件学院

【党建与思想政治工作】2020年共发展党员44人，其中，教工1人、本科生32人、研究生11人。学院现有党员280人，其中，教工党员45人、学生党员235人（研究生166人、本科生69人）；共有党支部14个，其中，教工党支部3个、研究生党支部8个、本科生党支部3个。落实"三会一课"，党支部开展各类主题活动420次。加强师德师风建设，开展师德师风建设月活动。加强学生思政教育，组建5个课程思政示范团队，教育引导学生树立正确的世界观、人生观、价值观。

【学科与队伍建设】完善学科建设激励机制，自筹经费340万元用于绩效奖励和支持学科建设。整合学科资源，完成国家特色化示范性软件学院申报；投入105

万元，启动特色化软件方向建设。

实施人事制度改革，制定《软件学院预聘—长聘人事聘用制度改革方案》。现有教职工 69 人，其中，专任教师 41 人，博士学历比例为 90.2%。

【教学方面】本科生教学方面。完成软件工程专业认证。获批特色化软件实践教学创新单位。与 IBM 公司共建产业技能学院，建设"数据挖掘"等 4 门新工科课程；与腾讯等 10 家名企共建在线综合实训课程，参训学生 346 人。修订、制订本科生课程建设相关文件 2 个；获教育部第二批新工科研究与实践项目 1 项、省教学质量改革项目 2 项；新增全英课程 1 门，申报校企合作课程 3 门；投入本科生创新创业实践经费 15 万元，ACM-ICPC 训练及比赛经费 20 万元。获全国大学生数学建模竞赛一等奖 1 项。

研究生教学方面。分类修订研究生培养相关文件，提升研究生培养质量。研究生发表论文 57 篇，其中，在人工智能领域排名第一的期刊上发表论文 1 篇。在科技竞赛方面，研究生获国家级一等奖 1 项、二等奖 5 项、三等奖 1 项。

【科研工作与对外学术交流】2020 年科研项目合同总经费 2589 万元，同比增长 17%。获批国家自然科学基金项目 3 项；合作承担省重点研发计划项目 2 项。发表 SCI 论文 75 篇，其中，一区 43 篇、二区 10 篇；31 篇论文被中国计算机学会推荐为国际学术会议论文和期刊收录论文。出版专著 1 种。申请发明专利 36 项，获授权专利 16 项，获批软件著作权 78 项。获广东省科学技术进步奖二等奖 1 项。

加强对外学术交流。举办线下学术讲座 20 余场、线上规模会议 2 场，包括"CCF-NLP 走进高校"系列研究分享报告会、字节跳动等名企技术沙龙等。推进国际化项目，招收国际留学生 15 人，中澳班招生 39 人；15 名研究生参加线上国际学术会议并作口头报告。

【综合管理】加强实验室标准化建设及基础设施建设，基础教学公共实验室和专业教学公共实验室通过学校认证；加固和改造服务器机房，升级计算中心云平台系统。加强消防安全管理，组织参与疫情演练、安全教育培训、突发事故应急演练 9 次。

工商管理学院

【党建与思想政治工作】2020 年共发展党员 76 人，其中，本科生 41 人、研究生 35 人。学院共有党员 555 人，其中，教工党员 105 人、学生党员 450 人（研究生 367 人、本科生 83 人）；共有党支部 25 个，其中，教工党支部 8 个、研究生党支部 13 个、本科生党支部 4 个。落实理论学习"第一议题"制度，建立支部手册检查制度。成立师德师风建设委员会。1 人获教师党支部书记素质能力大赛省级优秀奖及校级一等奖，1 人分获全国高校思想政治工作优秀论文二等奖、第八届全国高校辅导员素质能力大赛三等奖、第八届省高校辅导员素质能力大赛一等奖等；工业工程系党支部获学校党支部风采展示大赛二等奖。

【学科与队伍建设】在 2020 软科中国最好学科排名中，管理科学与工程、工商管理一级学科均进入全国前 10%，是两大学科同时进入前 10% 的全国 9 所高校之一。组织完成教育部第五轮学科评估有关工作。

试行"预聘—长聘"人事聘用制度，引进预聘助理教授5人，新增博士后9人。入选爱思唯尔"中国高被引学者"1人。

【教学工作】本科教学方面。"企业战略管理""管理统计学"入选首批国家一流本科课程，工业工程获批国家一流本科专业，市场营销、人力资源管理获批省一流本科专业。1人获评校青年教师教学竞赛二等奖和教学新秀奖。在第六届中国国际"互联网+"大学生创新创业大赛中获金奖9项，在第十二届"挑战杯"中国大学生创业计划竞赛中获金奖1项、银奖2项，在全国企业文化案例分析大赛中获二等奖。

研究生教学方面。实施《博士生招生申请考核制实施细则》《博士生招生申请材料审核评定管理办法》等制度，获批省学位与研究生教育改革研究项目、省研究生学术论坛和示范课建设各1项。博士生刘宥祺获聘法国蒙彼利埃高等商学院助理教授终身教职，在华南地区属首次。

专业学位教育及培训方面。MBA、ME、MPAcc项目录取475人，开设第三期广汽工商管理研修班和第七届发展中国家班。EMBA项目录取52人，EMBA全课程班录取35人。MBA项目获"2020年度中国商学院最佳MBA项目TOP100"第25名。高级管理培训企业定制项目业绩同比增长22.22%。

创业教育方面。协助培育学校第六届中国国际"互联网+"大学生创新创业大赛参赛项目，12支队伍在第六届大赛中获10金2银。协办第四届国际创新创业教育大会。开设创业通识课，承办创新创业大讲堂，受众涵盖16个学院2100余人次。

【科研工作与对外学术交流】2020年获批科研经费1480.34万元，其中，纵向经费1176.84万元、横向经费303.5万元。获批国家级项目13项，其中，科技部重大项目课题1项，国家自然科学基金重点项目1项、面上项目7项、青年项目1项，国家社科基金一般项目3项。获批教育部人文社科青年项目1项，省自然科学基金项目6项，省软科学项目4项，其他省级项目17项。发表三大索引论文167篇，其中，SSCI论文83篇、SCI论文22篇、EI论文62篇。获评第八届高等学校科学研究优秀成果奖二等奖2人、青年成果奖1人。

对外学术交流方面。通过AMBA认证第三次现场评估，获得满额五年认证期；通过EQUIS认证资格预评估。与香港岭南大学管理学院共建管理与决策科学研究中心，启动加入意大利应用经济学研究大学联盟的申请程序。获批海外名师项目2项，派出参加国际交流学生13人次。邀请国内外知名学者近20人开展学术交流，资助教师参加境内外学术会议10人次。

【综合管理】成立工作专班，制定疫情防控方案，为师生和离退休教师发放口罩3万余个、酒精喷雾2000余瓶，校友捐赠学院口罩30 000个、酒精3000瓶。组织各类工会活动及全院教职工、离退休职工免费体检。开展实验室等重点场所消防检查9次，改造22号楼高层次人才办公室及汕头校友楼1~4层卫生间。组建珠海校友会，开展校友企业走访、校友论坛活动。开发上线学院、3M中心、EDP中心、广东民营企业家学院、创业教育学院等5个网站，优化3M论文评阅系统和选导师系统。拥有设备8001台件，总价值3640万元，图书中心馆藏图书49 007种。

马克思主义学院

【党建与思想政治工作】2020年共发展党员28人（均为研究生）。学院共有党员210人，其中，教工党员58人、学生党员152人（均为研究生）；共有党支部12个，其中，教工党支部6个、研究生党支部6个。坚持理论学习"第一议题"制度，通过云端"三会一课"及线下等方式，创新开展党组织生活。获批教育部思政司及广东省第二批高校"双带头人"教师党支部书记工作室1项，基础教研室党支部获学校样板党支部风采展示大赛一等奖，1人获学校教师党支部书记素质能力大赛一等奖。加强教师思想政治工作，对师德失范行为坚持"零容忍"。组织师生开展暑期社会实践研修活动等。

【学科与队伍建设】完成2019年全国马克思主义理论学科年度发展报告调研工作、双一流建设监测数据填报和第五轮学科评估填报。

制订《马克思主义学院预聘—长聘人事聘用制度改革方案》《华南理工大学思想政治理论课专任教师校内选聘办法》，多途径招聘国内外优秀人才。选聘学校优秀辅导员和行政管理人员兼任思政课教师。调入副教授1名。获评中宣部文化名家暨"四个一批"人才1人。

【教学工作】本科教学方面。加强教学管理，定期举行教研室集体备课会和教学示范课。丰富实践教学渠道，引导学生开展"红色基地云探访"调研。充分利用慕课、雨课堂、腾讯课堂、QQ教学群等教学方式进行线上教学，将爱国主义教育、理想信念教育和生命观教育等内容融入思政课教学，开展"思政课战疫小课堂"专题活动。举办"新时代思政课程与课程思政协同育人高端论坛"，邀请知名专家来校指导。承担全校本科生公共基础课教学任务共计16 020学时。获首批国家级一流本科课程1项，第九届广东省教育教学成果奖二等奖1项，校级教研教改重点项目3项、一般项目6项，校级本科线上一流课程建设项目1项，校级本科教学优秀奖1项。

研究生教学方面。修订马克思主义理论一级学科博士点、社会工作专业硕士培养方案。规范研究生课程考试考核方式。承担全校硕士生公共基础课教学任务2304学时、博士生公共基础课教学任务256学时。1名博士生被评为广东省优秀学生。

【科研工作与对外学术交流】2020年合同总经费330.4万元，实到科研经费368.57万元。获批各类科研项目35项，其中，国家社科基金项目4项（重大项目子课题、一般项目、青年项目、后期资助项目各1项），教育部人文社科基金项目等部省级项目12项，其他各级各类项目19项。发表论文76篇，其中，A类重要论文1篇、A类一般论文1篇、B类论文2篇。5个省级重点研究基地顺利通过年度验收。获评第八届高等学校科学研究优秀成果奖（人文社会科学）2项，第七届华南理工大学哲学社会科学优秀著作奖1项。6项智库成果被上级采用。

举办华南人文论坛8讲、人文社科工作坊5场、学术会议2次。

【综合管理】落实疫情联防联控责任，制订应急处置预案和"人盯人"方案。组织全院师生开展消防安全培训、疏散灭火演练和网络安全知识培训。举办学院首届荣休仪式，开展建党99周年集中走访慰问高龄老党员，对长期患病及生活困难的教师开展慰问活动12次。

公共管理学院

【党建与思想政治工作】2020年共发展党员38人，其中，本科生19人、研究生19人。学院现有党员207人，其中，教工党员50人、学生党员157人（研究生123人、本科生34人）；共有党支部14个，其中，教工党支部5个、研究生党支部8个、本科生党支部1个。严格落实理论学习"第一议题"制度，召开9次理论中心组学习会议并完成12个专题的学习。开展党建示范创建和质量创优工作，公共管理与公共政策研究所党支部作为全省首批高校"双带头人"教师党支部书记工作室，提交建设进展报告书。开展师德师风教育，举办师德师风主题教育宣讲。在全校教师党支部素质能力大赛中，获二等奖1项。

【学科与队伍建设】获批全国首批"应急管理"二级学科试点设置单位，为全国20个"应急管理"二级学科设置单位之一。公共管理学科在2020年软科中国最好学科排名中继续保持高水平排位，排名全国第18名，进入全国前10%。

全年组织3场师资面试，新增Ⅱ类博士后2人。现有专任教师52人，其中，正高20人（占38.5%）、副高17人（占32%），高级职称比例达71.15%。

【教学工作】本科教学方面。3种教材获学校2020年度本科精品教材专项建设项目立项资助。获校级教改项目立项2项，其中，重点项目1项。1名教师获学校本科教学荣誉体系教学优秀奖。与广东国地科技规划股份有限公司、广东海丝研究院有限公司共建教学实习基地。获大学生创新创业训练计划立项4项，其中，国家级3项、省级1项。

研究生教学方面。在广东省专业学位研究生联合培养基地考核中，学院与羊城晚报联合培养研究生示范基地获评"优秀"。在第四届中国研究生公共管理案例大赛中，2支队伍从全国1318支队伍中胜出，分别获得二等奖、三等奖，其中1支队伍获"最佳案例奖"，3名教师获"最佳指导教师奖"，MPA教育中心获"优秀组织奖"。MPA项目全年录取324人。

【科研工作与对外学术交流】2020年科研总经费1215.5万元，其中，纵向经费435.5万元、横向经费780万元。新增国家级项目和省部级项目共28项，其中，教育部重大攻关项目1项、国家社会科学基金项目（含青年项目）6项、国家社会科学基金后期资助项目1项、国家社会科学基金应急管理体系建设研究专项项目1项、国家自然科学基金项目1项，部省级项目18项，中央高校项目和横向项目共47项。发表论文和成果70篇，其中，A类重要成果2篇、A类1篇、B类11篇、C类22篇、D类34篇。获各级领导批示和采纳的政策咨询报告20余篇。获批广东省首家"非传统安全与应急管理"研究基地。

学术交流方面。举办"公共管理大讲堂"1讲,"公共管理学术工作坊"8期,"MPA大讲堂"4讲。举办第二届华南理工大学"博学"研究生论坛。

【综合管理】动员师生主动参与抗疫工作,先后获3家企业捐赠的口罩、消毒机、红外线测温仪等抗疫物资。积极联络校友,制订校友片区管理方案,开展"缘起公管,健康同行"校友活动。

外 国 语 学 院

【党建与思想政治工作】2020年共发展党员25人,其中,教师1人、学生24人。学院共有党员161人,其中,教工党员55人、学生党员106人;共有党支部8个,其中,教工党支部5个、学生党支部3个。开展主题教育集中学习20场、校内外调研10余场次,讲党课10次,"学习卢永根同志事迹"等活动15场次,完成调研报告5篇。将专业课程和践行社会主义核心价值观深度结合,出版全国首本新时代大学英语课程思政教材。组织学生开展线上外语志愿服务。获学校样板党支部风采展示大赛二等奖、首届广东省本科高校党支部书记素质能力竞赛二等奖、广东高校第一届新生入学教育微党课竞赛一等奖。

【学科与队伍建设】外国语言文学一级学科在2020软科中国最好学科排名中位列全国第28名(前20%),并获推荐申报一级学科博士点。

开展人事聘用制度改革,推进实施《外国语学院预聘—长聘人事聘用制度改革方案》。新进教师3人,2人晋升副教授。

【教学工作】本科教学方面。获批2个课程思政示范团队及1门课程思政校级示范课程,获评广东省精品在线开放课程1门,3门通识慕课分别在"学习强国""智慧树""学堂在线"平台上线。2人获首届全国高等学校外语课程思政教学比赛全国决赛二等奖;3人分获广东省高校疫情阶段在线教学优秀案例一、二等奖。举办大学学术英语开放课堂暨骨干教师研修班。学生获"外研社·国才杯"英语演讲大赛全国决赛二等奖1项,7人次在第三届"卓越联盟杯"演讲大赛中分获一、二等奖等,3人获第十四届中华全国日语演讲比赛华南赛区预选赛优秀奖等。

研究生教学方面。做好毕业论文开题、中期检查、答辩工作,确保毕业论文质量。以提升研究生批判性阅读和学术英语写作能力为目标,持续优化"学术英语写作课""国际学术会议与学术论文发表与写作"课程设计。

【科研工作与对外学术交流】2020年实到科研经费229.2万元,其中,纵向经费209万元、横向经费20.2万元。获批国家社科基金项目8项。发表论文28篇,其中,SSCI论文2篇、CSSCI论文13篇;出版专著2种、译著3种。向上级部门报送决策咨询报告20余份;在《光明日报》等重要报刊发表理论性文章7篇。获第八届高等学校科学研究优秀成果奖(人文社会科学)二等奖1项,第九届广东省哲学社会科学优秀成果奖二等奖2

项，第九届广东省高等教育教学成果一等奖 1 项。国别和区域研究基地（印度洋岛国研究中心）通过教育部考核评估，入选 CTTI（中国智库索引来源智库）。

对外学术交流方面，邀请来自美国、英国、新加坡、日本等海内外的知名学者开展学术讲座 20 余场。与多所国际知名高校开展学生交换项目和教师学术互访，近 30 名英语和日语专业学生出国访学交流，近 10 名教师出国访学或参加孔子学院工作。

【综合管理】成立疫情防控领导小组，建立各党支部和各系部协同作战、高效协调的防控体系，组织师生深度参与疫情防控，组建 23 个"人盯人"小组。做好教学服务保障，组织线上教学安排，有序做好复学后线上线下衔接工作。完善内部管理制度，规范议事规则。开展办公用房消防安全隐患排查，加强课堂安全监管。

法 学 院

【党建与思想政治工作】2020 年共发展党员 50 人，其中，博士后研究人员 1 人、本科生 15 人、研究生 34 人。学院共有党员 307 人，其中，教工党员 66 人、学生党员 241 人（研究生 191 人、本科生 50 人）；共有党支部 16 个，其中，教工党支部 8 个、研究生党支部 6 个、本科生党支部 2 个。强化党委政治核心作用，落实"一岗双责"，学院党委书记、院长为学生讲"思政第一课"4 次。落实巡察整改工作，制订《法学院巡察整改方案》。加强师德师风建设和教风学风建设，构建分层次、全程化、重实践的"三全育人"学生教育培养体系。

【学科与队伍建设】以第五轮法学学科评估为抓手，围绕申报法学一级学科博士点这一核心目标，推进法学学科建设，获准设立法律经济学二级学科博士点。全年引进青年教师 1 名。

【教学工作】本科教学方面。制订学院本科专业类招生培养学生专业分流实施细则，完成首届大类招生后的专业分流。组织申报国家级大学生创新创业训练计划 13 项。获批广东省本科高校质量工程建设项目 1 项、广东省课程思政建设改革示范项目 1 项、校级教研教改重点项目 1 项。获学校青年教师本科课堂教学竞赛优秀奖 1 项、"教师教学荣誉体系"教学优秀奖（本科）1 项。学生获"贸仲杯"国际商事仲裁模拟仲裁庭辩论赛全国亚军。

研究生教学方面。通过夏令营、线上讲座等多种形式，加强研究生招生宣传，生源质量稳步提高。严格把控学位论文"质量关"，首次采用第三方平台，完成对 163 名毕业生 294 篇论文的全盲审，论文合格率 100%。加强学生实践应用能力培养，通过组织学生参加专业实习、邀请校外专家进课堂等方式，推动联合培养的常态化、制度化。5 名研究生专业实践评定为校级优秀，3 门课程获批行业专家上讲台计划资助。获学校"教师教学荣誉体系"教学优秀奖（研究生）1 项。

【科研工作与对外学术交流】2020 年新增科研项目 45 项，合同经费 560.9 万元，其中，国家社科基金项目 4 项（含重点 1 项）、部省级项目 18 项；获第八届高等学校科学研究优秀成果奖（人文社会科学）二等奖1项。发表CLSCI论文25篇，其中，《中国社会科学》刊登1篇、《中国法学》刊登2篇，其他论文22篇；出版学术著作3种。出版《地方法制评论》（第5卷）和3期《地方法制研究通讯》，举办论坛1场。完成省人大委托专项项目4项，向省人大提交地方立法草案修改建议和表决前评估报告7项。新增广州市人文社会科学重点研究基地1个。

加强对外学术交流与合作，参加日本、加拿大寒假交流项目2人，参加国际组织人才在线课程3人；邀请2名海外专家开设线上课程。获批广东省引智项目1项、校级引智项目1项。

【综合管理】扎实做好学院疫情防控应急预案、复学前后的教学科研安排。坚持和完善党委会会议、党政联席会会议制度，严格执行"三重一大"决策制度。全年制订、修订《法学院关于高级职称教师延退、返聘事项的相关规定》等规章制度7项。

新闻与传播学院

【党建与思想政治工作】2020年共发展党员35人，其中，本科生15人、研究生20人。学院共有党员190人，其中，教工党员45人、学生党员145人（研究生99人、本科生46人）；共有党支部9个，其中，教工党支部5个、学生党支部4个。坚持民主集中制，落实党政联席会会议制度和"三重一大"决策制度。推进师生党建和思想政治工作，线上线下组织开展专题讲座和"三会一课""主题党日"活动，开展与学科特色结合的党建品牌活动。发布《战"疫"作品征集令》等，以文化作品助力疫情防控工作。

【学科与队伍建设】组织申报新闻学学科博士学位授权一级学科点。

加强人才引育。引进预聘助理教授2人。获聘教授1人、副教授2人。教师出国访学1人，国内高校访学1人。

【教学工作】本科教学方面。获批国家级一流课程2门，广东省一流本科课程3门。广告学、传播学获批广东省一流专业。获广东省本科高校质量工程建设项目1项，广东省高等教育教学改革项目1项，校级青年专项重点项目1项、校级新工科项目一般项目1项。出版新闻传播学"十三五"规划教材1种。获广东省第五届高校（本科）青年教学大赛三等奖1项、广东省第九届师德主题征文活动三等奖1项。1名教师获学校"教学优秀奖"、4名教师获"本科生毕业论文优秀指导老师"。承办第七届中国国家大学生纪录片大赛。承办第六届中国国际"互联网+"大学生创新创业大赛子活动"全球创新创业成果展"。

研究生教学方面。优化研究生课程结构，修订硕士研究生培养方案。举办优秀大学生夏令营，生源质量持续提高。研究生发表各类论文24篇。

【科研工作与对外学术交流】2020年实到科研经费246.2万元，其中，纵向经费113.7万元、横向经费132.5万元。新增立项项目33项，项目经费420.8万元，其中，国家级项目4项、部省级项目9项。发表三大索引论文40篇。获批建设广东省公众健康风险监测与信息传播中心。获第八届高等学校科学研究优秀成果奖（人文社会科学）"青年成果奖"1项。联合出版《家庭防护新冠肺炎e科普》手册。

对外学术交流方面。主办第八届传播视野下的中国研究论坛（2020）暨"媒介变迁与知识生产"学术研讨会。师生参加各类学术会议37人次。

【综合管理】加强建章立制，修订各类规章制度4项。建成动作捕捉混合现实实验室，推进"华南理工大学新闻与传播学院－广州日报新闻馆"建设。召开教职工大会2次，慰问探访教职工6次，组织工会活动1次。成立李莎支教金，资助支教团驻地学校贫困学生和队员开展支教活动。举办2次校友返校日活动，2个班级33名校友返校聚会。

艺术学院

【党建与思想政治工作】2020年共发展党员22人，其中，本科生18人、研究生4人。学院共有党员89人，其中，教工党员37人、学生党员52人（研究生27人、本科生25人）；共有党支部4个，其中，教工党支部2个、研究生党支部1个、本科生党支部1个。建立学院党政负责人查课制度，落实学院党政领导干部联系班集体制度。在大型文艺汇演活动中成立临时党支部。开展"抗疫情 送温暖"活动，为广东省中医院大学城医院抗疫一线的医护人员子女提供线上艺术教育辅导。加强师德师风建设，表扬优秀典型、守住师德底线。教工第一党支部书记获学校党支部书记素质能力大赛三等奖，作品《红色记忆》《传承的力量》获中国青年报、央视频报道。本科生党支部获学校样板党支部风采展示大赛二等奖。1人获"广东省优秀共青团员"，1人获校"十佳团支部书记"。

【创作展演与队伍建设】坚持以原创作品为引擎，带动学科建设与人才培养。师生原创抗疫歌曲、舞蹈分获广东省第六届大学生艺术展演优秀创作奖。组织参加各类大型演出21场，包括中央电视台《奋斗的青春最美丽——2020年五四青年节特别节目》演出、"岭南春来早"2020广东卫视春节晚会、第十四届广东省艺术节等。完成广东省教育厅高雅艺术进校园演出任务。在广东省第六届大学生艺术展演（表演类）活动中，获一等奖5项、三等奖1项、优秀创作奖4项。

加强人事制度改革，推进实施学院"预聘—长聘"人事聘用制度。引进著名青年歌唱家、国家一级演员等教师2人。

【教学工作】实施美育浸润计划，组建教学团队，赴对口扶贫单位惠来县4所中小学开展美育课程教学、艺术社团建设、校园文化建设等。强化教师在线教学培训，完成136个班次的课程教学。加强与名校名师交流，邀请著名女高音歌唱家、施坦威钢琴艺术家等专家讲授大师课及专业课程。学生获第六届中国国际"互联网＋"创新创业大赛国赛金奖1项，获第八届"上音院社杯"音乐书评征文二等奖1项。

【科研工作与对外学术交流】2020年获广东省哲学社会科学规划基金岭南文化

项目 1 项,广州市哲学社会科学发展"十三五"规划课题 3 项。出版著作 2 种、译著 1 种。

开展学术交流活动。与茱莉亚学院（天津）建立合作关系，邀请 6 名外籍教师开设讲座、举办室内乐专场音乐会。4 名教师分别在浙江音乐学院、广州大剧院举办大师课、讲座等。

【综合管理】改善教学硬件设施，建立电子音乐实验室；五山校区百花园，圆柱楼室内乐厅、交响乐排练厅、多功能厅装修竣工验收并投入使用；购买施坦威九尺钢琴。组织教职工体检，慰问探访教职工 4 人次。对口帮扶孔美村贫困家庭 2 户，资助贫困学生 3 人。挖掘校友资源，举办"思源·分享·发展"优秀学生分享会。

体育学院

【党建与思想政治工作】2020 年共发展党员 13 人，其中，本科生 6 人、硕士研究生 7 人。学院共有党员 109 人，其中，教工党员 57 人、学生党员 52 人（研究生 41 人、本科生 11 人）；共有党支部 6 个，其中，教工党支部 4 个、研究生党支部 1 个、本科生党支部 1 个。全年组织理论中心组学习 15 次、"第一议题"学习 18 次。建立廉政警示教育制度，开展教学安全、师德师风、科研规范管理、网络安全等教育。坚持思政教育工作面对面，组织教师定期走访学生宿舍，召开座谈会等。办公室党支部获学校样板党支部风采展示大赛三等奖，1 名教师获学校教师党支部书记素质能力大赛三等奖。

【学科与队伍建设】以迎接第五轮学科评估为契机，召开学科和专业建设研讨会，加强运动训练专业和体育专业硕士学位点建设。

创新教师引育机制，按照公共教学、专业教学、训练竞赛三个系列，推进教师分类管理。聘请优秀退役运动员、教练员从事体育教学和带队训练竞赛工作。

现有 1 个运动训练本科专业和 1 个体育专业硕士学位点。其中，运动训练专业获批国家、广东省一流本科专业建设点。专任教师中，有国际级裁判 5 名、国家级裁判 8 名、国际健将 4 人、国家健将 6 人；广东省教学名师 1 人，研究生导师 25 人（含博士生导师 2 人）。

【教学工作】运动训练专业获批国家、广东省一流本科专业建设点。完成全校 840 个班公共体育的教学任务，选课总人数 25 578 人。落实教育部学生体质健康测试工作要求，建立符合标准的体质健康评估体系，通过"锻炼—测试—再锻炼—再测试"的良性循环，培养学生终身体育意识，提升学生体质健康水平。采用线上线下学习相结合方式，开展体育教学。获教学类奖励 13 项，其中，国家级 5 项、省级 6 项、校级 2 项。获第六届中国国际"互联网+"大学生创新创业大赛"青年红色筑梦之旅"赛道公益组金奖 1 项。

【科研工作与对外学术交流】2020 年实到科研经费 354 万元，其中，纵向经费 318 万元、横向经费 36 万元。新增立项项目 29 项，其中，国家级项目 6 项、部省级项目5项。申请并获授权实用新型专利4项。发表中文论文43篇，其中，中文核心期刊论文16篇、EI论文1篇。举办学术报告会10余场。

【群众体育】开展"师生健康，中国健康"校园体育活动，举办"金阳光杯"单项品牌赛事，数千人参与。组织举办全校学生田径运动会，开展校园阳光冬季长跑、2021年耐克高校精英公路接力跑选拔赛等体育活动。

【竞技体育】田径、篮球、足球、乒乓球、游泳5个高水平运动队和网球、羽毛球、排球、健美操、武术等12个项目代表队，参加全国赛共获得3项冠军、6项亚军、7项季军；参加广东省级赛事共获9项冠军、18项亚军、11项季军。

【综合管理】加强制度建设，制订、修订多项管理办法。坚持科学民主决策，重大议题提交学院党政联席会议讨论之前，先经过相关委员会或工作小组讨论和审议；推进民主监督工作，发挥二级纪委、工会教代会监督作用。升级改造西区体育馆三楼健身房、健美操房。五山校区体育场馆举行各类体育竞赛活动51场次，累计服务师生3万人次。

设 计 学 院

【党建与思想政治工作】2020年共发展党员40人，其中，教工1人、本科生25人、研究生14人。学院共有党员197人，其中，教工党员50人、学生党员147人（研究生93人、本科生54人）；共有党支部8个，其中，教工党支部4个、研究生党支部3个、本科生党支部1个。落实党政联席会会议制度和"三重一大"决策制度，坚持理论学习"第一议题"制度，集中学习12次、专题研讨8次。加强师德师风建设，举办师德师风专题讲座等。组织师生党员立足专业优势开展精准帮扶，选派教师党员为孔美村及当地企业完成产品包装设计、文化旅游设计改造等，学生"圆梦·设计"实践服务队深入两广贫困点开展对口帮扶，其中，连续3年赴孔美村开展"三下乡"志愿服务和新农村文化建设实践项目，完成村容村貌改造、帮扶支教等。

【学科与队伍建设】强化学科集群建设，根据设计学科发展特点及未来趋势，筹备建设艺术与科技学科。

完善师资引育体系建设，制订《华南理工大学设计学院预聘—长聘人事聘用制度改革方案》《华南理工大学设计学院教学系列进人方案》，构建符合设计学科特色的人才方案。

【教学工作】本科教学方面。工业设计、环境设计2个专业入选国家级一流本科专业建设点，产品设计入选广东省一流本科专业建设点。"信息与交互专题设计Ⅱ——智能化产品设计"获评广东省线下一流本科课程。发布自制MOOC资源，工程制图SPOC教学，2384名校内外学生参与学习；邀请英国皇家艺术学院等世界著名高校专家进行网络授课。1人获首届全国教师教学大赛广东分赛暨广东省高校教师教学创新大赛特等奖，学院教学团队获大赛教学学术创新奖和优秀基层教学组织奖。

研究生教学方面。选派46名专业学位研究生在深信服科技股份有限公司等国内优质企业实践实习。在校研究生发表论文10篇,获授权专利6项,参加学术会议2人次。参加高水平竞赛获奖10人次,其中,获国家级奖项8项。1名研究生获广东省优秀学生。

【科研工作与对外学术交流】 2020年实到科研经费261.6万元,其中,纵向经费122.9万元、横向经费138.7万元。新增立项项目43项,其中,国家级项目1项、部省级项目16项,获批国家社科基金(艺术类专项)1项。获授权专利46项,其中,发明专利1项、实用新型专利40项、外观设计专利5项。发表SCI论文7篇、EI论文33篇。

对外学术交流方面。与日本千叶大学的学生联合培养项目进展顺利,邀请境外高校线上教学16次,与澳门科技大学组织联合工作坊线上开展研讨。

【综合管理】 组织专题师生座谈会3次、全院教职工大会4次、学院管理人员培训会4次。改进办学条件,修缮教学实验场地,更新与维护教学实验设备。"大学城学生文化传承与创新空间"投入使用。国家双创平台建设项目验收考核优秀。

医 学 院

【党建与思想政治工作】 2020年共发展党员21人,其中,本科生8人、研究生13人。学院共有党员233人,其中,教工党员42人、本科生党员29人、研究生党员162人。召开党政联席会17次、党委会会议15次。加强思想政治建设,组织师生员工学习近平总书记给在首钢医院实习的西藏大学医学院学生的回信精神和习近平总书记在军事医学科学院、清华大学调研考察讲话精神。开展"牵手伴读,守牢战疫后方"活动,遴选741名志愿者为疫情防控一线的医护、警务人员共325名子女提供在线辅导。

【学科与队伍建设】 围绕一流学科建设要求,成立未来健康研究院,凝练发育缺陷与相关疾病、肿瘤精准诊断与治疗、医学技术与临床应用等3个学科方向,推动解决医学核心问题。整合资源,调整成立医学数理化、人体解剖学、病理学、免疫学、预防医学等14个教研室,推动医学学科发展。举办学科建设研讨会暨"十四五"规划编制研讨会,谋划医学教育创新发展新路径。

推进人事制度改革,实施"预聘—长聘"人事聘用制度改革,设置教研系列岗位选聘条件。全年新增硕士研究生导师33人、博士研究生导师7人。

【教学工作】 本科教学方面。坚持"加强基础、促进交叉、尊重选择、卓越教学"育人理念,完成教学大纲、教学内容和培养方案的修订。教师获教研教改项目各类奖项12项,其中,获教育部高等教育类实践案例优秀成果奖1项、广东省疫情阶段第二批在线教学"教师或课程类"优秀案例一等奖1项、校级青年教师本科课堂教学竞赛一等奖1项。获批校内首批"未来创新实验室"立项建设。学生在第六届全国大学生基础医学创新研究暨实验设计论坛中获一等奖3项。医学影像学专业2020届(首届)本科毕业生升学率达72.4%。

研究生教学方面。坚持临床与基础贯通、医学与工科融合，医学人才培养体系日趋成熟，与广州市妇女儿童医疗中心、中国人民解放军总医院第六医学中心开展研究生联合培养。全年招收硕士研究生197名、博士研究生60名。

【科研工作与对外学术交流】2020年获批科研合同经费702万元。获国家自然科学基金项目9项、部省级项目9项；发表论文107篇，申请专利30项。

加强对外学术交流，承办第五届全国发育生物学大会，邀请来自全国各地100多所高校、科研院所及企业的1000余名代表参加。

【综合管理】加强日常管理，制订楼宇门禁管理、用水用电管理等细则，升级B2大楼门禁系统和公共区域监控系统。完成临床教学实验室搬迁。加强实验室安全管理，面向2020级研究生和本科生举办实验室专题安全培训，按月开展消防安全检查和实验室安全自查，全年实验室安全操作零事故。

生物医学科学与工程学院

【党建与思想政治工作】2020年共发展党员9人，其中，教工3人、研究生5人、本科生1人。学院共有党员71人，其中，教工党员21人、学生党员50人（研究生49人、本科生1人）；共有党支部4个，其中，教工党支部1个、研究生党支部3个。开展集中研讨、专题讨论、观影学习、微党课等各类线上线下活动40余次。发挥党员先锋模范作用，3名学生党员为抗疫一线医务人员和公安干警子女开展线上辅导志愿服务，2个研究生党支部主动担任本科生居家学习期间的成长导生。加强师德师风建设，组织学习《新时代高校教师职业行为十项准则》，出台班主任和学业导师院级工作细则，建立"班主任－学业导师－成长导生"全方位的育人体系。坚持思政教育工作面对面，组织教师定期走进学生宿舍，邀请本科生走进实验室等。

【学科与队伍建设】生物医学工程学科在2020年泰晤士高等教育首届中国学科评级中获评A＋，并获批广东省高等学校特色专业建设项目。

加大人才引育力度。1人当选2020年国际生物材料科学与工程Fellow。引进长聘教授1人，预聘副教授2人、助理教授1人，博士后入站6人。

【教学工作】本科教学方面。聚焦"新工科"＋"新医科"培养理念，完善本硕贯通式人才培养体系，修订生物医学工程本科培养方案。打造精品新生研讨课"生物医学工程与人类健康"。开展"未来杯"学科科普竞赛，以赛促实践促创新，接收参赛作品54份。在第六届中国国际"互联网＋"大学生创新创业大赛中，2个项目获省级铜奖。

研究生教学方面。创新研究生培养模式，打造"'宽'进'专'出"多学科融合的新医科培养方案。强化研究生培养过程管理，组织开展2018级专业硕士中期检查和2019级研究生中期考核暨第一次阶段考核。以奖促学促研，制订强调德育为首位的选拔奖励制度,修订学院奖学金评审实施细则。与广州帝奇医药技术有限公司建立联合培养基地,获批2020年广东省联合培养研究生示范基地。

【科研工作与对外学术交流】2020年实到科研经费733.73万元,其中,纵向经费650.80万元、横向经费82.93万元。新增立项项目17项,其中,国家级7项、部省级10项。申请发明专利8项,获授权专利2项。发表SCI论文22篇。获批校级生物医学公共实验室、生物医学科研共享公共实验室。

加强对外学术交流。2020年举办国内/国际学术报告14场,举办海内外优秀青年论坛6场。

【综合管理】健全制度体系,成立学院实验室安全工作小组、学科公共平台专家委员会,制订《学院实验室安全管理办法》《仪器设备购置可行性工作实施办法》等。参与广州国际校区实验大楼建设。打造学院优秀校友库,邀请优秀校友进校园。

吴贤铭智能工程学院

【党建与思想政治工作】2020年10月,吴贤铭智能工程学院党总支获批复成立,设置4个党支部。学院现有党员57人,其中,教职工党员6人、研究生党员51人。加强党支部建设,选好配强党支委,严格落实"三会一课"制度,组织理论学习,提升党建工作质量。开展师德师风教育,组织全体教工学习《新时代高校教师职业行为十项准则》《研究生导师指导行为准则》等文件。

【学科与队伍建设】面向中国制造业转型升级,重点围绕人工智能、大数据、机器人与自动化、先进制造与高端装备等领域开展人工智能与传统工程的交叉研究。

加大人才引进支持力度,多渠道做好海内外人才招聘宣传工作,全年引进预聘助理教授5人。

【教学工作】本科教学方面。以举办第二届"新工科教育"设计成果展为契机,完善学科交叉人才培养模式和教学组织模式。学生获科技创新类奖项10项,其中,国际级6项、国家级1项、其他级别3项。

研究生教学方面。完善教学组织设置,设立康复机器人、仿生机械鱼等课题组。学院首位博士研究生顺利毕业。

【科研工作与对外学术交流】2020年实到经费5895万元,其中,纵向经费171万元、横向经费418.5万元。获批国家自然科学基金项目3项,其中,面上项目1项、青年项目2项。发表SCI论文33篇,申请国际发明专利8项。聚焦新工科前沿科技,开展应用基础研究。

加强对外学术交流。借鉴密西根大学教育理念和管理模式,在师资聘用模式、人才培养模式、科研组织模式等方面与国际接轨。引进密西根大学课程培养体系,加快推动与密西根大学签署教研合作协议。

【综合管理】完善学院内部治理结构,在教学管理、宣传管理、实验室管理等方面出台多项管理制度。完成人工智能本科教学实验室二次装修改造、家具采购安装及设备购置等工作。

分子科学与工程学院

【党建与思想政治工作】2020年10月，分子科学与工程学院党总支获批复成立。学院共有党员78人，其中，教工党员16人、学生党员62人；共有党支部4个，其中，教工党支部1个、研究生党支部3个。加强党支部建设，组织开展理论学习、专题研讨会、先进事迹报告会和参观党史历程展览等各类活动近60次。与佛塑科技工程技术中心党支部结对共建。软物质研究院教工党支部书记获学校首届教师党支部书记素质能力大赛二等奖。

【学科与队伍建设】对标世界一流大学，推动"软物质科学与工程"交叉学科发展。打造"学院+高端研究院"的新型学科载体，引领教育和科研全面发展。

加大人才引育力度。召开2020年国际学术委员会线上评审会议，引进预聘副教授8人。

【教学工作】本科教学方面。开设四大化学及分析化学与仪器分析、实验课等12门专业课。获批校级线上一流课程1门，获批校级教研教改青年专项1项。落实对本科生的跟踪指导，科研人员全员担任本科生学业导师。教师获学校本科生教学优秀奖1人、本科生科技创新优秀指导教师1人。

研究生教学方面。开设软物质结构与表征、复合材料科学与工程、实验室安全技术等24门专业课。获批广东省研究生教育创新计划项目1项。1人获校级研究生教学优秀奖。

【科研工作与对外学术交流】2020年新增项目合同经费234万元，累计获批项目资助金额近2亿元。新增立项项目15项，其中，国家自然科学基金项目7项、广东省基金项目2项、中国博士后科学基金项目1项、其他5项。获批科技部"创新人才推进计划重点领域创新团队"1个。在 Nature Communications 等国际刊物上发表论文73篇，出版高等教育书籍1种，Giant 国际期刊创刊。申请国内专利12项、PCT专利2项，获授权专利1项。"广东省功能与智能杂化材料与器件重点实验室"首年运转良好，征集开放课题7项。

加强对外学术交流。开设"科学与人生：老一辈科学家大讲堂"，邀请3名中国工程院院士讲述奋斗人生和科研故事。线上邀请东京大学和大阪大学2名日本学者、1名英国学者短期讲学。全年开展学术讲座10场。

【综合管理】扎实做好学院疫情防控应急预案、复学前后的教学科研安排。坚持和完善党委会会议、党政联席会会议制度，严格执行"三重一大"决策制度。加强大型仪器平台建设，签约大型仪器平台设备24台套，价值6900万元。全年大型仪器平台开发服务总机时达9000小时，实现高效运转。学院成为全省唯一的高校剧毒品规范化管理试点单位。

微电子学院

【党建与思想政治工作】2020年学院共有党员46人，其中，教工党员17人、学生党员29人；共有党支部2个：1个教工党支部和1个研究生党支部。加强党员理想信念教育，以开展"三会一课"为抓手，通过集中研讨、专题讨论等方式开展20余次学习活动。加强师德师风建设，举办师德师风建设月活动。加强学风建设，通过举办学习交流主题班会、专业介绍讲座、交流分享会等方式，营造良好的学习氛围。

【学科与队伍建设】制定校级微纳电子公共平台建设方案。完成电子科学与技术学科第五轮学科评估材料的整理。

加大人才引育力度。引进长聘教授1人、预聘副教授1人、预聘助理教授3人。学院教师团队75%的成员具有海外背景，多名成员具有在国际顶级企业及研究中心超过10年的研发经验。

【教学工作】本科教学方面。开设微电子学科导论、电路等8门线上专业课程。获批部省级、校级教研项目6项；教育部首批新工科研究与实践项目《集成电路人才多方协同育人模式改革与实践》顺利结题。探索校企融合培养机制，与北京华大九天科技股份有限公司、慧科教育科技集团有限公司共同举办"EDA（电子设计自动化）进校园"模拟集成电路设计训练营活动。本科生获"高教社杯"全国大学生数模竞赛省级奖3项，其中，一等奖1项、三等奖2项；获"大湾区杯"金融建模竞赛二等奖1项。

研究生教学方面。新增博士课程1门。获批学校"集成电路级新一代通信"工程博士跨领域系统育人项目。推进校企合作，与广州粤芯半导体技术有限公司等签订博士研究生联合培养合作协议，选派研究生进入华南理工大学－华为技术有限公司联合培养基地实习。研究生获第四届全国大学生集成电路创新创业大赛总决赛奖项11项，其中，特等奖1项、一等奖2项、二等奖4项、三等奖4项；获中国研究生创新实践系列大赛"华为杯"第三届中国研究生创"芯"大赛全国决赛三等奖1项、艾为电子专项奖二等奖1项；获第二届全国集成电路EDA设计精英挑战赛一等奖1项。

【科研工作与对外学术交流】2020年新增主持纵向项目6项，合同经费560万元，其中，部省级项目4项、省市联合基金重点项目1项、市级项目1项。新增横向项目12项，合同经费478.5万元。获授权专利10项；发表SCI/EI论文17篇。强化产学研合作，共建华南理工－思林杰网络微电子集成技术联合实验室。"有源Micro-LED显示驱动开发""一种无源下的变频混频器""用于室内定位的收发机芯片子模块开发"等3项科研成果成功转化。

加强对外学术交流。与鲁汶大学合作开展暑期课程、"2+2"联合培养项目。选派7名学生参加线上国际学术会议并做口头报告。

【综合管理】完善制度建设，制定《华南理工大学微电子学院学术型博士研究生招生计划管理办法》等制度。完成学院大楼装修，正式入驻广州国际校区。改版学院网站，运营学院微信公众号"华南理工微电子"。组织开展消防安全教育培训、演习。

资料 院（系）2020年情况一览表

院（系）名称	学科与专业（个）					教职工（人）				学生（人）			
	博士后流动站	一级博士学位授权点	博士学位授权点	硕士学位授权点	本科专业	教授（正高）	副教授	高级工程师或其他副高	教职工总数	博士生	硕士生	本科生	学生总数
机械与汽车工程学院	3	6	6	7	6	97	66	18	301	338	1168	2112	3618
建筑学院	3	3	4	7	3	39	46	7	156	244	858	958	2060
土木与交通学院	4	4	11	8	7	58	82	4	219	221	1337	1844	3402
电子与信息学院	2	2	2	2	2	38	45	16	151	221	799	1427	2447
材料科学与工程学院	2	2	2	2	7	113	50	33	288	469	1161	1571	3201
化学与化工学院	2	2	11	11	4	97	35	42	235	322	899	1118	2339
轻工科学与工程学院	1	1	2	2	2	25	13	34	109	134	353	316	803
食品科学与工程学院	1	2	7	7	2	52	26	15	126	268	693	520	1481
数学学院	1	1	1	1	3	24	51	1	110	68	162	1018	1248
物理与光电学院	1	1	2	2	2	35	26	14	108	66	156	594	816
经济与金融学院	1	1	1	5	3	16	31	1	87	54	343	1277	1674
旅游管理系	0	0	1	1	2	4	9	0	24	19	47	255	321
电子商务系	1	1	1	2	2	11	10	0	41	19	131	509	659
自动化科学与工程学院	1	1	1	1	2	29	28	6	111	138	579	1144	1861
计算机科学与工程学院	1	2	2	3	4	31	40	3	103	149	679	1293	2121
电力学院	2	3	3	3	3	44	34	14	157	174	973	1699	2846
生物科学与工程学院	1	1	2	4	3	25	24	4	74	119	464	505	1088

学　院

续表

院（系）名称	学科与专业（个）					教职工（人）				学生（人）			
	博士后流动站	一级博士学位授权点	博士学位授权点	硕士学位授权点	本科专业	教授（正高）	副教授	高级工程师或其他副高	教职工总数	博士生	硕士生	本科生	学生总数
环境与能源学院	1	1	2	2	5	51	17	13	98	240	587	534	1361
软件学院	1	1	1	1	1	14	13	1	69	73	461	1383	1917
工商管理学院	2	2	2	7	6	47	43	2	162	191	1841	1327	3359
公共管理学院	1	1	1	1	1	20	16	1	64	47	1135	297	1497
马克思主义学院	1	1	1	2	0	17	22	0	63	74	383	0	457
外国语学院	0	0	0	2	2	14	21	0	107	0	172	380	552
法学院	1	0	1	2	2	23	25	0	78	16	576	660	1252
新闻与传播学院	0	0	0	2	3	18	17	0	65	0	226	541	767
艺术学院	0	0	0	1	3	3	20	2	54	0	53	456	509
体育学院	0	0	0	1	1	14	26	0	79	0	103	187	290
设计学院	0	0	0	2	4	16	24	0	78	0	294	1094	1388
医学院	0	0	0	1	2	23	13	1	107	142	440	251	833
生物医学科学与工程学院	2	1	1	4	1	5	4	0	29	42	117	148	307
吴贤铭智能工程学院	0	0	0	0	2	3	1	8	20	32	63	195	290
分子科学与工程学院	0	0	1	1	1	17	7	1	69	89	111	77	277
微电子学院	0	1	1	2	1	7	9	4	31	10	113	316	439
合计	36	41	70	101	95	1048	911	245	3638	3979	17 703	26 547	48 247

表彰与奖励

2020年获得市级以上表彰或奖励的部分单位和个人

一、获得表彰与奖励的单位

授奖部门	获奖称号	获奖单位
中国关工委 中央文明办	全国关心下一代工作先进集体	华南理工大学关心下一代工作委员会
中央精神文明建设指导委员会	全国文明家庭	冯小宁家庭
国务院扶贫开发领导小组	2019年全国定点扶贫工作考核获评为"好"	华南理工大学
教育部发展规划司	教育部第五届直属高校精准扶贫精准脱贫十大典型项目	华南理工大学
教育部办公厅	全国"双带头人"教师党支部书记工作室	马克思主义学院基础教研室党支部王晓丽工作室
共青团中央	全国五四红旗团委	建筑学院团委
共青团广东省委员会	广东共青团工作先进单位	校团委
	广东省五四红旗团支部	计算机科学与工程学院计算机科学与技术专业2017级2班团支部
中共广东省委教育工委	"全省党建工作标杆院系"培育创建单位	环境与能源学院党委 食品科学与工程学院党委
	"全省党建工作样板支部"培育创建单位	机关党委保卫处党支部 食品科学与工程学院轻化所教工党支部 经济与金融学院金融学系教师党支部 环境与能源学院办公室党支部 新闻与传播学院品牌传播系教工党支部 化学与化工学院教工第三党支部
	全省"双带头人"教师党支部书记工作室	土木与交通学院交通运输工程党支部温慧英工作室 马克思主义学院基础教研室党支部王晓丽工作室

续表

授奖部门	获奖称号	获奖单位
广东省学生联合会	广东省优秀学生会	机械与汽车工程学院研究生会
广东省教育厅	广东省三下乡社会实践活动优秀单位	校团委
广东省委宣传部	第六批广东省学雷锋活动示范点	何镜堂建筑创作研究院

二、获得表彰与奖励的个人

授奖部门	获奖称号	获奖者
中共中央 国务院	全国先进工作者	黄 平
人力资源社会保障部 中国科协 科技部 国务院国资委	全国创新争先奖	瞿金平
中央宣传部办公厅	中宣部"四个一批"人才	吴国林
中央文明办	中国好人	李 莎
中央宣传部 教育部	最美大学生	
共青团广西壮族自治区委员会	广西优秀共青团员	
共青团广东省委员会	广东省优秀共青团员	
中共广东省委 广东省人民政府	第七届广东省道德模范	
中共广东省委 广东省人民政府	广东省抗击新冠肺炎疫情先进个人	胡松青
广东省总工会	广东省五一劳动奖章	王永华
	广东省先进女职工	
共青团广东省委员会	广东省优秀共青团员	汤新明 李宗广 黎 枫 刘艾拉 季思岑 袁浩轩 王一杰 钟文烨
	广东省优秀共青团员（防疫重点领域专项）	叶文慧
	广东省优秀共青团干部	郑 璐
广东省学生联合会	广东省优秀学生干部	洪 鑫 陈锡聪 朱沛涛 蔡晓明 徐婧滢

2020年获得学校表彰或奖励的部分单位和个人

一、获得表彰与奖励的单位

2019—2020学年度校园十佳班集体

建筑学院
　　2018级城乡规划1班

土木与交通学院
　　2018级土木工程卓越全英班

电子与信息学院
　　2017级信息工程冯秉铨实验班

电子与信息学院
　　2018级信息工程6班

材料科学与工程学院
　　2017级高分子1班

物理与光电学院
　　2018级光电信息2班

软件学院
　　2018级软件工程卓越2班

工商管理学院（创业教育学院）
　　2018级财务管理班

艺术学院
　　2018级音乐表演1班

设计学院
　　2017级公共艺术班

2019—2020学年度校园十佳班集体入围奖

机械与汽车工程学院
　　2017级车辆工程1班

土木与交通学院
　　2017级土木工程卓越全英班

数学学院
　　2018级信息管理与信息系统班

经济与金融学院
　　2018级经济学创新班

电力学院
　　2018级电气工程卓越1班

生物科学与工程学院
　　2018级生物技术班

2019—2020学年度先进班集体

机械与汽车工程学院
　　2017级车辆工程2班
　　2017级车辆工程3班
　　2018级车辆工程1班
　　2018级机械工程卓越双语班

　　2017级安全工程班
　　2018级车辆工程2班
　　2018级车辆工程3班
　　2018级机械类创新班

建筑学院
　　2018级城乡规划2班

　　2019级城乡规划2班

2019 级建筑学 1 班

土木与交通学院
  2018 级工程管理班   2018 级土木工程 2 班
  2019 级交通运输类 2 班   2019 级工程力学创新班
  2019 级土木卓越全英班

电子与信息学院
  2018 级信息工程创新班   2019 级信息工程 3 班
  2019 级信息工程 1 班

材料科学与工程学院
  2017 级高分子 2 班   2018 级材料化学班
  2018 级材料类全英创新 1 班   2018 级材料（金属）班
  2019 级材料类 2 班   2019 级材料类 4 班

化学与化工学院
  2017 级化工 1 班   2017 级化学类创新班
  2018 级化学类创新班   2019 级化学类创新班
  2019 级化工与制药类 6 班

轻工科学与工程学院
  2018 级资源环境科学班   2019 级轻工类 1 班

食品科学与工程学院
  2017 级营养与健康班   2018 级营养与健康班
  2018 级食品科学 3 班

数学学院
  2019 级数学类 1 班   2019 级数学类 4 班

物理与光电学院
  2018 级应用物理学

经济与金融学院
  2017 级国际经济与贸易 1 班   2018 级金融学 1 班
  2019 级经济学类 5 班

旅游管理系
  2019 级旅游管理类 2 班

电子商务系
  2018 级电子商务 2 班   2019 级电子商务类 1 班

自动化科学与工程学院
  2017 级自动化本硕连读班   2017 级智能科学与技术班
  2017 级自动化 1 班   2018 级自动化创新班

计算机科学与工程学院
  2017 级信息安全班   2018 级计算机科学与技术 1 班
  2019 级计算机科学与技术全英联合班 2019 级计算机类 1 班

电力学院
  2017 级电气工程 5 班   2017 级电气工程卓越班
  2018 级电气工程 2 班

生物科学与工程学院
  2018 级生物制药班

环境与能源学院
  2017 级环境工程全英班   2018 级给排水科学与工程班
  2019 级环境工程全英班

软件学院
  2019 级软件工程 3 班   2019 级软件工程 2 班
  2019 级软件工程卓越班

工商管理学院（创业教育学院）
  2017 级工业工程班   2018 级会计学 1 班
  2019 级工商管理类 1 班

公共管理学院
  2018 级行政管理 1 班

外国语学院
  2018 级商务英语 3 班   2019 级日语班

法学院
  2018 级法学 1 班   2019 级法学类 3 班

新闻与传播学院
  2018 级广告学班   2019 级新闻传播学类 1 班
  2019 级传播学"2+2"联合班

艺术学院
  2019 级音乐表演 1 班

体育学院
  2018 级运动训练班

设计学院
  2018 级工业设计（实验）班   2018 级环境设计 2 班
  2019 级工业设计 1 班   2019 级产品设计 1 班

医学院
  2018 级医学影像学 2 班

吴贤铭智能工程学院
  2019 级机器人班

微电子学院
  2019 级微电子 3 班

2019—2020 学年度共青团先进集体

先进团委
建筑学院团委
土木与交通学院团委
电子与信息学院团委
材料科学与工程学院团委
化学与化工学院团委
数学学院团委
物理与光电学院团委
计算机科学与工程学院团委
电力学院团委
生物科学与工程学院团委
工商管理学院团委
公共管理学院团委
医学院团委

表扬团委
轻工科学与工程学院团委
食品科学与工程学院团委
经济与贸易学院团委
自动化科学与工程学院团委
环境与能源学院团委
软件学院团委
马克思主义学院团委
外国语学院团委
法学院团委
新闻与传播学院团委
艺术学院团委
设计学院团委

五四红旗团支部
机械与汽车工程学院机械工程专业 2017 级三班团支部
机械与汽车工程学院车辆工程专业 2017 级二班团支部
机械与汽车工程学院机械工程专业 2017 级一班团支部
建筑学院 2017 级建筑学第一团支部
建筑学院城乡规划专业 2018 级一班团支部
土木与交通学院交通工程专业 2017 级交通工程班团支部
电子与信息学院信息工程专业 2017 级五班团支部
电子与信息学院 2017 级信息工程专业冯秉铨实验班团支部
材料科学与工程学院高分子材料与工程专业 2017 级一班团支部
材料科学与工程学院光电材料与器件专业 2017 级光电材料与器件班团支部
化学与化工学院化学类专业 2017 级创新班团支部
轻工科学与工程学院轻化工程专业 2017 级二班团支部
食品科学与工程学院 2017 级食品质量与安全班团支部
食品科学与工程学院 2017 级食品科学与工程专业（营养与健康方向）团支部
数学学院信息管理与信息系统专业 2017 级信息管理与信息系统班团支部
数学学院数学与应用数学专业 2018 级统计班团支部
数学学院信息与计算科学专业 2018 级信息与计算科学班团支部
物理与光电学院光电信息科学与工程专业 2017 级第一团支部
经济与贸易学院金融学专业 2016 级全英班团支部
经济与贸易学院 2016 级国际经济与贸易专业第二团支部
经济与贸易学院经济学专业 2016 级经济学班团支部
经济与贸易学院金融学专业 2017 级一班团支部
经济与贸易学院经济学专业 2016 级经济学创新班团支部
自动化科学与工程学院自动化专业 2017 级一班团支部

计算机科学与工程学院 2017 级信息安全班团支部
计算机科学与工程学院计算机科学与技术专业 2017 级二班团支部
电力学院电气工程及其自动化专业 2016 级四班团支部
电力学院电气工程及其自动化专业 2016 级六班团支部
电力学院电气工程及其自动化专业 2018 级卓越一班团支部
生物科学与工程学院生物工程专业 2017 级生物制药班团支部
生物科学与工程学院生物工程专业 2017 级生物工程班团支部
环境与能源学院环境科学专业 2017 级环境科学班团支部
环境与能源学院环境工程专业 2017 级环境工程班团支部
软件学院软件工程专业 2017 级一班团支部
软件学院软件工程专业 2018 级二班团支部
软件学院软件工程专业 2018 级中澳班团支部
工商管理学院会计专业 2017 级一班团支部
工商管理学院会计专业 2018 级一班团支部
工商管理学院工商管理类专业 2018 级三班团支部
公共管理学院行政管理专业 2017 级二班团支部
公共管理学院行政管理专业 2017 级一班团支部
法学院 2017 级法律卓越班团支部
新闻与传播学院 2017 级传播学第二团支部
新闻与传播学院 2018 级广告班团支部
艺术学院 2017 级舞蹈学团支部
设计学院 2017 级研究生团支部
设计学院 2017 级环境设计专业第二团支部
医学院 2016 级医学影像学班团支部
医学院 2017 级医学影像学班团支部

二、获得表彰与奖励的个人

2020 年"教师教学荣誉体系"教学新秀奖（本科）

建筑学院	李莉萍	数学学院	张　坤
化学与化工学院	陶　佳　王子华	工商管理学院	王　创
医学院	杨　琼		

2020 年"教师教学荣誉体系"教学优秀奖（本科）

机械与汽车工程学院	李　旻　徐　晓	建筑学院	翁奕城　向　科
土木与交通学院	闫　辉　杨　怡	电子与信息学院	余翔宇
材料科学与工程学院	姚日晖　董国平	化学与化工学院	郑大锋
轻工科学与工程学院	钱丽颖	数学学院	刘　锐
物理与光电学院	钟小丽　郑立贤	经济与金融学院	林　峰
自动化科学与工程学院	陈　安	计算机科学与工程学院	毛爱华　张见威
电力学院	朱建全	生物科学与工程学院	郑穗平

环境与能源学院	卢桂宁	软件学院	刘 飞
工商管理学院	李 锋 樊 霞	公共管理学院	叶 托
马克思主义学院	李海霞	外国语学院	朱 琳
法学院	陈征楠	新闻与传播学院	陈 希
艺术学院	王 娜	体育学院	刘冬笑
国际教育学院	郭 婷	设计学院	熊 巍 薛 颖
分子科学与工程学院	岳 衎		

2020年"教师教学荣誉体系"教学卓越奖（南光教学卓越奖）（本科）

土木与交通学院	张晓晴	化学与化工学院	叶 勇
电子与信息学院	靳贵平	旅游管理系	曲 波
材料科学与工程学院	张安强		

2020年"教师教学荣誉体系"教学优秀奖（研究生）

材料科学与工程学院	何 慧	数学学院	李 兵
法学院	张 瀚	体育学院	彭贻海
分子科学与工程学院	王林格	土木与交通学院	杨永红
建筑学院	李敏稚	工商管理学院	肖 万
马克思主义学院	杨 超	经济与金融学院	于孝建
轻工科学与工程学院	王小慧	外国语学院	薛荷仙
设计学院	梁明捷	食品科学与工程学院	任娇艳

2020年"教师教学荣誉体系"教学卓越奖（南光教学卓越奖）（研究生）

电子商务系	左文明	外国语学院	钟书能

2019—2020学年度十大三好学生标兵

机械与汽车工程学院	林泓熠	材料科学与工程学院	郑炽彬
数学学院	张子烨	经济与金融学院	唐 烨
自动化科学与工程学院	孙鑫宇	计算机科学与工程学院	张一帆
生物科学与工程学院	龙润东	环境与能源学院	钟文烨
软件学院	郑冰升	新闻与传播学院	蒲韵莎

2019—2020学年度三好学生

机械与汽车工程学院

方灿能	蔡典仑	陈湧鑫	陈焜杰	郭伟成	黄 浩	黄嘉豪	黎杰荣	李 敏	梁嘉潮	刘煌桦
潘琪琪	王梓聪	吴镇锋	徐锦明	徐智聪	许锦泽	杨 超	叶锐华	陈怡婷	高 威	雷 松
彭 宇	唐涯天	杨敏嘉	杨 煜	岑锐鸿	吉 威	姜昊呈	李佳玲	李松明	林浩俊	刘尚诗
苏 燊	伍靖怡	郑益然	陈俣宏	程传锐	洪 星	廖雨欣	刘婷婷	肖紫欣	蔡伟斌	蔡泽荃
陈国智	陈浩强	冯杰寅	关帅帅	何坤阳	胡华辉	蒋 亮	乐 天	李琳丹	李振聪	练秋西
廖志鑫	刘 姣	马哲昊	王暄琪	吴嘉鸿	谢军苹	许银胜	杨泽理	郑 元	朱 朗	成 佳
程宇轩	单文俊	范传融	方殷错	冯俊钧	郭 游	何景辉	江国湘	蒋安邦	黎泽明	李伯佳
梁文俊	马明辉	倪伟民	乔泽顿	苏以鉴	曾国豪	曾叙燃	詹润钦	张强伟	张 鑫	李万琦

梁靖康	刘博生	刘佳鑫	刘新力	邱雨玮	宋芷晴	王其鑫	吴潮祥	杨奕斌	袁泽锟	朱宏赐
陈卫国	戴 维	翟楚寒	冯雨佳	郭佳敏	乐 珂	刘杰鹏	吴广能	吴小华	严仲伟	张辉坤
赵科炜	葉可峰	贾昕冉	郑天翔	胡金鑫	洪舟洋	励文竑	钟宇婷	黄杰钢	梁子凌	万子健
卢翀昊	张伟俊	陈 锋	李锦程	严 谨	燕雨姚	蔡吉祥	秦圣杰	欧阳竞	陈碧仪	陈海涛
陈嘉琪	陈俊龙	陈庆伦	陈信鸿	冯妙善	李林旭	李少武	林伟达	刘春远	吴质彬	张文远
赵亚辉	郑文亮	何金庆	黄诗婷	赵文誉	周昶圻	郑靖强	陈兆铮	陈锴杰	段 凯	韩依洋
洪家威	洪立铭	黄 朴	刘剑澎	彭子轩	杨 超	姚松青	曾润林	张钰奇	郑增锐	朱家炜
陈博文	陈俊颖	郭浩锐	黄享豹	梁家泳	罗世杰	秦荣希	邱壹铧	吴泽纪	郑景浩	郑星宇
陈际云	胡若帆	林峻昊	孟峻霆	孟子博	谭 静	谢廷博	郑桂泓	朱泽广	陈智霖	华 选
黄狄伟	金梓平	李泽龙	刘苑喆	吴衍候	张 力	赵芳怡	郑润霖	钟迪欣	王奕潼	丁天贶
郝禹渊	林泓熠	胡文博	罗新龙	杨冠华	赵商羽	高子睿	陈新睿	武冠洲	汤振洋	田 钊
骆俊宇	刘芳源	王晨宇	杜弘烨	蒋佳若	廖小传	林 杰	林钰淳	植弘彦	陈 悦	郭佳雄
郭妍君	黄有立	郎璐璐	雷锦鹏	冷汶锋	李 斌	廉俊豪	梁乐园	刘心宇	刘宇婷	刘潇仪
潘启龙	容辉华	沈 杨	孙傲博	王少柳	巫玉龙	杨金燏	张文华	张晓丹	郑梓烨	朱俊龙
刘星池	刘星月									

建筑学院

陈桂宇	赵 帅	金仕萌	汤雪儿	许依琳	张慧岚	罗 诚	蔡治文	王 琼	曾译萱	范子钿
方文靖	郭璞若	李相灵	罗雨然	麦洁鸣	区启铖	伍兆琳	修文文	徐凌芷	闫 瑾	邓思华
黄益锋	雷于萱	黎斯斯	李佳雨	刘小琳	卢 奕	赖坤锐	林 璐	陈建铭	何可柔	李泽如
马怡宁	孙雨菲	魏云沁	夏湘宜	姚广濠	章 琴	张梦圆	黄梓峰	李佳悦	龙海燕	孙可意
唐琦婧	吴玥玥	钟佳烨	钟思琳	董奇祯	黄同悦	李琴乐	邱昕云	王嘉颖	杨雨晴	张婷婷
朱 江	林宇栋	刘雨洋	陈桔莹	陈可凡	陈 宁	陈 瑶	程姝颖	江宇航	刘嘉瑜	卢虹匀
谭智贤	吴忻雨	叶苗扬	张琬晴	郑向清	陈方韵	王昊演	翁林怀	肖铭淇	徐沁园	张问楚
甄子需	莫雨诗	萧涵弋	叶卉芊	曹 莹	陈 曦	管若彤	花雨田	雷蕙玮	孟凡宇	谢佳彤
姚智丹	郑 旭	陈 彤	崔嘉丽	计凌宇	梁景璇	倪立巧	文锡祥	邹海宇	陈楚贤	王淑妍
梁燕楚										

土木与交通学院

黄菁菲	朱旻业	高 越	马思维	曾维嘉	钟浩川	巢文慧	孔祥晖	李宇涵	谢子依	阎丽文
郑 值	庄梓跃	韩超倩	谢文艺	谢竺津	蔡炜程	程亚天	金子力	李 治	林姗虹	刘 欢
刘文康	刘芝帆	罗俊哲	倪 萍	王 妙	伍镓荣	章雨欣	朱贤煜	覃源坤	丁 迅	方洪臻
刘志豪	马建峰	杨溟华	蔡 凡	邓慧琪	杜佳锴	冯 鑫	李佳玥	李小樟	苗 茁	钟威城
陈嘉熙	陈麟君	党丽清	冯泽豪	高 可	何 树	黄锦辉	黄倩仪	黄梓铭	靳铭楷	李智雄
梁伟淳	廖 薇	林华生	刘锡月	卢 宁	邱思杰	王琦琦	韦晓鹏	文光威	吴宏耿	伍良富
萧明强	许伟鹏	杨嘉鸿	姚妙金	赵子彤	郑乔辉	朱 超	覃文倩	陈顾元	何晓晴	李郁环
林映含	涂业煌	吴思思	杨思雅	谢宇轩	方岢愿	邵 威	王 萌	马逸敏	林浩然	杨彦青
徐梓舒	沈子康	黄国贤	肖嘉欣	李楚婷	何春杉	李 余	卢义亮	梅江鹏	汪宇星	陈 铃
张 彬	任续锋	陈玥霖	陈俊宏	陈志学	崔 熙	李云龙	梁泽邦	张嘉讯	林焕哲	黄圣文
王 翔	周宇晴	陈森鑫	陈雅辉	吕苏磊	王敬谕	夏桂然	谢景昌	曾 好	梁梓涵	段心一
刘 晗	温礼静	陈吉彬	林颖强	张 赫	陈发权	陈冠帆	陈国豪	陈海雍	陈浩龙	陈江焓
陈陆岳	陈 涛	陈钰杭	邓溢豪	邓 雯	甘颖通	何海东	华嘉皓	黄铭仁	黎倍良	梁振宇
刘劲焜	邱 鹏	沈焯悦	王润瑞	王至爱	王 芋	吴 堃	肖一涵	谢沛醒	许勇佩	叶灏睿
张 涵	张诺豪	张声勤	成晔晔	潘婧祺	王炜楠	谢嘉康	丁一飞	王雯仪	吴倩彤	李 涛
马肇良	王澳庆	孟德胜	肖慈宇	蒽玉千	骆怡菲	苏 乐	张 晗	黄旭昊	潘德明	王宇鹏
张兆龙	郑旭文	冼兆权	谭 天	邓晴方	顾 业	何嘉汝	何祖光	何昊聪	洪铭阳	黄才穆

黄志恒　黄子锐　乐羿童　黎小语　李美璇　李舒萍　李田田　李泽贤　李　昊　林裕浚　罗　然
彭　诚　巫睿燊　行思成　许　诺　郑新锴　郑宇涛　庄净羽　李　越　梁靖欣　刘清扬　杨世熹
杨萧祺　姚楷曦　杨致远　程欣玥　欧阳宁洁　周钱子洋

电子与信息学院

邓志邦　周方同　陈嘉聪　陈佳乐　陈莉茵　陈永兴　陈远夏　黄明鑫　黄　秀　黄　璇　简　晟
李凤梅　李焕欣　李南鹏　刘健安　刘志鹏　罗智斌　马苏武　孟嘉铭　王浩赟　王忠英　温　鑫
巫嘉煌　吴锐煌　谢法杰　谢旭庞　杨　阳　曾嘉豪　张灿炜　郑锐佳　陈炜东　邓永健　韩文静
李宏洋　李捷磊　刘睿孜　罗英杰　翁培锴　芮程路　陈家琳　成泽森　梁瑛钜　王　沛　辛铄浩
陈柏伶　邓圣衡　方瑞妍　方　婷　黄家荣　赖隽恒　雷浩东　李鸿亮　李弘洋　林灏森　梅雨婷
宋弘健　帖千枫　王熙柱　吴清茹　杨国栋　杨苏鹏　郑晓雯　周泽南　李森昊　黄展鸿　许　策
杜雨薇　顾睿璇　彭子瑶　李玉辉　吴华崇　谌宣锜　黄　寅　胡　月　马蓉鑫　王可待　邓　旭
黄　凯　何　曦　梁子涛　陈鸿杰　陈俊康　程沛权　邓云帆　董斯馨　胡锦杰　黄泽豪　贾立博
江健华　李佳淳　李乐民　李仲源　林赋瀚　林锦文　吕建豪　施永鑫　韦　钰　温润民　吴和茂
许坚城　原暄哲　曾新媛　赵绮琪　周子豪　岑敬伦　陈可杰　李政棋　卢狄峰　欧逸怡　肖　睿
曾广森　张朝语　张　洋　崔舒扬　贺之贤　李宇翔　林常松　刘达奇　龙昌隆　石东子　王一凡
钟宇豪　褚泽晖　邓　昊　翟濮成　李　腾　林光正　林佳灵　刘　涛　牟　畅　盛泊熹　苏　頔
王庆丰　吴俊宇　吴晓璇　殷卓文　俞穗圆　周品皓　李佑盛　王长杰　赵国庆　李炜瑶　刘知航
何思源　李　哲　严建辉　杨东杰　谭清煜　许柏城　杨智文　何颜珍　梁伟良　马树洽　刘逸笛
吕奇澹　史洁仪　辛嵘博　张　珊　陈宇珂　戴粤朝　丁　琪　方子华　管润楠　黄　瑶　李俊桦
李颖锋　刘煊宜　祁凡珂　孙　楠　王佳俊　王　沁　王天寅　王紫旭　徐嘉炜　颜鹏炜　杨　堃
袁丹澜　张子坚　钟希婷　曹家欢　陈柯潼　陈生贤　关烨羿　江佳瑜　龙　可　卢德琨　史天浩
王子俊　赵任知　周冀军　梁恒龙　崔永生　史昕武　兰涵清　夏天岚

材料科学与工程学院

李成凯　赵文萱　陈　艺　初　琦　罗葴期　蔡瑞璟　傅　童　郝　运　李浩明　利敏銮　梁煜澄
刘　玥　刘付卫　彭湘秦　丘俊铭　谭晓昕　吴铭泓　谢俊安　袁照炜　张伶枫　陈心颐　李育峰
廖丽铭　刘佳美　刘灏珅　孙宇轩　卫睿珊　肖天佑　叶昇达　于婧雅　张诗雨　张云喜　郑炽彬
陈晓锋　关富友　谢欣灵　杨梓熙　符沐燚　侯丹清　江　曼　谢斯航　左文财　李　萌　刘笑冰
杨　锦　金世奇　叶　洵　龚　晨　李松懋　李幸晗　欧家琦　时建和　汤雯晶　张玮琦　徐昌文
熊兴宇　金雪晴　李　睿　刘鑫智　王雅韵　郭铠闻　詹耀钊　闫文博　肖一鸣　刘玉琪　余海涛
朱景霖　区朗曦　吴子健　张品蕊　冼清越　周　琅　宋志邦　张弘仕　李鸿文　叶倩楠　胡松涛
保楠楠　刘锦祥　李嘉欣　谭　磊　邓志成　张　美　张　博　丁　芮　高云鹏　杨文慧　程晓东
陈　思　侯明玥　罗凌劼　蔡铭雅　陈晓鹏　陈心渝　陈亚欣　傅育槟　黎　琳　潘建辉　邵楚茵
谭瀚儒　吴政忠　谢杰承　张康平　郑乔扬　钟思京　周瑜萱　邓海婷　甘小龙　郭晓蓓　蒋洪俊
黎灏勤　李华翰　邵佩珊　苏　彦　王龙龙　吴家畅　徐寒露　杨佳吉　张远慰　窦悦嘉　陈慧铭
黄思瑜　黄婵琪　苏柏煜　吴可凤　赵乐川　黄　晟　沈星星　童逸轩　萧克宁　张心怡　谢奕凯
钟韵嫦　郑　重　陈　涵　陈子华　胡佳佳　李林浩　李悠乐　李昊洋　刘　喆　刘晶晶　曲若文
汤睿霖　王舒予　吴彦震　杨　帅　柯俊华　林洛瑶　张哲源　孙源洁　杨昊天　郭恺悦　洪兴沛
文远帆　梁启燊　陈明庆　谢嘉敏　李梦瑶　梁可思　练　琳　纵李娜　王利萍　姚文平　唐焕松
武　啸　何梦笛　马国政　汪祥瑞　王婷婷　张铭钰　黎子滔　熊徵言　杨欣艺　冯浩哲　李汐婷
沈圆壹　肖名卉　陈梓杰　傅桢彧　高执文　郭　瑶　何子妍　胡骐韵　黄佳艺　黄锦华　黄昊成
李鹤迪　林敏怡　林兆宏　刘嘉怡　刘鲁楠　刘笑翀　刘勋漂　罗宇烨　潘煌旭　潘雅茹　彭汝权
钱济宇　孙梦晨　孙　瑶　王　钦　王宇峰　王子扬　王子璇　魏时雨　魏琦琪　吴仁栩　徐雨婷
叶永良　曾弋蠕　张紫慧　赵天柱　周媛欣　周楠思　朱君燕　林　瀚　何敏滢　罗文昊　王延葵
段建华　刘美静　骆雪松　周润杰　李所当然　马泓文捷

化学与化工学院

陈芬婷	陈雨鑫	郭家星	黄亚容	李柯雨	李新颖	刘迎盈	倪薪一	庞于薇	孙丹婷	涂院华
袁淑婷	陈钰莹	冯钰婷	何泽伟	林广源	莫子锋	陈炳智	何顺意	黄廉湛	梁镇山	林丹霞
林雪敏	刘针莹	龙玉章	卢浩超	马宇乔	苏欣键	许迪渝	曹翔宇	胡喻晓	莫金洁	潘晓康
邵誉钧	谭伟权	王志鹏	李恒源	苏佳生	王楠舒	谢艾琳	余佩敏	郑智勇	黄秋华	李彬和
刘兆镇	龚晓婷	丁茂峰	李志鹏	王柳青	赵红琴	马鑫宇	易克炜	卢蕾	田锦衡	蔡锡泰
方惠琳	甘楚楚	黄洁	姬霄	李丹婷	刘业晨	卢伟能	王梦宇	谢丽君	张星	周璇
左建东	陈嘉骏	黎柔言	皮天朗	李振杰	刘泽全	刘子昕	袁泽宇	庄婉瑜	毕春晖	严恩然
杨颖	袁若	赵艺杰	陈晓霏	陈雨弥	胡洋明	廖益秋	林浩	王玉杰	张博	罗威
朱玥希	林智聪	赵思洋	陈星霖	黄静华	付涵勋	刘浩然	陶弘毅	李淇	钟海旭	蔡镇炼
胡炜	邓明慧	何欣	李洲	林浩江	武唐翰	桂小雨	南芳	巫佳浩	谢艺	何婉莜
何文婷	江灏	黎嘉瑶	李保陶	梁满	刘嘉宏	刘学峦	罗嘉	尚纪增	唐正正	吴静怡
伍泽霖	杨娜	叶雅婧	袁江岸	钟乐帆	岑丽盈	黄晓莹	李承羲	梁瑞君	汤婧雯	范媛

轻工科学与工程学院

邓喻璇	廖思锃	孙泽宇	谭鑫	张德健	张诗曼	赵诗婷	黄韵晴	李潜龙	汪力生	文存远
王聪	李姗姗	颜梦星	朱兰萍	陈瑾轩	赖志斌	潘思宇	张嘉琪	林子路	郑小丹	管尤好
王骞	陈思洁	江柳	李馨怡	张我济	周楚涵	陈钧洛	陈红			

食品科学与工程学院

万媛媛	张思锐	陈雁妮	刁思颖	郭璐	寇瑞心	梁丽斯	廖思敏	欧志荣	潘倩倩	盛倩茹
吴逸昕	余静孝	詹倩怡	常方圆	郭颖希	胡颖	叶子充	宇画	饶翔	曹沐曦	郭水连
石帆	韩卓芮	冯泳钰	赖俊汶	赖晓宁	刘严霜	王露	韦惠莹	张英静	蔡碧芳	郝丽莎
塔尼娅	林培靖	刘雨齐	李珊	赵晓彤	周瀑鑫	高方阳	赵奇绘	陈光浩	贺子琦	麦梓锋
容欣彤	苏恒	涂思潘	王芊琪	谢艾晴	何沛莹	柳楚怡	张恩恺	唐璐	叶芸彤	

数学学院

葛宸希	陈彦聪	杨程宇	陈志升	董适	黄君	晋宁	李可	李昊洪	凌佳欣	刘艺心
唐晓兰	王明珠	巫俊达	谢巧琳	叶佳宁	张泰伟	张志杰	周晗	陈源	雷巧怡	梁添娣
彭清桦	吴江	钟林君	董督凯	焦嘉裕	汤韵怡	徐青影	周泽华	董鑫喆	冯伟坚	李明畅
梁凌睿	张伟豪	张子烨	郑诗剑	黄钰凯	孙宇鹏	王尧	包宇	易文博	罗逸鸿	冯家铭
肖碑	陈晓璇	徐宽	周菁媛	张清林	邓力维	庄文扬	董洁阳	郭星辰	胡雪纯	康悦琪
赖沛明	卢元	王芊喜	吴海源	吴晓童	谢煦缜	杨嘉豪	曾亚军	蔡嘉瑜	陈颖怡	杜佳锐
付韵颐	矫健	刘文嘉	马沛钿	王晓玲	许智浩	余文婷	张槿杭	陈晓彤	陈志成	林煜康
何为	刘曼妮	施伟龙	杨嘉	杨祥瑞	郑咏	植伟海	唐薇靖	杨安琪	陈希敏	李子沐
陈俊安	龙依依	陈景岩	傅佳灿	赖柏瀛	陈碧瀛	江爽	苏铧杰	吴文媛	杨晞亮	朱巧龙
白旭峻	曹怀志	曹祺	何晓谊	何紫璇	黄麒霖	姜笑玥	李彦慧	林宇晴	林子莹	林睿聪
凌静雯	刘俊坛	罗嘉伟	区文琳	任桐欣	唐晓朝	万桀豪	魏桥	许妍	薛琪	张田田
张相毓	赵辰一	赵珊	钟远婷	朱柏言	谌越	吴晨曦	唐瑀	石唐丹妮		

物理与光电学院

孙文杰	罗杰星	麦健儿	谢舒文	董兆辉	郭钰滢	李晓彬	刘家炜	刘峻铭	罗杰	吴边喆
许柏涛	战子钰	何沛德	李虹烨	李云博	刘圆圆	于欣悦	郑义栋	程子齐	李旭	王树鑫
刘俊威	徐锋	宁晨曦	颜国锋	李冠良	胡旭	梅永昌	陈冠华	罗咏诗	骆湘婷	蔡昊恩
曹琬璐	陈向弘	黄偲颖	李文韬	刘维汉	彭佳	孙燧达	万子航	杨宁宁	庄理淇	冼程曦
黄星照	孙弘毅	孙悦怡	王铭龙	伍时彰	徐诗涵	李童恺	朴珠艳	何润枝	何彦庆	李婧
赵烺	高子涵	徐思宇	杨兰	陈灿阳	和晓奇	黄奕彤	黄昱俊	李嘉锐	李诗弘	李智林

连斯诺　梁子璇　朱芷仪　刘鸿霖　邹广辉　张伟岸

经济与金融学院

潘怀远　金思远　麦宁暄　王　璐　陈玉慧　陈　玮　郭佳莹　林玉玲　刘雅欣　王恺田　吴钰莹
杨素清　张　雪　赵彦纯　钟绮虹　周丹曼　冼　亮　艾芷欣　蔡艳妙　蔡燕琼　陈慧珊　陈诵惟
陈坛辉　陈芷莹　方希婧　郭亚飞　郭鹰洁　郝玉洁　何江燕　刘国鹏　刘　可　刘宇韬　莫带娣
聂金秋　唐　烨　王婉钰　王晓芙　肖　璇　许　玫　叶桃红　游婷月　袁安琪　张洪槟　赵海珊
郑蕴含　钟　霖　卓彦弟　邬宝仪　谢海婷　晁　炜　李洁滢　陈嘉健　李诗琪　李苑馨　林浩然
徐嘉营　卓韩希　覃海华　郭家琪　林枫华　牛紫珩　秦佳慧　石小惠　曾灿樱　张静旖　张泽坤
周思明　林绍良　牛一雯　艾俊其　匡校君　权文江　杨子涵　蔡晓涵　陈小苗　陈泓彤　傅诗涵
霍颖琪　雷亚星　李　吉　李梦蝶　刘澍聪　潘　佳　沈晓琪　宋兆卿　唐浩翔　谢思桦　余桂燕
周欣儿　庄依暖　仵　错　白龙钦　陈晓琳　陈　笑　陈卓媛　邓卓颖　胡　洋　胡媛芳　黄佩雯
黄　珊　黎子萌　李海盈　李泳珺　林楷星　刘倩茹　莫敏贤　潘善文　潘　钺　彭　芸　丘　怡
邱雨奇　阮施霓　盛泽萱　谭佩佩　翁升阳　吴　晔　徐　榛　杨　帆　杨卓然　尹倩倩　袁　子
郑景元　朱筱琬　李采妍　曾旭祥　邱俊源　徐立兴　任晓敏　卜小清　蔡梓妍　陈洁琼　何海如
林炜皓　刘宇宁　宋佳晞　叶　军　张天怡　李　莹　罗阿滢　孙　宇　叶馨蕊　袁秋紫　朱梦园
冼家进　潘红杏　黄乐瑶　黄　妍　许晓彤　邵　典　邓宏睿　吴静兰　刘　垚　范一迪　吴泓栎
刘国艳　扶梓航　吴雨夏　刘炯敏　王怡倩　陈海月　陈昱江　邓海露　冯　纯　高小惠　黄　丹
黄　飞　黄少玲　焦静娜　李步升　李若玫　李炎丽　林耀祥　刘林夕　刘星瑜　刘雨佳　龙春宇
朴启玄　茹靖雯　沈　茜　铁香楠　王雨洁　王梓晴　吴颖欣　杨美如　余　泉　袁　涛　张越洋
郑烁南　郏立元　吴惠龄　杨佳娜　蔡婉佳

电子商务系

陈俊朋　丁小珏　黄俊凯　黄锐敏　姜观尚　孔杰平　丘润文　苏香轩　唐文彪　吴青宸　陈婉佳
陈伟钊　耿艺轩　李彩畅　李浩瀚　罗维德　吴瑞建　杨清汶　叶　淇　郑海霞　曹敏钰　符迪愚
冯毅成　张　瑶　蓝　利　雷明天　陈鸿倩　杨颖颖　易　青　张义涛　蔡洁颖　戴奕飞　何泓漫
梁晓诗　庞茵茵　彭嘉茵　向雨含　杨敏如　周天怡　黄雷涛　蒋　曼　苏　玲　吴镇鑫　郑舒蔚
夏伊恩　黄　澜　林瑜琳　吴斌传　曾依晴　董雨竹　魏朋朋　陈飞扬　冯　玺　龚乔灵　金轩宇
林琳琳　刘　琳　刘颖琛　王日华　王雨薇　许吴达　许悦昊　杨秀慧　于昕彤　张彩萍　褚馨宇
陈映孜　胡雅斯　赖香君　郑　洋　王岩立　韩雪丽　李　珊　唐亮亮　张　佳

旅游管理系

何锹渝　李　垚　蒙凯睿　施辰怡　王一帆　王　璇　陈雪玲　房美佳　何钰琴　李鉴岚　刘沣娆
文思莉　张紫涵　黄文婕　李钰潇　刘家嫚　余茂源　李佳琪　张宇嘉　冯杰华　华碧玉　梁　韵
林家镟　罗　年　马一涵　周思霄　刘燕灵　肖可欣　赵　劲　贾柠瑞　苏丽娜　严心怡　钟思佳
陈卓彤

自动化科学与工程学院

任晴宜　张　宁　蔡　翔　邱智颖　谭颖诗　赵冠懿　刘　卓　蔡泽凯　冯　实　郭一丹　贺亦欣
黄港鑫　黄观禹　黄圣峰　黄裕源　黄钰柱　李佳晓　梁泽人　林丹淇　林坤阳　刘满喜　卢浩明
莫创辉　潘佳卉　潘文豪　彭文杰　邱强清　舒润秋　王松波　王贤枥　王云峰　王锴欣　王麒景
徐　婷　杨昕彤　陈　凯　潘华杰　丘俊荣　孙鑫宇　徐地石　张　昊　朱澧湘　黄济懿　黄三航
赖丰祥　谭泽群　温昊伦　吴梓浩　马奕然　姚瞻楠　郑　晨　徐海鑫　雷　岩　曾鼎皓　伍思朗
王净民　刘剑豪　田炜滨　陈建宇　陈语嫒　邓　勇　郭二仓　胡柳琪　黄　杰　兰　涛　雷文捷
李泽扬　李鑫宇　林靖枫　林皓艳　罗秦薇　施　唯　宋鸿展　苏铄森　文淅宇　伍炽荣　谢凌梓
许溢鑫　薛俊明　颜洁仪　杨佳龙　杨振华　杨煜清　余政铭　曾伟聪　张　妍　赵飞雨　赵　昕
蔡疏雨　林加烁　罗嘉磊　谭锦涛　王希特　杨宇强　梁仕哲　彭诗颖　严梓鸿　张堡霖　张子杰

钟雨萍	陈紫照	兰沣卜	陈源斐	范泽松	黄鹏程	张栩翔	吴伟铭	陈金浩	范晓萌	洪梓祥
黄岳鹏	季正聪	江嵩铿	李 晨	李志明	刘嘉淏	刘俊辰	彭 翔	彭震山	秦自强	王嘉霖
吴佳桐	许婉婷	杨 晨	曾泽宁	郑润森	周雅静	张文迪	司徒立文			

计算机科学与工程学院

魏 琪	张汉林	李 峰	林 菁	李文刚	刘海奇	刘如意	潘绍辉	邱文锦	宋全鹏	王宏锐
吴梓聪	郑炜城	周 洋	陈炯晖	邓可欣	郭俊豪	何梓鑫	黄德明	劳文耀	李冬梅	李立尧
梁竣超	刘耿雄	卢美如	潘伟健	任志豪	汤恬恬	魏庭瑞	吴悦豪	姚为一	袁海桃	曾俊城
张捷惠	郑捷恒	周长隆	周始昊	晏易茂	江煊璐	金育妍	林俊毅	吴佳銮	杨家权	叶嘉颖
张耀斌	朱小娴	蔡宛承	陈颖卿	李昌檬	罗云花	彭乐怡	谭耀康	翁煜浩	吴宗威	钟权浩
崔雅琦	冯华文	耿明灿	罗琳峻	邹静思	张一帆	李俊龙	谷奕勋	黎礼津	何宇航	曾宪周
黄 璨	陈泰佑	池慧洋	胡筱曼	黄子浩	潘金星	谭经纬	谭宛儿	谭笑衡	唐之凡	王 葳
徐自华	云 帆	张佳俊	周子阳	戴熠华	邓丽丽	邓炜浩	董妙君	郭佳鑫	韩耀华	黄烨明
李家欣	李兆泰	林升升	刘俊龙	刘康杰	韦家焕	徐琬玮	杨舒深	叶劲亨	余宛书	张培浩
赵天华	郑俊豪	蔡启民	廖淑亦	马佳煜	汪灵浩	王一帆	郑锦龙	陈捷鹏	刘 旸	王晴怡
张贞安	袁志琛	杨鸿申	钟子涵	胡程伟	杨策皓	向天翼	黄智权	江熠玲	欧幸绮	邵雪莹
王子铮	文宇飞	卢沁旖	邓淋戈	翁浩瀚	胡卿轩	陈慧文	洪鹏培	刘奕彤	沈 澍	郑辰熙
陈雨龙	陈 韬	崔进杰	高怀基	何旭怡	黄 灏	李君航	李梦蝶	李雅涵	李洵楷	李炜婷
连泓乔	梁峻豪	梁立名	林火青	刘保柱	裴 贝	彭国峻	王嘉泽	温晓平	吴朝粤	谢洪毅
徐世平	姚文浩	易 可	胡秋越							

电力学院

关晓羽	蔡清淮	陈蝶丽	陈明丽	陈锡聪	陈增杰	陈霆威	戴文轩	邓柏荣	邓鑫驰	丁巧宜
冯祥勇	郭可亭	郭元强	洪圣泽	黄健豪	黄善超	黄新雨	黄展鸿	江凌峰	蓝天航	黎观海
李 鸿	李建明	李志鹏	李弋升	利勇乾	马成元	马海杰	苏 泳	谭新东	涂培宇	吴浩明
徐小圣	殷 悦	曾子健	张世平	张思毅	张 洋	张玉洁	张 森	钟耿钦	钟 康	屈可扬
蔡伟钧	陈裕泰	胡嘉铭	胡晓源	李凯航	李 煜	林子惠	沈佳程	吴宇航	谢 钰	徐 征
杨子江	曾雨萌	邹瑜灿	蔡东升	蔡镏涵	李锦辉	廖 珊	苏晗辰	叶明曦	张华杰	郑海虹
陈逸儒	付雨函	何宇浩	胡乐遥	黄贝思	王珮洋	熊志进	杨 航	张朝键	史方哲	刘熙鹏
潘铭晖	曹成志	曾贵华	万 蕾	岳元茂	梅府贤	许华健	王智贤	车 靓	陈浩泳	陈 渠
丁 言	关颖聪	贺健恒	胡卓毅	黄林莹	黄梓焕	姜业基	李凯旭	李晓东	刘潇镁	柳彦名
卢燕旋	陆林彤	罗庆全	莫明玮	秦大林	秦绍基	谭笑宇	唐雨萱	王 洁	吴承钟	吴锐冰
吴晓彬	吴智佳	谢雪花	薛若漪	杨梓晴	尧欢金	袁之歌	曾国钧	张杰宁	郑 迪	周 鹏
周泯辛	陈一熙	丁旺龙	方 言	冯森永	何广澳	胡永浩	黄文涛	黄馨仪	霍富铭	劳子卿
李丰能	李 威	李 欣	李彦江	李永哲	梁志泓	刘鋆宏	罗毓豪	苏威宇	唐文涛	卫子杰
严颖诗	杨联标	曾家炜	曾衍淇	钟卓霖	陈钦鸿	丁锦能	何钰伦	巨天成	孙子维	卫智中
温福龙	巫方正	谢宇恒	叶科泉	崔嘉雁	牛雨禾	曾凯乐	张邵天	陈 桉	李江涵	肖千喜
杨锦琛	詹佳明	莫增雄	陈乐柯	梁锦辉	刘卓龙	任前永	王明扬	陈胤尧	成于思	李 凯
刘莞青	卢炳成	潘嘉靖	吴 冕	曾尚鸿	陈楚玥	陈欣粤	孙 涛	吴东昉	殷柯奕	周晓静
陈志宏	崔 科	戴 昱	段凯玥	龚宇樂	胡宇凡	黄奕佳	黄妍婷	黄昊城	霍嘉兴	纪 霖
江海荣	赖 信	黎英姿	李 琳	李文涵	李玉鹏	李煜鹏	梁秀壮	凌 鹏	刘仕琦	满超洪
梅晓波	宋梦珍	田峻豪	王思嘉	韦慈航	谢楚楚	谢 亮	徐 庆	杨凯涛	杨清梅	曾灏东
张孟川	张书勤	张向荣	赵若诗	周迦琳	黄璐琴	欧阳文华	周钱雨凡			

生物科学与工程学院

| 文 易 | 李恒润 | 林雯炀 | 卢竑奕 | 蔡菲菲 | 陈晓敏 | 邹嫄祺 | 路云清 | 郑艺圆 | 汪伟滨 | 钟晓蕴 |

李　欣	龙润东	王宝加	张　艳	申雪纯	赵　梅	赵思思	蔡富强	雷谨铭	李梦菲	刘睿敏
龙晓璇	莫国圣	徐子涵	许　可	严诗凡	杨　宁	周海玲	邹宇扬	冯梓滢	王田田	张泽虹
李　淼	林佳丽	符馨月	甘　宇	管育贤	林　冰	刘朝晖	刘耀铭	邱若然	孙秋云	王心怡
虞翰韬	曾　徽	章天行	覃宇禧	房嘉懿	冯子漾	江睿文	张振洋	汤志龙	闵心宇	

环境与能源学院

甘丽萍	何浩文	庄叶游	杜捷晖	林　琳	吴春雅	张建易	钟荧宜	戴宗仁	何婧嫘	梁姝玲
裴　瑶	谭　拓	叶嘉澍	张宇良	张珍妮	蓝　欣	李欣玥	罗予彤	吴静怡	余嘉梓	刘雨乔
钟文烨	莫健彬	叶家乐	盛惠琳	陈欣冉	张　哲	胡泽昆	黄乐盈	田煜程	王竹婷	陈炜炜
黄　唯	黄秀仪	林昭西	黄芷翔	刘　坚	罗晓瑜	罗颖鸿	王　婧	魏楚韵	吴烨杭	郑泽铎
郑茗倍	黄皓然	牛立山	冷雅平	陈咏思	冯茵蛭	王馨莹	崔博凡	王纪伦	孔艺莲	廖芷珊
刘圆华	陶红娟	杨　凡	杨青涛	袁　谅	陈巧雯	陈雨晴	薛宇晴			

软件学院

曾志豪	余旭栩	邹博韬	郭晓凡	李鸿飞	林庆晓	黄秀萍	赖迪霖	蔡俊亮	蔡镇锋	陈潮宇
高启恒	贺方舟	黄浩淦	李婉静	李毓彪	连梓豪	林良新	林墨馨	林晓炜	刘立钊	刘书沁
马晓轩	彭天祥	孙泽钦	吴滨峰	吴国楷	吴思聪	谢晓民	熊景涛	熊　峥	杨泽杭	姚晨豪
叶子繁	余佳倩	章可馨	赵文松	周　瑶	朱宣霖	朱咏涛	邝碧霞	陈锐铭	罗富文	罗湘月
毛裳裳	谢铭扬	林　晖	彭宁新	彭万山	吴伟涛	张业鸿	李宇虹	庄子聪	刘玉琪	利俊安
薛青田	宋雨杭	李光耀	刘家辉	何志威	陈　亮	陈若邻	黄树炫	杨喻棋	彭　程	杜佳润
石　玮	赵若杉	陈泽钧	林　锋	刘奕鑫	万　希	张紫怡	陈楷淮	陈奕宇	胡炜腾	黄瑞斌
黄小聪	江罗倩	黎　姿	李海媚	梁　璐	刘洁琼	孟德昱	宋世仁	苏晓欣	孙瑞鹏	汤　磊
涂洁航	王庆衡	徐秋露	郑冰升	郑臣楷	庄潮丰	陈俊鹏	陈礼枫	戴德键	何宛睿	黄欣怡
霍东健	姜苑彤	李晓菲	梁华勇	刘聪平	邱雪凝	苏泓嘉	伍华明	严　笑	杨福康	游晓彤
章子寅	鄢志豪	邓耀铭	何裕明	潘彦炀	谢雨萌	曾　祎	陈嘉俊	陈伟龙	高浩裕	方　慎
陈　潦	杨鸿萱	周碧涵	陈传深	高　倩	郭尔淳	胡嘉鸿	李德璨	李泽伟	李奕锐	廖宇延
林嘉乐	林泽鑫	刘子龙	卢　颖	罗晞桐	罗海林	罗　乐	马嘉锐	商晓峰	汤之烁	吴　睿
张洪熙	郑曙滨	周嘉豪	周学毓	陈　朝	陈　阅	雷宝玉	李宗翰	苏胤匡	余铭贤	张泽森
郑子涛	钟卓江	朱荞蔚	杨　煜	廖鹏霖	欧阳浩原					

工商管理学院（创业教育学院）

张建华	吴敏琪	蔡镇广	谭永鑫	吴晓青	刘建芳	赵熠婷	黄蓝钰	冯　悦	唐嘉敏	王耀庆
庄妍妍	赖栩楠	李丹妮	梁蓓欣	林乐童	刘玉伶	吕晓颖	马卉宁	王晓萱	吴文丽	吴　翕
许曦芸	俞　芹	曾彦真	张晓敏	蔡依妮	常㳀林	陈艺萍	陈筱露	程晓婷	邓洁婷	甘翠清
关玉连	韩晨曦	何斯美	黄　深	黄梓桐	赖　鑫	黎倩君	李　双	李紫莹	林燊梓	陆炜聪
罗育庭	潘勇霖	吴思艺	伍思杰	谢逸勍	叶文慧	张曼迪	郑玉莹	邬奕雯	郑佳燕	唐莹莹
许彦成	卢　芮	史　佳	彭中阳	吕　璐	罗永滨	蔡文蕙	伍沛婷	凌恺童	邓天科	田　浪
钟银斌	邝惠敏	蔡　阳	陈培森	李佳冰	王凌枫	刘长奋	李海莉	马驰原	高旌琦	任宇明
徐子涵	柳　静	李意璇	陈佳琪	陈泯霖	黄苏金	林　涵	林靖媛	刘　婕	罗怡婷	彭文湘
谭婷芳	王梓珣	徐沁园	杨馨雅	张欣玥	郑　怡	朱　敏	白　双	邓惠月	杜智炜	方祉祎
管邓平	郭德淇	韩若曦	胡　鹏	黄采滢	黄家蔚	黄紫媚	康陌栐	练晓宁	卢国辉	卢婉媚
罗少扬	罗恺彦	麦嘉宝	史昕蕾	谭　丹	王梗润	魏晓纯	吴鹏杰	武广正	赵广明	朱嘉琪
朱祥鑫	陈伟琪	陈芷茵	林　婧	刘　洛	潘孟瑶	沙维曦	靳乐怡	刘育林	张　嫚	王雨琪
裴晓阳	苟永倩	徐润则	蔡宇东	陈晴蔚	杜思颖	黄慧昭	刘僖彤	邵缘圆	王沁雅	张心玥
朱蕴睿	陈泽松	全友翠	董会昌	李　妍	丁　雨	邵雪曼	禇　宁	杜宜聪	高子涵	黄　盼
李名瑶	梁雨彤	罗　遥	曲荣姗	孙静蕾	曾　莹	张亦弛	张蓓月	赵欣美	陈思璇	高赞宏

郭慧莹	何灼颖	江燕恒	赖子豪	黎思缘	李 杜	李 娜	李晓娜	李 奕	刘 燕	刘紫萍
罗嘉欣	马秋杏	梅沈样	朴世元	王文迪	文思怡	肖力瑞	谢广宇	徐悦潼	许嫣然	杨明真
杨运红	张 博	张鸿杰	张巧欣	周 卉	邹 婷	方安宏	李珈宁	孙明逸	谭巧娅	武晓钊
朱家乐	高若涵	李 丹	李毅臻	彭获元	阮志伟	王 滢	曾 雯	张芷晴	何思璐	欧阳江慈

公共管理学院

程雅丽	黎叶然	李桐昕	李晓君	刘 芳	罗书敏	陶向红	吴梦梦	谢 琦	曾 艳	张天昀
赵清纯	周伊敏	周怡君	朱博宇	闫卓然	聂鹏程	王维维	黄宝珍	金宇函	李 浪	李雅轩
梁秀雯	刘洋希	罗 兰	邱宇垚	谢媛媛	杨昕辰	张芯娜	朱锦龙	房思婷	陈楚翘	杜颖彬
李媚妮	李思函	林 霖	沈嘉玲	曾可慧	张芯语	赵洺冰	热孜瓦古丽·尼亚孜热合曼			

外国语学院

宁 曦	熊星皓	张陈鹭	高 越	李 泳	李育静	刘诗琦	刘胤佑	饶博文	袁子喻	张玉洁
郑婉君	郑一菲	晏方琪	柳 青	肖 璐	余雯欣	陈 媚	陈思宇	戴广雪	何嘉轩	何沅瑾
乐亚璐	刘思嘉	罗思慧	许阳笛	杨艾琳	杨思滢	杨婧琰	余 丹	张景涵	张怡梦	郑文欣
周为可	闫秀娟	匡黄煌	熊艺芊	董天戈	蒋思怡	赖亭晓	李彦泽	马 冰	潘妍如	史雨欣
韦力尹	张 俏	郑怡霖	周 璇	朱乐旖						

法学院

陈丹婷	陈甲荣	陈名芮	邓妍埮	顾天齐	洪彤彤	胡李灵	黄碧珊	雷 婧	李纪超	李雅婷
厉铖铖	林雨晴	刘泽妍	且思萍	孙雨芊	汪靖欢	王俊琦	谢楚儿	岳子祺	赵甜静	张淡钿
陈丽霞	陈雪莹	杜斯敏	关 儒	何玉梅	黄燕鸣	李良卫	曲昭怡	吴晓祺	张璟垚	张琬卿
高忆辰	耿逸凡	沈鸿艺	邹江南	赖清彦	许鑫元	张 玲	陈雪妍	崔云慧	陈婉菁	范思蔚
方 妍	贺 钰	黄烁安	黎绮雯	林诗晴	马婉祺	莫浣琳	卫冬悦	吴 倩	向涵仪	于一涵
钟先韬	周玥伦	邹海蕾	刘明玥	郭诗妍	黄 璜	李柯纯	李可昕	李彦霖	李晟榕	卢纪元
施雪佳	王诗淇	吴佳娜	杨梓瑛	曾潞明	全 茵	智 惠	谢颖昕	唐渊明	杨文慧	陈 婧
胡 雪	冷家祥	李雨嫣	李珉娴	凌 霓	刘 畅	刘付玲	刘文婕	刘玉霖	刘玉婷	龙柏兵
骆晓岚	桑 甜	孙安辰	王沛涵	伍欣捷	夏韵静	杨 露	叶婕颖	赵一荻	周悠然	朱庭苇
蔡昱宽	邓洁明	邓昕蕾	韩 冰	何雨缦	洪成城	王罂析	王名杰	徐嘉敏	杨颖童	詹嘉颖
张钰清	罗 吉	麦蔼婷	吕 静	周曼琪	欧阳铭斯	魏杨千琳				

新闻与传播学院

冼佩佩	陈厚燃	陈慧婷	黄佳兰	季思岑	李汉清	李惠文	陆彦衡	蒲韵莎	俞灵燕	张美婷
钟 心	周 颖	刘馨琳	王鹤潼	何 漫	苏经俐	王若楠	王越东	陈惠琳	唐文青	陈玥凝
黄晓婧	林炘铭	徐晓涵	张玉聪	张瑾娜	周芷如	宗蔚恩	陈雨桢	王奕苹	周琴雪	高明月
孙铭怡	唐茹粤	杨钰辰	刘洛冰	许慧凝	梁悦瞳	郑子楠	陈妍彤	刘思韩	詹思微	蔡甜甜
陈采婷	陈文潇	傅婧雯	蒋宓芝	雷乐彬	罗蕊琪	丘 玥	全 祎	孙梦徽	吴秋怡	易笑嫣
于晓雯	赵珈露	裘高阳	王渭雯	王雅菲	吕润泽汇					

艺术学院

李钊贤	刘昕宇	马含笑	彭慧娴	唐羽洲	王紫溶	张静颐	瞿超男	雷光宇	刘艾拉	刘茹男
刘雅芳	苏晓虎	黄尹伶	郑婉纯	邓相林	雷晓晴	李鸿康	廖忠尧	刘晓露	吴梓榕	谢雯君
曹舒婷	黄欣琪	李梦瑶	李泽馨	李 钗	卢津谊	沈冰玉	谭芸萱	张惟婷	古巧敏	李 林
陈谭淇	丁 畅	顾津弛	唐楚薇	张慧中	张 晓	张 夷	陈颖颖	陈 哲	刘 蓉	刘泽惠
孙安琪	王子宁	韦 璐	张凯雯	张 颖	赵泽璇	高严静乔				

体育学院

| 崔 曦 | 高振杰 | 何志林 | 李鸿晨 | 李 想 | 刘雅妮 | 王小奇 | 王小天 | 谢於倍 | 叶婉芬 | 钟牧迪 |

连非宇	苟鹏杰	郭 霖	黄琮熙	贾玉安	江陈健	李佳豪	梁颖欣	卢曦敏	穆宇航	童乐东
汪柳璇	赵天宇	杜丰宝	黎金鑫	李梓豪	刘佳玥	孙一喆	谭亿文	王培思	吴意华	吴卓琳
张鑫珂	郑绍红									

设计学院

胡致远	方玮绚	陈玉容	陈岱琳	李旭纯	梁君遥	梁宇威	林伊霞	马文萃	邱升艺	沈 炼
王婷婷	曾 伶	曾 嵘	张 玥	陈 悦	程思佳	高雨晴	洪海超	宋晨瑶	童路琳	王静戈
王胜男	王泽君	谢盛迪	陈欣格	何纪澄	侯代亮	乐宁宁	林 霓	童培杉	王海宇	陈 西
刘 琼	俞静荷	冉 康	林炜超	杨洁琪	吴 琼	陈玲娣	蔡泓泽	何伟聪	李怡琳	梁嘉莹
林佳泽	刘 德	卢一苇	彭晓君	任倍冉	吴奕非	吴 潼	曾 瑜	张 珂	董欣怡	何昀睿
黄晨昕	凌诗语	刘一乐	卢润妮	谢雯茜	杨浩浩	杨雨欣	周彩淳	程予沁	范嘉敏	黄敏昕
蒋沛然	金 艺	林哲戎	王一芮	颜妤倩	杨凌倩	詹少嘉	张浩泽	马小瑶	秦 悦	严逸晨
刘泽霖	龚仕奇	白钰婷	邓亿立	郭心悦	何昭霖	廖然冉	刘 帆	韦旭怡	张明瑞	朱海橙
黄卓晗	贾清淳	蒋 欣	李芊秀	刘 欢	刘子渝	卢 涵	陈珑丹	丁婉纯	胡怡然	黄嘉颖
李 珍	齐晓彤	谭雨璇	王日生	温慧盈	刘文杰	孙萧笛	汪馨蕊	翁睿萱	郑苏桐	张萧桐

医学院

郭煜升	何康文	王冠璎	杨丽芳	赵 赟	黄 婕	李田香	李小舒	万佳语	杨响莹	余委玲
朱乐怡	黄惠贞	张保帅	陈雨菲	陈铧钰	邓文慧	林嘉欣	彭瀛龙	王晓梅	程韵婕	黄乐君
星 冕	周云帆	陈炜东	朱泽均	张宇航	陈泳翰					

生物医学科学与工程学院

张然轩	邱 璐	陈 颖	李梓毓	代 欣	李 唯	邱钰昕	王嘉仁	吴晓彤	邓双歌

吴贤铭智能工程学院

宋雨辰	赵宸伟	李金鹏	方 略	李欣忆	丁文华	王天佑	林 泽	曾嘉龙	郝 颖	陈明奕
邓靖雯	何 润	邱华燊	余绍蓉	张东彬	徐 淼	朱浩楷	赵宝柱			

分子科学与工程学院

夏 岚	韦 婉	刘仕宇	赵 海	梁小晶	樊逸菲	邝晓怡

微电子学院

吴 鑫	彭劲瑜	龙 禧	董雨欣	代 奇	韩家冰	胡为腾	黄剑波	梁燕标	吴杰龙	熊世杰
姚 允	雷宗翰	刘晓蕊	孙羽晗	吕圣哲	薛卫衡	林斯佳	彭碧涛	赵 亮	刘林深	张雅雯
陈浩泽	程志洪	何卓轩	马甜甜	饶 文	王运芳	杨翰璟	郑逸帆	朱雯洁	罗智彬	麦俊毅
蔡 炳	赵奥成	贺梓铉	邵堃明							

2019—2020 学年度优秀学生干部

机械与汽车工程学院

姜昊呈	黎杰荣	李 敏	雷 松	郑益然	陈浩强	乐 天	李振聪	梁文俊	乔泽顿	张强伟
李万琦	张伟俊	燕雨姚	陈嘉琪	吴质彬	段 凯	洪家威	杨 超	张钰奇	梁家泳	秦荣希
谭 静	朱泽广	黄狄伟	丁天贶	林钰淳	李 斌	刘心宇	孙傲博			

建筑学院

罗雨然	麦洁鸣	刘小琳	孙雨菲	夏湘宜	姚广濛	唐琦婧	钟佳烨	钟思琳	李琴乐	林宇栋
陈可凡	陈 瑶	刘嘉瑜	陈方韵	张问楚	甄子需	叶卉芊	姚智丹	文锡祥		

土木与交通学院

曾维嘉	李 治	伍镓荣	章雨欣	马建峰	邓慧琪	冯 鑫	李佳玥	苗 苗	赵子彤	杨思雅

马逸敏	杨彦青	沈子康	陈玥霖	林焕哲	王　翔	陈雅辉	曾　好	陈梓涵	刘　晗	陈吉彬
张　赫	陈浩龙	陈　涛	邓溢豪	谢沛醒	张声勤	成晔晔	潘婧祺	谢嘉康	李　涛	王宇鹏
郑旭文	邓晴方	何祖光	何昊聪	黄才穆	李美璇	林裕浚	行思成	杨世熹	欧阳宁洁	

电子与信息学院

罗智斌	王浩赟	温　鑫	谢法杰	韩文静	方　婷	黄家荣	帖千枫	李森昊	邓　旭	程沛权
董斯馨	贾立博	李佳淳	李乐民	施永鑫	韦　钰	吴和茂	岑敬伦	陈可杰	李政楝	卢狄峰
贺之贤	褚泽晖	林佳灵	刘　涛	俞穗圆	许柏城	孙　楠	王　沁	袁丹澜	赵任知	周冀军

材料科学与工程学院

陈　艺	初　琦	蔡瑞璟	傅　童	李浩明	谭晓昕	孙宇轩	张诗雨	符沐燚	左文财	李松懋
徐昌文	李　睿	詹耀钊	刘玉琪	吴子健	李嘉欣	谭　磊	张　博	高云鹏	程晓东	蔡铭雅
陈亚欣	傅育槟	邵楚茵	谭瀚儒	吴政忠	谢杰承	周瑜萱	黎灏勤	邵佩珊	吴家畅	黄思瑜
吴可风	童逸轩	刘　喆	曲若文	杨　帅	柯俊华	张哲源	练　琳	张铭钰	肖名卉	林　瀚

化学与化工学院

陈雨鑫	庞于薇	涂院华	林雪敏	甘楚楚	刘业晨	谢丽君	左建东	刘泽全	毕春晖	杨　颖
廖益秋	王玉杰	张　博	陈星霖	黄静华	付涵勋	钟海旭	谢　艺	李保陶	刘嘉宏	唐正正
岑丽盈	范　媛									

轻工科学与工程学院

| 廖思锽 | 张诗曼 | 黄韵晴 | 汪力生 | 陈瑾轩 | 潘思宇 | 张嘉琪 |

食品科学与工程学院

| 梁丽斯 | 廖思敏 | 叶子充 | 饶　翔 | 赖俊汶 | 赖晓宁 | 韦惠莹 | 张英静 | 谢艾晴 | 柳楚怡 | 张恩恺 |

数学学院

凌佳欣	唐晓兰	王明珠	巫俊达	雷巧怡	焦嘉裕	肖　碑	董洁阳	赖沛明	吴晓童	曾亚军
蔡嘉瑜	陈颖怡	付韵颐	刘文嘉	何　为	施伟龙	杨　嘉	苏铧杰	姜笑玥	林睿聪	薛　琪
赵辰一	赵　珊	谌　越								

物理与光电学院

| 罗　杰 | 于欣悦 | 王树鑫 | 宁晨曦 | 骆湘婷 | 李文韬 | 刘维汉 | 万子航 | 庄理淇 | 黄星照 | 孙弘毅 |
| 何彦庆 | 李　婧 | 李智林 | | | | | | | | |

经济与金融学院

郭佳莹	杨素清	赵彦纯	蔡燕琼	郭亚飞	刘　可	刘宇韬	唐　烨	游婷月	晁　炜	李洁滢
覃海华	郭家琪	石小惠	蔡晓涵	余桂燕	周欣儿	胡　洋	黎子萌	李泳珺	潘善文	潘　钺
邱雨奇	翁升阳	卜小清	何海如	冼家进	黄乐瑶	许晓彤	邵　典	刘炯敏	陈昱江	邓海露
高小惠	李步升	林耀祥								

电子商务系

| 丘润文 | 李浩瀚 | 冯毅成 | 雷明天 | 戴奕飞 | 苏　玲 | 林瑜琳 | 王雨薇 | 赖香君 |

旅游管理系

| 李　垚 | 刘沣娆 | 刘家燸 | 张宇嘉 | 林家镟 | 肖可欣 | 陈卓彤 |

自动化科学与工程学院

蔡泽凯	冯　实	黄港鑫	黄圣峰	黄钰柱	林坤阳	卢浩明	潘佳卉	王松波	王锴欣	赖丰祥
温昊伦	邓　勇	雷文捷	施　唯	文淛宇	杨煜清	杨宇强	彭诗颖	黄岳鹏	季正聪	吴佳桐
许婉婷										

计算机科学与工程学院

李立尧　梁竣超　袁海桃　江煊璐　金育妍　陈颖卿　谭耀康　何宇航　黄　璨　胡筱曼　谭经纬
唐之凡　云　帆　董妙君　郭佳鑫　黄烨明　李兆泰　余宛书　郑锦龙　陈捷鹏　胡程伟　向天翼
江熠玲　翁浩瀚　刘奕彤　李润楷　梁立名　刘保柱　彭国峻　徐世平　姚文浩

电力学院

陈锡聪　陈霆威　洪圣泽　黎观海　张思毅　屈可扬　蔡伟钧　廖　珊　苏晗辰　郑海虹　陈逸儒
曹成志　曾贵华　车　靓　陈浩泳　陈　渠　姜业基　刘潇镁　卢燕旋　莫明玮　吴承钟　吴锐冰
谢雪花　杨梓晴　丁旺龙　方　言　黄馨仪　劳子卿　李彦江　苏威宇　钟卓霖　陈钦鸿　巨天成
温福龙　牛雨禾　李江涵　杨锦琛　王明扬　刘莞青　陈欣粤　黄妍婷　黄昊城　纪　霖　李文涵
梁秀壮　赵若诗　周钱雨凡

生物科学与工程学院

李恒润　邬嫄祺　王宝如　蔡富强　李梦菲　龙晓璇　邹宇扬　刘朝晖　房嘉懿

环境与能源学院

张建易　裴　瑶　吴静怡　刘雨乔　钟文烨　陈欣冉　王　婧　吴烨杭　黄皓然　陈咏思　王馨莹
王纪伦　杨青涛

软件学院

蔡镇锋　高启恒　黄浩淦　林良新　林墨馨　马晓轩　余佳蒨　谢铭扬　陈若邻　石　玮　胡炜腾
李海媚　梁　璐　宋世仁　孙瑞鹏　郑臣楷　陈俊鹏　戴德键　何宛睿　苏泓嘉　伍华明　杨福康
游晓彤　邓耀铭　潘彦炀　谢雨萌　汤之烁　周学毓　雷宝玉　余铭贤

工商管理学院（创业教育学院）

唐嘉敏　刘玉伶　吴文丽　蔡依妮　陈筱露　韩晨曦　黄梓桐　陆炜聪　罗育庭　许彦成　史　佳
吕　璐　田　浪　李海莉　陈佳琪　陈泯霖　王梓珣　徐沁园　郑　怡　管邓平　韩若曦　黄家蔚
谭　丹　武广正　朱嘉琪　陈芷茵　刘　洛　沙维曦　朱蕴睿　曲荣姗　张亦弛　黎思缘　马秋杏
徐悦潼　孙明逸　李毅臻　彭获元　张芷晴

公共管理学院

罗书敏　张天昀　朱博宇　金宇函　罗　兰　房思婷　李媚妮　林　霖

外国语学院

李育静　柳　青　陈思宇　何嘉轩　刘思嘉　余　丹　闫秀娟　李彦泽　潘妍如　周　璇

法学院（知识产权学院）

林雨晴　且思萍　赵甜静　张淡钿　杜斯敏　沈鸿艺　张　玲　方　妍　黄烁安　于一涵　钟先韬
刘明玥　李晟榕　杨梓瑛　唐渊明　李雨嫣　刘文婕　刘玉霖　刘玉婷　龙柏兵　王名杰　詹嘉颖
欧阳铭斯

新闻与传播学院

陈厚燃　李惠文　王鹤潼　宗蔚恩　周琴雪　高明月　杨钰辰　刘洛冰　詹思微　丘　玥　孙梦徽

艺术学院

王紫溶　雷光宇　刘艾拉　刘茹男　郑婉纯　邓相林　李梦瑶　古巧敏　王子宁　张颖

体育学院

崔　曦　何志林　谢於倍　苟鹏杰　李佳豪　梁颖欣　卢曦敏

设计学院

陈岱琳　梁君遥　程思佳　高雨晴　谢盛迪　侯代亮　陈　西　吴　琼　林佳泽　吴奕非　凌诗语

谢雯茜　杨浩浩　程予沁　蒋沛然　张浩泽　龚仕奇　邓亿立　李芊秀　刘子渝　孙萧笛　汪馨蕊

医学院

万佳语　杨响莹　张保帅　陈雨菲　周云帆

吴贤铭智能工程学院

宋雨辰　李金鹏　方　略　丁文华

分子科学与工程学院

韦　婉　邝晓怡

微电子学院

代　奇　梁燕标　姚　允　吕圣哲　麦俊毅　邵堃明

2019—2020年度"十大学生共产党员、共青团员标兵"

肖建华　蔡思祺　陈晓璇　张　淇　江凌峰　郑艺圆　任雪樵　徐　宽　邓美慧　耿家锴

2019—2020年度优秀共青团干部

机械与汽车工程学院

方灿能　廖元太　练秋酉　谢军苹　李琳丹　徐锦明　李嘉瑞　梁文俊　李万琦　蔡　阳　陈　功
陈永琪　段　凯　高婷钰　韦梦华　钟梓玮　陈际云

建筑学院

彭安琪　林　璐　黄　浩　谢雨童　邹　滢　肖　遥　袁晶晶　方逸真　黄建韬　梁佳佳　戴明琪
吴　楠

土木与交通学院

陈熹俊　凌　敏　罗子嫒　孙忠燊　李海莉　沈焯悦　朱宏立　陈吉彬　李　涛　朱励一　羊思颖
廖　薇　陈嘉熙　覃江裕　靳铭楷　汤怀鼎　章雨欣　钟浩川　谢竺津　苗　苗　蒲华乔　蔡晓明
何远威

电子与信息学院

霍万良　唐新杰　温　鑫　李玉辉　温润民　唐泽嘉　张家乐　王浩赟　方　婷　李泽楷　袁　纯
吴宇健　陈永兴　陈　明　辛铄浩　程光琮　李乐民　陈钦豪　肖　睿　黄家荣　赖瀚钊　李翔宇
黄　秀　陈永炜　杨颜冰　柯嘉聪　高　尚

材料科学与工程学院

陈俊龙　李建清　谭晓昕　肖关佑　高云鹏　张哲源　吴彦震　曲若文　薛炳辉　张诗雨　曾　俊
陈心颐　刘玉琪　魏田霞　邹易霖　张桂花　陈润泽　陈　敏　郭晓萍　张泽升　刘君洁　杨佳菲
张志煌

化学与化工学院

梁祎然　林　浩　刘针莹　杨鸿滔　倪薪一　陈福林　曾　佳

轻工科学与工程学院

顾　彬　张旻昊　王　聪　黄韵晴　苏　杭　唐　昊　董杨瑾

食品科学与工程学院

刁思颖　寇瑞心　罗怀楠　丁　丽

数学学院

吴　江　王明珠　赖沛明　张槿杭　余　悦

物理与光电学院
高伟光　李　旭　刘维汉　骆湘婷　罗杰星　于欣悦　谢慧芳　罗　杰

经济与金融学院（原经济与贸易学院）
樊　琪　蔡敏生　王　奕　徐若云　姜观尚　苏香轩　赖集炫　游婷月　王子葳　杨亚男　冼家进
林家镟　黄祖瑶　邵　典　林瑜琳

自动化科学与工程学院
卢浩明　董芝强　林坤阳　潘佳卉　王松波　陈雨柔　郭　翊　林丹淇　黄谋潇　黄海真　李国璋
冯　实

计算机科学与工程学院
李林昊　刘玉薇　张蔚文　云　帆　董妙君　黄烨明　邓丽丽　郭佳鑫　郑锦龙　魏凤凤

电力学院
劳子卿　卢燕旋　陈旭灿　楼航船　屈　径　何宇浩　廖　珊　温景浩　孙航宇　陆韵笛　卢治霖
林满豪　丁巧宜　沈　康　周钱雨凡

生物科学与工程学院
贾智锐　黄宝瑶　林佳丽　李梦菲　杨　宁　李嘉慧　赵　梅　刘思颖　姜一鸣　王家彬

环境与能源学院
钟文烨　张宇辰　王岑超　邝海楠　梁铧文

软件学院
陈晓杰　卢普海　项建丰　徐秋露　陈俊鹏　何宛睿　马晓轩　赵文松　郑臣楷　刘莹灿　蔡镇锋
刘登科　罗湘月　黄廉栋

工商管理学院
曹钰婷　曾彦真　孔思澜　李　鸣　梁蓓欣　林　涵　林慧琪　陆炜聪　罗双梦　史　佳　王晓萱
郑鸿升　呼雪芳　夏　婷　沙维曦

马克思主义学院
王诗瑶　刘　静　刘成兰　余健宁

公共管理学院
王彦冰　张天昀　单　阳　何雨泽　黎叶然　赵清纯

外国语学院
饶博文　魏雨欣　李若晨　马　莹　刘　杨

法学院
周　瑛　石梅君　邹　舜　魏　昕　高忆辰　陈丽霞　李可昕

新闻与传播学院
胡　林　朱奕锦　李惠文　周琴雪　刘洛冰

艺术学院
李梦瑶　许航绮

体育学院
苟鹏杰

设计学院
彭　冉　闫婷玮　彭光辉　侯代亮　王亚铷　陈　西　刘晓琦　梁宇威　李旭纯　蒋沛然　黄敏昕

宋徐鹏　刘一乐　庄雨情　谢雯茜

医学院

张保帅　黎玉婷　李佶锶　余卓芸　陈泳翰

广州国际校区

宋雨辰　农金进　吴梓成

2019—2020年度优秀共青团员（含防疫重点领域专项）

机械与汽车工程学院

方　圆	覃　诗	彭德祥	张智敏	舒孝雄	刘蔚霖	高　琦	贾思钰	高　飞	李　涛	刘之航
闫莉丹	井萃汝	肖雪敏	黄晓涵	郑益然	卢翀昊	肖紫欣	萧浩坤	燕雨姚	蔡伟斌	冯倩铃
许银胜	李振聪	秦圣杰	钟宇婷	潘琪琪	陈梓威	徐　勇	郑天翔	成　佳	张　鑫	梁靖康
王其鑫	陈嘉琪	程君明	段渤渤	范一迪	付东鑫	郭浩锐	韩依洋	胡文博	黄狄伟	李旭豪
梁家泳	梁泽健	林泓熠	孟峻霆	唐国梁	田　钊	谢廷博	杨　超	杨凯龙	姚松青	张　力
柳　鹏	谭　旭	王晨宇	邓振华	丁文华	文嘉鑫	郭妍君	王明扬	孙欣悦	苏佳怡	梁乐园
张宸威	郭桂濠	冷文锋	张文华	吴佳恒	袁　润	刘星月	白健儿	邱子昱	胡华辉	

防疫重点领域专项

蔡吉祥　吴质彬

建筑学院

闫　瑾	赵　帅	范子钿	刘小琳	龙海燕	钟思琳	钟佳烨	杨雨晴	黄　河	叶卉芊	陈　彤
黎　冲	张　羽	吴映茜	卢思航	马晨曦	王嘉颖	雷于萱	李咨睿	刘耿亮	刘　玥	杜泳曦
冀一帆	张慧岚	张仕中	赵明嫣	郑向清	刘奕君	魏思静	唐莱茜	张　银	蔡　宁	肖家琪
陈咏雯	赖杨婷	朱雅琴	彭丹丽	黄　媛	黄潇楠	谢瑞英	王　一	严海洲	杨媛琴	袁　月
陈崇文	林健成	刘静怡	许家铖	乔　昱	孙延莉	覃　丹	刘丹洋	范子逸	葛汇源	焦　玮
刘静怡	龙　真	罗欣霖	邓美慧	姚广濠						

防疫重点领域

李明锴　甄子霈

土木与交通学院

王福鑫	詹金威	郑敦聪	胡正涛	张俊榕	范子燕	陈培锋	余振宇	苏　乐	成晔晔	陈雅辉
吕苏磊	张嘉讯	殷文烨	王　翔	陈嘉鑫	邱　鹏	邓溢豪	陈浩龙	陈　涛	谢沛醒	梁书铭
陈江焓	郎功誉	梁振宇	廖汉阳	麦胜文	赵子彤	梅江鹏	黄国贤	杨思雅	何婷恩	林姗虹
刘译聪	曾维嘉	李佳玥	杜　伟	王韬珺	陈志学	陈俊宏	时乐宇	曾　坤	邓慧琪	唐梓棋
罗天翔	陈家超	贺玉婷	吴孝明	姚江贝	李金祥	李之吉	刘耀文	马铭骏	苏泊雅	徐世杨
郑凯翔	郑振光	刘惠艳	曾颖妍	李铭玮	闫文涵	曾繁盛	许　庭	林益新	李雨恒	张　超
苏　延	王　煜	吴智辉	王　雨	马平川	刘思梦	蔡志炜	沈　斌	王杰聪	卓　荣	魏金涛
杨　宇	颜钰婷	吴　蔚	陈梓涵	马文千	张　淇					

防疫重点领域

胡蔚旻　斯　李

电子与信息学院

高　尚	吴鑫杰	朱建国	魏泽伟	肖鸿昭	吴　昊	谢法杰	黄张金	罗智斌	范孝帅	刘健安
宋弘健	梁瑛钜	甘海全	李南鹏	李承睿	曾新媛	曾雨非	胡国华	林海松	黄东璐	张　璇
李昱澍	倪自超	刘睿孜	张鑫杰	林常松	周　琼	吴和茂	陈瑞源	李政棣	吕玥聪	陈莉茵

孟嘉铭　李海洋　徐　灏　施永鑫　陈鸿杰　朱晨睿　田庚辰　戴睿琦　李子怡　吴秀聪　杨智文
李慧阳　耿家锴

防疫重点领域专项
胡修齐

材料科学与工程学院
张景鸿　张　潇　杨　柳　刘子奇　魏习丁　张昊鹏　马　奎　林嘉劲　傅创生　何敏滢　陈　康
杨会云　林克晟　易敬霖　邵楚茵　傅育槟　徐子涵　黎灏勤　吴可风　汪祥瑞　梁可思　钟韵嫦
陈　思　杨　帅　丁　莉　张品蕊　金世奇　焦飞宇　江　曼　袁照炜　雷　莹　刘　玥　林楚杭
张　美　闫文博　李鸿文　郑炽彬　廖丽铭　邓　鑫　张　煜　洪　伟　习　磊　李嘉欣　刘灏珺
刘佳美　龚　晨　谢欣灵　林洛瑶　郭欣萌　张远慰　刘鑫智　徐清华　周　悦　李　睿　张家鑫
陈金伟　尹博钊　曾钊键　刘少东　曹泳琳　杨晶晶　蓝碧蛟　曾立艳　黄泽辉　陈振江　邹子龙
梁永懿　林晓宇　孙冠伟　许嘉鑫　李映雨　郑龙珠　林梓宇　黄　都　戴文韬　李晓海　刘旺冠
赖秋坛　刘　力　孔晶晶　马少伦　冯凌瑶　冯伟伟　陈凯旺　张雪勤　朱媛媛　杜俊朋　谢纪伟
王　桓　李昊晨　张　洁　李世春　徐　敏　景建华　过新雨　欧阳天昶　邹广锐兴

防疫重点领域专项
张　博　田文章

化学与化工学院
曾嘉恒　陈芬婷　丁茂峰　梁苑欣　卢浩超　吕东昊　马鑫宇　莫金洁　孙丹婷　谭伟权　谢艾琳
杨　蓉　赵红琴　赵子昱　毕春晖　冯潇潇　李　淇　廖益秋　刘浩然　宋玉洁　夏竣东　谢丽君
张　博　钟海旭　庄婉瑜　邓淋戈　李　轩　姚青林　陆燕玲　余　仪　黄圣欣　蓝游泰　丘荍柔
邹　莹　王　丹　周铭军　钟晓林　符　鹏　付涵勋　黄晓莹　刘嘉宏　邵雪曼　王圣汇　张　娅
郑景元　吴红争　张　敏　胡瑶瑛　张　栓　王楠舒　王　洒

防疫重点领域专项
梁梓聪　侯金醒

轻工科学与工程学院
叶　科　顾　彬　张旻昊　凌　浩　邓喻璇　付艺晶　孙泽宇　谭　鑫　汤　浩　赵诗婷　朱兰萍
曾佑活　汪力生　廖思锽　江仕鹏　陈斯喆　崔锦怡　赖斯琦　童　治　刘泽昊　卢婧雯　谢敏婷
郑小丹　房嘉琪　马榆羊　余明辉　邹广辉　张我济　陈钧洛　张诗曼

防疫重点领域专项
田胜龙　尼玛曲珍

食品科学与工程学院
劳宇霞　邢旭普　朱沛涛　黄晓月　林思思　孙雪岩　吴大军　常方圆　胡　颖　叶子充　张　冰
梁丽斯　周奕辰　林盈心　李　珊　张恩恺　梁　辰　梁婉玲　崔华玲　牛雅惠　王一杰　张道瑞

防疫重点领域专项
韩卓芮　杨天培

数学学院
殷　璇　唐晓兰　杨建鑫　郑会鹏　王安妮　陈晓璇　徐　宽　全虹历　王明珠　李昊洪　施伟龙
陈诗婷　董洁阳　付韵颐　杨耀源　蔡嘉瑜　杜佳锐　矫　健　马沛钿　陈志成　曾亚军　梁光飞
王　欢　魏　桥

防疫重点领域专项
魏亚利

物理与光电学院
朱震霄　方　毅　陈小梅　刘　锐　吴婉玲　陈　铭　王玉荣　张定昌　张家蔚　叶仲明　陈　昊
梅永昌　颜国锋　冯泽林　罗　杰　刘俊威　李冠良　么雨禾　齐卓豪　杜佳婕　杨宁宁　蔡泓涛
李文韬　刘定宝　钱文俊　晏　梓　何润枝　徐诗涵　李东升　郭家旺　裴宇坤　司马行　康庭溢
刘家炜

防疫重点领域专项
刘春霖　王　翀

经济与贸易学院
胡轶凡　李　桂　林浩晖　方　俊　陈晓欣　曾韵华　林　钰　梁鸿殷　罗钰婷　王资巾　饶玉蕾
郑嘉榆　张少喆　廖润永　丘润文　孔杰平　杨素清　黄　琦　吴舒妍　赵彦纯　张　雪　程　榕
桂子琪　洪文莎　牛一雯　金思远　房美佳　何钰琴　艾俊其　刘宇韬　赵海珊　薛舒阳　沈雯钰
林枫华　覃海华　刘雅欣　陈梓璇　王　璇　杨亚男　李浩瀚　陈昱江　陈亦新　艾炜量　吴惠龄
黄　飞　王梓晴　黄少玲　刘　倩　赖香君　刘　浩　刘颖琛　贺智柳　胡雅斯　陈卓彤　张舒裕
裘玄宇　汪　璐　林耀祥　张越洋　李步升　林瑜琳　钟昊彤　冼家进　胡　洋　黎子萌　徐　榛
袁　子　许晓彤　王健辰　成雨萱　林家镦　华碧玉　赵　劲　肖可欣　马永聪　李　吉　蔡婉铭
仵　锴　周欣儿　黄乐瑶　余桂燕　周迪雅　何泓漫　戴奕飞　张　凡　王志荣　孙智敏　曾梓峰
何德文　刘禧欣　蔡梓轩　何雨芹　李　锐　王志慧　胡雨鋆　陈映孜　方　洪

防疫重点领域专项
邓卓颖　次仁罗宗

自动化科学与工程学院
蔡炳铨　陈雨柔　陈志乐　董铎钦　董雨坤　冯雪纯　郭一丹　李伟立　李　玮　李　欣　梁　正
林丹淇　刘　卓　马钰儿　莫文韬　潘浩洋　邱智颖　谭颖诗　王　言　肖煜琛　颜洁仪　杨昕彤
杨宇强　张健钊　赵冠懿　赵黄婷　郑浩东　冯　实　邓　勇　施　唯　许宗清

防疫重点领域专项
施　唯　董雨坤

计算机科学与工程学院
李隆耿　张一帆　李　峰　郭俊豪　林　青　何梓鑫　李乔楠　郭智伦　梁竣超　劳文耀　刘婷榕
卢美如　吴佳銮　徐寅鑫　邱霆锋　李昌檬　钟权浩　蔡宛承　彭乐怡　郑俊豪　池慧洋　谭经纬
胡筱曼　马泽原　黄梓楷　莫文仪　韦家焕　李家欣　万云威　王少帅　袁志琛　吴炜东　林升升
钟子涵　姚冠成　何宇航　赵天华　张培浩　胡程伟　曾宪周　向天翼　欧幸绮　刘　玚　王晴怡
叶静韵　张贞安　吴佳欣　王宇欣　刘奕彤　陈铧浚　姚禧华　梁立名　姚文浩　魏烁堃　刘　韬
古钟书　刘保柱　彭海平　彭国峻　刘泽森　徐润基　连泓乔　刘　艳　余涟漪　周子涵　李逸楷

防疫重点领域专项
温晓平

电力学院
梁秀壮　黄妍婷　曾尚鸿　杨梓晴　王正玺　薛若漪　谢雪花　曾凯乐　王　洁　刘潇镁　莫明玮
梁敏航　甘慧辰　方　言　陈宗源　崔嘉雁　陈钦鸿　涂益钧　叶科泉　孙子维　何健和　肖千喜
杨锦琛　徐小圣　周浩然　邓柏荣　王永恒　朱文凯　江凌峰　李志鹏　洪圣泽　陈明丽　梅府贤
瞿　颖　曾贵华　胡嘉铭　陈子瑞　蔡伟钧　熊志进　周欣缘　岳元茂　潘铭晖　林卓奇　马维喆
苏晗辰　叶明曦　李洁仪　王凤学　岑伯维　陈伟泽　陈　攀　张道路　陈家超　林镇佳　夏云睿
傅　源　甘子莘　李　捷　舒奇航　林尉杰　毕继凯　陈梓瑜　严志星　曹成志　李湘金雯

防疫重点领域专项

路晨阳　熊陶君

生物科学与工程学院

张家惠	张展华	刘嘉豪	汪伟滨	陈舒婷	钟晓蕴	潘昊	蔡富强	龙晓璇	周海玲	曾茜
黄丝颖	李梦菲	林佳丽	张萧桐	张振洋	周海	熊映红	杨淼	覃宇禧	杜荣凯	刘思颖
张旭	张烨	顾淞洁	胡曦	赖静娴	于一帆	候雨雪	梁讯茹	廖万慈	王宇航	邓梓枫
刘媛琪	罗奎	操建春	刘江	刘绮颖	王明洁	鄞梦珠	张颖	郑艺圆		

防疫重点领域专项

张家惠　张萧桐

环境与能源学院

李欣玥	裴飞科	吴静怡	庄叶游	杜捷晖	甘丽萍	盛惠琳	刘雨乔	戴宗仁	柯怡欣	黄芷珊
李心雨	刘坚	王婧	熊懿	房瑾	陈欣冉	王慧	牛立山	王玟瑄	魏楚韵	成苏秦
陈咏思	蔡逸洵	朱文	彭港	周璐莎	康晓跃	翁长周	任雪樵			

防疫重点领域专项

蔡东文　郭庆

软件学院

林威良	林墨馨	杜佳润	吴国楷	吴滨峰	谢振轩	刘洁琼	彭程	宋世仁	万希	黎姿
赵若杉	赵信	高倩	王嫚衍	刘廷辉	周灿苗	罗海林	刘志培	马嘉锐	庄子聪	尹文彪
金彭德	邓耀铭	柳智烨	丘玉刚	游晓彤	余佳蒨	赵卓然	曾志豪	刘皓贤	孙彪	叶瑾娴
姜苑彤	邓景良	何裕明	潘彦炀	高植林	李逸轩	罗晞桐	陈曦	张洪熙	吴睿	张思衡
孙瑞洲	彭宁新	蔡成杰	林泽鑫	刘政豪	潘镛圳	赖迪霖	郭俊炜	许晓桐	庄潮丰	李海媚
苏晓欣	杨健	陈奕宇	肖勋龙	熊景涛	曹隽逸	何志威	黄子浩	邝碧霞	林海峰	刘家辉
张泽森	郑子涛	陈涵	向添航	廖宇延	彭天祥	杨喻棋	路徐鹏凯			

防疫重点领域专项

庄潮丰　张彦超

工商管理学院

柏鹏程	蔡纪瑶	陈丹琪	陈俊	陈思懿	陈笑阳	陈鑫洋	陈怡聪	陈艺丹	邓惠月	杜智炜
方祉祎	郭慧霖	郭镱淇	何斯美	黄家蔚	黄君懿	黄思婷	黄颖	黄梓桐	黄紫媚	菅泽华
赖鑫	黎倩君	李恒基	李丹	李娜	李双	李彦	李毅臻	林婧	凌恺童	刘芳洲
刘建芳	刘婕	刘洛	娄倡滨	卢国辉	卢佳亮	罗少扬	罗怡婷	罗莹	罗颖仪	吕晓颖
麦淞碧	聂沁玥	区晓琳	庞耀彬	阮志伟	石丁月	史昕蕾	谭旭嵘	唐嘉敏	王锡浩	王耀庆
王梓珣	文思怡	吴广海	吴文丽	吴翕	吴晓青	伍心韵	谢帅克	辛杨淳	徐沁园	杨明真
杨童	杨雨静	姚文莉	叶敏瑜	俞芹	曾梓萌	张佳纯	张巧欣	张薷月	张晓敏	张雅婷
赵广明	赵熠婷	郑佳燕	郑怡	朱嘉琪	庄妍妍	陈树坚	高海	黄小宇	郑立勋	许彦成
林燊梓	欧阳江慈									

防疫重点领域专项

梁雨彤　叶文慧

马克思主义学院

| 蔡丽 | 汪丹丹 | 何霜 | 钟燕 | 黄伟强 | 蒋艳婷 | 曹慧敏 | 崇瀚文 | 廖立胜 |

防疫重点领域专项

胡露露　杨阳

公共管理学院
王妍曼　朱昌文　程佳圆　方嘉嘉　邬舒玛　曾浩泓　朱博宇　杨祎祉　李晓君　陶向红　冯怡硕
尹咏瑜　金字函　罗　兰　王维维　邱宇垚　王　玥　赵洺冰　林　霖　黄秋红　郭行健　杜颖彬
郑诗艳　肖建华　热孜瓦古丽·尼亚孜热合曼

外国语学院
郝珠琳　果　欢　李　元　林若希　王晓敏　高　越　丘苑妮　余　逸　郑婉君　郑佳悦　杨思滢
陈睿殷　闫秀娟　易　彤　陈思宇　王雪乔　蔡子婕　刘粲楠　张真真　郑一菲　何沅瑾

防疫重点领域专项
张煜辰

法学院
杜斯敏　沈鸿艺　林曼婷　张淡钿　雷　婧　赵甜静　李纪超　胡志杰　耿逸凡　陈乐颖　曲昭怡
厉铖铖　钟先韬　李雨嫣　陈雪莹　吴　鹏　何玉梅　单　浩　欧阳铭斯

防疫重点领域专项
胡锦川　李纪超

新闻与传播学院
陈慧婷　胡　林　宗蔚恩　李惠文　周　颖　刘　颖　钟　心　邓显宽　谭燕怡　梁悦瞳　王奕苹
周琴雪　刘洛冰　王海洋　张玉聪　何　漫　杨　月　俞灵燕　戴梦雅　雷月媚　李俊韬　梁嘉颖

防疫重点领域专项
王馨笛　夏　妍

艺术学院
邓相林　辜　琴　郑婉纯　黄欣琪　雷光宇　雷晓晴　李　林　张惟婷　李欣瑜　李泽馨　刘小寒
刘雅芳　彭慧娴　王兰欣　吴梓熔　许露云　薛林杰　杨凯恩　马含笑　黄振洪

防疫重点领域专项
刘茹男

体育学院
杨悉妮

防疫重点领域专项
赵天奇　赵天宇

设计学院
张嘉敏　黄嘉敏　张楚琼　于晓晴　闫婷玮　罗龙林　王淑娴　赵　慧琳　赵楚伊　庄武淇　李　佳
詹淑嵋　李雨欣　刘　琼　陈玉容　方文琦　林秋萍　方玮绚　郭佳蕾　王泽君　童路琳　高雨晴
严卓婷　颜妤倩　吴安琪　吴奕非　卢一苇　吴　琼　林炜超　秦　悦　杨浩浩　黄晨昕　杨雨欣
周彩淳　杨凌倩　庞振宇　李怡琳　温慧盈　谭雨璇　翁睿萱　孙萧笛　邓亿立　盘家瑜　陈忠伟
王虹蕴　廖然冉　刘子渝　黄卓晗　蒋静含　黄钰淇　欧阳武旻

防疫重点领域专项
胡宇露　郭心悦

医学院
赵　赟　朱乐怡　余委玲　刘颖欣　李沅蓁　丘　婷　陈雨菲　陈雯颖　张永航　朱泽均　谢滨杨
莫烨菲

防疫重点领域专项

姚 旺 苏 苗

广州国际校区

邱 璐　王学文　方　略　徐希辰　彭劲瑜　龙　禧　姜茂麟　吴　琪　邱　露　黄双远　王　岚
蔡思祺　林佳义

防疫重点领域专项

童其松

2020年获得部省级以上奖励的部分教学科技成果

一、获奖的部分教学成果

2020年中国专业学位案例中心入库案例

序号	案例名称	案例库名称	作者	所在学院
1	李某贤、冉某勇诉北京乔治医学研究有限公司、北京大学、广州医科大学附属第二医院药物临床试验合同损害责任案	法律	黄旭东	法学院
2	九好集团"有毒"的重组上市之路	会计	雷倩华	工商管理学院
3	奥飞娱乐并购四月星空：锦上花还是蛇中足	会计	肖　万	工商管理学院
4	何去何从：小米集团CDR的漫漫长路	会计	徐　珊	工商管理学院
6	通用电气公司工业互联网转型之路	工程管理	赖朝安	工商管理学院
6	拨云见日——ZJ公司鲸湾港码头筑岛开挖施工风险管理	工程管理	申琪玉　陈　振	土木与交通学院
7	"蚂蚁森林"如何让蚍蜉撼大树？——5亿人聚能种亿棵树的故事	公共管理	韦曙林　周　惠 易　珍　李昌达	公共管理学院
8	无处安置的危险废物——C市危险废物治理困局	公共管理	文　宏　韩运运 万　青	公共管理学院
9	为民反被民心误，花明柳暗转机难——来自江州市委吴书记的故事	公共管理	文　宏　李凤山 李玉玲　钟　海	公共管理学院

2019年广东省教育教学成果奖

获奖等级	获奖成果名称	成果主要完成人
特等奖	以工程教育认证为驱动的土木工程一流本科专业建设	季　静　吴　波　潘建荣　张海燕　陈庆军　吴建营　李　静　郭文瑛
一等奖	"三交叉、四融合"光电专业拔尖人才培养体系的构建与实践	彭俊彪　文尚胜　许　伟　宁洪龙　姚日晖　吴为敬　覃东欢　王　丹
一等奖	研究型大学创新创业教育与专业教育深度融合的探索与实践	李　正　项　聪　林镜亮　张卫国　卢开聪　李　琳
一等奖	新工科电子信息专业工程科技创新人才培养探索	徐向民　晋建秀　余翔宇　秦慧平　靳贵平　向友君　殷瑞祥
一等奖	建筑学"新工科"教学的创新探索与实践	孙一民　肖毅强　钟冠球　熊　璐　苏　平　王　静　宋　刚　冷天翔
一等奖	建设大学数学数字课程，实现信息技术与教学深度融合，提升人才培养质量	朱长江　郭　艾　梁　勇　张　梅　陈志辉　刘深泉　邓　雪　张智斌
一等奖	面向国际化的"一主多辅两结合"大学英语教学改革与实践	韩金龙　钟书能　徐　鹰　周娉娣　朱　琳　武建国　朱献珑　杨　梅
一等奖	食品专业类人才创新能力提升的探索与实践	李晓玺　曾新安　刘冬梅　娄文勇　赵振刚　陈　谷　游丽君　刘宏生
一等奖	基于科教融合的经济学本硕贯通式培养体系的探索与实践	吴业春　孙坚强　王仁曾　雷玉桃　江金波　丁焕峰　徐　枫　陈镇喜
二等奖	思政小课堂与社会大课堂协同创新的华工实践	高　松　解丽霞　尹建华　张国启　张　萌　周　燕　王晓丽　谭来兴
二等奖	科研与工程并重的新工科计算机卓越人才培养模式探索与实践	高　英　张星明　陈伟能　刘发贵　徐红云　詹志辉　吴永贤　刘　捷
二等奖	机械工程专业"虚实结合+自主探索"实验教学资源建设与模式创新	李静蓉　王清辉　黄　平　何　军　徐　静
二等奖	"三兼备、四贯通"：理工科拔尖人才培养十年探索	项　聪　张星明　季　静　殷素红　梁权森

续表

获奖等级	获奖成果名称	成果主要完成人
二等奖	研究型全英环境工程人才培养路径研究与实践	叶代启 朱能武 李 正 林 璋 任 源 冯春华 银玉容 施召才
二等奖	高水平多层次立体化公共基础化学课程体系的构建与实践	王秀军 葛华才 林东恩 展树中 刘建宇 刘 静 杭义萍
二等奖	面向电力电子制造业的"科教协同、无缝贯通、能力导向"培养体系及创新实践	张 波 肖文勋 丘东元 谢 帆 陈艳峰 廖艳芬 王学梅 杜贵平
二等奖	面向新工科的工业设计(信息交互设计)实验班课程体系构建与实践	张瑞秋 王枫红 李哲林 陈 亮 姜立军 熊 巍 彭华明 王华斌
二等奖	国际学生通识教育课程体系和教材建设的探索与实践	刘 程 安 然 杨浩松 单韵鸣 崔淑慧 黄爱平 李 冰 张庆伟

注:2019年广东省教育教学成果奖于2020年6月公布。

二、获奖的部分科技成果

2020年国家科学技术奖

奖种名称	等级	项目名称	学校完成人	所在学院
科技发明奖	二等奖	淀粉结构精准设计及其产品创制	陈 玲(2) 李晓玺(4)	食品科学与工程学院(2)

注:括号内数字为学校完成单位或者完成人的排序。

2020年获高等学校科学研究优秀成果奖(科学技术)

奖种名称	等级	项目名称	学校完成人	所在学院
科技进步奖	一等奖	服役环境下先进材料增强混凝土结构延寿及耐久性技术	黄培彦(1) 郭馨艳(5) 卓 静(6) 李 波(7) 郑小红(8) 杨 怡(10) 林嘉祥(11) 陈展标(12) 周 昊(13) 赵 琛(14) 李东洋(15)	土木与交通学院
自然科学奖	一等奖	运动受限的自主无人系统智能控制理论与方法	李智军(3)	自动化科学与工程学院(3)
技术发明奖	二等奖	切削纤维多孔金属制造关键技术及应用	万珍平(2)	机械与汽车工程学院(2)

2020 年广东省科学技术奖

奖种	等级	项目名称	学校完成人	所在学院
自然科学奖	一等奖	玻璃相图结构模型及高增益玻璃光纤	张勤远(1) 杨中民(2) 徐善辉(3) 禹德朝(4) 姜中宏(5)	材料科学与工程学院
技术发明奖	一等奖	高强度全回收增产地膜先进制造与循环利用	瞿金平(1) 杨智韬(3) 张桂珍(5) 何和智(7) 冯彦洪(8) 殷小春(9) 晋 刚(10) 何光建(12) 曹贤武(13) 宋 建(14) 王蒙蒙(15)	机械与汽车工程学院
技术发明奖	一等奖	木质素的微结构调控及在微/纳米领域的应用	邱学青(1) 庞煜霞(2) 钱 勇(3) 周明松(4) 杨东杰(5) 刘伟峰(6) 楼宏铭(7) 黄锦浩(9) 方志强(12) 欧阳新平(13) 易聪华(14)	化学与化工学院
技术发明奖	一等奖	多系统多频段一体化天线关键技术及应用	章秀银(1) 潘咏梅(4) 薛锋章(5) 杨圣杰(7) 曹云飞(9) 徐金旭(11) 胡斌杰(13) 赵小兰(15)	电子与信息学院
科技进步奖	一等奖	大风量低浓度工业挥发性有机物污染治理策略与关键技术及应用	叶代启(1) 吴军良(2) 范丽雅(3) 奚红霞(5) 付名利(6) 陈礼敏(7) 黄皓旻(8) 刘锐源(15)	环境与能源学院
科技进步奖	一等奖	高密度高可靠 LED 显示器件关键技术与集成应用	李宗涛(2) 汤 勇(8) 余彬海(13)	机械与汽车工程学院(2)
科技进步奖	一等奖	肿瘤影像组学创新技术及应用	高 英(3)	计算机科学与工程学院(3)
科技进步奖	一等奖	大尺寸陶瓷薄板关键技术研发及产业化	吴建青(7)	材料科学与工程学院(4)
科技进步奖	一等奖	猪重要细菌病防控新产品创制与应用	闫 鹤(12)	食品科学与工程学院(5)
自然科学奖	二等奖	轴向移动结构的振动主动控制研究	刘 屿(1) 罗 飞(3)	自动化科学与工程学院
科技进步奖	二等奖	桥梁加固设计理论与应用关键技术	单成林(1) 郑小红(3)	土木与交通学院

264

续表

奖种	等级	项目名称	学校完成人		所在学院
科技进步奖	二等奖	面向桥梁长期健康监测的大数据处理技术及应用	汤立群(1) 周立成(4) 刘逸平(6)	董守斌(2) 刘泽佳(5) 蒋震宇(7)	土木与交通学院
科技进步奖	二等奖	海洋工程水动力环境的监测、数值模拟和极值统计技术及其工程应用	朱良生(1) 叶家玮(3) 宏 波(5) 邱守强(8)	王冬姣(2) 陈远明(4) 刘 鲲(6) 梁富琳(9)	土木与交通学院
科技进步奖	二等奖	面向复杂场景的视频内容服务关键技术研发与产业化应用	周智恒(1)	曾德炉(4)	电子与信息学院
科技进步奖	二等奖	高品质天然右旋龙脑制备利用关键技术与产业化	苏健裕(1) 覃业霞(4) 徐振波(9)	方立明(3) 洪良智(6) 杨 柳(10)	食品科学与工程学院
科技进步奖	二等奖	云计算调度优化技术	林伟伟(1) 吴文泰(6)	汪秀敏(5)	计算机科学与工程学院
科技进步奖	二等奖	人体耗散动能捕获关键技术及应用	谢龙汉(1)	蔡思祺(2)	吴贤铭智能工程学院
技术发明奖	二等奖	高效节能热色智能薄膜关键技术	董国平(6)		材料科学与工程学院(2)
科技进步奖	二等奖	阿尔茨海默病早期预警与诊断系统研发及应用	吴 凯(2)	周 静(9)	材料科学与工程学院(2)
科技进步奖	二等奖	低表面能聚烯烃多层地暖管的技术开发及产业化	何 慧(2)		材料科学与工程学院(2)
科技进步奖	二等奖	粤港澳大湾区供电主网架设备金属腐蚀评估及差异化防护关键技术	高 岩(4)		材料科学与工程学院(2)
科技进步奖	二等奖	装配式建筑用高粘结性硅烷改性聚醚防水密封胶的制备及产业化	赖学军(5)		材料科学与工程学院(2)
科技进步奖	二等奖	大型风电场运行维护关键技术及应用	杨 苹(2)		电力学院(2)
科技进步奖	二等奖	大型海藻生态修复和资源养护理论技术与应用	邹定辉(2)		环境与能源学院(2)
科技进步奖	二等奖	可组态编程工业控制器关键技术及产业化	朱金辉(4)		软件学院(2)

续表

奖种	等级	项目名称	学校完成人	所在学院
科技进步奖	二等奖	超高层新型全包钢组合结构体系的研发与施工创新技术研究	杨 春(2)	土木与交通学院(3)
科技进步奖	二等奖	大型柴油机高压共轨及轻量化动力总成件的制造技术及装备	李伟光(4)	机械与汽车工程学院(3)
科技进步奖	二等奖	玩具产业应对欧盟技术性贸易措施关键技术创新及应用	马彤梅(10)	化学与化工学院(7)

2020年中国专利奖

专利名称	获奖类别	主要完成人	所在学院
一种城市污水改良A2/O强化脱氮除磷处理装置及工艺	金奖	周少奇 周 晓 黎 强 周 娟	环境与能源学院
一种利用可控接枝技术提高材料表面血液相容性的方法	银奖	任 力 王迎军 郑 建 王 琳 刘 卅	材料科学与工程学院
一种切圆式螺旋喷射烟气湿法脱硫装置	优秀奖	刘定平 徐开华 单 婕	电力学院
一种双向流内循环式PS高级氧化反应器及污水处理方法	优秀奖	万金泉 濮梦婕 王晨曦 马邕文 王 艳 黄明智	环境与能源学院
基于超声导波的双向时间反演损伤成像方法	优秀奖	洪晓斌 周建熹	机械与汽车工程学院
一种低密度高熵合金材料及其制备方法	优秀奖	朱德智 罗铭强 丁 霞 张卫文 戚龙飞	机械与汽车工程学院

2020年广东专利奖

专利名称	获奖类别	主要完成人	所在学院
激光选区熔化与铣削复合加工设备及加工方法	银奖	杨永强 刘 洋 白玉超 王 迪	机械与汽车工程学院
一种耐内压的PET热灌装瓶瓶底结构	优秀奖	谢国基 姜晓平 胡青春	机械与汽车工程学院
	杰出发明人奖	赵谋明	食品科学与工程学院

2020年获粤港澳大湾区高价值专利培育布局大赛项目

专利名称	获奖类别	主要完成人	所在学院
一种具有高选择性和低交叉极化的双极化滤波天线	初创组金奖	章秀银	电子与信息学院
复杂工况水下机器人焊接增材制造关键技术	最佳分析评议奖	王振民	机械与汽车工程学院
耐磨钢系列	最具投资潜力奖	李烈军	机械与汽车工程学院

第二十一届"安子介国际贸易研究奖"

序号	成果名称	获奖级别	成果类型	所在单位	出版、发表或使用单位	第一作者
1	中国企业"凭什么"完全并购境外高新技术企业——基于94个案例的模糊集定性比较分析（fsQCA）	二等奖	论文	工商管理学院	中国工业经济	张明

2020年学生课外学术科技创新竞赛成果（杰出贡献奖）

序号	竞赛（评选）名称	获奖等级	获奖者	指导老师
1	第六届中国国际"互联网+"大学生创新创业大赛	金奖	王浩 胡锦文 沈俊奕 罗浚荣 陈泓丞 黄正胜 卜小清 刘艺 菅泽华 严澄 刘子琪 李栋 赵雪琦 王婕妤 谢雯茜	胡健 薛泉 龚振 刘仲武 王宜 廖绍伟 车文荃
2		金奖	张武 陈文庆 吴圆月 龚胜 卢国辉 李传举 谌凯 蔡明宸 陈鑫洋	樊霞 肖凯军 朱良
3		金奖	罗灿杰 刘禹良 赖松轩 李喆 李林 何智智 宋英楠 王雨楠 马伟洪 张河锁 杨代辉 伍思航 侯茹鑫 陈洲楠 李鸿亮	金连文 许治 黄双萍

续表

序号	竞赛（评选）名称	获奖等级	获奖者	指导老师
4		金奖	周开军 李 霁 黄成梓 周 洋 熊 蒙 古 权 王 铮 谭天弈	杨中民 姜中宏 杨昌盛 张星明
5		金奖	王永飞 卢婉媚 何家毅 韦海平 陈佳琪 林靖媛 陈婉华 关 涛 王 欣 李婉旖	刘仲武 赵先德 宋海涛
6		金奖	肖 景 江 娅 瞿 军 余天佑 黄海云 张三锋 张 瑞 黎肯迪 韩宇鹏 高 炜 黄炜琛 周亚军 黄骐云 周合元 张丽娜	李远清 李 强 龚 振
7		金奖	唐忠盛 吴 珊 李 想 孔令融 莫林凡 余文蕙 房美佳 杨 柳 蔡锦林 刘志伟	曾新安 苏健裕 陆龙生 韩 忠
8	第六届中国国际"互联网＋"大学生创新创业大赛	金奖	刘含煦 王涛涛 朱梦兰 兰雨潇 黄采滢 李恒基 陈 斌 资佳慧 赵慧琳 钟尚轩 欧阳武旻	边 宇 樊莲香 张 通
9		金奖	李少川 杨 宁 罗晓蔓 刘宜坤 苏雅萍 廖 阔	林 影 周育红
10		金奖	刘泽健 郑群儒 林文智 纪 超 余雁琳 官裕达 孙思源 潘小青	杨 苹 周育红
11		金奖	石 尧 叶迪错 谢帅克 罗泽昊 许 亮 李宛潼 陈天一 夏良昊	许 勇 雷育胜 陈 明
12		银奖	刘子彬 严仲伟 赖栩楠 刘逸君 陈永琪 邬奕雯 王 璐 谭颖诗 雷浩杨 徐智聪 马海伟	宋长辉 周育红
13		银奖	赵翊君 王曙光 王 萌 林炘铭 钱兢菁 刘子琪 梅馨云 桂欣宴	赵谋明 张星明 苏国万

续表

序号	竞赛（评选）名称	获奖等级	获奖者			指导老师	
14	第十二届"挑战杯"中国大学生创业计划竞赛	金奖	马远跃 伍沛婷 陈富达	苏国城 温嘉颖 陈鑫洋	杨媛杰 王 铮 卜小清	虞将苗	龚 振
15		银奖	孙雨菲 金天济 范子钿	黄 晨 张问楚 黄 深	唐晓晓 赵 帅	张智敏	
16		银奖	胡 月 杨钊明 陈 浙	陈 力 谢文伟 余 钰	林政东 潘俊宇 唐珩朕	区俊辉 唐 杰	章秀银
17		银奖	袁泽宇 史昕蕾 何 欣 于昱昊	杨文龙 张皓宇 付媛琪	刘万佳 林绍 欧妙玲	王海辉 龚 振	王素清
18		银奖	徐志立 李 林 刘仲玺 王铭琳	翁莉迎 林斯瑶 张振山	李红涵 赵莹莹 黄俊霖	闫军威 余建军	何 敏
19	"华为杯"第十七届中国研究生数学建模竞赛	一等奖	杨启帆	刘彦汝	张 瑶	刘深泉	
20		二等奖	陈润琪	熊 瑭	罗江诚	程永宽	
21		二等奖	杨 坤	张沈超	高 飞	丁为建	
22		二等奖	关铖添	方 洪	庄荣忠	谢 波	
23		二等奖	邓树乐	陈曼莲	黄海真	谢 波	
24		二等奖	霍仕峰	张静仪	李凌楠	程永宽	
25		二等奖	陶希远	陈学鹏	林祖轩	谢 波	
26		二等奖	黄嘉毅	陈学斌	唐珩朕	刘深泉	
27	"华为杯"第二届中国研究生人工智能创新大赛	二等奖	李杰鑫 陆 洲	梁顺铭	郑家龙	丁鑫锐	
28	Interdisciplinary Contest in Modeling	特等奖	唐 烨	周华晋	孙艺函	于孝建	
29	国际遗传工程机器大赛（iGEM）	金奖	雷谨铭 范祖延 何梓华 李嘉欣 钟 艺	邱若然 高 焱 黄宝瑶 魏士元 刘文嘉	刘 畅 何晨峰 周海玲 龙晓璇 马文萃	叶燕锐	

续表

序号	竞赛（评选）名称	获奖等级	获奖者	指导老师
30	Competition on Harvesting Raw Tables from Infographics	冠军	唐国志　廖倩颖	金连文
31	UIA－霍普杯2020国际大学生建筑设计竞赛	二等奖	陆奕霖　曾钰峰　黄仕涛	向　科
32	European Product Design Award	Top Design Winner	刘溉善	王枫红
33	美国大学生数学建模竞赛（含全国与省赛）	Outstanding Winner	高　翔　叶绍崇　刘健安	程永宽
34		Outstanding Winner	唐　烨　周华晋　孙艺函	于孝建
35		Meritorious Winner	鲁珂言　唐杰琛　杨子涵	刘深泉
36		Meritorious Winner	廖润永　李　博　苏韵星	茅新晖
37		Meritorious Winner	郭俊豪　魏庭瑞　刘嘉麒	刘　清
38		Meritorious Winner	闫文博　史　佳　郑炜颖	丁为建
39		Meritorious Winner	任梓龙　吴梓柯　赖沛明	刘深泉
40		Meritorious Winner	韦家焕　钟子涵　王　焱	程永宽
41		Meritorious Winner	黄　珊　郭盈沂　付涵勋	茅新晖
42		Meritorious Winner	蔡东升　蓝美琪　徐京港	刘小兰
43		Meritorious Winner	张曼迪　陈文庆　张业鸿	谢　波
44		Meritorious Winner	刘　玚　邱　颖　张贞安	覃永安
45		Meritorious Winner	蒋　亮　蔡伟斌　蔡吉祥	丁为建
46		Meritorious Winner	谢旭庞　徐　灏　刘宗昊	程永宽
47		Meritorious Winner	吴梓聪　胡雪纯　蔡宛承	刘　清

续表

序号	竞赛（评选）名称	获奖等级	获奖者			指导老师
48	美国大学生数学建模竞赛（含全国与省赛）	Meritorious Winner	黄雷涛	裴晓阳	黄狄伟	刘深泉
49		Meritorious Winner	赵 屾	沈鑫杰	张洪槟	黄 平
50		Meritorious Winner	田郁文	王明珠	孟婵娟	黄 平
51		Meritorious Winner	杨迪宇	张伟俊	黄海乘	刘小兰
52		Meritorious Winner	谌宣锜	顾睿璇	许 策	刘小兰
53		Meritorious Winner	熊逸飞	周志升	唐晓兰	覃永安
54		Meritorious Winner	关颖聪	高荣聪	胡卓毅	茅新晖
55		Meritorious Winner	邓炜浩	袁志琛	余宛书	黄 平
56		Meritorious Winner	杨振华	文淅宇	伍思朗	黄 平
57		Meritorious Winner	吴 垠	蔡昊恩	韩广晋	谢 波
58		Meritorious Winner	庄子聪	林卓奇	肖凯展	刘深泉
59		Finalist	王麒景	王松波	李呈辉	刘 清
60		Finalist	陈一熙	萧文聪	刘鋆宏	丁为建
61		Finalist	郑佳燕	肖坤然	杜坤霖	丁为建
62		Finalist	罗嘉雯	彭嘉茵	王雪毅	覃永安
63	高校影视作品交流展映	专题类 一类	郭旼灵	王 攀	张健东	李广琼
64	2020第十二届全国大学生广告艺术大赛总决赛	国赛优秀奖、省赛二等奖	谷 艾 周力恒	梁文韬	刘思韩	周 煜
65	2020—2021年度第二届全国大学生算法设计与编程挑战赛（秋季赛）	银奖	刘江枫			
66	第四十五届国际大学生程序设计竞赛（ICPC）亚洲区域赛（济南）	金奖	郑冰升	章子寅	黎伟煊	陈俊颖
67		金奖	李 珲	冼昊明	谢丰泽	陈俊颖

续表

序号	竞赛（评选）名称	获奖等级	获奖者	指导老师
68	第四十五届国际大学生程序设计竞赛（ICPC）亚洲区域赛（济南）	银奖	陈炯晖　丁琪　周瑞东	杜广龙
69	第四十五届国际大学生程序设计竞赛（ICPC）亚洲区域赛（南京）	银奖	莫晓阳　梁宇正　钱晨炼	冼楚华
70		银奖	欧幸绮　江熠玲　潘金星	冼楚华
71		银奖	姚焜茗　陈俊铭　张天乐	陈俊颖
72		银奖	郑冰升　章子寅　黎伟煊	陈俊颖
73	第四十五届国际大学生程序设计竞赛（ICPC）亚洲区域赛（上海）	银奖	张以恒　陈卓文　熊腾浩	陈俊颖
74	中国大学生广告艺术节学院奖2019秋季征集	银奖	单依依　蓝梓铭　周瑞锋	张步中
75	第二届全国高校创新英语挑战活动英语词汇赛	一等奖、金奖	刘江枫	
76	第六届"纳米之星"创新创业大赛	一等奖、投资价值奖	王永飞　何家毅　卢婉媚　韦海平	刘仲武
77	"赛迪环保杯"第十三届全国大学生节能减排社会实践与科技竞赛	一等奖	卢治霖　黎俊文　吴俊晔　张港华　肖梓恩　邓柏荣　房美佳	肖文勋
78		一等奖	杨昌昱　许柏城　陈新睿　刘知航　陈乐柯	杨承　马晓茜
79	2020 CCPC中国大学生程序设计竞赛（绵阳站）	一等奖	陈炯晖　丁琪　周瑞东	杜广龙
80	2020 CCPC中国大学生程序设计竞赛（威海站）	一等奖	李珲　范天予　冼昊明	陈俊颖
81	2020 CCPC中国大学生程序设计竞赛（长春站）	一等奖	郑炜城　潘伟健　王一帆	冼楚华
82	2020第十二届全国大学生广告艺术大赛总决赛	一等奖	邹邦国　任澳庆	
83	2020第五届全国大学生预防艾滋病知识竞赛	一等奖	刘江枫	
84	2020年中国（小谷围）"互联网+交通运输"创新创业大赛	特等奖	曹水金　梁健中　肖智豪　吴镇江	游峰
85		一等奖	吴嘉彬　陈晓华　王昊寅　黄惠姚　林译峰　闵思琪　黄紫林　曹琼文	温惠英

续表

序号	竞赛（评选）名称	获奖等级	获奖者	指导老师
86	2020首届全国大学生国防军工文化创意大赛	一等奖	刘江枫	
87	第二届中国研究生机器人创新设计大赛	一等奖	蔡中斌 高 勇 高天啸 韩 进 韩思玮	魏 武
88	第九届全国大学生金相技能大赛	一等奖	吴文熙	彭成红 朱伟恒
89	第六届全国大学生基础医学创新研究暨实验设计论坛	一等奖	陈永豪 黄绮彤 张保帅 黄惠贞 万佳语	辛学刚
90		一等奖	李沅蓁 王宽宏 肖楚茵 江宇轩 陈嘉慧	李庆涛
91	第十九届全国大学生机器人大赛ROBOCON2020机器马术仿真赛	一等奖	袁泽锟 孙鑫宇 司徒曼豪 谢晓峰 张丁山 梁靖康 邱雨玮 伍思朗 林东龙 何梦笛	张 东
92	第十九届全国大学生机器人大赛ROBOMASTER2020机甲大师对抗赛（线上）	一等奖	袁泽锟 孙鑫宇 司徒曼豪 谢晓峰 张丁山 张伟俊 赵伟迦 谭雨欣 黎禹昕 卢瑞祥 梁明坚 苏以鉴 曾国立 杨中得 陈树鑫 郭浩锐 何汉彬 何梦笛 侯嘉俊 胡文博 梁庆铧 马 湛 孟峻霆 庞斌文 王瑞亿 王宇鑫 吴泽纪 肖徽腾 张宏彬 张 力 赵芳怡 赵商羽 钟俊濠 钟一铭 曹成志 陈碧仪 陈树海 陈宜颢 顾泽凯 贺健恒 雷文捷 李岚炯 吕君钰 区显扬 苏锴南 唐溥宏 许泽龙 叶德禧 张志鸿 周家成 陈庆伦 邓云帆 戚艺林 叶鸿生 张有为 黄子雄 黄星照 李法增 林亿鸿 魏敬伦 成泽森 谢函瀚 林育全 蔡一婷 蒋云帆 王欣宇 温超煜 吴 潼 谢晓莹 陈泯霖 秦荣希 刘 洋 刘 婕 卢国辉 陈伟琪 李 萍	张 东

续表

序号	竞赛（评选）名称	获奖等级	获奖者	指导老师
93	第十三届"高教杯"全国大学生先进成图技术与产品信息建模创新大赛——机械类建模	一等奖	郑梓烨	熊 巍　潘鲁萍　张续冲
94		一等奖	林思奇	熊 巍　潘鲁萍　张瑞秋　张续冲
95	第十三届"高教杯"全国大学生先进成图技术与产品信息建模创新大赛——机械类团体	一等奖	郑梓烨　吴 潼　林思奇　王梓铭　盘家瑜	熊 巍　潘鲁萍　张续冲
96	第十五届全国大学生智能汽车竞赛	一等奖	周兆祺　杨智涵	陈 安
97		一等奖	杨俊曦　林毅龙	陈 安
98	第四届全国大学生集成电路创新创业大赛	一等奖	张靖业　成泽森　李华炯	贺小勇
99		一等奖	程正山　曾庆华　冯云瑞	贺小勇
100		一等奖	邹 宇　李鹏飞　刘奔宇	陈志坚　吴朝晖
101	第五届全国大学生生命科学创新创业大赛	一等奖	杜可凡　邱若然　董雨竹　王越舟　陈令欣　龙润东	林 影
102	第五届中国数据新闻大赛	一等奖	陈家威　李汉清　李锐鸿　蒲韵莎　王泽生	吴小坤
103	全国大学生数学建模竞赛	一等奖	黎 姿　庄佳伦　陈晓杰	丁为建
104	全国大学生先进成图技术与产品信息建模创新大赛	一等奖	吴 潼	熊 巍　盘鲁萍　张瑞秋　张续冲
105	中国大学生电动方程式大赛	一等奖	陈少豪　蔡槟灿　杨泽理　郑润霖　宋芷晴　江凌峰　苏家靖　黎启涛　许 可　练秋西　李健霖　李锦辉　韩依洋　郑景浩　洪杰明　陈智霖　陈兆铮　杨昕荻　洪立铭　周健威	李巍华
106	第八届PMC全国大学生高分子材料创新创业大赛	特等奖	陈心渝　傅育槟　罗怡婷　赵 欣　李 睿	张安强　周文慧
107	第五届全国大学生生命科学创新创业大赛	特等奖	字 画　周奕辰　郝丽莎　赖晓宁　钟航宇　赵晓彤	刘宏生
108	第一届"哲寻杯"高校公共管理案例大赛	特等奖	李 浪　李雅轩　房思婷　尹咏瑜　高振豪	文 宏
109		特等奖	李凤山　李玉玲　张 慧　武秀娟	文 宏

续表

序号	竞赛（评选）名称	获奖等级	获奖者	指导老师
110	第二届全国大学生体育产业创新创业大赛总决赛	金奖	朱梦兰 黎宏业 林永乐 左丽君 卢永康 王涛涛 刘含煦 段逸尘	边宇 樊莲香
111	2020年度全国高等院校大学生乡村规划方案竞赛（乡村规划单元）	佳作奖	李佳悦 林若彤 吴玥玥 黄培倬 邱可盈	叶红
112	中国设计智造大赛（DIA）	佳作奖	刘溉善 卢梓涵 丘靖	王枫红
113	高校影视作品交流展映	纪录片类一类	季思岑 李惠文	张步中
114	"哈希"第十五届全国环境友好科技竞赛	二等奖	卢治霖 邓柏荣 房美佳 吴文丽 吴俊晔 黎俊文 张港华 肖梓恩	肖文勋
115	"赛迪环保杯"第十三届全国大学生节能减排社会实践与科技竞赛	二等奖	吴潇 张明权 李潜龙 林子路	项舟洋 牟洪燕
116	"外研社杯"全国大学生英语阅读比赛全国决赛	二等奖	杨鸿申	周曦
117	"长安汽车杯"首届中国人因工程设计大赛	二等奖	卢梓涵 张泽权 丁云彪 郑明霞	姜立军 李哲林
118	"正大杯"第十届全国大学生市场调查与分析大赛总决赛	二等奖	李京翰 胡文新 朱梦园 冼家进	贺建风
119		二等奖	杨媛杰 石小惠 李智英 贺丹琳 车文峥	贺建风 刘小勇
120		二等奖	黄林茜 谢欢 马铭骏 黄凯璇 黄智勇	于孝建
121	2020 CCPC中国大学生程序设计竞赛（秦皇岛站）	二等奖	黄宗达 王远飞 张芸辉	冼楚华
122		二等奖	郑冰升 章子寅 黎伟煊	陈俊颖
123	2020 CCPC中国大学生程序设计竞赛（长春站）	二等奖	洪鹏培 张亮	刘捷
124	2020年（第三届）全国大学生嵌入式芯片与系统设计竞赛暨（第五届）智能互联创新大赛	二等奖	何思源	李磊 赖丽娟
125	2020"第五空间"智能安全大赛	二等奖	张以恒 秦浩然 谭耀康 江宗泽	冼允廷

续表

序号	竞赛（评选）名称	获奖等级	获奖者	指导老师
126	2020第十二届全国大学生广告艺术大赛总决赛	二等奖	黄嘉宝 卢一苇 王奕苹 冼佩佩 徐仪	韩红星
127		二等奖	单依依 蓝梓铭 孙浩延 张雯婧	张步中
128	2020年"链战风云"全国大学生智慧供应链创新创业挑战赛	二等奖	苏玲 张钰婧 刘若芙	张智勇
129	2020年第二届全国高校创新英语挑战活动综合能力赛（大众组）全国复赛	二等奖	缪可偏	
130	2020年第十届MathorCup高校数学建模挑战赛	二等奖	甘慧辰 卢燕旋 梁敏航	
131	2020年第四届普译奖全国大学生翻译比赛（英译汉组）	二等奖	周天怡	
132	2020年全国大学生职业发展大赛	二等奖	刘江枫	
133	2020首届全国大学生国防军工文化创意大赛	二等奖	李栋强	王雁
134	2021年度全国大学生语言文字能力竞赛决赛	二等奖	刘江枫	
135	第八届PMC全国大学生高分子材料创新创业大赛	二等奖	蒋晓霖 王敏慧 盛叶明 徐敏 李思佳	卢珣 叶广宇
136	第九届全国大学生金相技能大赛	二等奖	冯昌国	彭成红 朱伟恒
137	第三届大学生绿色会展创新创意挑战赛创意策划类	二等奖	顾子扬 詹皓天 张啸泽 朱富豪 赵津漪	徐健
138		二等奖	高菲婧 杨继灿 钟思佳 陈苓伊 覃静涵	庞华 吴志才
139	第十届中国技术市场协会金桥奖项目	二等奖	苏国城 杨倪坤 周文理	虞将苗
140	第十三届全国大学生信息安全竞赛创新实践赛	二等奖	江宗泽 秦浩然 谭耀康	冼允廷
141	第十四届iCAN国际创新创业大赛中国总决赛	二等奖	卢治霖 吴俊晔 房美佳 黎俊文 吴文丽	肖文勋
142	第十五届全国大学生智能汽车竞赛	二等奖	司徒立文 康恩博	陈安 邓晓燕

续表

序号	竞赛（评选）名称	获奖等级	获奖者	指导老师
143	第四届"国青杯"全国高校艺术设计作品大赛	二等奖	杨浩浩	王雁
144		二等奖	陈若晖 莫国艺 钟镇炽	赖晓铮
145	第四届全国大学生集成电路创新创业大赛	二等奖	赖俊凯 吴子莹 金泽润	陈志坚
146		二等奖	李玉辉 左文涛	贺小勇
147		二等奖	关建刚 连杰 周颖	贺小勇
148	第五届"尖烽时刻"酒店管理模拟全国大赛	二等奖	吕博毅 廖睿智 郭海威 张凌	魏卫 毕斗斗
149	全国大学生房地产策划大赛	二等奖	谢嘉康 成晔晔 李沛霖 李强 张思涵	吴凡 黄文炜 闫辉
150	全国大学生数学建模竞赛	二等奖	梁家榕 黄宗达 宋浩瑞	刘深泉
151		二等奖	蓝奕东 陈贤华 陈佳佳	刘深泉
152		二等奖	许柏城 刘知航 陈新睿	谢波
153		二等奖	王金凌 范宇勋 王子成	覃永安
154		二等奖	郭佳鑫 董洁阳 常睿	黄平
155		二等奖	宋弘健 肖鸿昭 李隆耿	程永宽
156		二等奖	陈紫照 赖林华 王清清	刘小兰
157		二等奖	梁敏航 姚增铨 刘真锋	刘小兰
158		二等奖	曾凯乐 王丹阳 牛雨禾	刘清
159		二等奖	文淅宇 郑晨 曾鼎皓	刘清
160	全国大学生先进成图技术与产品信息建模创新大赛	二等奖	苏佳怡	张续冲 潘鲁萍 张瑞秋 熊巍
161	中国大学生机械工程创新创意大赛2020智能制造大赛	二等奖	张沈超 罗琦 王莉娅	刘亚俊
162	中国大学生计算机设计大赛	二等奖	黄智权 韩耀华	张见威
163	中国大学生无人驾驶方程式大赛	二等奖	陈浚彬 唐铭 罗煜鹏 冯伟君 马铭宇 罗涛 付东鑫 胡永浩 卢鹏飞 潘祖燊 彭子轩 陈泽松 赖静骅 段凯 魏宇航 陈泽涛 谢鹏程 刘建铭 张润德 龚国铮 涂新奎 谢翀	李巍华

续表

序号	竞赛（评选）名称	获奖等级	获奖者	指导老师
164	中国高校计算机大赛2020微信小程序应用开发赛	二等奖	周家成 涂洁航 谢函瀚 叶锦浩	黄 敏
165		二等奖	何裕明 苏坤明 杨凌倩 李甦举	陈俊颖
166	第五届全国大学生生命科学创新创业大赛	一等奖	吴逸昕 陈一凡 李 妍	郭新波
167		一等奖	潘芷君 陈心言	郭新波
168		一等奖	劳宇霞 高方阳 陈韶昀 张 冰 林盈心 郭水连	郭新波
169		一等奖	张 冰 劳宇霞 陈韶昀 梁丽斯 张巧欣 张真源	郭新波
170		二等奖	张思锐 雷谨铭 黄 燚 常方圆	周非白 赵谋明
171		二等奖	寇瑞心 罗怀楠 林 涵 靳乐怡 曾心译 周颖琳	韩 忠 成军虎
172		二等奖	叶子充 王一杰 张紫涵 张振山 郭颖希 张恩恺	韩 忠 成军虎
173		二等奖	雷谨铭 张思锐 黄 燚 常方圆	周非白

毕业生名单

2020届博士学位获得者

经济学博士
应用经济学
雷 锐　刘 程　张宁昕　赵允宁　吴慧慧　毛小丽

法学博士
马克思主义中国化研究
程 文　刘亚军　石金叶　唐丕跃　徐伟明　吴良生　张 毅
法学
陈远树　任 翔　项程舵
诉讼法学
蒲 维

理学博士
基础数学
陈森明　杨倩倩　张永莉　王 昆　席 亚　熊宗兴　杨 帆　冯泽夫　李志军　赵新花
应用数学
陈海鹏　魏 佳　徐 娇　杨佼朋　杨灵兵　詹飞彪
无机化学
向志朋　孙艳梅
分析化学
BAKYTKARIM YRYSGUL　郭欣荣　黄建智　刘栩晔　谭 悦
有机化学
陈鹏全　何天骏　梁桃源　林殿朝　谭振达　魏标文　祝 栋　罗文坤　喻文韬　冯 俊　吴 烽
物理化学
陈凤凤　童 鑫　王山星　王亚晶　张军帅　章本天
微生物学
陈娟娟　卢彦坪　张文璐　邹承娟　宋 达　魏 磊
生物化学与分子生物学
邓俊劲　王晨曦　江伟凡　王家坚

高分子化学与物理
黄慧华　黄　桂　夏叶宁　李　刚　李　亚　孙艳晓

生理学
文美玲　陈学平　李美蓉

医药生物学
罗忠华　莫灿龙　杨业国

工学博士

固体力学
张　舸　李　稳

机械工程
董关平　何铨鹏　李家声　林旺阳　刘辉龙　秦　武　吴　浩　武　威　杨小青　杨　鹏　殷晓龙
张剑铭　张明康　陈宝通　陈祝云　肖　蒙　谢雄敦　许晨旸　龙尚斌　王　斌　薛　斌　蔡思祺
刘佩杰　刘　芹　吕成志　孙　冬　王　丹　夏红阳　尹　鹏　张洪川　HOANG VAN CUONG

机械电子工程
黄　恒

车辆工程
邱胤原　苏海亮　王　笛　曾海洋　李洪硌　李国杰

制造工程智能化检测及仪器
钟森鸣

材料物理与化学
寸阳珂　董美秋　虢德超　夏若曦　殷庆武　陈建秋　蔡　炜　刘广洪　孙子文　龙　腾　田　利

材料学
陈建军　陈玲玲　陈盛贵　陈学彬　杜明辉　杜宪超　甘　霖　郭晶晶　郭文昊　郭奕群　李　静
李　媛　刘茂林　刘少龙　刘　天　刘艳珍　罗　豆　毛倩楠　孟凡源　牛艳飞　庞淑婷　戚　萌
邱　旭　苏晓竞　万　清　谢华理　徐玉伟　许宇程　尹晓琴　朱　鹏　曹　博　陈晓辉　黄　勇
康世亮　林　漪　钱国权　谢　鑫　徐灵峰　翟锦霞　占晨越　钟文楷　陈　旭　陈子韬　韩欣欣
何晓玲　江海盈　罗胤祺　乔　田　石小涛　阎　龙　杨丹丹　杨光耀　张鸿鑫　赵东理　龚　玮
关　涛　黄广华　黄　靖　黄　霞　刘　磊　刘　祥　孙健翔　谭林玲　王玲玲　王珍高　吴　江
谢炽新　谢仁箭　谢炜棋　詹杰钊　张晔明

材料加工工程
陈政君　何　跃　吉　丽　李鑫鑫　刘英俊　王　林　翁佩锦　吴彦城　安敏芳　胡　玲　李　辰
李乘波　凌自成　刘　通　董家亮　樊友煜　何娟霞　黄建灵　亢本昊　刘方方　刘　灏　王卓森
周朝金　高超峰　乐文凯　雷　波　谈灵操　杨淑青　赵　超　赵仲勋　ABDUL JABBAR KHAN
周晴雯　朱霱亚

动力工程及工程热物理
姚忠良　梁嘉林　卢杏斌

化工过程机械
肖　健

电力系统及其自动化
陈达鹏　刘泽槐　莫维科　唐　翀　余泽远　郑晓东　周焕生　郭彦勋　江昌旭　钱　瞳　周九江

林璧媛　瞿凯平　钟令枢　MUHAMMAD FAIZAN TAHIR
高电压与绝缘技术
谢　月　邹舟诣奥　谢　鹏　张垭琦
电工理论与新技术
莫理莉
电力电子与电力传动
关远鹏　周佳丽　张　峰　胡仁俊
电站系统及其控制
付国印
物理电子学
康　娟　刘胜红　汪　杨　王　博　何小勇
微电子学与固体电子学
翁远航　刘旺旺　李振豪　梁志明　刘　洋　赵齐来　张　梦
电磁场与微波技术
邵　强
信息与通信工程
李　磊　李　强　林洛君　钟卓耀　方　阳　王宇飞　张　胜　刘　禹　陈爱武　戴　铭　宋治国
郑莉莉　NGUYEN XUAN HAU　SAGHIR AHMED SAGHIR AL-FASLY　TASWEER AHMAD
控制科学与工程
蒋秀珊　谢徐欢　黄浩晖
控制理论与控制工程
彭　芳　杨　浩　吴伟明　何　伟　肖　斌　张付凯　AWAIS KHAN　PRINCE OWUSU-AGYEMAN
检测技术与自动化装置
张庆铭　吴　菁
系统工程
顾盼盼
模式识别与智能系统
罗　晶　ZEYAD SAHL Z FARISI　MADAH-UL-MUSTAFA
计算机科学与技术
叶颖生　张锦雄　许若涛　杨旭辉　张　欣　苏秋斌　郇二洋　张怀东　张伟娜　王大兴　袁群勇
钟德祥　周　静　廖志文　陈佳洲　陈昕叶　戴　丹　胡　杨　刘伟莉　杨楷翔　张建军　赵　宏
计算机系统结构
郑志硕
建筑学
黄武琼　李令令　林瀚坤　刘穗杰　石玉蓉　陈家欢　林康强　潘丽丽　汪俊东　吴志刚　张　进
侯夏娜　黄筱蔚　张雅妮　陈　纵　李鹏南　萧　蕾
建筑设计及其理论
陶　亮　田　雨　苏笑悦
岩土工程
彭斯格　王晓亮　张　恒

结构工程
黄少腾　陈彬彬　王天琦　王一焕　段伟宁　劳晓杰　魏　铖　赵东卓
防灾减灾工程及防护工程
李　东　金和卯
桥梁与隧道工程
吴　杰　赵盈皓
化学工程
刘飞燕　吕道飞　肖强强　徐佳杰　杨　逸　钟细明　成　晖　杨盛江　陈　凯　高　雪　郭海军
李　阳　李中坤　王静禹　徐东伟　姚　翔　蔡　诚　陈博坤　陈永伟　李天津　梁菀纹　刘小娟
皮云红　武　颖　邢海婷　张宾朋　赵丽莎
化学工艺
韩燕玲　胡丽华　刘　毅　张鉴伟　彭　雄　梁志彬
工业催化
付洪权　黄昆涛　杨本勇　李立霞
能源化学工程
苏倩文　孙婉纯　曾　思　罗燕书　唐永乐　邹　婷　郭　凯
制浆造纸工程
康　磊　李金鹏　仝瑞平　吴　静　闫　宁　匡奕山　刘　寅　汪　洋
制糖工程
陈　瑾　焦文娟　张　玲　郑　波　何　海　牛德宝　肖　蕾　张义平　ZAHRA BATOOL
发酵工程
董宏智　黄良刚　谢建华　区晓阳　赵泽鑫　李　阳　罗　游　安　倩　彭　飞　赵风光
RABIA DURRANI
淀粉资源科学与工程
李松南
生物质科学与工程
林琦璇　马　浩　蔡济海　蒋启蒙　李　鸣　李素香　刘　霄　沈　锋　苏治平　肖桂法　周生辉
道路与铁道工程
姜　朔　于　恒　董均贵　梁遐意
交通运输规划与管理
孙佳人　薛　刚
船舶与海洋结构物设计制造
李百建　曾家俊　韩翔希　邹学锋　庞国良
交通信息工程及控制
裴明阳
环境科学与工程
陈　阵　曾晓鹏　池海远　韩　彬　孔巧平　卢　阳　莫胜鹏　孙玉海　王　培　徐媛倩　杨珊珊
余加源　余元元　崔佳莹　冯兴会　阮　博　李　静　刘　月　罗恢泓　杨雷峰　陈伟伫　丁　洋
黄皖唐　黄熙贤　李曦同　罗　培　唐　婷　魏西鹏　谢祎黎　张金辉　张明远　WASEEM HAYAT
欧阳卓智
绿色能源化学与技术
李友朋　刘志军　王　钢　朱云敏　高洪成　王继刚　王　凯　朱晓晶

生物医学工程
李冬冬　王俊侠　吴　磊　滕丽晶　张亚茹　甘　霖　徐　东　尹佳祥
食品科学与工程
董　蔚　张　嵩　宋丽军　许　龙　朱西平　陈文博　廖彩虎　姚　坤　张林尚　蔡勇建　陈家凤
杜振亚　纪执立　贾瑞博　李清扬　马璐璐　宋兵兵　王凯强　张佳男　ABID HUSSAIN
MUHAMMAD FAISAL MANZOOR　ABDUL RAHAMAN
食品科学
肖楚乔
粮食、油脂及植物蛋白工程
杨　涛
城乡规划学
彭雄亮　黄利华　冀晶娟　黎淑翎　李　婧　沈爽婷　吴婷婷　叶原源
风景园林学
刘之欣　卢素英　黄邓楷
软件工程
陈森涛　胡志斌　吴汉瑞　徐哲炜
网络空间安全
赵搏文　温泉思

医学博士

生物医学工程
余雪菊　钱洁颖　孙　浩　熊　乐　张　慧

管理学博士

管理科学与工程
贺裕雁　刘宵祺　彭子衿　王　超　许　岩　陈　磊　莫　凡　唐瑞红　王晓利　杨金玉　洪　明
刘若冰　柯晨旭　林艺舒　石　艳
企业管理
李　洪　张　明　李建玲　何国华　刘　念　申　健
公共管理
费　睿
会计学
周建庆
旅游管理
唐金稳　孙　欢　李　静
技术经济及管理
李兴耀

工程博士

电子与信息
赖展军　窦中兆　王俊生

能源与环保
刘世念　陈春霞　焦　东　王晓东　谢全模

同等学力博士

法学博士

法学
张锋学

2020 届硕士学位获得者

哲学硕士

马克思主义哲学
陈　敏　谌雪滢　冯　朗　赫庄明
中国哲学
刘少第　王柯鳗　赵建光
科学技术哲学
贾玮晗　马少卿　齐　康　时　杰　曾梓航　张　森　张　洋

经济学硕士

国民经济学
戴志明　张　强
区域经济学
樊馨媄　冯　慧　胡载舟　王丽珊　余正颖　郑梦琳　植玮熳
金融学
林敏依　彭业辉　尚雅迪　王　静　王雅露　王　颖　王梓玲　韦雨田　严芳薇　杨　羽　张　珊
张世泽　钟瑞莹　邹小露　郭颖聪　刘梦婷　许伊夏
产业经济学
黄燕秋　梁　林　马泽田　钟景雯
国际贸易学
刘　慧　邱振宇　谢　腾　周树伟
数量经济学
崔霖怡　杜　玥　刘　程　谭绮君　谢帆舟　杨淑雯

法学硕士

法学理论
卢作峰　陆丽娜　马　莉　魏静玉　谢　静　熊煜堃
宪法学与行政法学
陈思亦　韩宇晴　何　典　李燕飞　赵　静

刑法学
邬颖怡　吴宸敏　余茵竹　张翼鹏
民商法学
关奕怡　李小龙　李雅丰　林　樾　刘潇翔　刘芸君　王若蒙　杨睿曦　蚁东烁　周梦燨　卓明爱
诉讼法学
梁洁莹　刘　艺　叶宝琦　周　慧
经济法学
王勇堂　张　恒
国际法学
陈　骁　马楚莹　周　阳
知识产权
陈雅雯　方龄曼　黄婉瑜　黄苑辉　彭子君　施一正　谭钧豪　许纯纯　严尼鹂
马克思主义基本原理
胡露露　杨宇露　左小凤
马克思主义中国化研究
黎林戈　刘苗苗　马思阳　王静文　王宇星　吴玉转　谢雪娟　刘　恒
思想政治教育
高凌云　何家敏　胡笑君　孔令宇　欧家芬　涂美焕　王　婧　王俊飞　韦斯嘉
中国近现代史基本问题研究
陈　杏　廖云蕾　覃江龙　王晓真　周晨阳

教育学硕士

教育学原理
吕　婷　马俊敏　潘　桦　杨　丹
高等教育学
陈夏莹　范　琪　梁雪锋　廖清云　龙　飘　欧泳怡　项梦丹　易贝贝　李　琨
体育学
胡健华　黄善彬　梁　宵　刘龙飞　刘彤彤　卢凌涛　欧力晶　王露露　王　涛　杨济铭　邹泽宇
白　杨　胡一鸣　郭　涛

文学硕士

英语语言文学
付　婧　胡涔沁　黄姗姗　李小丽　张湘玉
外国语言学及应用语言学
邓嘉怡　何　晴　李　晶　梁嘉仪　林芳琪　凌仕昶　苏海琳　王　毅　吴　磊　徐娅玲
新闻传播学
陈木娇　陈小雨　黄维媛　贾瑞欣　雷梦恒　黎春樱　李　丹　李　卉　李嘉敏　李　满　李思清
李　雯　李则然　刘少娇　倪璐瑶　潘　聘　任　静　宋　成　孙天艺　谈　翀　唐　维　王旻彦
严　萍　杨盼盼　游　弋　于晨辰　袁小芳　张　瑶　张　越　赵诗睿　郑红艳　冯雨霞　何泉蓉
贺明静　李思晨　李宇舟　李　珍　王心怡　吴嫣然　袁丽金　NGUYEN THI THO　SIM TRAN THI
THI THANH NGO　BUI THI LAN HUONG　PHUONG TUYEN PHAM　VADIM ZADOROZHIN
ARDIYANI RAHMI WIDODO　BUI THI THU THAO　HA THANH PHAM

理学硕士

基础数学
蔡书娴　洪晓钦　潘宇龙　齐田芳　秦　松　史　萌　王阿帅　王　杪　赵晓旭　钟海梅

计算数学
陈　著　贺　鑫　潘　淦　史明华　孙　俏　谢心蕊　钟志松　吴　优

概率论与数理统计
方　雯　廖冰慧　林妍然　文伟海　谢胜寒　赵　岩　刘冠东

应用数学
程　璇　高婷婷　李少培　牛亚星　万明练　王厅生　王阳开　项少婷　许　庆　许　争　颜木泉
张琳雪　张文杰　邹桂华　林城誉　邹玲玲

运筹学与控制论
刘　燕　魏　蔚　钟衍楠

理论物理
初治坤　黄管大　江蓉蓉　袁旭龙

凝聚态物理
曹舒婷　陈小梅　高　萌　卢智伟　莫一杰　曾馨璇　梁　娟　朱建忠

声学
卢斌斌　崔　冬　赖焯威

光学
赖　军　李希达　李先辉　彭秀林　汪　煜　王向珂　徐顺雨　许哲铭　钟　明　黄慧华　郑锦泽
张楚渝

无机化学
陈焯文　蒋文星　赖淑惠

分析化学
宾倩韵　关铭鑫　黄　银　欧淑华　王美玲　乌　兰　夏育阳　农丽婷　郑万琦　戴之易　黄　悄
李嘉泳　李长鹏　姚　蒙　邓冰清　林子豪　周　璇

有机化学
陈清华　程瑞祥　严武欣　杨顺铭　詹灵芝　张　玲　周沛祺　蔡　珂　黄梅英　熊　伟　严清华
桂　交　黄俊民　李炳彪

物理化学
鲍渝波　崔志铭　陆清雯　吕梦媛　吕思明　宋吉利　项宏鑫　曾　敏　廖志红　关海欣　蒋军生
黄文静　刘文仲

高分子化学与物理
池金锋　汪晓岚　夏　魏　张伯儒　张铜铜　邓芷霜　何子明　张昕玥　朱姝玥　陈　鑫　程　翔
周　兴　胡俊峰　孔得宇

生理学
刘云峰　冯晶晶

微生物学
廖一波　林　巧　杨晴玉　朱清娟

生物化学与分子生物学
董旭婉　李志伟　莫宗超　欧扬慧　韩重印　黄　侠　李时佳　史　丹　钟　裕

医药生物学
樊聪慧　郭轻轻　黄　欢　梁雨烟　杨吉娜　周海燕　贾冰洁

生物医学工程
高夕滔　黄乐滔　黄秋月　时霄霄　温宏基　许　珊　叶　青　昝　菲　张珂嘉　张丽婷　张荣丽
章望成　唐凤玲　吕玲美　万宇欣　辛浩千　赵晓敏

工学硕士

力学
江腾蛟　林晓甜　许可嘉　黄炽辉　廖子陞　熊文强　余　斌　冯继菊　李浩祖　梁杰明

机械工程
蔡伯豪　陈海峰　陈海涛　陈　元　邓　涛　方　聪　郭海文　郭三本　何彬嫒　洪景东　胡　斐
黄丽满　黄钊勇　贾智康　蒋晨杰　蒋智慧　金　林　李超贤　李高杰　李静轩　李康镇　李美威
李文哲　李希华　林方略　林方平　林玙璠　林志宇　林壮彬　凌　涛　刘兴教　卢汉光　骆济焕
潘保有　秦海迪　邱　涛　全婷婷　万佳勇　王济宇　王家辉　王林国　翁昌威　吴芳坦　熊　亮
颜才满　杨仕林　姚　望　叶光照　余昌霖　俞　烨　袁建东　曾得志　曾献文　张舜宇　张文政
张银涛　张宇翔　赵　豪　钟佳彬　周　豪　周天阳　周永池　朱盈璇　陈锴彬　陈　涛　陈彦霖
陈　泱　窦文豪　范显琪　华奕然　黄子骞　雷　毅　黎铭浩　李嘉鹏　李凯宁　李小朦　李志鹏
李治均　李子建　梁卫平　凌泽宇　马　可　毛飞宇　毛广扬　施国成　汤伟津　王　康　王　磊
吴　强　肖佳栋　谢沛民　徐沛恳　杨　豪　杨　俊　尹有华　张　闽　张文影　张新浩　陈　鸣
符俊岭　郭奥钿　郭昌志　韩福昌　黄俊锋　卫彦智　张道平　钟思祺　钟一弘　周安泰　朱才青
刘振宇　王　予　袁　洋

车辆工程
SAED H. A ABUSAFIA

材料科学与工程
邢晔彤　许　琦　余粤锋　彭子兴

材料物理与化学
曹丽娟　陈浩伟　陈金雲　陈　卓　胡景宇　胡　珺　胡天泽　黄国辉　黄树彬　黎佳立　李晓庆
李振宇　林奕圳　罗　威　容志滔　田晶晶　汪育佳　俞丹牡　袁佳坤　张建东　钱高恒　卢舒欣

材料学
曹文霞　程洋芳　崔　恒　冯建文　顾家宝　郭佳丽　何燕梅　侯　瑞　胡　极　胡泽隆　黄淑菁
冀俞蓉　蓝碧蛟　李佳欣　李建宾　李素晗　李星宇　廖洪芳　林祎铭　刘　斌　刘慧君　刘雪龙
罗碧云　罗　姚　彭清梅　乔友健　石芳雅　孙凯伦　汪　秀　王成祥　王志强　温绍飞　吴鸿丰
吴　敏　吴茜茜　吴桐毅　吴宜琛　熊　博　杨家成　易杰民　曾浩航　张　兵　张　超　张盼盼
郑荣敏　鲍晓珍　蔡　磊　陈曦午　陈　珍　何志欢　黄雪娟　李儒强　李彰杰　梁　栋　林桂芳
刘　达　刘鑫尧　罗前航　蒙素仟　倪　凌　汤强强　韦思曼　徐　涛　杨汇尚　尧晟林　姚黎平
叶贝琳　印平安　张小花　张忆茹　毕如剑　陈康卫　李　明　李　爽　刘姜华　刘　娉　刘逸才
陆信航　吴　畅　吴　停　吴欣桐　杨椰榕　张子豪　邹新艺　张云侨　朱嘉熙　朱咪咪　莫丽娜
钟伟强　欧阳天昶

材料加工工程
常晓丹　陈瑜竹　程丹妮　程珍珍　迟晓宁　崔　瑞　董旭涛　符译元　耿　一　郭雪媚　贺　衍
胡　宸　黄嘉敏　赖晓玉　李惠兰　李沛航　李　阳　林　超　林　敏　林　曦　刘传运　刘　芬
刘　新　刘宇琨　卢无悫　吕章林　彭　亮　沈君剑　覃称蕾　覃佩婷　万　健　汪　锋　王文灏
王心怡　王旭斌　王玉香　文　刚　吴　雪　闫梦文　杨瑾仪　杨明凯　杨舜宇　叶振兴　张　荣

张伟华 钟华富 周洁莹 周明强 周 婷 柏鑫鑫 曾 强 曾志钦 陈大鹏 陈涵悦 陈均焕
冯文营 傅道健 甘吉松 高 豪 何 川 李 兵 李东宇 李方坤 李紫璇 刘超林 王丁祥
王嘉慧 王 文 韦静敏 吴吉鹏 熊俊彬 徐振兴 张聪国 张登学 周佳辉 朱世超 卓海建
曾己伟 侯奥林 黄玉剑 李青松 刘 备 欧阳盛 阮文超 杨 慧

工程热物理
陈智豪 冯哲愚 顾文露 江旭丽 刘换新 骆发胜 马佩佩 牟春丽 谭梅鲜 张 嘉 张金芳
张礼峰 张忠培 郑宇蓝 曾祥浩 邓同辉

动力机械及工程
陈翔宇 蒙国尤 缪泽华 庞秋杏 于仙毅 张内川

化工过程机械
黄 琪 郭晨光 乔富荣 危逸枫 字学辉 彭子哲 王 番 张超勇

核电与动力工程
汪 俊

电机与电器
白雪儿 谢勇军 招家鑫 钟一鸣 邹嘉杰

电力系统及其自动化
蔡旺延 陈伯达 陈恒安 陈嘉权 陈礼昕 陈 夏 戴观权 郝金宝 何 森 胡捱喆 黄鸣畅
黄泽杰 黄仲龙 李昊飞 李雅晶 刘彦期 罗添允 骆子雅 马国龙 闵 鑫 任柳清 施建华
王 凯 王文睿 王晓娟 王一苇 徐尧燚 薛正艺 喻 芸 曾繁宏 张锶恒 张志义 邵传雍
万 千 汪兆巍 王挺韶 许 飞 陈榆丰 黄昌树

高电压与绝缘技术
房 强 冯展浩 高毓群 郭德明 宋廷汉 万 静 姚钊泓 张智辉 高 峰 刘智健

电力电子与电力传动
黄钰琪 焦路赟 林安娜 林鹏远 刘泽健 罗震雄 沈锐耿 王振刚 余泽汇 张 政 朱焕杰
郭远欣 周文齐

电工理论与新技术
邵思语 唐崇旺 赵一枫 李楷然 郑义林

物理电子学
蒋燕梅 黄 程 李壮壮 刘 为 汪勇辉 张志韬

电路与系统
陈 佳 连国妃 孙 攀 黄 琴

微电子学与固体电子学
陈 鸿 段孝星 廖碧艳 刘宇翔 邱泽增 渠文宽 石教锦 覃俣宁 王晓婷 吴彤彤 伍景成
向银雪 许华杰 许泽韬 陈丹玲 程宣仲 邓洪朗 杜 伟 李华艺 李荣媛 张首勇 程 正
戴 罡 吴浩城 吴丽娟 肖长柳

电磁场与微波技术
陈袁泷 李英宁 谢明有 邹云涌

信息与通信工程
SAGAR SHAWN SUDHEER ADIL NAWAZ NABIL YOUSEF SALEH MOHSEN KARAAGAC FATIH

通信与信息系统
陈炜璋 陈耀廷 丁彦方 方亚慧 关义轩 郭建珲 姜伸接 金冬子 李 祎 梁宝文 刘梦宇
罗嘉文 罗静慈 饶 尧 童 娣 王 伟 吴紫阳 肖美珍 谢乐乐 颜嘉伟 杨美娣 杨 鹏
叶 舟 张聿晗 张志平 周忠建 陈怡婷 戴安东 冯天健 何吴涛 孔志华 赖佩贤 刘玉芹

卢昇和 孙亦婵 谭艳杰 王立华 王远波 杨镇 于悦 余阳 张雅琦 李怿 汪星
李子鹏

信号与信息处理
陈栎 陈汉造 陈维翔 韩思怡 黄俊鸿 黄宇 赖凯敏 李晨阳 李淑贞 梁成波 麦锐杰
任园园 沈跃佳 王志鑫 文东霞 邢立波 姚家楠 姚嘉旭 张弘毅 张亚斌 张昱晟 郑钊彪
朱雅婷 陈凯斌 代岳 胡宝珠 黄晓荣 李洁 邓楚婕 杜蓉 江文 唐伟 周浔
李黎晗 刘柏基 刘俊伟 杨泽睿 郑兵 吕翀

控制科学与工程
陈垂泽 陈统杰 陈文强 陈瑶 陈子扬 丁爽 段敬雅 范潇 郭煜康 何顺展 贺云
胡泽东 黄迪臻 黄典业 黄睿 黄埔 康莉 孔得骏 李子元 梁聪垣 廖志鹏 林汇丰
陆诗莹 罗威 莫华森 莫志敏 欧家铭 潘春文 庞剑坤 区晨希 沈思昀 孙金权 王玉
杨少基 游文婧 张琼瑶 赵春丽 赵光月 周惠芝 朱阳彬 祝祥开 陈剑龙 陈均健 陈雅倩
戴磊 胡颜民 黄滨阳 黄理广 黄林青 黄泽滨 邝东海 黎春翔 黎应豪 李顺 梁宁欣
林宗沛 陆雨婷 罗永恒 蒙超恒 魏鑫 吴梓聪 夏鼎 夏守城 张天涯 周姗 陈晓铭
江树人 蒋通 廖鸿鹏 林子超 许旋 曾繁钦

电气与计算机工程
GANANTU LAL CHAKMA MUHAMMAD USMAN MUHIB ULLAH SYED WALEED
USMAN AHMAD JANNATUL FERDOUS MD TAUSIF ALAM MUHAMMAD ATIF
ALBERTO GARCIA ANAYA TZU CHIA YANG NG

计算机科学与技术
蔡木庆 蔡晓玲 蔡子仪 常宇飞 陈成 陈家兴 陈军贤 陈一鑫 陈禹明 邓杰瀚 黄怀霖
黄淇 黄至行 靳雅茹 蓝侃侃 李嘉泳 李倩婷 李亚军 林思浩 刘润东 罗瑞 马亚男
彭嘉怡 邵亨康 唐阳雨 滕寰 田安捷 魏建双 肖钦哲 许仕超 杨俊荣 叶超 余柳红
袁兴佳 曾梦军 张英杰 郑超达 曹人华 曾韦杰 陈颖璇 程锐 化泽帅 黄嘉豪 蒋营国
林辉 容昌乐 盛雷 宋彬杰 谭尹杰 唐炎 汪强降 吴舟洋 杨仕龙 杨婷 叶泰钟
张恒 陈伟宏 匡金军 林文根 吴自辉 张博 赵航 朱乾树 段智宏 高昊烨 王澜
俞快 赵俊宇 庄焕嘉 邹歆仪 张乐民

建筑历史与理论
范敏莉 李嘉泳 刘聪 田甜 李雅倩 钟昊旻

建筑技术科学
邓智超 高艺帆 胡峰 李玥 毛以沫 司一凡 向易睿 段骁健 刘洋帆 伍兆基 刘可心

土木工程
陈大江 陈高敬 陈俊成 陈骏超 陈磊 陈贤才 成文滔 丁威 方浩彬 古静欣 侯伟杰
黄琳玲 黄赢海 金博崇 柯锡群 黎斯朗 李帅斌 梁竣杰 林少群 刘晓珠 刘阳 罗俊兴
罗明宙 罗鹏 莫庭威 潘长卿 施钰 王如钰 王羽琦 王远哲 文海涛 吴统元 吴珍珍
肖立韬 肖茁良 谢立夫 谢玲彩 许明智 杨明灿 杨伟儒 杨轶涵 于海潮 袁文俊 张晨牧
甄海锋 郑伟杰 黄进新 解兵林 李梦圆 刘清华 张超 艾怡闻 陈勇 何敬民 李壮
梁建勋 罗伟洲 容畅 徐千翔 姚俊杰 JARAMILLO AGUAYO CARLOS EFREN
INSYSIENGMAI FONGMANY

水利工程
蓝福鹏 李碧琦 李故功 李锦鹏 罗海婉 黄舒琴 具家琪 郑怀丘 陈希贤 邹凯

化学工程
陈彩莹 陈嘉慧 陈沁磊 陈晓菲 陈洋 董磊 付齐 顾竞芳 洪虎 胡恒逢 黄丙生

黄浩鑫　赖莹莹　李　钿　李梦兰　李文强　廖　娟　廖珊珊　刘政文　卢　烁　罗贯洲　马彩珺
马观凤　聂长华　秦志才　申　帅　苏　婕　唐瑜侫　吴严洁　吴远昊　徐　艳　张　静　郑　轲
邹坚涛　程良良　邓俊杰　丁子先　段一帆　侯倩倩　胡欣超　黄奕焰　蒋云鹏　李　闯　李家祺
彭威建　任诗雨　孙艺薇　万泽辰　王小林　郑　婷　钟　雪　陈　念　姜　寒　卢　纵　张　慧
代　雄　侯青青　莫锐彬

化学工艺
陈韫智　杜万鑫　候民帅　邱舜国　董芮璟　张　倩　赵　华

生物化工
朱春芳　李　岩

应用化学
蔡逸飞　陈思捷　陈　颖　陈　云　段欢欢　方　畅　黄路露　江　伟　梁倩楠　林　欢　刘燕晨
彭瑞芬　孙　川　覃发梅　田林媛　王　倩　吴　丹　谢　佩　杨紫悦　叶跃坤　袁春芳　岳成龙
张世博　张雪钏　周　曦　王蓉蓉　查少秋　潘俞安

工业催化
蔡晓森　陈　静　陈修敏　楚丽姿　邓　洁　郭国庆　李浩维　马　瑞　明静妍　林泽英　刘嘉杰
杨　诗

能源化学工程
常　畅　代　轩　黄　睿　江思强　江周明　雷汝白　黎树整　李　冉　李圣淋　李穗敏　李　涛
李　瞳　李　欣　刘一成　罗建民　宋泽雨　汪　迪　吴　彤　谢　敏　尹凯东　张金瑶　张怡雪
苏建民　张淑迪　黄立航　欧阳潜

制浆造纸工程
白婵玉　陈媛媛　葛　洲　郭鸣凤　何伟健　何智恒　江　伦　李东建　欧华杰　史颖涵　王　芳
王金然　吴祺祺　徐家通　严林娟　余　煌　翟鹏臣　蔡方瑞　曹晓利　陈思佳　段　毓　付紫昌
韩　俊　洪浩源　黄菲妮　李嘉庆　李兰振　廉博博　陈琳琳　刘　凯　刘　璐　鲁红霞　吕佩琪
乔　辉　宋合龙　苏灵峰　夏睦翔　熊如芬　俞霁瑶　刘梦珍　薛宇慧　张　晓

制糖工程
雷财玉　吕满霞　毛琳璐　徐捍山　杨　君　霍　达　肖焱堃　唐煜括　婺　鸣　张璐璐　徐瑞瑞

发酵工程
陈　红　董良波　管靖玮　胡梦花　李　瑶　林晓彤　陆　培　农璐源　钱　玲　滕梦静　魏唯倩
温　雁　夏志豪　熊　隽　湛江波　张　轶　张　媛　朱云飞　郭志鹏　胡佳磊　程爱迪　郭嘉明
吴凤依　徐　汝　赵泽普

生物质科学与工程
陈鄞琛　何　莹　马珊宏　王桂平　吴坤泽　戳　辉　孟昕童　张凯莉　江雯钊　谭杰文　张德敬

道路与铁道工程
陈富达　杜锦涛　郭秀林　胡嘉诚　黄　晟　林伟杰　林宇明　邱蕴佳　任志彬　唐嘉明　钟宏武
冯坚强　黄　兰　罗　跃　孙学楷　张浩然　靖红晨　朱升晖　NIGA NOTCHI NOGIMA PREMIER

交通信息工程及控制
曹宇超　施兆俊　王　莉　席嘉鹏　夏小龙　杨招波

交通运输规划与管理
蒋志远　黎俊廷　李　婷　张伟罡　朱一洲　朱子轩　曾钰宸　张东冉

载运工具运用工程
李小龙　朱泽坤

船舶与海洋工程
李争霖 马 远 王光宇 徐 磊 戴 鹏 唐 乐 薛乃耀

环境科学
刘宇菲 柳彦俊 司 凡 游雅捷 刘 晔 王曼曼 王文静

环境工程
曹 雯 陈景达 陈林艺 陈小珍 陈瑜萍 程姝媛 邓允锲 樊慧敏 冯 涛 黄津颖 蒋翌文
柯云婷 匡 瑜 林嘉薇 林文婷 刘煌睿 刘敏琴 罗 婷 沈启斌 宋 琪 唐苑君 万勇杰
王慧敏 王佳伶 王怡然 王 媛 魏亦钧 文湘玉 翁长周 谢 岩 许妍妍 杨苑钰 叶国杰
张 杰 张 俊 张 琪 张玉冬 张志炜 赵雅思 周瑞康 周晓岚 汪艳萍 陈晓强 段维建
何 珊 黄静玲 金江波 唐 婕 徐云昀 李 萍 王铭源 徐 思

绿色能源化学与技术
陈桂林 陈 珩 戴家乐 丁照庆 靳世广 林志华 唐璐杰 武 敏 曾丽丽 赵 俊 罗浩伟

环境生态学
龚静雨 姜梦戈

生物医学工程
武 晗 谢杨洁 李嘉慧 肖本亨 王 鹏

食品科学与工程
曹青青 陈吴翀 陈旭辉 陈燕芳 丁 丽 杜 翠 高婷婷 耿 艺 苟 娜 关楠楠 韩 锐
韩雪琴 韩永旭 何惠容 胡 洋 黄 敏 黄晓梅 黄子璇 黎 晗 李方舟 李琪孟 李思伦
李艺萌 李禹欣 林涵玉 刘晓慧 刘 欣 刘志彤 卢燕燕 路怀金 骆小英 彭 岸 饶雪甜
沈鹏辉 石 睿 唐润梅 王 晶 王 倩 王小茹 魏晓奇 吴蕾蕾 伍惠仪 徐颖超 杨 更
杨静宜 杨雪妍 张佳琦 张 洁 张雯雯 赵 珊 郑柳青 郑雅莉 周爱莲 朱建忠 朱启源
艾丽奇 行云逸 黄韫琪 李静宇 李笑笑 廖林锋 罗丹阳 罗司丹 陈思锴 单绍琪 林云伟
吕 锐 庞忠莉 王 欣 徐 阳 杨紫悦 姚雨杉 王 遵 肖军秀 许白雪 郑金熊

城乡规划学
邓雨晴 李海燕 梁景宇 梁伟研 施佳璇 覃志凝 谭诗敏 曾馨仪 张 钰 郑瑞先 陈世炜
李晶晶 李淑桃 温 丽 杨书航 李良玉

风景园林学
蔡银梅 陈 畅 苏 涛 薛 妍 颜晶晶 周 芳 范佳伟 葛小银 李 凌 梁 妮 沈 攀
王曲荷 徐 畅 薛 蕊 余文博 袁子枚 林 榕 刘斯曼 臧彤心

软件工程
陈 奇 丁芳媛 傅 莘 洪少佳 黄海南 黄滢婷 刘 璟 任 达 宋定坤 温爱卿 曾泽权
郑逸涵 钟佳琪 周志上 朱昶熹 邹 帅 敖海珊 黄黎龙 杨豆豆 陈焕杰 高雨轩 雷宏婧
庞俊腾 唐小丽 王凤超 吴逸群 HENDRA TOSEEF MUHAMMAD HANADI AHMED OTHMAN
SAEED AL-MEKHLAFI SA'AD ABDO-ALKAWI ALI HASSAN ALMAGEEDY

安全科学与工程
代庆松 贾明辉 汪家琪 闫 格 李 刚 宋 维 张要强 黄裕斌 张心语 赵一新

网络空间安全
夏尧博 杨志远 赵 柯 徐宇章 毛中书 潘心炉 熊艺纯 杨敬文 蒋 云

管理科学与工程
陈惠玲 李鸿宇 梁嘉莹 刘丽萍 欧倩钰 叶日星 岳亚斌 郑燕妮 梁玉凤

设计学
何惠倩 何 媛 胡婉清 花雨张 黄冰冰 刘学友 刘一潼 罗 琴 潘雪曼 邵玉光 卢孟明

潘韵竹　李国清　王莉婷

医学硕士

临床医学
陈湘婷　窦曹帅　高小燕　何诗朗　洪一梅　黄　淮　黄　恬　江澄涛　李　尤　林晓敏　林　淳
刘博文　刘于庭　卢松芳　罗　勇　欧阳欣　祁方杰　申　庚　吴小媚　吴晓玲　杨　帆　杨晓君
周慧珊　陈森飚　杜明月　何玉芳　黄兹锐　李梦妮　邱　敏　雪　燕　袁淑菁　周　成　高竹馨
马红坤　缪　旋　魏雪武　夏　津

管理学硕士

管理科学与工程
蔡牡丹　程　诚　程　丹　杜蝶蝶　方先鹿　郭静娟　洪振钦　黄婧怡　黄开梅　黄　璐　黄绵绵
黄琼影　库　宇　李　华　李莹莹　廖子慧　林淑瑜　刘广宇　罗子俊　吕晓慧　彭晓亮　邱亭谕
汤　淏　陶志文　田锦屏　王佳欣　王　俊　王流云　王琦然　王雪清　吴岚腾　吴邵宇　肖思宇
徐静雯　易　欢　余　菌　岳浩然　张　琪　张琼之　张馨丹　张娅峰　周慧敏　周丽华　周　游
朱　妮　朱文锋　邹莹莹　蔡依陶　侯延行　胡一娟　黄凌波　黎绮熳　柳丹丹　王冰玉　姚　楠
张超标　宋雨宣　邹希可　关嘉欣　何嘉敏

会计学
陈俐君　黄莉娟　李　宸　刘　敏　张　琳　陈嘉欣　李景嫦　查媛媛

企业管理
陈昌杰　陈莞龙　方　芳　郭华英　郭丽丽　郭湘莹　黄冬阳　简　领　蒋心依　刘倩雯　卢荷芳
牛　欢　冉启斌　阮秀云　苏苗苗　孙佳佳　王梦蕾　翁艺敏　谢敏婷　杨超然　杨淑欣　叶润楠
余云丹　臧祺超　张　琪　张元新　张　钺　郑少淳　郑　宇　周荷晖　朱小青　罗　娜　梅雅妮
施荣晓　苏颖珊　王颖斌　吴奇治　杨炜炜　贺萌远　司　同　韦佩贝　欧阳素珊
ANTON VOYDILO　GABETS ALEKSANDRA　ELVINA SHARAEVA　KANALIYEV ZHALGAS
KSENIIA NAZAROVA　MEYLIS ATAYEV

旅游管理
杜晓敏　范晓楠　郭　琦　揭思颖　赖依聪　罗　茜　王文琛　吴水玲　向垚潞　张凌媛　郑卉桃
王心屿　PHAM THI NU

技术经济及管理
陈红雨　陈如洁　陈　娅　黄　倩　黄小芹　霍孜睿　刘雨航　邱榕新　王奥希　张建超　陈郑逸帆
姚　晗　MOHAMMED ABDO AHMED AQLAN

行政管理
蔡丽容　陈路雪　高　飞　胡伶俐　胡晓月　瞿鸣歆　李佳琪　李莲玉　梁华管　梁绮琪　林　彬
明　锐　欧阳航　沈　涵　王凌颖　王彦冰　魏玉媛　薛琬烨　闫心瑶　杨秋婷　杨　新　张丹凤
周胜兰　冯卫东　付易东　郭　淳　梁显佳　邱海坤　申　婷　周　惠　徐丹萍　张璇子
XAISENA SITHTHIPHONH

教育经济与管理
陈上康　李朝阳　尚希磊

社会保障
廖　伟　覃丽娜　巫芊桦　肖建华　张子璇

土地资源管理
龚亚男　马俊伟　王　韬　张梦婕　郑捷航

艺术学硕士

音乐与舞蹈学

陈卓安	邓 森	郭佩狄	黄律瑶	旷惠琦	刘丁嘉	吕安妮	彭梦梦	王秋雨	叶方婷	叶青原
袁 媛	赵 薇								

设计学

岑逸宁	段惠芳	冯颖男	韩宁馨	刘含蕊	麦耀彬	王浩成	王子雯	余 鸿	张嘉敏	张 艺
赵 宇	周子阳	陈 莎	宋一甲	柴佳辰					

金融硕士

陈晓丹	陈钰沅	程 宇	董 鹏	龚 振	韩高萌	侯鑫颖	黄婉瑶	阚星辰	蓝 园	李时晴
林丹如	刘崇鸣	刘俊琳	刘婉思	麻海兰	麦颖欣	缪旖璇	彭 鹏	唐朝霞	唐清澜	陶丽君
王世可	王雪婷	韦凯元	魏 彪	熊 凯	杨祖燕	易冬林	翟喜亮	张绮珊	张晓华	赵梓盈
郑忠飞	周 莹	朱丽云	周煜慧						

国际商务硕士

蔡丹萍	陈有根	杜丝曼	高 源	洪文倩	黄楚灵	黄蓝青	李方钰	李 娟	廖志明	陆美华
马昂昂	欧奕成	丘玲敏	王慧敏	王建明	王幸婷	叶 讯	朱丹妮	向 颖	丁 莉

法律硕士

蔡雪月	蔡宇航	柴 西	陈 晨	陈瀚文	程 磊	程 萌	邓应微	丁弘雪	段丹丹	付劲松
傅旷杰	郭梓杰	胡月明	黄丽珊	黄林群	黄 璐	黄千芷	赖雅明	李琬昀	李 皖	李筱萌
李炫材	李亚楠	梁宝丹	林嘉丽	林琼宇	林士博	刘德东	刘瑞勇	刘 阳	刘玉兰	刘钟婷
龙芳萍	卢凯勇	卢朗滢	卢 琴	罗 澜	罗婉华	吕贻志	麦艳琳	缪 元	聂卓君	潘悦欣
秦 斌	区道明	沈 杨	宋腾飞	唐荣姣	唐劭俊	王平波	温海燕	吴 涵	吴辉龙	夏星耀
辛玲玲	徐婧滢	姚慧圆	叶雅靖	易仲栋	余 莹	曾 媛	詹政衡	张浩然	张荟瑜	张嘉辰
赵靓楠	朱茜芹	邹淑敏	陈炜同	陈小坤	陈雅慧	陈 颖	程 欣	董尚书	何泓幸	洪夏薇
候书静	黄灵峰	黄芷晴	赖创奇	黎宇乔	李淳梓	李华梅	李 惠	李玉婷	廖泽宇	林旭昕
林宇婷	刘 颖	罗泽华	蒙湛月	南 琦	孙 彤	覃秀愉	危秀美	肖 芬	谢爱珍	谢 朗
杨雅婷	姚 菲	元丹敏	翟佳乐	张 晨	张 丹	张洁卿	张馨元	郑茜文	周梅坚	周笑阳
陈栩东	李佛光	李雅兰	王 芬	周 浩	周 源	朱婉萍	欧阳有恒	艾丽妃热·甫拉提		

社会工作硕士

白 静	陈景玉	陈素金	陈新婵	陈志峰	樊琪瑶	冷金岩	黎 静	李凡波	李 婷	梁飞铃
林颖霞	龙 枝	罗宝珊	马 丽	邱思宇	荣 敏	孙 超	谭梓彦	韦 冰	温丽华	文晓曼
翁玉华	吴婷婷	许仲宇	杨时河	叶韵娴	余爱艳	袁妙婷	张嘉怡	赵 霞	赵鑫鑫	郑媛方
周 航	曾 婕	陈春妹	陈冬丽	陈柳茵	陈昭衡	冯斯敏	黄远清	姜彦西	李丹杨	李汝吉
李淑玲	连 珠	廖芷欣	林丽平	林晓君	凌 晶	刘俊文	刘小娟	龙雪媚	麦晓莹	明平孝
彭 筱	彭卓宏	邱金龙	全 洁	唐艳茹	王经友	王亚华	温 艳	邬 婷	吴瀚飞	吴肖彬
吴亚丽	吴燕锹	杨 凡	杨 煌	余佳平	张嘉盛	张志满	赵亚南	郑松林	周世芳	陈颖茵
黄律佳	聂 丽	秦智亮	邱 艳	汤美玲	王 敏	杨兰兰	叶莉娜	周 舟	朱文琪	朱小燕
周 倩	戴杨文意								

体育硕士

体育教学

何 珊　黄静文　梁颖筠　张义定　陈雨昕　李穗生　刘梦丹　罗绮雯　易成林　周 维　谈水泉
严一翀　龙 宇

翻译硕士

英语笔译

高 畅　何佩姿　侯雅璐　赖佳韩　李若晨　李彤彤　梁彦龙　廖天华　刘艾静　刘 璐　刘娉婷
罗 琳　马灵芝　马 政　苗晓慧　彭嘉颖　齐波会　陶斯斯　汪婷婷　王雪乔　王悦唯　吴智婷
武子婧　谢含章　谢慕华　徐顾艳　徐 嘉　严雅銮　杨一寰　詹思雅　赵 丹　周斯佳　黄婷婷
梁祺祺　谭 雅　易子裕　郑子瑜

日语笔译

郭晓晗　黄宇娇　孔 雅　宁文锦　王天凤　王晓兰　邬甚佳　肖 莹　曾菊华　张晨朝

新闻与传播硕士

陈 因　黄广圣　孔玉婷　李俞霖　秦 颖　韦李珍　魏秋桦　闻 珊　杨 月　杨玥灵　余根芳
余诗静　张晨牧　张萌阳　张旭涛　郑 迪　曾慧苗　李春华　刘 畅　王 念　韦晓宁　吴 双
许敏娜　张曦予　李 骁　骆诗韵　冉雨鑫　吴雪华　陆红杜羽　阳露卓玛　HOANG THI MY HANH
ZAGD-OCHIR TEGSHBUYAN

建筑学硕士

曹韫烨　陈卓宇　董海燕　高海伦　杭进峰　何亚洁　胡 炜　黄 一　贾长浩　蒋群歆　黎宇深
李 娟　李 童　李闻文　梁炜莹　林灿封　林文强　刘 畅　刘 宇　刘宇峰　刘宇文　卢亚宁
罗力铭　马智超　牟彦霖　潘雪瑜　钱紫艳　邱梦海　施立阳　施启灿　史旷博　苏照宇　苏振强
覃麒睿　唐 帅　王 颖　王泽平　谢明哲　辛圣炜　姚蕴芳　易紫薇　尹 莹　张贵彬　张 瀚
张敬军　张丽斯　张墅阳　张天姿　张文强　周 珂　周坤玉　周美琴　周裕恒　周振文　陈诗祺
丁 祎　何文婷　马成也　任道怡　任子茹　孙邦硕　关竣仁　李延克　梁颖诗　盛加兴　王 悦
谢 飞　杨临书　杨宗祥　余光鑫　陈少伟　邓启阳　邓士文　段坤尧　黄安东　黄 山　黄 莹
冀莎菲　李 磊　罗 卉　罗 明　罗 曦　麦嘉雯　冒卓影　阮益权　唐封强　唐 云　田梦思
姚艾冰　白 蓓　蔡 煜　杜冠之　阚 焱　刘 潇　刘逸飞　马朝阳　汤阳洋　王 翀　张新贺
庄文杰　张馨月　周炜杰　朱 浩　王志明　张锐娜　赵一平　陈盛德　杜 鹏　何楚梦　黄东华
罗梦婕　叶芳吕　詹李慧子　王晨茄昀

工程硕士

机械工程

陈承隆　陈冠琪　陈汉平　储王涛　党艳萍　方国云　冯朝伦　郭长建　胡 燕　黄诗敏　贾明泽
姜笑天　赖学成　赖泽豪　黎业钲　李炳耀　李 超　李德正　刘 冲　刘家威　刘振东　卢煌军
吕继亮　邱志强　任帅康　上官尧　石 峰　王洪清　王圣杰　王 炜　王一帆　王艺锰　吴敏辉
吴圣和　陈洪辉　程方毅　古家威　黄文波　李忠浪　林耀南　马彦喆　宁 强　宋卓明　汤传刚
杨 天　尹穗锋　张锦晖　陈 锐　高德福　古润祺　何高伟　刘 朝　秦富康　叶斯伦　周子涵
钟 磊　伍尚乐　杨前超　张啸言　张研晋　周良玮　陈泓宇　何胜彬　何 鑫　李 波　李志昌
廖煜辉　王贤斌　徐能强　方何正子　欧阳健燊

仪器仪表工程

黄烨笙	刘思洋	龙思慧	王博帝	叶 兴	尹 林	张俊红	高文璇	郝慧国	何建枝	周家裕

材料工程

班 乐	陈景煊	陈 龙	陈启岳	陈卫东	陈文博	代 航	邓德杰	邓培淼	邓宇熹	邓智富
丁美娟	何庆林	侯玥杰	黄仕钰	黄思雨	江 军	雷 磊	李炳龙	李 博	李开沥	练兴瀚
刘本昌	刘 聪	刘欢龙	刘 凯	罗浩洋	吕 飞	马晓峰	马源彬	潘德清	裴云梦	秦国明
邵亚辉	史明波	孙 涛	覃韦崴	谭 松	陶鲭驰	汪 亨	汪威威	王 晋	王 祥	温 澄
吴佳民	吴菁菁	吴永健	吴梓轩	席壮壮	谢逸轩	许安丽	严敏仪	杨 红	杨 敏	杨松潭
叶 维	于 昆	余 翀	余泳霖	袁子鑫	曾思惠	詹泉泉	湛志明	张习文	张耀宗	张永明
张泽均	赵尉辰	赵子瑨	周慧慧	陈文鑫	桂永浩	雷霄越	李 礼	李志明	马 健	潘昊田
秦 锐	冉 凌	孙智东	万利军	王 超	王 杰	王俊峰	王世茹	吴易谦	徐伟业	杨 柳
姚凌凤	俞宗华	张丽洁	白 洁	曾正祥	陈汉东	陈列列	洪 栗	黄 韬	康云庆	李松举
李志豪	马梦阳	欧阳鹿	钱 峰	邵亚涛	王国振	王锦朝	王 鑫	温冬宝	谢琴妍	张 倡
张桂花	张 琦	赵 潇	郑泽坤	邹 飞	周楚舒	邹节新	邹汝青	周 璇	朱淑丽	蔡颖颖
陈 瑜	王念茂	王文君	徐正兴							

动力工程

陈家威	陈小玄	邓振兴	李国立	梁建怡	林郁聪	莫 菲	王海川	王家绪	王 平	韦丽萍
叶宏程	余健亭	余移山	郑楚鹏	郑晓红	卓雄杰	陈思延	黄镇文	林显斌	吴 海	韦关祥
刘 涛	吴 贵	朱华强								

电气工程

陈长富	陈 达	陈 庚	陈佳琦	陈俊斌	陈吕鹏	陈永椿	陈肇隆	陈 琢	陈紫颖	程建材
邓家玮	邓 祺	董志奎	付红焱	傅 源	甘倍瑜	高 瑞	高怡芳	龚英明	古展基	郭敏铧
韩卓展	何淇彰	何文乐	贺紫渊	胡嘉威	黄炟超	黄 龙	黄星海	黄 远	黄智达	蒋 浩
赖 娜	黎颖诗	李 丰	李纪伟	李选平	李卓敏	梁 简	梁倩园	梁 苑	林家俊	林 健
林伟斌	刘 锋	刘明杰	刘汪玉	刘胤良	刘英琪	刘 颖	刘雨梦	刘毓鑫	毛桂云	毛海鹏
念路鹏	彭增丽	丘国斌	任智君	邵天赐	邵逸镇	沈 博	史晓琪	孙高星	孙燕飞	谭 震
唐建林	唐伟华	田方园	汪慧敏	王 博	王浩林	韦 薇	温伟弘	吴蓓欣	吴 飞	吴立泉
伍子东	谢文锦	谢泽坤	徐乐平	徐伟枫	杨 婧	叶志健	袁路路	詹勋淞	张佳劲	张 俊
张 悦	曹诗云	陈传林	陈 达	丁 杰	高志远	何 然	华锦修	黄秋达	霍思佳	廖颖欢
林俊杰	刘嘉杰	罗海凹	罗醒华	盘 生	沈 超	沈海东	沈建朋	孙开元	王江储	王晟嘉
王婉怡	王伟超	文楚强	吴成辉	谢国健	张江帆	张锦辉	张莉彬	郑庆春	周广宇	章晓凯
郑晨玲	周可慧	祝新驰	曹海盛	陈 泂	陈焱宇	邓义仁	江维臻	李 杰	唐浩阳	邓镇明
何水明	卢嘉东	莫素敏	覃平俊	王 森	冼世平	谢阳腾	徐铭涛	徐雪丹	张志超	王登辉
肖 科	许鹏飞	张静怡	朱 超	张陈泽宇						

电子与通信工程

陈变娜	陈继鹏	陈炫颖	邓俊辉	邓 丽	邓其锋	丁 露	杜诗敏	樊凯兵	范 伶	范子娟
郭玮荻	何卷红	黄耀雄	黄永豪	黄云龙	雷红亮	李豪杰	李浩宇	李 龙	李隆熹	李帅男
李 瑶	李奕亨	梁凯焕	梁 晟	廖瑞祥	林庆祥	潘丰鑫	裴翰奇	彭习文	邱 昱	容汉铿
苏 鳅	王潮雄	王凯祺	王信俊	吴克乾	肖芸榕	许冰媛	许德智	许龙铭	许若前	杨 莲
杨宇轩	杨镇恺	姚粤汉	余黄琳	余 洋	元达鹏	袁嘉诚	曾旭升	翟 芳	张国伟	张叙文
张 宇	赵银湖	郑浩聪	郑 涛	周诗雁	朱焕升	朱 亮	朱凌擎	白 乐	蔡发明	蔡金妙
陈鹏羽	陈亚媛	陈奕航	邓嘉成	段海波	方传明	何文佳	胡文凯	胡 杨	黄 磊	李 佳
梁志豪	林巨征	林小颖	马润成	麦启明	欧阳济	彭 谦	邱芬鹏	谭媛月	万威威	王立姣
王泽键	吴爱玲	吴 陈	吴俊文	吴梦杰	冼啟铭	翟志远	张传龙	张帅涛	张钊华	陈家乐

韩金宝 黄 晖 黄日明 雷佳明 李海鹏 李乐敏 廖子彦 邵 帅 汤俊儿 王俊境 徐苏苏
张历童 张宛茹 陈锦泉 戴康宁 李 斌 梁英男 卢达沛 欧剑港 申贵强 汪 珂 薛粤桂
颜维平 赵李刚 周 度 郑重鹏 欧阳楠楠

集成电路工程
陈 培 陈祺雄 陈旺谦 陈卓佳 何立华 李 蓓 李克洲 李永祥 廖汉松 林 倩 刘清斌
罗 聪 吕方明 潘伟锋 王晶亮 王佑羡 徐天源 袁 傲 曾 正 陈 贇 冯君途 韩朝阳
金 珊 康良云 李佳励 李启樊 李忠心 刘 爽 彭 林 覃运炯 王君君 武秋石 徐志平
许章铖 许振远 袁都佳 周继晟 邓东彩 黄 勋 李 环 梅 健 谢谱敏 姜云华 欧阳洪浩

控制工程
白坤锋 曹 奇 陈 琳 陈 倩 范云飞 郭月阳 韩世豪 黄 辉 黄健涛 黄锐鹏 黄土荣
孔海怡 李明辉 李 涛 梁百泉 林沛霖 陆鑫益 罗浩坤 罗建坤 马雨飞 孟晴晴 欧阳升
千瑾璐 丘建勇 邱冠武 阮建光 石晓杰 宋 晨 田天鹏 王鹤官 王 缙 王猛飞 王尊冉
魏新标 吴浩源 肖立超 肖瑞群 杨伟嘉 杨 鑫 叶青照 叶宇航 湛文康 张 波 张 杰
张雪晴 张玉望 郑文彬 郑小惠 诸源胜 曹连洋 曾德豪 查 向 陈 善 戴文丰 郭怀勇
何志强 林志伟 刘晓伟 潘宇翀 彭 行 王 东 王 欢 王 靖 王子江 冼颖宪 向石方
肖恭兵 杨飞宇 袁昱霞 张宇骅 赵 欢 庄 飞 邹 恒 陈燕坤 李维婷 叶 茂 袁志杰
罗 杰 杨溢儒 袁 起 曾思胜 朱奎百 张 振 张志敏 曹建城 陈就兴 杜冠廷 郭 勇
金 童 刘福忱 龙光海

计算机技术
蔡梓浩 曹丽洁 陈佳辉 陈姣姣 陈 铿 谌 哲 成昱霖 邓梓君 董习斌 高晓东 郭美圆
贺 海 黄佳文 黄振希 蒋小霞 黎官钊 李继昌 李嘉明 李可可 李 霖 李洛勤 李 森
李 洋 李永发 廖辉强 刘珍梅 罗 达 骆明楠 潘诗颖 孙庆辉 谭达昭 庹羽西 王楚然
王 健 王荣杰 王 翔 王永兴 吴翊铭 肖昂弘 肖云军 谢锦松 徐永潮 许卓佳 晏明昊
杨 煜 杨志昊 于田菲 曾 健 曾巧巧 张东九 张 粤 赵 引 郑 波 郑景中 钟声亮
庄万青 蔡志荣 陈家兴 陈 浪 陈雅琪 陈 莹 陈振华 董文博 何伟成 黄 冰 黄嘉彬
黄文波 江 乐 李林杰 梁鑫波 梁远超 林恩禄 鲁梦如 罗 安 罗凌杰 牟相霖 彭高丰
孙博宇 魏焯辉 吴章勇 吴梓明 肖 明 徐凌寒 叶泽豪 尹叶龙 张志杰 郑 娟 郑蓝翔
钟振远 钟震宇 周娟平 朱清清 朱展东 陈学贤 贺状文 廖 文 刘 微 刘 阳 黄达伟
蒋馨瑶 李文艳 梁益欣 梁卓敏 马智明 孟文霞 孙 雯 完 阳 王啸天 徐 郊 曾政文
张夕萌 刘阳温 彭 晶 萧海彬 许家荣 张一鸣

软件工程
曹杰彰 陈海龙 陈丽娜 陈晓川 崔帅玮 段超凡 韩建国 江 登 李文基 梁若琳 林汤山
凌志斌 刘 峰 罗永盛 骆家焕 孙杏杏 谈星伟 汤 成 汪 鹏 王 聪 王秋桐 王志豪
魏 怡 翁泽峰 吴 霞 许 可 薛玮翔 阳 芹 叶宇中 殷雨昕 尹 虹 余盛龙 余 玺
张鹏飞 张世昊 蔡光毅 蔡皓洋 蔡文杰 曹志豪 陈文平 陈亿熙 邓亚丽 丁绍帅 冯曦蒙
甘宇龙 郭 锐 韩 辉 贺冀宁 黄 博 黄奕君 霍晨鹏 简文军 李建雄 李丽丽 李小秋
李衍君 李植鹏 李子龙 连锐男 梁珩琳 林博俊 林 沪 林 军 林泳光 刘 芬 刘 睿
陆洋洋 罗 忆 毛爱华 邵贤鹏 苏传宇 覃家宇 谭振宁 吴炳伸 夏 姝 肖 航 肖思源
谢国能 熊泽成 徐凌杰 许耀钊 闫 秘 阳 松 姚立洋 叶国方 叶志列 叶子龙 游海军
余文涛 禹 盼 张昌伟 张 津 张 力 张玲玲 钟华伸 钟 湛 张 兴 张一帆 蔡 哲
曾 康 郭航宇 江 敏 刘 迪 唐宝芳 温 权 文生雁 吴 琨 许凡凯 姚 颖 叶权旺
尹莫波 程天然 胡 鑫 利 润 梁 浩 刘 明 卢宇东 谷袁皓帆

建筑与土木工程
蔡泽鑫 陈丰收 丁国梁 傅 博 傅冠翔 高菁旋 韩姝好 贺 迪 胡晓兵 黄建良 江 锐

解学峰	黎向健	黎协升	李安琪	李　标	李大伟	李名铠	李雅坤	廖　强	林明畅	林思旸
刘嘉馨	刘少浪	刘玉送	罗　翔	骆艳华	聂利娟	潘晓冰	彭章锋	宋　青	苏　昳	王帅昊
王　宣	王紫熙	吴晨浩	吴桂池	吴宏伟	吴鹏均	萧永深	许洁槟	薛　仪	燕　哲	杨　逍
叶文杰	游锦坚	曾志敏	张根杰	张鸿森	赵小龙	赵晓伟	朱佳鑫	朱俊辉	陈汉成	陈梓驹
黄广南	黄宏鹏	黎飞鸿	林　浩	刘子阳	丘广宏	孙树楷	吴志浩	蔡卫莹	曾晓文	陈玉新
方紫阳	郭翔翔	李　浩	王　悦	吴永康	辛锦炀	张盛红	张　毅	钟智腾	朱乃伟	朱雯婷
陈松龄	郭庆勇	胡健昌	黄　永	雷　雪	雷智豪	刘　江	刘　科	彭昕杰	濮阳焯	史凯庆
叶秀玲	詹　颖	杨　荣	战永祥	庄煌基						

化学工程

陈　浩	陈伟强	陈　雨	戴　飞	丁秋莉	董玉强	杜　丽	付斌斌	郭明明	胡丽萍	黄诗雅
江梅灵	蒋　笑	靳晨曦	李　秀	梁倩敏	廖大健	刘　栋	刘思雨	刘育宗	鲁志远	孟珍珍
明姝婕	莫振业	倪枫作	聂雅轲	尚晓燕	宋梓源	谭朝蔚	唐巧伶	唐日玲	田蒙蒙	万银备
汪　芳	王　盛	吴　坚	伍亚祥	谢振朗	续安鼎	杨婵媛	姚　凯	叶炎勇	尤莎莉	余　红
於成刚	曾志伟	张锦文	张　萌	张孟蝶	曾庆亮	黄颖欣	金　宇	李　娜	刘萧峰	马华丽
任　鹏	石　婷	夏　琪	徐志雄	周义杰	张申魁	张　雄	胡起亮	赵维静	周佳文	周　欣	祝立强
曹颖来	何晓婵	吴　昊	熊　聪	车　璇	何　斌	胡起亮	庞宇兵	冼德健	谢德晟	周泽腾
张云龙	周维德									

轻工技术与工程

陈　通	胡哲梯	贾　剑	蒋晨颖	梅梦雨	唐　华	王　璐	王冉冉	郁智宏	张冬启	许云朗
于沛然	董晓斌	蒋海洋	李海东	李　萌	汪继明	韦世鹏	付浩成	平　洋		

交通运输工程

邓艳辉	邓　卓	杜逍睿	段尚磊	何锐烽	胡为洋	黄子敬	李飞羽	李静宁	李煜彬	廖浩霖
卢家志	陆思园	罗晨伟	田　鑫	王庭龙	韦　佳	韦兰辉	吴　昊	伍勇辉	余贤书	张富良
张曼莹	赵为天	戴民松	郭雅婷	何必伍	梁韫琦	董浩喆	霍晓辉	李东晟	孟繁诚	王　淳
吴兴伟	吴子豪	杨　源	刘宜恩	韦潇树	徐晓燕	张俊杰	庄国艺	郑资锴	朱　伟	

船舶与海洋工程

李志乐	温　浩	袁颖聪	郑跃洲	朱晓洋	侯晓琨	刘　周	李晓恩	谭安平

安全工程

姜　敏	刘俊浩	王济源	王　培	王晓佩	王雪婷	王银行	邢华奎	徐征南	许　悦	薛　君
杨　超	张布川	赖希文	王新月	董浩宇	胡　盛	李东航	李少鹏	祁　灏	徐　佳	袁　伍

环境工程

曹　军	曹珍珠	陈应环	陈芷萍	程　磊	邓　强	冯　旸	高景恒	黄　梅	李　格	李　静
李　琦	李琰堃	李　遥	李蕴莎	李　真	林静怡	刘俊钦	龙　琦	罗德亮	罗紫芬	门　双
莫晓峰	牛　琦	潘敏霞	潘雨舟	邵　晶	孙聪聪	佟　娜	涂玉良	王　浩	王　瑾	王日超
徐永烨	徐雨婷	陈如霞	高　平	胡　勇	梁　珑	廖国庆	刘江燕	刘雷璐	巫玉杞	谢　俊
余文艺	杨兴舟	杨雨蕊	张润源	张莹莹	金利珠	李勇东	彭　进	文进军	吴亚慧	武华宾
叶　刚	董浩韬	韩　瑜	李怡辰	李　银	吕明慧	王金洋	王思巧	吴思聪	杨　壆	钟　捷
余静萍	张楚馨	张锦涛	张　茜	周松伟	邹思贝					

生物医学工程

陈慧敏	严迪威	曾诗涵	张　钦	刘　亚	余晨希	贺国庆

食品工程

曹美芳	常　博	陈　金	陈林昀	陈　霞	陈雅淇	楚美云	代克克	葛模燕	贺珊珊	胡亚兰
黄可欣	黄莹星	黄智斌	贾盟盟	李佩霖	李咏如	李　瑜	李　原	林嘉伟	林　莲	刘峰松

刘　强　刘　婷　彭　鑫　蒲　磊　邵　苗　施克磊　舒丹阳　覃明娟　万锈琳　王　谙　王晓妹
王　震　吴惠贞　谢竹青　邢　瑞　熊宇飞　闫　鹏　杨兴菊　叶宇童　张　驰　张莉丽　张佩琳
张萍玲　张石玉　赵曜明　郑志超　周黎贞　陈　辉　樊壬水　刘　倩　王　琰　魏思羽　夏　洁
姚杭村　邓兆雯　高靖阳　黄丽芳　林德洪　林向阳　邵泽正　舒欣怡　王世连　吴　伟　肖聪丽
肖　琳　叶芊芊　阴佳璐　周小虎　余雅倩　翟梦宇　张成志　周倩云　黄志深　刘学文　陆泽荣
张　伟

车辆工程

艾皖东　陈巧玉　陈亚楼　储文龙　戴亚青　邓宗典　段礼邦　胡敬豪　孔令宇　蓝庆生　李志勇
刘龙灿　刘文帅　牟南沙　沈汭宏　唐安特　王　勇　伍　凯　肖学楷　邢维者　徐聪聪　李浩林
李济飞　李嘉俊　林美珍　沈炎武　汪宇航　章周翔　赵小涵　许　轲　杨岩松　姚　文　易建华
张静远　张伟业　冯旭翀　高冬梅　胡　魁　梁春婷　刘素芬　秦启超　谭东升　谭欣欣　薛　明
张园林　周敬肇　林清炎　林智能　王子杨

工业工程

胡凌锋　黄春建　黄　焕　刘胜博　田振飞　王景脉　程宗棋　吴雄业

工业设计工程

曹　芮　陈紫薇　谌　露　何蔚珊　侯文鹏　黄　纬　梁健冲　林雨婷　刘梦玉　刘文锋　刘　迎
汪　秀　吴翠萍　肖小朋　许宝坪　杨　霄　姚　甜　应佳乐　袁颖龄　张小明　张阳阳　张志远
周俊翔　曹斯敏　何樂盈　彭　冉　徐兴慧　许宏旗　杨　静　尹令仪　吴雄业　朱泳怡

生物工程

岑妙兰　陈　萍　邓怡玲　方俊彬　符美丽　胡　骏　李　奎　李站胜　刘莉莉　刘毓锋　欧阳颖
庞能威　王昕仪　魏岱岳　夏　丽　向　荣　杨国荣　袁晨光　袁雨辰　袁玉英　张　祥　朱成坤
罗佳宪　吕婧淇　宋俊男　陈燕贤　何旭珩　李宗球　刘秋芳　陈波宏　陈彦蓉　邓　磊　蓝志衡
廖　媚　荣　向　史千玉　韦明君　余　攀　张　妍　邹　晖

项目管理

车鹏程　陈建丽　冯乐平　甘海燕　贺超斌　李秋云　柳发靖　谢雯娟　姚晓朗　郑　健　赖　萍
张　鸽　周良勇　方植彬　洪晓聪　莫文瑜　王云青　谢信霖　杨　博　杨雁财　张　静　赵建磊
钟剑本　钟晓君　骆敏杰　韦凯尹

物流工程

蔡银怡　陈秋岑　陈晓旭　陈彦如　崔金银　黄天智　邱萍萍　王晓悦　邹玎岚　张　芬　张月辰
郑冀川　邹心怡　刘晓夫　魏　莹　代　亮　张玉欣

城市规划硕士

陈东炜　冯倩晶　付文晓　贾镜雪　黎羽龙　李亮稷　李亚萌　阮宇超　吴佳宁　吴秋虹　向博文
谢　漪　杨美青　张展鹏　刘　洁　罗浚朗　莫　悠　唐　昕　许冬阳　颜玉芳　易　品　赵天晴
周健莹　赵海琪　郑建邦　李宗艺　陶东燊　张逸舒

风景园林硕士

关蓓婷　季　缘　雷可心　李舒丽　李媛媛　梁　策　罗群英　傅俊杰　高誉珈　何思晴　季　桐
蒋静慧　李佳岭　李　悦　林　珂　马增锋　陶彬彬　温　纯　张政哲　王艺锦　杨文婷　陈晓玲
陈　真　黄钰涵　梁建豪　陆文娴　唐朝海　王　彬　原剑珩　赵庆伟　潘　浩　王丽娟　殷赛花
于江珊　卓智慧　邹玉萍

药学硕士

白　静　崔　莹　杜荣凯　李媛媛　陆璐璐　孙　涵　吴清蕊　陈荣升　陈昭民　董俊青　杜有利

顾 庆	胡伟健	雷义波	李 林	刘均明	罗真秀	罗志豪	孙开青	覃浩雄	韦欧宇	温素萍
伍武勇	许 娟	杨 雯	余淑娜	詹志柱	张春静	郑晓敏	丁 訸	蒋志强	潘 蓉	秦 敏
覃岚凤										

工商管理硕士

蔡近文	蔡思韵	曹 沛	曹 莹	陈继玲	陈建辉	陈俊杰	陈孟奇	陈珊珊	陈汪洋	陈卫敏
陈晓玲	陈 序	陈 雪	陈银锋	陈颖赟	陈 瑜	陈育军	陈再有	陈志娟	程 婷	崔颖虹
邓彩云	邓 广	邓明松	段爱香	段嘉腾	樊海伟	方 珊	方延钦	丰裕欣	冯景荣	高洪丽
高晓豪	郭彩霞	郭 丽	郭斯琪	何颢宇	何 静	何立明	何欣羲	何志强	贺顺成	胡 花
胡 怡	黄 超	黄 丹	黄道明	黄 浩	黄 晖	黄杰军	黄俊新	黄 茜	黄水庭	黄斯龙
黄文浩	黄燕芳	黄滢滢	黄颖川	黄 钰	黄珍彪	暨俊洪	蒋青青	金晓萍	黎福良	李东芹
李董娜	李 环	李晓坤	李晓雄	李秀红	李尹平	李泳如	梁嘉莹	梁曼华	梁诗琪	廖芳旭
廖绍义	廖毓郁	林景新	林 萍	刘桉秀	刘飞华	刘冠锋	刘敏仪	刘思成	龙纪臻	罗 聪
罗 娟	罗奕灵	吕辽辽	吕 旭	马惠玲	孟 娟	莫诗敏	宁 博	潘志坚	彭树英	彭新添
丘玉婵	邵礼莉	申良龙	施 慧	苏振辉	孙 朝	孙式清	谭 玮	唐海斌	田 政	童文霞
王大志	王 恒	王 欢	王静文	王宁宁	王文源	王 勇	王子超	王梓亦	吴继红	吴锡礼
吴 勇	吴月娥	伍承才	肖 鹏	谢耿萍	谢世威	谢斯俊	辛坤彬	行保成	熊梅林	徐昌宁
徐晓晖	徐 杨	徐志伟	许志浩	轩 伟	阳 杰	阳靖婷	杨惠贞	杨 帅	杨 欣	杨 旭
杨 燕	杨昭昭	杨志凌	于 丹	于 辉	余浩楠	余 湲	余振泉	虞优优	曾凤华	占小艳
张东红	张景明	张 俊	张 琳	张梦秋	张秋纯	张 锐	张瑞锦	张瑞灵	张少雄	张淑玲
张笑媚	张 颖	赵崇威	赵 菲	赵 娜	赵鹏程	赵思云	郑德嘉	郑嘉欣	郑 明	郑秦彪
郑秋萍	钟杰峰	钟 聪	钟前荣	钟 婷	周小勇	周 叙	周子建	朱玲萍	白 鹭	曹莉莉
陈 德	陈冬璇	陈礼洁	陈丽丹	陈熙韵	程 喆	邓煜文	狄保红	董春华	冯 丰	谷 丹
顾洁玲	郭璟琦	郭耀明	何佩思	洪 颖	黄鹤韬	黄天惠	纪伟健	蒋 杰	蒋雅欣	赖 辉
兰秋刚	李海灵	李爽爽	李 艳	梁毅权	廖宝芬	林泽飞	刘爱兰	刘 恒	刘文康	刘雅琪
刘雅雅	刘 燕	卢宝琦	明方圆	莫浩剑	普薇思	石思敏	史 鹏	帅 骏	苏志波	孙 静
谭佳婷	汤 权	田安琪	田林博	田梓序	汪 健	王俊钊	王雪梅	韦旭南	巫 超	吴杰斌
吴 猛	谢海斌	许楠楠	严 鑫	阳宇行	杨义锋	殷 彪	雍文谦	余 茜	张聚勤	张 爽
郑敦华	周锐程	周思靓	周 云	朱美玲	朱孜民	朱祯贵	庄桂杭	邹明琦	陈 洋	陈云喆
邓茂兰	杜 维	傅庭菊	高海燕	胡志刚	黄进兴	孔雅雯	旷俊坤	赖红伟	黎荣华	李桂刚
李敏锐	刘小凤	骆祥国	谭焯舒	汤诗惠	王贝姿	王煊莹	谢玉洁	徐焕富	于玮诗	袁丹丹
张 俊	赵 磊	朱冬英	朱 晔	陈婧儒	陈文宇	陈新辉	陈玉洁	付文娟	金凯朝	李键敏
李文昌	林立寰	凌钦亮	刘红兵	刘佳纯	刘晶莹	龙吉泽	鲁大为	宁家锋	沈佳瑜	孙聂影
魏 雄	吴爱华	夏 阳	肖基堂	徐光勤	杨德辉	杨倩卉	赵宝琳	郑广辉	周 涛	周闻益
庄志锐	朱玉瑜	邹 涛	邹 伟	HAN WIN NAING		JAMES GRANT MBOGHO				
SHAIKHAL AZIZ AHMAD										

高级管理人员工商管理硕士

程伟栋	方跃华	罗焕文	罗建华	麦瑞聪	张敏健	张秋娜	郑 曼	曹志雷	丁向葵	宁 平
邹堪明	陈汝培	吴 超	詹兴华	蔡朝东	彭晓国	史成东	张 瑜			

公共管理硕士

敖文宇	毕杰良	卜智博	蔡诗琪	蔡婉真	蔡文杰	车怡雯	陈镔镔	陈丹莉	陈海燕	陈静敏
陈可夫	陈梅娟	陈梅霞	陈 琪	陈秋敏	陈圣望	陈韦玲	陈晓珍	陈 昕	陈玉妙	陈玥瑶

陈紫丹 程　前 程文浩 邓家钱 邓卢怡 邓穗涛 邓伟锋 邓　艺 丁佳星 董文豪 董文展
杜国智 杜姝男 杜　洋 冯海平 冯晓月 冯志良 冯梓瑶 傅伟娟 高佩英 高　雪 郭婉莹
何　佳 何嘉雯 何　莉 何沛颜 何若樨 何泽民 贺良霄 洪嘉琪 洪雅真 胡晓蕾 黄　波
黄　聪 黄　徽 黄　卉 黄礼胜 黄丽达 黄　敏 黄鹏英 黄　谦 黄　婷 黄伟东 黄伟鸣
黄小波 黄晓妍 黄鑫茹 黄雨婷 黄之东 江苇豪 江文君 孔凡涛 赖彬彬 赖宇昊 兰雨清
黎健欣 黎明希 李　崇 李海涛 李家梅 李　晶 李曼西 李媚媚 李翘立 李淑贤 李伟庆
李鑫灏 李一鸣 李毅影 李　勇 利文巧 梁嘉琪 梁建业 梁进华 梁龙成 梁曼茹 梁珊珊
梁淑霞 梁　婷 梁　威 梁殷豪 梁志宇 廖灏彬 廖惠健 林　彬 林静娜 林熔炼 林　薇
林钰琼 林张杏 凌惠双 刘　杰 刘京珊 刘　婧 刘乔均 刘　婷 刘文青 刘艳熹 刘银花
龙清清 龙艳妮 卢杭华 卢嘉琦 卢泳斯 陆凯琪 陆商羽 罗梓耀 毛灵苑 毛元泓 蒙淑华
莫达夫 莫淑然 农振航 欧　电 潘　瑛 彭　玲 乔　路 秦婷婷 邱丹霞 邱　鹏 邱文健
邱旭画 区小劲 区志能 任建勋 阮　璐 申霖东 宋　娜 苏家凤 苏坚雄 苏　然 孙健鹏
孙　琪 谭志铭 唐　诗 汪　玲 王标辉 王　桦 王　杉 王盛钦 王　昕 王　杨 王颖畅
韦倩仪 魏荷花 温陈伟 温晓希 巫东成 毋　婧 吴东琳 吴　昊 吴泰恒 吴小碧 吴昕玲
吴贞良 吴知云 吴志明 吴卓君 伍　梦 萧锐江 谢华隽 谢慧敏 谢颖梅 谢子扬 辛昊旭
徐晓璐 许思坚 许艺蕊 杨程驰 杨　琳 杨梦琼 杨燕婵 叶键棉 尹宪方 余晓洁 余艺琳
俞德铃 曾文希 曾晓华 曾熠宇 曾中梁 曾钻仪 张建平 张鉴澄 张　捷 张　静 张俊鸿
张凯宁 张凯翔 张明莉 张琪瑞 张庭江 张伟泽 张文君 张文科 张　笑 张幸青 张　钊
张臻颖 张卓敏 章艺杰 赵春明 赵　航 赵　远 赵云飞 郑洁容 钟佩云 钟起鹏 钟燕清
钟韵红 周导军 周雅君 周　易 朱建文 朱梦琳 朱晓纯 曹雅龄 陈帼婷 陈灵慧 冯名泽
黄婧妍 黄　希 柯沐君 魏　华 肖书琴 杨馥瑜 张麟悦 赵汝慧 朱怡霖 祝永文 巴　亮
邓小蝶 丁兰芳 段亚轩 何　鑫 黎倩雯 李一昊 李紫悦 梁伟敏 廖曼宁 刘楚欣 刘　梦
刘水京 陆渝军 马尚君 潘　敏 戚昕哲 谭　帅 王　捷 危亚琼 伍少安 谢立妍 许嘉敏
杨　涛 余丹妮 翟志恺 钟　慧 周　雷 朱始成 庄　洧 庄哲杭 卓光胜 卓佳珍 邹心成
左咏词

会计硕士

蔡丹华 蔡嘉立 陈舒蕾 陈　燕 程胜义 范登峰 方思敏 何　韵 黄家钦 黄昆鹏 黎良宇
梁　毅 林　儒 刘诗睿 刘伊琳 鲁舒萍 谭立峰 汤红芳 童　瑶 汪宇萱 温　慧 伍婉仪
谢秋云 谢文驰 熊嘉雯 徐　晶 薛倩倩 杨　航 杨文正 叶梦蝶 尹姝一 余　盈 张彭栩
祝文宇 陈　书 胡晶玮 滑　洋 黄逸萱 吴颖雯 袁俊帆 张学丰 周韦韬 董尚昆 高　琳
覃　辰 田　蕾 温　涛 杨小林 张诗妮 周芹娜 朱恩瑶 陈肖旭 吴乃乔 臧欣瑶

工程管理硕士

蔡依花 陈海然 陈汉杰 关晓昀 韩晓达 胡中建 黄　达 黄彦菲 柯向前 廖毅轩 刘禄鹏
刘美松 刘晓凌 罗一宇 马乐强 彭　霖 汤其武 王永明 熊　威 徐驹然 禹庆忠 杜旭琦
梁煊林 丘艳燕 谭泽波 王　博 武士坤 袁嘉伟 何慧敏 贺　燕 李承远 李江滔 李曼霞
刘　聪 孙远飞 毕明利 池建彬 李宏斌 刘　霖 莫慧珊 许泳杰 郑秋燕 钟君叶 周吉恒
王　骥 夏明军 张　莉 周海娜 张　武 张宇欣

艺术硕士

美术

杨　晗

艺术设计
嵇 雪

同等学力硕士

经济学硕士

金融学

毕馨月	邓啟林	高思宇	李尚发	刘 欢	卢胜容	杨婷婷	陈世杰	范碧泉	梁智豪	刘贝娜
刘嘉杰	潘倩婷	彭 玲	许 可	张苑玲	袁 意	张文明	周朝荣	李 阳	张衍衔

产业经济学

冯伟良　张杰洪　张 美

法学硕士

民商法学

吴亚飞

管理学硕士

会计学

吴怡骏　庄 靖

企业管理

邓韵怡	高 洁	关昶妍	李国丽	刘 冉	田碧禾	肖丽霞	陈 密	冯美欣	何智贤	梁少璧
廖展鹏	罗喜敏	聂佳莹	邱 燕	宋羽薇	王春燕	徐 青	叶嘉欣	尹 红	余 婷	曾 珊
曾艳华	张新良	张亚玲	郑炜楠	郑雁尹	钟晓玲	曹艳敏	胡 彬	黄若芳	黎思颖	李凯杰
梁贻佳	林妙群	林明濠	凌春燕	王 霜	谢政威	许龙英	杨红涛	余梓荣	詹雨栖	谢爱珺
张 贞	李碧娜	吴 倩	张爱新							

技术经济及管理

陈 炜	黄智豪	吴明珍	杨清荃	肖 静	周建发	陈 慧	杜思访	桂 琳	胡胜文	黄博丽
林玛丽	曾伟民	张 红	周靖茹	陈 勇	程绍鹏	罗庆伟	许碧怡	许见诚	郑 鹏

2020届全日制本科毕（结）业生名单

机械与汽车工程学院

陈 炼	胡 赢	蓝 强	潘 斌	商 浩	陶 莹	向 进	蔡 翔	黄 健	吴 春	袁 枚
张 政	张 晗	赵 前	陈 涛	洪 鑫	黄 旭	王 祺	肖 名	徐 睦	阎 宇	薄 韬
蔡 煜	陈 朗	贺 聪	蒋 檬	马 融	彭 程	唐 玥	王 森	王 厅	王 悦	温 奇
杨 轩	杨 奕	杨 鋆	曾 磊	张 毅	朱 睿	李 睿	卢 通	王 超	王 杰	张 顶
郭 靖	胡 涛	黄 泓	李 鋆	马 滢	邵 焕	汤 恺	曾 耀	张 恒	陈 杰	陈 锐
邓 彬	褟 劼	高 翔	李 凡	李 坚	刘 涛	阮 翔	舒 浩	宋 琦	涂 昱	王 众
吴 涛	谢 卓	杨 阳	朱 爽	边 钰	陈 倩	崔 粲	晋 健	旷 丹	李 锦	李 磊
梁 崧	刘 皓	陆 洲	王 宠	王 玉	杨 阳	杨 懿	于 涛	张 阳	张 宇	赵 博
钟 咏	陈 彪	冯 柯	谢 彬	杨 洋	王 淳	张 辉	李 喆	陈 琨	宁 松	张 鑫

赵金	钟磊	白晓斌	蔡杭汐	陈承杰	陈嘉慧	邓智程	邓子健	郭治佑	何锋锐	黄婉婷
姜熠岩	蒙莉虹	王储辉	王泓瑄	吴菲航	席小倩	谢志杰	徐俊峰	姚望洁	尹智刚	游文杰
张宝华	张恃源	郑日麟	阙苏杨	陈楚恒	董志燕	高卫国	何敏芳	胡彭钦	胡莎莎	蒋明师
李泓旻	刘乙标	王子麟	颜小林	杨艾樨	杨超智	余梓枫	张瑞啸	周子强	岑国荣	安立红
陈佳跃	陈煜基	邓乾荣	丁昱中	冯晓钦	黄昌景	黄其隆	黄新南	冀紫阳	解宇敏	孔德超
李千禧	李潇丞	李昊宇	林振志	林梓欣	刘炳均	刘建明	冉诗宇	孙启源	吴钧山	吴奇丰
徐华霖	许益元	袁玉瑚	曾嘉静	蔡浩彬	陈楚华	陈庚扬	陈国国	陈家恒	陈鹏宇	陈荣凯
陈胜鹏	陈维灿	陈新谊	陈中泳	陈梓毅	戴志国	冯梓浩	龚国铮	郭泽华	何锡渠	胡子弋
黄琼杰	黄伟生	黄志涛	江泽鹏	鞠伟达	赖汇镜	赖照丹	雷雨田	黎善权	李峰全	李健霖
李沛航	莫鸿昌	李兴胜	李子健	梁健辉	林宏源	林皓然	刘方圆	卢锦枫	卢彦佶	马蓬鑫
毛海宽	莫鸿昌	裴一凡	彭靖涛	邵伟樑	沈友硕	苏镇澄	谭宝瑞	谭铭昆	陶阿邦	童永生
王德利	王悦豪	王兆宇	魏志坚	巫晓烽	萧徽乔	肖时贤	肖志远	谢广潮	谢浚扬	徐志炳
许梓坤	许钊衡	杨万胜	杨雨翰	于沛玉	张锐圳	张守一	赵嘉伟	郑静远	郑泽滨	郑志伟
钟喜明	钟永贵	钟志明	朱记本	朱振宇	陈冠文	戴子文	邓荣茂	高小超	江海宏	卢怡凯
罗兆洋	罗琛南	麦志豪	盘无恙	童桂超	谢佳庆	谢沐霖	杨子喆	张济航	郑才子	周加赟
周升旭	邝启凯	陈博昊	陈泓宇	郭文捷	黄鸿琳	雷浩辉	李超群	李世隆	李舒歆	李粤峥
李自明	林宏彬	罗杰锋	苏伟桁	温睿旻	夏子凡	肖忠铭	蔡润庭	陈德馨	陈嘉琪	陈科福
陈伟正	陈宇锋	陈渊锐	陈子瑜	陈煜熙	邓嘉威	方慧涛	冯敏玲	傅裕燊	高奇东	古经纬
何宝茵	何成虎	何诗曼	何苑榕	黄灿彬	纪淮宁	姜钟铭	江俊岐	赖智立	黎乘风	黎梓涛
李金峰	李金涛	李锦钊	李俊谦	李少阳	李源奇	李铄希	梁俊钊	林文杰	刘德培	刘明熙
刘一鸿	刘柱佳	刘昊丰	龙国基	陆安和	吕正端	罗荣森	罗世威	潘勇潋	秦旭阳	邵迪安
盛康朋	宋梓正	谭泺滨	王浩然	王宏宇	王剑钿	王智博	文振武	吴格宏	吴盛红	吴思阳
吴壮辉	吴焱桐	夏诗涛	谢金宏	许培生	许文杰	杨荣贤	杨辛霖	杨卓业	叶伟明	袁继泓
袁明月	张瑾璞	钟国良	钟宜根	钟宜淋	周恒昌	周依行	周宗瑞	周瑜春	朱海航	朱润林
朱悦铭	朱梓丹	庄佳欣	左嘉龙	曹才贤	陈嘉杰	陈君霖	陈少显	陈卫钊	陈晓敏	陈溢涵
陈宇栋	陈之楷	陈奕拓	程范驰	池梓鹏	邓正泰	丁友健	范金源	郭剑恒	何旭铭	洪华福
黄观源	黄仁焱	黄泽铨	贾旭东	李海明	李虹锦	李佳明	李杰鑫	李俊良	李俊强	李林航
李心嘉	李泽泓	李志荣	李怡欣	李梓钊	梁晋灏	梁钟彬	林桂峰	林海新	林俊辉	林晓东
凌超凡	刘春政	刘鸿晟	刘宏毫	刘嘉祺	刘静怡	刘世鑫	刘树森	刘双阳	刘宇莹	刘紫阳
鹿力心	陆俊霖	罗书德	罗映盛	马廷铿	麦锐强	孟圣康	莫善聪	潘锦源	潘庆绍	潘星谕
潘泽炜	潘梓瑜	裴浩越	钱瑞祥	区沥文	宋国梁	宋耀星	苏志华	唐邦为	汪浩宇	王亦航
王泽轩	王泽智	王征远	吴钧浩	谢鹏程	谢天赐	严启新	杨文静	杨言浩	杨远海	杨致臻
尧文杰	余汇杰	余良莳	余鹏嘉	余兆昊	余佐昌	元铁方	袁宇航	曾奕阳	张文鑫	张新瑞
张英特	张云龙	张梓豪	张钰哲	赵永康	赵子煜	郑家龙	周柏李	邹纯纯	陈俊皓	陈昕哲
郭俊锋	黄岩松	柯健洪	赖建豪	梁秉宏	梁警丰	林景新	林羿冲	刘恒硕	刘梓琛	彭子铭
任海林	宋溪林	涂新奎	谢海亮	谢伟铺	辛锐辉	曾常菁	曾剑鸣	张建钦	赵金汉	周子康
何子能	胡晓晓	黄国泳	江东航	李佩佩	李岳峰	李睿鑫	利崇彬	梁富业	廖翊宏	林耿贤
林浩延	麦海锋	任崟肖	容江海	舒润泽	唐郁滔	王沛丰	谢志远	杨家林	杨松翰	袁宇航
张润德	赵梦昊	郑瑞达	邹旭书	臧义程	陈金明	陈茗萱	陈梓帆	丁云柯	高存年	辜汝桐
何景皓	何憧辉	黄文滔	黄新俊	金田喜	李裕森	李兆生	梁浩伟	廖恺阔	刘家华	申澍杰
谭宗佳	王浩宇	吴浩卿	吴建行	吴梓沛	肖天乐	许浩涛	严振展	杨晨皓	杨定民	叶诗洋
叶炜聪	曾培钊	张根培	周杰恒	周学勤	周宇航	周泽晏	褚福建	蔡锐楷	陈兴华	陈宣合
陈永锦	陈智慧	房天宇	韩林回	黄万成	黄晓涵	姜日凡	李锦广	李雨寒	梁嘉威	梁宇鸿
林俊栋	罗铭杰	欧喜贵	沈延伦	汤兆胜	徐阳阳	阎炜煜	杨睿智	张航野	赵峻泓	鄞伟杰

颛孙龙恩　黄曹旭恒　买地娜·亚森

建筑学院

程宸	戴琳	郭嘉	慕蓉	宋维	叶宏	庄筠	崔敏	李鼎	隆頔	聂宇
武双	朱域	白杨	姜烨	赖星	李巧	李彤	李想	刘璟	刘畅	刘悦
倪佳	商战	文璟	吴昊	肖俊	徐晨	徐越	徐斐	许锐	袁轶	张茜
钟莹	蔡宇楠	蔡云龙	陈凌凡	陈铭熙	陈诗凝	陈星彤	成昱晓	葛治江	古靖龙	古倩华
顾嘉欣	何松伦	何韦萱	黄一杰	黄植业	蒋佳琳	金志扬	李瓅得	李皇龙	李秋红	李泽盛
李兆扬	李轶青	梁雅捷	林苑儒	林志航	刘雨飞	陆楚杰	马小月	沈晨如	宋婉宁	汤浩恒
汪思哲	王俊超	王雨霏	王志成	吴泉隆	谢坤悠	严苇希	叶宝怡	易芳蓉	余曼玲	张鸿玉
张艺菡	郑浥梅	周钰洁	岑虹萱	岑晓璇	陈冠宇	陈健聪	陈铭泓	陈少霞	崔志辉	胡慧澜
黄品彰	黄颖君	蒋圆圆	柯静仪	李耀成	李诗婷	林启荣	刘思宇	罗诚宇	莫子文	聂则菲
皮若瑾	唐瑾华	王新蕾	吴逸欣	伍沛璇	杨森森	叶润婷	尹亚森	曾令健	张泽森	张子洋
张鑫雨	钟苑允	朱明熙	朱瑞琳	朱梓曼	包嘉敏	陈成宇	陈豪焱	陈品杰	陈秋实	陈玉叶
崔钰波	戴飞豪	方一帆	巩振华	郭丰楷	郭子欣	韩增旭	洪晓源	洪钰玮	侯家璐	侯银双
侯舸飞	胡锦玥	黄海成	江慧媛	黎嘉铭	黎健兴	李珥君	李凡姝	李思莹	李振超	李子力
梁英伟	林培标	刘殿聪	刘嘉懿	刘嘉婧	刘皓宇	卢嘉欣	卢镛汀	陆心柔	罗雨佳	罗苑菁
全艺珍	沈晓莹	孙佳玘	谭启钧	谭玉文	王诚浩	王佳蕙	王梦阳	王土坤	王艺杰	王诣童
吴佳丽	吴其聪	吴松泽	武浩然	武鑫月	伍悦盈	徐嘉迅	徐子涵	许泽冰	薛明琦	杨天朗
曾昊为	张健钊	张烨琳	张煜宇	赵思颖	赵彦锦	郑竣元	钟其哲	黄学莹	慕容卓一	

土木与交通学院

段羽	贺翔	赖宇	林蕾	马可	谭鹏	夏鹏	徐晨	曾富	付智	管雪
郭霞	凌敏	唐辉	温诚	姚瑶	郑越	常健	李睿	李睿	彭晟	吴晗
杨杰	曾俊	胡啸	黄瑶	李锐	刘鹏	罗欢	罗煜	席妮	杜昊	李垚
李倪	马洲	邱捷	袁广	曾坤	赵敏	周宵	付彪	李潼	罗尧	罗熠
荣华	涂刚	黄鑫	刘鹏	夏雪	杨瑾	易彤	赵燊	贝芬	曹月	陈斯
姜霖	黎婧	梁霖	梁锐	林钰	王爵	吴深	向同	杨敏	曾凡	陈哲
李源	任璐	褚晟	陈灏	高榛	徐荧	杨帆	张程	艾增煜	曹伟楠	陈昌润
杜昱宏	甘灵捷	洪晨睿	黄炳铉	黄献青	赖慧明	黎立健	李程标	李思龙	李梓华	李翊恺
梁仕鑫	彭秋平	任泽宇	王建飞	韦秀艳	魏银锋	武沛达	邢浩奇	许灯宇	杨凯祺	杨益钦
张自帆	周汇锋	周健豪	庄一峰	蔡梓淇	陈潇晗	戴文泽	邓君南	杜张力	段韵娴	范子燕
龚安琪	胡志远	雷泳涛	李发明	刘一枫	刘沐筠	卢春妃	罗子媛	穆晓阳	石嫣然	史超中
韦含辛	杨博闻	杨士彬	杨新竹	姚鑫沛	余一海	曾理菁	曾宇廷	张佳静	张佳奕	朱嘉兴
朱旨毅	曹扬健	池景豪	范程凯	奉兰西	付岱林	黄达飞	黄冠毓	林建生	林宇轩	汤文轩
王辛源	王煜北	王雯雯	温正畅	吴作栋	徐亚涛	徐烨晨	张晋锵	段雨宸	扶可欣	扶文远
洪佩鑫	黄浩泽	姜祖尧	李泽鑫	林子谦	刘宣谊	刘宇恒	龙安洋	吕端雅	裴晟辉	石新暖
孙灼昕	谭启政	汤嘉杰	王志昊	伍俊旭	许少峰	杨超足	杨美玲	杨雅云	尹帅帅	张春荣
张广著	张逸杰	赵一鸣	朱浩钧	朱淑芳	陈晓华	戴贤靓	方梁任	冯浩然	何梓琦	黄高博
黄思颖	黎学龙	李昶阳	梁晓春	梁毅丰	林海钊	林佳喆	刘鸿源	孟靖雄	潘希捷	阮连杰
沈麓安	石凌云	王殿雷	吴彦辰	余锦琛	张柏林	赵崇毓	蔡峻彬	查正淳	陈晓杰	陈涌华
陈志威	陈琦鑫	邓靖宇	邓伟林	邓梓锋	冯翊铖	甘冠凯	高华勇	高玮志	宜炜鹏	黄锦旋
乐孝楠	李泽世	李雯雯	廖耀星	林颂超	刘俊兵	刘俊达	卢卓殷	莫健豪	潘宗泽	普永春
王岩嵩	王需轩	韦祖森	吴非凡	吴立遥	吴启刚	熊景华	杨荣峰	杨忠强	杨紫翰	余承澍
曾森林	张绍强	张誉文	郑诗怡	钟思元	蔡丽丝	曹玉琪	陈观钠	陈培锋	陈彦霖	陈扬文
陈友明	代生林	邓冠森	邓志富	段志松	甘世伟	巩威利	关宏磊	郭凌霄	何建超	胡弘毅

胡锦源	黄郑良	姜浩然	焦远航	李坤玉	李欣悦	利智富	梁弘哲	梁家铭	林增耀	刘冰钰
卢鸿钧	陆小凡	庞运来	庞振浩	孙首栋	谭仲德	涂效睿	温泽豪	谢绍宝	张书海	张兴疆
郑敏仪	周国樑	周柄漳	朱冠儒	朱亚乔	暨政文	白永盛	陈海标	陈继强	陈靖康	陈禄湘
陈启邦	陈英强	陈怡华	邓颖聪	董柏含	房土金	冯敏豫	冯伟浩	甘智聪	高嘉欣	关竣尹
何盛鑫	何展超	黄宏浩	黄志雄	江耿泽	江治杉	具天浩	李崇磊	李光舜	李纪恒	李洁涛
李力行	李志健	梁晋升	梁靖轩	梁彦超	梁梓斌	廖诗芬	廖宇鸿	林耿旭	林锦涛	林靖力
林怡希	刘颖异	刘中天	刘奕玮	吕宏鑫	罗瑞鑫	潘昊瑾	齐家栋	乔冠宇	沈俊杰	沈可夫
盛钰凯	苏家杰	谭文敬	王福鑫	王彤岸	魏国锐	吴建钦	吴伟建	吴旭帆	吴雨桐	吴卓晋
吴泓杰	吴梓艺	徐英华	薛正扬	杨智毅	于汶仟	曾佳霖	曾锦开	曾衍衍	詹金威	章少册
张浩鹏	张斯航	张音子	郑敦聪	周浩鑫	周文鎏	周志豪	邹钧濠	邹雨初	佘志义	晏利键
竺竞成	蔡晓怡	常晓杰	陈培钊	冯诗艺	郭子健	何汶洮	黄刘彬	黄世涛	康伟乐	李浩希
李辉庭	李泽健	李湛钧	梁凌锋	梁文景	林悦森	吕钊民	罗海澜	彭泳辉	戚柟童	苏辰龙
吴子东	杨思尧	袁子健	张博群	张贺雲	张铨山	赵轩进	赵中源	周欢阳	朱松伯	陈定坤
陈熹俊	崔子豪	邓晓炜	胡韵颖	胡正涛	黄麟倚	李冰州	李小雨	梁新雄	林浩钜	林杨胜
柳志浩	秦楚灏	苏博杨	孙经纬	谭慕修	汤宇昊	王炎佳	谢沛君	辛展文	许嘉鑫	詹建潮
张浩雨	张鸿昱	张俊榕	张之远	张晏铭	赵峻鹏	赵师煊	钟伟恒	贡觉江村		扎西巴旦
曲印伦珠	桑珠多吉	扎西次仁	扎西旺久							

电子与信息学院

常超	姜帅	李铸	梁轩	廖晖	杨发	杨帆	高山	刘博	王浩	王梅
王彤	袁纯	蔺举	陈敏	陈雯	程铎	付正	高帆	高宗	何睿	胡啸
黄浩	黄蕴	江军	李诚	李琛	林榆	刘鑫	罗欢	马琴	马展	牟冲
蒲尧	屈贤	陶珆	童锴	王迪	王腾	韦官	邢靖	许石	袁航	曾凯
张颖	张崴	张睿	赵帅	何铮	齐诺	申虎	王翼	蔡思培	陈仁松	陈子鸿
程情情	丁有坤	董泽坤	杜嘉宝	樊吴宇	方佳钦	黄锦滨	柯嘉聪	柯文祥	黎文熙	李钦钦
李涌春	李子怡	李宗霞	梁思聪	林敏之	刘炳华	刘慧君	刘景宜	刘盛豪	刘咏仪	马鸣悦
毛丰源	宁洁华	彭晨昊	孙欣伟	涂峻源	王驰南	王家驹	王煊宇	吴浩东	吴浩群	吴秀聪
肖锦岩	许建城	杨明玥	姚林荣	余美依	曾俊杰	曾上游	张博扬	张沛琳	张书赫	郑源杰
钟国源	钟凯铭	周伟豪	谌绍泉	陈泽康	邓云天	冯楚基	胡斯航	胡晓峰	黄嘉铭	姜仁捷
江世杰	雷嘉宝	李泽威	林中卡	刘剑苇	祁家豪	吴羽航	叶长青	殷泽轩	钟有轩	周心茗
周睿哲	敖梓茗	蔡智聪	蔡昊睿	陈邦栋	陈春生	陈冠宏	陈纪言	陈嘉常	陈俊杰	陈楷彬
陈科润	陈钦豪	陈锐彬	陈思瀚	陈伟斌	陈文俊	陈小河	陈颖林	陈泳璇	陈永炜	陈智杰
陈萃晶	陈铮荣	程诗琪	戴环宇	戴睿琦	邓沛亮	翟喜洋	丁旭桐	董振兴	冯建东	冯秋梅
高天皓	耿家错	龚汛鸿	郭少慧	郭婉桢	韩牧辰	韩欣洋	韩宗成	何登维	何儒燊	何思源
洪镇城	胡国华	胡天翊	胡修齐	黄惠锦	黄洁凤	黄金龙	黄楷训	黄凯琳	黄树祺	黄伟铭
黄文栋	黄星华	黄沐淋	黄泓杰	惠笑非	纪雨珊	姜宇航	江佳佳	江泽鹏	江毓涛	蒋鑫婕
井天煦	柯碧霞	赖惠君	黎子建	黎诏恒	李国铭	李洪毅	李佳奇	李剑慈	李妙辉	李敏盛
李明俊	李瑞莛	李晓源	李中柱	李祖龙	梁豪杰	梁建业	梁江燕	廖媛媛	廖钰洲	林灿泰
林峻立	林俊泽	林师帆	林晓涵	林逸彬	林泽阳	林子博	林奕锐	刘汉燕	刘铭彬	刘伟梁
刘文昊	刘显鹏	刘相呈	刘欣然	刘雪莹	刘耀东	刘以恒	刘孜路	陆明裕	陆圣友	陆子超
吕家裕	吕泽宇	马洪佳	马小琦	麦华金	毛婉琨	聂丽雅	彭一帆	彭裕成	戚芷昊	丘程潜
曲元成	沙锟明	邵智寅	沈倍乐	沈治廷	孙宇冲	谭文韬	谭咏雯	王竞成	王商羽	王慎纳
王伟屹	王艺敏	王永鑫	王玉峰	王玉琴	王子豪	王煜琛	王祺涵	危一婧	魏承东	温妙滢
文偲印	文耀立	巫海荣	巫裕华	吴朝捷	吴金哲	吴开乐	吴子正	吴钰奇	谢峥嵘	谢娴英
徐为真	徐依绵	许颖锋	许馨文	杨小露	杨豫婷	杨琪钧	阳欣怡	叶世雄	叶余辉	余壮壮

元达轩	袁屿藩	詹鹏宇	张海琪	张康权	张寅天	张宇睿	张泽宾	张志豪	张怡然	张婧怡
赵宽红	赵锡光	郑怡珊	郑梓菁	钟鸿睿	钟淑莹	周文恒	周文丽	周展涛	周紫光	周栩烽
朱尚宇	朱寅皓	负博严	淦南为	覃法铭	陈健勇	陈泽彬	程嘉乐	董建宏	黄汉业	黄华榆
黄泽曦	霍万良	金万淇	李锦泰	李育勤	李志豪	林柏涛	刘光洋	刘建林	马浩楠	欧高茂
阮荣钜	苏昱潮	孙圣淇	谭杰康	王怡明	韦柳奥	魏泽伟	卫浓钰	吴泳琳	吴鑫杰	谢天明
尹虹艳	曾雅艺	张申傲	张天翔	张咏薇	郑仕颖	周万义	朱泓芊	阿拉帕提·白克里		
欧阳皓明	米尔达尼·哈力克									

材料科学与工程学院

洪伟	刘超	潘伟	钟心	段瑞	李爽	林博	刘振	王赫	邓鑫	凌真
刘畅	麦博	习磊	曾俊	周良	周展	蔡栋	陈涛	刘昊	马骞	王润
王毅	杨婕	张煜	李文	任静	夏雨	谢昊	陈健	黄博	黄正	李俊
李睿	梁霄	林桦	林钰	凌畅	马乔	庞博	秦源	唐蔚	万可	王鹏
王宸	曾威	张鉴	鲍功	符晓	刘淳	孙宏	吴琼	徐澳	白芸	李力
刘欢	强禹	王雪	王之	张熙	晏焱	陈宝中	陈俊龙	邓文韬	刘博洋	刘道涵
刘文琦	刘之超	彭少柱	邱健智	王科伟	翁朴通	熊吉康	徐凯雄	许忠莹	姚林鑫	余泽锴
张俊钦	张营涛	张政颖	赵锦山	赵雁斌	周佳宁	陈健濠	陈金伟	陈景琛	陈靖飞	陈南颖
陈晓峰	樊哲琛	何帆铨	黄柯涵	黄铭震	乐亚坤	李崇斌	李海东	李佳龙	李启钟	李耀华
李志佳	李玮欹	林文晖	刘曼钰	龙煜明	吕匡南	罗郑天	麦志颖	蒲雅迪	邱瑞亮	谭伟昊
唐曼韵	陶正仁	吴慈蕙	吴金浩	谢范峰	许雷义	杨玉婷	杨婧璇	尹博钊	曾梓峰	曾钊键
张东洋	张绍林	钟柳婷	朱俊霖	陈逸才	德月影	邓运凯	邓泽深	段立鸿	黄嘉昊	贾茂辉
江昌宇	蒋春云	李豪滨	李自勇	梁智昊	刘俊濠	刘栩宏	潘隽韬	尚会琪	沈志彬	孙梦圆
王春蒙	吴家宇	姚诗言	叶啟贤	余少博	曾燕鹏	钟淳风	朱俊璋	白原青	柴华卿	陈雨桐
龚雨晴	何国恒	何奕汛	李建清	李焰雯	林大略	林键颖	刘泉杉	刘昱铄	卢创烨	马鑫鑫
宋时杰	苏晓哲	唐文滔	王卓容	吴一冰	徐茂凯	许啸天	张鹏飞	钟航宇	周颖芝	闫梦真
褚凌浩	陈德润	陈鸿谦	陈绍军	方子鸣	贺文泽	侯晓诗	黄德贵	黄铮鹏	孔德麒	赖书浩
蓝志彬	李依麟	李柱铭	梁大强	梁凤娟	廖踔宇	刘恒志	刘涛奇	莫海森	裴晋军	彭方怡
彭玮桐	乔青松	曲新宇	任峪瑾	宋家宁	宋沈辉	孙梦园	武翔宇	肖剑峰	谢丰远	许阳鑫
赵雅茜	钟淑怡	朱志杰	邹恒祺	邹俊炜	涂子杉	班梓洋	曹梦琪	曹逸鹏	曹泳琳	陈博豪
陈健祥	陈明珺	陈如彬	陈宇轩	丛雨森	邓程程	邓立棋	邓燧楠	范淑颖	冯嘉敏	冯秋语
高宇红	古佳霖	郭栋梁	郭龚杰	过新雨	何国睿	何哲健	何濠启	贺瑞璘	胡帮耀	胡嘉蕙
胡京涛	胡乐箫	黄锦辉	黄文康	江昌乘	蒋思敏	李桂兰	李荣超	李兴邦	李泽南	梁明韫
梁文雅	梁子毅	梁栩桐	廖晟祖	林冬凌	林慧琳	林剑聪	林晓辉	林晓泳	林兆海	刘惠君
刘俊宇	刘少东	刘晓峰	刘政宇	刘晟澄	卢嘉熙	罗恺楹	麦翠婵	彭俊豪	钱文浩	钱文健
任梓华	苏思耿	孙萌璇	唐周纳	陶思哲	万江云	万一辰	王少柏	王正双	翁嘉慧	吴吉琨
吴统平	吴婉华	谢事晋	徐梦蕊	许润泽	严梓夫	杨晓泉	杨朕杰	姚冠妃	姚天奇	尹海洋
余柏锴	郁苏楠	袁浚然	曾德耀	张博闻	张名钊	张时峰	张填峰	张晓晴	张译文	张治禹
赵启滔	赵润凯	郑林涛	郑育波	郑张帆	郑镛鸿	周丹婷	周文超	周岩武	朱吉权	蔡泽鑫
陈丙昌	陈皇星	陈延威	陈志华	陈炜婷	丁智尧	符大伟	富昭玺	何芷芊	侯一曼	侯汶园
胡捷频	黄志祺	姜昕宇	柯常莉	李雨萱	梁明珠	刘俊宏	刘沛谕	刘仰辉	卢允乐	罗志颖
孙筱菲	王杏林	王皓罡	温丛阳	吴柠怜	夏绪雷	谢文浩	杨禹轩	杨之光	岳晓娟	曾慕雪
张槐洋	张家鑫	张杰扬	张晶莹	郑方仪	郑嘉豪	郑章鉴	周启榕	朱筱珂	蔡钧羿	但思呈
甘宗瀚	黄怡萱	赖香富	李润峰	李叶密	梁彰梎	林颖欣	刘雨薇	刘志强	牟瀚林	钱姚天
全悟秀	谭斯琪	王文森	王雨婷	杨晶晶	杨青峰	张世安	赵靖洋	钟杨颖	周炜璇	宗乾涛
欧阳启明	刘朝雨珵	刘付小生	边巴罗布	阿曼波力·吉格尔		祖力帕热·阿不力米提				

化学与化工学院

敖伟　敖宇　崔锴　崔镒　黄印　霍然　柯洽　李想　刘妍　吕熙　庞博
孙宇　唐彪　王垚　吴婷　夏伟　杨鑫　赵睿　杜发　吉帅　李锋　童兰
王飞　袁芳　董岩　柯达　李铭　刘蔓　许彤　张悦　邓嘉　高鑫　贺仁
洪远　刘杰　刘念　罗姣　莫辉　吴昊　徐宁　杨莹　张峰　林绍　毕子欣
陈灿峰　陈海彬　陈开湟　陈凌修　陈启佳　陈秋杰　陈斯瑶　陈依敏　陈永渌　陈泽宇　陈梓信
邓坤林　方懿豪　冯庆锋　高妙丽　高晓华　高瑜敏　高焱阳　何健彬　胡翠铃　胡玮琪　黄文贞
姜泓宇　金小楸　李浩源　李前跃　李雨珊　李泽昊　李志强　李炜岚　梁佩珊　梁铁瀚　梁伟练
林碧婷　林汉轩　林伟腾　林梓昕　刘俊鑫　刘孜博　刘璐洁　刘炜琪　卢铭津　罗向上　邱文华
申开元　孙鑫磊　谭海城　田向阳　王涛松　王唯嘉　王逸堃　温柏林　吴念峻　吴子恒　武君媛
幸子炜　熊楚思　杨婷婷　姚晋泽　叶梦蝶　袁家瑜　袁先之　张升健　张兴贵　张优义　张哲琨
赵艳芳　钟基钦　周丹阳　周志杰　朱泽铭　朱祖欢　缪富堂　蔡亿淇　曹其琛　车宝龙　陈才娣
陈明睿　陈鸣琛　陈声华　陈文韬　戴金水　韩彩彩　韩天日　何烺逸　何国宝　何家乐　黄培凯
黄子航　纪家炜　蓝家乐　雷栋钧　黎宇彤　李朝生　李亚华　梁国忠　梁泓滔　林露芹　林升澎
刘伟恒　任楚涵　唐志贤　万文成　韦雨露　吴卓颖　杨康铨　杨志豪　叶城轩　于松宁　曾始良
张国聪　张家俊　张晓莲　钟陈鑫　钟承志　钟思嫒　邹家玲　曹海燕　郭妍妍　何玉雯　何耑奇
李佩诗　李尚兴　李振中　梁华润　梁吉俊　林柏林　丘婷婷　邱海燕　王佩瑶　伍森怡　许超然
薛晓琪　杨柳青　于世元　张永霖　蔡莹莹　曹家瑞　曹玮杰　陈成浩　陈东柱　陈洁莹　陈金城
陈伟强　陈炜铮　崔建丰　戴伟康　丁红逶　段凌霏　冯锦霖　甘智明　龚复鑫　郭杰汶　何虎山
何毅宁　黄夏基　赖明理　李双荣　厉瑶益　梁智超　林道广　刘德政　刘高菲　刘国栋　刘泰然
刘宇峰　刘绮昕　龙劲博　陆宽槟　陆贻发　罗皓元　毛嘉震　毛忠鹏　潘显凯　彭志强　邱瑞灏
寿泽人　田蒲阳　汪建萍　王楚豪　王浩森　王沛聪　韦凯晴　温怡静　吴嘉伟　吴玮靖　伍金海
肖鉴崇　肖宇玲　许琦凡　杨世杰　杨志怡　姚子超　于淳旭　曾洲章　张艾程　周熊阳　周泽智
陈文韬　程泰然　邓月华　耿碧君　何大卫　黄柏浩　黄瑞康　贾寓凯　江修雨　李俊杰　刘凝晖
刘子杰　莫增帅　宋庆豪　徐梦琳　叶礼铭　张浩城　张一帆　闫春晓　巴扎尔汗·海达尔汉
古丽胡玛尔·如则托合提　令狐荣冲

轻工科学与工程学院

古龙　黄颖　景俊　李博　潘磊　沈林　王奕　魏远　向垚　邢蜜　杨超
林科　麦宁　潘婷　文睿　徐强　杨杰　陈桂鑫　陈树涵　高文煊　龚佳杭　郭坤茂
黄柏新　黄俊峰　黄平权　黄正胜　计园火　雷智惠　李文青　李志鹏　梁昭明　林文杰　林勇雄
刘思含　刘新武　刘瀚宇　鲁睿哲　陆炳蔚　罗钦桐　罗青松　毛万博　莫逸君　彭春辉　邱立彬
饶雨晴　任世杰　王景行　王孟祥　王莎麟　王志斌　韦丽婷　吴树颖　吴宇晴　吴桦瑶　杨紫微
曾令宝　张诺腾　张诗可　张雅卉　赵武灵　郑宏志　钟国浩　钟岁平　周理海　周文伯　周子翔
方业成　何宝仪　李胜超　李童心　梁肇峰　马立燕　巫雅潇　吴华国　吴嘉敏　熊雨桐　徐勇康
叶洺梓　易基旺　曾小燕　詹何君　张明权　钟镕博

食品科学与工程学院

次珍　郭峰　金艳　劳阳　黎荷　李静　李栩　林欣　林雨　潘祥　唐俊
陶韬　张颖　王柯　庄缘　林瑾　包慕杰　陈嘉颖　陈锦祥　陈明治　陈欣芸　陈壮森
陈梓楠　关梦轩　胡策斌　黄彩弯　黄海淦　黄洪华　黄阳天　贾镇东　柯婷婷　寇晓晖　蓝静怡
劳宇霞　李青蓉　李治康　梁詠欣　林家俊　林业淳　刘凌豪　刘思斯　刘陶宁　骆土华　牛志程
沈晓梅　苏利月　谭田田　谭文浩　王枫淇　王颂睿　吴家乾　夏扬媛　肖雨茜　邢旭普　薛松绿
杨力贤　杨霖苑　杨韵仪　叶兆伟　易润成　于轮回　余泳薏　詹宏栋　张杨魏　张杨洋　张芝琳
张志伦　周颖琳　周子茵　周琛璇　朱沛涛　闫宇微　常文玥　陈韶昀　陈株键　霍振忠　黎丹彤
黎蕙心　李绮彤　利韵婷　林柯涛　林梦雅　刘润杰　潘芷君　邱婧怡　尚靖祺　沈碧寒　苏韵星

毕业生名单

王华栋 王钰棋 余钰莹 张雪鸽 周嘉峤 蔡来凛 陈奕敏 关子扬 黄陈会 赖海平 刘祖贤
卢思婷 苏欣鸿 王炳旭 王雪敏 肖兰芳 谢兴非 徐文仪 曾泳文 张国彬 张思怡 张昊苏
白玛旦增　仁增措姆　欧阳绮鸿　阿力腾巴特　尼尕热·塔依　阿布都沙拉木·艾热提
丽娜尔阿·别尔克

数学学院

陈缘 戴芙 冯蕾 和蓉 雷捷 李涧 刘霏 袁豫 钟沅 缪睿 蔡婕
方珺 高晗 黄裕 李爽 沈锐 谢杰 徐徐 殷璇 陈禧 邓杨 丁雪
梁颖 梁悦 刘冰 刘聪 刘昀 潘蓉 桑田 孙娜 孙婷 王博 吴虞
熊晔 张华 赵威 陈曦 陶露 高爽 梁澍 王栋 陈椿晓 陈建生 陈若兰
陈小波 邓艾西 冯梦妍 郭青谊 韩仙道 何鸿蔚 胡晨蕾 胡雅文 黄炽丰 黄佳佳 赖铭杰
李长丰 李露露 李心怡 李延希 李志鹏 刘梦琦 潘晓彤 秦克晋 丘俊业 王锦鹏 韦献永
魏心遥 温仁杰 温智麒 肖相媛 许乐鸿 严琪琪 杨金泽 姚立鹏 曾鸿鑫 曾宪灏 曾馨怡
詹曼玲 张洛榕 张晓怡 朱士浩 蔡芊芊 柴丽媛 陈观子 陈嘉恒 陈佳俊 陈沅弘 方家刚
郭敏诗 何奕萱 贺婉莹 李富磊 李司豫 李小龙 李义鹏 李元军 李宗广 梁伟洁 林泂钊
林陶锟 林展业 卢健民 罗远烽 牟炳泉 彭炼云 皮楚鹏 戚洪瑞 申士博 苏沁涵 陶虹杉
王开儒 王路航 王梓铭 吴文硕 肖禹佟 颜玉龙 杨玥敏 杨教宝 杨晓文 叶宝丰 余锐嘉
曾华锋 章丹暖 张天爱 赵泽藩 周沛芸 朱跃宁 祝佳雯 琚成毅 覃广俊 陈诺曦 陈鹏旭
陈熙统 陈雪松 陈亚楠 陈宇燊 陈钰莹 封雅颂 高婉馨 郭栩彤 黄庆昌 赖瑞丽 赖梓维
黎欧诺 黎婧瑶 李安镝 李宏杰 李江枫 李施瑾 李旭乔 李易初 李玺雅 梁泽武 廖海莲
廖俊杰 林景富 刘嘉欣 马律维 牛琼光 彭瑞琦 蒲虹杉 邱夏妮 石星明 苏桓锋 谭双翼
谭媛媛 王宝钏 王旭茹 王雨奇 危俊达 吴诺哲 谢建民 谢林清 薛云浩 杨恬乙 姚诗杰
易嘉慧 曾泽宇 张曼娴 张书海 张信健 郑健杭 郑馨楠 周威名 岑杰东 恽俊杰 蔡俊杰
陈浩钊 陈梓杰 董晓帆 何非凡 胡锦超 黄锦威 黄哲楷 金明旭 赖师杰 李凌楠 李宗浩
廖锦潮 林铠涛 孙林泉 王尉铭 吴达光 邹凯浩 蔡伟豪 柴雨欣 陈智敢 陈宗瑜 邓斯荣
范儒杰 甘桃菁 黄汇文 黄培炜 黄鑫益 赖文龙 赖晓倩 廖智乐 卢瑞琛 陆港运 罗粤清
沈嘉东 石宗宇 田博文 王国才 王科入 王潇乐 王钊宇 吴贤杰 谢伟琼 徐馒添 张吉应
张一丹 周依梦 周志伟 邹礼稳 欧阳斯童

物理与光电学院

陈昊 黄明 黄译 兰宇 刘芸 莫杨 王深 吴磊 谢锋 谢焘 徐捷
张雪 张桁 卓雷 陈果 陈江 陈威 李成 李恒 梁钰 刘源 王宁
王殷 王鑫 谢越 赵磊 陈帆杰 陈冠良 陈人豪 陈学文 陈志康 成海鹏 邓志成
董旭兵 方淳民 符文韬 关广豪 韩金佑 胡宇航 黄惠民 黄思雪 黄宇豪 江生灿 李健恒
李启杰 李学盛 李韫韬 李昶衡 梁传佳 梁淑瑶 林文佳 林泓材 林梓聪 刘德康 刘文峰
刘志军 卢鸿涛 卢逸丰 卢子寅 罗泳欣 莫学能 宁明昊 彭莹莹 丘锦昊 宋亚蕾 汤刚超
王泽曙 王祖安 吴典蔚 吴海霖 吴崧铭 肖雨扬 肖志明 邢哲远 许济洋 杨佳琪 杨耀峰
尤誉龙 余凯翰 张峰铭 张钧彦 张灵恩 张智超 赵健培 赵正泽 郑沛霖 卓思超 陈晓峰
陈钰洁 邓瑞娟 董熔康 杜啸颖 范铭铭 方坤升 符海晖 高伟光 黄浩轩 黄伟濠 季靖谦
孔德鸿 雷国盛 李博尹 李俊港 李星林 林嘉阳 彭雯钰 田国庆 万文钦 吴鸿新 谢邦晋
谢和中 杨子安 叶仲明 张海敏 张凯航 张新雨 张子轩 朱智彬 祝松祥 岑宇杰 覃晓鸿
比拉力·麦麦提敏　帕娜尔·克里木汗　沙吾列提江·赛尔江

经济与贸易学院

陈浩 崔慧 高冲 高越 洪泓 彭淇 王菘 吴昕 薛熹 张超 郑聪
郑然 蔡铭 樊琪 方俊 古龙 梁爽 林旋 林月 刘悦 苏雅 吴洋
何翔 林斌 林康 林巧 林湄 卢苇 叶翔 郑浩 邓超 高彤 郭磊

李茵	刘钰	易婷	张佩	仲慧	鄢恒	代斌	黄旭	孔遥	李秋	李泽
林钰	刘蓉	唐侃	王浩	王沁	王璐	余露	喻莹	张瑀	钟喜	庄唯
邹欣	陈晨	成昊	傅钰	高源	何欣	胡彬	黄浩	李桂	李卓	李昊
林珊	刘航	柳旭	秦爽	邵校	万昕	王清	王奕	王晗	王煜	邢峰
杨蕊	杨众	叶欣	郑浩	朱颖	韩磊	刘松	安然	陈新	陈曦	方洪
贾琪	刘畅	刘昊	袁昊	曹越	吕彦	向颜	杨磊	张涛	方静	刘絮
肖霞	陈嘉淳	陈世和	陈玉莺	陈昭惠	邓红雨	邓翔天	范芳芳	方明泰	符春宝	高穆依
关雨梅	韩知音	胡神扶	黄国雯	黄世强	黄颖霖	黄志民	黄中文	蒋新蕊	金宇淮	金姝慧
李靖康	李林锋	林满勤	凌添福	刘晓辉	刘逸飞	骆小凡	彭狄钦	丘卓鑫	邵国杰	沈文清
史佳丽	苏适尧	谭心怡	王桂铮	王佳慧	王艺博	文采欣	吴宣达	熊铸峰	徐佳铭	徐浚超
徐远扬	杨汐然	杨心竹	杨再芬	杨钟潭	易珏君	曾志浩	詹馥玮	张洪鑫	张巧玲	张清茵
张岱晨	张钰港	赵子晨	赵麒宇	周婉琪	郜家珏	蔡真林	曹清圣	陈曼莲	陈晓欣	陈雅婷
陈卓琳	陈麒霖	程思睿	邓耀明	方伟欣	韩一鸣	洪茂青	黄海参	黄佳琳	黄志柳	江启铭
李富华	李杰衡	李展宏	李占胜	李震星	梁洪瑜	廖钰卿	林若瀚	刘博崴	刘敏俐	刘耀婧
吕嘉盈	潘晓超	蒲生斌	宋应华	童志元	王雅兰	王宇濛	韦祎萌	翁启立	肖智明	徐增伟
徐梓馨	杨兆佳	杨郑妍	姚天发	叶雪飞	易佳颖	曾余凡	詹建藩	张嘉伟	张洁文	张兴萍
张译文	赵超华	郑耀宇	周雨凝	朱伟彬	庄桂玲	栾佳心	范润泽	黄伟健	黄宇静	李思敏
廖一伦	林欣霆	林紫泪	刘苗苗	卢志杰	陆勇青	慕艺萌	潘捷颖	苏洁鎏	王嘉慧	王雅琳
韦懿珎	伍祈妍	杨雅兰	曾秋菊	张苑林	张至家	赵丹阳	邝颖琪	安佳祺	陈靖岚	陈淑琼
邓惠之	邓韵萨	邓馥莲	冯韵虹	傅雪怡	傅兆辰	黄安琪	黄伟杰	黄雅洁	蓝秋莹	李春梅
李怡蕾	刘麒麟	柳津宇	卢敬书	卢丽姗	彭嘉俊	邱怡婷	沈炯锋	孙业宏	唐楚翘	田宛蓉
王柯轲	王新玥	王璐瑶	王雯敏	文欣怡	徐雪玲	杨秋鑫	张鹏飞	张悦珊	赵爱媛	周思羽
陈绪扬	廖文捷	蔡敏生	曹婷婷	陈青宏	陈若晴	陈瑶瑶	陈雨虹	陈子豪	陈烨珩	范红叶
方智聪	冯子洋	冯绮琪	高敏菲	宫埼峻	郭韵盈	何浩铨	何丽婷	洪敏怡	黄楚茹	黄蓝林
黄敏宜	黄舒琦	黄腾辉	黄麟淇	贾海亮	江崇昊	雷诗文	黎璟璇	李雨航	李雨柔	李泽洋
李奕锦	梁鸿殷	梁文杰	林冰冰	林晨虎	林静瑶	林俊杰	林淑佳	林心仪	柳旻森	罗钰婷
全洪志	石步超	陶奕亦	王楚萱	王佳凝	王瑞琪	王资巾	温晓琳	吴漫娴	吴晓慧	吴晓琳
吴梓豪	夏露飞	谢雨彤	谢子晗	姚博文	应煜珂	余伟芳	袁高洁	袁美琪	曾柳青	曾旭铭
曾韵华	张洪杰	郑灿裕	钟诗语	周仕彬	庄怡玫	邹坤銮	奚裕深	蔡泽锋	陈佳雯	陈镜如
陈美英	陈瑞婧	陈思敏	陈文轩	崔文欣	丁小雅	方士奇	方琪源	古冠龙	关铖添	韩梓麦
何卓越	胡轶凡	黄桂松	黄海童	黄晓敏	黄颖平	黄樟根	黄智雯	黄钰雯	贾月春	姜爱华
姜悦宜	雷雅涵	黎梓勇	李丽诗	李诗怡	李欣莎	李雪旗	廖婧彤	林浩晖	林洁漫	林柔敏
林逸畅	刘彩霞	刘嘉伟	刘香玉	刘雨双	刘馨悦	刘怡静	刘铠源	龙瑞文	卢彤莹	卢宇嘉
卢珏月	陆金芳	罗富轩	罗秋萍	罗诗睿	罗樱桐	马晓华	彭丽华	邱康石	饶玉蕾	石雨欣
宋艳霞	苏榆元	谭悦烜	唐名韵	唐宁军	陶子衿	万梦玥	王弘毅	王天朗	魏潇天	吴佳健
吴巧书	吴树禧	吴晓华	吴心玥	吴泽良	吴泽煜	吴梓均	肖梦馨	幸君林	徐浩洋	徐力源
徐瑞虹	许彬钦	许尧清	许毓智	颜晓甜	杨建旭	杨明杰	杨一帆	杨志龙	叶淑瑜	叶逸娜
叶子煜	尹裕玲	余传志	余闻豫	张明蕙	张先颖	张晓茵	张耀丹	郑嘉榆	郑满儒	郑烨榕
周超冉	周楚薇	周指月	朱安棋	朱伟连	陈建华	陈佩珍	陈振贤	陈筱鉴	范远聪	高浚涵
胡明煜	黄子盈	孔令镇	孔展涛	李富民	李建峰	李开元	李马可	林森强	林镇武	刘志尚
刘梓诚	吴光耀	谢俊杰	谢舒婷	徐聪颖	徐瑾鑫	杨泽龙	袁浩轩	张恺祺	郑航宇	周湘萍
曹博卿	戴博超	黄楚文	黄雯欣	李同芳	梁健婷	梁悦晴	马壮潮	唐璟玉	吴映君	肖坤然
熊宇翔	杨子昕	姚安琪	应奇航	原雅璇	曾宇杰	张晓倩	张云帆	赵龙悦	蔡文健	陈煬琳
陈芳芳	陈启轩	陈彦彤	陈栩航	陈梓轩	何恺茜	胡凯珊	蒋昆熠	李世杰	李欣霞	梁君玲

梁舒婷	廖润永	林传温	林楷玲	刘诗洋	刘熙钰	庞淳予	邱奕锋	邱奕竹	谭道涵	韦玉诗
萧莹霞	徐莹玲	许宇星	严媛媛	姚启翔	叶祎珏	曾雅婕	张智超	张昊堃	赵佳漫	郑玉琨
庄钡铌	滕亦婧	黄集辉	黄淑云	焦莉君	赖晓璇	黎家坤	梁晓琦	罗阳漾	秦梓月	汪文韬
汪小慧	吴芊芊	习近民	徐若云	杨馥菁	姚文鹏	曾艺林	张少喆	土旦绕杰		扎西曲珍
卓玛次仁	李科函飞	欧阳翠贞	崔张融凝	高琳诗恩	吐逊古丽·阿力木		木斯塔帕·买买提明			

自动化科学与工程学院

陈春	李优	刘铎	尚阳	王斐	杨兴	曾昆	周玭	周龙	安毅	蔡喆
陈璟	陈迪	陈庆	陈昕	方炳	方昱	郭翊	郭鑫	洪流	黄腾	霍朗
贾斓	李谏	李娴	林熙	刘浪	刘昊	潘坤	沙煜	尚冬	谭逸	汪皓
王超	肖卅	谢琪	钟宇	庄超	左臻	李爽	施贤	宋琛	白耀珺	蔡小格
曹智超	陈广立	陈杰波	陈仕琦	陈文迪	陈雨嫣	程志辉	甘梦婷	郭子一	何伟麟	黄迪和
黄家源	蓝浩筠	李嘉宝	李佳雯	李颖琪	李宗儒	廖宏宇	廖开启	林佳敏	刘宇涵	刘志东
刘栩维	刘皓轩	龙永灏	吕伍林	罗庭堃	万良康	汪伯伦	王子涵	吴威振	吴亦鸣	吴铮涛
谢发文	谢佳宇	徐立林	许腾泽	杨钧植	虞龙辉	詹贵明	张骁志	邹宇彬	安子良	蔡佳鑫
蔡铖棂	车骏朝	陈开逸	陈良玮	陈世桓	陈友霖	陈增鸿	陈治同	陈洲楠	陈楠鑫	邓树乐
邓皓贤	邓筠钰	丁梦馨	董锦涛	董雷震	段东旭	范锦昌	范智博	冯镜儒	冯雪纯	奉明东
高圣钦	葛艺蕃	顾增杰	关文诗	关振峰	郭凯扬	郭晟尧	何锦雯	何铭震	何启聪	何章恺
何仲贤	胡凯桐	黄海峰	黄海真	黄健钧	黄建聪	黄谋潇	黄圣博	黄熙豪	黄晓东	黄屿泉
黄铎镇	吉冬昱	康亦琛	赖俊岐	黎馨阳	黎昊旻	李昌敬	李国城	李嘉杰	李竞宜	李瑞杰
李庭章	李先坤	李昭聪	李振凯	李昱通	连维钊	练锦涛	梁健源	梁晶晶	梁俊钊	梁露云
梁颖凝	廖彬宇	廖旭辉	林德强	林浩敏	林峻杰	林俊宇	林立鹏	林树志	林伟淳	林文畅
林泳濠	林子扬	林梓钧	刘庆威	刘锐涛	刘水华	刘思汴	刘子瑞	刘子譞	刘梓璇	龙富金
芦宇轩	马敏瑞	马钰儿	莫祖淇	潘锐洪	彭勇军	彭张弛	任飞帆	阮兆江	神裕俊	沈豪杰
司骏扬	孙浩然	孙文博	谭宇琛	涂颢华	王宝龄	王东尧	王剑城	王康仲	王泽荣	文锦辉
吴凯生	吴林兵	吴仕科	吴天昊	吴武威	吴育跃	谢华林	谢吉龙	谢锦桦	谢苗苗	辛集根
熊宇涛	许锋强	许克勤	许先锐	颜子淇	杨德华	杨淋尹	杨若灏	杨尚东	杨兴均	杨椰枫
姚迪聪	叶丰博	袁浩瀚	袁建敏	曾立瀚	曾怡美	张皓伦	謝方正	郑祎榴	郑浩东	郑弘振
郑惠允	郑梅义	郑仕裔	郑叙顺	郑子奕	郑钊宇	郑皓晖	钟明通	钟云旨	钟濠安	朱法丞
朱兴楼	庄楚澄	曹锐博	陈彬超	陈凌希	邓大宏	邓羡知	韩思玮	梁炳祥	梁智灏	刘白鲤
刘汉中	刘松玄	刘宣彤	刘泽勇	罗威健	钱文轩	王略权	王恺航	许博喆	叶鉴聪	叶辛迪
叶圳淦	赵文彬	欧阳效康								

计算机科学与工程学院

邓瀚	方曦	何洋	惠洁	李博	林钊	刘真	罗涵	茹心	孙斌	王越
翁跃	杨旸	游欢	于博	朱翼	蒋怿	刘艺	柳昊	谭晟	姚坤	艾琦
邵寒	杨喆	杨真	朱亮	陈健	范为	甘发	魏莹	肖贤	许键	郑海
胡晓	李鹏	罗诚	马骁	汤凯	吴越	张兴	周涵	吴伟权	蔡敏标	蔡青云
蔡森森	陈炳林	陈楚鑫	陈冠宇	陈建霖	陈润楷	陈树清	陈泳良	陈章韶	陈子南	戴全健
邓伟鹏	邓远亭	丁明伟	范毅鸿	方伟萱	冯海钦	顾真源	郭宗邦	何俊仪	胡凯鹏	胡龙恺
黄丹仪	黄鸿韬	黄仕嘉	黄星杰	黄彦潮	黄元泓	黄振邦	黄智祥	黄钰桦	霍晓阳	计明浩
金绍博	赖文龙	黎子滔	李浩翔	李嘉瑛	李杰宁	李俊祺	李伟珊	李洋志	李依伦	李逸楷
李子荣	李奕佳	梁晓阳	廖建鑫	林晓彬	林祝程	凌思玮	刘晨辰	刘丁楠	刘久寒	刘俊坚
刘荣锋	刘宇涛	卢家豪	卢伟健	陆世添	马宏珍	马伟东	宁智贤	彭常萍	丘子健	邱国泓
邱伟健	屈洋东	石鹏飞	史可鉴	宋英伟	苏思捷	谭钧升	谭俊熙	万晓谦	王安宇	王浩宇
王世鸿	王文丰	王贤为	王兴广	王中凌	温兆恒	文毅鸿	文振光	翁敬涵	武晓涛	伍晓林

夏桥玲	谢东霖	谢海泉	谢鸿威	谢门瑞	谢仪民	许嘉玲	许林漪	颜子翔	杨柏文	杨慧婷
杨俊帆	杨元川	杨泽童	杨真煦	姚旭真	曾瑞华	曾湘瑶	曾昭彧	张桂江	张世航	张文瀚
张志洋	张子杨	赵俊霖	钟旭东	钟耀铭	钟毅学	周凯茵	周文秀	周子逸	朱海东	黄焯新
柴亮宇	陈鹏屹	陈效威	陈泽君	陈卓杰	李冰斌	李其桦	梁桥友	林洋洲	刘宝铃	刘柯言
刘思晨	潘兴宇	任苏成	王思行	吴丽娇	杨凌云	叶锐智	张宗衍	郑滨雄	庄荣忠	缪志斌
陈星宇	程祖亮	方雨瑄	韩昕驰	李闻笛	李智健	林仕居	罗奉志	毛峻宏	秦欣然	赛翔宇
王浩然	萧文鹏	徐晨舒	袁宜晨	张启萌	张顺鑫	赵英豪	钟智炫	陈家鸿	陈世平	陈文龙
陈泽锋	方嘉创	冯子晋	郭雯杨	何焰锋	侯子博	胡靖媛	黄声成	乐凌智	黎海金	李崇楷
李狄旭	李俊仪	李盛民	李圳凯	梁焯文	廖培湧	林耿镇	林嘉鑫	林锐鑫	刘诗怡	龙杰华
吕柳臻	罗懿翎	马晶钰	马铁铮	马宇韬	麦善锐	邱瀚轩	饶天竑	苏伟轩	唐浩栓	吴浩林
吴思琦	肖皓朗	谢施遥	印泓博	于子晋	张晶森	张智星	钟汉兴	钟健行	白鑫磊	蔡志鸿
陈海斌	陈建彰	陈俊宏	陈若潇	陈诗颖	陈素琪	郭晞源	何晓琳	何泓兵	胡益畅	黄冰琪
黄基峰	黄家良	黄瑞斌	姜云朋	江国鸿	赖录坤	李东云	李嘉琦	李宇轩	李振江	李志鸿
梁海峰	罗晓春	麦伟淇	蒙书艺	木湛杰	沈圣宇	孙可菲	吴波男	伍嘉栋	席语辰	谢玉萍
徐浩文	颜徐柳	杨晓雯	杨雪慧	杨云博	姚家慧	曾翰麟	张桓皓	张金榕	张锦怡	张源浩
钟创龙	司马驰骏	罗布平措	米玛玉珍	赵孔延戈	上官卉梓					

电力学院

刁健	付炜	解正	靳豪	蓝盾	李涵	李妮	李硕	李昊	林格	凌畅
刘洁	刘楠	刘煜	马康	欧金	乔浩	秦操	孙琦	王琼	韦远	萧鹏
肖兰	徐乐	杨辉	杨昊	余川	袁也	曾翔	张煜	赵鼎	常越	陈攀
姜珊	李俊	史莹	宋楠	王晟	薛轲	杨诚	郑玮	周到	周遥	陈忱
陈阳	邓昊	方源	何睿	李祯	沈高	薛友	张行	朱飒	邹霖	蔡方敏
蔡嘉营	陈波伶	陈波池	陈楚豪	陈浩林	陈鸿基	陈鸿霖	陈加泳	陈健润	陈杰隆	陈金豪
陈胜铎	陈思龙	陈思为	陈思源	陈思瀚	陈思睿	陈伟国	陈晓玥	陈晓峰	陈晓璇	陈元桦
陈泽材	陈泽明	陈政宇	陈芝淳	陈子聪	陈锴滨	陈鑫沛	代心芸	邓鸿昌	邓修艺	邓煜林
董嘉锐	董文静	范国晨	范梓麒	方彬彬	方进浩	方浪森	方镇雄	冯庆丰	冯帅松	冯苏淮
符致敏	傅钊良	付雪明	高佳伟	高泳恒	龚奕超	顾开元	关焕健	官嘉洋	郭泰亨	韩鸣宇
韩雨航	韩钰杰	郝志远	何金池	何锐金	何锐熙	何润泉	何世杰	何思捷	何芊雅	何鑫雨
侯如骏	胡竞文	胡列豪	胡煜永	黄国华	黄焕杰	黄佳灵	黄健铭	黄俊鑫	黄凯凡	黄钦雄
黄一帆	纪纯子	江坚泽	解博文	柯城辉	柯钧舰	赖界亨	兰钧浩	郎紫惜	黎锦华	黎俊文
黎铭坤	黎修新	李超铖	李观林	李光华	李家裕	李洁仪	李俊业	李鹏超	李欣然	李毅海
李玉坤	李育文	李志广	李子健	连乔扬	梁海锋	梁金冰	梁俊杰	梁日乾	梁樱宝	梁智琦
梁炜焜	梁炫佳	廖杭杰	廖一敬	林碧仁	林建华	林荣锐	林译涵	林泽康	刘洁铃	刘青林
刘书舟	刘希晨	刘雪晴	刘永康	刘岳坤	刘子何	刘璐瑶	卢楷轩	卢伟民	罗辉全	罗坚锐
罗钰魁	马忠文	毛可铭	莫凯雯	莫子朝	欧卓伦	潘建辉	庞权桂	彭昭亮	戚灼鹏	齐延东
邱海俊	邱磊鑫	邱皓萌	容语霞	阮迪航	沙磊刚	尚文辉	沈建华	宋明浩	苏恩童	苏秀涵
孙航宇	童邵怡	宛传捷	万吟雪	汪笑雨	王凤学	王华汉	王辉煌	王剑方	王锦朝	王可晗
王闻南	王圣乐	王释甜	王永智	王泽煜	王子健	位亚东	温文卓	温志文	吴宏炜	吴巨豪
吴桑田	吴树宽	吴颂欣	吴文博	吴亿豪	吴子龙	吴毓峰	吴梓源	夏璆钰	肖朝仁	肖梓恩
谢文杰	谢晓彤	谢毅钦	谢志澎	熊谈政	徐心意	徐展鹏	严钰杰	杨家俊	杨青帆	杨绍鹏
杨泽森	姚国俊	姚学谦	叶汉芳	叶泓政	余家赫	曾佳兴	曾令涵	曾文康	张港华	张恒源
张林婷	张曼婷	张清羿	张泽林	张正刚	张子涵	赵坚凯	郑键涛	郑伟锋	郑宵宁	郑依城
郑泽闽	郑志佳	钟文政	钟文韬	周俊宇	周品宏	周润棠	周瑾葳	朱峻良	朱志锋	朱奕锋
佘逸超	邝文超	邬仕权	岑伯维	覃志城	蔡方阳	陈锦涛	陈其杰	陈晓濠	丁佳彦	官裕达

何德宇	黄文威	黄晓彤	李雨轩	林鼎智	刘晓赓	宋晓维	苏铭基	谭俊丰	唐崇文	唐哲人
王诗雨	王雪毅	王铠玥	魏存育	谢洋阳	谢兆威	许敬伟	杨一飞	叶文圣	尹君义	曾利彬
张秋宇	张懿玮	赵秀源	朱思婷	奚圣羽	郭留云	何伟涛	贾亚辉	李杰聪	李旭鹏	林志铭
刘嘉楠	刘勇能	唐海宸	王庶光	谢浩德	谢兴文	白文峻	宾衍辉	陈法丞	陈俊明	陈伟泽
陈文俊	陈远庚	陈卓凡	邓日宁	何岳秋	胡扬帆	黄功瑞	黄武锋	黄梓淦	赖健文	黎嘉乐
李浚杰	李宗锟	连思锦	廖月鹏	刘佳威	刘润溪	刘晓晖	刘心雨	龙锦涛	路晨阳	陆韵笛
马鸿臻	马榕一	谭二华	谭庆澎	唐杰洪	王德祥	王浩轩	王晓洲	王学勇	王永堃	韦绍运
韦远航	武浩冉	熊俊昌	徐佩宽	杨竣杰	叶智豪	易文俊	张子文	郑晓腾	支嘉琦	周家楠
朱翠英	朱朗辰	朱士杰	左家毓	张叶冰清	唐美香奇						

生物科学与工程学院

陈睿	耿坤	黄源	江宁	金盾	荆硕	李科	凌贺	毛青	田银	吴璇
陈亮	陈毓	迪娜	黄钏	罗俊	石洁	尹昊	邓彤	马玉	王林	薛岚
杨洋	周松	周阳	卞振华	陈俞伶	房于情	费志鹏	古奕涛	郭力宏	韩建钢	贾智锐
黎冰倩	李秋霞	李艳茹	李宇翔	廖一鸣	刘金刚	刘峻帆	卢颖麒	庞祥宇	孙冬冬	王秋茹
王欣怡	肖竹昕	熊一娇	杨苗苗	张家惠	张展华	张肇鹏	赵金辉	周永杰	朱昊贤	陈彦权
程心怡	刁文婕	范有鑫	郭嘉洛	郭新秀	黄大富	黄萌胜	李森志	梁小帅	林晓倩	林章兴
刘家韵	刘俊杉	刘文玉	吕羽麟	罗泽宇	牛旭博	邱欣乔	宋立瑄	唐思媛	向慧敏	谢田甜
徐文轩	颜祖聪	游慧娟	曾琦棋	张乘瑞	张丽萍	赵端诚	郑日梅	朱景诗	曹雨冬	陈超然
陈佳妮	陈玲伽	陈苇萱	邓思挚	邓文略	邓小松	邓芷璇	郭雨辰	胡一龙	李文君	梁铮洋
刘子尧	卢宇君	陆雯珺	马玲玲	马烨东	童寅润	王奕恒	王睿轩	夏春宇	鲜海林	谢斯翰
许泽坚	严洪姗	张浩霖	郑紫秋	周雨欣	朱志翰	覃静欣	黄甫保钱	阿迪拉·赛买提		
依尔多斯·依斯彦	叶尔那尔·加沙热提										

环境与能源学院

陈朗	陈巧	邓喆	胡蹦	刘熠	孙虎	戴路	梁格	肖娜	朱瑶	林乐
屈杰	曾嵘	黎维	林牧	普尺	王璐	陈博涵	陈旭晖	陈志乐	胡佳敏	黄耀东
李发俊	李焕桂	梁静雯	梁泓达	刘一璇	刘宇旸	吕梦雨	毛婧芸	莫耀钧	宁文心	彭志芳
荣天悦	涂玲玉	魏继刚	谢凯风	杨浩男	曾志伟	张智森	周健华	朱虎归	陈润东	陈婷玉
陈梓聪	陈睿怡	丁聂秋	范峻岑	高赫男	高云哲	过紫璇	胡以奔	赖彬涵	李思成	李智博
林祖晗	刘岳峰	刘子毅	马嘉欣	马启维	宁诗云	彭炜宵	沙浩鹏	帅江涛	唐朝阳	王涵明
王红雷	王金鑫	王宗林	吴依真	尹润峥	喻秋实	袁若萱	张希兴	冼金婵	陈嘉铭	陈云萱
邓家濠	柯琼杰	李典迪	刘晨辉	刘彤昀	麦嘉琳	任雪樵	杨谨榕	杨少华	余显基	赵培然
郑少鸿	钟祖琪	陈江源	崔梓烨	廖慧钟	廖贤达	陆宝盈	阮乐林	司艳慧	王杰元	王逸凡
吴浩源	吴兆基	吴昊天	郑奕曦	左少琪	欧阳源兮	次仁贡久	加永平措	阿依沙拉·托尔肯		

软件学院

陈沛	陈霞	冯韵	戈峰	黄锐	霍迪	解坤	蓝艺	梁煊	林烁	林钊
凌通	刘斌	罗凡	秦华	屈雨	孙文	王博	王谦	王旭	魏芸	谢昊
许婷	杨越	游增	张媚	张耀	张昶	周俊	周凯	周鑫	黄捷	刘畅
刘旭	束航	宋博	王恺	张扬	赵亮	蔡东林	蔡乐祺	蔡震宇	蔡梓彬	曹瑞东
曹宇翔	陈璟池	陈博引	陈纯华	陈丹燕	陈港鸿	陈桂博	陈浩彬	陈浩锐	陈弘灿	陈基源
陈佳俊	陈佳烁	陈俊伟	陈绿佳	陈绵涵	陈思源	陈伟豪	陈晓滨	陈晓钢	陈雪莹	陈艺扬
陈运辉	陈振业	陈振炜	陈镇南	陈奕霖	陈泓宇	陈梓轩	陈锶聪	仇靖颜	丛天怡	戴宇星
邓嘉豪	邓永豪	丁冀中	范峻铭	范晓阳	冯嘉伟	高语真	高转明	耿帅斌	谷明政	郭泽荣
韩春阳	何嘉豪	何嘉慧	何家珇	何健聪	何乾坤	何志城	黄柏儒	黄彬彬	黄嘉豪	黄日新
黄绍铭	黄世杰	黄文禹	黄跃锋	黄怡康	黄锟城	纪燕鹏	贾宇然	简子豪	蒋昊燃	金日进

柯泽辉	孔祥斌	赖嘉豪	赖伟杰	黎相鑫	黎志杰	李竑緯	李冠海	李嘉晨	李嘉颖	李家宝
李克奉	李立辉	李林键	李铭豪	李権基	李胜蓝	李仕颖	李旺升	李宇振	李兆桂	李志健
李煜涛	李锟垚	连宇浩	梁浩贤	梁宏达	梁均豪	梁文浚	梁旭源	梁艺耀	梁永恒	梁志桃
梁梓峰	廖天鸿	廖永标	林安然	林会东	林静敏	林少辉	林水泉	林文卓	刘博安	刘鼎力
刘方卓	刘浩龙	刘嘉文	刘家恒	刘凯婷	刘若泓	刘伟杰	刘旭祥	刘杨栋	刘一达	刘雨心
刘征徇	卢健杰	卢俊宇	卢彦谚	卢越兴	陆鑫楠	罗富兴	罗金明	罗锦昊	罗颂琦	马俊豪
马宗乘	麦逸辉	莫泽威	莫镇演	宁雪琴	潘浩霖	潘智轩	彭红帆	彭家俊	彭睿诚	邱晨兴
邱鸿鹏	邱宏鑫	邱永智	邱筱涵	区颖俊	申钧汉	沈思杰	石子光	史素娟	宋玥明	宋丽雯
苏京泽	孙武杰	孙野轩	谭俊荣	汤晓岚	唐宁翎	唐以错	唐镇溢	汪良应	王傲黎	王国辉
王会博	王继扬	王建锋	王松盛	王业超	王英杰	王永乐	王泽洋	王智键	韦瑞峰	温炼峰
文珮全	翁焕滨	吴金泽	吴峻羽	吴潘安	吴伟豪	吴振裕	吴志祥	吴淦民	谢旻珊	谢珮爽
谢方圆	谢海可	谢时焘	谢文朗	谢哲威	谢烨斌	徐桔洲	徐朝阳	许家乐	许江汉	许文龙
杨官梅	杨海航	杨健威	杨劲松	杨润钊	杨玉卿	姚和良	姚雪儿	叶剑豪	叶苏航	应希隆
游程卉	游镕江	于楚昀	于竞超	虞皓博	余嘉鸿	岳靖喆	曾帅博	张光云	张稼馨	张绍进
张守一	张文聪	张绪朗	张殷齐	张宇华	张羽顾	张芝杰	张栩豪	张熠鹏	赵烁文	赵胤源
郑道明	郑鉴远	郑锐华	郑宜静	郑卓铭	郑宗航	郑铠锋	钟宇轩	周海颖	周学斌	周妤宸
朱世靖	朱元基	祝鹏富	宗文智	宗子杰	邹嘉衡	邹鹏宇	邹盛熠	谌小虎	蔡思凯	陈源森
桂宇翔	何博韬	胡玮文	黄旸珉	黄嘉轩	黄卓远	黄子凯	贾学雨	柯宗言	李梁豪	李培文
李振梁	连木明	梁健恒	刘亦眉	卢健威	罗宇成	马森禹	马学坤	邱润韬	石望华	苏宏涛
唐素香	陶子卓	吴宇锋	肖悦灏	徐辉哲	杨芳璇	杨岚钧	余信志	赵康铭	郑程桂	植浩聪
周雨洲	朱浩锋	庄鸿基	苏江科夫							

工商管理学院

梁杏	孙艺	王浩	王萌	王青	吴言	杨乐	余洁	余薇	张蓉	周雪
李怡	谢薇	姚澍	孙扬	谢溙	杨茗	李苒	董健	方涛	冯弓	林婉
彭婷	万虹	许浩	杨童	陈畅	黄铖	乐雨	凌臻	刘誉	刘倩	王蕊
肖烨	徐梵	张敏	钟钰	朱军	陈艺	叶航	朱靖	朱俊	常露	韩箫
黄洁	雷晶	刘欢	刘慧	刘旋	王帆	余谦	周扬	曹靖仟	陈可欣	陈泳桥
陈振彪	陈妍丹	邓倩莹	顾晓欣	关婷婷	郭彩婷	郭鹤存	郭霭明	侯祎然	胡非儿	蒋欣茹
赖成娟	劳嘉欣	劳紫裕	乐莹莹	李忻洮	梁钰怡	林芹屹	卢金凤	罗昭金	莫丙琦	秦乐诗
邵佳欣	谭学雯	王品翰	韦美辰	温馥蔚	肖金雪	徐逸岚	许洪霖	杨静钰	杨靖宇	杨雪丽
叶家艺	张怡程	郑晓纯	郑泽敏	郑怡婷	钟艺婷	周咏琪	周志敏	朱齐越	朱炜祺	陈嘉滢
陈倚倩	陈颖欣	高思捷	胡锦亚	蓝宇菲	李佳莹	李鹏鹏	林欣儒	林苗婴	陆柏荣	吕梦婷
马天择	孟彦兵	牟皓然	莊湘缇	王静坤	王路遥	王紫慧	王妍沣	吴婉颐	武佳璇	武思琪
伍淑妍	徐妍铌	杨慧妮	于欣容	张涵瑀	张业坤	朱彦霖	陈威宇	陈婷婷	邓珂帆	段亚东
方金钊	方泳梨	韩金玉	何昱锡	李雯瑶	梁哲宇	廖美云	林仲晨	刘泓辛	龙嘉濠	卢乔忠
马弘寅	彭千航	邱培杰	王泊凝	吴金龙	武益帆	姚宇思	叶晓颖	于凯文	陈晓纯	李嘉仪
刘跃男	罗安琪	许芷棋	蔡煜东	陈艺鎔	邓吕曦	孔思澜	赖若萱	李润卓	李雯光	梁杰彬
林佳仪	刘斯宇	卢佳亮	任志远	唐远华	王邵婕	魏金慧	吴东魁	吴伟冬	谢兆楠	叶子钰
余志浩	曾维彬	张一航	张盈盈	郑晓凡	曹立松	陈佳欣	陈江楠	陈静涵	陈丽洋	陈文庆
陈小悦	陈一希	陈怡聪	陈鑫洋	邓靖川	丁玲玲	丁庆国	杜雨锐	方吉薇	方晓烜	冯楚铃
顾煜菲	管志鑫	何嘉欣	侯士玮	黄泳桐	黄元昕	姜松柔	黎颖颖	黎政源	李林芳	李舒婷
李雪吟	李永昊	李榆帆	李雨珅	李荟峰	李瑾素	梁永铨	林诗慧	刘欣宜	刘郁菲	路顺驰
罗明浩	麦淞碧	庞铭慧	任晓雨	苏天科	谭佳瑄	万晓姗	王彩霞	王静怡	王敬禹	王圳娴
温家瑜	温龙彪	巫泽明	吴家惠	肖振华	谢晓雯	谢泽弘	徐欣琪	杨雪峰	杨雯婷	叶铁林

余银漩 曾庆溥 曾昭彬 张沁泓 张思华 张宇鑫 张楠婷 郑皓丰 周佳倩 周依婧 菅泽华
黄怡雯 陈垍涵 陈冬玲 陈静纯 陈静虹 陈思思 古兆望 郭丽嘉 胡旭晔 姜佳佳 林思婷
刘子苠 莫丽棉 宋皓东 田若妍 汪依雯 王乐凝 吴雨璐 谢昊戈 杨思诗 杨晓霓 叶文雯
曾爱花 曾铧莹 张文昕 张晓彤 张悦孜 郑卓颖 朱瑞华 卓国莹 蔡乐熙 曹钰婷 陈合兴
陈佳滨 陈俏妍 楚清清 冯泰山 高宇辰 何顺德 黄敏祺 蒋子璇 李传杨 李鸿国 李敏如
李晴帆 林惠婵 刘力琪 卢艺璇 罗晓莹 秦嘉璇 丘球桂 全林卉 苏洁莹 苏润彤 苏源源
王晨璐 王宏利 王伟杰 王语哲 吴国豪 吴金水 肖馨雨 熊冰洋 熊祖林 姚宏朔 姚子怡
袁燕珉 郑鸿升 周景浩 庄晓梦 左锦达 特尔格丽 阿力穆·热合曼 哈拉哈提·巴合提
生巴提·赛依热克汗

公共管理学院

程畅 戴恭 杜萱 冯琪 符静 李龙 李昶 刘璐 吕程 罗斐 裴婕
孙起 万红 王瑶 辛猛 徐航 薛敏 央拉 张欣 张宇 张正 郑冰
陈丹瑶 陈佳慧 邓雨晗 丁邦盛 杜倩芸 冯修儒 冯薇潼 甘穗烨 高灿玉 龚泽宇 郭丙安
郭熠婧 黄惠敏 黄江东 黄钰清 贾亦藩 江苗苗 赖前程 李风山 李丽萍 李兴娅 李智杰
梁国康 林燕君 刘涵祺 刘梦颖 刘沛璇 刘宇博 刘懿涵 龙泽慧 卢琳静 陆晓娟 罗晓彤
罗绮颖 马慧惠 祁湘月 任婉玮 宋昆峰 苏娜尔 苏晓雯 田张鸣 汪海龙 王鹏宇 韦奉伶
韦丽诗 韦廷乖 文婉慧 徐鲁楠 徐瞳恩 许安然 许舒玲 薛雨浓 杨啸宇 叶舒敏 虞文锐
余懿君 曾凡诗 张凤平 张若琛 张锡瑾 张晓明 张逸飞 赵苑蓉 赵紫微 赵翊帆 郑之苗
周欣艺 邹含章 岑冬瑜 贾晨宇 白玛央金 依再提·依力亚斯 音提扎尔·多力坤
阿不都米吉提·赛买提 阿尔祖古丽·阿卜力孜

外国语学院

边缘 李平 徐璇 杨沐 余晴 艾婧 白麒 陈颖 梅翎 张怡 张妍
常家豪 陈梓威 邓安琦 郝雨晴 金海培 李泓逸 刘桐煦 刘怡君 龙凌芸 罗峻旸 宁思超
宋雨泽 谭师棋 熊静雯 徐偲睿 尹之进 曾苑梦 周雪晴 闵泽文 陈铭杰 陈世轩 成晓琦
池胜阳 楚天元 戴金鹭 董天泽 董钰涵 范佳旭 范馨怡 方思蕴 冯启坤 付天麟 郭美君
郝学智 郝珠琳 何佳璇 何玉茜 胡恩达 黄浩鹏 黄思琪 黄怡雯 李玙桥 李佳慧 李佳黛
李瑞程 李岫瑾 梁译引 廖方舟 林雅雯 刘一霏 刘宸铭 柳文惠 卢泳琳 路蕴华 麻赢心
马宏伟 牛雨谣 齐辰阳 孙宜家 谭新月 王珮瑾 王芳芳 王曼洁 王舒昕 王子聪 文雁熹
吴豪宇 吴瑞莲 肖宇歌 徐天怿 徐雨霜 杨博文 杨曼曦 杨屿可 杨紫晴 杨雯馨 殷文佳
袁瑀童 袁汝棋 曾昱淇 占文璐 章博洋 章晓洁 张力燊 张润玉 张斯琦 陈竹思绵
张盛虎贲

法学院(知识产权学院)

艾荣 班妹 何平 黄啸 敬睿 梁璐 刘澍 乔丹 石璇 谭力 王斐
谢琴 邢睿 杨琳 杨珂 张润 赵净 钟楷 周瑛 段瑜 李柔 廖洋
陶婷 向涛 周茜 刘程 骆晖 鲜蔚 向辉 曾铮 张文 曹笑语 陈楚贤
陈炯杰 陈晓婷 陈彦伊 陈妍琳 陈玮欣 范琼文 傅干红 甘琦琪 桂嘉悦 韩梦思 何佳霖
黄金玲 黄平平 姜紫燕 江欣洋 蒋亚娟 赖金晶 冷苏洋 李梦瑶 李欣悦 李梓澄 刘惠惠
刘麦麦 刘梦婷 刘湘婷 刘小雨 卢文洁 吕欣晏 罗睿安 麦彩云 蒙亚锐 孟帅宇 苗晓雪
丘傲楠 冉佳佳 任军安 阮玉蓉 尚千煜 师延璐 苏卓岚 谭添尹 谭振威 唐艺婷 王杰天
王银卿 王振彦 韦馨平 巫雨蕙 吴淑贤 吴雪静 吴依璇 鲜明颖 谢馨仪 谢昕豫 辛芷澄
徐纪欣 徐梦岚 徐文心 许静怡 许永鸿 许旖旎 严桂敏 严雨婷 严瑾瑜 杨益帆 杨哲稀
杨志勇 姚芝俏 余诗雨 曾晓娟 詹锐程 张静远 郑桂绍 邹雨含 嵇薇薇 蔡晓欣 陈国壬
陈雪雯 邓雅慧 郭泓杉 何林翀 何心愉 李洁明 李源宗 李智玺 梁可鎏 林晓嘉 林秀英
刘天禹 刘伊童 彭浩洋 谢嫣婷 杨箫远 赵一鲜 周鸿雁 周欣琦 曹艺群 陈海汶 陈丽琳

邓思宁	黄潇博	李稳平	李永涛	李宇豪	李琛东	梁莹莹	马华良	魏子钦	徐广雷	张奕珍
张金岩	张雨萌	郑志聪	郑璐瑶	钟香香	阿旺卓玛	次旦央宗	古桑卓玛	米玛拉吉		
欧阳汪海	玛迪娜·别日克		木开热木·买海提		阿依姆古丽·木库木		玛丽亚·沃拉孜哈力			
叶斯哈提·胡热力旦		阿提汗·巴合提别克		阿衣曲来克·巴合提亚尔						

新闻与传播学院

曹悦	陈星	黄豆	黄怡	李鑫	梁卉	吴曦	邢叶	许橡	张磊	张瑾
赵彤	钟延	胡萌	刘丽	沈升	田鑫	陈昊	关键	黄颖	黄颖	彭雷
于津	张颖	周佳	池琳鑫	冯采君	郭彩妮	何舒瑶	黄楚楚	黄敏华	黄睿琳	江嘉丽
赖声圣	赖聿圆	李伶慧	李书婷	廉美慧	林雪慧	刘常毅	刘飞扬	刘佳颖	刘鹏瑾	刘紫娟
卢莹莹	吕义佳	马钰莎	麦鑫琳	潘春燕	潘雨荷	彭林艳	史松坡	粟润楠	谭复子	田怡倬
王欣羽	王学乾	王子俊	王懿宁	韦雅琪	韦子瑶	文咏诗	吴家林	吴晓婷	吴咏菁	吴宇杰
谢钟玥	徐凯歌	徐茵茹	许秋琳	许悦娇	余芳婧	战瑾元	张静静	张静思	张小芳	赵绮晴
周思颖	周子荃	邹雨潼	佘海霞	闫荣美	闫中慧	曹承资	陈思婕	陈恺璇	邓奕杰	罗可心
劳颖渝	敖甜甜	陈朝斌	陈嘉慧	陈佳琳	陈泳澜	陈倩楠	程俊杰	崔智炫	范晨倩	黄静纯
劳嘉信	李朋霖	李锐鸿	李之润	刘天娇	刘懿辉	刘樾阳	柳春连	彭斯楠	朴佳雯	王智毅
肖正阳	徐敏晔	许加村	姚丽佳	余秋苗	白玉洁	陈泰瀚	邓瑶瑶	邓紫麒	冯家钜	谷沛遥
柯晓姗	梁安安	刘佳玮	任碧玥	任雅楠	沈晓莹	史沁禾	孙雁南	孙吟秋	吴荣琛	夏世育
徐牧野	于北辰	余晓璐	张欣越	赵婉言	郑梓芬	周雪涵	周子厚	冼楚桥	闫金亮	旦增罗布
格桑卓玛	卓玛次仁									

艺术学院

袁蓉	刘畅	刘莎	彭硕	史濑	唐铭	曾依	张扬	赵丹	周杰	蔡仁标
陈冀任	陈祥侬	董欣锐	符芳明	高占鸿	郭建发	何坤潇	胡秋宇	黄于桐	黄姝蕾	李策畅
刘丽萍	刘晓蕊	罗沛瑶	苗飞跃	裴涌作	彭亚景	任宏阳	谭诗洁	王思予	王泱钧	吴乾丽
吴雅文	杨红韵	杨倩如	喻希雅	赵会松	朱德高	常明炀	陈蔼欣	陈白羽	陈彩凤	陈俊霖
陈可蓝	陈思曼	陈思颖	陈紫欣	陈琬琳	翟文博	丁奕凡	杜珅珅	杜沛林	付金丽	高超渝
谷九霖	胡天威	胡伟林	黄仁锋	金声宇	赖奕璇	李凯欣	李茹梦	李亚垣	李枝蔓	林丞毅
刘小寒	刘鑫毓	龙煦涛	卢依恒	罗博文	罗行健	毛清璇	钱俊霖	宋曼嘉	孙夕雯	孙亚恬
孙子墨	唐添慧	王誉恒	温淑敏	肖舒昕	徐啟铭	许航绮	杨雅琪	余婉菁	袁伟杰	张艺菲
周志勇	邹馨雨	闫一凡	邓仲康	傅玺颖	黄克铭	武可意	谢永涛	杨玉瑶	张慧妍	程彭圣典
邓邹玉娃										

体育学院

路阳	唐港	吴冬	易朗	尤杰	赵功	陈彦伯	陈漪琳	邓宸铭	冯玥斐	冯嘉文
关天颖	韩泽雨	郝雅欣	洪悦涛	胡家杰	黄良盛	赖敏辉	李达鑫	李梓恒	梁小静	梁兆业
廖文俊	林家鹏	林珈兴	刘含煦	刘金游	马宇轩	马蕴歆	米嘉轩	牛阳阳	童海苗	王小川
王雪婷	吴晓峰	张展亮	赵方硕	郑健朗	周立冈	周胤桥				

设计学院

陈阵	陈瑾	龚恒	林枫	陆超	夏怡	郑越	周炀	但宇	钟杰	陈玥
陈曦	戴杰	付震	高畅	廖峭	梅楷	荣蓉	苏芊	谭婷	杨树	周恋
王冕	张玲	丁宁	郭紫	黄希	李可	刘鑫	秦齐	沈锐	盛筱	王鼎
王景	王尧	蔡琳钿	蔡桦榕	陈翠婷	陈丹梅	陈胜华	陈昱汀	范家华	冯鹏辉	符攸高
傅一博	傅琪涵	关燕媚	胡海阳	胡嘉祺	江月明	赖粤明	兰晓盼	李俊莹	李良辉	李文杰
梁维浩	刘绿芬	龙婷薇	卢舒畅	卢婉纯	罗斯珑	罗颖瑶	马笑晗	莫承瀚	牟籽丰	那嘉洱
彭嘉贤	阮瀚锋	沈丹丹	施俊羽	宋方力	田子健	韦琴眉	魏玉笛	吴开妍	肖滢帧	许泽佳
余俊达	俞奇娟	章军华	张婉倩	张云鹏	郑靖雅	陈思亮	陈沛玲	高紫婷	胡尔珊	黄一诺

赖瑜嘉	李添培	刘广晗	刘文倩	刘子桦	马若炎	宋锦冰	唐慕璇	王玉帆	吴梦慧	吴师滨
吴王婷	伍哲舜	邢乃文	许展豪	张翰雄	张雅惠	张子阳	郑树隆	朱家宏	左艺琳	陈嘉苗
陈羿霖	陈霈莅	崔家畅	管文琦	郭一伊	何丹晨	何雨顺	洪希松	黄江凡	黄思佳	黎维基
李锦平	李诗雨	李燕如	刘佳臻	龙思颖	卢彦君	罗晓燕	罗祖斌	莫志豪	钱培荣	盛烨辉
王陈哲	王熙然	王燕婷	吴欣欣	熊诗琪	徐任飞	许山明	杨芳源	杨晓玥	余孟庭	曾竣慧
张东研	张良梅	张文妍	郑寅超	朱家谊	朱胤溥	邬伟军	覃华栋	裘俊辉	艾文睿	陈锐杰
陈香捷	陈欣哲	陈泳欣	陈姝晴	陈姝媛	戴梦欣	丁湄漪	冯彩莹	高钰佳	胡亚茹	孔令梅
李文君	刘国燊	刘晟君	陆妤婕	谭含秀	温惠茹	吴标华	杨欣颖	张鹏富	郑李师	庄武淇
江金权	李静斐	刘雯姝	鲍陈量	蔡奇翰	蔡锡缘	陈华强	陈佳旺	陈容连	陈艳铃	陈梓栋
范玉康	葛韵杰	果福运	黄宏飘	黄开颜	黄玉婷	黄子伦	黄婷婷	姜坤佳	李广兰	李佩璇
李欣桐	李舸源	梁德屹	林杨丹	刘依漩	马菁菁	毛克纯	石朗兵	孙宝闯	田航其	田中宇
汪子涵	王甲鹤	王若楠	杨雅婷	杨紫依	余翔嘉	曾彬丞	章梦兆	张佳岭	张舒蕾	张天一
张晓峰	周铂森	周丹梓	朱嘉莉	缪征洲	司徒瑞婷	欧阳瑾瑶				

医学院

林越	刘昶	马猛	谢媛	游莹	陈可馨	陈露丹	戴颖欣	何楚彤	蒋振鹏	揭光灵
李铜强	李凤芸	廖祖炜	林丹琳	刘秋雨	刘秀锋	路大宇	罗颖薇	罗宇悠	邱绮璇	唐跃旗
王金华	夏浩天	夏晓颖	肖伶俐	熊宇馨	杨家彬	周张驰				

2020届辅修学位毕业生名单

经济与贸易学院

黄健	徐晨	许彤	黄颖	常露	杨童	程畅	李龙	李昶	刘璐	张欣
张正	王璐	杨洋	梁卉	张瑾	胡萌	张颖	李柔	但宇	高卫国	周子强
林梓欣	赵一鸣	庄一峰	熊景华	段韵娴	邓颖聪	关竣尹	李玉坤	孙宇冲	江世杰	胡乐箫
李桂兰	刘少东	罗恺楹	钟柳婷	李雨萱	宋时杰	王卓容	毕子欣	陈开湟	田向阳	吴念峻
于淳旭	陈才娣	韩彩彩	陈欣芸	朱沛涛	吴宇晴	易基旺	邓艾西	张曼娴	郑馨楠	陈倚倩
蓝宇菲	李鹏鹏	王路遥	莫丽棉	侯祎然	劳紫裕	林芹屹	秦乐诗	王品翰	杨静钰	张怡程
郑泽敏	李雯瑶	马弘寅	蔡乐熙	陈合兴	蒋子璇	李晴帆	卢艺璇	苏润彤	姚子怡	周景浩
邓靖川	丁庆国	方吉薇	李舒婷	路顺驰	巫泽明	菅泽华	蔡煜东	卢佳亮	陈丹瑶	高灿玉
郭熠婧	李丽萍	李兴娅	林燕君	卢琳静	罗晓彤	罗绮颖	余懿君	周欣艺	邹含章	宋雨泽
闵泽文	郝珠琳	黄思琪	李瑞程	廖方舟	路蕴华	马宏伟	齐辰阳	王珮瑾	徐雨霜	占文璐
章博洋	张斯琦	何俊仪	黄丹仪	霍晓阳	马宏珍	刘诗怡	马晶钰	肖皓朗	陈俊宏	袁宜晨
何锦雯	林浩敏	陈港鸿	关雨梅	李靖康	王桂铮	张钰港	傅兆辰	李春梅	唐楚翘	刘苗苗
陆勇青	潘捷颖	苏洁銮	马嘉欣	喻秋实	胡佳敏	梁泓达	刘一璇	黄大富	潘雨荷	粟润楠
王欣羽	王懿宁	徐凯歌	许悦娇	战瑾元	刘佳玮	任碧玥	任雅楠	孙雁南	徐牧野	赵婉言
陈俊霖	杨倩如	喻希雅	桂嘉悦	姜紫燕	赖金晶	卢文洁	王振彦	许旖旎	严桂敏	何林翀
周鸿雁	周欣琦	马若炎	陈竹思绵							

计算机科学与工程学院

郑浩	刘昊	鲜蔚	吴玮靖	罗远烽	祝松祥	郭鹤存	朱齐越	许安然	陈世轩	李岫瑾
吴心玥	陈曼莲	邓耀明	李占胜	詹建藩	陈启轩	李世杰	林楷玲	邱奕锋	萧莹霞	叶祎珏
张云帆	范远聪	胡明煜	程俊杰	于北辰	陈丽琳	邓思宁	魏子钦	张雨萌	郑璐瑶	刘雯姝

工商管理学院

| 姚瑶 | 李平 | 傅裕燊 | 黄婉婷 | 莫鸿昌 | 苏家杰 | 吴家宇 | 钟航宇 | 肖兰芳 | 郭美君 | 何佳璇 |
| 王子聪 | 李竞宜 | | | | | | | | | |

外国语学院

| 姚宇思 | 黄于桐 | 罗沛瑶 | 赵会松 |

法学院（知识产权学院）

徐捷	陈颖	黄颖	蒋明师	韩增旭	林浩钜	赵靖洋	许忠莹	陈可欣	陈泳桥	许洪霖
刘力琪	任晓雨	刘沛璇	张逸飞	赵苑蓉	陈铭杰	董钰涵	谭新月	张力燊	何丽婷	吴晓慧
万梦玥	郑嘉榆	廖贤达	唐朝阳	李书婷	张静静	佘海霞	柳春连	沈晓莹	陈紫欣	毛清璇
苗飞跃	傅玺颖	黄克铭	李舸源	林杨丹	张佳岭	张天一	孔令梅			

新闻与传播学院

薛敏	卢苇	赵丹	韩泽雨	李梓恒	郑健朗	文欣怡	杨秋鑫	范润泽	陈芳芳	何恺茜
胡凯珊	陈可蓝	金声宇	赖奕璇	卢依恒	宋曼嘉	闫一凡	吴雅文	陈玮欣	范琼文	陈雪雯
罗颖瑶	阮瀚锋	张云鹏	蔡奇翰	马菁菁	李诗雨	龙思颖	王熙然	杨芳源	邓邹玉娃	

设计学院

| 范佳旭 | 胡恩达 | 黄怡雯 | 牛雨谣 | 鲍陈量 | 黄玉婷 | 李佩璇 | 陈需苁 | 何丹晨 |

2020届成人教育毕业生名单

本　科

财务管理

| 曹丽婷 | 曾秀娟 | 陈奕敏 | 邓婉玲 | 高玓 | 蓝婷婷 | 黎炯聪 | 李深敏 | 刘碧玉 | 刘浩钦 | 沈泽虹 |
| 杨玉贤 | 钟美鸿 | | | | | | | | | |

车辆工程

| 蔡沛师 | 陈灿荣 | 陈立郁 | 李崇章 | 李剑辉 | 李焜燚 | 李徐雄 | 林剑 | 全球 | 温才斌 | 吴开臣 |
| 杨锦佳 | 姚东元 | 叶金梁 | 叶金林 | 袁凌贤 | 郑成仕 | 周杰明 | | | | |

电气工程及其自动化

蔡增智	曾祥威	陈成坚	陈成就	陈蔓怡	陈英进	陈永耀	陈增基	陈志雄	陈壮熙	邓培竞
丁加荣	董长昇	冯家胜	高帅	关盛宜	郭亚飞	何超强	何荣辉	何彦标	何周	贺志雄
侯承华	侯平良	黄存柱	黄鸿允	黄锦鹏	黄名丁	黄庆明	黄秀立	黄勇彬	姜威廷	柯琥珀
赖敏	劳健富	李梦然	李强	李旺林	李旭英	李裕鹏	李展鹏	李志彬	梁梓健	廖文辉
林晓楚	林晓旋	林银城	林梓戈	刘本坤	刘金稳	刘圣享	刘紫娴	柳耀榕	陆伟杰	马小位
麦东华	潘震	庞朝庆	彭江林	邱春艳	石谦	苏伟新	唐文文	万欣	王佳苗	王守定
王鑫	王宇斌	魏武林	温佛荣	吴春林	吴海铭	吴宏峰	吴立城	吴南林	吴意标	向勇波
萧昌荣	谢静	谢松湖	谢穗胜	谢星炜	熊喜平	杨欢	杨敏	杨章萍	尤海静	游国富
余志武	余梓安	湛耀宗	张广豪	张婷	郑灿林	郑瑞	郑姗姗	钟俊明	钟容涛	周辉洪
周子铭	邹吉元	欧阳兆成								

电子科学与技术

| 陈建宁 | 陈日光 | 杜永生 | 冯梓民 | 郭锦添 | 何顺铭 | 黎国杰 | 李根辉 | 李坤 | 李胜源 | 李越鳌 |

廖水泉　林　曾　卢淑玲　罗一飞　阮江涛　苏　锐　陶表辉　钟浩翰

电子商务

陈秋香　黄洁祺　黄佩佩　黄笑华　李兵林　李焯照　李水清　梁　燕　刘伟海　卢泽彬　陆燕妮
罗雨希　吕境婷　欧　凌　邱　金　唐小均　王梓纯　韦　林　徐春燕　严勇章　杨荣丽　张芳弟
钟权炜　周汉辉　朱沘村　朱泽漩　卓锦乐

工程管理

蔡其昌　蔡　强　蔡小军　蔡镇涛　蔡卓颖　曹城滴　曹南南　曾嘉颖　曾永林　巢杰荣　车春莽
陈必洋　陈焯耀　陈德炜　陈冠楠　陈　华　陈　亮　陈茂鑫　陈　敏　陈尼妹　陈鹏基　陈秋玲
陈思琪　陈影华　陈宇洁　陈宇桃　程　涛　戴晓威　邓彩芬　樊景雄　方坚龙　费春明　冯俊杰
冯可茵　冯雪梅　高文志　龚夏鹏　关雪桦　何浩彬　何慧文　何静仪　何　强　何诗婷　洪宝君
侯杰锋　侯俊锋　胡春红　胡吉广　黄宏伟　黄君辉　黄如春　黄喜英　黄晓东　黄秀娜　黄奕琦
黄　盈　黄玉明　黄裕畯　霍嘉裕　纪传洪　蓝高级　蓝钰书　黎思美　李　凡　李嘉欣　李洁娴
李冕琦　李思贤　李晓俊　李　羽　梁晓雯　梁钊杰　廖小雁　林楚仪　林凤妍　林浩鑫　林良才
林棉佳　林森銮　林明宇　林婉佳　林炜翔　林文栋　林锡仁　林艳华　刘　丹　刘　刚　刘厚义
刘焕城　刘锦麟　刘　璐　刘劭昶　刘为为　刘　文　刘小金　刘　旭　刘雪清　刘志聪　刘紫晴
龙晓聪　卢梅冰　卢万育　卢伟业　卢玉强　罗壁瀚　罗传文　罗冠超　罗洁宜　罗金玲　罗如超
罗伟业　马金凡　麦润发　麦晓怡　明章鹏　莫洪泉　欧丽金　彭云霞　丘　娟　丘松焕　邵毓敏
沈丽婷　苏晓辉　苏　毅　孙剑民　覃伟强　唐敬军　唐　伟　涂菲峰　万丽娟　汪光利　王彩娣
王朝室　王春梅　王　芳　王继高　王晓贤　王　璇　王耀锋　王珍荣　韦孟威　温家声　吴朝麟
吴桂连　吴　霞　吴小丹　吴秀春　吴苑兰　萧艳金　萧裕峰　肖景标　肖景民　肖美溶　肖文达
谢嘉颖　谢英杰　谢泽榕　谢志军　徐春华　徐耿柱　徐浩然　徐　辉　徐　玉　许国霞　许　艳
禤咏生　严伟琳　杨先毅　杨奕珊　余德兵　余琳珍　袁思敏　袁一炬　张桂花　张家伟　张建昊
张军峰　张　立　张培培　张新娟　招淘春　甄朴诚　郑健新　郑金平　郑婷婷　郑晓娜　郑玉琳
郑志雄　钟华陆　钟金生　钟子玲　周敏瑜　朱献明　祝根泉　庄梦圆　庄素燕　邹润汕　邹文琦
王观音生

工程造价

蔡怡菁　曹丹清　曹凤姬　曹汉初　曾杰文　曾伟东　陈丹玲　陈德源　陈迪舒　陈海娟　陈海源
陈杰龙　陈进巧　陈浚哲　陈秋霞　陈上新　陈少玲　陈淑瑜　陈思敏　陈新亮　陈秀兰　陈艳梅
陈奕江　陈逸娴　陈迎杰　陈涌坚　陈韵庭　陈志鸿　陈仲康　崔洁玲　戴文伟　邓碧君　邓丽映
邓玉琴　邓志颖　董思远　杜嘉杰　范林烽　方　成　冯杰铃　冯汝汉　付桂成　高林坤　龚智亮
郭嘉豪　郭丽群　郭　翔　郭星平　韩季良　何　婷　何亚娟　胡倬玲　黄程新　黄丹虹　黄观标
黄家怡　黄凯鹏　黄罗生　黄绮君　黄倩茵　黄荣华　黄思敏　黄土健　黄小洁　黄泽权　嵇　翠
简颖珊　邝春祥　赖小琴　赖晓洲　赖郁玲　劳　瑶　李建锋　李静雯　李俊达　李　倩　李庆珊
李如海　李卫平　李　绚　李志斌　李仲怀　梁国勇　梁　好　梁剑锋　梁丽银　梁美玲　梁　巧
梁廷浩　梁文战　梁晓婷　梁燕秋　廖红玲　廖嘉希　廖舒莹　林鸿森　林乐茵　林李杰　林慕芹
林日汉　林伟玉　林文英　林小凤　林　笑　林玉娣　林钰堃　林泽鹏　林志杰　刘碧桢　刘玉玲
刘展鸿　卢梦丽　陆朝勇　罗炽达　罗　燕　骆婉辉　马海祥　莫　嫦　宁祉晴　欧宇旻　潘骏杰
潘绍基　区嘉文　全博琪　全淑银　阮　婕　邵燕英　宋芷晴　谭嘉欣　谭晴蜜　汤　欣　唐晶晶
唐　沙　唐文通　汪贵江　王德新　王　芳　王晓敏　翁卓川　吴　兵　吴佳如　吴剑敏　吴挺冰
吴鲜玉　吴兴强　吴芷韵　冼骏杰　冼淑华　萧凤燕　肖键浩　肖　萍　谢丽丽　谢锐江　谢晓创
谢绪英　谢永强　徐雅梅　许壁歆　许灿林　许敬凯　许舜能　许炜乐　许燕吟　许镇娜　晏　拯
杨朝彤　杨华生　杨　姵　杨培俊　杨清梅　杨雯佳　杨燕玲　杨英焦　叶海丽　叶嘉楹　叶振文
张桂霞　张连梅　张绮娜　张琼英　张　容　张菀玲　张文静　张业财　郑炳东　郑桂洪　郑佳铭
郑鉴源　郑晓锋　郑永志　钟情欣　钟文娟　周立宇　周丽瑶　周配敏　周少琪　周思瑜　周晓敏

周子康　朱春笋　欧阳艳何　欧阳珍弟
工程造价（工程概预算）
高健邦
工商管理

卜浩潮	卜丽君	蔡安柯	蔡仕锋	蔡晓璇	蔡智斌	曹创鑫	曾国常	曾华林	曾　铭	曾燕娜
曾智芬	曾子鸣	陈柏浩	陈代青	陈浩泉	陈家星	陈嘉丽	陈嘉文	陈敬钊	陈均华	陈立龙
陈　龙	陈美英	陈敏婷	陈锐辉	陈　甥	陈思韵	陈　韬	陈婉玉	陈琬菁	陈伟琪	陈文聪
陈文娟	陈兴旺	陈雅舒	陈艳云	陈耀晖	陈毓荣	陈远浩	陈韵思	陈韵潼	陈志宏	池子君
邓春兰	邓瑞琼	邓艳婷	邓耀荣	丁浩源	杜小宇	杜新莲	杜雪霞	范春业	范业文	冯健超
冯结仪	冯始安	冯新桥	冯燕媚	冯州明	冯梓杰	符偲欢	高灿辉	高国滨	高　静	高文敏
关荣杰	郭丹琴	郭嘉乐	郭水银	郭亚飞	何春琦	何豪贤	何贺文	何吉妹	何家成	何健良
何静仪	何伟子	何懿铟	何子健	何梓健	洪桂慧	洪家亮	洪声建	洪志勇	胡　波	胡蒙蒙
胡秋香	胡　珊	胡焰锋	胡燕兰	胡颖琳	胡忠意	黄端锋	黄嘉欣	黄剑坤	黄健新	黄丽娜
黄梅兰	黄舒玮	黄思敏	黄松湧	黄穗玲	黄穗媛	黄婉云	黄伟峰	黄熙麟	黄仙如	黄兴华
黄玉兰	黄玥莹	黄增强	黄　智	江观凤	江健平	江文浩	江玉超	蒋　健	蒋颖秋	邝浩俊
赖懂萍	赖小彬	黎海媚	黎仕立	黎志君	李　彬	李楚云	李德才	李冠廷	李浩贤	李惠民
李　杰	李莉君	李绮翘	李秋丽	李申文	李舒筠	李伟潮	李伟强	李稳中	李肖梅	李欣怡
李杨华	李宇锋	李志辉	练思妍	梁碧怡	梁桂森	梁国波	梁海琼	梁鸿标	梁嘉俊	梁结森
梁骏辉	梁明月	梁秋仪	梁少志	梁伟健	梁伟云	梁玉萍	林碧梅	林汉娥	林　辉	林俊锋
林俊炜	林敏谣	林绮媚	林　强	林淑芳	林显东	林泽凯	林镇豪	刘宝珺	刘彩凤	刘程伟
刘春梅	刘海燕	刘　坚	刘锦辉	刘　俊	刘礼强	刘　利	刘妙玲	刘秋华	刘　胜	刘振武
卢桂凤	卢静仪	卢路平	卢瑞红	卢艳媚	鲁文平	鲁亚兰	陆炜峰	罗仿娥	罗国富	罗　莉
罗　林	罗秀霞	骆焕辉	吕虔希	马春芳	马伟波	马　欣	梅嘉俊	莫俊伟	欧翠英	欧锦杰
潘冬妮	潘志颂	潘籽丞	齐笑妍	邱昌华	邱嘉儿	邱健仪	邱丽梅	区芷晴	戎壮鹏	沈炳强
沈　晖	施　杰	石惠娜	石思文	宋　敏	苏　彬	苏楚善	孙阳喜	谭贵添	谭艳婷	谭一鸣
谭湛航	汤嘉琪	汤嘉瑞	王楚彬	王丹翠	王高升	王嘉敏	王建新	王警增	王莎莎	王伟航
王伟益	王文彬	王玉梅	温凌志	温柳翻	温怡达	翁晓恭	巫声声	吴承志	吴东泽	吴欢利
吴俊豪	吴佩逸	吴思遑	吴文哲	吴　仙	吴智明	向　鹏	肖　明	谢　惠	谢炬均	谢丽丽
谢满成	谢晓初	谢欣欣	谢　旖	谢苑真	徐彩朋	徐嘉敏	徐倩文	徐斯丹	许法校	许梅清
许泽祥	许展维	严春燕	严丽桢	晏建虎	杨　锋	姚　婷	叶国强	叶锡雄	叶柱波	殷学祖
尤仕巧	余浩雯	余嘉惠	余　瑷	余兆聪	俞思敏	袁浩生	袁　琨	袁玉如	原国涛	詹碧凤
詹　佩	詹小娜	张共华	张华林	张嘉易	张竣斌	张　倩	张　权	张荣彬	张宪运	张远芳
张紫欣	赵安琪	赵　洁	赵　闽	郑冰儿	郑臣胜	郑若倩	郑振威	郑智光	郑子扬	钟楚妍
钟楚韵	钟景荣	钟清梅	钟晓彤	钟业燊	钟颖怡	钟志伟	周秋瑾	周　荣	周　婷	周文仪
周雄辉	周育伊	周志伟	朱海燕	朱丽君	朱穗娴	朱莹莹	司徒子颖			

会计学

包燕玲	蔡萍萍	蔡艳君	蔡燕珊	曾彩霞	曾德康	曾启红	曾颖雯	曾远丽	陈婵铃	陈丹玲
陈丹婷	陈观兴	陈佳儿	陈金梅	陈骏力	陈妙珊	陈　屏	陈仁迷	陈淑英	陈　双	陈婉君
陈文霞	陈　雯	陈晓鸣	陈晓璇	陈晓玉	陈永洁	陈缘缘	陈月玲	成娅瑶	戴菁菁	戴晓丽
单颖茵	邓碧怡	邓顺芝	邓婉莹	丁丽如	董瑞婵	樊栋翔	范诗雅	范小婷	范晓嫱	方　田
方伟彬	冯艳华	甘慧萍	关　平	关淑仪	管泳亮	郭宝欣	郭焕娣	何嘉颖	何木妹	何　诗
何晓文	何雪娟	洪丽芬	洪小雯	胡小蛙	黄　霭	黄　冰	黄凤华	黄　辉	黄惠红	黄　靖
黄贤振	黄燕华	黄玉婷	黄志秀	江秋霞	江　杏	柯炎敏	孔瑞桃	赖小丽	赖泽辉	雷莹莹
黎翠琼	黎秋棉	黎小倩	李彩云	李惠如	李嘉慧	李灵琰	李柳红	李　宁	李寿延	李玮琳

李卫京	李文姚	李熙瑜	李裕珺	李志金	李准易	梁海琳	梁诗敏	梁婉妮	梁晓君	梁杏华
梁艳筠	梁颖诗	廖昌忠	廖剑婷	廖秀馨	廖银萍	林丹红	林敏仪	林素雪	林晓霞	林雪慧
林燕琼	刘丁丁	刘惠静	刘嘉玲	刘美香	刘淑君	刘素珍	刘兴萍	刘颖欣	刘 云	龙韵妍
陆容梅	罗诗敏	罗伟韬	罗伟婷	罗 霞	罗雪映	罗怡柔	骆 俊	骆明乐	吕欢欢	吕小梅
毛金花	毛美婷	农晓冬	欧小华	潘旖旎	庞聪华	丘文珍	戎坚雄	沈丽雯	沈晓旋	施 智
谭颖仪	汤静文	汤婉君	汤秀莲	陶丽燕	王丹纯	王嘉琦	王 菁	王双双	温海燕	温庆达
温柔美	温颖菁	文淑贤	吴彩凤	吴倩瑜	吴雪莹	吴勇林	吴韵妲	伍曦桐	向善敏	谢蔼琦
谢碧云	谢萃妍	徐加玲	许妃凤	颜国樑	杨海敏	杨姬敏	杨 健	杨晶晶	杨丽莹	杨霖芬
杨銮桔	杨秋红	杨少均	杨维兴	杨秀梅	杨 旸	杨宇红	杨子朔	杨自萍	姚 颖	叶楚文
叶海燕	尹丽芳	袁丽芳	袁沛仪	袁婉婷	原颖欣	臧良喜	张妃霞	张来欣	张丽霞	张 娜
张晓丰	张秀连	张宇丽	张 羽	赵春桃	郑春媚	郑佳佳	郑洁妮	郑秀莲	郑紫鹏	钟惠贤
钟 琴	钟杨森	周嘉颖	周娟娟	周梦玉	周思莹	朱小然	卓惠军	邹少玉		

机械电子工程

蔡景秀	蔡树恩	蔡晓诗	陈荣亮	范理想	兰仁华	梁仕林	林家星	卢志文	陆少锋	涂哲盛
徐运发	杨俊杰	杨庆海	杨尚维	叶冠钦	张万宁	周焰华	庄育然	邹时毅		

机械设计制造及其自动化

陈俊名	黄林福	黄木生	林 鍪	欧阳锡潮

计算机科学与技术

蔡 辉	曹锐涛	陈伯能	陈楚瑜	陈翰杰	陈健祺	陈小豪	陈永文	陈智峰	邓劲波	邓煜驱
翟伟霞	丁洪炯	丁思铭	古小锋	管思坤	何结华	何志东	黄博文	黄彩群	黄锦光	江静文
赖 锋	黎广龙	黎永安	李焕超	李嘉祥	李廷广	李文彬	梁 灏	梁欣荣	林凯轩	龙文基
骆大财	欧俊辉	欧 翔	彭培伟	秦 关	谢飞朋	熊海文	严金龙	颜绿琴	杨文斌	叶倩欣
游文静	袁佩君	张可军	张沛炳	张钊杰	张志锋	张梓毅	郑红刚	郑柳婷	郑永杰	庄伟坚
邹作聪										

建筑学

岑冠豪	曾秋连	陈 彬	陈楚双	陈楚文	陈德钦	陈辉智	陈惠晓	陈健良	陈钜安	陈开杰
陈楷涌	陈立峰	陈 鹏	陈启明	陈胜林	陈炫龙	陈艳婷	陈志纯	陈子相	程华高	戴嘉熙
翟子皓	董联谱	方晓宇	冯书云	高敏丹	顾汉波	郭伟海	郝艳玲	何 军	何 科	何源峰
黄爱君	黄晶晶	黄 遥	黄壮宇	揭英杰	孔敏霖	劳海宾	黎永坚	李鸿荣	李嘉恩	李嘉钰
李建新	李 茂	李珊珊	李柱良	梁成滔	梁宏明	梁惠芬	梁明洋	梁文辉	廖惠君	廖如均
列艳娟	林碧欣	林国荣	林慧敏	林 铭	林少佳	林 伟	林羡铭	林长荣	凌 桃	刘东桂
刘 娟	刘文锋	刘文华	龙绍铭	龙彦丞	卢少民	罗静宜	莫文超	潘焕文	彭海生	彭柳燕
秦焕彬	石王芬	苏小宜	谭春来	谭廷飘	汤毅烽	王俊平	王 涛	魏博开	魏贤宁	温凤凯
文俊财	吴 健	吴 玲	吴拴明	吴张勇	吴振中	吴志海	伍剑锋	伍文俊	伍振超	肖江涛
谢丽青	熊志维	徐 翠	许楚彬	许先添	杨少斌	易 葱	余天行	余逸泓	袁诗慧	詹锡浩
张德强	张凯锋	张铭华	张薇薇	张晓霞	郑飞飞	郑娟恋	郑瑞媛	钟 临	钟维超	周瑞垚
周 旋	朱凤娟	朱汉鑫	朱子超	庄柳洁						

金融学

陈百翔	陈景如	方春凤	洪小妹	黄建艺	黄 涛	李熠辉	廖晓东	林凯源	宋叶群	谭焕仪
汤淑莹	巫新宏	吴彦君	向 波	谢 静	徐斯闻	叶映红	张诚诚	郑玮玮		

人力资源管理

蔡开奖	岑继全	曾嘉颖	曾秋霞	陈国展	陈浩权	陈嘉莹	陈练淳	陈美婷	陈绮萍	陈倩琪
陈诗梦	陈天菁	陈 欣	陈颖贤	陈颖欣	陈咏仪	陈 云	陈泽燕	成世强	崔绮君	戴俊新
戴柳莹	戴思茵	邓佩茵	邓舒婷	杜 超	杜翠雯	范广霞	范晓琳	方雪莹	方毓丹	冯凯莹

傅佩明	龚敏婕	关启欣	郭少燕	何彩容	何嘉琪	何爵均	何敏谊	何婉仪	何文杰	何文雅
何 彦	何月玲	侯红西	黄健玉	黄俊轩	黄丽珥	黄美美	黄婉盈	黄蔚琳	黄湘颖	黄小羽
季蕴慧	江婉冰	柯兆南	邝惠娟	赖冬婷	赖嘉韵	赖映如	蓝 清	蓝兹宏	黎桂娟	黎金婵
黎纹缎	黎颖贤	黎玥莹	李碧霞	李广胜	李 花	李 林	李瑞娜	李晓敏	李燕琴	李志瑶
梁浩源	梁丽婷	梁颂欣	梁 欣	梁钰敏	梁珠婷	廖静文	廖静茵	廖少泳	廖幸儿	林嘉琦
林嘉欣	林卫芳	林晓静	刘韵芝	龙海乐	龙金燕	卢嘉欣	卢雅珊	陆泳欣	罗 慧	罗 山
罗伟丽	罗燕珊	吕俊璇	倪伟涛	潘瑞盈	潘诗颖	庞慧欣	秦嘉辉	丘淑贞	邱 册	区嘉裕
阮静仪	石 磊	宋彩艳	苏嘉欣	苏 力	苏志辉	宿 敏	孙曼莉	孙艳华	孙 正	谭婉滢
汤丽明	汤智伟	王凯美	王相坚	王晓云	王燕红	王子莹	温彩美	温志媚	吴 迪	吴 珏
伍紫欣	谢妃映	谢旭铃	谢 颖	谢智刚	许婼涵	许文俊	颜钰欣	杨 丽	杨寓棋	姚诗慧
叶颖诗	叶智慧	余嘉伟	余杰彬	余淑贞	袁锦清	袁静雯	袁 懿	张彬滢	张静谊	张清香
张苏黛	张 鑫	张 颖	赵慧思	赵 亮	郑桂梅	郑红霞	郑琼萍	郑旭远	钟晓璇	钟整朝
周凤佶	周黎明	周敏儿	朱慧芬	朱丽萍	朱满欣	朱少恋	司徒嘉慧			

人力资源管理（现代企业管理）

黎春菁

软件工程

陈俊刚	陈俊杰	陈宇光	程孟池	邓志夫	范兰斌	冯奇华	冯卓豪	葛海童	韩海林	何燕豪
胡群伟	黄锦辉	黄伟文	赖紫玲	黎小燕	李嘉丽	李其伟	李世奎	李 兴	梁承毅	梁东文
梁海燕	林景添	林俊杰	林凯锐	刘佩琳	刘志敏	陆大桥	罗 杰	麦锦星	莫丽锋	莫雄清
庞春雨	秦志坚	邵晓丹	石 争	覃 育	谭红梅	谭 雨	谭玉姣	唐海兵	王贤永	王亚楠
翁展图	吴文真	吴育明	谢宇航	杨增彩	易春生	张斌添	钟志乐			

商务英语

曾少勤	常丽琼	陈冬妮	陈凤飞	陈晓虹	陈颖聪	陈志强	陈志远	邓妙慈	古文杰	顾淑贤
郭倩仪	何思雅	何燕芳	何耀斌	黄丽君	黄 颖	劳光美	黎 珊	黎斯诗	李嘉敏	李剑东
李杰伟	李晓婉	李 瑶	李 翼	梁妙枝	梁晓雯	林晓珊	刘智友	龙婉雯	罗奕萍	区绮其
苏倩仪	伍允欣	肖 莹	薛宝荧	杨家豪	郑艺鸣	钟 麒	钟洋阳			

食品质量与安全

蔡建华	曹晓冰	方慧敏	黄小清	黄哲娜	李 丹	李土珍	梁柳泳	廖海超	罗 锋	罗秋宁
聂国炯	潘智欢	邱琪淋	屈俊炜	吴 刚	吴家玲	伍辉洪	薛杰东	姚广雅	余树波	张静文
赵 越	钟春花	钟翠文								

食品质量与安全（食品安全管理）

蒋其达

市场营销

曾小凤	陈宝超	陈永康	崔兆辉	古艳媚	关月芙	关震毅	何卓彤	黄春燕	黄伟雄	黎俊宇
李艾书	李冠婷	李文琪	李裕英	梁瑞婷	梁小君	林剑锋	林清君	刘俊键	刘仕峰	罗凯岚
马艳仪	麦倩茵	梅子欣	谭智豪	唐 丽	王衍忠	吴筠蕾	谢 恒	谢梓雅	张蔚欣	张 颖
邹桂欣										

土木工程

包晓星	曹永繁	曾 斌	曾 斐	曾官连	曾海城	曾均文	陈达楷	陈东连	陈豪杰	陈健汝
陈健兴	陈 捷	陈康生	陈科易	陈南君	陈平洪	陈世勇	陈 涛	陈婉莹	陈伟涛	陈卫明
陈旭红	陈泳因	陈泳钊	陈玉萍	陈月娇	陈展翅	陈振辉	陈梓亮	崔天明	翟灯明	刁怡欢
董燕华	方俊辉	冯思贤	冯志荣	葛洪君	郝宝全	何超荣	何怀祖	何建明	何 鹏	何秋汉
何 婷	何泽澎	胡兆伦	黄日波	黄伟峰	黄向平	黄学相	黄奕凯	江俊威	黎振东	李赐铭
李达武	李 凤	李广廷	李浩麟	李 宏	李 佳	李培华	李彭飞	李业奖	李毅敏	李志豪

李宗熹	练志豪	梁翠珊	梁桂达	梁锦成	梁茂辉	梁水胜	梁玺	林景	林凯伦	林攀
林培烯	林庆枫	林少欢	林瑜	凌陈志	刘杰彬	刘莲	刘佩玲	刘鹏	刘育银	刘志满
龙戈	龙海伦	卢燕飞	卢振彪	陆定敏	罗斌	罗冠雄	罗广	罗柳然	罗奕辉	罗志浩
马杰	莫谋健	倪载泉	宁顺波	欧强	潘娟	潘绮琪	潘笑珊	庞中辉	綦鸿靖	区建豪
邵建标	沈越	舒伟林	苏来红	田伟泉	涂志	王国强	王俊宏	王苏婷	王小康	王志星
韦钢	韦娟	韦序幕	温莉花	温志彬	吴国华	吴水孟	吴维斌	吴武木	吴莹莹	伍常满
谢璧成	谢小欢	谢一豪	谢颖欣	徐小康	徐勋佩	许文生	许银翔	杨成千	杨健生	杨亮亮
杨锐轩	杨远凯	杨振翔	杨志野	姚金龙	叶桂锋	于华彬	袁杰恒	张超宏	张芳俊	张建彬
张壹烨	张志东	张子健	赵芳艺	赵衡	赵艺龙	赵卓	郑仁璋	郑伟栋	钟金淀	钟永兴
钟志涛	周井坤	周钦炜	周森照	周伟豪	周则景	朱世康	朱晓宇			

网络工程

白家泳	陈森浩	梁志飚	林庆鹏	平熙	吴正亮	谢俊柯	谢振声	徐倩	徐然	许俊斌
张釜荣	欧阳锦锋									

项目管理

黄海建	赖冰辉	刘镇炼	丘梓恒

行政管理

蔡小嫦	曾晓敏	陈浩	陈静宜	陈燕锋	邓宇雯	胡嘉茵	黄娟燕	黄丽萍	黄一惠	梁乔雅
林易峰	刘丽	刘荣功	王文虹	徐欢	闫姗姗	严春常	叶志鸿	余虹仪	詹柳青	张加聪
宗雪谊										

专科

产品造型设计

杜如剑	杜淑珍	郭俊娜	郭明霞	郭泳鑫	梁超柱	林梓邦	罗芷君	王继华	朱继邦

城市轨道交通运营管理

何智聪

电气自动化技术

陈松桂	陈振星	邓顺华	黄海俊	黄维垧	李国洲	李志昌	潘康吉	沈文忠	王恒正	温维滨
邢埔	赵小龙									

电子商务

毕舒婷	曾海燕	曾洁茹	陈金娇	陈泽锋	邓欣欣	冯美君	符玉凤	何晓静	黄嘉明	黄欣宜
黄咏茵	江婉仪	孔庆婷	黎春梅	黎培丽	黎艳芳	李程	梁雅佳	廖晨浩	林异庭	林育志
刘国萍	刘艳	罗带喜	麦李晓	庞考娟	彭可欣	全娟霞	谭艳华	王丽丽	吴冰霞	吴伙妹
吴巍青	肖贵真	肖鑑坤	谢梨梨	许东海	杨小妹	张芳	张小芳	章晓玲	郑若瑶	周四林
周泽鹏	朱泽锋									

工程造价

蔡卓男	陈才华	陈彩逢	陈钧盛	陈俊才	陈俊位	陈丽娜	陈亮	陈美姗	陈潘基	陈培鸿
陈小呢	陈秀兰	陈燕琴	陈银海	陈宇婷	陈泽敏	陈转豪	陈梓焕	崔乔飞	邓立栋	邓卓荣
窦君华	杜家泉	范文静	方梅玲	冯敏	冯秋妹	高俊	高瑜	龚泽森	古智旭	郭达滨
郭杰滨	何清清	何毅友	洪启铸	胡素英	胡钊怡	黄东东	黄茹	黄筱洁	黄雅珠	黄燕华
黄奕杰	黄颖滔	黄智龙	江锦斌	江铝沃	揭文静	敬龙	柯洽	赖云红	黎锦荣	黎锐超
李嘉茵	李杰	李铠展	李明德	李权泽	李伟标	李伟耿	李莹莹	李泽丰	梁金铭	梁进军
梁震飞	廖春龙	廖志辉	林炳锋	林洪平	林江花	林史扬	林斯妍	林炜键	林贤杰	林晓君
林育东	刘紫霞	罗彩红	麦海珍	莫丽珍	欧盛	欧晓珠	彭达勇	孙涛	唐楚平	唐莉佳

王陈霞	王国李	王倩欣	王燕红	魏丽婷	巫柯兴	吴楚玲	吴绕娟	吴贻钦	冼土钦	谢鸿楷
谢 慧	谢明芳	谢燕婷	许秋玲	许晓棠	颜湘丽	杨国元	杨 琳	杨泽琛	姚海棉	姚晓男
姚映珊	叶倩怡	叶月怡	游耿龙	游坤明	游瑞真	余超芬	詹润隆	张佳暖	张妙腾	张秋到
张仪心	张志怡	章尤鑫	赵淑凯	赵晓林	赵芝伟	郑彩云	郑佳莹	郑岳忠	郑增鑫	郑志伟
钟振富	朱雪霞	庄宏燕	庄旭东	邹海玲						

工商管理

包海华	蔡浩南	曹伟健	曾 欢	曾焕林	曾俊军	曾 雍	陈加兴	陈佳豪	陈杰华	陈俊枫
陈丽玲	陈明现	陈巧花	陈 赛	陈伟亮	陈玉蕾	成威剑	邓远聪	邓展文	邓子健	冯智杰
付永丽	何细妹	何艳婷	胡明钟	黄 灿	黄创光	黄冬儿	黄建华	黄佩蕊	黄文权	黄雪萍
简学良	蒋雨桀	邝德源	邝文标	邝永煊	赖海隆	李芳芳	李健南	李露娇	李秋华	李胜鸿
李伟祥	李贤林	李源文	林健盛	林志鸿	凌志杭	刘法文	刘继猛	刘伟聪	刘玉玺	龙志颖
卢祥辉	罗海滨	罗振力	罗志轩	梅岳引	莫世君	苏 凤	谭文权	王 华	王黎利	温立年
吴俊杰	吴美欣	吴文科	夏剑斌	徐凯文	杨嘉嘉	杨江华	杨 玲	杨 强	杨 文	姚家明
张基文	张松林	张晓亮	张志武	钟思静	邹永武					

工商企业管理

班风云	宾永燕	蔡迪龙	蔡东艳	蔡美婷	蔡 玮	曹丽文	曹 龙	曾彩华	曾凤珊	曾 健
曾凯琪	曾 茜	曾素芬	陈楚欣	陈春香	陈东颖	陈东元	陈凤微	陈海琳	陈嘉诚	陈洁怡
陈金帅	陈锦花	陈俊涛	陈丽珊	陈木桑	陈鹏磊	陈 平	陈倩忻	陈乔玲	陈 蕊	陈尚安
陈淑青	陈丝丝	陈伟铖	陈晓真	陈雪玲	陈艳玲	陈赞宇	陈智坚	陈钟晓	陈梓健	程文婷
程燕红	程燕娴	戴秀芳	邓爱飞	邓丽盈	邓庆丽	邓叔培	邓淑馨	邓思欣	邓享泽	邓雪燕
邓 彦	邓耀辉	邓颖虹	刁文锋	董妃燕	杜家裕	杜泳珊	杜智峰	鄂海清	范建创	方婉玲
方伟豪	冯爱英	冯金剑	冯志华	符木玲	甘枫荷	高嘉敏	耿克宇	龚 穗	郭桂清	郭宏业
郭家慧	郭 雁	郭紫玲	韩仙娟	何 川	何帼贤	何 佳	何 杰	何俊烨	何秋玲	何秋容
何盛荣	何思旎	何伟聪	何文宇	何小波	何亚雄	何燕婷	胡丽珊	黄柏雯	黄宝如	黄彩君
黄春夏	黄金琼	黄俊斌	黄丽珊	黄莉雯	黄列夫	黄林芳	黄巧莹	黄青茗	黄斯琪	黄小晶
黄延辉	黄奕虹	黄志明	黄志琴	纪林龙	贾德涛	简嘉浩	江可欣	江丽婷	江盈翠	江钰婷
康文杰	柯灵芝	孔家明	邝嘉茵	邝文轩	邝旭雯	赖威煌	赖晓锦	劳静敏	劳炜杰	雷炬鸣
雷淑慈	黎佩雯	黎文燕	黎宇杰	黎智茵	李 宾	李传辉	李凤荣	李凤霞	李国盛	李嘉慧
李嘉琪	李键浩	李洁萍	李俊杰	李俊鑫	李美清	李暖君	李倩雯	李珊珊	李尚霖	李淑萍
李思颖	李文斌	李文思	李湘华	李晓君	李燕霞	李扬杰	李翼南	李莹莹	李源流	李苑君
李泽弘	梁超强	梁家威	梁浚	梁嘉茵	梁静意	梁俊杰	梁乔键	梁少慧	梁燕平	梁颖欣
梁 韵	梁镇铿	廖嘉宜	廖莉霞	廖笙宇	林朝云	林春演	林广智	林黄腾	林金冰	林敬穆
林文凤	林文俊	林喜珠	林小华	林晓洁	林雪敏	林奕均	林苑柔	凌江影	刘翠英	刘丹萍
刘绩娴	刘柳青	刘少珍	刘淑娟	刘贤佳	刘晓玲	刘艳妮	刘振杰	刘芷晴	龙翠颖	龙宇琳
卢炜行	卢文安	卢雪琼	卢颖杰	陆浚灏	陆泳怡	罗华京	罗嘉琪	罗嘉威	罗康康	罗满坤
罗美凤	罗少珍	罗 燕	罗映萍	罗子锋	马丽群	马林野	马 帅	马 双	马 雪	麦嘉俊
麦耀文	孟胜强	莫玉凤	潘举斌	潘文庭	庞家常	彭丽苛	彭燕群	钱浩标	乔云弘	邱双莲
区瑞琦	全杰华	阮思婷	阮泽鑫	沈燕玲	施映静	石铃芝	时明娟	宋丽娜	宋银贤	苏颖渝
孙政阳	孙梓峰	谭 泓	谭锦云	谭清清	谭咏谊	谭勇兵	汤晓君	唐翠玲	唐 洁	唐绍娟
唐素芳	唐月红	田 珊	童 丽	陀钊芬	王浩欣	王佳龙	王靖欣	王明才	王明韬	王竖钧
王 郑	韦成作	温嘉馨	温斯伟	温晓曼	温秀凤	吴 昊	吴红玲	吴建梅	吴锦康	吴靖瑶
吴梅涛	吴美丹	吴南英	吴宁芳	吴诺威	吴锡滢	吴先浩	吴晓纯	吴燕妮	吴旖欣	吴芷晴
冼活玲	冼嘉敏	向邦雄	萧宏彬	肖沛娴	谢华鸿	徐彩蝶	徐诗惠	徐晓雯	徐智芬	许安琪
许合朋	许嘉颖	许嘉裕	许泽峰	许志贤	阳 娟	杨 浩	杨晶晶	杨 静	杨明菲	杨小燕

杨晓梅	杨秀云	姚译雯	姚泽君	叶宝华	叶红红	叶明泽	叶子斌	易 斌	尹思颖	于伟杰
余碧霞	余怀昌	余洁琳	余梦淇	余淑芳	余思蓉	詹媛媛	张楚娟	张海棋	张剑辉	张钜坚
张灵芝	张培君	张少玲	张诗琪	张舒彤	张婷婷	张晓涛	张雅婷	张云达	张子龙	张梓铭
赵玉明	郑邦云	郑军梵	郑坤锦	郑坤汕	郑敏妮	郑燕青	郑颖禧	郑远将	钟世云	钟台慧
钟文浩	钟文勇	钟细琴	钟 友	钟镇晖	钟政溟	周楚然	周嘉好	周嘉琳	周嘉祺	周嘉文
周建国	周健伟	周铭君	周青明	周粤华	周志金	朱鸿星	朱素通	朱伟文	朱文辉	朱泽燕
祝婷婷	庄佳玲	庄珊丽	庄银虹	庄永涛						

工商行政管理

蔡伟杰	曾润基	曾文健	曾云滔	陈柏林	陈凤庭	陈家顺	陈敬维	陈境城	陈立云	陈佩珊
陈婉欣	陈禧杰	陈献平	陈研妮	陈誉豪	陈志宏	程慧华	单伟炽	董兆滔	范红丽	冯伟钦
郭柏根	郭群峰	郭咏豪	何李丽	何秋林	何秋苇	何润财	何秀芬	何艳蓉	何运营	黄春芳
黄房金	黄容金	黄秀芳	黄艳娟	黄雁文	黄钰淇	黄志远	蒋南娟	蒋文军	邝 霞	赖浩文
赖青平	赖秋燕	黎柳雪	黎美贞	李 鹏	李 强	李庆添	李晓雅	李泽荣	李祖辉	廖启明
廖玉山	列铭深	列玉仪	林慧莉	林嘉欣	林俊杰	林敏桢	林晓妹	刘海翘	刘汉均	刘静敏
刘俊杰	刘路尧	刘佩佩	刘伟填	刘欣颖	刘毅龙	刘荫辉	刘泽健	刘振朗	罗嘉嘉	罗伟健
罗燕梅	罗宇健	骆文俊	毛梓键	潘碧映	潘俊威	潘小倩	潘秀霞	潘耀琪	潘 跃	彭康静
邱文杰	茹成辉	阮冠淇	苏佩璇	汤淦全	汤文瑞	汪 静	王建威	王晓丹	王 鑫	温政谊
巫展华	吴婵英	吴浩文	吴活熙	吴锦全	吴永灿	吴永杰	萧雪儿	萧永通	谢港归	谢海杰
谢焕俊	徐建花	徐钜智	晏 敏	杨凯琳	杨梦飞	杨青青	杨彦霄	姚伟根	余伊册	张家伟
张明明	张秋丽	张晓辉	赵康灶	郑金敏	郑梓健	钟嘉敏	钟敏华	周杰锋	周杰鹏	周美凤
周倩怡	周润钦	朱世强	仇彭琳帅							

会计

毕婉婷	蔡晓玲	曹慧娴	曹倩瑜	车秋蓉	陈冰琪	陈翠如	陈共生	陈梅萍	陈瑞敏	陈诗琳
陈 晓	陈雪芳	陈奕微	陈 莹	戴国楼	单翠萍	董妞妞	董小燕	董兆婵	凡梨梨	方佩君
古梦萍	郭春枚	郭海莉	郭 娟	郭明家	郭栩岑	郭倚君	何翠婷	何江源	何宇媚	何雨珠
洪 少	洪文佳	胡少娥	黄迪笙	黄洪娴	黄捷萍	黄锦丽	黄俊健	黄浪影	黄李群	黄丽丹
黄 媚	黄日球	黄素娴	黄敏敏	黄文诗	黄小丽	黄晓薇	黄燕芬	黄映君	黄政夫	江丽璇
江绮雯	江四燕	蒋 薇	黎沛贤	李焯玲	李俊霞	李丽霞	李美丽	李敏仪	李明燕	李秋燕
李诗敏	李四妹	李素珍	李 桐	李馨蕾	李语选	利敏丹	练庆慧	梁海敏	梁惠敏	梁菊嫦
梁淑欣	梁梓璇	廖少金	林 洁	林洁微	林梦华	林佩玲	林珊珊	林晓慧	林雅珊	刘嘉敏
刘嘉仪	刘 凯	刘丽花	刘丽欣	刘 珊	刘阳顺	刘泽琴	刘紫华	龙康珍	卢玉萍	卢子欣
陆海琴	罗家俊	罗思桃	罗晓蓓	骆紫彤	马佗弟	蒙观婷	莫贻清	牛小燕	潘建婷	彭裕梅
邱 敏	全锦莉	佘桂聪	沈秋萍	宋晶晶	谭丽红	谭燕红	汤玉雯	万慧芳	万钰萍	王嘉澧
王嘉琪	王 飘	王时美	王依琳	吴美霞	吴秋玲	吴 松	吴晓燕	吴燕敏	吴燕琼	吴有春
吴悦琪	伍秀月	冼玉萍	肖惠谏	肖伟金	肖夏露	谢东玲	谢丽君	修小妹	许 芳	许丽娜
许少桃	许松柏	许小梅	许晓格	薛小云	杨森云	杨能容	杨小珊	杨艳敏	姚木荣	姚绮沛
姚舒棋	尹淑环	游月婷	余美娟	詹美云	张碧华	张和莲	张家伟	张健儿	张金林	张乐仪
张丽敏	张美云	张三妹	张水连	张文婉	张小梅	张晓虹	张晓玲	张晓缘	张育慧	张泽敏
赵晓琪	郑华凤	郑惠元	郑焱婷	钟金凤	周妙虹	周 颖	周芷颖	朱海燕	朱丽华	朱妙纯
朱莹映	欧阳飞燕									

会计电算化

蔡映霞	曾明惠	陈凤平	陈仕英	陈晓霞	邓观金	杜丽琴	郭瑞雪	侯俣彤	黄桂云	黄惠婷
黄梅婷	黄秋燕	黄晓宜	黄缨雯	李佳铃	李嘉嘉	李舜玲	李思明	梁妙红	廖 秋	林广梅
林海燕	林晓文	刘梅娇	刘思琪	罗思敏	麦艳琼	明丽君	潘小宙	彭日惠	邵梦翠	石敏荣

宋玲玲 孙　扬 王林英 王晓珠 王紫霞 杨桂芬 杨伊丹 叶晓欣 喻小龙 赵佳纯 郑丹玲
郑丽敏 郑美琼 郑燕格 周世莹 朱柳清

会计与审计

陈彩云 陈美丽 陈旭然 陈有裕 戴瑶瑶 邓丽婷 邓林霞 樊洁明 范佳琪 方乙华 管石花
郭可欣 何爱国 何彩云 何丽思 何晓茵 黄　妃 黄国荣 黄海营 黄嘉敏 黄俊姣 黄　艳
黄耀蓝 蓝　勇 李镓洳 李秋丽 李舒棋 连逸淇 林堃梅 卢仟路 罗　丹 孟　嘉 潘慧娴
丘山妹 丘文丽 邱少虹 邵晓娜 覃林红 谭玲娟 谭露丽 谭志濛 汤晓琪 唐　玲 唐玉芳
王妙丽 吴文红 冼嘉莹 谢润屏 熊雪晶 徐新凤 闫　柳 杨冬琴 杨增容 杨子慰 叶丽琼
叶文菲 易土英 张秋莲 张榕芬 郑莹莹 钟海平 钟　灵 钟　敏 钟明惠 钟胜芳 钟旭芬
钟月娣 周　梦 罗樊颖琪

机电一体化技术

闭业保 曹含兵 曹逸聪 曾德枫 曾华明 曾献忠 曾昭邓 曾　振 陈华东 陈焕颖 陈健伟
陈景辉 陈鹏豪 陈瑞钦 陈树彬 陈学胜 陈艺锋 陈智芬 陈壮雄 程　建 邓春浩 邓　辉
邓卓贤 邓子劲 丁　锐 方良迁 冯鸿锋 高杰聪 葛晓芦 龚晓勇 关安福 关锦鹏 郭慧军
郭俊扬 何澄滔 何国海 何俊健 何立铭 何志濛 贺　密 侯冬旺 侯　豪 胡大敏 黄富满
黄国炜 黄浩文 黄锦峰 黄　乐 黄廉斌 黄侨鸿 黄　滔 黄天湛 黄伟军 简柳锋 江文进
江益贤 江志锋 蒋付涛 孔祥新 邝世泉 赖培侠 蓝家豪 李　诚 李国军 李海宏 李　豪
李家辉 李俊良 李凯航 李啟捷 李绍东 李树仁 李维雄 李文斌 李优州 梁达峰 梁锋斌
梁国栋 梁健铭 梁景端 梁　俊 梁俊奇 梁伟明 梁宇程 梁粤铭 梁治平 廖景林 林锦雄
林子豪 刘杜钊 刘金结 刘培照 刘文凯 刘振烨 龙俊祥 陆伟杰 罗烨锋 马宗国 潘和涛
潘子聪 彭颂文 沈东鸿 苏志威 谭克剑 王　雷 王　勇 韦荣乾 魏家俊 吴家浩 吴嘉颖
吴荣加 吴正羽 伍境豪 夏伟荣 肖甲荣 谢铭军 谢水发 徐土新 徐　源 严旺龙 颜攸林
杨仙强 姚伟框 余伟杰 张丰岳 张浩博 张红鲜 张世聪 张维明 张伟宏 张迅文 张智远
赵慧明 郑剑锋 郑瑜明 郑志强 钟天文 周耀锐 朱　枫 朱　贵 朱林升 朱文劲 欧阳中胜

计算机网络技术

陈康胜 陈志聪 杜城印 何　凡 黄春伟 黄正龙 赖梓健 李剑生 李灼林 梁嘉立 梁健锋
梁俊添 廖　斌 廖茂杰 刘远科 卢开成 明　毅 潘梓鹏 邱国梁 申洁仪 孙伟健 谭　晶
王　恒 谢合泉 谢其锋 徐嘉铭 徐雄卫 许永才 薛海东 朱伟单 卓凯豪

计算机应用技术

曾耀宗 陈广达 陈恒强 陈健伟 陈　燕 程佩玲 崔文飞 邓俊敏 甘卓民 洪永亮 黄家历
黄钰成 李浩荣 梁志旺 廖远强 林文法 刘盛峰 卢明宇 罗　健 彭康霖 杨权宏 张　涛
钟智良 周林萍

建筑工程管理

陈其发 陈三妹 陈业辉 崔睦誉 符宏焯 郭亮言 黄丽金 黄　兴 黄卓明 江泽景 黎锦标
李楚滨 李文俊 梁清泉 梁艳婷 梁耀盈 梁羽平 林邦然 刘　羽 麦家文 石妍芳 史海涛
舒任良 谭水仙 吴锦明 吴钦滨 吴少华 许以钦 张　帆 郑烈钟 郑润桦 郑意梅 郑镇洪
朱国亨 朱穗城

建筑工程技术

蔡善聪 蔡晓坤 曾河军 陈楚亮 陈美好 陈铭濛 陈升乐 陈通辉 陈栩鑫 陈燕珊 邓文俊
翟艺扬 冯志强 冯梓浩 高燕兰 郭泽民 何锡怡 胡顺富 胡志成 黄　康 黄新健 蒋　春
李浩贤 李华聪 李嘉铭 李建聪 李君霞 李俊峰 李石东 李晓琳 李雄林 李志克 梁　佳
林嘉怡 林武才 刘赛连 罗林华 吕成坚 彭海龙 彭镇波 区泉健 谭达辉 谭凯文 谭宗源
涂健坤 汪华健 汪　巍 王嘉俊 王址锹 吴永考 谢超升 谢启鹏 许冰丽 许锦英 许锦珍
许泽青 薛月宏 严嘉琪 杨家辉 杨嘉俊 杨志丰 叶　成 张加伟 张建深 张俊峰 郑海标

郑远达　郑悦强　钟梓谦　周海群　周　淼　周　祥　周志恒　庄　悦

建筑学
蔡嘉敏　曾解元　曾绍康　曾新林　陈骥君　陈木城　陈若怡　陈小妹　陈鑫城　陈子聪　陈宗仁
成维玲　崔国勇　崔丽君　邓启源　董　建　董奕新　杜嘉倩　官琼莲　郭祖仪　韩沛熹　何周东
黄楚芬　黄　飞　黄广平　黄文杰　黄晓明　黄雄杰　黄子贤　江春诚　柯　端　邝云英　赖海怡
李立斌　李丽华　李连红　李伟龙　李文意　练志勇　梁坚谦　林楚坤　林桂升　林妙洁　林映波
刘华欢　刘秋霞　卢仁富　卢少杰　卢盈国　罗　辉　马绍仪　麦宗恒　明籽玘　莫变弟　潘会坤
潘子豪　庞帝斌　庞华泉　庞小燕　区金雄　邵沃新　沈本奖　沈思雨　史朝帝　宋清霞　苏壁华
苏娇雅　王　婕　魏晓聪　温亚玲　吴伟龙　吴文聪　吴侦满　冼颢圣　肖博宇　谢金枝　谢致鹏
杨海涛　杨良华　杨泽鹏　姚智杰　余锐锋　原梓昊　张家基　张伟祥　张　政　张梓昆　招启南
郑灿城　郑存宏　郑晓晴　郑泽锋　钟国华　钟少林　钟小玲　周建非　周　涛　朱家倩　庄文花

建筑学（室内环境设计）
何永恒　黎俊杰　梁恋童　廖嘉健　刘嘉莉　刘秋玲　刘雯婷

金融管理与实务
蔡德将　蔡惠潘　陈浩生　陈祖才　黄华祺　黄映佳　李祉滢　廖利红　刘丽燕　欧慧玲　潘舒华
叶泽花　钟铭浩　周珊珊

经济管理
毕国添　蔡　波　曾俊浩　陈晓梦　陈雨柏　邓颖君　高燕均　郭静怡　洪新意　洪秀云　胡林女
黄惠婷　黄莉峰　江惠智　蒋秋华　李碧惠　李淑妃　李晓莉　梁健君　廖智妍　刘　翠　刘　静
龙妙云　卢海连　罗唯维　邱丽君　汤嘉豪　唐世发　汪宝玉　吴春娥　谢燕葵　熊静静　徐小东
杨雪英　杨裕钊　叶文军　袁炳谏　詹　冰

汽车检测与维修技术
班艳亮　蔡洪禧　曾永阳　曾镇豪　曾　志　陈　彬　陈灿文　陈家悦　陈金林　陈景升　陈树森
陈天胜　陈维福　陈伟聪　陈炜钒　陈锡辉　陈宇鸿　邓豪超　邓永兴　董智滔　冯桂祖　冯思来
冯晓勇　冯志城　高志豪　何建辉　何健辉　何进喜　何俊焰　何烨雄　洪泳宏　黄飞箭　黄华生
黄杰兴　黄楷龙　黄敏波　黄敏杰　黄仕平　黄佑锦　黄兆俊　黄　政　吉承彦　江立卫　蒋汶志
蒋志坤　赖家民　赖文理　兰希龙　黎曜嘉　李　操　李海桃　李嘉智　李　健　李健威　李敬滔
李俊杰　李乙立　李奕琪　利权峰　梁炳华　梁家荣　梁添河　廖子超　林炳成　林光彪　林海彬
林应杰　林镇涛　林志炜　林梓钿　刘俊城　刘文达　刘泽均　龙俊东　卢锦明　罗清扬　罗生生
罗　燚　罗祖金　欧阳通　潘俊豪　潘俊杰　戚健锋　钱文晋　邱万节　邱显欣　沈江河　石广成
苏国锋　谭智钧　谭梓康　汤　灿　唐卓森　王东明　王浩达　王敬智　王举林　王　亮　魏志昂
温润琼　巫兴平　吴炳初　吴文坤　吴梓泉　伍炽锋　夏佳浩　冼浩斌　谢华乐　谢泽林　徐境烽
徐明泉　杨东柱　杨浩龙　杨满辉　杨意文　姚嘉成　叶世安　叶韦良　叶先平　叶懿城　余宝城
余满业　张俊辉　张俊淇　张俊武　张启基　张荣亨　张　威　张泳文　赵　斌　赵仕华　钟善熙
朱作铭　邹福兴　邹宇辉　欧阳宪操　司徒建航

人力资源管理
蔡彩玉　蔡惠芳　蔡燕芬　曹婉莹　曾丽君　曾　俏　曾燕妮　陈东梅　陈　豪　陈　欢　陈建浩
陈　杰　陈洁敏　陈柳雁　陈龙生　陈绮桃　陈若梦　陈诗欣　陈淑君　陈淑玉　陈熙文　陈彦妃
陈　艳　陈月霞　陈韵键　陈振鹏　戴文婷　单艳仪　邓素媚　邓　云　邓云芳　董佩怡　董润连
杜忠莲　杜梓茵　樊荣烽　范思棋　方建林　方中慧　冯锦辉　冯　钰　付　晶　傅　杰　郭杏仪
何炳坚　何　锋　何君怡　何科文　何　生　何为海　何耀标　何玉敏　洪妙玲　洪玉玲　胡家丽
胡俊钦　胡伶娟　胡晓兵　黄绮琦　黄斯华　黄素平　黄小花　黄晓敏　黄炎英　黄燕娟　黄镇洁
赖伙娴　赖晓婷　劳建金　黎丽敏　黎小嫡　李贝汾　李婵娟　李德成　李海珍　李嘉琪　李嘉颖
李南蕊　李倩文　李盛款　李诗婷　李思娜　李婷婷　李文莹　李召辉　梁翠娟　梁飞红　梁嘉韫

梁丽萍	梁晓琳	梁欣宇	梁梓威	廖萍萍	林耿	林惠君	林惠文	林郡媚	林丽纯	林丽华
刘安丽	刘炳凯	刘彩娴	刘家丽	刘茜	刘小静	柳嬅	龙汉华	龙间开	龙敏儿	卢晓雯
罗碧霞	罗国其	罗淑怡	罗月环	吕美娜	麦春江	莫舒婕	莫庭苇	莫燕玲	莫银	潘丽红
潘敏莹	潘卓麟	彭家欣	彭锦群	丘健仪	阮爱秀	沈晓明	苏家谊	苏雪如	谭卫东	汤定政
唐新贤	田茂茂	汪莉红	汪伟基	王静谊	王琪	王淑怡	翁晓芹	吴思颖	吴晓敏	吴紫清
伍冬运	谢洁雯	谢金梅	谢清云	谢雯诗	熊芷雨	许冰秀	许静凡	杨海英	杨洁贞	杨淑英
杨晓敏	杨艳威	叶东紫	叶锦亮	叶思考	叶伟旋	易嘉明	易雪梅	游小影	余秀妍	余艳玲
庾伟源	原健龙	张彩芸	张乐恒	张锐申	张晓雪	招海燕	郑莉莉	郑铭烽	郑小青	郑亚林
钟嘉慧	周伟东	周湘萍	周秀月	朱传珠	朱文利					

软件技术

陈康杰	陈文	官锦鹏	赖光辉	黎志锋	李航	李景添	李晓明	刘艺	罗华胜	孟浩杰
欧榕权	潘耀军	沈忽	沈洁琛	王启昌	杨础玮	杨嘉兴	周陈	朱晓芳		

商务英语

曾雪婷	陈彩云	陈洁莹	陈莉	陈美彤	陈敏诗	陈柔铃	陈彦如	陈应伦	戴富添	邓光平
顾思雅	郭泽健	何诗琪	胡梓珊	黄爱丽	黄嘉茵	黄恺琦	黄权辉	黄秀霞	江敏倩	金晓霞
赖兰莎	李光辉	梁嘉莹	梁斯婷	梁晓婷	梁晓彤	廖晓玲	林晓谊	林雪敏	林紫珊	刘铭慧
刘婉仪	龙定洲	卢海燕	罗嘉利	欧妙养	潘晓红	沈秋娟	苏梓悦	谭兴毅	王锦萍	王梓雪
魏铭辉	魏雅芝	翁丽冬	吴淑芹	谢金梅	许家晴	杨东清	叶丽华	叶素娟	叶钟盛	张美玲
张少娜	朱秋燕	朱晓云								

数字媒体设计与制作

曾锦杰	陈光辉	陈俊衔	陈梦眉	陈秋月	陈志健	方淑莉	关浩南	黄群荣	赖竞浓	赖玲珠
蓝小梅	李家恒	李建庭	李美玲	李翔玲	李晓敏	林嘉亮	林建煌	林宇浪	刘佳晨	刘妮
貌师	潘红丽	潘雪琪	陶卫	王梅桂	温彩茹	翁育庭	萧崇贵	谢凯新	谢婷	叶思汗
叶伟杰	尹芷珊	詹兆源	张金平	郑景调	钟其展	朱佳燕	朱家宝	朱健飞	朱怡冰	

行政管理

何伟斌	张世君

学前教育

黄苑芬	李恩妮

2020 届网络教育毕业生名单

本科

电气工程及其自动化

宾情茹	蔡坚达	蔡乐	蔡明辉	蔡晓雨	蔡曜焌	蔡泳仪	曹焰雄	岑毅文	曾桂廷	曾健彬
曾期靖	曾麒文	曾赟	曾智明	晁继国	陈柏年	陈端娜	陈锋明	陈富健	陈广友	陈国柱
陈汉青	陈河	陈辉源	陈健	陈锦振	陈坤杰	陈兰承	陈立辉	陈立勇	陈敏业	陈水清
陈伟铨	陈学祖	陈泳川	陈玉彬	陈赟	陈志彬	陈智聪	崔海涛	戴艳婷	党刘纪	邓昌雄
邓汝烨	邓天赐	邓兴谊	杜敏君	杜致艺	杜智强	范锦杰	房杰	封尊耀	冯柳	冯思远
冯永乐	冯展锋	冯志豪	符峰	符伟波	高丹	高健	高新	高子建	古玉印	顾爱云
关宁	关志坚	郭宝	郭丰	郭海蓉	郭佳成	郭家伟	郭浚涛	郭伟杰	郭文龙	郭泽鹏

郭钊文	韩　银	郝鹏伟	郝志友	何海雄	何晓筠	何　毅	侯河昌	侯家龙	胡碧贤	胡国杰
胡嘉侨	胡林志	胡荣国	胡晓鹏	胡新舟	胡志晖	胡志强	华永俊	郇国民	黄北娣	黄常伟
黄大杰	黄桂红	黄　辉	黄建城	黄　健	黄杰鹏	黄洁玲	黄金龙	黄金水	黄金幸	黄　军
黄理林	黄明波	黄明发	黄　琦	黄　全	黄伟贤	黄锡超	黄　野	黄　云	黄云志	黄振东
黄振荣	黄志亮	黄致衡	纪正超	贾建香	贾晓东	贾志文	姜大军	孔智敏	邝晓栋	赖琼芳
蓝境鹏	黎嘉成	黎丽绮	黎奕嘉	黎源枝	李　彬	李冠良	李海鹏	李　杰	李　捷	李俊麒
李龙龙	李敏熙	李鹏超	李瑞文	李三财	李思为	李婉雪	李文豪	李文善	李新华	李兴旺
李杏绮	李　洋	李宇坚	李宇轩	李志锋	李中岳	梁　昌	梁浩麟	梁洪茂	梁健培	梁结连
梁鹏程	梁婷芳	梁晓雯	梁耀安	梁一江	廖国冲	廖海权	廖建宏	廖洁香	廖淑潮	廖　雄
林嘉美	林良浪	林文强	林　悦	林兆雄	林志超	刘波兵	刘伯豪	刘博慧	刘常胜	刘朝李
刘　海	刘　慧	刘　佳	刘键伟	刘俊文	刘亮坚	刘仁术	刘山彪	刘水平	刘思勇	刘松华
刘　涛	刘伟宝	刘伟洪	刘文勇	刘小宾	刘小泽	刘晓东	刘晓霞	刘耀兵	刘怡东	刘　毅
刘战琪	刘志军	龙彦妃	卢广明	卢润贤	卢燕苗	陆　平	罗冠杰	罗建明	罗　炬	罗茂峰
罗显泉	罗新敏	罗振华	罗　峥	骆利生	骆应瑜	吕文龙	马　琛	马幸文	孟　飞	莫利军
莫小鹏	牛　飙	潘邦魁	潘碧玉	潘清河	潘瑞权	潘毅东	彭　德	彭建锋	彭　静	彭　强
蒲嘉琦	亓晋国	钱济强	秦　田	丘聪雄	邱妙伊	邱　敏	瞿　佳	任　星	阮　炜	沈伟斌
史相尧	舒道波	孙　勃	孙　宁	孙永文	谭建航	谭力源	谭　琳	谭维杰	谭益忠	谭远智
谭志干	汤彬琼	汤胜杰	唐家渊	唐上庆	唐文迪	唐艳吉	田　甜	童演欢	涂　利	万　青
汪　源	王婵婵	王　成	王大强	王　芳	王　飞	王飞洋	王　寰	王佳伟	王建宇	王　凯
王凯林	王　磊	王林周	王龙柱	王绮雯	王　乾	王　顺	王亚凡	王　勇	王裕伟	王子欣
魏湘丁	魏一璞	魏永清	魏　源	温日锋	温胜荣	温水荣	温　腾	文锦荣	文　凯	吴成才
吴楚乔	吴纯梅	吴　迪	吴贵霞	吴克剑	吴邝柯	吴品志	吴胜添	吴卫民	吴妍燕	吴漳斌
吴梓东	吴梓炀	伍洪辉	伍华庆	伍秋强	伍荣业	伍亚明	夏盼娟	夏志强	萧颖欣	肖锦颖
肖寅珩	谢春山	谢豪强	谢树松	谢天鸿	谢卫潮	谢卫平	邢艺馨	徐海晓	徐　晗	徐思进
徐献江	徐晓月	徐　艳	许　琳	许敏珊	许明山	许树雄	许晓奇	褟静妍	薛保国	薛　晶
严春林	严倩仪	严文明	严新雷	严旭桐	颜嘉欣	杨海斌	杨海飞	杨　辉	杨立海	杨　林
杨玲飞	杨庆芝	杨效岩	杨雅琪	杨子婵	姚保运	姚伯锦	姚国辉	姚建雄	姚啟平	叶建峰
叶健新	叶美琪	叶文康	叶卓蕃	余学耀	袁棋伦	袁思烁	袁有霞	原　野	张楚龙	张　帆
张华强	张　劲	张军利	张　林	张　祺	张强忠	张施华	张世顺	张坦铮	张文斌	张文祺
张　行	张秀波	张艺辉	张永杰	张振委	章　帅	赵持兰	赵瑞栋	赵学红	赵永胜	郑成杰
郑春丽	郑文琪	郑子飞	郑宗毅	钟　超	钟剑道	钟亮均	钟　略	钟修良	钟　毅	钟育金
周碧怡	周　川	周恒宇	周敬尧	周开勇	周　奇	周筱茜	周信汉	周学成	周咏聪	周运泰
朱宏宾	朱焕博	朱建国	邹　勤							

电子科学与技术

蔡胜万	曾奥玲	陈艳玲	邓美红	郭开福	黄　健	江小川	李会成	李清浪	李向茹	梁泽焮
林海利	凌勤芳	石春燕	夏　赢	肖群峰	张　峰	张文波	赵应明	周俊成		

法学

蔡文文	蔡宇雄	岑兴梦	曾志威	陈春莹	陈恩伟	陈　佳	陈佳庆	陈　江	陈　佼	陈晶晶
陈凯欣	陈立辉	陈立贤	陈　亮	陈敏珊	陈棋琳	陈乔璐	陈　婷	陈相宇	陈　勇	邓淑英
丁　寒	杜文豪	杜永华	朵晖林	冯巧灵	冯　燊	冯泽恒	付海霞	傅润琪	古晓奇	古梓恒
关　永	郭　鹏	何晨锋	何福爱	何杏莲	何泽雄	何卓涛	何梓珊	洪光辉	洪志斌	胡冠健
胡斯乐	胡彦飞	胡祉彦	华良悦	黄桂波	黄　力	黄树旭	黄婉琪	黄韦昶	黄伟华	黄炜锋
黄文泳	黄智禀	黄中来	黄梓亮	贾　洋	简家辉	简淑萍	简志健	蒋姗姗	赖　梅	赖振威
赖卓妍	蓝君妍	黎俊华	李彩霞	李常暖	李嘉颖	李锦豪	李　莉	李　亮	李谋万	李珊珊

李思慧	李文芳	李小敏	李雪梅	李亚琦	李玉珍	李兆波	李志鹏	李梓坚	梁楚湄	梁海波
梁 健	梁开魁	梁敏思	梁明杰	梁庭熙	梁雪儿	廖燕珊	廖哲维	林蓝颖	林斯敏	刘安琪
刘 东	刘东思	刘芳芳	刘红英	刘鸿杰	刘凯丽	刘婷芝	刘 毅	卢丽洁	鲁义瑞	陆洪宇
罗世锋	罗 霄	罗泽明	罗紫雅	吕 杰	吕 明	马冰玉	马 龙	马维鹏	马振轩	麦泳超
闵汉菊	莫妙婷	莫艳玲	欧阳涛	潘海荣	潘佳莹	潘佩瑶	彭毅好	祁 敏	秦 超	秦文江
丘惠萍	丘经德	邱 振	任 琼	任亚明	阮焯健	申晶晶	沈秋丽	沈少芬	石小萍	宋兆祥
孙 杰	谭浩贤	谭伟华	谭伟杰	汤诗敏	王凤侠	王立强	王林滔	王留芳	王晓丹	王秀荣
王育杰	韦女婷	吴鸿飞	吴嘉敏	吴祥伟	吴育伟	吴泽锋	伍江华	向 科	肖国超	肖燕丽
谢 静	谢晓君	徐小娟	严 明	杨彩霞	杨 皓	姚燕萍	叶美君	于宗江	余国宇	余 冀
余杰辉	袁振伟	张景致	张 军	张坤辉	张立显	张守军	张 玄	张勇华	赵立卉	赵 翔
赵宇成	郑文超	郑欣洁	钟创鑫	钟海丽	钟穗鹏	钟 鑫	周锭轩	周嘉裕	周建国	周俊益
周 乐	周茜雅	周文丽	朱 达	朱桂兰	朱剑云	朱健峰	朱钰鹰	朱志标	朱子微	
阿卜杜拉·阿西木		祖丽皮亚·阿不都艾尼			木热阿地力·艾尼瓦尔		努尔艾力·努力买买提			
苏皮亚·吐来克										

高分子材料与工程

陈梦平	陈尚德	陈尚明	成文浩	褚绥红	崔志华	邓楚雯	高国成	耿 涛	何广源	胡礼红
胡立千	黄坤梅	黄 娜	黄特立	黄招娣	黄志兴	康惠滢	雷江宏	李丽华	李鹏泽	李婷婷
李文慧	李 宇	李玉云	李志星	梁鸿毅	廖镜波	刘理伟	刘利军	刘志强	卢振广	罗田元
孟德耀	聂洁华	潘学知	祁 鹏	沈继伟	石军朋	宋 辉	苏李金	孙凯峰	覃时泉	谭进健
汪业暄	王春焕	王 飞	王亚敏	韦荣钊	吴海玲	吴伟焕	夏冠明	向金凤	向 伟	肖博友
徐政委	薛晓歌	杨汉斌	杨 宏	杨志亮	于 敏	余华林	占 蕾	张利娟	张 瑞	张天有
张 扬	张 颖	赵敏延	周有松	朱 伟	朱伟良	左 伟				

工程管理

卜全仁	蔡春玲	蔡丽霞	蔡映创	蔡越城	蔡泽旭	曹 满	曾柏钦	曾利敏	曾森东	曾庆健
柴雄强	陈灿坚	陈 翠	陈 东	陈东炜	陈凡优	陈 飞	陈飞宝	陈国和	陈海琼	陈海英
陈海勇	陈洪艳	陈华娜	陈 晖	陈慧霞	陈剑宇	陈锦星	陈进洲	陈景荣	陈俊每	陈俊涛
陈俊旭	陈凯冰	陈 康	陈康乐	陈力嘉	陈丽芳	陈良喜	陈梦华	陈明建	陈念熙	陈培鑫
陈启源	陈秋梅	陈帅辉	陈思欣	陈斯麒	陈 婷	陈 威	陈伟强	陈卫燕	陈祥钦	陈小艺
陈晓强	陈晓文	陈晓忠	陈 雄	陈言梅	陈彦成	陈燕玲	陈扬洲	陈怡璇	陈义兴	陈永舞
陈 宇	陈玉亮	陈 源	陈泽鑫	陈志鹏	陈志文	陈智坚	陈子朝	陈子桥	谌海常	谌燕茹
程丽萍	程利霞	楚良慧	崔伟杰	崔晓婷	崔云锋	邓嘉亮	邓民红	邓斯允	邓潇琪	丁瑞丽
董 剑	杜少萍	杜学杨	杜宇中	杜长友	顿丽勇	樊剑峰	樊 玲	范梦映	方 艺	方志坚
费世海	封金梅	冯栋汉	冯方正	冯健平	冯锦辉	冯景斌	冯 婷	冯彦婷	冯宇锋	冯韵妮
符月凤	傅铒总	高美琦	高锡文	高 洋	古明昌	古中良	关辉明	关锦燊	关照培	郭丙焕
郭发明	郭晓维	郭燕芳	郭玉凤	韩 宁	杭 运	何海锋	何海燕	何 华	何军旺	何启臻
何青梅	何绍锋	何伟荣	何宇豪	贺友才	贺圆芳	洪东升	洪谷贺	洪景武	洪 沛	洪允湘
洪志楷	侯静霜	胡爱峰	胡爱雄	胡 刚	胡嘉诚	胡 敏	胡晓鹏	胡学亮	胡耀天	黄灿辉
黄 成	黄海堂	黄家骏	黄健锋	黄杰梅	黄礼军	黄美英	黄敏芳	黄沛桂	黄 卿	黄绍海
黄绍琼	黄仕冠	黄伟豪	黄喜佳	黄晓君	黄晓敏	黄秀娟	黄学超	黄雪芳	黄雪晶	黄 扬
黄 勇	黄育加	黄云松	黄政杰	黄志锋	黄志强	黄志炫	黄智滔	暨彩燕	江海天	江辉阳
江文举	江学鹏	江岳辉	蒋祥清	蒋颖欣	金焕景	晋国栋	柯金桥	柯三妹	柯思诗	邝锦豪
邝敏莹	赖嘉驹	赖珊珊	赖勇维	郎 挺	劳英杰	黎次怀	黎丹妍	黎浩彬	李成强	李崇源
李翠芳	李福庆	李国贵	李国军	李海欣	李虹娇	李华华	李焕坚	李卉艳	李慧敏	李景冲
李 娟	李 莉	李日莲	李荣春	李诗琳	李思茵	李贤妹	李晓娇	李欣彤	李秀仪	李旭东

李雪霞 李彦辉 李玉婷 李志东 李志媚 练燕翔 练志聪 梁　丰 梁凤霞 梁建光 梁建华
梁君仪 梁佩佩 梁仁章 梁锐铿 梁师文 梁树洲 梁万昌 梁文添 梁晓凤 梁艳菊 梁正驰
梁正忠 梁智棋 梁子乐 廖慧迎 廖明威 廖素芬 廖熙文 廖小军 林　超 林楚欣 林　栋
林家成 林俊溪 林丽群 林丽珊 林明艳 林祺轩 林上河 林水华 林伟峰 林燕贞 林倚茔
林雨思 林子林 刘东雪 刘　飞 刘嘉辉 刘建成 刘剑聪 刘君略 刘丽芳 刘丽婷 刘梦婷
刘　茜 刘倩琳 刘水娇 刘新霞 刘　鑫 刘星辰 刘燕成 刘志英 刘智峰 刘忠毅 刘子成
龙常青 卢伯涛 卢甫星 卢广斌 卢建容 卢志源 陆明枝 陆思聪 伦汉华 罗诚标 罗　铖
罗桂娴 罗国辉 罗健太 罗景伦 罗淑丹 罗雪青 罗雪文 罗英武 罗颖基 罗泽洲 马化贤
马佳盈 马茜勤 马晓辉 麦嘉舜 麦绮罗 麦志雁 毛　源 毛　政 莫丽娟 莫马景 莫　伟
倪一焜 欧丽芳 潘浩铎 潘宜煨 潘毅华 庞金翠 彭蔼恩 彭绍荣 彭燊权 彭渭泉 彭志光
蒲广斌 戚玉枝 钱佳明 邱基伟 邱新军 邱艳辉 邱　瑶 邱贞华 区秀凤 茹东汉 阮中渊
邵健明 邵子谦 佘慧敏 佘卓达 申保琳 沈衍芬 盛宏伟 史　静 苏国斌 苏毅文 苏勇文
孙　蕾 孙立强 孙琼慧 谭淑琼 谭思俊 谭新花 唐碧霞 唐胜峰 唐颖坚 田　薇 汪　羚
王才生 王　超 王　东 王凤祺 王　锋 王海龙 王　辉 王　锦 王科强 王丽娣 王　莉
王伦喜 王　青 王旺旺 王伟龙 王晓珍 王艳丽 王　燕 王莹莹 王振国 王振杰 王震林
王作智 韦高斌 韦丽芳 魏戈锐 魏金丽 魏明珠 魏峥伦 温杰强 温雅晴 巫　红 吴达明
吴国伟 吴　辉 吴嘉豪 吴金锗 吴静丽 吴俊超 吴俊毅 吴坤东 吴梅华 吴沛霖 吴珊珊
吴小亮 吴雪源 吴迎欣 吴远钞 吴仲沐 伍剑锐 伍锐强 伍时浩 伍英华 伍振斌 冼念家
向　娜 项　兰 肖玲叶 肖润青 肖志光 谢江云 谢　锟 谢丽娟 谢向林 谢　仪 谢永明
谢玉玲 谢智昊 徐锦豪 徐旭斌 徐志伟 许景何 许铭海 许玉婷 许湛球 许卓元 薛德祥
严桥龙 杨春秀 杨　帆 杨木元 杨启东 杨起才 杨　清 杨秋凤 杨秋耿 杨炎生 杨以强
杨玉凤 杨玉婷 杨源源 杨月泉 杨　宙 姚春胜 姚欣敏 姚志明 叶秉彦 叶丹妮 叶　飞
叶嘉琪 叶嘉旺 叶建军 叶　琴 叶日明 叶　帅 叶　伟 叶志成 殷陈志 尹成甜 游嘉乐
余海通 余亚军 喻江伟 袁伟杰 袁裕宏 袁　震 袁子创 詹丽娜 张唱唱 张　晶 张　靖
张丽华 张　燃 张如珠 张神勇 张婉茹 张伟光 张伟敬 张伟明 张雪莲 张雅静 张砚秋
张艳龙 张志强 张志松 章　辉 章　雨 招硕慧 赵嘉琪 赵丽华 赵瑞殷 赵有强 赵梓裕
郑桂杰 郑康杰 郑康森 郑梅清 郑琼波 郑思松 郑艳芳 郑艳芳 郑永凤 郑玉穗 郑育宾
郑宗颖 钟妙玲 钟　敏 钟　英 钟雨君 钟政洪 仲刚善 周宝华 周风祝 周丽亚 周　娜
周盼敏 周小露 周杏珊 周泳贤 周长河 周昭彦 朱百齐 朱广东 朱小林 朱燕梅 朱叶娥
朱　毅 朱颖君 朱志锐 子学纲 邹建良 邹祖贵 左　建 司徒智伟

工商管理

白丽媛 蔡乃冰 蔡祺钦 蔡韶东 蔡卫斌 蔡学杰 蔡亚雄 蔡茵欣 蔡颖欣 蔡志锋 曹　凛
曹文慧 曾　斌 曾丹萍 曾凡芷 曾海清 曾嘉俊 曾军辉 曾俊锋 曾康洁 曾露斯 曾青松
曾瑞平 曾仕兵 曾穗仪 曾文村 曾　雯 曾小静 曾雅文 曾燕琴 常苗苗 陈超万 陈楚文
陈翠桦 陈锋剑 陈桂芬 陈浩辉 陈湖煊 陈辉海 陈惠平 陈佳平 陈家杰 陈嘉南 陈建平
陈建文 陈健航 陈健容 陈洁莹 陈结铧 陈金乐 陈景俊 陈觉敏 陈军霖 陈俊斌 陈俊欣
陈克庸 陈朗熙 陈丽慧 陈丽丽 陈丽宜 陈梅华 陈美霖 陈　萌 陈能合 陈倩然 陈倩如
陈秋霞 陈瑞莹 陈润辉 陈世谋 陈　双 陈舜华 陈思碧 陈思婷 陈思韵 陈素民 陈　涛
陈婉芳 陈伟杰 陈炜炜 陈相如 陈小华 陈小玲 陈小明 陈小平 陈晓真 陈欣铃 陈新源
陈杏茜 陈旭明 陈雅姿 陈彦彦 陈　燕 陈　杨 陈杨繁 陈　瑶 陈倚祺 陈毅能 陈颖怡
陈永超 陈勇强 陈优井 陈宇珊 陈　芸 陈志峰 陈志华 陈志权 程　林 程　雪 池纯钦
崔杰霞 代　燕 戴键龙 戴小兰 邓潮兴 邓建阳 邓凯婷 邓汝松 邓伟志 邓喜文 邓杏仪
邓燕芬 邓志城 邓子枫 丁永俊 董汉英 董美玲 杜巧仪 范静怡 范　梅 范欣玲 范竹银
方　芳 方剑伟 方　宇 房珍珠 冯嘉明 冯健瑛 冯绮婷 冯婉明 冯晓雯 冯　燕 冯志华

奉继云	伏仕伟	符惠诗	符斯琪	符宇荣	傅国文	傅金玉	甘雪椿	龚宇宁	龚玉婷	古 帆
古行劲	古志鹏	关嘉柱	关文雄	关永成	郭岱妮	郭冠智	郭嘉诚	郭杰辉	郭妙纯	郭琴琴
郭伟杰	郭杏丽	何海清	何汉胡	何 娇	何景元	何 静	何丽利	何利雅	何敏妍	何秋波
何如霞	何瑞甄	何 珊	何晓君	何 印	何咏琪	何智龙	贺翠婷	贺 娴	贺雄威	贺 妍
洪哲军	侯玉容	胡海斌	胡 宏	胡嘉泳	胡 亮	胡明钧	胡玺文	胡 震	胡志应	花利红
华美花	黄才湧	黄彩华	黄昌健	黄崇俊	黄淙杰	黄翠芬	黄翠琴	黄德海	黄帝坤	黄凤燕
黄海锋	黄浩明	黄红新	黄慧英	黄嘉敏	黄建文	黄杰豪	黄洁莹	黄锦刚	黄静敏	黄俊伟
黄开甲	黄凯迎	黄丽琴	黄烈水	黄林浩	黄 琳	黄露露	黄满其	黄宁宁	黄秋伟	黄荣飞
黄润坤	黄诗婷	黄世东	黄斯婷	黄 涛	黄伟强	黄文静	黄文远	黄晓东	黄晓俊	黄晓敏
黄醒辉	黄雄钲	黄学智	黄雪华	黄 雅	黄映娟	黄 勇	黄玉明	黄玉泉	黄韵欣	黄昭怡
黄振威	黄振衡	黄志鸿	黄志坚	简家欣	简丽荧	江满安	江炜健	江钊杰	蒋克娇	蒋玲梅
蒋志豪	蒋智超	金 英	柯 申	邝 鹏	邝燕芳	赖国荣	赖剑云	赖 鸣	赖阮卿	赖伟静
赖晓莹	赖轶熙	蓝晓峰	雷健超	雷学智	黎俊良	黎敏清	黎胜威	黎细红	黎雪英	黎业欣
黎灶燕	黎紫华	李贝贝	李财华	李常红	李东卫	李海森	李焕焕	李辉祥	李 佳	李佳棋
李佳易	李嘉励	李健英	李 康	李可茵	李林峰	李 霖	李灵玲	李佩霞	李佩荧	李 频
李平洋	李秋霞	李瑞强	李姗姗	李淑欣	李婷伟	李伟俊	李文博	李小丽	李晓梅	李晓欣
李耀森	李奕朋	李银萍	李银银	李元龙	李振华	李志强	李智豪	李中兴	李柱辉	连韦韦
梁趁心	梁楚健	梁 创	梁春晓	梁国杰	梁华伟	梁嘉伟	梁健欣	梁金灿	梁锦昌	梁菱斐
梁铭泽	梁庆强	梁荣坤	梁润妮	梁少华	梁世伟	梁婉婷	梁晓艳	梁星武	梁雪芬	梁雪仪
梁 阳	梁颖怡	梁玉玲	梁志媚	梁子城	梁子鹏	廖靖文	廖龙英	廖 琦	廖志峰	林柏强
林柏希	林 彩	林达晖	林进威	林 静	林莉花	林漫燕	林敏玲	林敏婷	林日豪	林少君
林 伟	林伟芬	林伟勇	林炜峻	林 文	林小花	林晓燕	林彦思	林燕佳	林燕平	林椰璇
林艺强	林颖乔	林玉静	林峥嵘	林梓健	刘冰兵	刘福明	刘观平	刘 欢	刘 辉	刘慧欣
刘建航	刘建伟	刘结茵	刘俊桦	刘 骏	刘丽娟	刘丽平	刘林峰	刘 木	刘启江	刘荣英
刘 锐	刘时香	刘淑女	刘斯丽	刘滔权	刘桃燕	刘 韦	刘显灵	刘欣然	刘燕君	刘奕镇
刘颖红	刘裕军	刘正林	刘志梁	刘宗强	柳 维	柳 滢	龙 芳	卢 丹	卢惠斯	卢济锋
卢家伟	卢培凤	卢绮琳	卢小斌	卢永杰	卢 玉	卢云锋	卢子君	鲁 钰	陆娇莉	陆舜坤
陆婷婷	罗东海	罗汉波	罗佳佳	罗嘉欣	罗嘉懿	罗健斌	罗杰浩	罗美玲	罗妙璇	罗启良
罗少威	罗思梅	罗太雄	罗文康	罗杏芳	罗阳星	罗永俊	罗 宇	罗玉婷	罗振中	骆美英
吕 铭	吕琼芳	吕文健	吕秀萍	吕永胜	马铎钏	马 军	马 俊	马乐华	马 铭	马松汉
马文瑞	马小君	马学锐	麦嘉崇	麦景淋	麦竣乔	麦庆流	毛文龙	苗 亮	莫肖玲	牟秋燕
穆 岚	倪海荣	聂 漂	农春花	欧明亮	欧阳峰	潘凯敏	潘杨利	裴玉琼	裴增聪	彭金英
彭娟娥	彭莉媚	彭 亮	彭晓花	彭 旭	彭烨婷	彭云连	蒲红英	乔亚丽	秦 彬	秦 博
秦向东	丘嘉霖	邱森连	邱泽慧	区雁儿	冉小兵	阮淑冰	尚永桂	邵 聪	申淑宇	沈 军
沈 艳	沈煜琼	施文锐	石宁海	宋瓃滔	宋玉平	宋煜霞	苏灿丽	苏凤兴	苏健燊	苏俊任
苏娉红	苏荣荣	苏伟文	孙海东	孙海英	孙乐芬	孙 祺	覃结嫦	覃金龙	覃运强	谭炽连
谭国权	谭嘉颖	谭 萌	谭 申	谭诗运	谭旭辉	谭运香	谭志强	汤健聪	汤健林	汤立华
唐彬强	唐 超	唐 凯	唐松桐	唐新民	唐秀芝	唐雪芳	唐雪梅	唐 勇	陶 芳	陶 婷
田 甲	涂玲微	涂淑娟	万原亨	汪来军	王 丹	王堆楷	王 慧	王 姬	王继浩	王寂涵
王嘉韵	王剑华	王江淮	王金勇	王俊琴	王丽河	王 亮	王美燕	王敏萍	王 娜	王 萍
王倩瑶	王琼燕	王秋瑜	王汝国	王帅康	王思博	王熙平	王霄羽	王晓微	王晓艳	王兴贵
王 颜	王 雁	王一缔	王 瑛	王壮艳	王子园	王作龙	韦 芬	韦勋雷	魏安生	魏彩华
魏春华	魏冬文	温坤枢	温丽丽	温瑞雯	温智婷	文锦程	文亮华	翁 涵	翁栩瑜	邬文俊
吴春运	吴 诞	吴东研	吴桂旭	吴国豪	吴家杰	吴家鹏	吴建城	吴洁宜	吴丽红	吴 珊

吴婷婷	吴炜佳	吴卫星	吴文利	吴小留	吴小媚	吴晓红	吴晓玲	吴栩青	吴泳斌	吴泽填
吴增杰	吴占鳌	吴志棚	吴子聪	伍佩燕	夏春华	夏小娥	夏亚玲	肖灿杰	肖晖涌	肖嘉玲
肖小燕	肖志玲	谢东平	谢杰明	谢 靖	谢礼军	谢丽玲	谢丽婷	谢锐锋	谢锐凯	谢 涛
谢添远	谢文锋	谢文鑫	谢永安	熊 飞	熊文烽	徐 凯	徐品青	徐顺汝	徐伟烨	徐晓芳
徐晓敏	徐 昕	徐欣琳	徐铱洽	徐 远	徐志泳	徐梓豪	许博博	许吉超	许李辉	许 青
许兴帮	许一学	许煜浩	许展鹏	许志培	宣承浪	禤柳清	闫学庆	杨爱玉	杨炳芬	杨彩云
杨 柽	杨洪杰	杨蕙榕	杨佳芝	杨杰莹	杨进伟	杨俊杰	杨柳菁	杨苗绿	杨 祺	杨 森
杨世豪	杨书勇	杨水玲	杨庭备	杨永达	杨 瑜	杨宇虹	杨展航	杨展华	姚 辉	姚丽敏
姚美玲	姚湧霞	叶铖鑫	叶 枫	叶国彬	叶海彦	叶惠如	叶 琳	叶笑冰	叶心怡	叶 欣
易爱俐	尹朝朝	尹健晖	尤永麒	游文颖	余嘉豪	余沐生	余显辉	余晓日	庚楚倩	袁金莹
袁丽萍	袁明金	袁拥军	张春梅	张富迪	张浩然	张 辉	张慧珊	张锦浩	张军民	张君勇
张科赛	张立娟	张立俊	张立炜	张 丽	张美惠	张珮怡	张 权	张锐锋	张少权	张舒敏
张松坚	张 涛	张婉婉	张伟通	张向军	张晓欣	张 艳	张 燕	张 燕	张业丽	张 艺
张映霞	张跃辉	章 瑶	章展玮	赵柔华	赵仪泰	赵玉玲	赵志超	赵紫艳	郑创锋	郑拱萍
郑浩东	郑 杰	郑洁璇	郑礼梨	郑良杰	郑美云	郑霓晖	郑维欢	郑晓韩	郑晓华	郑 旭
郑银龙	钟彩娴	钟佶征	钟锦安	钟丽君	钟美好	钟晓鸣	钟心怡	钟秀芬	钟演婷	钟燕雄
钟毓君	钟志敏	周冰玲	周博闻	周海洋	周浩民	周嘉美	周黎明	周连县	周美琼	周楠熹
周秋平	周婉雯	周祥惠	周永强	周作铭	朱靖海	朱林娟	朱 妮	朱乾双	朱燕琴	庄汉彪
庄慧敏	庄礼忠	庄妙玲	卓 芳	邹冬红	邹 烽	邹嘉庆	邹建英	邹 琦	邹盛吉	邹淑婷
邹 婷	欧阳惠英									

国际经济与贸易

蔡丽霞	曹文娟	曾佩媛	常金艳	陈敏华	陈扬洋	陈 洋	邓智莹	冯彩萍	冯燕玲	龚礼敬
关小玲	何婉清	贺 勇	胡惠妍	胡 莎	胡诗慧	黄永裕	黄志丽	江文姗	柯小燕	孔国伟
李佳奇	李结琼	李岚甫	李晓娴	李晓月	李姚缓	李玉妹	梁彬杰	梁锦萍	梁燕珊	廖秋嫦
廖新婷	林欣茹	林 雅	刘会宝	刘晓梅	刘欣欣	刘燕龙	刘 洋	刘 颖	卢 静	卢晔彤
鲁 冰	陆晓霞	陆 振	罗 锋	罗康伟	麦凤香	孟步飞	倪创慧	聂 乐	潘 玲	戚雯霞
孙 雷	覃活萍	覃婉红	田宗志	王春苑	王海东	王晓珂	巫翠红	吴春意	吴绮婷	严研文
杨慧慧	仰爱荣	叶姗姗	尹桂宽	詹 燕	张洪燕	张淑红	张文凤	张 艳	赵 芮	郑美凤
周凤娥	周建兰	欧阳嘉丽								

会计学

艾春梅	贝燕娟	蔡冬秀	蔡桂钿	蔡丽英	蔡志敏	曹爱丽	曹 洁	岑家桦	岑健玮	曾凤英
曾丽苗	曾丽珍	曾莲莲	曾美兰	曾 涛	曾伟芳	曾雯雯	曾湘玉	曾永梅	曾玉婷	曾芷言
车燕玲	陈彩虹	陈彩诗	陈 聪	陈丹婷	陈华清	陈华容	陈佳俊	陈 健	陈 洁	陈来娇
陈来明	陈立玲	陈丽芳	陈丽敏	陈丽秀	陈镘洁	陈梅桂	陈美兰	陈妙霞	陈 茜	陈乔茜
陈钦彬	陈庆敏	陈秋霖	陈荣娇	陈 容	陈思敏	陈思韵	陈斯敏	陈素芬	陈文娟	陈文科
陈小丹	陈小敏	陈小庆	陈晓冬	陈晓慧	陈晓茸	陈晓雄	陈 昕	陈幸婷	陈雪银	陈燕芬
陈燕双	陈奕珊	陈颖欣	陈勇平	陈宇鹏	陈宇晴	陈玉芳	陈玉瑞	陈玉霞	陈运财	陈梓珲
陈紫蕴	成其凤	程 敏	程淑娴	程燕玲	储顺银	褚婷婷	邓 博	邓 杰	邓佩欣	邓施婷
邓淑芳	邓婉婷	邓苑红	邓哲毅	翟秀红	翟英菊	丁陈敏	丁湖群	丁 磊	丁 曲	杜凤娟
杜利芳	杜艳嫒	范 蓉	方楚娟	方丽虹	冯宝如	冯秋玲	冯文思	冯小丽	冯晓洁	冯秀琼
符珍丹	付丽珍	付美娇	付艳霞	付 瑶	甘 霖	高洁纯	高艳婷	高颖君	葛丽群	龚 秒
龚嫒嫒	古芯卉	谷秀芳	关碧云	官仪慧	郭焕珍	郭丽华	郭颖聪	何惠婷	何家城	何嘉敏
何静文	何娟娟	何沛珊	何绮琪	何倩韵	何庆瑶	何 琼	何素萍	何一帆	何玉婷	何跃秀
何梓林	贺 燕	洪耿蓉	洪永盛	侯静文	胡慧慧	胡小婷	胡晓雯	胡新霞	胡智颖	黄爱萍

黄彩云	黄丹萍	黄冠华	黄鹤	黄惠燕	黄慧	黄慧欣	黄嘉茹	黄嘉钰	黄丽琼	黄丽仪
黄丽瑜	黄柳华	黄曼芳	黄媚	黄敏玲	黄琪	黄巧云	黄琼	黄秋实	黄秋颜	黄润玲
黄珊	黄思婷	黄婉玲	黄晓萍	黄晓雪	黄欣琪	黄瑶	黄宇婷	黄钰滢	黄韵晖	黄振峰
霍静文	霍敏红	贾祥宇	江璐璐	江敏仪	江顺仪	江婉榕	江婉莹	江艳芳	江银珍	姜洋洋
姜禹宏	金婉婷	晋会敏	柯惜凤	柯晓龄	孔靓	匡娟	邝颖欣	邝芷君	赖丹	赖琼莲
赖新娇	赖裕玲	赖月秀	赖芷雅	黎慧琳	黎妙玲	黎庆芬	黎燕廷	李斌	李楚兴	李春玲
李飞鹏	李凤茹	李浩斌	李家贞	李健	李洁玲	李金锐	李金婷	李金婷	李俊宇	李美娟
李苗	李佩雯	李峭敏	李群芳	李群枝	李珊瑜	李诗敏	李淑华	李皖珍	李西西	李仙娣
李显	李湘湘	李晓晓	李秀萍	李雪	李雪梅	李雪艳	李雪艳	李艳君	李燕凤	李燕珊
李泳婵	李宇玲	李玉梅	李玉萍	李月兰	李悦芬	李筠渝	李志玲	梁彩丽	梁慈	梁惠霞
梁洁	梁结琼	梁丽燃	梁美珍	梁思婷	梁文英	梁文湛	梁晓华	梁旭	梁艳	梁玉燕
梁植彪	廖慧玲	廖璐琳	廖佩瑜	廖淑谊	廖一妹	林丹洁	林丹妮	林邓	林江霞	林金丽
林锦漫	林丽凤	林媚	林培娟	林平津	林庆	林秋旋	林素芳	林小凤	林晓纯	林鑫瑚
林秀浓	林莹	林幼华	林月芳	凌子敏	刘彩群	刘丹瑄	刘欢丽	刘佳	刘家欣	刘静玲
刘静琪	刘娟	刘丽萍	刘玲	刘梦菲	刘敏	刘佩伶	刘若男	刘舒钢	刘婷	刘晓芳
刘晓飞	刘晓敏	刘晓旭	刘馨怿	刘雪芹	刘艳英	刘玉玲	刘玉如	刘珍	龙志宏	卢惠仪
卢洁怡	卢娟	卢君明	卢妙仪	卢敏洁	卢南锯	卢婉君	陆芳兰	陆广丽	陆伟琳	罗嘉怡
罗丽英	罗美琪	罗秋儿	罗婉如	罗伟珍	罗燕芬	骆安源	骆翠婷	骆靖君	吕宁	马冲
马丽娜	马永华	麦铭诗	麦伟鸿	麦文影	麦燕萍	梅树明	蒙伊琪	孟玲佳	孟世鸿	莫小雯
倪征宇	聂红玉	聂剑峰	欧伟蓝	欧燕红	潘思敏	潘亚	潘燕	彭丹丹	彭芬芬	彭嘉颖
彭平	彭学武	彭一钦	彭怡蕊	彭颖	彭忠香	戚倩仪	秦飞	丘丽萍	邱丽霞	邱炜灵
邱雪梅	区燕玲	瞿亚能	任小林	荣蓉	阮小红	沙玉莲	邵惠玲	邵晓华	沈群照	沈森鹏
施翠欣	石智仁	时晓萍	史君燕	史淑桢	舒亚平	宋爱华	宋丽梅	宋振华	苏小燕	苏艳春
苏燕玲	苏银娜	孙红红	孙淯鑫	孙平朱	谈艺玲	覃春芳	覃艳玲	谭文娟	谭燕君	唐密
唐青花	田嘉琪	涂玲	涂文静	涂雅馨	汪丹丹	汪小燕	王春莲	王德严	王珂	王来娟
王丽芬	王柳	王楠	王庆武	王琼	王群超	王抒琴	王文芳	王小飞	王小凤	王小艳
王燕艺	王义群	王钰萍	危稳萍	韦洁红	韦晓嫒	魏洁芬	魏秋燕	魏小灵	温海燕	温淑芬
温旺娣	温文颖	翁腾锋	巫艳	吴超兰	吴丹娜	吴冬园	吴菲	吴洁怡	吴丽萍	吴思睿
吴腾辉	吴伟宜	吴英慧	吴允园	吴智颖	吴卓晏	伍满娥	伍梅秀	伍素玲	冼艳	向遥
萧凤仪	萧颖珊	肖珊	谢旦清	谢琳娜	谢宁湘	谢苏丹	谢祥芸	谢燕兰	谢运谊	胥玉
徐东泽	徐栋如	徐飞凤	徐飞来	徐玲梨	徐敏仪	徐倩茹	徐婷婷	徐艳	徐燕梅	徐奕聪
徐永菊	徐裕宜	许敬玲	许俊豪	许丽芸	禤炎	薛堃	严春柳	严家颖	严玲	杨姹姹
杨慧	杨嘉欢	杨丽莹	杨琳	杨琳	杨秋	杨婉仪	杨雄英	杨秀丽	杨艳敏	杨燕娜
杨瑜	杨再瑞	姚婷	叶美虾	叶善庆	叶勋伦	叶雨南	叶玉琼	殷慧清	尹淑霞	尹小琴
游彦文	于亮	余姗姗	余晓棋	余心野	袁慧娟	袁葵好	湛朝清	张爱平	张彩霞	张丹丽
张慧莹	张吉平	张嘉宝	张嘉铃	张嘉敏	张金萍	张敬	张兰	张岚	张立	张丽鸣
张萌	张蒙	张明明	张萍	张秋玲	张升	张诗怡	张薇	张小芳	张小洁	张小丽
张晓惠	张晓丽	张晓文	张信倩	张秀丽	张燕贞	张耀彤	张宇倩	张祝佳	赵春艳	赵静
赵娟娟	赵蕾蕾	赵伟容	郑兵纯	郑国庆	郑佩佩	郑琼	郑小严	郑晓燕	钟海燕	钟佩
钟婉莹	周春林	周芳琼	周海浪	周疆兰	周兰	周沛姬	周倩	周少华	周穗婷	周外香
周小军	周银香	周媛	周月	朱敏	朱平平	朱荣政	朱小君	朱旭英	庄婉雪	宗士伟
邹玲玲										

机械电子工程

白仁君	柏国龙	柏国忠	曾华光	曾杰强	曾俊鑫	陈灿基	陈枫雯	陈光宁	陈杰武	陈胜勇

陈伟健	陈志威	戴远锋	邓邦荣	丁永君	樊文豪	付国桥	高 俊	戈 安	宫 昊	古卓杰	
何加权	何文瑜	何学江	贺佐香	胡广金	华金裕	黄国爱	黄恒华	黄 怀	黄 健	黄 杰	
黄金明	黄伟立	黄雪平	季 鹏	江国贤	康洪榕	孔毅劲	邝永全	劳虎杰	黎友东	李达成	
李德杰	李建洋	李 剑	李俊杰	李立祥	李少亮	李志明	梁新芳	廖海传	廖建训	林绍任	
林艳纯	林叶青	刘碧波	刘洪威	刘 力	刘清相	刘新东	罗良潞	罗聂飞	罗万顺	罗子然	
吕恒彬	马超汉	梅冰洲	欧荣聪	潘丽敏	潘耀华	彭伟业	彭亚辉	邱海新	邱树祥	饶凌峰	
申彬彬	宋能兵	孙利群	孙榕嘉	谭 洪	谭建志	谭健林	谭洋华	唐伟强	唐 毅	唐 智	
陶惠权	田 艳	王国红	王 华	王俊涛	王其成	魏浩宁	温信子	温永远	巫艺嘉	吴智铭	
吴宗维	武勇超	肖高川	谢嘉杰	谢凌勇	徐广烨	许泽新	薛志翔	严詠瑜	晏伟红	杨灿辉	
杨 浩	杨家强	杨体鹏	杨 微	叶 超	易 鹏	殷伟强	尹佩仪	余腊安	岳 杰	张 皓	
张金奎	张 军	张 珂	张亮亮	张文杰	张小燕	张晓庆	张志勤	张智勇	赵经国	郑洁波	
郑俊潮	郑泽禹	钟家健	周超志	周 平	周 睿	周顺君	朱俊铭	庄为荣	邹东升		

计算机科学与技术

鲍 雨	蔡广健	蔡焕群	蔡奕辉	曹 海	曹 键	曾爱华	曾丽花	曾玲燕	曾木庆	曾 珊	
曾 涛	曾伟逊	曾宪伟	曾雪莹	陈翠芬	陈 刚	陈 琪	陈华辉	陈佳宇	陈嘉惠	陈江城	
陈锦聪	陈俊庭	陈妙辉	陈乾斌	陈 琼	陈文标	陈文健	陈文鉴	陈显铮	陈欣旺	陈 新	
陈 旭	陈旭青	陈彦涛	陈亿民	陈志伟	崔 杰	崔杰辉	戴汉宗	戴全铸	邓 迪	邓文瑜	
邓振华	丁捷宇	董 乐	董懿林	范 皓	方宏林	冯碧琴	冯国勤	冯锐豪	符 楚	符晏彰	
傅育明	甘文礼	高 宏	高文锋	葛彦涛	龚 磊	龚明珠	古 斌	古新生	顾雪华	郭 冰	
郭梦晴	郭昕睿	郭佑雄	韩 佳	韩 金	韩 骏	何定平	何 斐	何健骏	何顺林	何斯远	
何锡俊	何 星	何勇强	洪海森	洪晓生	洪镇锦	胡安慧	胡嘉豪	胡协斌	胡 勇	华春福	
黄爱星	黄灿枫	黄海纯	黄河锋	黄河林	黄嘉龙	黄金祥	黄竞聪	黄沛文	黄升贤	黄思镇	
黄 涛	黄显东	黄祥城	黄信斌	黄依娜	霍 强	江凤仪	江国庆	江林冲	江 裕	姜珍珍	
蒋志军	揭宇键	柯亚玉	孔树斌	孔文华	蓝绮文	雷华锋	黎桂明	黎焕美	黎泳锋	李家德	
李嘉愉	李居巧	李 军	李俊纬	李 鹏	李庆周	李如茵	李胜辉	李松伟	李文斌	李希扬	
李晓明	李亚妹	李勇杰	李玉蓉	李昱欣	李泽鹏	李照锋	李 忠	梁国昌	梁嘉舜	梁 剑	
梁凯秦	梁丽芬	梁绮珊	梁石磊	梁应运	梁宇才	梁梓锋	廖创业	廖朋飞	廖一鸣	林柏洲	
林耿发	林汉材	林剑胜	林克迪	林炼堂	林瑞莲	林淑凯	林 伟	林增煜	林柱章	林子傑	
凌桂森	刘华军	刘佳旺	刘嘉辉	刘建荣	刘剑波	刘 杰	刘金霖	刘培亨	刘萍萍	刘润东	
刘 炯	刘 微	刘炜成	刘文辉	刘艳慧	刘一帆	刘跃飞	刘志江	刘志龙	刘志松	柳祥显	
卢 程	陆耀荣	罗嘉雄	罗 鹏	罗棋琛	罗仉明	骆飞鹏	吕敬源	梅伏水	蒙文成	莫锦威	
莫晓文	甯晓刚	欧云霞	潘江涛	潘新辉	彭 虎	彭乐琪	彭日平	邱卫宇	任志豪	阮昌健	
阮东海	申 刚	沈文杰	宋文丽	苏鸿辉	苏淑贞	孙章治	覃烈强	谭百霆	谭昌斌	谭浩其	
谭加全	汤雪林	唐康勇	唐丽英	唐永彬	陶拾根	汪祖金	王华春	王锦文	王靖仁	王 龙	
王 平	王松华	王绥琪	王伟东	王夏丽	王亚丽	王义东	王泽敏	韦红亮	温晓洪	温颖贤	
温长松	温珍斌	吴焯辉	吴川松	吴纯佳	吴 过	吴宏宇	吴华光	吴华明	吴 镭	吴 玲	
吴晓艺	吴新飞	吴新林	吴 鑫	吴宇菲	吴泽锐	吴 哲	伍 凌	伍新科	伍筠灿	伍志伟	
伍钟婷	夏宋琼	闲新仔	肖 维	谢浩军	谢惠沙	谢家余	谢江波	谢 洁	谢启勇	谢瑞志	
徐家精	徐 锦	徐清侠	徐蔚聪	许明发	许勋强	许子龙	杨良旭	杨柳青	杨松铭	杨业成	
杨泽鑫	杨志平	叶积坤	叶 磊	叶伟超	易智昭	殷 俊	尹高鹏	尹锦恺	尤荣祥	余 敏	
余淑媛	余奕明	郁 婷	詹 奎	张 波	张春勇	张 丹	张丁方	张 峰	张红勇	张家杰	
张建良	张 捷	张 茂	张 群	张世才	张淑华	张铁山	张 燕	张燕丝	张应弟	张 莹	
张有才	张志丰	张志高	张志雄	赵必明	赵 佩	赵万举	赵文胜	郑炳圳	郑灿城	郑浩建	
郑介润	郑妙忠	郑文彬	郑燕男	郑逸汉	钟彩玲	钟剑飞	钟思聪	周告华	周鸿晖	周华照	

周健基　周小林　周晓琴　周鑫亮　周　云　周展辉　周紫鹏　朱晓威　朱越就　朱志龙　邹好科
邹洪法　邹　亮　邹谋刚　罗杨秀桅　司徒爱仪　巴·乌云其买克

计算机科学与技术（软件技术方向）

李沙舟

建筑学

陈城建　陈俊国　黄家杰　李世豪　刘奕松　邹家宝

金融学

毕炳邦　蔡爱娟　蔡林君　蔡群强　蔡智伟　岑明光　曾彩铃　曾海翠　曾　凯　曾巧燕　曾雪苹
柴庆伟　陈安格　陈宝莹　陈　翠　陈菲菲　陈凤瑜　陈国武　陈华富　陈槐彬　陈　杰　陈静雯
陈凯民　陈　岚　陈　力　陈利连　陈　琳　陈敏发　陈巧仪　陈仁堂　陈诗欣　陈伟湘　陈　贤
陈晓玲　陈晓妮　陈　秀　陈　雪　陈亚婷　陈燕玲　陈怡芳　陈志峰　陈志莉　陈智聪　程楚莹
程惠仪　程嘉敏　程楷填　崔晓慧　戴友鹏　单建新　邓海玲　邓　灏　邓树嘉　邓双梅　邓伟冬
董瑞灵　杜星星　范韦韦　方锦发　方少婉　冯冠莹　冯敏锋　高　凤　高玉媚　葛永欣　龚苗婷
顾佳祥　关先敏　郭家怡　郭绮文　郭彦璐　郭有名　韩　锋　何　丹　何凤连　何嘉琪　何建分
何丽红　何柳芬　何伟极　何文斌　何　潇　何小娟　何晓霞　何雪映　何燕芬　何迎春　洪烁慧
洪玉珍　胡巧兰　胡　晴　胡世宏　胡　威　黄　丹　黄国伟　黄慧滨　黄建伟　黄建贤　黄金媚
黄锦文　黄　梅　黄敏莹　黄汝婷　黄若雯　黄淑芬　黄文华　黄肖洪　黄燕萍　黄业华　黄英艳
黄咏怡　黄裕光　黄　哲　黄志雄　贾永刚　简　捷　简志伟　江锦城　江明芳　江婉媚　江伍弟
江娅娅　蒋华丽　蒋　莉　蒋伟丽　柯晓霞　赖彩云　赖春苑　赖旭红　蓝素容　蓝燕媚　郎彩霞
雷春辉　雷添雄　黎　芳　黎惠喜　黎家伦　黎锦燕　黎绍云　黎雪莹　李　部　李春燕　李煌丹
李家瑜　李嘉俐　李　静　李　立　李　莉　李莲娥　李炼琪　李苗苗　李汝杰　李世杰　李淑霞
李苏霞　李小霞　李笑莹　李新伟　李醒艳　李依红　李易佳　李　莹　李远如　李韵丽　李泽权
李增毫　李郑文　李志军　李志明　连泽绵　练宏雄　梁彩喜　梁嘉濠　梁洁怡　梁结梅　梁俊惠
梁莉明　梁　平　梁　甜　梁艳华　梁紫情　梁钻弟　廖丽雯　林　婵　林纯贤　林冬锋　林耿旋
林桂兰　林国辉　林　泓　林静薇　林敏仪　林松伟　林艳芳　林艳婷　林燕枚　林阳发　林云亮
凌燕玉　刘光润　刘广磊　刘建锋　刘锦书　刘美娟　刘平平　刘琼燕　刘若珊　刘诗玉　刘婉茵
刘万媚　刘秀明　刘艳梅　刘运红　龙　川　龙冬沂　卢凤明　卢家俊　卢嘉伟　卢锦华　鲁　宁
陆彩虹　陆松兵　陆秀娟　罗　劲　罗君萍　罗　朗　罗　亮　罗　梅　罗　倩　罗炜健　罗文昌
罗显科　吕栋堂　吕伟杰　马永华　买　勇　麦润森　麦献华　孟同英　莫博雯　莫达翠　莫　浩
莫炜荣　莫志鹏　宁海霞　宁湘乡　欧小玲　欧月娟　潘金兰　潘丽娟　潘倩乔　潘玉良　彭结霞
彭智文　丘成文　丘小燕　邱建梅　区桂贤　饶贞应　任　利　任咏燕　盛　洁　时　惠　史阿雪
舒　梅　孙浩轩　孙君平　孙庆薇　孙珍珠　谭凤莲　谭绮文　谭瑞扬　谭裕恒　谭智平　汤宏琴
汤　欢　唐炳钦　唐大攀　唐娣妃　唐庆鸿　唐小玲　涂丽燕　汪　沁　王　芳　王　芳　王福强
王　红　王化军　王建霞　王李放　王利琴　王　妮　王　强　王　琼　王　文　王显琼　王湘衡
王　鑫　王怡莹　王　月　王　昀　王子月　韦权钊　魏金花　温玉娟　巫恩平　吴晨韵　吴春华
吴　凤　吴惠云　吴建伍　吴金贤　吴锦辉　吴俊烽　吴凌程　吴梦思　吴铭纯　吴小丰　吴小坤
吴燕裕　吴玉娟　吴玉瑶　吴梓夏　伍志纬　夏志婷　夏卓茵　冼颖聪　萧柱平　肖的花　肖红霞
肖　磊　肖雄淋　谢春连　谢韩潇　谢火亮　谢健航　谢倩瑶　谢子娟　熊秀清　徐　刚　徐　蕾
徐梅萍　徐伟玲　许贯中　许洪兵　许石清　许晓玲　许悦强　闫晓庆　杨帮杰　杨　冰　杨朝贺
杨　丹　杨桂霞　杨康祥　杨灵敏　杨柳丽　杨　萍　杨穗芳　杨小柔　姚国萍　姚　媚　姚叔添
叶冠星　叶婉萍　易余良　尹美鳕　尹杨钧　余丽丹　余　颖　余正宇　袁　靖　袁秀如　张　博
张　凤　张继辉　张家展　张江云　张　洁　张　莉　张　玲　张妙玲　张巧芬　张庆宝　张润华
张文浩　张文洁　张亚琴　张燕文　张倚媚　张奕翔　张　瑛　张　营　赵世鹏　赵　童　赵晓芸
赵子豪　郑丹金　郑景元　郑丽萍　郑露娜　郑少强　郑　思　郑伟钊　郑雪兰　郑映霓　郑永豪

郑远彬	钟 冠	钟丽琼	钟世胜	钟桃芳	钟晓红	钟秀红	钟亚红	钟宇鹏	周爱文	周建伟
周巧缘	周小娟	朱大辅	朱恩芳	朱嘉敏	朱俊威	朱木营	朱淑梅	朱武坚	朱喜香	庄伟忠
资四英	邹冬宜	邹俏玲	邹习伟							

人力资源管理

白凤琴	蔡楚曼	蔡 俊	蔡庆波	蔡世群	蔡伟发	蔡秀云	蔡哲婷	蔡振宇	曹嘉伟	曹燕兰
曹 颖	岑燕玲	曾金梅	曾丽静	曾琳珊	曾敏姗	曾秋燕	曾淑荘	曾馨柔	曾志伟	陈宝鑫
陈碧云	陈 斌	陈大军	陈德权	陈厚德	陈焕谊	陈嘉宝	陈嘉业	陈 健	陈江川	陈江华
陈 静	陈俊伟	陈坤聪	陈 磊	陈亮红	陈美茹	陈佩连	陈佩玲	陈俏芳	陈 晴	陈 蓉
陈诗婷	陈思敏	陈婷婷	陈 彤	陈言言	陈 衍	陈涌涛	陈著烨	成丹霞	成玉好	崔弄宇
邓光懿	邓惠娟	邓健钗	邓凯莉	邓丽萍	邓绮琦	邓郁清	翟景梅	丁云英	董桂萍	董金兰
董佩玲	杜胜梅	杜咏贤	范碧君	方思懋	方稚殷	冯洁霞	冯洁燕	冯 静	冯 敏	冯润颖
冯咏欣	冯子杰	付 瑶	高春燕	高 茜	龚嘉雯	官同萍	郭海定	郭海华	郭家俊	郭 嘉
郭静雯	郭先锋	郭筱雅	郝菊梅	何 路	何瑞云	何师铭	何欣妍	何燕平	何莹莹	何颖琴
何志麒	何子娟	侯婷婷	侯颖雅	黄碧霞	黄洁欣	黄结莹	黄金桥	黄劲涛	黄 君	黄俊辉
黄兰青	黄丽庆	黄年凤	黄 平	黄秋红	黄润清	黄素玉	黄素枝	黄天塔	黄 婷	黄文娜
黄小茜	黄晓婷	黄 烜	黄雪君	黄艳婷	黄永萍	黄玉梅	黄 月	剪治芳	江凤娇	江金梅
江芷钡	金杏芳	金依涵	康 亚	邝嘉文	邝苑卉	赖美娜	赖敏娜	蓝 能	劳家健	劳祺茵
冷 雪	黎 洁	黎 娟	黎汝恒	黎英琪	李柏林	李彩敏	李 嫦	李冠杰	李 海	李嘉华
李嘉辉	李坚红	李菁梅	李丽娜	李 萍	李珊珊	李世强	李世银	李锶锶	李婉红	李伟青
李文杰	李文魁	李先丹	李杏婷	李燕芬	李志斌	李志华	梁焯恒	梁焯茵	梁 传	梁嘉俊
梁嘉丽	梁嘉玲	梁敏瑶	梁倩雯	梁诗铃	梁诗琪	梁诗琪	梁思迪	梁婉平	梁筱君	梁雅丽
梁永康	梁玉珊	梁子豪	廖珈谊	廖金彩	廖雯莉	廖燕平	林博妮	林嘉韵	林 洁	林丽莲
林丽贞	林诗敏	林苏羚	林雅婷	林燕聪	林燕雄	林越奋	林泽强	林子贤	刘艾斯	刘 暖
刘楚芬	刘 丹	刘海静	刘慧怡	刘加涛	刘杰环	刘 兰	刘倩萍	刘少红	刘诗韵	刘舒敏
刘伟勇	刘 霞	刘小波	刘晓慧	刘晓敏	刘雪纯	刘艳娟	刘燕群	刘 颖	刘志娟	龙曼洁
龙炎玲	龙 滢	卢爱玉	卢慧婕	卢嘉雯	卢丽芬	卢木标	卢宁英	卢倩恩	卢少汾	陆嘉瑶
陆嘉莹	陆上友	陆圣冰	罗 惠	罗嘉臻	罗明敏	罗铭诗	罗秋云	罗淑霞	罗秀娜	罗燕燕
骆杏芳	骆 燕	吕冬云	吕俊群	吕 萍	吕晓容	马 琦	马穗颖	马祥浩	马艳玲	麦景耀
麦淑桦	毛小红	莫济文	倪培洁	聂 丹	聂俊萍	欧丽婷	欧阳杰	潘文旭	庞国安	庞真娟
彭倩倩	彭 祥	彭燕萍	区 悦	瞿双玲	冉冬梅	饶宝媚	任楚倩	任晓宁	佘翠蝶	施志颖
石颖慧	舒树芳	宋庆芬	宋芷莹	苏惠莲	孙双喜	孙玉婷	覃燕显	谭嘉雯	谭 涛	谭文婉
汤雪竹	万嘉舜	王碧琦	王伯胜	王金梅	王楷嘉	王兰凤	王秋香	王小方	王晓斌	王晓虹
王新星	王燕霞	王 瑜	韦东英	卫洁婷	魏戈扬	温秋娜	温 顺	温素娟	吴安安	吴耿超
吴俊言	吴丽娜	吴娜娜	吴斯烁	吴伟湘	吴秀娟	吴雪芳	吴雪娟	吴燕玲	吴颖莹	吴樾菲
夏 娟	夏莎莎	向柯萦	肖 锋	肖贵平	肖少芸	肖 伟	肖韵虹	谢宝鸿	谢昊骞	谢利利
谢瑞莹	谢升华	谢宗桂	辛姝妹	辛月花	熊玉娟	修华平	徐凤仪	徐广帅	徐时媛	徐小惠
徐效艳	许碧瑶	许桂叶	许嘉伟	许梦羽	许少丰	许雪云	许一鸣	许玉浩	许振坤	杨宝珠
杨 婵	杨春泳	杨 翠	杨培龙	杨秋燕	杨施琪	杨思源	杨文烁	杨晓雯	杨新容	杨颖蕾
杨雨晴	尧仙红	姚 焕	叶海燕	叶嘉慧	叶李明	叶娅娅	叶燕贞	蚁江攀	尹一丹	尤华丽
余秋颖	玉 昊	喻 丽	袁慧慧	袁嘉倩	张本杰	张碧莹	张 迪	张浩辉	张 磊	张丽茵
张 玲	张 龙	张 梅	张妙霞	张 萍	张小凤	张小妹	张晓虹	张晓毅	张雪娜	张毅敏
张应乐	张玉兰	张云梦	赵嘉瑜	赵 柳	赵书雅	赵晓聪	赵雪玲	赵玉蓉	郑耿霞	郑佳雨
郑家欣	郑 璇	郑义敏	钟敏华	钟佩君	钟清香	钟小钒	钟晓华	钟煦尧	钟雪怡	钟珍连
周 丽	周婉雯	周雪梅	周芷娴	朱东霞	朱国华	朱家燕	朱韵潼	朱卓元	庄雪琴	邹国盛

邹威丽 邹晓曦 巴合达提·热合曼 欧阳静怡 张肖昕杰

商务英语

冯玉东 周　宇

食品科学与工程

蔡美霞	蔡婉仪	曾惠玲	陈　锴	陈　倩	陈若璇	陈炜楠	陈娴娟	陈雪梅	陈茵茵	陈永龙
方晓娃	顾伟杰	黄佳吟	黄可静	黄婷婷	李根全	李君琳	李颖茵	李志军	林晓萍	陆　赟
罗婉琦	罗玉娟	沈城锐	温敏婷	文国波	吴旺娣	肖之敏	许华丽	许玉琴	许卓妍	杨政法
张健强	郑飞龙	欧阳雪英

市场营销

李佳博

土木工程

白义龙	蔡岱旋	蔡世奇	蔡思远	曹庭合	曾德清	曾　光	曾汉锋	曾剑飞	曾　莉	曾　培
曾水清	曾　涛	曾炜聪	曾昱辉	曾昭远	曾子城	曾子杰	陈达华	陈　迪	陈东燕	陈　铎
陈凤婷	陈浩然	陈华明	陈健俊	陈　杰	陈立敏	陈　利	陈　思	陈松华	陈　伟	陈文娟
陈杏玲	陈雪冬	陈雪丽	陈英杰	陈育佳	陈月娥	陈泽华	陈真豪	程　漂	褚留旗	戴庆河
邓超华	邓康玮	邓伟明	邓艳芬	邓乙球	丁展鹏	杜健平	杜晓程	杜灼莹	范文栋	冯柏泉
冯丽娴	冯明值	冯润坤	冯世兴	冯尧磊	冯泽宇	冯兆年	甘广才	甘　孺	甘乙驿	高　峰
高嘉宝	高　爽	高新阳	革小均	龚琪琪	郭锦华	郭万行	郭献旺	韩　莉	何博文	何华师
何　晶	何如坚	何深荣	何怡沁	洪思颖	洪玉杰	洪　钊	侯瑞祥	侯泽雄	胡楚衡	胡豪仁
胡　强	胡亚芳	胡意芳	胡宇鹤	黄邦辅	黄保华	黄炳江	黄灯魁	黄光勇	黄国谊	黄佳妮
黄嘉生	黄建波	黄剑锋	黄剑平	黄剑荣	黄凯燕	黄丽红	黄鹏程	黄琪评	黄容仙	黄炜臻
黄文杰	黄晓煌	黄晓萍	黄　喆	黄振觉	黄钟华	黄舟锐	黄子钦	姬晓丹	季凤国	江启佳
江仲豪	柯智文	孔德龙	孔祥操	赖家乐	赖俊龙	赖文城	蓝鹏颖	劳同栋	老文强	黎金兰
黎　燊	黎　童	黎志乐	李　铖	李达发	李国坚	李海勇	李鸿彬	李　杰	李敬辉	李南斌
李　宁	李　钦	李清龙	李群锋	李水立	李天敏	李田华	李伟斌	李伟新	李伟雄	李伟钟
李　炜	李文栋	李文龙	李显朗	李晓万	李晓伟	李耀全	李泳儒	李梓文	梁宝权	梁国源
梁恒源	梁家怡	梁嘉杰	梁柯智	梁桃源	梁伟杰	梁显锐	梁瑶健	梁茵茵	梁志斌	廖建生
廖　敏	廖其磊	林朝霞	林　贵	林佳鹏	林江娣	林　隆	林南竹	林彭山	林荣华	林树培
林泰龙	林向通	林晓聪	林晓娜	林　则	林志耿	林志敏	林忠杰	林子华	凌伟青	刘　波
刘纯坚	刘飞峰	刘海海	刘剑均	刘锦豪	刘茂新	刘南茂	刘水珍	刘　顺	刘　亿	刘志豪
刘志华	龙之莹	卢建勋	卢梓豪	罗皓元	罗健斌	罗婉榕	罗伟伟	罗小梅	罗艳秀	罗正颖
骆俊杰	吕　枫	马德驰	马学斌	麦燧华	莫爵敏	莫钻发	缪一华	农　旭	欧阳爽	潘炳坤
潘嘉琪	潘嘉翔	潘美婷	庞春霞	庞建锋	彭　杰	秦选文	秦义强	邱海堆	邱伟红	邱梓浩
区宝昕	区海荣	全家泰	任　重	邵　波	佘思平	沈　越	沈镇沛	石佳妮	石靖宇	史耿伟
苏力冠	孙昊中	孙志贤	孙志阳	覃善从	谭卫宁	谭颜华	汤卫东	汤泽瀚	唐　聪	田云奎
田植茂	万嘉奇	王爱锦	王　昂	王柏山	王红星	王　辉	王纪华	王金仙	王亮亮	王龙祥
王　璐	王名月	王少娟	王仕辉	王天琦	王　通	王秀萱	王永郎	魏伟龙	温美琪	文志坚
翁东文	吴海婷	吴嘉林	吴美琪	吴世强	吴树业	吴燕飞	吴　业	吴泽斌	吴展鹏	伍文广
夏杨杰	冼俊斌	项顺之	肖　飞	肖　钧	肖锡洮	谢碧杭	谢国辉	谢丽桦	谢　涛	谢晓煌
辛宝琴	幸韵坚	熊　君	熊小宇	徐炯楚	徐凌超	徐显奇	许鸽鸽	许宏钊	许林彬	许树杰
许钟山	薛　成	薛伟跃	严杰荣	严宗宝	颜　波	杨灿连	杨　帆	杨耿锋	杨　明	杨棋森
杨伟成	杨伟国	杨延鑫	杨燕玲	叶　春	叶繁圣	叶　敏	叶文俐	叶志强	易远东	易梓彬
尹建高	尹　平	尹少明	于　浩	于正豪	余　鹭	余海明	庾晓杭	元丹仪	袁畅龙	袁空军
袁梓博	张　博	张峰山	张恭煌	张海俊	张家伦	张嘉辉	张嘉丽	张嘉喜	张剑锋	张锦妍

张俊毫	张 亮	张 玲	张启芳	张盛毫	张文萍	张艺平	张轶辉	张 燚	张颖辉	张 勇
张玉现	张 志	张智博	赵福建	赵 辉	赵 伟	赵雅裕	郑进雄	郑明杰	郑锐涛	郑顺展
郑舜尧	郑晓滨	郑耀华	钟宝仪	钟家炜	钟伟贤	钟永丽	钟兆军	周爱梁	周栋浩	周海波
周立丰	周睦群	周 武	周彦兴	周溢锋	朱浩楠	朱丽可	朱铭松	朱晓燕	朱 振	庄德禄
庄礼权	庄少杰	庄孝桩	邹伟基	邹雪飞	邹扬阳	邹振威	左 洋	乌仁高娃		

物流工程

曹建华	曹中华	陈 昊	陈 佳	陈文理	程 欢	段晓燕	方桂财	冯 雪	高玉婷	耿兴媛
韩 艳	何美云	黄彩涓	黄熙祥	解富博	邝丽如	李佛全	李进松	李佩恩	李世洪	李雪静
梁堃明	梁 巍	刘必华	刘春梅	刘东耀	刘 君	刘 希	刘梓业	罗智浩	齐子豪	秦 汉
涂桃容	王安凯	王嘉辉	王秋霞	王碎花	吴 强	吴玉玲	肖丹兰	谢劲贤	谢伟泉	徐国建
许棠欣	许维雅	杨 雯	杨育萍	张碧连	赵雄州	郑海强	钟芳琼	周焯孺	周 琴	

行政管理

艾 娟	白鹏飞	宾炯运	蔡东兴	蔡 梦	蔡尚君	蔡湘英	蔡燕雯	蔡哲珂	曹宏彦	曹缅丽
曹颖镰	岑兆光	曾彩霞	曾 凤	曾浩辉	曾慧婷	曾傑慧	曾俊荣	曾丽芬	曾文聪	曾宪键
曾雪君	曾苑秋	陈炳荣	陈川云	陈冬玲	陈恩仪	陈国军	陈海峰	陈浩良	陈慧珊	陈佳宏
陈嘉华	陈嘉群	陈嘉政	陈 莉	陈 璐	陈瑞麟	陈少恋	陈少哇	陈圣明	陈仕翰	陈绥燕
陈铁生	陈童娟	陈婉莹	陈祥坤	陈晓微	陈许冯	陈艳红	陈扬泽	陈一华	陈滢滢	陈志城
陈志容	陈志慰	陈子扬	成凤群	程雪莲	池依蔓	单伟华	邓浩基	邓明娟	邓文坚	邓 颖
丁雪花	董光柏	董相启	豆春玲	杜 超	杜 莉	杜倩倩	段 超	范家丽	方 思	冯得轩
冯家仪	冯健豪	冯景彬	冯凯欣	冯寿慧	冯 骁	冯秀梅	冯允文	符志辉	甘惠民	高梅红
高思琦	高 阳	高志傑	葛雪芹	龚菲榆	龚 娟	龚晓健	古尽平	关丽仪	关庆志	关秀霞
关振龙	管世利	郭海媚	郭嘉杰	郭诗晴	郭婉玲	郭燕清	韩 雪	何创鑫	何翠芳	何翠娴
何 敏	何琦姗	何婉琪	何务如	何小静	何新林	何烨瑶	何懿彬	何颖颐	何振东	何志权
贺亿聪	洪 放	侯小丹	胡倩雯	胡珍妮	胡振华	黄宝莹	黄海燕	黄 昊	黄宏炳	黄 华
黄惠娟	黄建丽	黄建叶	黄恺殷	黄 宽	黄丽纯	黄丽玲	黄龙州	黄 敏	黄秋璇	黄锐朗
黄淑坤	黄伟润	黄伟雯	黄文姬	黄小丽	黄秀敏	黄韵蕊	黄展翔	吉江南	纪丽丽	纪卓彬
贾玲玲	贾玉虎	贾 卓	简倩文	江 晓	江 艳	金红雅	金华艳	景来强	邝芝环	赖 馨
赖莹莹	赖泽荣	赖泽众	蓝兆宏	黎宝勇	黎德翁	黎 婕	李德琳	李汉斌	李泓楠	李焕连
李惠玲	李嘉进	李健仪	李洁琳	李俊杰	李俊霖	李凌锋	李露清	李 媚	李 敏	李培抛
李其全	李 强	李锐军	李 苏	李伟杰	李卫娣	李文杰	李文涛	李小群	李阳阳	李一平
李悦平	李 芝	李祖仪	利其钿	连 青	梁碧儿	梁德荣	梁宏锋	梁惠裕	梁嘉祺	梁洁丽
梁 升	梁晓佩	梁志荣	梁卓健	廖 惠	廖文彬	廖喜荣	林安莉	林 镔	林国若	林浩冰
林 欢	林嘉慧	林沛华	林 双	林 禧	林燕妮	林艺扬	林云凤	林泽佳	林昭淮	刘壁浩
刘广忠	刘 欢	刘家宜	刘锦滢	刘 景	刘 魁	刘立盛	刘 量	刘敏思	刘瑞婷	刘润芳
刘仕莹	刘淑音	刘素香	刘小冬	刘欣怡	刘雨欣	刘紫薇	龙结霞	龙 婷	卢影雄	陆翠珊
陆剑峰	陆少梁	陆喜梅	陆月婷	罗春花	罗嘉敏	罗俊超	罗柳英	罗思哲	罗晓梅	骆慧莎
吕亚南	马维钰	麦绮文	毛 健	苗思雨	莫竣铭	莫丽娟	聂家丽	宁 莉	牛 硕	欧阳杰
欧阳琦	欧阳熙	潘剑文	潘凯莹	潘少府	潘淑君	潘淑滢	潘泽强	彭一正	戚嘉良	秦江文
丘家顺	邱大云	邱思思	邱 艳	区洁敏	汝嘉瑞	申磊磊	沈佩珊	生军龙	司凯凯	宋 斌
宋旭伦	苏炳泉	苏江浩	苏 琴	苏燕琼	孙 鹤	孙少侠	谭锦荣	谭晶晶	谭俊文	汤凤彩
唐健锋	田 刚	万艳婷	王炳嶂	王 辉	王惠珍	王 见	王健娜	王 津	王开启	王 克
王 力	王柳钡	王 濛	王庆嘉	王锐彬	王润贞	王文雄	王小利	王一方	王颖达	王咏嘉
韦静雯	韦丽娴	韦艳萍	魏锦堂	魏志涛	温翠媚	温巧珍	温秀卿	邬逸剡	巫家乐	吴背金
吴碧珊	吴 波	吴华平	吴 灵	吴梅玲	吴胜迪	吴盛锋	吴世韶	吴学儒	吴泳怡	吴宇森

吴 裕	吴越辉	吴泽强	吴志锋	伍美芝	夏东告	夏文静	夏源浩	萧鑫豪	肖 莹	谢 芳
谢 娟	谢丽红	谢敏敏	谢培贤	谢 薇	谢小菲	谢燕红	谢奕玲	谢赵健	徐佳佳	徐丽敏
徐敏维	徐铭君	徐少芳	徐文鹏	徐雪芳	薛柏强	薛毓皓	薛月娜	严德冬	杨 斌	杨锦涛
杨 露	杨 敏	杨 倩	杨淑怡	杨婉文	杨小红	杨 燕	杨一鸣	杨 瑛	姚嘉琦	叶东阳
叶淑仪	叶晓虹	尹耀锋	应婧颜	应 勍	余阿楠	余 梅	余敏华	余雅诗	袁洁琪	詹骏斌
张洁红	张 立	张 梅	张明月	张明月	张天云	张婉霞	张雪欣	张艳梅	张艳青	张 译
张 瑜	张志杰	张紫玲	章恩惠	赵福顶	赵红梅	赵美婷	赵伟杰	赵小龙	郑碧琪	郑洁静
郑洁芝	郑锦聪	郑玲琼	郑桐斐	郑 旭	郑泽淇	钟翠兰	钟红娟	钟绍安	钟玉翠	钟志惠
钟智丰	钟智文	周发英	周剑群	周倩慧	周少容	周少珊	周世利	周文锋	周筱康	周星龙
周志强	朱 鑫	庄宝琳	庄创发	庄秀红	欧阳玉兴	欧阳梓英	阿曼古丽·吐尔地
米日扎提·热合曼

专科

财务管理

蔡宝英	蔡杏森	陈凤仪	陈虹彤	陈锦萍	陈锦桃	陈丽虹	陈敏桦	陈晓杰	陈晓婕	陈秀珍
陈雅施	丁美美	窦碧肖	郭斯敏	郭香君	何利玲	何雪华	贺 晶	贺生利	胡春花	胡艳霞
黄克武	黄列钊	黄如文	黄三妹	黄婉灵	霍铭贤	霍绍培	李嫦桃	李丽群	李小霞	李秀琳
梁惠仪	梁丽华	梁淑仪	梁燕媚	梁燕群	梁珍莹	廖家仪	廖文珍	廖 云	林桂燕	林 菁
刘彩婷	刘 灿	刘 双	刘文俊	陆黎会	陆雯娜	莫倩华	彭玉芳	邱嫚婷	苏雪飞	覃薪凤
谭冰清	王水凤	温少彤	温随清	吴彩云	吴小玲	吴小青	谢来芳	谢乐彦	许紫銮	绫 敏
杨翠琴	杨艳芬	姚冠宏	姚永嫦	余 漾	张惠玲	张凯茵	张丽银	张 亮	张晓芳	周佳敏
周连连	莊婉怡

电气自动化技术

白爱琼	蔡带群	蔡坤南	蔡梓浩	曹广健	曹水强	岑志明	曾焯洪	曾朋节	曾宪金	曾小权
陈波铭	陈灿辉	陈 飞	陈 峰	陈高平	陈贵溢	陈 虎	陈 华	陈嘉锋	陈 建	陈建发
陈江丽	陈 杰	陈金龙	陈 军	陈均泉	陈俊昌	陈开华	陈满全	陈圣润	陈树红	陈水华
陈威雄	陈小龙	陈耀增	陈 永	陈永清	陈永志	陈 勇	陈远彬	陈再鹏	陈子恒	程 敏
崔兵城	崔世贵	崔志瀛	代小莉	邓昌林	邓望男	丁 杰	董红平	董小刚	段永华	范 俊
范志坚	房小妹	冯铭恩	冯威威	冯永豪	冯镇涛	符永川	付 中	甘毅峰	高坚良	高祥书
勾新安	古淇粤	管修强	郭家健	郭建军	郭铭彦	郭 朋	郭嫣缘	郭颖芬	郭 勇	郭钊业
韩春成	韩银辉	何高冰	何海峰	何豪晖	何健锋	何杰军	何清洋	何庆朝	何伟华	何伟文
何晓明	侯新宏	候海龙	胡可富	胡 廉	扈维鹏	黄安信	黄定翔	黄桂生	黄 豪	黄浩然
黄恒淼	黄佳恒	黄坚群	黄锦欣	黄可龙	黄履俊	黄舜权	黄维杰	黄文彬	黄文德	黄湘辉
黄小红	黄 雄	黄宇君	黄月琼	黄真彩	黄正韬	黄志坚	黄志坚	黄志鹏	黄志艺	黄梓键
季静运	江建均	江祥锐	蒋冬南	蒋健强	邝建军	邝钊庭	赖国标	赖日财	赖勇华	雷久明
黎浩彬	黎浩文	黎骏杰	黎沛坚	黎 强	李昌红	李焯康	李成彪	李承站	李大业	李国恩
李国庆	李 浩	李浩忠	李嘉迪	李建锋	李建业	李鉴泉	李江涛	李 俊	李 林	李 明
李强红	李 钦	李清华	李全静	李上达	李世华	李树宏	李双荣	李太平	李天平	李小刚
李晓良	李 砚	李永红	李永业	李有祥	李志标	李志敏	李志明	李智伟	梁 浩	梁吉昌
梁介颜	梁金成	梁景康	梁 钜	梁丽葵	梁亚钊	梁苑怡	梁 仔	梁志辉	廖焕劲	廖继安
廖 亮	廖岭华	廖石财	林柏榕	林成馥	林东昇	林华基	林嘉辉	林鉴灵	林 明	林睦鑫
林胜壁	林诗茏	林伟新	林晓彬	林泽彬	刘春霖	刘春露	刘存宝	刘德浩	刘华金	刘嘉俊
刘 骏	刘荣德	刘西旺	刘小高	刘小军	刘炎冬	刘燕辉	刘 烨	刘兆炜	龙 建	龙权方
娄亚涛	卢港辉	卢桥英	卢绍荣	卢宇帆	芦国彬	陆干彩	陆国华	陆文强	罗海强	罗建华

毕业生名单

罗力	罗伦	罗伟豪	罗宣成	罗湛熹	罗召凯	罗正军	骆浩辉	骆韦勇	吕根利	马桥
麦杰星	麦明全	莫健标	聂小山	聂玉川	牛炳飞	牛鸽伟	牛温留	潘强	潘权英	潘小龙
彭嘉东	彭均龙	彭铁军	彭云彪	彭增洪	丘聪林	丘建强	邱桥	区少明	曲凡波	任海
阮伟雄	佘晨光	佘飞龙	石松金	史兰花	史新安	苏锦轩	孙泽忠	谭国华	谭国荣	谭海华
谭荣芳	谭伟流	谭伟强	谭玉林	谭志海	汤宁	汤钊明	唐锋刚	唐广东	唐杰梁	唐明晖
唐晓生	唐倚桐	唐毓猛	唐运金	田闯	陀华培	万思	汪平	王柏安	王棒	王超
王德学	王东	王浩	王洪清	王华明	王可楠	王龙	王龙	王胜全	王顺财	王伟
王伟成	王学文	王尧	王正聪	王郑州	韦江周	韦青青	魏芳丽	魏恒峰	魏玲玲	魏秀冲
温洛和	温燕添	温则宋	邬浩楠	巫耀龙	吴耿军	吴国文	吴海杨	吴汉贤	吴锦章	吴令
吴勉	吴朋举	吴启光	吴启婷	吴上贵	吴泽涛	伍潮成	伍贤昌	冼金贤	冼润林	萧晓明
肖传威	肖艺潘	谢大春	谢国辉	谢健鹏	谢津胜	谢敏鑫	谢庆润	谢天真	谢耀进	谢烨荣
谢雨田	谢志恒	辛水成	熊建兵	徐超	徐国余	徐剑戈	徐金东	徐伟强	徐洲	许德洪
许家杰	许建军	许健彬	许金生	牙韩后	严红明	颜水发	阳艺	杨昌胜	杨东	杨念德
杨尚洪	杨深	杨树	杨腾聪	杨文绍	杨扬	杨宜华	杨元文	杨振	姚富建	叶聪良
叶海冬	叶会洲	叶伟发	叶伟强	易卫国	尹佳	余乘亮	余凯	余其华	张彬彬	张锋
张汉垚	张宏明	张凯	张坤尧	张礼来	张鹏	张啟文	张琴	张秋虎	张日明	张荣贵
张涛	张文明	张旭祖	张学良	张耀文	张云彬	张云征	张召文	张震	张壮凛	张子维
赵桂洋	赵阔	赵启卫	赵跃	郑传东	郑忠华	钟枫	钟平	钟智浩	周辰	周德昇
周光明	周国峰	周红	周梓豪	朱东珠	朱海	朱晓波	朱星	诸利斌	祝燕萍	卓桂林
资名杰	邹望喜	邹文杰	邹志恒	欧阳地胜	欧阳秀汇					

法律事务

安玺锐	白元元	卜涛	曹红远	曹学宽	曹亚兰	曾洁	曾启明	曾志龙	陈丹阳	陈发怀
陈发明	陈家乐	陈渺	陈敏锋	陈楠	陈运涛	陈智新	仇文星	代中华	戴淦	邓芳琼
邓子豪	刁文龙	杜亚威	费亚东	冯洁敏	冯钱涛	高扬引	高远	葛晓龙	顾旭亮	郭徽
郭嘉俊	何建铭	何哲	何梓豪	侯天鹏	胡锦超	霍海珍	孔军星	赖博轩	赖雅如	黎丽萍
黎帅龙	黎宇禧	李宝玉	李成锋	李昊宸	李金明	李俊杰	李马存	李晓龙	李雪峰	李雪婷
李玉坤	李卓	梁汉英	梁家顺	梁姣姣	梁文翠	刘俊祥	刘良广	刘涛涛	刘喜	刘星红
刘英杰	刘芷毓	骆志濠	马江锋	马蕾	马天明	马庄	麦卫强	毛久杨	孟红杰	莫智明
宁潞	欧剑	潘宝华	彭雨	彭志能	乔彦兴	秦惠珠	屈卓	邵兵	宋程	宋新虎
唐瑞山	陶嘉妍	仝路	汪奇芬	王静	王璐	王伟龙	王文俊	王亚强	王泽长	王震
魏锋	翁俊埔	吴保强	吴建平	吴淑欣	吴侠	夏华平	夏艺庭	肖君君	肖勇	谢帅
谢月龙	徐锋	徐昭梁	徐治	许东梅	薛荣定	薛秀霞	闫宏岩	晏星德	杨大杰	杨代彬
杨慧珍	杨凯	杨顺翔	杨亚伟	姚东东	尹燕鹏	岳天迟	张波	张超	张福玉	张健康
张璟	张磊杰	张礼红	张亮亮	张思宇	张晓晖	张兴	张阳洪	赵志强	郑红梅	支璐璐
周永浩	朱成磊	朱福强	朱琳	朱思语	卓汉胜	邹潇勇	哈斯巴特尔	艾克百尔·艾买尔		
阿布都萨拉木	阿布都卡地尔	艾则提艾力	再比	藏合尔	木拉提江	买合木提·买买提				
买买提·苏来曼	麦麦提艾力·艾买尔	麦麦提力	塔力甫	尼加提·买买提	尼加提·玉苏因					
萨力·艾则孜	苏巴提·阿不里米提	吾拉依木	吐尔洪	吾斯曼江	阿不都热依木	叶森波力·奴尔兰				

法学

汪灏

高分子材料应用技术

曾庆胜	曾泳文	陈贵云	陈延林	代邦元	邓辉强	邓维国	邓以文	费喜军	付华钊	付荣维
龚照乐	郭志金	黄佳明	黄鹏	黄其茂	蒋桂长	黎培胜	黎文冲	李安荣	李敏维	李盛海
李斯乐	李永杰	李永新	练海杰	梁卫东	廖永芳	凌建平	刘铭珍	刘启严	刘玉勇	陆升军

罗继长	吕桂虹	莫锦美	欧玉钦	秦　军	区增全	谭　峰	谭志云	唐孝全	田　锐	汪业琼
王碎江	王有昌	谢德发	寻尚伦	闫星海	杨义军	叶清海	易水平	于　毅	余洪金	张浩文
张贤江	张向南	张用桂	赵　强	郑仕明	周健平	朱东平	朱文华			

工程管理

乐展平	黎明星	谢伟强	袁金生

工商管理

邝日辉	李俊钦	罗江艳	潘思彤	庞彩千	乡思韵	杨　蓉	张建雄	朱广珍

工商企业管理

艾　静	艾　玲	艾雪莉	安华娟	敖　建	白宏武	白　杰	白万平	白育丹	白云红	白仲华
柏利军	柏利文	摆富成	包春香	贝晓平	毕惠芳	毕见娣	毕剑邦	毕敏烽	毕汝荣	毕艳君
卞丽文	卜仕杰	蔡　灿	蔡楚暖	蔡慈顺	蔡　广	蔡辉帆	蔡济贤	蔡加威	蔡佳佳	蔡佳蓉
蔡　健	蔡锦有	蔡靖文	蔡　爵	蔡丽玲	蔡利琴	蔡柳欢	蔡妹玲	蔡瑞珠	蔡少波	蔡少玲
蔡卫平	蔡文军	蔡惜静	蔡锡标	蔡秀丽	蔡秀藤	蔡亚君	蔡源和	蔡镇杰	蔡子祥	曹慧斌
曹杰豪	曹俊愈	曹　娜	曹　琦	曹淑霞	曹伟华	曹伟权	曹一凡	曹永娜	岑斌汉	岑宏发
岑嘉珠	岑劲锋	岑瑞贤	岑柞明	曾碧容	曾超锴	曾垂敢	曾菲萍	曾广权	曾海威	曾寒肖
曾红艳	曾宏均	曾慧玲	曾嘉豪	曾建平	曾丽华	曾丽媛	曾莉娇	曾令活	曾柳兰	曾龙彬
曾美娇	曾美婷	曾敏婷	曾倩妮	曾倩文	曾庆誉	曾群超	曾群艳	曾思圆	曾斯媚	曾伟超
曾伟强	曾文华	曾文婷	曾稳娇	曾仙妹	曾宪杰	曾宪维	曾献锋	曾祥军	曾祥康	曾杏梅
曾秀玲	曾秀秀	曾雅怡	曾衍风	曾　艳	曾燕婷	曾　耀	曾沂威	曾毅霞	曾迎迎	曾永涛
曾远珍	曾仲文	巢伟信	陈安华	陈碧霞	陈　彬	陈炳辉	陈炳林	陈彩宣	陈彩燕	陈　灿
陈　嫦	陈　焯	陈　成	陈楚霞	陈春荣	陈春香	陈春燕	陈翠芳	陈德华	陈东长	陈冬梅
陈法君	陈　芳	陈芳芳	陈　芬	陈　枫	陈观汉	陈广铭	陈桂金	陈桂婷	陈桂霞	陈桂英
陈桂珍	陈国超	陈国宁	陈国祥	陈国志	陈国柱	陈海仪	陈海章	陈寒清	陈　豪	陈　浩
陈浩彬	陈皓仁	陈洪悦	陈鸿康	陈华彬	陈　辉	陈惠标	陈惠岚	陈慧婵	陈慧珍	陈佳淳
陈佳如	陈佳欣	陈嘉豪	陈嘉威	陈嘉雄	陈嘉燕	陈建才	陈建平	陈建荣	陈建伟	陈建雄
陈建英	陈剑锋	陈剑恒	陈　健	陈健勇	陈捷勇	陈金凤	陈金焕	陈金利	陈金萍	陈锦洪
陈锦康	陈景彬	陈静华	陈　娟	陈　君	陈君帅	陈俊彬	陈俊国	陈俊宏	陈开坤	陈康丹
陈康林	陈慷达	陈琅杰	陈立楷	陈丽容	陈　利	陈良中	陈列荣	陈　林	陈　琳	陈　龙
陈　璐	陈　铝	陈曼妮	陈梅梅	陈美兰	陈美玲	陈　妹	陈　猛	陈梦思	陈敏华	陈敏仪
陈明辉	陈娜蝶	陈佩军	陈鹏辉	陈　平	陈萍娇	陈启威	陈绮华	陈绮琪	陈　钱	陈倩雯
陈　强	陈巧君	陈　青	陈庆伟	陈庆炜	陈琼玉	陈秋霞	陈群娣	陈日浮	陈日明	陈　锐
陈　锐	陈瑞昧	陈三妹	陈少海	陈少婷	陈少武	陈圣乐	陈诗敏	陈诗妮	陈仕菊	陈淑芳
陈淑燕	陈蜀萍	陈树丰	陈双虎	陈水带	陈水仙	陈思华	陈思慧	陈思允	陈斯薇	陈颂平
陈　涛	陈天龙	陈　婷	陈婷恩	陈婷婷	陈土坚	陈婉萍	陈婉仪	陈万能	陈伟华	陈为灵
陈文德	陈文松	陈锡泉	陈　曦	陈香羽	陈小凤	陈小红	陈小萍	陈小霞	陈晓丹	陈晓红
陈晓花	陈晓君	陈晓霞	陈晓璇	陈晓莹	陈欣琪	陈　鑫	陈兴华	陈秀香	陈秀珍	陈旭鑫
陈学锋	陈雪梅	陈　亚	陈亚花	陈亚娟	陈亚燕	陈延青	陈言之	陈彦璇	陈　艳	陈艳敏
陈艳婷	陈晏琦	陈燕梅	陈　阳	陈杨敏	陈　野	陈依曼	陈亦玲	陈奕芳	陈银华	陈莹娟
陈颖莉	陈永波	陈永城	陈永红	陈永枝	陈咏枝	陈泳榆	陈　勇	陈友毫	陈友远	陈宇婷
陈宇轩	陈雨晴	陈玉冰	陈玉兵	陈郁才	陈钰莹	陈裕华	陈苑霞	陈月凤	陈云丽	陈韵贤
陈展红	陈钊平	陈兆麟	陈　贞	陈　真	陈振生	陈振伟	陈镇省	陈芷茹	陈芷欣	陈志辉
陈志杰	陈志鹏	陈志星	陈志英	陈智勇	陈仲鑫	陈主赐	陈祖慧	陳民英	成丽芳	成伟斌
程凤珍	程冠玮	程良晋	程　佩	程　文	程文菊	程　杨	程　毅	程云豪	程志鹏	程祝香
池福升	褚福浩	褚四军	褚英姿	崔敬海	崔龙威	崔绮娜	崔雪梅	崔毅珊	代昌琼	代昌燕

代 文	戴惠芳	戴漫珊	戴文丽	戴亚荣	邓报财	邓本花	邓缤脐	邓楚宜	邓春玉	邓丹雪
邓迪斯	邓东清	邓凤麟	邓桂芬	邓桂健	邓桂林	邓桂烨	邓海莺	邓洪波	邓家欣	邓嘉莲
邓建国	邓剑峰	邓健鹏	邓洁红	邓结芬	邓锦红	邓静文	邓凯焕	邓康和	邓丽芳	邓丽芬
邓丽芬	邓莉娟	邓 玲	邓刘燕	邓美君	邓美丽	邓苗苗	邓佩贤	邓清菊	邓 琼	邓秋明
邓汝南	邓 锐	邓树成	邓思泳	邓 通	邓 薇	邓伟彬	邓小凤	邓小宁	邓晓懒	邓兴祺
邓燕梅	邓燕梅	邓阳初	邓 茵	邓荫强	邓 英	邓宇豪	邓育根	邓月云	狄焱林	翟新漫
丁广隆	丁华英	丁 慧	丁慧敏	丁兆蒙	董承斌	董 洁	董结娟	董 娟	董少明	董羽飞
董泽宇	豆吉祥	杜桂玲	杜海龙	杜 红	杜嘉杰	杜嘉汝	杜 渐	杜丽萍	杜诗婷	杜婉君
杜沃全	段惠潮	段莉娜	凡艳梅	樊点点	樊 华	樊洁玲	樊金花	樊露琴	樊汝杏	樊文强
樊秀红	樊 颖	樊 勇	范彩虹	范海霞	范立培	范梅丽	范 敏	范巧贻	范世强	范 甜
范文思	范颖欣	范钊华	范真真	范志豪	方灿胜	方 华	方美锦	方 伟	方晓丹	方杏俏
方增才	方争慧	房牡金	房鹏程	房雪琪	封雨秀	冯柏棠	冯碧莹	冯春苗	冯国勇	冯豪杰
冯嘉祺	冯嘉万	冯洁敏	冯洁茹	冯进宝	冯镜华	冯俊嘉	冯丽芬	冯丽雅	冯 梅	冯敏钟
冯铭鑫	冯淑莹	冯婉泳	冯文婷	冯鲜群	冯 祥	冯小勇	冯晓扬	冯秀仪	冯玉凤	冯裕富
冯韵琴	冯泽权	冯兆鸿	冯智轩	冯卓生	馮燕明	奉亿喜	伏三波	扶宗智	符 兵	符海茵
符谋云	符艳霞	符志鹏	付彩霞	付惠云	付涌春	傅秋妹	傅少珊	傅晓军	傅奕媛	傅镇义
甘果英	甘嘉俊	甘洁瑜	甘少平	甘子宇	淦婷婷	高发勇	高 红	高建模	高进杰	高景华
高克垒	高丽萍	高 玲	高 茹	高少波	高素梅	高 旭	高映霞	高 云	高云瑞	高 哲
高梓晴	葛亿林	龚爱华	龚 斌	龚贵平	龚国权	龚帼璐	龚合玲	龚锦洪	龚锦明	龚吕梅
龚茂国	龚泉森	龚绍基	龚雪冬	龚 艳	龚云峰	龚志梅	苟代军	古勉均	古雪方	古志明
古志欣	谷 诚	谷 景	谷美玲	顾 碧	顾净净	顾 莉	关学亮	关云霜	官生湧	官世娟
管城海	管燕清	管长春	郭 丹	郭丹丹	郭丹婷	郭 衡	郭洪学	郭锦邦	郭锦榕	郭 敏
郭铭桃	郭 楠	郭 奇	郭启航	郭荣臻	郭柔吟	郭锐利	郭瑞娟	郭赛赛	郭树光	郭 爽
郭顺仪	郭思明	郭天杰	郭伟乐	郭小粉	郭晓君	郭晓玲	郭秀妹	郭亚兰	郭燕婷	郭颖文
郭镇益	郭至茜	郭志华	郭子能	韩 锋	韩 钢	韩梅芬	韩 晓	韩亚磊	韩彦妮	韩梓雯
何 斌	何成龙	何慈妹	何 聪	何翠娟	何翠玲	何迪琪	何汉添	何鸿晖	何 惠	何 几
何家栋	何嘉慧	何嘉熠	何嘉殷	何建樟	何 健	何江萍	何杰伟	何洁宜	何金彩	何金舟
何军权	何丽芳	何丽花	何丽华	何丽姬	何丽萍	何凌慧	何柳恩	何明军	何鹏程	何启斌
何倩简	何琴花	何清菲	何润姿	何书婷	何舒帆	何舒婷	何思思	何斯琼	何铁军	何婷婷
何婉清	何万辉	何伟杰	何伟锐	何香兰	何小华	何晓霞	何新福	何秀坤	何秀婷	
何宣英	何晏春	何燕萍	何耀晖	何耀钟	何 英	何 映	何永炎	何玉莲	何玉勤	何裕兰
何圆圆	何兆洪	何兆源	何志伟	何智威	何智颖	何子航	何梓坚	何梓雯	何紫良	贺 飞
贺 林	贺胜基	贺永波	贺智杰	洪家荣	洪 健	洪丽萍	洪敏健	洪挺声	洪映玉	洪跃虹
洪志豪	侯桂萍	侯嘉文	侯艳艳	候柱红	胡爱林	胡 超	胡 辰	胡丹丹	胡方权	胡凤伟
胡广燊	胡江琴	胡姣燕	胡 俊	胡凯惠	胡克锋	胡 兰	胡鸾凤	胡梅英	胡瑞玲	胡 薇
胡小瑾	胡耀强	胡 英	胡拥峰	胡煜明	胡云云	胡志纲	华永良	滑 伟	黄宝宝	黄宝仪
黄 斌	黄彩咏	黄昌耀	黄 琛	黄春林	黄春燕	黄翠静	黄大胜	黄 丹	黄丹霞	黄东桂
黄恩俊	黄 芳	黄妃恒	黄丰晓	黄 锋	黄凤梅	黄富林	黄耿玲	黄够云	黄冠成	黄广信
黄贵萍	黄国延	黄国盈	黄海林	黄海龙	黄海珊	黄海贤	黄海燕	黄豪贤	黄浩涛	黄合家
黄鸿飞	黄后平	黄琥霞	黄华健	黄慧琳	黄慧玲	黄记忠	黄佳静	黄家斌	黄家发	黄家红
黄家贤	黄嘉慧	黄嘉俊	黄嘉俊	黄嘉盛	黄嘉颖	黄嘉政	黄坚民	黄建佑	黄健业	黄健芝
黄洁红	黄洁文	黄金明	黄锦锋	黄锦杰	黄景富	黄 静	黄静婷	黄静仪	黄镜波	黄钜明
黄君瑜	黄俊杰	黄康煌	黄可君	黄克亮	黄礼慧	黄丽娟	黄丽萍	黄丽茵	黄莲香	黄良灿
黄 玲	黄曼琼	黄曼荣	黄梅平	黄美欣	黄美园	黄妹娣	黄 敏	黄敏仪	黄沛强	黄品侨

黄 平　黄 强　黄 琴　黄青山　黄青团　黄秋捷　黄秋丽　黄秋林　黄荣辉　黄汝超　黄瑞莲
黄润豪　黄润鑫　黄森荣　黄 珊　黄少梨　黄世文　黄淑娜　黄淑婷　黄舒婷　黄水兰　黄顺波
黄思蕙　黄思桃　黄 婷　黄土贤　黄婉怡　黄婉宜　黄伟枫　黄伟宏　黄伟杰　黄伟轩　黄炜耀
黄文峰　黄文杰　黄文康　黄文柯　黄细滨　黄先春　黄小丹　黄小礼　黄小利　黄小玲　黄小梅
黄小萍　黄小霞　黄小玉　黄晓芬　黄晓华　黄晓慧　黄晓菊　黄晓玲　黄晓燕　黄晓智　黄新贵
黄杏旋　黄雄誉　黄秀利　黄秀媚　黄旭东　黄雪英　黄雪影　黄训明　黄妍姗　黄衍明　黄艳莉
黄燕娜　黄燕萍　黄燕柔　黄燕新　黄仪朋　黄义花　黄奕珊　黄毅锦　黄莹莹　黄泳波　黄泳瑜
黄勇泉　黄友娟　黄宇晴　黄雨婷　黄玉红　黄玉娟　黄玉玲　黄谕琪　黄 远　黄苑丹　黄 月
黄月菊　黄月汝　黄韵朱　黄灶娣　黄振作　黄正阳　黄芝亮　黄职娥　黄芷晴　黄志斌　黄壮严
黄卓梅　黄子容　黄子贤　黄紫君　黄紫莹　黄宗源　霍家丽　霍满朝　霍铭强　霍婉华　霍向阳
纪 磊　纪庆琴　贾晓龙　贾 雪　贾园茹　简洪彬　简敏仪　江福辉　江桂英　江海彬　江惠玲
江嘉豪　江结清　江锦熙　江乐怡　江丽云　江 梅　江敏仪　江佩琴　江奇奇　江启炫　江荣粉
江荣俊　江舒娴　江天色　江文丽　江 霞　江雁灵　江燕飞　江燕玲　江玉婷　江芷莹　江志华
姜春来　姜 岱　姜 双　姜振英　蒋红梅　蒋九松　蒋林森　蒋文成　蒋子群　焦耀东　揭 洒
金大伟　靳利萍　康海生　康晶晶　康术清　康志平　柯 军　柯满生　柯小辉　孔碧群　孔凡海
孔建生　孔俊杰　孔灶英　匡雪文　邝进希　邝炼庭　邝明君　邝伟尧　邝文宇　邝燕霞　邝自彬
赖风娇　赖耿辉　赖红梅　赖家欣　赖嘉金　赖剑集　赖剑英　赖杰苾　赖洁怡　赖静怡　赖留英
赖明珠　赖能俊　赖培旺　赖巧鸿　赖清泉　赖秋凤　赖秋菊　赖瑞怡　赖若希　赖 珊　赖伟雄
赖文艳　赖希晨　赖 霞　赖夏君　赖湘华　赖小红　赖晓萍　赖秀丽　赖秀珍　赖旭辉　赖燕纯
赖玉玲　赖云锋　兰敏婷　兰邵安　兰钟意　蓝金敏　蓝均英　蓝俊鹏　蓝伟清　蓝 莹　劳浩钧
劳结萍　劳庆雄　雷锦添　雷美凤　雷学花　雷永豪　黎碧鸿　黎楚盈　黎凤影　黎 高　黎海兰
黎洪宝　黎会均　黎惠芳　黎建香　黎 江　黎杰杭　黎洁梅　黎静文　黎丽婷　黎 列　黎茂锋
黎明雄　黎明珠　黎秋霞　黎淑妮　黎炜刚　黎文政　黎小兰　黎小敏　黎小幸　黎 欣　黎燕霞
黎 扬　黎怡君　黎宇涛　黎志峰　黎志豪　黎志坚　李爱群　李安鹏　李保林　李璧合　李 冰
李彩婷　李彩霞　李 灿　李传芙　李春飞　李翠兴　李翠英　李达强　李 丹　李丹娜　李冬梅
李恩恩　李风华　李凤娣　李凤苹　李福娣　李光容　李广纯　李国栋　李海明　李汉权　李豪滨
李好芬　李 浩　李浩彬　李浩霖　李浩贤　李 合　李恒杰　李红梅　李红珍　李宏光　李宏敏
李虹珊　李鸿举　李华杏　李华艳　李桦华　李焕汉　李惠玲　李惠敏　李惠燕　李慧敏　李佳梅
李家如　李家欣　李嘉雯　李建安　李建彬　李建婷　李建伟　李 健　李杰辉　李 洁　李金凤
李金新　李金英　李锦龙　李京华　李景就　李敬峰　李 菊　李炬桓　李 娟　李觉明　李觉业
李均廷　李 俊　李俊凤　李俊峰　李俊红　李开北　李康师　李来娣　李 力　李立伟　李丽君
李丽平　李林锋　李 玲　李 凌　李令勇　李满聪　李 梅　李美贞　李梦均　李敏玲　李明超
李明红　李 娜　李 南　李念如　李佩琪　李佩霞　李琦琦　李启久　李启月　李 强　李青文
李 清　李 晴　李庆臻　李秋萍　李秋霞　李秋银　李日德　李日红　李日辉　李荣荣　李少芳
李少芬　李少云　李申海　李石坚　李世铠　李世永　李寿珍　李姝瑶　李述军　李树锋　李水英
李 顺　李苏游　李天龙　李 婷　李婷婷　李土妹　李万有　李 伟　李伟福　李伟健　李伟科
李 玮　李炜龙　李卫斌　李文华　李文倩　李文霞　李文轩　李文意　李文悠　李霞雪　李香梅
李湘朋　李湘绮　李小菲　李小花　李小惠　李小宁　李 晓　李晓静　李孝飞　李欣桃　李新华
李新妹　李兴旺　李秀静　李 旭　李学周　李亚甲　李燕萍　李扬斌　李 杨　李杨坚　李耀龙
李耀明　李一鸣　李奕良　李逸舜　李 毅　李银新　李应睿　李应伟　李英霞　李莹莹　李映红
李永丰　李永红　李永祺　李永新　李咏雪　李泳林　李泳琪　李 宇　李玉兰　李玉堂　李玉婷
李玉婷　李玉婷　李玉云　李裕景　李源兴　李月凤　李月龙　李月燕　李月仪　李跃城　李 云
李云香　李运波　李再誉　李泽林　李泽艳　李 振　李正秀　李政儒　李支帅　李志成　李志辉
李志健　李志汝　李志星　李志忠　李智聪　李智芸　李钟玉　李子淇　李子郁　李作基　利锦麟

利俊豪 利少凤 利少玲 利志飞 练凤仙 梁楚榆 梁 翠 梁大炯 梁 丹 梁 鼎 梁凤莲
梁凤琼 梁广进 梁桂香 梁国豪 梁汉华 梁浩源 梁华岸 梁华珍 梁辉红 梁惠开 梁惠琳
梁慧滢 梁家成 梁嘉宝 梁嘉越 梁建钟 梁杰斌 梁锦龙 梁景林 梁景荣 梁靖雯 梁静华
梁娟娟 梁俊贵 梁兰兰 梁丽华 梁丽心 梁 柳 梁梅弟 梁梅兰 梁妹格 梁 敏 梁敏玲
梁敏玲 梁明光 梁绮明 梁倩婷 梁倩莹 梁秋妮 梁榕根 梁瑞云 梁少芳 梁守件 梁淑娟
梁淑娴 梁淑仪 梁树兰 梁双珠 梁水凤 梁思琪 梁斯敏 梁斯琪 梁松莲 梁 望 梁伟军
梁伟平 梁伟胜 梁伟涛 梁炜祈 梁偉强 梁文浩 梁文静 梁文俊 梁文顺 梁文通 梁夏子
梁晓霞 梁秀珍 梁雪莹 梁雅怡 梁 燕 梁燕霞 梁壹铭 梁毅成 梁滢樱 梁颖熙 梁永权
梁 钰 梁钰茹 梁振文 梁正杰 梁志平 梁智昌 梁仲均 梁铸均 梁梓恒 廖邦雄 廖 斌
廖彩红 廖昌兰 廖 超 廖佛剑 廖桂英 廖海波 廖海棠 廖鸿贞 廖嘉华 廖建明 廖杰钟
廖金桃 廖 娟 廖丽华 廖丽珊 廖连娣 廖良芬 廖陆清 廖 露 廖茂芬 廖美华 廖美华
廖梦莹 廖启萍 廖群英 廖世伟 廖素娟 廖添南 廖庭延 廖唯竣 廖伟东 廖贤玉 廖小惠
廖小艳 廖晓达 廖晓勤 廖晓霞 廖雪兰 廖雪云 廖奕柳 廖有誉 廖有珍 廖玉利 廖运林
廖芷珊 廖志芳 廖志文 林爱萍 林博文 林城华 林 冲 林春燕 林 慈 林翠宁 林翠娴
林大泽 林 芳 林 锋 林福贤 林国清 林国怡 林海标 林海琴 林海茵 林洪玉 林惠娇
林慧华 林家威 林嘉欣 林杰全 林洁庭 林金永 林景宏 林敬升 林 俊 林俊杰 林凯娜
林 岚 林丽华 林丽玲 林丽思 林丽艳 林丽英 林丽媛 林丽云 林利霞 林良攀 林灵湘
林美玲 林美霞 林妙珊 林敏华 林南香 林年琼 林培伟 林佩芬 林鹏飞 林 巧 林青青
林荣滨 林润龙 林时钿 林思敏 林铁山 林婷婷 林万青 林伟纯 林文彦 林小凤 林小立
林小林 林晓婵 林晓俊 林晓林 林晓晴 林兴帆 林秀娟 林 璇 林 艳 林艳梅 林依倚
林永安 林永廷 林宇聪 林遇金 林 源 林运明 林泽蓓 林泽森 林泽伟 林钊荣 林兆昌
林照博 林珍英 林政平 林志锋 林志军 林志毅 林珠香 凌 悄 凌威龙 刘爱芬 刘安娜
刘宝欣 刘备英 刘碧谊 刘冰洁 刘彩凤 刘彩玲 刘畅添 刘成友 刘楚君 刘楚媚 刘传琴
刘春斌 刘翠欣 刘达文 刘丹丹 刘定坚 刘 芳 刘福娟 刘国兰 刘国权 刘国威 刘国先
刘海丹 刘汉勤 刘昊鑫 刘洪彬 刘惠林 刘 慧 刘继超 刘继龙 刘家驹 刘家美 刘家颖
刘嘉辉 刘嘉慧 刘嘉慰 刘建祥 刘建忠 刘健多 刘健飞 刘健宜 刘 娇 刘 洁 刘洁红
刘洁琼 刘介来 刘金浪 刘金茂 刘金权 刘锦浩 刘锦莉 刘靖雅 刘 静 刘 静 刘 军
刘君娱 刘 康 刘康乐 刘坤坤 刘乐琴 刘丽纯 刘丽娜 刘丽燕 刘 利 刘莉娟 刘玲玲
刘梅凤 刘梅青 刘美川 刘美琳 刘 敏 刘敏婷 刘佩君 刘佩霞 刘绮霞 刘 倩 刘 倩
刘 青 刘秋燕 刘容颖 刘洳银 刘锐鹏 刘瑞欣 刘瑞莹 刘若冰 刘赛军 刘善策 刘少林
刘仕映 刘仕仲 刘帅峡 刘顺香 刘铁虎 刘 巍 刘维良 刘伟建 刘伟鹏 刘 文 刘喜萍
刘 霞 刘小和 刘小丽 刘小灵 刘小倩 刘小骊 刘小勇 刘晓芳 刘晓晖 刘晓琳 刘秀亮
刘秀婷 刘旭霞 刘学琴 刘 艳 刘艳丽 刘艳萍 刘燕斌 刘燕华 刘叶娇 刘英明 刘盈盈
刘 勇 刘瑜婷 刘宇佳 刘玉红 刘煜煜 刘远业 刘 媛 刘 云 刘 运 刘振通 刘振星
刘芷婷 刘志成 刘志凯 刘志勇 刘壮雄 刘子斌 刘梓涛 刘紫腾 刘紫阳 刘宗勇 柳小凤
柳 燕 龙海燕 龙华福 龙华兰 龙惠仪 龙嘉敏 龙健立 龙杰江 龙锦维 龙凯俊 龙秋容
龙 涛 龙晓霞 龙耀军 龙永明 龙珍艳 龙志山 龙致富 卢宝香 卢昌建 卢功能 卢洪丽
卢嘉利 卢 坚 卢浇娉 卢均健 卢俊求 卢丽琼 卢玲娟 卢美声 卢妙葵 卢培闯 卢 强
卢少凤 卢思琦 卢思莹 卢素娟 卢伟炜 卢贤敏 卢晓珊 卢月炯 卢志浩 卢志林 卢卓明
卢宗锦 芦甄甄 鲁胜兰 陆彩丹 陆芳萍 陆海玲 陆 欢 陆嘉欣 陆建山 陆启明 陆 清
陆文志 陆秀丽 陆艳雯 陆燕秋 陆永强 路边江 罗 斌 罗冰凤 罗朝美 罗春凤 罗大林
罗大松 罗 芬 罗 浩 罗红英 罗鸿珍 罗惠城 罗惠恩 罗惠敏 罗加英 罗家俊 罗家伟
罗嘉良 罗嘉茵 罗江莉 罗江玲 罗锦辉 罗静娟 罗静娴 罗静雅 罗俊滔 罗 凯 罗 莉
罗良民 罗玲玲 罗 梅 罗美开 罗美斯 罗佩兰 罗奇豪 罗绮婷 罗倩婷 罗青萍 罗庆刚

罗秋琼	罗瑞媚	罗珊珊	罗诗敏	罗天娇	罗伟平	罗小玲	罗晓婷	罗孝安	罗秀丽	罗旭升
罗艳波	罗艳斐	罗燕媚	罗样甜	罗耀斌	罗映梅	罗运来	罗志华	罗志凌	罗志明	罗梓俊
罗梓颖	罗紫薇	骆琛文	骆丽凤	骆联宇	骆小兰	吕冬冬	吕凤丽	吕 鹤	吕金霞	吕秋云
吕绍宝	吕石惠	吕学明	吕泽波	马翠梅	马海荣	马贺喜	马辉伟	马惠雄	马嘉欢	马金学
马 喇	马丽璇	马 灵	马梦莹	马倩怡	马荣荣	马田芳	马伟露	马文杰	马文烨	马惜惠
马祥文	马小骞	马晓莉	马晓敏	马秀珍	马逸贤	马 悦	马悦滔	麦家杰	麦婉欣	麦伟丰
麦伟强	麦伟舜	麦文亮	麦晓欣	麦晓璇	麦艳卿	毛焕伦	毛开义	毛秋荣	毛荣英	毛小凤
毛小花	毛新超	毛艳莹	毛圳南	毛紫婷	梅林慈	蒙春妹	蒙祖博	孟 幻	孟 娟	孟兴旺
縻金玲	莫爱玲	莫炳文	莫 成	莫楚杨	莫迪瀚	莫飞雄	莫贵全	莫宏贵	莫华镁	莫华文
莫嘉泳	莫金妹	莫开宏	莫丽华	莫丽梅	莫丽英	莫茉雲	莫汝婷	莫胜海	莫仕托	莫素霞
莫天聪	莫小玲	莫选瑞	莫燕红	莫英杰	莫泳聪	莫祖鑫	牟大洪	牟洪林	缪东辉	倪 静
倪路遥	聂梦杨	聂 鹏	聂全莹	聂旺行	聂 莹	宁华连	宁坤凤	宁朋修	宁燕梅	牛 闯
牛子垄	农朝庭	欧超群	欧佳丽	欧敏怡	欧平萍	欧倩瑜	欧勤强	欧秋生	欧晓桃	欧晓燕
欧阳滨	欧银艳	欧子阳	歐 霞	潘广林	潘俭婷	潘洁萍	潘洁仪	潘俊金	潘丽兰	潘丽梅
潘柳婷	潘漫如	潘 珊	潘石华	潘伟康	潘炜杰	潘文彬	潘文锦	潘文丽	潘翁平	潘细香
潘小勤	潘杏桃	潘炫杏	潘燕婷	潘杨涛	潘毅臻	潘英富	潘永铿	潘玉婷	潘志豪	潘志林
潘周英	潘壮怀	盘彩云	盘荣岸	庞 宾	庞永群	朋前娟	彭 冰	彭冬林	彭芳芳	彭福广
彭桂英	彭金龙	彭敬裕	彭静仪	彭浚杰	彭良东	彭亮亮	彭 玲	彭茂波	彭茂周	彭美琴
彭乃奇	彭南远	彭绮萍	彭 倩	彭秋烨	彭 伟	彭炜东	彭小芳	彭小红	彭晓聪	彭兴美
彭雪优	彭亚林	彭 勇	彭玉华	彭 芸	彭志斌	平柳明	柒兆奎	戚梦圆	戚鹏辉	戚艳嘉
戚玉侠	齐 敏	齐旭阳	祁德华	钱小丽	钱秀梅	钱艳华	乔 进	秦洁莹	秦婉华	秦显友
秦小娟	秦信勇	卿叶群	丘嘉荣	丘森海	丘四妹	丘 云	邱迪炀	邱凤英	邱海淇	邱慧枫
邱嘉荣	邱九皇	邱丽存	邱 亮	邱帅坤	邱 婷	邱夏颖	邱小丽	邱燕威	邱银辉	区芷仪
屈小娥	全 爱	全洪敏	全水娇	冉茂军	冉秀森	饶锦杰	任聪聪	任广莹	任建亮	任润婷
任少东	任伟灿	任毅波	任 真	戎鸣鹏	容焕娴	容培辉	容子杨	阮楚丽	阮春瑜	阮 飞
阮秋华	阮雪文	阮玉英	桑庆树	沙沛苗	尚彦彦	邵 健	邵菊红	邵美钧	邵尤新	佘向荣
佘雪斌	沈丹微	沈国洪	沈国清	沈浩淼	沈皇珍	沈杰路	沈敏芳	沈铭术	沈佩珊	沈睿琦
沈 涛	沈伟文	沈伊纯	沈郑娇	沈子豪	施海燕	施巧巧	施小雪	石芬飞	石垄赶	石文杰
石有香	史福军	史少丹	史芝媛	宋红燕	宋华芬	宋环红	宋金明	宋 娟	宋俊达	宋秋菊
宋瑞健	宋 硕	宋艳婷	宋英华	宋 永	宋志丹	苏彩云	苏光旭	苏海钰	苏红珍	苏换之
苏 健	苏杰华	苏锦宽	苏静敏	苏静芝	苏丽君	苏伦威	苏媚叶	苏绮钟	苏琴芳	苏世萍
苏伟杭	苏伟洋	苏晓瑞	苏彦伟	苏钰莹	苏兆禅	苏志通	苏子龙	粟海燕	隋佳琦	孙春兰
孙大芳	孙 方	孙嘉慧	孙建华	孙江燕	孙俊灵	孙立峰	孙利婷	孙露露	孙斯琴	孙 涛
孙先林	孙晓婷	孙雪静	孙亚楠	孙裕强	孙志恒	索 微	索振才	锁智明	台昊宇	覃冠朝
覃金鱼	覃瑞彬	覃霜梅	谭 安	谭辰龙	谭楚君	谭翠婷	谭贵堂	谭桂婷	谭慧施	谭佳诗
谭嘉城	谭凯滢	谭敏华	谭敏昭	谭俏结	谭淑媚	谭桃英	谭婉菁	谭 维	谭小静	谭 燕
谭永欣	谭玉美	谭钰莹	谭 增	谭振华	谭忠良	谭卓滔	谭梓华	谭自国	谭宗恒	汤 滨
汤彩玲	汤国求	汤国玉	汤恒智	汤俊豪	汤丽萍	汤 勤	汤素丽	汤伟升	汤细萍	汤学强
汤艳珊	汤 燕	汤颖欣	汤玉婷	汤志婷	唐昌艳	唐朝明	唐海鸥	唐海珊	唐海奉	唐嘉文
唐江宁	唐洁英	唐结珍	唐菊香	唐俊波	唐丽娟	唐 莉	唐木林	唐若兰	唐绍球	唐 双
唐 维	唐伟君	唐 文	唐文俊	唐晓华	唐 雄	唐雪玲	唐 艳	唐泽荣	唐真真	唐志军
唐智慧	陶俊桦	陶明阳	陶 缘	田 锐	田石磊	田小娥	仝 丽	童辉武	童洁璇	童伟伟
涂金英	涂联珍	涂伟善	万家容	汪东锋	汪 斐	汪福江	汪基伟	汪金华	汪 晶	汪悦尧
王保平	王保稳	王 超	王超敏	王 晨	王冲伟	王春芬	王春琴	王 丹	王丹丹	王 迪

毕业生名单

王东莉	王冬红	王方	王芳	王格格	王桂兰	王桂源	王国铭	王国政	王海军	王贺
王洪义	王后娟	王华清	王欢妹	王辉	王惠金	王继	王佳	王家辉	王家茵	王建楠
王金	王晶	王敬彬	王军	王可欣	王腊荣	王蕾	王立福	王利	王玲	王茂林
王美峰	王梦春	王敏	王娜	王楠	王念	王鹏	王萍	王其魁	王倩	王强兵
王巧	王青宾	王晴	王琼	王秋如	王容	王如山	王莎莎	王珊	王善维	王少华
王胜	王盛德	王诗淇	王世苗	王舒婷	王树浪	王天盈	王维胜	王维照	王伟	王伟铭
王雯丽	王潇	王小佩	王小姗	王晓芳	王晓林	王晓云	王心怡	王心再	王行	王秀霞
王秀馨	王旭武	王亚丽	王彦娜	王艳	王艳花	王雁	王雁峰	王燕飞	王样齐	王一珉
王莹	王永安	王永生	王勇	王瑜欣	王源源	王玥	王运玲	王钊	王正鑫	王志枫
王志涞	王子昊	危雨琴	韦海凤	韦嘉莉	韦锦钢	韦俊佑	韦礼引	韦丽玲	韦良秋	韦仁富
韦泗桂	韦素珊	韦文勇	韦幺妹	韦振锋	韦志英	魏春丽	魏东海	魏峰	魏豪柁	魏金俊
魏兰娇	魏攀丽	魏丝茗	魏先才	魏小芳	魏玉源	温彩云	温代旺	温鸿	温树红	温水莹
温文芳	温文杰	温文琼	温文英	温小凤	温小兰	温晓桐	温秀清	温雪花	温玉君	温玉婷
温园园	温兆凌	温智伟	文爱起	文洪	文韵儿	巫琳琳	吴爱华	吴奥平	吴碧霞	吴碧仪
吴彩金	吴岑	吴成龙	吴城池	吴楚妹	吴传件	吴传艳	吴春樵	吴春燕	吴法蓉	吴方久
吴方元	吴芳芳	吴凤萍	吴光远	吴国浩	吴国健	吴国荣	吴海欣	吴合心	吴华丽	吴桦煜
吴嘉诚	吴嘉嘉	吴建峰	吴江东	吴杰	吴锦霞	吴娟	吴良文	吴萌	吴孟雪	吴棉初
吴敏昌	吴敏怡	吴谋琪	吴鹏	吴倩	吴倩如	吴倩文	吴琼	吴秋花	吴善霖	吴胜祥
吴时恒	吴淑芬	吴舒敏	吴思敏	吴斯敏	吴斯权	吴腾杰	吴伟清	吴文国	吴文丽	吴文荣
吴文越	吴希梦	吴小敏	吴晓丹	吴晓乐	吴晓莹	吴杏进	吴幸链	吴巡娟	吴亚琴	吴炎连
吴阳	吴耀武	吴英祥	吴永林	吴永明	吴泳琦	吴玉容	吴钰盈	吴浴德	吴缘圆	吴正坤
吴芝媚	吴志玲	伍春玲	伍德寿	伍飞	伍海松	伍慧欣	伍凯倩	伍丽芳	伍丽霞	伍美
伍美施	伍绮兰	伍世红	伍舒婷	伍水金	伍伟均	伍文德	伍秀英	伍艳	伍艳华	伍湛明
伍振君	武莉婷	武眺	武亚威	夏安奇	夏春海	夏荣群	夏思婷	冼国开	冼娇焱	香伟根
向福林	向丽	向显阳	向小亚	萧进权	萧曙丹	萧月娥	萧韵婷	萧志烽	肖冰贤	肖兵
肖常均	肖翠平	肖大伟	肖冠飞	肖广湘	肖桂林	肖涵	肖豪杰	肖煌震	肖佳	肖嘉定
肖健辉	肖江涛	肖景成	肖静欣	肖魁满	肖玲华	肖梅香	肖文成	肖文毅	肖文洲	肖祥云
肖鑫杰	肖秀波	肖燕	肖银秀	肖宇平	肖愈智	肖媛芳	肖智逸	谢安琪	谢宝珍	谢博涵
谢博鑫	谢成丽	谢春菊	谢春玉	谢达成	谢东波	谢恩存	谢方林	谢凤香	谢高清	谢官成
谢广海	谢贵坚	谢海涛	谢豪	谢家怡	谢嘉慧	谢嘉伟	谢金才	谢金霞	谢津	谢锦宏
谢敬松	谢钜周	谢俊健	谢俊能	谢腊梅	谢乐文	谢丽嫦	谢丽锦	谢妙珊	谢敏	谢朴亨
谢倩	谢权	谢汝申	谢淑雯	谢水旺	谢水香	谢思谊	谢素丽	谢桃桃	谢天恩	谢天福
谢天虎	谢天珍	谢畑	谢伟玲	谢文	谢小翠	谢小南	谢晓兰	谢亚梅	谢燕娜	谢英丽
谢颖茵	谢映虹	谢永易	谢媛	谢云宽	谢泽华	谢志宏	谢梓丹	辛志玲	幸依莉	熊姣
熊倩倩	熊汕	熊婷	熊伟文	熊文专	胥佩琳	徐斌	徐凤琴	徐家亮	徐嘉希	徐健
徐健芳	徐江鹏	徐杰成	徐洁莹	徐金玲	徐金柳	徐金益	徐林	徐敏清	徐秋玲	徐如华
徐瑞华	徐瑞霞	徐涛	徐伟焜	徐文钊	徐五建	徐小红	徐小刘	徐晓君	徐晓云	徐英资
徐勇	徐正鸿	徐智强	徐仲文	许保军	许丹妮	许东妮	许冬冬	许冬健	许二	许光妹
许海妹	许浩燕	许花梅	许华烁	许佳英	许健怡	许鉴洲	许立鉴	许莉琳	许美洁	许敏
许木印	许沛楠	许日红	许绍辉	许诗楠	许舒欣	许天恩	许伟吟	许雯	许晓双	许晓文
许兴翠	许学良	许雪丽	许玉婷	许云峰	许志华	禤景凤	薛白雪	薛丽芬	薛晓旋	薛亚敏
薛兆瑜	荀雷	鄢素芳	闫海娟	闫海青	闫继琴	严德桧	严奉和	严海明	严建考	严可欣
严明	严文萍	严小玲	严小雯	严学文	严燕	严颖遥	颜玉兰	颜正勇	颜志益	颜智祺
阳太	杨安琪	杨昂	杨邦龙	杨冰	杨冰虹	杨彩芬	杨聪	杨达文	杨丹娜	杨德伟

杨 芳	杨飞湖	杨飞军	杨福添	杨浩涛	杨洪强	杨洪鱼	杨慧敏	杨积林	杨吉玲	杨家俊
杨 剑	杨健霞	杨江凤	杨金南	杨 静	杨静仪	杨 娟	杨 军	杨 磊	杨利平	杨霖怡
杨龙洁	杨美玲	杨森荣	杨妙琪	杨敏芝	杨如发	杨润彪	杨少林	杨淑军	杨术平	杨思琪
杨宛倪	杨委桀	杨伍妹	杨 夕	杨小芬	杨小虎	杨小蜜	杨小云	杨 晓	杨晓翠	杨欣霞
杨新梅	杨旭枫	杨亚丹	杨 洋	杨亦芬	杨异思	杨 奕	杨幼钗	杨宇宏	杨雨雷	杨玉明
杨玉萍	杨玉影	杨跃鹏	杨云娟	杨云林	杨泽珊	杨贞荣	杨 政	杨子龙	杨宗讷	姚灿雄
姚东业	姚飞鸿	姚凤婷	姚凤贤	姚海燕	姚 浩	姚慧敏	姚家明	姚静原	姚菊香	姚茂万
姚荣均	姚少琼	姚文春	姚 霞	姚银秋	姚云芳	姚蕴慧	叶春丽	叶翠玲	叶国豪	叶 恒
叶华溢	叶惠凤	叶健忠	叶丽琼	叶梁石	叶敏清	叶 青	叶瑞芳	叶少春	叶 涛	叶伟莲
叶小年	叶小山	叶小燕	叶小云	叶 迅	叶艳芬	叶译聪	叶永灿	叶泳嫦	叶宇嘉	叶元胜
叶远英	叶苑婷	叶增寿	叶智荣	叶 卓	叶子红	叶梓桦	怡 尧	易楚雯	易地秀	易林波
易 宁	易 伟	易文敏	易永刚	易 媛	易珍奇	殷 雷	殷元林	尹 丹	尹丹丹	尹浩然
尹华永	尹家乐	尹金成	尹 静	尹润珊	尹秀云	尹逸仙	尹 月	尤 平	游德锋	游惠娟
游敏霞	游喜辉	于成龙	于楚倩	于远记	于张飞	于昭当	于振岭	余国勇	余开贵	余 鹏
余 琦	余前前	余 琴	余伟杰	余文堂	余小凤	余燕齐	余莹莹	余再梁	余 周	余宙斯
庾嘉成	庾丽婷	庾敏玲	庾天恩	庾伟鹏	庾务霞	喻莎莎	袁爱欣	袁传周	袁尔路	袁凤英
袁 颢	袁惠霏	袁贱有	袁丽琼	袁利华	袁 牧	袁配钊	袁 琴	袁 琴	袁秋红	袁淑筠
袁天娇	袁欣霞	袁延太	袁 圆	袁运梅	袁志华	岳甜甜	詹会面	詹军云	詹丽娜	詹美婵
詹煐淇	詹晓芬	占义伟	湛君莎	张宝德	张彬彬	张 斌	张冰鑫	张博然	张程康	张楚文
张传明	张创斌	张大臣	张弟梅	张冬兰	张复习	张耿彬	张桂珠	张国丽	张国星	张海泉
张 洪	张华驰	张辉俊	张慧姗	张慧怡	张姬淑	张佳铄	张嘉敏	张嘉炜	张嘉怡	张建华
张剑云	张键濠	张江业	张 洁	张洁玲	张婕雯	张金安	张金莲	张锦星	张敬榆	张 静
张菊芬	张 君	张俊杰	张凯钧	张 柯	张科文	张 坤	张坤娥	张兰鸽	张 乐	张乐怡
张丽嫦	张丽晨	张丽菲	张丽芬	张利玉	张 亮	张 玲	张 龙	张路环	张 曼	张 梅
张梅珍	张美容	张 媚	张梦岩	张 苗	张妙云	张 敏	张明月	张沛彬	张鹏程	张 萍
张 琪	张绮琪	张倩莹	张倩玉	张 强	张 强	张 强	张琴琴	张勤俭	张秋红	张 权
张权利	张群弟	张日红	张汝滨	张 瑞	张三妹	张珊珊	张少斌	张声许	张石桥	张世昌
张舒铭	张思玲	张宋音	张太凤	张 滔	张廷婷	张婷婷	张 威	张 维	张伟健	张伟明
张文芳	张文杰	张文敏	张文瑶	张锡宇	张喜泽	张小凤	张小凤	张小进	张小军	张小蕾
张小丽	张小玲	张小强	张小艳	张晓斌	张晓迪	张晓莲	张晓梅	张晓微	张晓燕	张晓宇
张 新	张新玲	张 雪	张雪梅	张雪琪	张雪霞	张雅丽	张亚平	张言言	张炎川	张 艳
张 艳	张艳锦	张艳鸟	张燕红	张燕珊	张阳彬	张耀文	张亦嘉	张 映	张咏欣	张泳章
张宇全	张雨琦	张 玉	张玉录	张玉娜	张愈泽	张 煜	张远新	张媛婷	张云龙	张昀岭
张运红	张韵杏	张兆辉	张正琴	张正泉	张正燕	张志安	张志诚	张志坚	张志威	张志雅
张治发	张 智	张智国	张卓毅	张子君	张子燊	章芳芳	赵彩云	赵聪明	赵芳芳	赵华娟
赵嘉雯	赵建锋	赵建辉	赵 杰	赵 森	赵明霞	赵培劲	赵 朋	赵 鹏	赵前寿	赵钦兰
赵 清	赵阮伟	赵胜强	赵甜甜	赵五弟	赵肖凤	赵心鹏	赵 欣	赵旭川	赵亚兰	赵 燕
赵 阳	赵 艺	赵 勇	甄宝换	郑安安	郑宝戟	郑兵璇	郑灿荣	郑楚曦	郑传鑫	郑春银
郑从标	郑达燕	郑德安	郑凤贵	郑汉林	郑宏香	郑辉霞	郑汇通	郑嘉良	郑洁芳	郑 静
郑凯丽	郑康涛	郑乐鹏	郑利冬	郑妙霞	郑妙颜	郑晴虹	郑晴燕	郑庆华	郑汝龙	郑瑞嫦
郑世杰	郑世杰	郑淑文	郑淑霞	郑淑贤	郑 伟	郑伟标	郑伟坚	郑文冶	郑小亚	郑小娅
郑小雨	郑晓东	郑晓莉	郑晓鑫	郑秀琴	郑秀文	郑雅诗	郑亚文	郑妍柔	郑 宇	郑玉柱
郑远玲	郑云双	郑招桂	郑哲策	郑振华	郑志坚	郑子浩	植丽娟	植文雅	钟灿权	钟成铨
钟楚婷	钟大贤	钟丹丹	钟灯明	钟东汗	钟法昌	钟富贵	钟冠超	钟健恩	钟解辉	钟金梅

钟尽兰	钟景亮	钟炬华	钟丽莉	钟丽连	钟令灵	钟美琪	钟敏棋	钟荣杰	钟瑞金	钟 珊
钟少华	钟顺娣	钟天泉	钟晚玲	钟 文	钟文敏	钟 曦	钟细芬	钟小惠	钟晓英	钟欣欣
钟鈃欣	钟兴珊	钟 燕	钟颖莲	钟永有	钟云航	钟云宽	钟振昌	钟志恒	钟志军	钟志科
钟梓浩	钟梓瑜	周 成	周春华	周 聪	周丹凤	周德英	周 弟	周 帆	周芳芳	周关军
周贺显	周欢欢	周佳慧	周 捷	周景润	周 黎	周立梅	周 利	周 恋	周 玲	周凌明
周 陵	周敏玲	周佩葵	周绮雯	周清连	周日云	周柔静	周儒彬	周瑞娟	周胜雄	周双能
周水霞	周思敏	周 拓	周亭廷	周婷婷	周苇如	周炜烺	周文婷	周武军	周先德	周献玲
周小兵	周小华	周小双	周晓铃	周秀娴	周雅琴	周 艳	周燕春	周燕梅	周颖莹	周永康
周有贵	周玉芝	周芋岑	周昱彤	周 月	周泽伟	周正平	周志鸿	周志勇	周智健	周众英
周钻仪	朱尔珊	朱方华	朱凤珊	朱凤贤	朱凤珍	朱海英	朱红波	朱华伟	朱佳莉	朱佳正
朱嘉杰	朱金凤	朱金燕	朱锦凤	朱锦林	朱锦荣	朱均亮	朱乐萍	朱立梅	朱 丽	朱丽嘉
朱林霞	朱 玲	朱 敏	朱倩南	朱 强	朱群锋	朱瑞峰	朱书飞	朱婉雯	朱小兰	朱小平
朱秀娟	朱颜冬	朱燕萍	朱 仪	朱运坤	朱灼欢	朱卓承	祝和肖	庄嘉健	庄柳婵	庄柳霞
庄婷婷	庄秀君	庄永涛	庄宇健	庄志鸿	卓 丹	卓瑞敏	卓乙森	邹桂如	邹桂子	邹国标
邹鸿彪	邹华兵	邹建国	邹 佼	邹钦文	邹文燕	邹小玲	邹晓晓	邹燕海	邹永光	邹永乐
邹政阳	左红秀	第五艳艳	刘付兰娟	欧阳冠洲	欧阳嘉儿	欧阳金坤	欧阳路华	欧阳敏玲
欧阳平飞	欧阳淑燕	司徒绮桦	司徒学鹏	阿里马·巴哈

国际经济与贸易

白 爽	曾伟勇	陈 楚	陈红花	陈敬菊	陈 静	陈良琼	陈伟忠	陈文升	陈雪如	陈炎铁
陈 志	陈子园	程婷婷	单瑶瑶	董金梅	董雪方	冯爱青	符燕梅	甘玉枝	高祝英	关志文
郭婷婷	韩慧敏	郝玉晓	何灿莲	何凯欣	何 鲲	何 威	洪少英	黄瀚轩	黄 鹤	黄启政
黄燕琼	黄 镱	姜胜红	焦 莉	黎燕霞	李昌志	李宏新	李健甜	李 苗	李琴华	李 婷
李永娟	李宇婷	梁计安	梁雄秀	廖巧珠	林金香	林永艳	林远芳	凌国斌	刘乐山	刘兴明
刘越国	卢敏仪	卢巧丽	罗冬冬	罗芳芳	罗思敏	罗思婷	麦瑞婷	麦艳红	毛达新	莫嘉伟
欧巧云	彭思远	沈建伟	苏爱淇	谭土英	唐申荣	田群燕	汪秀娟	王 凡	王进豪	王梦婕
王双双	王有港	王 泽	王志建	王祖怡	温楚妮	吴淮州	吴嘉雯	吴丽娟	吴锡亮	吴子燕
肖 坤	肖 吟	肖 意	徐 杰	许东连	杨 莹	叶国法	尹斯杰	詹淑伶	张成娟	张慧敏
张吉荥	张丽枚	张 遥	赵晓芳	郑焕滨	周 华	周仕勤	周思佳	朱佳欣		

航空服务

卞润泽	蔡惠琳	蔡康智	蔡如颖	蔡莹莹	曾权文	陈璧文	陈东秀	陈浩斌	陈华美	陈 慧
陈慧莹	陈建华	陈江勇	陈 磊	陈丽君	陈曼琳	陈木兰	陈 钠	陈念慈	陈佩纯	陈权汉
陈 然	陈舒淇	陈桃仁	陈武玲	陈小丹	陈晓彤	陈谣谣	陈雨霞	陈泽彬	陈正雄	陈致远
邓洁薇	邓彤欣	范嘉鸿	方杭怡	房石梅	冯德明	冯嘉仪	冯 捷	符贺玲	符奕高	郭康顺
郭青青	郭 妍	韩俊伟	韩忠周	何光伟	何万美	何玉芳	何玥静	何镇安	贺云飞	黄柏琦
黄冰清	黄 超	黄光振	黄辉嫦	黄伙玲	黄炯鑫	黄俊超	黄 琳	黄妙钦	黄荣锦	黄柔柔
黄若宇	黄舒晴	黄文聪	黄文东	黄晓滨	黄晓丽	黄 怡	江家煊	江仕民	康 蕾	柯铠轩
柯润权	孔令谆	孔颖红	赖玉妹	黎碧莹	李 东	李 豪	李嘉婷	李嘉欣	李文静	李文怡
李阳子	李茵佩	李壮丰	李梓健	梁彩琼	梁定逍	廖 浩	廖 珮	廖 雪	林翠敏	林锦生
林静文	林舒婷	林晓武	林 炫	林宇斌	林煜阳	林震楠	刘柏峰	刘惠敏	刘嘉倩	刘明烨
刘 楠	刘润红	刘淑琼	刘畑畑	刘 欣	刘亿辉	刘正东	龙颖娴	卢建文	罗俊华	罗理涛
罗秋慧	罗玟霞	罗 好	罗智元	吕培樱	麦咏蒽	欧秋婷	潘小雲	潘正侨	庞日玲	彭仁春
彭仁赏	秦 晴	丘红平	丘梦琪	邱冰丽	阮海敏	邵健磊	余 泓	苏芷君	谭紫薇	汤晓岚
唐洪亮	唐文优	田慧雨	汪 琳	王基淇	王嘉琳	王世醒	王小蝶	王玉玺	王昭施	王芷莹
王志豪	魏碧霞	温静霞	温倩丹	温勤鹤	温伟宏	吴柏晓	吴乐妍	吴 扬	吴雨婷	伍梦仪

伍晓芬	肖 凤	肖妙燕	肖文清	肖蕴琪	谢金娣	谢珊丹	谢晓锋	谢雪清	谢艳丽	谢泳淇
谢 越	谢展军	熊一平	胥 芹	徐佳琪	徐天燕	徐文省	徐 星	徐 茵	许慧淋	许玉兰
许梓扬	薛康乐	薛卓恒	颜明增	姚安杰	姚润茵	叶宝威	叶家惠	叶家明	叶育娟	易三梅
余艾纹	余勇兵	张 冰	张恢园	张健尼	张敬宗	张乐鑫	张梦莹	张楠楠	张晓舟	张芯茹
张泽锋	张子龙	赵志鹏	郑锦钦	郑立鹏	郑琳菲	郑圣庄	钟剑成	钟芷晴	周诗慧	周淑雯
周文兵	周秀锦	朱惠玲	庄 偏	李安圣子						

会计

白佩仪	白 雪	白雪银	柏守云	毕翠军	毕海仪	毕键君	毕韵仪	蔡彩菊	蔡海英	蔡洪梅
蔡 慧	蔡静容	蔡葵宽	蔡来芳	蔡李树	蔡 娌	蔡美丽	蔡 明	蔡荣弟	蔡淑柳	蔡思明
蔡尾妹	蔡晓君	蔡晓丽	蔡阳清	曹贵方	曹会珍	岑来芳	曾春果	曾春燕	曾顺玉	曾伟婷
曾文乐	曾文燕	曾笑霞	曾燕婷	曾映冰	曾佑华	曾园园	曾韵恒	曾志源	曾子君	常敏仪
陈蔼璇	陈爱娣	陈碧玲	陈冰儿	陈冰妮	陈春秀	陈丹萍	陈观玲	陈广兰	陈桂凤	陈桂梅
陈海雪	陈华丽	陈华玉	陈惠岸	陈惠琼	陈慧敏	陈嘉碧	陈嘉芳	陈嘉莹	陈键民	陈 洁
陈洁梧	陈金宝	陈锦玲	陈景涛	陈净婧	陈凯红	陈 兰	陈立娟	陈丽玲	陈丽梅	陈丽梅
陈 琳	陈 灵	陈 玲	陈柳青	陈满贤	陈美晶	陈美玲	陈妙铃	陈 敏	陈敏华	陈敏灵
陈敏然	陈 平	陈萍萍	陈倩颖	陈 琴	陈锐锐	陈少冰	陈少芳	陈少娟	陈少萍	陈绍琼
陈淑玲	陈淑屏	陈素芬	陈素虹	陈 炜	陈文曼	陈文韬	陈文瑜	陈文珍	陈霞光	陈小芳
陈小妹	陈小伟	陈小杏	陈小银	陈小珍	陈 晓	陈晓虹	陈晓佳	陈晓丽	陈晓娜	陈晓萍
陈晓妍	陈秀凤	陈雪梅	陈雅焕	陈 燕	陈燕玲	陈杨欢	陈意平	陈永芳	陈玉铃	陈玉银
陈玉莹	陈 越	陈运珊	陈贞蓉	陈真凤	陈志芳	陈钟洋	程桂珍	程 敏	程婉珍	程雪凌
仇青青	达池花	代海霞	戴晓萍	戴紫莹	邓楚君	邓 姣	邓君如	邓 岚	邓丽维	邓良燕
邓仁妃	邓婉靖	邓伟月	邓文清	邓雯文	邓燕婷	邓 艺	邓梓莹	丁 玲	丁幼凤	董涛兰
董晓华	杜 欢	杜琪岭	杜小玉	段昌琼	段庆伟	段素梅	段西西	范飞泉	范枚华	范素华
范文芳	方才娟	方丹萍	方 彤	方小丹	方艳平	冯碧君	冯邓燕	冯嘉敏	冯嘉锜	冯锦霞
冯 琳	冯绮璇	冯瑞玲	冯顺兴	冯秀琴	冯月明	冯 韵	付云香	甘美兰	高绮萍	葛 俊
葛 娜	耿 娇	龚春莲	龚春燕	龚婉盈	龚秀清	龚 艳	龚园园	古翠娟	古 梅	古细妹
顾 节	关小丽	关燕婷	官佳丽	官好妃	归 祯	郭贝贝	郭飞少	郭丽虹	郭凌梅	郭美玲
郭 倩	郭倩怡	郭秋丽	郭 婷	郭文平	郭学怡	郭燕芬	郭勇蒙	郭运娥	韩文丽	何楚艺
何丹凤	何东红	何东娟	何芳兰	何惠文	何 慧	何骏宇	何丽敏	何 曼	何美丽	何秋怡
何少兰	何素红	何宛芸	何雯婷	何肖珊	何秀琼	何雪霞	何艳梅	何艳霞	何 英	何永丽
何紫华	黑 雪	洪程思	洪洁云	洪秋菊	洪少柳	侯文婷	侯新银	侯燕辉	侯永建	胡桂芬
胡惠雯	胡苗苗	胡千曦	胡 倩	胡 琴	胡素雯	胡泰铭	胡晓玲	胡银秀	胡瑜璇	胡泽慧
胡志清	黄白媚	黄 成	黄春丽	黄存香	黄丹萍	黄海柱	黄嘉丽	黄嘉敏	黄嘉偏	黄健平
黄鉴茹	黄娇艳	黄金桃	黄静妮	黄静云	黄娟丽	黄梨红	黄 丽	黄丽敏	黄丽琴	黄 妹
黄梦宇	黄妙年	黄 敏	黄明婷	黄铭培	黄宁凤	黄佩青	黄倩菁	黄巧玲	黄 青	黄秋梅
黄 柔	黄锐纯	黄淑婷	黄思丽	黄思龙	黄伟纯	黄蔚玲	黄文娟	黄小玲	黄晓君	黄晓燕
黄校雯	黄醒丹	黄艳婷	黄艺玲	黄艺琼	黄 逸	黄 懿	黄幼美	黄玉红	黄招娣	黄祖春
霍紫薇	简洁怡	简素娟	江丽娟	江 婷	江小花	姜春燕	姜 娜	蒋慧娴	金师跃	靳学娟
敬清华	柯秋雨	柯晓琼	邝落云	邝曼梨	况 雪	赖海沙	赖惠娴	赖火梅	赖嘉丽	赖杰颖
赖静仪	赖美琪	赖思莹	赖 苏	赖小芳	赖晓桦	赖颖丽	蓝 凤	蓝金炼	桹红燕	雷翠芳
雷黄清	雷惠惠	雷素素	雷彦柠	雷 勇	黎柏英	黎春燕	黎冬霞	黎海鹏	黎华连	黎惠芳
黎积园	黎美君	黎 明	黎明珠	黎友红	黎裕媛	李爱群	李楚诗	李春玲	李春梅	李春燕
李 翠	李翠诗	李翠怡	李代梅	李丹红	李 芳	李凤娥	李桂兴	李海鹰	李和娜	李 红
李红芬	李姬丽	李家慧	李嘉亮	李嘉欣	李健霞	李娇霞	李金响	李靖雯	李康娇	李昆花

毕业生名单

李立青	李丽方	李丽情	李丽婷	李丽霞	李 玲	李 梅	李美贤	李美玉	李 妹	李敏婷
李敏仪	李 铭	李木和	李 娜	李 平	李青丽	李秋灵	李群平	李少颜	李淑冰	李舒鸽
李双双	李水娟	李思佳	李思凝	李素兰	李素莹	李祥英	李小凤	李小利	李晓玲	李晓璇
李旭影	李燕萍	李燕珊	李耀花	李伊影	李余欢	李玉菲	李玉辉	李玉玲	李玉梅	李玉萍
李正峰	李志仙	李紫燕	连小浪	练勤有	练苑婷	梁彩虹	梁楚燕	梁翠铃	梁海宜	梁惠欣
梁嘉怡	梁嘉瑜	梁洁丽	梁静兰	梁丽霞	梁丽宜	梁美玲	梁佩君	梁倩敏	梁清雁	梁思蓉
梁斯敏	梁 婷	梁伟生	梁文敏	梁晓玲	梁晓敏	梁晓能	梁秀根	梁秀枝	梁燕华	梁燕平
梁银娟	梁银崧	梁滢雯	梁 誉	梁筠钰	梁忠玲	廖春燕	廖家露	廖景娴	廖利利	廖美婷
廖汝铃	廖淑瑜	廖斯韵	廖 文	廖霞涛	廖晓菲	廖晓燕	廖燕琴	廖梓华	林丹丹	林丹燕
林丰滢	林凤屏	林根存	林桂美	林国兰	林菡洁	林浩玲	林恒英	林 慧	林基良	林建娜
林 洁	林金英	林锦英	林可青	林丽芳	林丽君	林曼芝	林梅英	林明丽	林暖兵	林沛燕
林 姗	林斯婷	林素香	林婷婷	林文凤	林文静	林小梅	林晓丽	林 润	林逊红	林 艳
林钰娴	林苑梅	林周敏	林子钰	林作来	零小华	刘冬梅	刘多多	刘凤清	刘海燕	刘海珍
刘红霞	刘洪英	刘惠宁	刘惠贤	刘慧珠	刘嘉楠	刘江梅	刘洁园	刘 静	刘静静	刘 娟
刘昆雁	刘梅琼	刘美华	刘美群	刘 敏	刘秋璇	刘润娥	刘莎莎	刘淑琴	刘淑妍	刘松芳
刘 薇	刘伟鸿	刘小玲	刘小琴	刘小桃	刘晓萍	刘晓彤	刘晓娅	刘秀丽	刘 妍	刘 艳
刘燕红	刘燕群	刘雨晗	刘玉芝	刘育霞	刘 元	刘跃兰	刘珍珠	刘政利	刘 芝	刘志花
刘志欣	龙冬梅	龙天丹	龙 婷	龙智慧	龙 舟	卢贝欣	卢家玲	卢 美	卢晓君	卢泽纯
陆彩燕	陆禾青	陆慧玲	陆俊锋	陆栎兰	陆思华	陆昭瑞	罗海燕	罗涣崴	罗金玲	罗俊雯
罗 莉	罗美容	罗仕梅	罗伟伦	罗文杏	罗晓玲	罗 新	罗新梅	罗玉玲	罗招群	罗志清
吕国薇	吕 露	吕文婷	吕亚枚	吕志芬	马粉琴	马俊杰	马世颖	马 翔	马筱敏	马雪艳
马燕萍	马颖贤	马 悦	马昭峰	麦凤玲	麦洁宜	麦丽婷	麦伟珍	麦燕婷	毛乐迷	蒙家媚
蒙巧榕	孟宪月	孟笑笑	明诗韵	莫杰媚	莫杰伟	莫丽婵	莫丽婷	莫智君	缪迪莎	缪宇欢
宁春燕	农兰贞	欧丽园	欧秋平	欧晓纯	欧晓红	欧艳姣	潘立锋	潘柳云	潘少芬	彭 冰
彭静怡	彭 娟	彭 茜	彭群好	彭淑滢	彭双彦	彭燕芳	彭燕银	齐 凤	钱洁红	钱思雨
秦安定	秦小艳	秦晓萍	秦学姣	秦泳楠	秦子英	丘会婷	邱东娜	邱桂连	邱海霞	邱彭君
邱思琪	邱 婷	区楚华	区琼彩	区晓媚	全昌花	全候生	全 琼	冉迎春	任 敏	任舜文
茹燕红	茹月明	阮杏娟	邵华珠	邵引仪	沈 慧	沈 梦	沈 霞	盛 俊	石 秀	史钰嫒
舒凤萍	宋美华	宋淑容	覃丽萍	苏结贞	苏佩婷	苏小媚	苏雪玲	苏雅仪	苏艳丽	苏莹莹	孙绮雯
孙诗文	孙艺文	覃丽萍	谭春红	谭福秋	谭丽娟	谭琼兰	谭赛竹	谭细燕	谭显美	谭玉琪
谭悦文	汤丽银	汤思敏	汤婉芬	汤芷欣	唐家琪	唐 静	唐明凤	唐婷柳	唐云芳	唐重军
田翠娥	田翠丽	田秋妹	田 甜	田雨晴	童何敏	汪曼丽	王冰冰	王春梅	王春萍	王丹婷
王贵丽	王红霞	王红云	王嘉文	王娇华	王静霞	王峻安	王良艳	王露香	王明锦	王盼盼
王平香	王 青	王秋燕	王 荣	王赛红	王士雪	王淑花	王 婷	王 伟	王文霞	王心悦
王新梅	王亚敏	王艳芳	王艳婷	王燕芳	王燕青	王燕琼	王榆苹	王正大	韦 凤	韦美衡
韦巧玲	魏红玉	魏丽婷	温婵娟	温德亮	温定梅	温桂霞	温惠芳	温金华	温 娟	温 萍
温秋桃	温晓林	温旭红	文海燕	文 君	翁佳君	翁佩妮	巫佳劲	巫蕴红	吴 丹	吴 芬
吴 凤	吴国媚	吴 慧	吴嘉茵	吴洁兴	吴锦娇	吴 丽	吴丽珊	吴玲玲	吴妙珊	吴俏嫒
吴瑞敏	吴双贵	吴文芳	吴小心	吴晓凤	吴晓林	吴晓美	吴晓敏	吴晓曲	吴雪娇	吴雪群
吴意金	吴月明	吴泽萍	吴泽霞	吴芝青	吴梓鸿	伍金燕	伍梅花	伍世焰	伍小雪	伍雪欣
武 苹	夏湾湾	夏益云	夏志伟	冼海娟	冼诗莉	向 晴	向 魏	肖春容	肖 芬	肖明静
肖 妮	肖 琴	肖蓉蓉	肖思凡	肖四华	肖泽红	肖志峰	谢冰瑶	谢春燕	谢慈敏	谢 菲
谢海银	谢 红	谢 欢	谢欢欢	谢纪英	谢岚晴	谢丽营	谢露露	谢 尚	谢舒琳	谢婉敏
谢婉婷	谢伟池	谢小菁	谢雄英	谢银禅	谢志平	邢美慈	熊露明	熊绮雯	熊细亮	熊 艳

熊　燕　　熊叶菊　　徐陈国　　徐丽萍　　徐绿颖　　徐佩瑶　　徐　清　　徐少霞　　徐淑仪　　徐晓娟　　徐　燕
徐志敏　　许红香　　许加珠　　许可仪　　许丽婷　　许南京　　许赛婷　　许素云　　许夏嫚　　许晓琳　　许晓玲
许晓青　　许学茵　　许玉敏　　薛　冰　　薛彩婷　　薛丽云　　薛　艳　　严冬梅　　严健怡　　严丽珍　　严留兰
严　萍　　严晓靖　　严仲群　　颜丽红　　杨　冰　　杨　驰　　杨春柳　　杨海敏　　杨海容　　杨海燕　　杨鹤智
杨健婷　　杨洁珊　　杨金花　　杨晶晶　　杨康玲　　杨丽花　　杨丽慧　　杨丽琪　　杨倩清　　杨青青　　杨少坤
杨少娜　　杨胜凤　　杨世红　　杨淑君　　杨素娜　　杨小苑　　杨晓君　　杨晓莹　　杨新娥　　杨燕溪　　杨　阳
杨玉连　　杨月真　　杨芸芸　　杨　珍　　杨芝玲　　杨志港　　姚　浩　　姚　兰　　姚　萍　　叶翠玲　　叶带娣
叶海丽　　叶慧怡　　叶俭妹　　叶丽芬　　叶明科　　叶秋霞　　叶甜妹　　叶文华　　叶细妹　　叶秀娟　　叶燕萍
叶增儒　　易　丹　　易　倩　　易杏妍　　尹传玲　　尹小翠　　尹誉翔　　应建林　　尤凤爱　　游雅婷　　于季微
余凤艳　　余华珊　　余华婷　　余慧琪　　余　璐　　余美玲　　余小华　　余琰焱　　余艳芳　　余艳媚　　虞瑞姬
袁超纳　　袁海霞　　袁丽霞　　袁丽雅　　袁清云　　袁欣玥　　袁运珍　　原嘉怡　　岳　艳　　詹美青　　张宝茹
张彩娣　　张彩玲　　张春香　　张　丹　　张　迪　　张　菲　　张凤莲　　张改洁　　张会云　　张惠洁　　张惠霞
张惠媛　　张伙谏　　张家灵　　张嘉慧　　张金娣　　张金凤　　张　静　　张丽娟　　张丽君　　张丽玲　　张丽群
张丽婷　　张丽英　　张琳宜　　张梅贵　　张蒙蒙　　张梦思　　张梦亭　　张苗苗　　张妙玉　　张　敏　　张　盼
张　鹏　　张　琼　　张瑞娟　　张少金　　张诗琦　　张淑华　　张思敏　　张　婷　　张文礼　　张晓丹　　张晓萍
张秀梅　　张艳红　　张艳玲　　张艳霞　　张　燕　　张燕平　　张阳潮　　张玉婷　　张悦平　　张云峰　　招文君
赵丹丽　　赵红枚　　赵洪铃　　赵季美　　赵加红　　赵静梅　　赵亮亮　　赵敏君　　赵善红　　赵淑玲　　赵　霞
赵湘资　　赵雅莲　　赵　瑶　　赵　玉　　郑爱璇　　郑兵洪　　郑创洁　　郑观美　　郑慧如　　郑嘉妮　　郑坤贤
郑丽君　　郑丽思　　郑楠楠　　郑庆娟　　郑秋佳　　郑少冰　　郑施平　　郑璇凤　　郑雪莹　　郑燕娥　　郑宇丹
郑增宏　　郑紫琦　　钟翠芳　　钟　丹　　钟单单　　钟惠芬　　钟慧聪　　钟嘉敏　　钟　兰　　钟郦娜　　钟　玲
钟明香　　钟　琦　　钟伟婷　　钟文慧　　钟文美　　钟晓萍　　钟晓琪　　钟晓霞　　钟学英　　钟永美　　钟媛媛
钟月珍　　钟长有　　钟政琛　　周柏梅　　周广渝　　周桂珠　　周佳宓　　周礼波　　周平平　　周　琦　　周　倩
周汝钊　　周婉婷　　周晓君　　周　艳　　周玉冬　　周玉诗　　周月梅　　周　粤　　朱炽婷　　朱芳芳　　朱凤英
朱嘉敏　　朱兰艳　　朱荣敏　　朱　婷　　朱武彬　　朱鑫润　　朱鑫源　　朱雪丹　　朱燕芬　　朱燕明　　朱燕燕
朱茵霖　　朱宇洁　　朱远凤　　朱苑华　　祝荣洁　　祝为骞　　庄丽珊　　庄碗军　　庄志凯　　卓彩玲　　卓佳银
卓伟英　　邹　静　　邹汝雯　　邹阳婷　　蔡木合买　　迪丽达尔·艾山江　　欧阳斐斐　　欧阳静方　　上官文惠
司徒秋娥

机电一体化技术

艾小青　　敖子乾　　敖子友　　白永胜　　蔡坤嘉　　蔡永彬　　曹心鸣　　曹永生　　岑国坚　　曾惠林　　曾　亮
曾勤皓　　曾庆红　　曾树有　　曾思苹　　曾体德　　曾　垚　　曾亿海　　曾咏贤　　曾　勇　　曾昭荣　　曾志辉
陈柏成　　陈　波　　陈棣然　　陈芳健　　陈　刚　　陈桂新　　陈国锋　　陈海涛　　陈海宇　　陈　华　　陈家剑
陈健乐　　陈金富　　陈　均　　陈　林　　陈瑞鸿　　陈尚有　　陈韶辉　　陈　盛　　陈太清　　陈　涛　　陈　威
陈伟高　　陈文政　　陈贤鸿　　陈祥森　　陈小昌　　陈小伟　　陈心安　　陈雪兰　　陈永焯　　陈永丰　　陈永锐
陈展波　　陈湛鸿　　陈正泽　　陈志方　　陈志贤　　程　强　　代　波　　戴锦杏　　戴爵亮　　邓爱军　　邓飞飞
邓宏滔　　邓炜亮　　邓宜钊　　丁　宁　　丁正托　　董　旭　　董瑜峰　　段穆山　　段荣丰　　段先强　　段远堂
樊志平　　方国峻　　方　向　　费旭光　　冯景丰　　冯启光　　冯学成　　冯　智　　符珠亮　　付双双　　傅斌斌
甘　华　　甘坤锋　　高嘉明　　高建文　　高洁成　　高其源　　葛林涛　　耿兴旺　　古俊深　　顾华贵　　顾月园
关晓华　　郭嘉鹏　　郭帅帅　　郭伟彬　　郭智勇　　韩　霞　　韩志光　　郝占英　　何承远　　何东建　　何发文
何家烘　　何　健　　何锦尧　　何　平　　何顺强　　何小兵　　何旭初　　何业兴　　何英明　　何泽文　　何志刚
何志康　　何梓俊　　贺修军　　侯文辉　　胡　丛　　胡　红　　胡立奇　　胡顺强　　胡维维　　胡贤民　　胡　燕
黄柏杰　　黄超容　　黄崇威　　黄　淦　　黄海山　　黄洪禄　　黄焕坚　　黄继生　　黄佳新　　黄嘉警　　黄凌峰
黄　平　　黄日飞　　黄水汉　　黄柱辉　　黄思真　　黄伟光　　黄伟全　　黄小卫　　黄星恒　　黄业望　　黄应龙　　黄宇洋
黄镇泉　　黄忠林　　黄柱辉　　惠秀果　　贾双院　　贾通才　　江海龙　　江汉武　　江集鉴　　江仁亮　　姜　彬
蒋伟鹏　　解会兵　　柯水旺　　孔云飞　　匡福平　　来金波　　赖东明　　赖光军　　赖晋廷　　赖景森　　赖志贤

雷凯	雷松发	冷建强	黎安杞	黎超毅	黎金辉	黎儒锋	黎宗兵	李斌	李灿聪	李成
李创	李达感	李代忠	李邓新	李典霖	李东海	李更良	李国彬	李国伟	李海通	李红
李华	李佳明	李嘉桦	李嘉鹏	李建强	李金玲	李景荣	李满堂	李庆	李叁武	李胜辉
李世荣	李伟针	李先明	李祥玉	李小林	李小伍	李星星	李兴民	李炎州	李扬华	李亿佳
李勇辉	李远昌	李运志	李志安	李致均	李智枫	李智强	李洲常	梁炳楠	梁成熙	梁代俊
梁德颖	梁德佑	梁东成	梁丰宇	梁高宇	梁建湛	梁俊兴	梁立宏	梁妙沂	梁汝希	梁炜君
梁颖志	梁瑜丽	梁远志	梁志辉	梁志坚	廖久久	廖乃明	廖晓霞	林灿斌	林灿强	林贵福
林锦图	林敏	林秋来	林文全	林有卓	林玉宏	凌敏	刘德志	刘东福	刘官琪	刘国林
刘华芳	刘欢欢	刘会彬	刘家宇	刘亮明	刘美珠	刘敏灵	刘善平	刘文武	刘亚红	刘洋
刘应喜	刘贞生	刘振邦	刘治德	柳洪	龙敬杰	龙昆	龙镇标	龙只雄	卢进	卢智富
卢祖贵	陆冠明	陆鹏	陆小龙	陆志雄	罗超	罗龙辉	罗荣	罗树崧	罗伟山	罗文勇
罗先义	罗兴文	罗耀斌	罗英鹏	罗永胜	骆跃强	吕先占	吕振贤	马靖财	马敏灵	马绍祥
马世成	马小宝	马晓龙	马泽	麦成敏	麦日兴	毛成锋	毛国庆	梅海金	梅志斌	蒙本贵
孟嘉诚	孟向有	明伯杨	莫恩辉	莫积勤	莫燕权	母继文	倪宏康	聂卓飞	欧锦雄	欧世魁
欧韦海	欧艳青	潘文锐	庞建华	彭桂海	彭健杨	彭勇	彭裕宁	谯明新	丘海生	丘文利
邱纯	邱明敬	邱其声	邱向东	屈红波	饶顺	饶泽浩	尚鹏	尚治晓	申崇光	沈锦辉
沈庆勇	沈仕亮	石亮	宋黄涛	宋庭勇	宋肖肖	苏嘉豪	苏伟斌	孙飞	孙浩荣	孙全社
孙文建	孙艳权	孙义根	覃光强	覃启玲	覃自盛	谭彬	谭才碧	谭恩华	谭光祖	谭汉洲
谭江	谭渝辉	谭源亮	谭云宝	谭志勇	汤德威	汤杰东	汤启强	唐爱龙	唐继军	唐家俊
唐庆	唐正良	田记文	田万里	涂辉	汪克勤	王二朋	王洪波	王虎伟	王剑峰	王金楼
王乐	王利民	王利民	王双华	王顺仙	王天就	王先辉	王小江	王星凌	王兆飞	王志峰
王中伟	王宗锋	危俊杰	危永杰	韦建喜	韦李辉	韦森斌	韦振飞	韦祖炎	魏星	温国宏
温洪飞	温志斌	文伟冠	邬豫光	吴炳钊	吴东红	吴光庆	吴国庆	吴继强	吴江立	吴金伟
吴锦洪	吴俊豪	吴绍岭	吴神光	吴胜德	吴伟	吴伟明	吴晓明	吴银东	吴永雪	吴志斌
吴宗缓	伍广贤	伍泽杨	武易祥	肖海华	肖金	肖永能	谢创旭	谢冬发	谢基诚	谢捷领
谢明辉	熊和禄	熊烈维	徐航	徐金红	徐西珍	徐晓辉	徐志溪	徐梓麒	许硕	许文
许毅	许治敏	严金林	杨成文	杨明辉	杨倩	杨万林	杨喜华	杨旭	杨亚平	杨益
杨志立	杨志荣	杨忠光	姚海滨	姚华威	姚建辉	叶建彩	叶金陵	叶铭青	叶伟锦	叶伟兴
叶子新	易增财	殷军祥	殷世伟	尹建军	于学军	余海洋	余游湖	禹付来	庚令力	袁超
袁达	袁国良	袁华枝	袁粮	袁琼	岳睿	张超盛	张多龙	张观光	张广辉	张海辉
张海量	张浩章	张河新	张继民	张建辉	张健华	张进强	张立才	张梦雄	张启红	张庆松
张琼	张思经	张天成	张廷燕	张伟鸿	张炜东	张文富	张信带	张永斌	张志	张志红
张志涛	张智雄	赵德刚	赵锋	赵军	赵霞	赵勇	甄智劲	郑金海	郑先军	郑志爽
郑梓鸿	钟海文	钟景枫	钟思飞	钟选彬	钟赞康	周富强	周广明	周果	周家林	周俊平
周良明	周铭轩	周鹏	周正	周忠	朱宏科	朱华利	朱惠军	朱继琳	朱木森	朱世志
朱赞健	祝贺军	庄超强	庄挺	卓宇鹏	左永伦	程纪祎郎	欧阳永光	欧阳长青	诸葛大弟	

机械制造与自动化

白海秀	曹亚四	曾超全	陈冬	陈丽春	樊鑫	付检宝	何轩	贺丽兰	贺欧兰	胡加鑫
黄芳清	姜建平	蒋瑶瑶	赖舒卉	李刚	李仕业	李文	梁红	刘诚	刘海龙	刘新喜
刘宗花	龙飞红	屈婕妤	桑文斌	尚晓燕	石海霞	覃祚贵	王海伟	王家栋	王维	王喜超
王显	韦保翔	吴永华	叶博博	张灿华	张莲莲	张双印	赵小吉	周辉	周蓉	周有军
周育龙	朱明娟	朱中伟	邹宗国							

计算机科学与技术

梁卫鹏

计算机应用技术

蔡仁强	蔡万一	蔡勇华	蔡钰章	蔡媛	岑裕铭	曾凡伟	曾繁林	曾泓桤	曾健伟	曾俊华
曾林英	曾敏华	曾增壕	柴成	陈崇斌	陈楚煌	陈楚芝	陈东	陈佳平	陈剑锋	陈健荣
陈江涛	陈锦华	陈康杉	陈来鸿	陈乐	陈敏淇	陈敏仪	陈鹏	陈日暖	陈荣光	陈世贤
陈淑怡	陈维春	陈伟豪	陈伟琼	陈文杰	陈新发	陈信贤	陈亚瑶	陈颖杰	陈永杰	陈涌
陈远华	陈展斌	陈振文	程青青	崔伦尊	邓成蔚	邓楚怡	邓东豪	邓芳艺	邓光锋	邓克章
邓旭源	邓宇婷	翟华清	刁家成	丁继波	丁少燕	董勇	段孟周	方彬	方东阳	方吉昌
冯春旭	冯桂联	冯健生	冯俊杰	冯志远	冯梓文	甘超	甘霖	甘元君	高光许	高海彬
高秋萍	高万里	高煜健	高钊华	葛金成	葛林杰	古浩文	谷建乐	郭波	郭宏旻	郭静
郭文灿	郭雪瑜	郭优镔	郭玉龙	郭仲铭	韩宝华	何超	何芬芬	何高杰	何凯杰	何蒙
何乃正	何庆佳	何思思	何雅坚	何永樑	何志文	贺冠伟	赫娜	洪敏萍	洪泽佳	胡桂锋
胡锦卿	胡骏杰	胡丽芬	胡明兰	黄鼎	黄光健	黄浩贤	黄华栋	黄家成	黄家星	黄建明
黄杰成	黄杰华	黄居俊	黄娟	黄楷玲	黄坤豪	黄利明	黄良松	黄林	黄琳	黄前进
黄厦晖	黄少庭	黄诗欣	黄涛	黄晓	黄晓东	黄燕玲	黄有福	黄宇雄	黄志良	黄志明
黄智才	黄作田	霍国海	霍丽梅	纪远鹏	简嘉裕	简健威	江亮	江茂铠	江鹏军	蒋浩月
蒋志勇	金巍	柯家宝	柯健武	柯晓敏	柯杨超	孔艳婷	赖海游	赖世鹏	赖钟杰	雷慧梅
雷涛	黎焯保	黎林杰	黎依强	黎粤	李阿勇	李超	李广晖	李广泉	李华燕	李慧军
李嘉威	李江明	李金广	李金桂	李金山	李进	李俊伟	李开东	李昆鹏	李黎军	李鹏
李青云	李泉真	李润亮	李树生	李永会	李苑婷	李云	李增明	李志勇	梁丹婵	梁桂贤
梁焕宏	梁建聪	梁勤	梁伟明	梁锡明	梁尤维	梁源乐	梁志涛	梁子铭	梁祖宇	廖健欢
廖仑辉	廖敏红	廖锐权	林彩霞	林家俊	林健斌	林君	林君君	林科至	林明华	林伟玲
林晓槟	林雪梅	林耀宏	林耀宗	凌冲	刘道远	刘方	刘富铭	刘高峰	刘国清	刘红娟
刘红田	刘金香	刘钧	刘溜	刘宁燕	刘群声	刘涛	刘天宇	刘廷均	刘向玉	刘小兰
刘笑晨	刘新平	刘鑫宇	刘燕芬	刘玉嫣	刘育宏	刘展华	刘振华	刘志城	刘志平	卢宝烨
卢广彬	卢建亮	卢明泽	卢炜豪	卢幸华	陆睇闻	陆伟	路杰	罗博耀	罗飞德	罗飞香
罗桂海	罗金俊	罗柯佳	罗梦莲	罗明辉	罗艳	罗瑶	罗悦喜	骆伟庆	吕泽豪	马成
马飞宇	马妮妮	麦冠文	麦日安	蒙宗昌	孟海明	莫银梅	聂学	宁双军	农冬霞	欧文意
欧志锋	欧智成	潘广星	潘燕玲	潘泽君	潘增鹏	潘振涛	彭传超	彭圣铖	彭世涛	秦睿
邱庆华	邱卓文	曲志强	屈红卫	阙友娣	任美玲	容伟奇	沙妮	商大美	邵金旭	沈冬鸣
沈义俊	石泽校	舒磊	宋小堂	宋雪俊	宋志军	宋志旺	苏思男	苏源伟	苏泽炜	孙国轩
孙艳莉	孙煜堃	谭海军	谭红军	谭健汉	谭煜勋	谭泽宇	谭增成	汤浩明	汤厚刚	唐朝烨
唐纯刚	唐欢	唐龙	唐阳军	唐宗练	田烩	田萍	田伟才	万志刚	汪培基	王彩霞
王丹萍	王蝶	王冬	王铎	王汉卿	王红霞	王洪	王建海	王江波	王杰伦	王凯君
王辽	王龙飞	王庆召	王仁杰	王世鹏	王维量	王晓椿	王泳琪	王志有	韦国举	卫卓文
魏东俊	魏居洲	魏晓志	温柳梅	温秋鸾	文艳	吴艾耿	吴凤仙	吴海燕	吴俊杉	吴萍兰
吴倩	吴巧全	吴青青	吴群成	吴晓宝	吴晓仪	吴艺玲	吴宇萍	吴泽宾	吴子健	吴梓浩
伍宇	武苗苗	萧烨铭	萧志昌	肖爱国	肖云忠	谢潮权	谢冠华	谢晗清	谢俊枫	谢俊豪
谢鹏	谢燊	谢学礼	谢雪梅	谢镇鑫	徐家乐	许金醒	许阔鑫	薛成	薛俊涛	薛少龙
严驰	严洁	严振杰	颜登科	颜增	杨灿林	杨德福	杨浩	杨会茹	杨进基	杨坤鹏
杨雷雷	杨立	杨亮	杨林	杨湘	杨薪民	杨学儒	杨颖君	姚利娜	叶福房	叶林海
叶志朋	尹妮妮	尹晓林	尹祖国	余材明	余敬德	余燕芳	袁飞	袁汉英	袁永武	占茂旺
张斌	张兵	张博现	张成道	张定兴	张福兴	张富林	张海春	张浩荣	张建忠	张凯
张蕾	张敏恒	张宁	张鹏展	张谦	张倩	张入月	张绍楠	张胜利	张水娟	张拓
张万聪	张万军	张伟	张文杰	张艳艳	张艺	张益	张毅	张永波	张长飞	张志强

赵华兰 赵雷 赵文 赵兴芝 郑富强 郑桂 郑开波 郑启宾 郑祖杰 植佳炜 钟维浩
钟振奎 周波 周恩兵 周桂雄 周梅红 周绮云 周小春 周晓锋 周英兰 周莹 周兆为
周志刚 朱恒 朱会萍 朱丽 朱珠 艾力·阿力木 艾由尔江·艾尼 哈丽亚·托合塔汗
麦麦提尼亚孜·阿卜杜拉 哈丽牙古丽 木尼热·阿不力孜

建设工程管理

白明劲 曾耿岳 曾嘉鑫 陈德斌 陈俊杰 陈俊勇 陈来贵 陈路娟 陈漫 陈强 陈永亮
戴越强 邓少锴 邓志彬 董腾位 符小英 高惠玲 高林锋 古俊煌 何能知 何其芬 何锡祥
何祥林 何月娟 胡柏强 胡大洪 黄海浪 黄浩伦 黄华 黄建超 黄妙青 黄庆键 黄若飞
黄舒婕 赖土生 李海阳 李杰庆 李军峰 李路聪 李思亮 李小晨 李新朋 李玥婷 李泽耿
梁思靖 梁志阳 廖文俊 林宏玉 林佳 林嘉敏 林勤锋 林卫战 林钇佳 刘冰瑜 刘绍琼
刘晓旋 刘银凤 陆富宁 罗春凤 罗平芳 聂佳宏 潘靓 彭培友 彭松 邵强 佘骞
石良海 苏林毅 苏子薇 谭志伟 王鹏 王学勇 温如珍 温宗萍 吴聪 吴海明 吴纪旋
吴伟逊 伍鹏 夏旻 谢国坚 谢丽萍 谢小庆 徐丽华 徐运书 许东恒 许开健 许妙凤
杨勇 叶惠婷 易红娴 余升腾 张彩花 张尚富 张维 张维益 张燕 张奕楠 张忠波
郑秋欣 郑润鑫 郑森彬 郑学鹏 郑镇洋 钟香娣 周俊峰 周丽萍 周世雄 祝小映 卓文慧

建筑工程管理

白平宏 蔡明远 蔡潇哲 蔡晓娜 蔡晓燕 蔡永浜 蔡永斌 曾嘉龙 曾生涛 曾鑫峰 曾志科
陈灿锋 陈港标 陈洪定 陈华锦 陈佳华 陈家浚 陈嘉泓 陈建峰 陈凯 陈康金 陈磊
陈玛丽 陈曼婷 陈妹 陈珮莹 陈平宏 陈锐荣 陈睿 陈威良 陈喜传 陈小南 陈鑫南
陈志楠 程茂兰 崔俊伟 邓焕龙 邓振明 董凯祺 杜珊 杜庭钊 杜文忠 杜燕红 顿健锋
樊宝怀 范正娟 方纯林 方洪彬 方秀静 冯侨记 符川江 高传富 高立月 高云龙 龚智勇
苟斌 古焕然 古金发 管华珍 管纪豪 管智志 郭双宁 韩文毅 何海东 何桦 何淇
何淑婷 何锡华 何中宝 胡昌志 胡旦 胡运春 黄彪 黄耿标 黄华秀 黄建科 黄俊晓
黄丽华 黄瑞海 黄少鑫 黄淑霞 黄涛 黄晓翡 黄晓敏 黄学华 黄炎辉 黄艳玲 黄振华
黄志侃 姜仁利 琚鸿飞 康好卓 李春强 李关林 李贵权 李国存 李海标 李海辉 李弘骏
李佳杰 李锦源 李景欢 李隽昂 李俊藩 李鹏 李秋萍 李锐芬 李时就 李土玲 李文强
李燕霞 李勇祥 李元岐 李章雄 廉洁 梁波 梁富友 梁国敏 梁加威 梁嘉荣 梁丽华
梁丽喻 梁文通 梁桢贤 梁子建 廖才铭 廖智鹏 林楚鑫 林楚吟 林创鹏 林佳钊 林立壬
林良兴 林锡浩 林晓宾 林溢 林育杰 林泽宣 林长云 林振秋 林镇雄 林子欣 刘付芳
刘汉辉 刘坚 刘秋萍 刘伟杰 刘锡鹏 刘向丽 刘晓东 刘晓钦 刘兴伟 刘秀宝 刘亚军
刘炎 刘运怀 柳英达 卢志远 陆德海 罗升葳 罗宜东 罗裕 吕伟基 马龙龙 马廷花
马兴盛 马贞献 麦宝俊 梅锦波 怒泽平 潘家祥 彭剑威 彭添兴 钱波 钱坤宇 邱俊标
容文金 阮玉萍 邵凯凯 宋会清 宋玉波 苏钦静 苏泽斌 苏子龙 孙康日 孙阳金 孙峥拔
谭剑 谭新民 汤海怡 田京 田娟 田野 万万 汪文波 王聪 王达善 王凯
王明镇 王年花 王晓仪 王鑫 王梓豪 魏民威 魏庆磊 魏巍 魏兴芳 温展鹏 文建设
文艳 翁奕晓 吴耿锋 吴鸿泽 吴家伟 吴锦波 吴俊彬 吴俊鸿 吴凯鑫 吴希娜 吴孝明
吴研 吴燕婷 吴宇超 伍炀斌 肖灿明 肖诗祺 肖依然 谢桂彬 谢顺利 谢小龙 谢应豪
谢源 谢智美 谢柱辉 熊海军 徐甫 徐红梅 徐建刚 徐凯鸿 徐鹏双 闫博 闫杰宇
闫野 杨传景 杨春玉 杨浩东 杨思明 杨笑楠 杨永科 杨志林 姚汶希 叶彩霞 叶梅
叶叙鹏 叶治杭 易里宜 易启斌 易淫贵 尹志峰 余连平 余燕虹 余玉让 袁剑波 袁杰明
袁思笛 岳鑫 运磊 詹佳鑫 詹圳深 张崇闻 张浩松 张环 张佳佳 张娇 张丽雅
张谦 张乾滔 张仁委 张桃源 张燕妮 张议月 赵宏伟 赵庆芬 赵伟锋 赵勇 郑浩荣
郑佳达 郑嘉玲 郑森洪 郑素玉 郑玉钗 钟贵生 钟慧兰 钟世德 周俊豪 周敏聪 周伟浩
朱报钢 朱超宁 朱凯燕 朱曼 朱清亮 朱耀祥 庄有学 邹文康

建筑工程技术

白 婷	柏伟利	蔡进海	蔡进健	蔡梓填	曾楚雄	曾德运	曾海滨	曾伟强	柴英明	陈 兵
陈曾毅	陈楚洲	陈春松	陈基浩	陈 锦	陈锦春	陈乐盛	陈日亮	陈瑞新	陈胜伟	陈世远
陈 涛	陈文健	陈文铭	陈燕红	陈逸珉	陈浴淋	陈泽宾	陈正春	陈 智	陈智辉	陈忠展
成 贵	程恒义	代伟伟	邓 军	邓敏谊	丁金林	董铨芳	范梓佳	方培坚	符俊航	符 翔
甘志鹏	甘志雁	高 明	龚慧荣	关伙金	官建佑	官永健	郭卫盛	郭小娟	何国希	何华富
何世威	何万成	何耀彬	何志鹏	洪银鑫	侯添洪	胡志娟	黄 标	黄 博	黄观兰	黄国浩
黄浩洲	黄嘉荣	黄杰鹏	黄金华	黄锦平	黄静娴	黄克清	黄莉虹	黄沛宏	黄维松	黄锡尧
黄小未	黄雪芳	黄玉仟	黄志文	霍惠娟	纪淑宁	姜大松	蒋美容	蒋 涛	蒋羽信	赖林青
赖思敏	赖伟超	蓝志勇	蓝智恩	劳日强	雷 令	黎俊朗	黎绍良	黎玉秋	黎展华	李安涛
李 彬	李炳辉	李多权	李 峰	李国俊	李慧仪	李建榕	李水英	李天玉	李文渊	李湘琴
李 鑫	李宇晴	李泽伟	利耀伟	梁豪杰	梁家辉	梁嘉辉	梁金燕	梁如注	梁伟斌	梁晓兴
廖泽清	林北伟	林 聪	林达远	林庚芃	林海平	林君虎	林 凯	林柳媚	林琼寅	林全锋
林润钊	林少琴	林深琪	林振松	林镇亮	林子威	刘 波	刘承喜	刘聪文	刘甲彬	刘结美
刘龙杰	刘龙坤	刘维维	刘伟伦	刘小兰	刘耀宗	刘远道	刘月明	刘智琛	龙俊杰	卢春松
卢明祖	卢文康	卢育玖	罗才兴	罗楚聪	罗家杰	罗 亮	罗 平	罗土凤	罗忠儒	骆艳珍
马辰雨	马 飞	马海滨	梅栋稠	梅进海	闵 龙	莫华安	莫剑东	宁育明	欧彦任	欧阳俊
彭桂炜	彭兆杰	丘 凌	丘域锋	邱康杰	邱晓斌	任庆蒙	任涛涛	任学峰	茹 敏	阮晨威
尚 毛	邵海亚	申存鑫	沈 刚	石俊辉	苏鹏祥	苏裕生	苏泽贤	孙永义	覃晓锋	谭家麟
谭伟东	谭永春	完泽兵	王明宽	王其俊	王 琪	王庆芳	王少峰	王星朝	王兴超	王玉娟
韦昌辉	魏虎成	魏金德	温日平	温世佩	温兴琼	吴国贵	吴金凤	吴林坚	吴尚林	吴肖翠
吴燕良	吴圆圆	吴周星	伍灵庆	夏 冰	夏玮成	冼康保	萧子鉴	肖灿镕	肖荣明	肖旭周
谢纯景	谢翠红	谢金有	谢丽静	谢丽君	谢 平	谢彦明	谢至璋	徐启宪	许伟东	许裕丰
杨彩燕	杨佳林	杨 进	杨俊成	杨 磊	杨启帆	杨日康	杨淑萍	杨维峰	杨小敏	杨衍华
杨 杨	姚巧森	叶昌德	俞飞龙	俞文静	袁 斌	张福达	张 豪	张宏伟	张 虎	张华民
张景龙	张敬佩	张明喜	张埔立	张麒麟	张 瑞	张卫佳	张文伟	张颖文	张 勇	张再清
张忠华	赵耿阳	赵癸鑫	赵芝滨	郑坚发	郑泽洪	郑志东	钟得键	周 浩	周金玲	周俊良
周木钦	周仁波	周 文	周志强	朱海颖	朱建刚	朱建威	朱健泉	朱军辉	朱荣飞	朱声贵
朱小伟	朱越丹	朱越珏	庄森涛	邹家添	邹文凯	邹 玄	司徒健壮			

建筑设计技术

蔡永迪	曾碧莲	陈冠霖	陈梦涵	陈鹏飞	陈倩女	陈晓微	陈展锋	陈 祝	邓 越	方艾彤
高 瑜	郭采琪	郭沛珊	郭钦豪	何才茂	黄国能	黄家希	黄丽漩	黄丽英	黎家燕	李伟华
李永聪	梁华壹	梁嘉明	梁江仲	梁俊英	梁燕媚	林如杰	林忠明	刘启帆	卢秋燕	罗茂森
罗子鑫	莫振宇	区子豪	苏梓晴	谭舒慧	万兆鹏	王新新	韦 洁	温 雄	肖 磊	肖 展
谢明晋	许进日	许小荣	严志德	杨嘉敏	杨洁颖	俞 杰	袁雪清	张诗琳	张泽磊	张志成
甄子然	郑峰南	郑茹玉	周诚锋	周嘉伟	周余欣	朱奕慈				

金融管理与实务

艾 红	艾婷婷	安先纯	白世杰	毕轩华	毕永霞	蔡冬生	蔡秋英	蔡玉芳	岑琳敏	曾 彬
曾春梅	曾丹玲	曾繁兴	曾海燕	曾好友	曾宏伟	曾寰渊	曾文跃	曾晓颖	曾志洪	车晓恩
车晓诗	陈宝贞	陈才康	陈超君	陈楚婵	陈春凤	陈翠娜	陈达鹏	陈丹宜	陈 芳	陈飞献
陈凤英	陈高昌	陈高华	陈广萍	陈桂珠	陈海云	陈浩贤	陈华华	陈华莲	陈怀俊	陈 辉
陈惠珊	陈惠珍	陈家盛	陈建彩	陈 洁	陈金娟	陈锦发	陈锦笑	陈静莲	陈 丽	陈丽梅
陈丽平	陈良鹏	陈 亮	陈 林	陈露露	陈美琪	陈美英	陈明涛	陈明喜	陈南盛	陈钦萍
陈秋菊	陈秋香	陈荣珠	陈 珊	陈少龙	陈淑慧	陈淑仪	陈树华	陈树群	陈素广	陈天财

毕业生名单

陈卫方	陈文辉	陈 希	陈锡豪	陈 霞	陈小谍	陈小凤	陈小泳	陈晓敏	陈晓图	陈新皓
陈杏婕	陈秀玲	陈旭辉	陈烜芝	陈雪红	陈雪梅	陈雅琳	陈 艳	陈 燕	陈燕梅	陈燕秋
陈业铸	陈银姬	陈英华	陈玉玲	陈月枝	陈 仲	成芳敏	成彦军	成耀烨	程 江	程美珍
程新菊	戴芳莉	戴兰荣	戴敏琪	戴素萍	戴妍芳	单淑贞	单梓枫	单梓雅	党金生	邓春燕
邓昊然	邓柳琴	邓雪华	邓远超	邓正鹏	邓子扬	翟繁健	翟丽林	丁利平	丁良果	丁群香
丁银兴	董敏敏	董晴晴	杜怀松	杜雪良	段雄超	范绮键	范秀芬	范忠敏	方大李	方福平
方佳仪	方健明	方凯昭	方兰付	方丽臻	方琼瑶	方晓萍	方艳媚	方永标	冯家胡	冯 娟
冯康泉	冯森松	冯少颜	冯婉玲	冯雪东	冯颖超	冯玉芹	付炉英	付元勤	付子昱	傅明森
傅周英	甘 娟	甘丽卿	甘庆乐	甘永全	甘镇玲	高海芳	高杰文	高美娥	高素香	高 翔
高晓燕	高 阳	古 珍	谷建成	谷朋哲	关凯杰	官 燕	管祥华	郭继萍	郭家俊	郭家威
郭结文	郭金思	郭俊豪	郭小滨	郭鑫生	郭雄真	韩玲利	郝仕志	何炳进	何 桂	何桂林
何海英	何恒静	何惠嫦	何惠娟	何惠兴	何家彦	何家仲	何娇敏	何锦仪	何 菊	何 俊
何丽平	何利芬	何美容	何其文	何绮崔	何世和	何世祥	何舜文	何文远	何翔海	何晓兵
何晓敏	何秀花	何秀颖	贺小雄	贺智例	胡楚海	胡 菲	胡 涵	胡 会	胡凯茹	胡凯文
胡葵如	胡丽婷	胡明文	胡命通	胡庆辉	胡淑冰	胡 霞	胡燕荷	胡奕玮	黄爱文	黄冰怡
黄 波	黄丹霞	黄冬霞	黄凤华	黄福林	黄富强	黄广发	黄桂君	黄嘉文	黄坚秋	黄建宏
黄 杰	黄结英	黄井近	黄凯斌	黄 康	黄 磊	黄 蕾	黄丽云	黄利来	黄连芬	黄美玲
黄美清	黄梦如	黄明惠	黄木秀	黄巧贤	黄赛仍	黄石忠	黄舒娆	黄伟斌	黄伟杰	黄小草
黄小丹	黄小军	黄晓吟	黄孝培	黄秀婷	黄雪红	黄雪妮	黄 燕	黄燕纯	黄殷颖	黄玉铃
黄育贵	黄泽芳	黄志阳	黄梓强	黄紫婷	霍少花	霍泳欣	吉学运	贾 勇	江翠嫦	江立勇
江柱平	蒋洪涛	蒋济民	柯慧敏	柯勇娣	赖春桃	赖俊杰	赖秋东	赖雪燕	蓝梅珍	劳舒丽
雷艳群	冷美方	黎春平	黎海燕	黎吉安	黎玲伶	黎梅花	黎美婵	黎启兴	黎世平	黎晓君
黎依琳	黎余萍	黎志环	李爱群	李碧姿	李彩玲	李超群	李称红	李成杰	李初云	李春花
李春梅	李 丹	李 岗	李固园	李观平	李贵香	李桂英	李桂珍	李国成	李海琴	李海霞
李红研	李宏磊	李会强	李佳文	李家和	李嘉华	李嘉琪	李嘉欣	李捡花	李 江	李江平
李 杰	李京容	李静静	李俊阳	李开深	李丽冰	李丽平	李炼军	李玲玲	李美银	李 纳
李 娜	李 沛	李沛聪	李乔金	李荣华	李少斌	李思华	李思婷	李素勤	李穗珍	李田妹
李旺英	李 微	李伟烨	李卫华	李先者	李小云	李 欣	李亚一	李 艳	李燕辉	李燕璇
李颖敏	李宇明	李玉兰	李玉玲	李远芳	李震悦	李志雨	李灼芳	李卓琳	李自飞	连小琴
连协材	练映芹	梁宝华	梁 彬	梁彩萍	梁焯凌	梁方校	梁海恩	梁花艳	梁慧敏	梁家驱
梁俊杰	梁 梅	梁明华	梁庆欢	梁伟奇	梁秀英	梁雪连	梁艳章	梁燕媚	梁艺明	梁月葵
廖丹菽	廖海燕	廖华丽	廖丽溪	廖培秀	廖淑娟	廖婷丽	廖晓霞	廖友宝	廖宇华	廖志伟
林彩霞	林楚鹏	林春丽	林汉忠	林鸿枝	林辉娥	林佳杰	林家程	林嘉伟	林江澄	林立全
林丽梅	林丽霞	林敏珊	林绮闲	林清山	林瑞芬	林圣角	林淑惠	林淑冕	林素英	林婷婷
林婉灵	林文伟	林英敏	林映莉	林永鸿	林幼珊	林裕华	林悦婷	林志斌	林志错	林志强
刘伯妹	刘才桃	刘彩凤	刘灿杰	刘丁瑜	刘金华	刘峻志	刘蓝麟	刘立君	刘 丽	刘 丽
刘丽丽	刘丽平	刘丽庭	刘曼霞	刘明芬	刘明英	刘 淇	刘 琴	刘素萍	刘 维	刘伟燕
刘相远	刘晓燕	刘亚运	刘永燕	刘宇晴	刘远东	刘志方	柳晓敏	柳玉容	柳志珍	龙琴梅
龙作参	卢彩英	卢飞雁	卢 华	卢剑辉	卢 杰	卢开友	卢丽梅	卢丽霞	卢倩文	卢清叶
卢荫梅	陆光俏	陆木连	陆雨增	路叶梅	伦锦荣	罗春锦	罗 恒	罗慧君	罗嘉蔚	罗金梅
罗 利	罗明珠	罗 莎	罗素琴	罗婉君	罗小华	罗晓莉	罗旭光	罗宇丽	罗远焦	罗远青
罗志云	罗忠杰	羅小芳	骆广钊	骆文放	吕静仪	吕燕玲	马婵娟	马海慈	马 玲	麦继争
麦仁爱	毛 玲	毛 伟	梅俊常	梅艳春	蒙剑权	蒙聚权	孟益生	莫灿华	莫 梵	莫美琪
莫容娣	莫舒恩	倪慧萍	倪霖灿	聂军良	宁博杰	宁彩云	宁燕丽	牛鹏鑫	欧晓妹	欧艳梅

欧泳琪	欧之源	潘桂花	潘辉	潘建伟	潘胜业	潘晓丽	潘艳红	潘颖仪	潘兆麒	潘志令
庞碧云	庞婷尹	庞小琼	裴珊珊	彭春量	彭东琳	彭斐	彭美英	彭敏英	彭诗清	彭维谈
彭小梅	彭永和	彭振华	皮秀珍	平慧瑶	蒲勤	戚马彬	祁翠丽	秦亚秀	丘爱华	丘初玲
丘婉仪	丘信芳	丘雪梅	丘勇威	邱建国	邱建华	邱曼钿	区婉华	瞿木根	全海燕	全双凤
饶和涛	饶萍萍	任晶	任田波	任向阳	荣春艳	容晓清	阮志平	邵俊梅	邵敏	沈春燕
沈书玉	沈文财	沈旭	石崇娟	石翠云	石柳仪	史楚慧	宋光琼	苏贵博	苏景艳	苏美丽
苏敏怡	苏渭丰	苏智良	孙安妮	孙雅丽	孙燕萍	孙子铭	覃美英	覃晓燕	覃玉燕	谭爱萍
谭春娇	谭方明	谭芳平	谭国华	谭建民	谭俊英	谭竣键	谭立娟	谭铭坚	谭圣心	谭淑霞
谭文聪	谭亚丽	谭艳芳	谭燕珍	谭义恒	谭志坤	汤锡娣	汤小平	汤小琴	汤燕菊	唐清华
唐晓丹	唐永君	唐玉	田素芬	田祥涛	田小丽	田晓芳	田亚珍	田瑛	汪恒	汪江英
汪军	汪玲	王彩茵	王建东	王菊如	王俊娜	王丽娟	王丽兰	王丽丽	王丽霞	王莉萍
王美娟	王媚媚	王沁兰	王秋莉	王思敏	王铁成	王伟	王文净	王文香	王霞	王晓君
王焱强	王燕君	王耀琪	王艺汝	王永红	王子祺	韦宛灵	韦卫星	韦英妮	卫红梅	魏正臣
温香萍	温银玲	文红宏	文红娜	文建雄	翁秋莲	吴爱贞	吴碧珊	吴斌	吴冰英	吴冠希
吴光胜	吴广玲	吴桂方	吴海花	吴海燕	吴汉如	吴浩森	吴娟梅	吴丽贞	吴妙玲	吴宁
吴培卿	吴启彬	吴群英	吴锐	吴顺杰	吴小兰	吴醒超	吴秀琼	吴亚健	吴妍	吴艳丽
吴艳娜	吴英俊	吴泽璇	吴志锦	吴智毅	伍洪梅	伍思辉	伍细高	伍艳霞	伍燕萍	夏灯榕
夏立华	夏文坚	冼婉霞	乡雪仪	向明祥	向石锋	萧腕丹	肖碧波	肖典斌	肖红英	肖美华
肖敏	肖香莲	肖小丹	肖韵兰	谢丙秋	谢昌能	谢德龙	谢景忠	谢娟	谢丽虹	谢茂杰
谢萍萍	谢琼慧	谢琼新	谢秋	谢思敏	谢文璐	谢雪	谢雪娜	谢银娟	谢永恒	谢有世
谢源凤	谢苑萍	幸文峰	熊新权	熊秀云	徐春鹏	徐海林	徐宏江	徐梦思	徐梦婷	许达标
许达佳	许丹玲	许桂娟	许海英	许剑涛	许秋丽	许新妹	许莹	禤永辉	薛秋燕	鄢桂云
严海强	严丽销	阳春霞	杨安	杨碧萍	杨春梅	杨凡	杨广隆	杨国强	杨汉泉	杨辉
杨佳琳	杨嘉星	杨良燕	杨玲秀	杨美琪	杨强	杨强辉	杨少兰	杨婉芬	杨婉珍	杨文福
杨熙蕊	杨小羽	杨晓伟	杨艳铃	姚海容	姚加因	姚日红	叶灿森	叶春林	叶发迟	叶桂清
叶金洋	叶群	叶世燕	叶晓国	叶宗浪	尹芳	尹婷	游桂娟	游小丽	于浩	于淼
余彩华	余丹丹	余林	余明骏	余庆平	余锡春	余艳	余艳华	虞雄英	袁怀奋	袁溪含
袁小华	詹春华	詹德花	詹惠琴	詹玉芳	张碧芳	张春燕	张翠倩	张海清	张含春	张红
张宏发	张辉	张慧雪	张佳佳	张嘉欢	张嘉鹏	张静怡	张丽	张丽丹	张丽璇	张玲华
张明芳	张青朝	张青元	张琼	张秋竹	张寿晗	张淑萍	张素香	张婉娜	张伟聪	张文艳
张武清	张小平	张小燕	张晓婷	张芯芯	张炎阳	张艳桃	张燕平	张艺珠	张亦兰	张宇云
张誉蓝	张振光	招弟冰	赵会杰	赵军	赵良燕	赵明蝉	赵牧	赵启龙	赵小丽	赵亚
赵玉莲	甄嘉玲	郑超	郑定威	郑凤霞	郑辉连	郑莉	郑玲玲	郑沛仁	郑其鹏	郑秋云
郑权	郑瑞娜	郑霞	郑晓丽	郑愉议	郑雨欣	郑振恒	钟必文	钟春萍	钟家仁	钟嘉贤
钟锦凤	钟坤颖	钟利锐	钟亮锋	钟妮莎	钟平	钟秋红	钟世芳	钟婷婷	钟祥榜	钟小琼
钟旭苗	钟燕明	钟燕平	钟映梅	钟永玲	周贵丽	周国连	周佳丽	周菊英	周俊	周黎玲
周丽萍	周丽雪	周琳	周柳	周梅	周美霞	周明月	周乾文	周秋萍	周赛芬	周婉滢
周雪连	周颖宁	周云杰	周泽鹏	朱安娜	朱彬	朱惠银	朱家宝	朱凯	朱乐妙	朱旭容
朱有凤	朱泽先	诸亮	庄少龙	庄小明	庄依丽	卓敏华	邹岸峰	邹波	邹采玲	邹海韵
邹华	邹金枝	邹素珍	邹学成	欧阳丹婷						

金融学

曾少鸿　贾培琳　杨泳泽

汽车检测与维修技术

陈浩江　房世杰　冯祖浪　黄谟辛　林淳烨　林典言　林耀新　苏铭安　余日宝　周仲柏　朱铭彬

人力资源管理

白巧玲	白晓容	班　玲	包林梅	贝　玉	蔡佩珊	蔡书婷	曹丽思	曹茂华	曹名静	曹秋蕊
曹秀娟	曹艳华	曹永利	曹泳钏	曹玉彬	岑嘉欣	曾海兰	曾嘉华	曾巧冬	曾婷婷	曾婉珊
曾晓华	曾晓娜	曾秀莲	曾雪梅	陈翠婷	陈翠霞	陈方丽	陈芳芳	陈飞巧	陈凤娇	陈广贤
陈红花	陈佳莉	陈家斌	陈嘉鸿	陈嘉岷	陈嘉琪	陈嘉卫	陈嘉怡	陈剑东	陈金钰	陈锦权
陈　晶	陈静茹	陈凯棋	陈美莲	陈敏娜	陈佩冰	陈品君	陈　前	陈　琴	陈清霞	陈秋丽
陈秋燕	陈汝婷	陈少梅	陈诗泓	陈世英	陈丝雅	陈天国	陈婷婷	陈　彤	陈婉华	陈维丽
陈　武	陈务英	陈小芳	陈晓微	陈雄静	陈学贤	陈艳芬	陈燕萍	陈伊伊	陈颖玲	陈颖美
陈映婷	陈咏梅	陈泳钏	陈玉珍	陈裕沛	陈招娣	陈子瑜	陈子筠	陈梓欣	成安莉	迟金凤
褚丽斯	崔奋生	崔恒峰	邓碧莹	邓彩虹	邓慈飞	邓桂凤	邓华航	邓慧慧	邓杰权	邓　洁
邓金燕	邓　君	邓丽莎	邓秋霞	邓趣苹	邓天梅	邓同春	邓婉如	邓晓娟	邓晓秋	邓　艺
邓知华	邓中华	邓周新	丁琴文	丁秋云	丁润瀚	董　华	董利达	董美英	杜朗莉	杜敏锋
杜青青	段茜林	樊建辉	樊洁敏	范宝怡	范金惠	范俊挺	范丽娟	范梦双	范荣珊	范秀琼
方焕杰	方林芝	方美霞	方晓敏	冯　翠	冯海婷	冯　欢	冯家辉	冯锦流	冯锦萍	冯靖媚
冯丽丝	冯沛煊	冯淑娟	冯淑敏	冯淑珍	冯小玲	冯晓华	冯晓敏	冯杏笑	冯玥华	符泽渺
傅一花	高广权	高金旭	耿　蕊	龚伟伟	龚艳红	谷　丹	关　管	关山红	关艳萍	关月丽
郭碧君	郭海泓	郭嘉丽	郭嘉瑶	郭　健	郭　静	郭立源	郭倩仪	郭桐彤	郭伟骏	郭亦晨
郭颖雯	郭颖颐	郭　真	何翠琳	何广荣	何嘉韵	何琨琨	何朗然	何美婷	何梦莹	何敏丽
何培莹	何倩微	何生平	何思维	何婉盈	何秀仪	何燕姗	何宇轩	何雨叠	何玉芬	何月玲
何祉莹	何梓昊	贺丹丹	贺理国	贺小红	洪富康	洪晓晓	洪晓燕	侯楚旋	胡建祥	胡瑞婷
胡　为	胡雪英	胡以艺	胡有鑫	黄宝欣	黄贝莉	黄春华	黄春玲	黄翠玉	黄冬梅	黄冬梅
黄凤金	黄凤宜	黄佳浩	黄家宏	黄嘉灵	黄嘉敏	黄健庭	黄洁萍	黄金兰	黄丽权	黄玲敏
黄梅燕	黄佩芬	黄琪琪	黄庆江	黄琼莲	黄秋香	黄诗妮	黄双英	黄谭丽	黄伟伦	黄玫琪
黄小蓝	黄晓茹	黄晓桃	黄晓婷	黄晓霞	黄秀红	黄亚珍	黄艳桂	黄燕婷	黄燕薇	黄　莹
黄志学	黄志勇	黄子斌	黄子杰	黄紫媚	霍炜琪	霍晓燕	嵇　力	简冰波	简冠荣	简永恒
江春玲	江秋芳	江　雪	江勇冠	江周丽	蒋晓娟	蒋鑫霞	解贵林	金　香	康　娜	康伟妮
康玉芳	孔红兰	孔婉莹	孔祥荣	邝燕开	况　敏	赖成源	赖楚桢	赖佳蓉	赖佳如	赖美静
赖书芳	赖小燕	兰可欣	蓝丽琴	黎　娟	黎　胜	黎妍贝	黎远莹	李　冰	李彩兰	李春花
李催催	李翠羽	李　丹	李凤龄	李国兰	李洪城	李华莹	李惠敏	李　慧	李慧娟	李慧清
李佳敏	李江雄	李娇如	李金华	李锦林	李锦霞	李　静	李　克	李　兰	李乐锋	李丽娜
李　梅	李美玲	李明中	李　茜	李秋宏	李　睿	李诗梅	李水恒	李思彩	李廷廷	李　彤
李碗婷	李文成	李文惠	李小燕	李晓妮	李雪峰	李艳梅	李　燕	李　阳	李耀权	李银碧
李英姿	李颖君	李映屏	李钰颐	李珍婕	李芷瑜	李周桐	梁潮新	梁德文	梁　奋	梁贵方
梁海红	梁浩麟	梁慧红	梁嘉俊	梁杰伟	梁静谷	梁静仪	梁丽华	梁　美	梁美诗	梁敏仪
梁倩雯	梁　乔	梁少娟	梁淑华	梁婉珍	梁伟麟	梁英婵	梁映霞	梁勇辉	梁玉花	梁玉琼
梁毓健	梁梓莹	梁祖铭	廖　燕	廖昭妹	林春红	林芳艳	林国枫	林海茵	林汉琳	林浩凯
林汇鑫	林惠霞	林慧静	林佳宏	林锦钰	林俊洢	林俊宇	林柳兰	林　漫	林美琪	林美娴
林敏君	林敏琪	林敏怡	林佩娜	林　萍	林溥涵	林瑞程	林赛兰	林少勿	林绍端	林淑仪
林树荣	林喜邻	林杏桃	林　仪	林　怡	林艺欣	林亦龙	林玉莺	凌柏涛	刘宝霖	刘楚怡
刘春林	刘春玲	刘翠姿	刘带娣	刘东琴	刘国翠	刘汉军	刘　华	刘华君	刘家豪	刘家辉
刘嘉亮	刘嘉欣	刘剑锋	刘洁汝	刘锦芸	刘竞珍	刘静文	刘静怡	刘　君	刘俊龙	刘俊生
刘　乐	刘利珊	刘　林	刘露露	刘美琪	刘梦新	刘　敏	刘倩莹	刘　翘	刘秋萍	刘　球
刘如盛	刘淑娴	刘　婷	刘细丹	刘旭健	刘彦源	刘燕辉	刘义娇	刘永红	刘雨欣	刘泽贤
刘紫玲	龙翠娟	龙红宝	龙敏怡	龙英杰	卢敏靖	卢巧仪	卢思维	卢欣婵	卢志宝	鲁　灿

鲁 怡	罗爱蒂	罗柏旺	罗贝怡	罗春兰	罗春婷	罗家星	罗利群	罗良礼	罗 敏	罗佩仪
罗 铨	罗姗姗	罗 生	罗伟莉	罗学斌	罗雪芬	骆绮云	吕敏君	马国豪	马国盛	马嘉儿
马娟娟	马新宇	马 瑶	马玉红	马玉双	麦景鸿	麦思丽	麦秀云	麦宇鹏	麦志林	蒙 缓
孟苏苇	莫光琴	莫梅华	莫思诗	莫雁英	莫梓莹	缪乐华	缪思思	倪仲清	聂小莲	宁成敏
宁金婵	牛丽雯	欧壁玉	欧春枚	欧桂洁	欧小玲	欧欣欣	潘宝珠	潘会玲	潘唐智	潘小翠
潘玉燕	庞 博	庞 伟	彭桂淑	彭俊洪	彭丽芬	彭满影	彭美仪	彭 爽	彭瑜嘉	彭灼霞
秦 欢	邱芳玲	邱丽萍	邱 莉	邱明珠	邱小洪	区燕灵	屈诗雅	全波涛	饶伊萍	任伊姣
申恒晏	申晓花	沈 磊	沈首宏	石小琴	司磊锋	宋旺彪	宋小艳	宋毅杰	苏焯文	苏金凤
苏美好	苏 敏	苏天佑	苏伟珊	苏永坤	苏芷晴	苏子由	孙晗诺	孙磊磊	孙天婧	覃虹燕
谭万锦	谭 霞	谭小琼	谭梓曼	汤丽贤	汤丽甄	汤巧山	汤素芬	汤燕君	唐保顺	唐初珍
唐美荣	唐绮琦	唐仕杰	唐皖湘	唐雯文	唐喜燕	唐小燕	田嘉怡	田均志	田 坤	童晓婷
万 超	汪 伟	王彩红	王春琼	王从兵	王家诚	王嘉慧	王嘉敏	王俊杰	王丽婷	王 莉
王 亮	王铭嫦	王 平	王身宝	王守志	王 婷	王万早	王伟聪	王文辰	王文香	王锡全
王晓涛	王雪玲	王雪姿	王燕芳	王颖楷	王雨欣	王玉琼	王远梅	王志强	王中南	危海华
韦 华	韦丽娟	韦琪静	韦杞君	魏诗韵	魏泽伟	温慧珊	温家炜	温家文	温嘉慧	温思思
文碧滢	文映文	文振威	吴 晨	吴翠莹	吴冬蕊	吴 昊	吴华庆	吴惠琳	吴佳珊	吴嘉滔
吴少真	吴万霞	吴威标	吴细红	吴小娟	吴晓彤	吴 炫	吴雪映	吴亚宁	吴 颖	吴永鸿
吴咏仪	吴悦冰	吴泽强	吴芷薇	吴中秋	伍佳凤	伍嘉俊	伍健明	伍小敏	伍 滢	伍颖仪
伍泳仪	夏 飞	夏燕仪	冼 宁	向立秋	向雨晴	肖 彬	肖 芳	肖惠娴	肖金美	肖丽娟
肖凌峰	肖平平	肖 顺	肖艳惠	谢安练	谢彩燕	谢典奋	谢华锋	谢江梅	谢金碧	谢岚娜
谢丽平	谢连芳	谢小惠	谢仲敏	邢福东	熊少菲	徐嘉华	徐 君	徐庆漫	徐 姗	徐松涛
徐孝芳	徐艳妹	徐艳招	徐展威	许春丽	许 娟	许路妹	许巧梅	许秋梅	许晓茵	闫梦娟
严春兰	严春苗	严裕玲	阎 结	杨 翠	杨翠梅	杨丹娜	杨 帆	杨浩晖	杨家敏	杨克芝
杨柳青	杨秋怡	杨晓丽	杨元元	姚绮琼	叶宝花	叶彩凤	叶 辉	叶嘉威	叶 梨	叶丽红
叶梦斯	叶芮熙	叶婉灵	叶紫敏	葉紅豆	易文容	尹玉仪	尤发清	余妙婷	余 颖	余泳然
庾春玲	玉 萍	袁佳辉	袁家丽	袁志强	苑忠宇	詹键华	张蔼欣	张彩红	张 琛	张炽铭
张春桃	张 锋	张桂峰	张桂敏	张国文	张煌城	张会芹	张惠荣	张慧君	张慧玲	张嘉琪
张镓奇	张健华	张丽芬	张丽燕	张 恋	张柳娣	张曼霞	张 玫	张培萍	张 鹏	张秋丽
张荣生	张 蓉	张 双	张婷婷	张婉婷	张 微	张伟玲	张伟伟	张文苑	张小玲	张小妮
张晓彤	张秀兰	张璇娜	张亚晖	张宴媚	张燕珊	张玉苑	张志诚	张志仁	张志荣	张智斌
张智凯	张訡訡	章嘉财	招锦宇	赵宝花	赵海云	赵怡豪	赵长乐	赵紫琼	甄穗华	郑冰璇
郑嘉颖	郑洁仪	郑景娥	郑敏霞	郑钦源	郑瑞敏	郑诗琪	郑思婷	郑素慧	郑秀华	郑铮琪
郑芷琼	钟德慧	钟方燕	钟何桂	钟会玲	钟美琪	钟群珍	钟荣辉	钟诗泳	钟雪云	钟妍怡
钟艳如	周宝珠	周 丹	周定芳	周而复	周嘉愉	周 娇	周杰锋	周静宜	周 磊	周美伶
周青燕	周瑞兰	周圣修	周斯雅	周贤杰	周小英	周晓南	周雪碧	周燕琼	周 瑶	周忠碧
周紫玲	朱彩姣	朱春莲	朱东娣	朱海丽	朱海霞	朱家敏	朱健恒	朱锦枝	朱 均	朱淑平
朱素琴	朱文杰	朱湘粤	朱小艳	朱小英	朱秀梅	祝桂花	庄秋杏	卓安邦	卓锐真	卓晓静
宗 琳	邹林峰	邹燃露	邹小枫	邹晓燕	欧阳淑怡	艾萨·木合塔尔				

商务英语
潘永峰　阮雯雯
土木工程
邓佩如　黎贤鹏　李甲合　庞志鹏
物流工程技术
曾日豪　陈国敏　陈兰洁　陈秋霞　陈微笑　陈伟燕　陈　祝　程　浩　崔玉帅　邓翠芳　邓沙沙

邓位容	杜保国	冯晓成	符 录	付朝阳	甘德莲	高彩林	龚 归	关志辉	韩明华	何剑豪
何胜平	何 喜	胡映茜	胡子龙	华逢萍	黄碧荷	黄代明	黄 华	黄利云	黄三妹	黄绍丽
黄 婷	黄婉华	黄英杰	黄媛清	江志聪	江祖兰	姜 鑫	柯昭丽	孔繁荣	赖建颜	郎红祥
黎 少	李二娟	李婉红	李学凯	李彦晖	李裕京	李自强	梁华欣	梁卫兵	林秀丽	刘千辉
刘 琴	刘贤军	刘 艳	龙德铤	龙惠深	龙 蓉	卢彩贞	陆启铃	罗团明	罗文波	罗燕秋
罗正霞	骆美欣	马群勇	马真胜	麦汉恒	莫建标	潘梓钿	彭 丹	彭 清	彭壮文	秦小娟
区建英	史爱娟	舒朝财	孙义欣	覃丽爱	谭嘉城	谭诗慧	谭天平	唐常林	童 川	万晓琳
王春华	王嘉慧	王信信	王 艺	吴 斌	吴妙霞	夏浩耀	鲜 敏	肖 亮	谢春梅	谢燕泳
徐双凤	薛蝶云	杨金菊	杨金群	杨 星	杨益红	杨紫燕	姚玉龙	叶金娇	易金燕	于志强
张武珍	张先平	张艳艳	张育龙	赵 雄	郑雅纯	钟文敏	朱 超			

行政管理

巴明卫	白啊彬	白洁文	白沛华	白晓明	鲍嘉文	毕梁柱	蔡聪辉	蔡恆威	蔡宏琴	蔡江羽
蔡景祥	蔡敏琪	蔡润岳	蔡少辉	蔡双成	蔡婉芬	蔡文富	蔡展邦	蔡洲青	蔡珠丽	曹红芳
曹靖贤	曹秀国	曹 宇	曹宇妮	曹祖华	曾发菊	曾嘉欣	曾金菊	曾金欣	曾 军	曾 起
曾伟亮	曾伟棠	曾文新	曾祥英	曾永辉	曾勇华	曾玉娣	陈 爱	陈爱连	陈爱玲	陈宝莹
陈 诚	陈承华	陈 德	陈东娜	陈端仪	陈粉珍	陈冠勇	陈光达	陈广靖	陈国昌	陈国锋
陈海凤	陈海燕	陈 虎	陈 欢	陈辉明	陈慧仪	陈家俊	陈嘉桦	陈嘉俊	陈嘉良	陈健波
陈洁霞	陈金旭	陈锦鸿	陈进儿	陈景丽	陈静怡	陈 娟	陈凯琪	陈凯旋	陈康丽	陈可欣
陈 磊	陈 丽	陈丽现	陈曼茜	陈美凤	陈敏婷	陈妮华	陈清林	陈清娴	陈琼珊	陈群英
陈 蓉	陈汝嫦	陈瑞云	陈森兴	陈省景	陈世豪	陈淑娇	陈淑萍	陈树彬	陈 思	陈思盈
陈松进	陈天雨	陈添尔	陈 田	陈婷婷	陈婉丹	陈婉雯	陈 威	陈伟航	陈伟健	陈伟森
陈伟源	陈伟钊	陈伟芝	陈玮玮	陈希曦	陈夏怡	陈贤达	陈祥静	陈小梅	陈小纭	陈晓婉
陈晓燕	陈晓妤	陈欣欣	陈新红	陈雄辉	陈秀笋	陈旭富	陈雪锦	陈亚枚	陈妍卉	陈艳芳
陈艳欢	陈燕梅	陈燕萍	陈燕清	陈耀辉	陈一萍	陈毅丰	陈毅杰	陈 莺	陈永芳	陈永明
陈永思	陈咏基	陈泳琪	陈泳新	陈玉玲	陈郁和	陈 媛	陈媛媛	陈运刚	陈泽康	陈泽乔
陈展心	陈祯祥	陈振伟	陈镇鹏	陈志坚	陈志明	陈志荣	陈主得	陈转新	陈子金	陳文俊
程韩元	程斤斤	程利兰	池桂瑜	池景民	崔嘉敏	崔琳婕	崔晓思	代晨晨	代浩楠	戴 磊
戴丽丽	戴丽玲	戴美玲	戴小萍	党福娟	邓安玲	邓婵凯	邓凤萍	邓观武	邓金来	邓 俊
邓凯平	邓 南	邓 蓉	邓少兰	邓世援	邓素梅	邓小妹	邓新红	邓意利	邓毓林	邓跃进
狄 凯	刁玲玲	刁森林	丁丽娟	丁思宗	董兵豪	董嘉霖	董 妮	董若楠	董韦韦	董伟彬
董子宁	窦德菊	杜均宝	杜润彬	杜燕燕	杜钰珊	段 强	恩克拉	樊宝霖	樊莞芝	范开富
范盛锐	方 芳	方海伦	方海涛	方妙纯	方升福	方维实	方文娟	房二敏	房瑶贵	冯兵强
冯昌明	冯翠芬	冯翠媚	冯国萍	冯海兵	冯嘉宝	冯嘉敏	冯景婷	冯俊杰	冯 磊	冯敏婷
冯启明	冯颂平	冯婉仪	冯伟坚	冯燕娜	冯永楠	冯源凯	冯镇强	冯志聪	符纯均	傅彬煌
傅 娟	傅凯茵	甘俊晖	甘其华	甘月桂	甘子民	高春兰	高俊文	高丽芬	高妙珊	高明杰
高 鹏	高若涵	高思蕊	高小星	龚锦铭	苟明辉	古国明	古海滨	古嘉露	古晶腾	古利群
古伟光	关金花	关美华	关诗敏	关 新	关颖欣	关颖瑜	官菊红	管明杰	管振辉	郭芳伶
郭海青	郭红娣	郭虹妹	郭鸿楷	郭怀勇	郭家豪	郭嘉雄	郭建东	郭建毅	郭俊谊	郭丽美
郭美霞	郭绮媚	郭少玲	郭志健	海梦婷	韩非非	韩 萌	韩 强	韩文辉	韩 毅	韩玉成
韩玉娟	韩兆伟	何邦琴	何成世	何丹敏	何飞燕	何凤娟	何濠辉	何鸿燕	何 辉	何嘉文
何杰和	何金彩	何金军	何锦辉	何俊傑	何兰英	何丽英	何林林	何 琴	何清华	何秋平
何淑芳	何婉儿	何伟民	何小兵	何小锋	何小娟	何小丽	何杏晶	何杏媚	何雪英	何雪盈
何燕玲	何燕媚	何咏仪	何泳秀	何志龙	何志文	何紫珊	衡长勇	洪 波	洪洁婷	洪美景
洪慕洁	洪沛鑫	洪文咸	洪宇鹏	洪肇源	洪志成	侯家浩	侯世光	胡大成	胡宏玉	胡慧华

胡家怡	胡建超	胡金科	胡锦豪	胡 晶	胡 娟	胡敏芝	胡胜华	胡锶竞	胡伟明	胡 颖
胡 月	华静霞	黄碧金	黄彩霞	黄超群	黄春桃	黄顶立	黄东杰	黄东生	黄冬妹	黄飞燕
黄高荣	黄观平	黄桂兰	黄国良	黄海彬	黄豪至	黄红美	黄华燕	黄焕棱	黄惠芬	黄惠雯
黄佳武	黄嘉明	黄 健	黄 洁	黄金凤	黄锦珊	黄敬康	黄静敏	黄静雯	黄骏华	黄乐华
黄丽君	黄丽黎	黄丽婷	黄丽仪	黄丽珍	黄曼祯	黄美琪	黄妙娃	黄明娟	黄明兰	黄培芬
黄齐好	黄 其	黄奇耀	黄绮璇	黄倩敏	黄巧飞	黄琼容	黄娆婷	黄 榕	黄汝裕	黄世萍
黄世义	黄水红	黄婉贤	黄韦虹	黄伟坚	黄伟燕	黄蔚诗	黄文峰	黄文跃	黄 熙	黄熙朗
黄先锋	黄湘婷	黄小莹	黄晓彤	黄晓艳	黄晓珍	黄兴祥	黄秀娟	黄秀丽	黄学成	黄雪艳
黄 妍	黄彦豪	黄燕斌	黄燕雯	黄耀康	黄依彤	黄 颖	黄泳梅	黄玉芬	黄玉梅	黄玉仪
黄育新	黄招容	黄祯艺	黄震升	黄镇贤	黄志鸿	黄志朋	黄志锐	黄志伟	黄智玲	吉郁华
计水秀	冀雨欣	贾学礼	江必燕	江慧晶	江嘉城	江嘉威	江利玲	江连香	江美玲	江美霞
江晓淦	江 熠	江月婵	江智慧	姜腊梅	姜文彬	蒋必荣	蒋嘉美	蒋健华	蒋娟华	蒋 柯
蒋立华	蒋美仪	蒋友杰	焦小换	金 博	金梓麟	柯伟填	孔令琴	寇浩琦	邝谷海	邝家宝
邝锦标	邝锦相	邝俊滔	邝淑仪	邝婉君	赖法林	赖静文	赖秋映	赖思丽	赖素艳	赖伟文
赖小平	赖晓伟	赖兴隆	赖燕婷	赖卓君	蓝加玲	蓝俊宇	蓝伟雄	乐樱桃	雷健豪	雷 蕾
雷泳慈	雷志荣	黎成芳	黎春娟	黎达城	黎国新	黎 海	黎健仪	黎静妍	黎丽梅	黎路平
黎美玉	黎洳妃	黎书晴	黎伟文	黎文婷	黎雪莹	李爱英	李宝仪	李宝玉	李碧君	李彩恩
李彩笑	李灿明	李承恩	李春娥	李翠欢	李翠妮	李丹丹	李东俊	李凤槐	李浩龙	李恒紫
李洪波	李华基	李焕发	李惠珍	李慧玲	李继宗	李家铨	李嘉俊	李嘉敏	李嘉颖	李洁莹
李进杰	李敬龙	李 静	李君仪	李可银	李昆洋	李兰兰	李李娟	李丽珊	李 玲	李梅秀
李民英	李 敏	李乃明	李盼盼	李佩珩	李佩珠	李平得	李启聪	李千勇	李 闪	李少冰
李少萍	李诗敏	李 姝	李水珍	李思佳	李思洁	李思敬	李斯琴	李素莹	李 伟	李伟豪
李文杰	李文静	李文君	李文科	李文艳	李汶蔚	李稀梓	李相玲	李小琴	李小艳	李小园
李晓龙	李晓琴	李秀静	李亚锋	李 言	李妍芹	李炎平	李艳玲	李燕飞	李 仪	李艺忠
李颖雅	李永锋	李友珍	李玉兰	李玉蓉	李 月	李云霞	李振威	李志坚	李 智	李智豪
李智杰	李仲先	李子健	李梓欣	利惠仪	利燕红	练丽萍	梁爱薇	梁超文	梁春燕	梁德贤
梁桂珊	梁国金	梁国欣	梁合笑	梁惠婷	梁惠璇	梁慧婷	梁家敏	梁家欣	梁嘉恩	梁嘉琪
梁嘉欣	梁嘉茵	梁俭辉	梁洁莹	梁洁云	梁景璋	梁静媚	梁静敏	梁峻熙	梁可颖	梁礼滢
梁丽群	梁柳婷	梁妙茵	梁敏儿	梁敏妍	梁敏仪	梁敏怡	梁木兰	梁佩仪	梁岐锋	梁润芝
梁少君	梁诗咏	梁婉惠	梁婉琪	梁伟坚	梁伟新	梁炜彤	梁小冰	梁小敏	梁小兴	梁小珍
梁晓花	梁燕明	梁燕清	梁逸伟	梁永征	梁钰麟	梁智敏	廖彩苑	廖聪胜	廖汉宁	廖继凤
廖咪咪	廖铭秀	廖文伟	廖武雄	廖艳枝	廖裕娟	林爱清	林 柏	林彩珍	林超平	林楚生
林 铤	林福明	林浩民	林 华	林惠敏	林嘉欣	林嘉甄	林建跃	林健强	林健忠	林江遊
林 洁	林金朋	林金友	林进寿	林 菁	林浪波	林李鹏	林丽芬	林连弟	林龙聪	林美琪
林 敏	林敏儿	林敏娟	林明优	林木波	林木森	林沛姗	林绮雯	林钦玲	林秋妹	林榕清
林瑞芳	林珊珊	林少杰	林少秋	林少茵	林少吟	林少珠	林世凯	林淑怡	林双双	林太燊
林婉仪	林文诗	林晓旋	林艳舒	林雁龙	林雁媚	林燕曼	林 烨	林依茹	林怡君	林 泳
林勇聪	林玉涵	林玉华	林玉如	林玉艳	林悦源	林振业	林志凤	凌活进	刘宝欣	刘 波
刘 博	刘彩燕	刘春琴	刘翠芝	刘 丹	刘德怡	刘德勇	刘港亮	刘根娣	刘光彩	刘桂芳
刘桂锋	刘惠敏	刘嘉盛	刘嘉伟	刘建成	刘建松	刘建勇	刘鉴庭	刘杰轩	刘洁婷	刘洁莹
刘晶晶	刘 静	刘珏希	刘觉明	刘 俊	刘俊超	刘乐尧	刘丽红	刘 嫚	刘媚媚	刘 强
刘巧丽	刘秋儿	刘全磊	刘树妮	刘穗迪	刘婷荣	刘文雅	刘武辉	刘小芳	刘小慧	刘晓翠
刘 鑫	刘 雄	刘雄望	刘秀荣	刘艳丽	刘 瑶	刘义珍	刘永昌	刘玉弟	刘 渊	刘 媛
刘月玲	刘 粤	刘泽川	刘振花	刘中平	刘子康	刘宗洪	留兴隆	龙程凤	龙 娟	龙少平

龙小芳 龙艳平 龙予滔 龙志光 卢广乐 卢红妹 卢泓铠 卢家宝 卢丽莹 卢柳菊 卢佩烨
卢文怀 卢宪坚 卢颖勋 卢兆男 鲁金伟 陆爱群 陆家琳 陆嘉欣 陆健恒 陆佩婷 陆 书
陆松林 陆小荣 陆远敏 伦洁芳 罗 恒 罗恒芳 罗嘉娜 罗剑权 罗洁婷 罗 娟 罗俊杰
罗凯婷 罗买好 罗美仪 罗 敏 罗思远 罗婷婷 罗文泽 罗雯雅 罗 馨 罗 雪 罗雪萍
罗娅琴 罗 妍 罗炎婷 罗艳祥 罗瑶莹 罗永烽 罗志仟 罗梓敏 骆慧霞 骆杰辉 骆锐斌
骆素娴 吕天杰 吕文岩 麻敏鹏 马彩霞 马翠翠 马丹霞 马佳楠 马洁敏 马 娟 马 军
马 玲 马梦璇 马如英 马小佳 马晓辉 马星宇 马学松 马 燕 马耀龙 马兆鑫 麦景辉
麦美华 麦羡明 麦云怡 麦振辉 毛立群 毛佩贤 毛伟明 毛雅莉 梅嘉文 梅嘉雯 梅文婷
美丽古 苗晋源 明玉琳 莫慧兰 莫慧玲 莫嘉怡 莫军华 莫清秀 莫业清 慕长亮 倪耿玲
倪 琼 倪燕云 聂慧慧 聂静施 聂雅莹 聂园园 宁惠芳 欧敏娥 欧敏霞 欧伟健 欧 仙
欧晓君 欧晓敏 欧雁娥 欧阳威 欧 莹 潘从愿 潘东晴 潘焕伶 潘建标 潘佩丽 潘小翠
潘永俭 潘远红 盘清霞 庞春燕 庞凤金 庞艳清 彭爱平 彭 丹 彭 芬 彭建强 彭卫聪
彭细芬 彭晓莉 彭振科 皮越岩 戚 错 戚明星 戚仟金 齐尚鹏 钱惠媚 钱惠敏 钱金莲
钱小燕 钱莹莹 钱韵蝶 秦 迟 秦健娥 丘创淇 丘林峰 丘美慈 丘永承 邱纯燕 邱耿城
邱红平 邱杰欣 邱 凯 邱麦克 邱堂堂 邱伟东 邱新臣 区国锐 区荣达 区颖梅 区颖敏
区运女 区肇星 权 敏 热依来·阿合麦 任 芳 任浩君 任江华 任艳娜 任志浩 阮美兰
阮秋莹 阮雯雯 阮小燕 桑成成 尚新兵 邵帮俊 邵浩彬 邵敏玲 申金钟 沈 阁 沈晓佳
施丽萍 石 慧 石剑萍 史凌麟 宋富城 宋惠玲 宋明珍 宋思远 宋廷爽 宋团圆 宋月玲
苏灿林 苏程程 苏德琴 苏桂贤 苏惠如 苏丽欣 苏 曼 苏绮雯 苏世林 苏水琴 苏伟民
苏伟明 苏小燕 苏晓萍 苏雪雄 苏应攀 苏云兰 苏云亮 苏允雁 孙国权 孙惠玲 孙俊鹏
孙丽丽 孙林定 孙佩珊 孙赛赛 孙树利 孙习洲 孙云龙 孙义萍 覃欢燕 覃嘉聪 覃伟棋
覃晓慧 谭冬梅 谭方瑜 谭濠江 谭 辉 谭嘉文 谭瑞玲 谭怡婵 谭志文 汤婉婷 唐宝玲
唐宝仪 唐菊梅 唐澜健 唐 婷 唐艳飞 陶克飞 滕 琪 田 晶 田文才 田小琳 田玉梅
涂翠芳 涂亚玲 王碧霞 王渤森 王 超 王春华 王大运 王 丹 王得浩 王 芳 王 峰
王国海 王国强 王红岩 王慧萃 王佳琦 王江涛 王 捷 王景和 王军叶 王君怡 王奎晓
王丽婷 王 明 王娜娜 王培峰 王 鹏 王启连 王绮玲 王睿超 王润瑜 王珊珊 王燊阳
王树钊 王双莉 王顺利 王思哲 王婉如 王 微 王 炜 王雯意 王娴静 王娴清 王小红
王小康 王旭媛 王雪健 王艳艳 王 燕 王燕芝 王盈盈 王昱新 王 玥 王泽勤 王志武
王智鹏 王壮壮 王灼桦 卫 婷 魏 斌 魏 琳 魏 鹏 魏淑平 魏舒婷 魏晓婷 魏雪妮
温春丽 温焕儿 温慧才 温家雯 温胜强 文家健 文思谛 翁 创 翁惠红 翁世斌 翁世敏
翁应敏 巫利红 巫荣燊 吴春燕 吴赐华 吴达源 吴凤德 吴馥璇 吴海虹 吴红强 吴 华
吴华宝 吴 欢 吴惠清 吴惠仪 吴家敏 吴嘉玉 吴建群 吴娟花 吴君娜 吴 坤 吴丽珍
吴 柳 吴美红 吴敏朋 吴佩珊 吴秋琳 吴瑞珍 吴淑芬 吴水娇 吴素兰 吴素莲 吴婉明
吴小云 吴晓滨 吴雪莹 吴艳华 吴 燕 吴燕霞 吴颖娟 吴永华 吴咏珊 吴宇升 吴云娇
吴泽彬 吴卓琳 吴卓卿 吴子茵 伍嘉俊 伍嘉丽 伍杰星 伍丽萍 伍文逸 夏晶晶 夏文威
冼嘉仪 冼秋敏 冼叔英 冼文杰 冼燕娣 向阳兵 向元丽 向 泽 萧嘉荣 萧晓文 肖莉娟
肖 燕 肖奕毅 肖正茂 谢成杰 谢汉兴 谢洁文 谢玲娜 谢 璐 谢沛云 谢润婷 谢婷婷
谢维维 谢 伟 谢杨兆 谢肇坚 辛 兰 辛兰兰 邢志凯 幸志豪 熊新华 徐国华 徐海涛
徐金锋 徐君怡 徐乐然 徐 宁 徐 森 徐 婷 徐伟梅 徐香连 徐新颖 徐燕媚 许道光
许惠影 许昆明 许丽红 许 梅 许少贤 许绍豪 许文静 许贤贵 许显裕 许颖红 禤建民
禤建兴 薛 彬 薛 磊 薛琳琳 薛贤伟 薛 颖 闫 杰 严昌勇 严敏婷 严樟毅 晏细德
杨辰伟 杨 翠 杨庚满 杨桂英 杨 国 杨 虹 杨惠群 杨家威 杨 洁 杨洁玲 杨金凤
杨金平 杨锦登 杨静文 杨 柳 杨 露 杨明毅 杨倩仪 杨 清 杨庆枝 杨秋平 杨苏苏
杨 婷 杨婷婷 杨万兴 杨文伟 杨小芬 杨晓玲 杨晓晴 杨颖珩 杨永康 杨雨馨 杨育彬

杨志萍　杨子君　杨梓文　姚海林　姚清丽　姚　瑞　姚淑芬　姚雪梅　姚志敏　冶海霞　叶彩桂
叶桂兴　叶慧娟　叶琼　叶　雷　叶丽红　叶丽萍　叶倩敏　叶秋丽　叶世华　叶淑婷　叶双妹
叶伟梅　叶文兰　叶笑平　叶艺鹏　叶玉冰　易春梅　易祖雄　尹东叶　尹嘉荣　尹均锋　尹松梅
尹小龙　尹月婷　于婧怡　余　红　余景怡　余乐韵　余妙惠　余启衡　余先波　余颖诗　余钊锴
余哲耀　俞志辉　虞天洪　玉素甫江·卡孜　元淑慧　袁　惠　袁美金　袁晓琼　袁亚亚　袁玉娟
袁梓豪　詹素蓉　詹燕华　湛静娜　张宝福　张碧芳　张　彬　张彩霞　张曾仁　张承锋　张　翠
张丹枫　张　德　张　娣　张凤梅　张洪莲　张鸿亮　张　欢　张慧君　张　佳　张嘉敏　张嘉琪
张嘉庆　张剑英　张健雄　张　杰　张金维　张娟娟　张俊杰　张宽进　张　坤　张　磊　张李贤
张　力　张丽红　张丽君　张玲玉　张美明　张美琪　张梦凡　张敏珊　张敏怡　张　楠　张　宁
张培斌　张　鹏　张青华　张秋菊　张仁川　张瑞清　张　帅　张水财　张思琴　张素卿　张天良
张婷婷　张伟玲　张文坦　张　稳　张稀程　张小娜　张晓巧　张笑冰　张新花　张学东　张雪莲
张雅琳　张延婷　张　艳　张艳芝　张　燕　张燕玲　张宜雪　张贻乐　张艺珊　张银燕　张玉仪
张玉真　张园园　张媛媛　张韵青　张泽腾　张振富　张志成　张志濠　张志权　张志升　张智杰
张梓华　张祖军　章君臣　章婷婷　赵芳芳　赵凤翔　赵会芳　赵剑锋　赵　敏　赵仕英　赵伟文
赵雪凤　赵耀辉　赵詠诗　赵珍纯　郑阿双　郑碧涛　郑丹丹　郑东晓　郑国豪　郑海霞　郑宏亮
郑　辉　郑辉玲　郑家伟　郑杰平　郑洁霞　郑　静　郑娘强　郑铭德　郑瑞恒　郑少君　郑世通
郑淑娟　郑婉怡　郑伟仁　郑　燚　郑咏雅　郑玉婷　郑裕婷　郑泽淇　郑钟萍　郑柱基　郑灼燊
植妹简　钟丁平　钟凤玉　钟冠恩　钟海鹏　钟垲珊　钟兰清　钟晓艳　钟晓燕　钟雅婷　钟艳梅
钟　莹　钟　勇　钟芷雯　周弟弟　周枫锋　周凤儿　周桂芳　周红岩　周　辉　周惠琼　周嘉宝
周嘉晨　周金莲　周　进　周　玲　周　宁　周　倩　周荣林　周瑞明　周婉萍　周威明　周伟成
周小龙　周妍丹　周莹莹　周颖烨　周振平　周震濠　周钲然　朱常发　朱　芬　朱建江　朱建文
朱健伦　朱　丽　朱启龙　朱啟豪　朱文丽　朱晓科　朱晓莹　朱秀红　朱艳芬　朱颖沛　朱永胜
朱悦康　朱转章　庄丽宜　庄利鸿　庄晓女　庄晓询　庄晓宜　庄俞文　卓数裕　卓新龙　邹凤英
邹嘉诚　邹健恩　邹开平　邹文斌　邹雄光　邹银莲　邹源添　欧阳红艳　欧阳剑仪　欧阳桥华
欧阳杏云　司徒琳晶　司徒淑君　王熠杰捷　刘付华玲　艾拉米尼亚孜·伊民尼亚孜
艾尔夏提·拜合提　艾山江·热哈曼　库尔班·吉力力　买买提·热西提　麦麦提艾萨·吾加阿卜杜拉
莫拉马木提·阿依赛克　沙吾列提别克·胡沙太　热依来·阿合麦　玉素甫江·卡孜

学前教育
李颖琪

大事记

2020 年大事记

1月1日 欧洲科学院院士、中国自动化学会副理事长、学校计算机科学与工程学院陈俊龙教授当选国际顶级期刊 *IEEE Transactions on Cybernetics* 主编（2020—2022）。

1月4日 科技部中国农村技术开发中心主任邓小明一行来校调研。邓小明对学校在科技创新、平台建设、人才培养、成果转化等方面取得的成绩表示充分肯定。

1月8日 学校笃行楼揭牌仪式举行。学校党委书记章熙春和1977级无线电系校友、全国工商联副主席、TCL创始人和董事长、华萌基金创始人李东生共同为笃行楼揭牌。

1月10日 中共中央、国务院举行2019年度国家科学技术奖励大会，学校2项成果获奖。其中，以华南理工大学为第一完成单位，制浆造纸工程国家重点实验室陈克复院士为第一完成人的项目——"制浆造纸清洁生产与水污染全过程控制关键技术及产业化"，获2019年度国家科技进步奖一等奖，实现广东省内高等学校牵头获得国家科学技术奖励一等奖零的突破。

1月12日 学校召开"不忘初心、牢记使命"主题教育总结会。学校党委书记章熙春对主题教育工作作总结发言。教育部直属高校"不忘初心、牢记使命"主题教育第九巡回指导组高度肯定学校主题教育取得的效果。

1月20日 学校召开新冠肺炎疫情防控工作部署会，就做好学校疫情防控工作进行详细部署。1月21日，学校发布抗击新冠肺炎疫情一号文——《关于成立新型冠状病毒肺炎疫情防控工作领导小组和工作组的通知》，明确新型冠状病毒肺炎疫情防控工作领导小组由章熙春书记、高松校长任组长，学校副职领导任副组长；成立疫情防控工作组并下设8个工作小组；建立协调工作机制，总协调设在党委办公室（学校办公室），各工作小组按照分工开展相关疫情防控工作。

1月20日 揭阳市"美丽乡村迎新春"乡村振兴大擂台活动举行。学校被评为揭阳市"脱贫攻坚优秀帮扶单位"，学校对口帮扶村孔美村获评"揭阳市示范村"和"揭阳市特色村"，学校派驻孔美村扶贫工作队队长、村党总支第一书记苏秋斌，获评"揭阳市十大乡村创业青年"。

1月20日 学校材料科学与工程学院吴宏滨教授课题组与中南大学邹应萍教授团队的合作学术论文"High-efficiency organic solar cells with low nonradiative recombination loss and low energetic disorder"在国际著名期刊 *Nature Photonics* 上发表。华南理工大学为论文的第一署名单位，学校材料科学与工程学院刘莎博士、邓万源博士、袁俊博士

（中南大学）为共同第一作者，吴宏滨教授和邹应萍教授（中南大学）为通讯作者。

2月10日 研究论文"An electroencephalographic signature predicts antidepressant response in major depression"在国际著名学术期刊 Nature Biotechnology 上发表。华南理工大学为论文第一署名单位，吴畏研究员为第一作者。

2月19日 泰晤士高等教育发布2020年新兴经济体大学排名，学校居第49位，在中国内地高校中居第18位。

2月19日 学校组建新冠肺炎疫情防控"党员突击队"，突击队到多个执勤点参与防疫检查、宣传相关政策、协同做好相关工作，得到了广大师生员工的肯定。

2月24日 学校举行"同心战疫 众志成城"万千师生新学期升旗仪式，学校党委书记章熙春发表讲话，勉励学生进一步践行家国情怀、夯实专业基础。网络点击量近亿人次。

3月5日 根据《广东省总工会关于授予先进女职工集体、个人广东省五一劳动奖状、奖章的决定》，学校食品科学与工程学院王永华教授获广东省五一劳动奖章、广东省"先进女职工"称号；学校附属广东省人民医院驰援武汉护理小组获得广东省五一劳动奖状。

3月10日 广东省科技厅党组书记、厅长王瑞军一行来校调研。王瑞军对学校在科研方面取得的成绩表示充分肯定，希望学校进一步发挥学科优势，加强重大原始创新和关键核心技术攻关，产出更多更高水平更有影响力的科研成果。

3月11日 华南理工大学广州学院召开二级学院院长和主要部门负责人会议。经华南理工大学提名、华广学院董事会决定，聘任杨中民为华广学院院长。邱学青不再担任华广学院院长。

3月25日 广东省委、省政府在珠岛宾馆召开广东省科技创新大会。学校27项成果获2019年度广东省科学技术奖，其中，一等奖8项、二等奖18项，中国工程院院士王迎军获广东省科学技术突出贡献奖。

3月，根据中国科协办公厅发布《关于印发2019年大众创业万众创新示范基地评估结果的通知》，学校成功入选高校类基地前10名。

4月2日 福布斯发布2020福布斯亚洲地区"30位30岁以下精英"（30U30）榜，学校校友、创新创业孵化基地的广州音书科技有限公司联合创始人（CTO）陈国强上榜。

4月7日 世界知识产权组织（WIPO）公布2019年全球PCT（专利合作协定）专利申请情况。学校连续两年PCT专利申请量跻身全球教育机构前五、中国高校前三。

4月8日 教育部启动实施全国高校与湖北高校毕业生就业创业工作"一帮一"行动，学校结对帮扶武汉科技大学，行动时间从2020年4月至9月。4月27日，华南理工大学和武汉科技大学毕业生就业创业工作"一帮一"行动启动会暨帮扶协议签订仪式在两校同时举行，双方进行"云签约""云握手"。

4月16日 2020年年度工作布置暨学生返校工作会议召开。学校党委书记章熙春结合2019年办学发展和2020年重点任务，对学校前一阶段疫情防控工作进行回顾，并对本年度接下来一段时间的工作提出要求。校长高松从疫情防控总体形势下学生返校的整体方案、工作保障和工作要求等方面部署了学生返校工作。

4月17日　学校2020年本科教学工作会议召开。会议总结了学校2019年本科教学工作取得的成绩，并对2020年本科教学工作提出了新的要求。学校将努力消除新冠疫情带来的负面影响，加快推进实施学校《一流本科行动计划（2018—2030）》《落实"以本为本"建设一流本科教育的实施方案》和"新工科F计划"等规划，全面提升人才培养质量。

4月28日　2020年美国大学生数学建模竞赛和交叉学科建模竞赛（MCM/ICM）成绩揭晓，学校学子获得大赛最高奖项Outstanding Winner 2项。

4月29日　人工智能与数字经济广东省实验室（广州）第一届理事会第一次会议在广州市人民政府召开。学校为该实验室牵头组建单位，李远清教授担任实验室常务副主任。

4月30日　Nature出版集团发布"Nature指数2020年度榜单"，学校在全球学术机构中位居第93位，首次跻身全球百强。在"机构上升之星"排名中，学校在全球学术机构中位居第18位。

4月30日　根据《国务院学位委员会、教育部关于下达2019年学位授权点专项评估结果及处理意见的通知》（学位〔2020〕8号），学校参评的应用经济学一级学科博士学位授权点、临床医学一级学科硕士学位授权点、药学硕士专业学位授权点全部顺利通过评估。

4月30日　根据《共青团中央关于表彰"全国优秀共青团员""全国优秀共青团干部""全国五四红旗团委（团支部）"的决定》（中青发〔2020〕8号），学校建筑学院团委获评2019年度"全国五四红旗团委"。

5月4日　全美中华青年联合会、美国华人公共外交促进会等机构联合公布第十三届"全美华人十大杰出青年奖"榜单，学校2013届校友王一成功入选。

5月9日　2019年华南理工大学领导班子和领导人员年度考核及干部选拔任用"一报告两评议"大会召开。学校党委书记章熙春以《不忘初心 牢记使命 奋力开创中国特色、世界一流大学建设新局面》为题作学校领导班子的述职。

5月13日　学校与广东星联科技有限公司完成专利技术转让签约。广东星联科技有限公司以超2000万元的价格买下由中国工程院院士、华南理工大学教授瞿金平发明的"基于拉伸流变的高分子材料塑化输送方法及设备"专利技术，这是学校以专利直接转让方式首次转化超2000万元的项目。

5月18日　广东省农业农村厅党组成员，省委农办、省扶贫办专职副主任梁健一行来校调研。梁健对学校定点扶贫揭阳市惠来县隆江镇孔美村的工作给予高度评价。

5月19日　学校党委十六届十次全会召开。学校党委书记章熙春向会议作第十七次党代会报告的起草情况说明。

5月19日　学校土木与交通学院姚小虎教授研究组的学术论文"A cavitation and dynamic void growth model for a general class of strain-softening amorphous materials"在固体力学顶级期刊 Journal of the Mechanics and Physics of Solids 上发表。论文第一作者为学校土木与交通学院唐晓畅博士，通讯作者为姚小虎教授和美国德州农工大学 Justin W. Wilkerson 教授。

5月19日　学校物理与光电学院的人工微结构物理实验室团队的学术论文"Ideal

type-II Weyl phase and topological transition in phononic crystals"在物理学顶级期刊 *Physical Review Letters* 上发表。华南理工大学为论文的第一署名单位,学校物理与光电学院黄学勤教授为论文第一作者,学校物理与光电学院邓伟胤副教授、陆久阳副教授和武汉大学刘正猷教授为论文共同通讯作者。

5月26日 意大利驻广州总领事 Lucia Pasqualini 女士一行来校调研。双方就华南理工大学与意大利高校的交流合作进行深入探讨。

5月29日 广东省水利厅党组书记、厅长王立新一行来校调研。王立新对学校的办学发展及科研工作表示充分肯定。

5月30日 第二届全国创新争先奖表彰奖励大会公布获奖者名单,学校瞿金平院士和校友董绍明院士获全国创新争先奖。

6月2日 第六届中国国际"互联网+"大学生创新创业大赛广东省筹备工作领导小组第一次会议暨大赛指导组工作会议召开。学校党委书记章熙春对大赛总体方案作详细介绍。

6月3日 泰晤士高等教育发布2020泰晤士高等教育亚洲大学排名,学校居第64位,列中国内地高校第17位。

6月16日 中国共产党华南理工大学第十七次代表大会胜利开幕。学校党委书记章熙春代表中国共产党华南理工大学第十六届委员会作题为《乘风破浪 奋勇争先 全面开启中国特色、世界一流大学建设新征程》的工作报告。章熙春指出,学校圆满完成十六次党代会提出的目标任务,全面建成国内一流、世界知名的高水平研究型大学;提出"到本世纪中叶,全面建成中国特色、世界一流大学"的奋斗目标、"三步走"战略以及"一五三八一"工作部署。

6月17日 中国共产党华南理工大学第十七次代表大会胜利闭幕。大会选举产生了新一届党委委员和纪律检查委员会委员,并通过了学校第十六届党委工作报告和纪律检查委员会工作报告的决议。

6月17日 中共华南理工大学第十七届委员会第一次全体会议和中共华南理工大学第十七届纪律检查委员会第一次全体会议召开。学校十七届党委一次全会选举产生了新一届学校党委常委会和书记、副书记。学校十七届纪委一次全会上,选举产生了中共华南理工大学纪律检查委员会书记、副书记。

6月23日 学校校长高松为学生作题为《弘扬科学精神,科学理性应对疫情挑战》的"思政第一课",勉励学子们博闻强识、不断提升学习力,慎思明辨、不断拓展思考力,坚定笃行、不断增强行动力。

6月23日 在中国电机工程学会第十一届理事会第四次会议暨2020年工作会议上,宣布了2019年中国电机工程学会会士遴选结果。学校朱继忠教授当选中国电机工程学会外籍会士。

6月26日 学校物理与光电学院的人工微结构物理实验室团队的学术论文"Acoustic spin-Chern insulator induced by synthetic spin-orbit coupling with spin conservation breaking"在 *Nature Communications* 上发表。华南理工大学为论文的第一署名单位,学校物理与光电学院邓伟胤副教授和黄学勤教授为论文的共同第一作者,学校物理与光电学院李锋教授和武汉大学刘正猷教授为论文的共同通讯作者。论文的合作者包括学校物理与光电学院陆久阳副教授。

6月28日　广州国际校区举行二期工程开工仪式。校区二期工程总建筑面积59万平方米，分两批次建设，计划2021年底建成交付。开工仪式上，学校与番禺区签署共建华南理工大学-番禺国家大学科技园区的框架协议。

6月29日　上海软科发布2020"软科世界一流学科排名"，学校共有24个学科上榜。其中，2个学科进入全球前10，位居内地高校第10位；9个学科排名全球前50，15个学科排名全球前100，均位居内地高校第12位。

6月29日　华南理工大学与招商局集团共同举办结对共建签约仪式暨第二场"校企行"项目路演需求对接会。"华南理工大学·招商蛇口校企联合双创实践基地"正式挂牌成立。

6月29日　学校与中国民生银行广州分行签署银校战略合作协议。双方将在人才培养、科技成果转化等方面进行全方位合作。

6月30日　第六届中国国际"互联网+"大学生创新创业大赛"青年红色筑梦之旅"活动全国启动仪式举行。仪式设置了北京、深圳两个会场。教育部副部长钟登华，教育部高等教育司司长吴岩，广东省人民政府副省长覃伟中，广东省人民政府副秘书长陈岸明，深圳市市长陈如桂等部省市领导参加仪式。

7月1日　丹麦王国驻广州总领事安雅女士一行来校访问。双方就学校与丹麦高校的合作，第六届中国国际"互联网+"大学生创新创业大赛筹备，以及中丹历史文化交流等事宜进行深入讨论。

7月7日　广州市天河区委书记陈加猛一行来校调研，双方就共同推进落实多项校园建设事宜进行了交流。

7月9日　学校举行2020届学生"云"毕业典礼暨学位授予仪式。校长高松作了题为《让科学理性之光照亮前行之路》的毕业致辞，党委书记章熙春为服务科技强军、脱贫攻坚毕业生代表和"李莎支教团"出征授旗，并向第一批获得学位的5773名本科毕业生寄送"电子成长档案"。学校还分别在全国5个城市分会场举行学位授予仪式。

7月13日　华南理工大学广州学院召开干部大会，宣布华南理工大学党委对广州学院党委书记调整的决定：经省委教育工委同意，任命杜小明为华南理工大学广州学院党委书记。

7月15日　国家知识产权局公布《关于第二十一届中国专利奖授奖的决定》，学校获中国专利优秀奖4项，获奖总数居全国高校首位。自2009年以来，学校以第一专利权人获奖总数33项（含一金两银），获奖总数居全国高校首位。

7月18—19日　第十二届"挑战杯"广东大学生创业大赛举行。学校获金奖14个、银奖3个，以团体总分第一的成绩获大赛最高荣誉"挑战杯"。

7月22日　2020年度泰晤士高等教育发布中国学科评级，学校28个学科上榜。其中，"A+"学科7个，居内地高校第10位；"A类"学科16个，居内地高校第18位。

7月30日　学校与兰卡斯特大学副校长西蒙·盖尔举行视频会议。双方围绕广州国际校区建设等事宜进行探讨交流。

8月7日　中国建设银行党委副书记、监事长王永庆一行来校访问。双方就加强银校合作、办好第六届中国国际"互联网+"大学生创新创业大赛全国总决赛事宜进行探讨交流。

8月9日　第六届中国国际"互联网+"大学生创新创业大赛广东省赛决赛在华南理工大学举行。学校18个项目全部获得金奖（7个项目位列所在小组的第一名）。

8月13日　国家知识产权局办公室副主任、二级巡视员刘超一行来校调研。双方就学校科技成果权属划分、转化评估、收益分配等事宜进行深入探讨。

8月15日　软科发布2020年世界大学学术排行榜，学校居全球高校151—200位区间，首次进入该排名世界200强。

8月24日　2020年粤港澳大湾区高价值专利培育布局大赛获奖名单正式公布，学校获初创组金奖、最佳分析评议奖和最具投资潜力奖共3个奖项，是获奖数量最多的参赛单位。

8月26日　中国印钞造币总公司党委书记、董事长杨立杰一行来校调研。双方共同探讨如何深化和拓展合作层次和领域。

8月27日　学校环境与能源学院陈燕教授团队及其合作者的学术论文"Tuning proton-coupled electron transfer by crystal orientation for efficient water oxidization on double perovskite oxides"在 *Nature Communications* 上发表。华南理工大学为论文的第一署名单位，学校环境与能源学院博士生朱云敏为第一作者。

8月28日　教育部召开2020年秋季学期开学和秋冬季疫情防控工作视频会议。会上，学校作秋季开学和疫情防控工作经验报告。

8月28—29日　由教育部高等教育司主办的"赛迪环保杯"第十三届全国大学生节能减排社会实践与科技竞赛决赛在重庆大学举行。学校获一等奖2项、二等奖1项、三等奖6项，以及优秀组织奖。

8月29日　学校第三十九次学生代表大会暨第三十一次研究生代表大会在五山校区励吾科技楼举行。大会总结了过去一年校学生会和研究生会的各项工作，选举产生校学生会和研究生会新一届主席团成员。

9月3日　航天科工集团深圳航天工业技术研究院有限公司党委书记、董事长刘浩一行来校调研。双方就如何满足中国航天事业相关技术领域需求和推进卓越人才培养进行了深入探讨。

9月8日　2020中国国际服务贸易交易会中国国际技术贸易论坛举行。会上发布了"2020全球百佳技术转移案例"，华南理工大学、广州现代产业技术研究院和中新国际联合研究院成功入选。

9月9—10日　第五届教育部直属高校精准扶贫精准脱贫典型项目集中推选会举行。学校定点帮扶孔美村项目"从重点涉毒村到美丽红色村的蝶变——华南理工大学牵头组团高校帮扶孔美村打造定点帮扶新模式"成功入选。这是学校连续4年入选。

9月10日　第十五届"广东大学生年度人物"的评选结果公布。学校新闻与传播学院2019届本科毕业生李莎获"广东大学生年度人物"称号，并获提名奖1人、入围奖2人。

9月11日　学校数学学院计算生物研究团队的学术论文"Autoreservoir computing for multistep ahead prediction based on the spatiotemporal information transformation"在 *Nature Communications* 上发表。华南理工大学为论文的第一署名单位，学校数学学院博士

后陈培为第一作者，学校数学学院刘锐教授和中国科学院上海生命科学研究院陈洛南教授为共同通讯作者。

9月12日 华南理工大学举行2020级新生开学典礼，广东省政府副省长王曦等省市领导出席。王曦勉励学生树立远大理想，刻苦学习，发愤图强，努力成为堪当时代重任的栋梁之材。广州市副市长王东寄语学生坚定理想信念，培育高尚品格，勇于创新创造，努力成为具有全球视野和国际竞争力的创新人才。学校党委书记章熙春表示学校将在广州国际校区率先推进"新工科F计划"，汇集全球创新要素，畅通创新链条，致力于提升自主创新能力、突破关键核心技术、发展未来产业，赋能广东，服务国家。高松校长作了题为《直面挑战，做乘风破浪的弄潮儿》的致辞，希望学生敢于跨出学科专业边界，培养跨学科思维；积极参与创新创业实践，提高动手能力；积蓄强大的内心力量，向阳而立，向善而行。

9月16日 学校"双一流"建设周期总结工作会议召开。专家组对学校"双一流"建设给予充分肯定和高度评价。学校圆满完成了"双一流"周期建设目标任务，全面建成了国内一流、世界知名的高水平研究型大学，正朝着中国特色、世界一流大学目标奋勇前进。

9月23—28日 2020年全国体操锦标赛举行。学校体育学院2019级学生刘婷婷获得三金、两铜的优异成绩。

9月24日 学校党委书记章熙春为青年学生作了题为《乘风破浪 敢闯会创 在矢志奋斗中谱写新时代的青春之歌》的"思政第一课"，勉励青年学生珍惜时光、抓住现在、谋定未来，在新担当、新作为中实现无限美好的人生价值。

9月26日 学校与江苏省产业技术研究院签订战略合作协议，共同探索产学研合作新路径。

9月27日 全国哲学社会科学工作办公室公布2020年度国家社科基金年度项目和青年项目立项名单，学校36个项目获得立项资助，立项数较2019年增长44%，排名全国13位。其中，一般项目立项数位列全国第7。

9月28日 全国港澳研究会会长、国务院港澳办原党组副书记、副主任徐泽一行来校调研。徐泽希望广州国际校区紧抓粤港澳大湾区的创新发展与创业机遇，在创业生态、产业体系、创新人才培养等方面，加强与港澳高校的深度合作。

10月12日 学校数学学院陈映珊副教授的学术论文"Incomplete information and the liquidity premium puzzle"在 *Nature Communications* 上发表。华南理工大学为论文的第一署名单位，陈映珊副教授为第一作者。

10月13日 第六届中国国际"互联网+"大学生创新创业大赛筹备情况汇报会在学校召开，学校做了筹备情况工作汇报。教育部副部长钟登华强调，政治站位上要有更高标准，赛事筹备上要有更高质量，安全有序上要有更高要求。

10月18日 教育部高教司司长吴岩一行来校调研第六届中国国际"互联网+"大学生创新创业大赛筹备情况。吴岩对学校在大赛总决赛阶段的筹备工作表示充分肯定。

10月20日 广东省国家保密局局长贾穗军来校调研。贾穗军充分肯定了学校在涉密领域以及广州国际校区建设等方面的成绩，对学校在保密工作管理中积累的经验给予赞赏。

10月21日　广东省抗击新冠肺炎疫情表彰大会举行。学校食品科学与工程学院轻化工研究所教工党支部书记胡松青教授获"先进个人"。

10月21日　《国家知识产权局、教育部关于确定2020年度国家知识产权试点示范高校的通知》（国知发运字〔2020〕40号）发布，学校获首批国家知识产权示范高校认定。

10月22日　学校第九届教职工代表大会暨第十五届工会会员代表大会第五次会议召开。学校党委书记章熙春勉励"双代会"代表，要做政治上的"明白人"，当好学生的"引路人"，争当奋斗的"带头人"。高松校长作题为《肩负时代使命 汇聚磅礴力量 为加快建成中国特色、世界一流大学奋力前行》的学校工作报告。

10月22日　苏州市委副书记朱民一行来校考察。朱民对学校的办学特色、发展成就特别是广州国际校区建设成果表示充分肯定，希望推动落实校地合作，协同发展。

10月29日　中央文明办发布8—9月"中国好人榜"，学校新闻与传播学院2019届本科毕业生、第21届研究生支教团成员李莎被评为"助人为乐好人"。

11月2日　学校与华为技术有限公司举行战略合作协议签约仪式，并为华为信息与网络技术学院创新人才中心揭牌。

11月9日　学校材料科学与工程学院周博教授团队的学术论文"NIR Ⅱ-responsive photon upconversion through energy migration in an ytterbium sublattice"在 Nature Photonics 上发表。华南理工大学为论文的第一署名单位，学校材料科学与工程学院周博教授和张勤远教授为通讯作者。

11月10日　博鳌亚洲论坛国际科技与创新论坛首届大会开幕式在澳门举行。本次大会由博鳌亚洲论坛与澳门特区政府联合主办，华南理工大学作为博鳌亚洲论坛合作伙伴以及唯一协办高校参与举办。

11月13日　广东省知识产权保护大会举行，学校获中国专利优秀奖4项，广东专利金奖1项、银奖2项、优秀奖1项和广东杰出发明人2人。

11月14日　教育部国际合作与交流司司长、港澳台办公室主任刘锦调研学校广州国际校区。刘锦对广州国际校区在短时间内所取得的成绩表示充分肯定，并希望学校继续加强与世界一流大学的合作，努力将广州国际校区建设成为粤港澳大湾区国际化教育的示范。

11月16日　广东省委常委、省委统战部部长黄宁生一行来校调研。黄宁生对学校近年来的办学成就尤其是广州国际校区建设所取得的进展，以及在统一战线工作中取得的成绩表示充分肯定。

11月16—22日　国际遗传基因工程机器大赛在线上举办，学校iGEM团队"2020 SCUT_China"获金奖。

11月17日　由教育部、中央统战部等联合主办的第六届中国国际"互联网+"大学生创新创业大赛总决赛在学校开幕。本届大赛主题为"我敢闯、我会创"，主题赛事包括高教主赛道、"青年红色筑梦之旅"赛道、职教赛道和萌芽赛道。同期活动包括"智闯未来"大学生创新创业成果展、"智绘未来"世界湾区高等教育论坛、"智联未来"全球独角兽企业尖峰论坛、"智享未来"全球青年学术大咖面对面、"智投未来"

资源对接会。

11月17日 "建行杯"第六届中国国际"互联网+"大学生创新创业大赛子活动——"智绘未来"世界湾区高等教育论坛举办。教育部高等教育司司长吴岩作题为《推动湾区高教发展 打造全球创新高地》的报告。学校校长高松出席论坛并致辞。

11月17—18日 "建行杯"第六届中国国际"互联网+"大学生创新创业大赛高教主赛道金奖争夺赛举行。学校获10金2银的历史最好成绩，金奖数量破历届"互联网+"大赛高校单校单届夺金纪录。学校"大隐科技——四维隐身吸波蜂窝开创者"项目获最佳创意奖。

11月17—20日 "建行杯"第六届中国国际"互联网+"大学生创新创业大赛子活动——"智创未来"大学生创新创业成果展分别在华南理工大学城校区和广州国际校区举行。

11月18日 以"志闯青春，智创未来"为主题的"建行杯"第六届中国国际"互联网+"大学生创新创业大赛冠军争夺赛举行。北京理工大学的"星网测通"项目获大赛冠军，清华大学的"高能效工业边缘AI芯片及应用"项目和厦门大学的"西人马：中国MEMS芯片行业领导者"项目并列亚军。

11月18日 "建行杯"第六届中国国际"互联网+"大学生创新创业大赛子活动——"智享未来"全球青年学术大咖面对面举行。活动以"创新·青年·未来"为主题，青年学者与青年学生交流在科研道路上的奋斗历程。

11月18日 科睿唯安发布2020年"高被引科学家"名单。学校13名学者16人次入选，入选人次在内地高校并列第8位。

11月18—19日 中共中央政治局委员、国务院副总理孙春兰，中共中央政治局委员、广东省委书记李希出席第六届中国国际"互联网+"大学生创新创业大赛有关活动。孙春兰观看了冠军争夺赛，参观了大赛成果展，在学校调研时，她要求学校深化改革创新，加快新工科建设，在"书院制"和"全员导师制"方面加强探索，实现内涵式发展，勇当粤港澳大湾区高等教育发展的排头兵，全面提升服务区域和国家发展的能力。

11月19日 "建行杯"第六届中国国际"互联网+"大学生创新创业大赛子活动——"智投未来"资源对接会举行。此次会议融资意向额达36.65亿元，参与投资机构或投资人达到459个，参与项目数2020个，数据均创历史最好纪录。

11月19日 "建行杯"第六届中国国际"互联网+"大学生创新创业大赛子活动——"智联未来"全球独角兽企业尖峰论坛举行。论坛以"新时代科技创新创业之路"为主题，分享创新创业的经验成果和前沿观点。

11月19日 "建行杯"第六届中国国际"互联网+"大学生创新创业大赛圆满收官。华南理工大学获"特别贡献奖"。本届大赛共有来自国内外117个国家和地区、4186所学校的147万个项目、631万人报名参赛，大赛呈现出"六个多"的特点：国内高校报名项目创新高，人数多；国外高校积极参加大赛，名校多；创新创业教育实现全链条，类型多；"红旅"聚焦脱贫攻坚，实效多；各地赛场线上线下融合，亮点多；大赛突出创业带动就业，岗位多。

11月20日 由中国教师发展基金会举办的第二届教学大师奖、杰出教学奖和创新创业英才奖颁奖典礼在学校举行。学校数学学院朱长江教授获杰出教学奖。

11月20日　教育部原副部长林蕙青一行调研学校医学院,对医学院的建设表示充分肯定。

11月23日　根据《科技部、财政部关于发布2020年中央级高校和科研院所等单位重大科研基础设施和大型科研仪器开放共享评价考核结果的通知》（国科办基〔2020〕103号）,学校获得"良好"等级,在全国参评高校中居第20位。

11月24日　全国劳动模范和先进工作者表彰大会举行,学校机械与汽车工程学院黄平教授获"全国先进工作者"荣誉称号。

11月25日　国际电气与电子工程师学会（IEEE）公布新增选会士/院士（Fellow）名单,学校电力学院朱继忠教授成功入选。

11月25日　广州大典研究中心主任陈建华一行来校调研。陈建华对学校的建设成绩,以及古籍脱酸增强关键技术与设备研发项目的进展与成果表示充分肯定。

11月25日　学校食品科学与工程学院孙大文院士团队的学术论文"Introducing reticular chemistry into agrochemistry"在化学领域顶级国际期刊 Chemical Society Reviews 上发表。华南理工大学为论文的第一署名单位,孙大文院士作为通讯作者,孙大文院士和博士生黄伦杰（食品科学与工程学院）作为共同第一作者,蒲洪彬副教授和马骥博士后作为共同作者。

11月29日　学校硕士研究生钟裕与谢嘉睿的学术论文"Single-cell landscape of the ecosystem in early-relapse hepatocellular carcinoma"在国际顶级生物学期刊 Cell 上发表。论文的共同第一作者钟裕和共同作者谢嘉睿均为华南理工大学－深圳华大基因研究院"基因组科学"创新班硕士研究生,共同通讯作者刘石平研究员为"基因组科学"创新班首届学生。

11月30日　教育部正式公布首批国家级一流本科课程认定名单。学校共有33门本科课程入选。

12月4日　根据《教育部关于公布第三批国防教育特色学校名单的通知》（教体艺函〔2020〕7号）,学校被评为"国防教育特色学校"。

12月5日　2020"高教社杯"全国大学生数学建模竞赛颁奖典礼举行。学校获全国一等奖1项、二等奖10项。

12月7日　教育部召开贯彻落实新时代学校体育美育文件工作推进会。学校党委书记章熙春在会上做体育工作经验交流发言。

12月9日　第十二届"挑战杯"中国大学生创业计划竞赛闭幕。学校获1金4银3铜,再次捧得"优胜杯"。

12月11日　第十一次世界生物材料大会在线上开幕。学校唐本忠院士、王均教授当选"2020年国际生物材料科学与工程Fellow"。

12月16日　教育部国际合作与交流司副司长、港澳台办公室常务副主任徐永吉来校调研。徐永吉对学校百年办学和广州国际校区建设所取得的成就表示充分肯定。

12月17日　广东省社科智库工作会议召开。学校获"报送抗击新冠肺炎疫情决策咨询报告先进单位"称号。

12月17日　校长高松为学生作题为《敢于突破 敢为人先 让创新成为青春远航的

"第一动力"》的"思政第一课",勉励学子们培育自身敢闯敢试、敢为人先的改革精神,培养自己的学习力、思想力和行动力,不断发展自身的核心素养,成为能引领未来的人。

12月19日 2020年CTTI(中国智库索引)增补智库名单和年度优秀成果发布。学校智库连续四年入选,新增智库2家,总数达到14家。《粤港澳大湾区金融服务创新与发展研究报告》被评为年度"优秀成果"。

12月22日 罗格斯大学副校长Eric Garfunkel一行来校访问。双方就深化校际合作、拓展合作空间、创新合作领域等方面进行深入交流。

12月23日 学校研究生教育会议召开。学校党委书记章熙春作讲话时强调,要深刻认识研究生教育是一流大学建设的重中之重,确保认识上的大提升;要深化研究生教育全链条改革创新,推动质量上的大提升;要完善具有内生活力的研究生教育治理体系,实现研究生教育合力的大提升。校长高松作题为《贯彻党的教育方针,落实研究生教育会议精神,全面推进新时代研究生教育高质量发展》的主题报告,系统分析了学校研究生教育的现状和特色优势,就全面推进学校研究生教育综合改革进行了部署。

12月29日 2020年中国科技论文统计结果发布会举行。学校3篇论文入选"中国百篇最具影响国际学术论文",论文的第一作者均为学校研究生。

12月30日 学校"招商蛇口·青春华章"2020年度颁奖盛典暨第六届中国国际"互联网+"大学生创新创业大赛总结表彰大会举行。学校党委书记章熙春作主题讲话。大会表彰了学校参加第六届"互联网+"大赛以及各条战线上的先进个人。

12月31日 学校土木与交通学院姚小虎教授研究组的学术论文"Rate dependence and anisotropy of SiC response to ramp and wave-free quasi-isentropic compression"在固体力学顶级期刊 *International Journal of Plasticity* 上发表。华南理工大学作为第一研究单位和唯一通讯单位,学校土木与交通学院李旺辉博士为第一作者,姚小虎教授和李旺辉博士为通讯作者。